D1573437

Rudolf Borchardt
Gesammelte Briefe
Herausgegeben von Gerhard Schuster
und Hans Zimmermann

Rudolf Borchardt
Rudolf Alexander Schröder
Briefwechsel
1901–1918
Text

In Verbindung mit dem
Rudolf Borchardt-Archiv
bearbeitet von Elisabetta Abbondanza

Edition Tenschert
bei Hanser

Briefwechsel 1901–1918

1901

1   RUDOLF BORCHARDT AN RUDOLF ALEXANDER SCHRÖDER

21 Burgstrasse
Göttingen 28. III 01

Hochgeehrter Herr. Ich habe gar nichts gegen einen Abdruck der Pathetischen Elegie in der Insel, wenn Sie der Ansicht sind, dass der Geist und die Kunstart des Gedichtes mit der Richtung der Zeitschrift hinlänglich in Übereinstimmung ist. Ich bitte dann nur, wenn es angängig ist, mir selber die Korrekturfahnen einzusenden, damit ich die sehr leidigen Druckfehler hinausbringen kann, mit denen Sie das Gedicht zu meinem Bedauern gelesen haben.

Ich lege drei Gedichte bei, sehr verschiedenen Stiles, damit Sie selber urteilen mögen, wie weit allenfalls das was ich bringen könnte, zu dem passt, was Sie in der Insel vorzulegen gewohnt sind. Ich habe darüber natürlich gar kein Urteil und kaum Vermutungen.

Die heroische Elegie habe ich im August des verflossenen Jahres Ihnen zuzusenden mir erlaubt und auf dem vorderen Blatte vermerkt, dass ich die Überreichung als Dank für Unmut XXIV anzusehen bäte, ein Gedicht, das ich liebe. Ich würde, wenn ich es heute zu senden hätte, wahrscheinlich diesem Titel den der Frau von Malogne beifügen, die »nicht weiss, wohin sie alle reiten«. Ich sehe zu meinem Bedauern bestätigt, was ich allerdings vermutet hatte, dass die Sendung verloren gegangen ist. Könnten Sie sich das Gedicht nicht von Herrn Bierbaum oder Herrn

Heymel – denen es gleichfalls zugegangen ist – verschaffen? Sonst wird Herr Heinz Pringsheim – den Sie ja wol kennen – gewiss mit Vergnügen dazu bereit sein, Ihnen eines seiner Exemplare zu überlassen, ich meine er müsste mindestens drei haben. Ich bitte Sie dies nicht für eine sonderbare Unfreundlichkeit zu halten, vielmehr besitze ich selber nur noch so *sehr* wenige Exemplare der Heroischen Elegie, dass ich ein wenig karg mit ihnen zu sein mindestens so lange gezwungen bin, bis ich die sechs grossen Elegieen zusammendrucken lasse. Ich werde natürlich, falls Sie in der angedeuteten Weise das Gewünschte nicht sollten erhalten können, zu Ihrer Verfügung sein.

 Mit vorzüglicher Schätzung und ergebenst
  der Ihrige   Borchardt

[Beilagen]

    Sage.
Die Burg ist zwischen tiefen Hecken
Auf einen wilden Stein gebaut,
Die steilen Lilien verstecken
Sie Nacht und Tag vor jedem Laut,

Das Land, durch dessen stumme Pforten
Der Fremde geht mit bangem Sinn,
Bequemt sich tief geheimen Worten,
Ein Kind ist dort die Königin.

1901

Sie geht durch Tau und kühle Wiesen
Im Winde, der sie laut umstreicht,
Von dunklem Stahl und von Türkisen
Die alte Krone trägt sie leicht

Und so von Stahl gebundne Spangen
Umwinden ihre stille Hand,
Als wäre sie zum Schein gefangen
In ihrem sagenhaften Land.

Sie scheint im Traum hinabgebogen
Zu Lippen die im Herzen ruhn,
Der Mund geheimnisvoll gezogen
Schweigt schön, wie nur die Blumen thun

Auf ihre reinen Augen hangen
Die Lider rätselhaft gesenkt,
Die lächelnd unbewegten Wangen
Sind des, der Liebliches bedenkt.

Du weisst den Bann noch ungezwungen
Der sich um ihre Hände flicht,
Ein Lied ist über ihr gesungen,
Sie sucht sich und sie kennt sich nicht,

Die hohe Welt ist ihr versiegelt
Wie Höhlen mit dem schweren Stein,

Die Flut vor ihren Augen spiegelt
Nur Schattenzug von ihrem Sein,

In einem tiefen Schlafe geht sie
Durch einen wilden Zauberhag,
Wie eine hohe Kerze weht sie
Blass in die Luft am lichten Tag.

Du brauchst nicht erst die Spur zu finden
Auf der sie so versunken glitt,
Die Schwärme dunkler Tauben binden
Schon Deinen Schritt an ihren Schritt

Versuche nur die rechten Worte!
Besinne Dich auf Deinen Traum!
Gewährte nicht die grossen Horte
Am Schattenfluss der Zauberschaum?

Du schreitest streng in die Legende
Mit dem geheimnisvollen Stein,
Es schliessen Deine beiden Hände
Die dunkle Glut des Lebens ein.

Ihr Herz wird sich gewiss erkennen
Wenn der Rubin den Bann zerreisst,
Und Deinen Namen wird sie nennen
Wenn Du das starke Wort noch weisst.

Dann springen alle festen Thüren
Magie wird klingend offenbar,
Aus Grüften wird der Engel führen
Den Stier den Löwen und den Aar,

Ein Winter wird die Welt durchwalten
Aus Duft und Stille aufgenährt,
Mit ihrer Glut und Deiner schalten
Die Flamme wohnend auf dem Herd.

      Bakchische Epiphanie
        Verse zu einem
     korinthischen Vasenbilde
Zwischen Greif und Sphinge schreitend
Kam der Rosenübergossne
Unerforschtem Thal entsprossne
Mit dem goldnen Horn.
Zwischen seinen Füssen gleitend
Schlichen Panther und es scheuchten
Nackte mit erhobnen Leuchten
Sie von seinem Pfad.

Wind der kühlen Gartenfrühe
Über Meer und Wiesen fliegend
War dem Wink des stillen Gastes
Duftender bereit,

Aus dem Horn der braunen Hände
Floss der Strom und nie zu Ende,
Süsser als die Milch der Kühe
Seinen Weg entlang,

Hain in dem die roten Hirsche
Und die Löwen seine Spuren
Ernst geleiten und im Baume
Schön die Nymphe ruht.
Folgt sie nach durch heisse Fluren
Ruft sie auch die dunklen Schwestern
Von der Matten feuchtem Saume
Fels und Quellen her –

Wem zu nahen? was zu kosten?
Welche ungemeinen Tiefen
Mit dem Blick der Götteraugen
Zu ergreifen, sind sie da?
Eingeschlossen von den Zweigen
Aus den Händen des Erhabnen
War es Schar und wird es Reigen
Ganz in sich bewegt.

Die sie über Teiche biegen
Die im Rohr die Pfeife schneiden
Die die weite Herde weiden
Tief versunkene,
Jagende mit wilden Stirnen,

Schlanke, die die Scheibe wiegen
Sind Geleite, sind Gefährten
Thäler auf und ab.

Chor von Angst und Sehnsucht brausend
Sieht sich wunderlich gewandelt
Denn es lockt mit stummen Düften
Rätsel überall
Tiefer als im feuchten Spiegel
Kehrt im Auge sich das Auge
Und ein ungeheures Siegel
Fällt von allem Sein

Seht ihn vor dem Heere schreiten!
Allen Wundern ihn gebieten!
Alte Räume, alte Zeiten
Schwinden hinter ihm.
Leicht bei seines Mundes Hauchen
Werden glühende Gewalten
Aus der schweren Erde tauchen
Herrlich dienende.

Seid ihr nicht der Nacht verbunden?
Schwillt nicht ihr verirrtes Flimmern
Mit verwirrtem Wort des Windes
Euch verführend her?
Wolltet Ihr Euch noch besinnen
Einen Nacken anzurühren,

1901

Brust an Brüsten still zu spüren,
Lust und Kuss zu sein?

Flüchtet! Bleibt! Gewährt! und flüchtet!
Was ist Tanz? und was ist Sinken,
Wie der Arm die Hüfte findet,
Mund von nichts als Munde weiss,
Keiner darf sich mehr besitzen
Wenn die mächtgen Zeichen rufen
Über die erhabnen Stufen
Eure Sohle floh –

Zwischen Greif und Sphinge stürmend
Tanzt der Rosenübergossne
Unerforschtem Thal Entsprossne
Mit dem goldnen Horn,
Stürmisch ist ein Licht entglommen
Über allen letzten Tiefen
Wald und dunkle Wiese triefen
Allen ihre letzte Lust.

2   RUDOLF BORCHARDT AN RUDOLF ALEXANDER SCHRÖDER

21 Burgstrasse
Göttingen 1 IV 01

Hochgeehrter Herr, ich werde vors erste allerlei Abhaltungen haben zu Ihren Gedichten zu gelangen und möchte den Dank für Ihre schöne und mich ehrende Gabe darum doch nicht hinausgezögert sehen; lassen Sie mich also gleich und herzlich danken und erlauben Sie mir bei gelegener Zeit ausführlicher zu sein. Nur so viel für heute dass es mich freut, die alte mächtige Gestalt, die in den nicht mehr! gelesenen späten Hölderlin hineingesargt schien, wenigstens als Symbol grosser Betrachtung wieder aufgelebt zu wissen.

Die drei Gedichte die ich Ihnen geschickt habe mögen ganz nach Ihrem Belieben, wo Sie wollen verbleiben, da ich ohnehin Abschriften zurückbehalten habe. Dass Ihnen die »Sage« am besten gefällt ist mir verwunderlich, ich selber lege auf die Bacchische Epiphanie in allen Teilen am ehesten den Nachdruck. Weiteres werde ich senden wenn ich Abschriften habe herstellen lassen, aber nur ausgewähltes denn es ist viel zu viel vorhanden, und vieles dabei, was ich nicht öffentlich auseinandergelegt zu sehen wünsche. Von Elegien werde ich Ihnen noch die Leidenschaftliche, die Idyllische und die Fünfte (das Haus) senden. Die Sechste (Heroen) hat ihren festen Platz als Schlussstück der Sammlung und ist darauf hin vornehmlich ihrem Baue nach berechnet.

Herzlich und ergeben der Ihrige   Borchardt

PS Sie würden mich durch eine wenn auch nur ganz kurze Nachricht, wann die Pathetische Elegie erscheinen wird oder kann, sehr verbinden.

3 RUDOLF BORCHARDT AN RUDOLF ALEXANDER SCHRÖDER

Kurhaus. Bad Nassau 13 VI 01
Hochgeehrter und geschätzter Herr. Ich weiss nicht ob ich Sie mit Recht schon wieder in München vermute, doch will ich diese Zeilen und das Beigeschlossene nicht länger zurückhalten. Die handschriftlichen Gedichte sind meist solche aus schon etwas zurückliegender Zeit und erscheinen mir als mitteilbar. Weitaus die meisten meiner ungedruckten Gedichte sind dagegen erst im letzten Jahre entstanden und ich habe nach mancherlei Überlegungen mich doch nicht entschliessen können, Ihrer Bitte gemäss sie aus den Händen zu geben. Doch wird sich später darüber reden lassen. – Die Saturnische Elegie, die ich gleichfalls beigelegt habe, ist gleichfalls ein älteres Gedicht, ein kleines Werk, das mir aus vielen Gründen besonders lieb ist, obwol es, wie Sie leicht erkennen werden, in einzelnen seiner Teile in einer fremden Sphäre des Ausdrucks sich bewegt. Alles Ihnen mitgeteilte ist zur Verfügung Ihrer Zeitschrift, das ganze bitte ich Sie als ein für Sie persönlich bestimmtes Geschenk anzusehen, das Exemplar der Heroischen Elegie natürlich auch; ich bedaure, ein saubereres nicht mehr zu besitzen.

Ich hätte mich über Empedocles gerne ausführlich und in einem ferneren Zusammenhange geäussert, und so meine Zustimmung und einige Bedenken meist formaler Natur (an denen es offen gestanden nicht gänzlich fehlt) entwickelt, habe es aber, auf Reisen und dann unter mancherlei Abhaltung zu thun unterlassen müssen. Für heut will ich mich darauf beschränken, Sie zu den Rhythmen: »Über Felder herleuchtend kommt abendlich« herzlich zu beglückwünschen. Hier ist der Stil des Buches auf seiner absoluten reinen Höhe, ἔχει τὴν ἑαυτοῦ φύσιν, und es scheint mir jedes Wort von innen heraus reif, schön und sinnlich zu sein, zugleich aber von einer grossen kühlen Feinheit der Anschauung und der strengen Empfindung die mich sehr tief berührt hat. Es versteht sich von selbst, dass in einem Buche wie der E. es ist, nicht jeder nicht alles in gleicher Weise sich wird zueignen können; aber Ihnen wird gewiss zu hören angenehm sein, dass überall wo ich Ihr Gedicht mitgeteilt habe, es als Ganzes und als Denkmal einer eigentümlichen Seele sehr stark, in mancher Einzelheit ausserordentlich gewirkt hat. – Was sonst zu sagen wäre müsste mündlichen Nachweisen überlassen bleiben, zu denen Gelegenheit sich leicht und bald bieten kann. Nehmen Sie nochmals den Ausdruck meiner Freude und meines ernstlichen Dankes.

Aber es fällt mir ein, dass vor zwei Monaten mir ein zweites Exemplar (N°47) zugekommen ist, wol irrtümlicher Weise. Ich nehme an, dass Sie es wiederzuhaben wünschen und erwarte Ihren gefälligen Bescheid.

Freundlich ergeben Der Ihrige   Borchardt.

[Beilage: Unvollständig erhaltene Sammelhandschrift]
Vierzehn Gedichte
von
Rudolf Borchardt.
Herrn RA Schroeder
überreicht.
Bad Nassau 10 VI 01

Der traurige Besuch.

Die Fenster gehn in blinde Nacht
Ich sehe keinen Stern;
Ich schlief noch kaum und bin erwacht
Und Schlaf und Tag sind fern.

Der Tag ist fern, die Nacht ist lang
Oh schweres Herz und Peinen!
Die Decken fliegen an der Thür
Mit Nachtwind durch die hohe Thür
Flieg finsterer Gesang:

Sie kam in einem Nacht-Gewand
Und nacht-gekühlt und nacht-betaut,
Ihr Auge war voll Weinen,
Ihr Mund war schwer von schwerem Laut,

Sie hatte Rosen in der Hand,
Wie Herbst-Gebüsche welk, wie Winter-Rosen matt,
Sie ging an meine Lager-Statt
Und kniete bodenwärts,
Sie sprach: »oh Blatt! oh Rosen-Blatt!
Oh Herz! oh schlechtes Herz!«

Sie sprach: »die Rose schenk ich Dir,
Ich weiss, wem Du sie schenkst,
Dein Herz ist fern, Dein Sinn ist hier,
Ich weiss, an wen Du denkst.«

Sie strich mit Händen durch mein Haar,
Sie sagte »jetzt!« sie seufzte »einst!«
Sie sagte: »ist Dein Leid so gross
Dass Du so liegst und schlummerlos
In Deine Hände weinst?«

[»]Oh Jugend-Welt! oh Büsche!
Und Haus voll Schlaf und Garten voll Gesang!
Der Epheu-Baum ist schwarz und die Winden sind weiss!
Oh Blumen schwer! Oh Blumen heiss!
Und ein Gang ist dort, ein Gang - -

Wo sind wir hin wo bist Du hin,
Wer sagt was mit uns wird?
Du blickst und weisst kaum, wer ich bin,
Wir sind so sehr verirrt.«

Ich sprach »ich finde keine Ruh
Und Dich befängt der Bann
Auf Nacht-Geräuschen gleitest Du
In einem Schatten schreitest Du
Und findest Dich heran,

Du findest Dich bis an mein Bett
Und sprichst wie keiner spricht,
Die Augen hab ich zugemacht
Nun fühl ich durch die dichte Nacht
So zittern Dein Gesicht.

1901

Es blüht ein blasses Grau herauf
Im Schlafe ruft ein Hahn, am Wasser bellt ein Hund,
Geh fort und nimm die Rose fort,
Den Mund von meinem Mund.

Die Gärten die noch finster sind,
Sie blühen bald in kaltem Blau,
Dein alter Winden-Garten
Zerfällt in Nacht und Morgen-Tau

Die Nacht verhüllt das Nacht-Gesicht,
Auch meins das ich auftauchen sah,
Der Garten flieht, es flieht das Meer
Und es war so nah,

Es war ein Meer, es war ein Schiff,
Das stand in einem fahlen Schein
Gebunden an ein schlankes Riff
Und das Meer war wie Wein,
Dunkel und schön wie Stahl und Wein.

Ich sah nicht Maat noch Schiff-Gesind,
Das Segel schlug am Maste an,
Einst wird es trunken sein von Wind,
Doch ich weiss nicht wann,

Einst wird das Segel trunken sein
Von Tod und Wind und Dir und mir,

Wir steigen Herz an Herz hinein
Sturm und Tod sind wir,

Wir treiben es im tauben Gischt,
Es fährt mit tobendem Gesang,
Mit jeder Wut der Welt vermischt
Ist der letzte Drang,

Der letzte den das Herz vermag,
Heil-lose Fahrt und letzter Wind, -
Ins Blinde stürmen vor dem Tag
Die für den Tag verloren sind.

          Elegie.
Eine grosse trauervolle Stille
Füllt den Traum-Weg und den schönen Garten,
Meine leicht und schweren Füsse folgen
Ungesehen unsichtbaren Schritten.

Einer hat das Gras mit seiner Sohle
Von dem toten Brunnen fortgebogen,
Einer hat das Knie
Auf den Marmor-Schutt gestützt. Von Rosen-Büschen
Ist ein Blatt gestreift, und liegt, und zittert.

Eine Hand hat von der kühlen Höhle
Drin das Wasser fällt, den Stein gehoben –

(Eine Treppe windet sich hinunter
wenn die schwere Platte sich gelüftet),

Unsichtbarer Fuss von Weg zu Wege
Ist durch alle Blumen hingelaufen,
Rätselvoller Tritt, geheimer Wandrer,
Durch die Grotten, durch die Taxus-Hecken, -

Ist es der, der von dem Blüten-Hause
Dieser Rose flammenhaften Becher
Fortgerissen,
Deren dunkles Blut ein tiefstes Zeichen
Wahrt, wie von der Lippe eines Gottes?

Hinter sich hat er die Thür des Hauses
Nicht ins Schloss gestossen. Duft des Abends
Ist mit seinen Gliedern, seinen Locken
Hergeschwebt und schwimmt an meinen Wänden.

Und so folg ich jedem seiner Schritte
Und das Herz schlägt mit meinen Brüsten,
Nebenbei vermein ich ihn zu hören
Jedem Raume geisterhaft vertraulich.

Hier das Bette, hier die weite Lampe
Und der Maske wächsenes Gebilde,
Hier der Spiegel
Der der blassen blasse Antwort zuwirft, -

Aber welch verwegne Hand, oh Lampe
Hat Dein Öl verschüttet hingegossen!

Einsamkeit. Und Einsamkeit. und Schweigen.
Dringt von irgendwo in dunkles Rufen?
Seh ich irgendwie in einem schwarzen Spiegelwasser
Ein Gesicht in Thränen? und erkenn ichs?
Ist es meines? Ist es eines andern?

Weiss ich dieses nicht, und andres weiss ich?
Rätselhaftes Haus, um Deine Schwelle
Die ein götterhafter Fuss hinaufging,
Haucht ein bittrer Duft, ein thränenloses
Letztes Schweigen, zieht und zieht von hinnen, -

Schöner ist Dein Garten, Deine Rosen
Schöner, Deine Quelle singt geheimer,
Deine tiefen Becken sprechen ewig
Einen Namen und Du nennst ihn wieder.

Schauder! den ich spüre! und den dunklen
Duft! oh Lust, oh wundervolle Nähe,
An den Dingen webend um die Orte
Fliegendes, wo Liebe ging, und eintrat,

Stand! Und lauschte! und sich gern verweilte!

1901

Nebel-Haus.

I

Ich stieg auf Stufen zwischen Traum und Traum.
Sie hingen links und rechts an meiner Hand
Und blieben neben mir, wo ich still stand
Und Atem holte. Denn ich lebte kaum.

Vor ihren Augen war ein Nebel-Flaum,
Spinnwobner Hauch, entsetzenvolles Band, -
Und Wand auf Wand vor ihren Händen schwand,
Vor ihren blinden Augen Raum auf Raum –

Im Schwung der Thüren standen ich und sie
Vor einem Saal, der weit war wie ein Land
Und leer wie Nichts und wie der Himmel hoch.

Am Boden lag zerrissen ein Gewand.
Auf einem Bette sass Melancholie
Die Winde sangen und der Nebel flog.

II

Atmende Nacht und Bäume ohne Wind
Verführen mich, an Deinen Mund zu denken,
Und dass die Pferde, mich hinwegzulenken,
Schon an den Wagen angebunden sind,

Dass alles so hinging wie Wasser rinnt,
Dass von dem Lieblichsten was wir uns schenken

Nichts bleiben kann und bitterstes Gedenken
Blick Lächeln Kuss und Wort und Angebind,

Und dass ich so einsam bekümmert liege
Und Dir so fern wie Du mir fern geblieben;
Die Silber-Dünste, die den Mond umflügeln

Sind ihm so ferne nicht, als ich Dir fliege,
So fern der Tag nicht morgendlichen Hügeln
Als diese Lippen Deinen, die sie lieben.

Sonnett.
C. L.

Winter kam heute in mein Haus und sang:
»Oh kalter Herd! und Kammern ohne Licht!
Gramvolle Lippe! schweigendes Gesicht!
Friedloses Herz! Ist Dir vor Frieden bang?[«]

So freundlich sprach er, und ich wehrte nicht
Dass er mit seinem Mantel mich umschlang,
An starren Gärten gingen wir entlang,
Schnee schlief an ihnen und die Nacht war dicht.

Wie kam dann dies, dass Du so milde massest,
Verschwiegnen Leiden ahnungsvoll vertraulich,
Die trüben Augen, die Dein Auge traf,

Wo Du, dem Lied der grossen Glut beschaulich
Lauschend, in Dich hinein geneigt dasassest.
Haus-Geist am Herde, zwischen Tag und Schlaf?

        Sonnett

Oh strenge Ferne! morgengraues Feld!
Gesicht schlafloser Augen, aus der Flut
Der Nacht herschwimmend mit der fahlen Glut
Der Auen die ein fremdes Licht erhellt

Nicht unsres Tages und nicht unsrer Welt!
Gelände, das im Grenzenlosen ruht!
Stillst Du das Herz und kühlst Gefühl und Blut?
Trägst Du den Pflug, der Deine Flur bestellt?

Land Kommender und künftigen bestimmt!
Bringst Du den blau und zaubervollen Hafen
Wenn über Schiffen Nacht und Mond auf
    glimmt?

Und Tag mit kinderhaftem Blumen-Flaume?
Soll ich Dich sehn und gehen und früh
    einschlafen
Im Gras bei einem weissen Rosen-Baume?

Rosen-Abschied.
Dies sind die letzten. Suche nicht nach mehr.
Ich suchte, doch ich fand nicht. Wind bricht ein
Und Regen droht. Die Himmel schwül und schwer
Hängen auf Abend-Rändern ohne Schein.

Dies sind die letzten. voller Dornen hing
Als ich sie nahm, mein Haar, doch nahm ich sie;
So riss ich Glück, ein rosen-gleiches Ding
Aus Dornen und ich bog vor dir das Knie

Und gab es Dir, Duft für Minuten. Oh,
Vergiss das nicht. dies sind die letzten, heut.
Schwermut der letzten Stunden duftet so
Und schön wie sie blüht aus, was uns gefreut.

Frühling ist tot und Sommer fährt herauf.
Schwermut und Abend weint in dunkler Luft.
Geschick! War dies sein Wort und dies sein Lauf
Das es mit Duft begann und stirbt mit Duft?

Erinnerung von einem Tanze.
So wie die Tochter der Herodias
Die in dem alten Saal wo wilde Lampen flammten
An dem beladensten der Tische sass
In Gold Beryll und Sardern und Topas
Die aus den sagenhaften Meeren stammten

Die plötzlich stand, wo hellster Schein sie traf
Indessen rings hinschwamm die Dämmerung
Und aus Vergessenheit und Tod und Schlaf
Den Tanz hinwob
Bis sie versunken in den trunknen Schwung
Mänadisch stürmend zwischen Säulen stob –

So war den Augen, die von Müdigkeit
Schwer sind, die unerhörte Lust gegeben,
War Dir nicht jedes hohe Haupt bereit?
Und schien mit Dir nicht alles so zu schweben,

Dass Königinnen und die toten Frauen
Uralten Ruhmes aus den Grüften stiegen,
Um in das Fluten und die Anmut hinzuschauen
Geheimnis Deines Leibes und sein Schmiegen?

Ich sah die Kronen und ein Haupt vor Deinen Füssen liegen.

4 RUDOLF BORCHARDT AN RUDOLF ALEXANDER SCHRÖDER

                                               Kurhaus
                                   Bad Nassau 2 VII 01
Hochgeehrter Herr. Ich habe bisher versäumt, Ihnen mitzuteilen, dass ich mit Ihren Dispositionen über den Abdruck meiner Elegieen etc. in Ihrer Zeitschrift einverstanden bin. An der Saturnischen Elegie werde ich in der Correctur eine Reihe von Aende-

rungen vornehmen, die ein etwaiges Avertissement über die weiter zurückliegende Entstehungszeit des Gedichts überflüssig machen mögen. Mir wäre nun lieb, zu erfahren, wann frühstens ich auf ein Exemplar der Pathetischen rechnen dürfte. Und ferner ob die Abzüge auf dem besseren – sog. Insel-Papier – noch hergestellt werden. In diesem Falle würde ich um einige Exemplare in der reicheren Ausstattung reflektieren. – Von den kleineren Gedichten sähe ich gerne die »Sage«, eins der drei im April an Sie abgegangenen Stücke, gedruckt. Doch wollen Sie hierin völlig frei verfügen.

Im weiteren habe ich eine Bitte. Der Tod Herman Grimms, einer der wenigen Deutschen von europäischer Wichtigkeit, hat eine Flut von Nekrologen in allen Zeitungen und Zeitschriften hervorgerufen, deren Verfasser weder durch Reife des Welt- und Lebenssinnes noch durch Tiefe der Bildung auf der Höhe ihrer Aufgabe standen. Ich habe Herman Grimm ein wenig gekannt, und seit Jahren geistig mit ihm so sehr gelebt, dass ich über ihn Dinge mitzuteilen habe die wichtig sind gehört zu werden. Wollen Sie mir, etwa in der August-Nummer in den »Anmerkungen«, zwei oder drei, vielleicht mehr – aber nicht notwendig mehr – Seiten zur Verfügung stellen? Ich möchte nicht gerne unter den Weltverbesserern und second class-Aestheten der Neuen deutschen Rundschau öffentlich erscheinen und es giebt sonst keine Revue an die zu denken wäre. Ich würde Ihnen was ich zu sagen habe in ein paar Tagen zusenden, wenn ich eine zustimmende Antwort erhalte. Im anderen Falle werde ich für meine Freunde einen kleinen Privatdruck veranstalten.

Ihr Brief, für den ich herzlich danke enthielt leider eine wenig erfreuliche Nachricht. Ihr Ausscheiden aus dem jungen Institute der Insel ist wenig dazu angethan, mir Hoffnungen für die weitere Entwickelung der Zeitschrift zu erfüllen. So sehr ich schätze, was an Herrn Bierbaums öffentlicher Wirksamkeit zu schätzen ist, so sehr müsste ich bedauern, die einzige künstlerische seriöse Zeitschrift die wir besitzen, mit Ausnahme der Blätter für die Kunst, gänzlich unter seinem Einflusse und in seinen Händen zu wissen. Ich war nicht Abonnent der Insel, habe mir aber die Einzelnummern, die mich interessierendes enthalten, regelmässig verschafft. Ich habe sehr genau gewusst, was die Zeitschrift Ihnen vorwiegend verdankte, und in dieser Richtung Hoffnungen an ihre nächste Zukunft geknüpft. Ich wünschte herzlich, dass Sie eine neue Gelegenheit fänden in dem Sinne, der meiner ganzen Teilnahme gewiss ist, zu wirken. – Ihre kleineren Gedichte in der Insel habe ich teilweis mit grossem Vergnügen gelesen und mitgeteilt, sehr schön waren die Verse »oh nicht Kränze winden wir«, mit der so fein beruhigten Wehmut des Schlusses. Auch die chinesische Geschichte mit ihrem zarten wielandischen geste hat mir und anderen eine ernstliche Freude gemacht.

Verzeihen Sie, wenn ich Sie hiermit schon wieder um eine Mitteilung bemühe. Ich bin, herzlich gesinnt

der Ihrige   Borchardt

Ihre Grüsse an Hrn. Pönsgen sind ausgerichtet und werden erwidert. Ich bin leider schwer leidend.

5 RUDOLF BORCHARDT AN RUDOLF ALEXANDER SCHRÖDER

Kurhaus
Bad Nassau 17 VII 01

Hochgeehrter und geschätzter Herr. Ich danke für Übersendung der Juli-Nummer der Insel. Wollen Sie die Freundlichkeit haben durch die Expedition den nachbenannten Adressen Exemplare zugehen zu lassen?

I) drei auf gewöhnlichem
drei auf Insel-Papier an mich.

II) eines auf Inselpapier
Mr Henri de Régnier   Paris 72 rue Magdebourg
Mr le baron d'Andrian-Werburg, Athènes
Légation d'Autriche-Hongrie
Herrn Dr Karl Wolfskehl, München 52 Leopoldstr.

III) eines auf gewöhnlichem Papier
Herrn Dr Ernst Horneffer, Weimar Nietzschearchiv
Herrn Dr Walther Usener, Bonn Baumschul-allée

Das wären 6 Nummern in der besseren, 5 in der geringeren Ausstattung. Es wäre mir lieb, wenn Ihre Expedition durch einen jedem der Exemplare beigefügten Vermerk zu erkennen gäbe dass die Sendung in meinem Auftrage geschieht. Der an mich bestimmten sind Sie wol so gütig, eine Gesamt-Abrechnung beizufügen. Für eine rasche Erledigung wäre ich sehr verbunden.

Die Notizen über Herman Grimm habe ich der »Zeit« gegeben. Auf gar zu begrenztem Raume sagt man zu viel und zu wenig.

Über Ihre Bemerkung, die Isolierung der heute künstlerisch bemühten angehend, lassen Sie mich ein Wort sagen. In der tiefen Einsamkeit, in der wir schaffen, liegt, geschichtlich und persönlich genommen, unsere Kraft, unser Beruf und unsere Verantwortung. So gewiss die Zeit ihre geheimnisvollen Forderungen an uns hat, denen wir uns nicht entziehen, wenn wir fromm sind, so gewiss ist sie nicht unser Richter. Wir rechtfertigen uns vor den Toten, nicht vor den Lebendigen. Dem Künstler giebt den letzten endlichen Maassstab sein Gewissen und seine Überzeugung. Möge er zusehen, dass sie auf den wahren Grundlagen beruht. Die neun oder zehn Dichter, die es in Deutschland heut allenfalls giebt, bedeuten, was sie bedeuten, durch die Schroffheit, mit der ein jeder sein ihm eigenes Weltbild festhält, so sehr sie in dieselbe grosse Richtung tendieren. Sobald sich heute schon bei uns eine brotherhood bildet, werden die Resultate diejenigen sein, von denen die beiden letzten Jahre der Blätter für die Kunst eine so trübe Vorahnung geben. Wir besitzen eine Tradition der Dichtersprache und des grossen Stiles seit der zweiten Romantik nicht mehr. Dass *wir* sie zu schaffen haben, als concentus, dürfen wir nicht bezweifeln, wenn wir inmitten des ungebildeten und würdelosen Gehabens derer die sich in unserem Lande Dichter nennen, überhaupt den Mut behalten wollen, weiter zu dienen. Aber wir wollen auch keine der Folgerungen aus dieser Erkenntnis überhören. Ein Gedicht, von dem man nicht glaubt, dass es in zehn Jahren immer noch zu frühe veröffentlicht wird, soll man vernichten. Wer von Kallimachos oder Keats Selektion zu lernen sich entschlossen hat, wird für die lyrische Kurzdärmigkeit, die sich mit jedem Schnitzel prostituiert, nur ein Lächeln haben. Genug damit.

Ich habe mich über Walsers Aschenbrödel gefreut. Ich verfolge ihn seit seinen ersten Versen in der Wiener Rundschau; diese spröde Zartheit hat etwas ganz und gar bezauberndes.

Mein Compliment zu den Liedern an Belinde. Sie sind nach Art und Stimmung eine Gattung für sich und eine neue dazu, ich hätte gerne noch ein wenig weiter gelesen. Wie anmutig in den letzten Versen die Scham, ironisch überschwebt, sich ausspricht, wird Ihnen schon der oder der gesagt haben, werden Sie aber auch mir zu wiederholen erlauben.

Letzthin einmal kündigten Sie mir ein kleines Buch an, das nicht im Handel sei, ich habe aber nichts erhalten. Sollte es verloren sein? oder vergessen? Pardon!

Freundlichst empfohlen   Der Ihrige Borchardt.

6   RUDOLF BORCHARDT AN RUDOLF ALEXANDER SCHRÖDER

5 Kronprinzen Ufer
Berlin N W 20 X 01

Hochgeehrter Herr! Nehmen Sie meinen herzlichsten Dank für Ihren Brief und das Bild.

Ich freue mich sehr darüber, dass Sie auch nach Ihrem Austritte aus der Redaktion der Insel an meinen Arbeiten teilnehmen wollen. Seien Sie überzeugt davon, dass ich immer bereit sein werde, was etwa neues von Ihnen kommt mit Einsicht und einem lebendigem Gefühle des Verbundenseins aufzunehmen. In dieser Meinung freue ich mich darauf, die neuen Gedichte deren gütige Übermittlung Sie ankündigen, zu geniessen. – Die Elegieen im Augusthefte habe ich mit dem wahrsten Vergnügen gelesen und besonders das merkwürdige kleine Gedicht »oh Liebste, denk ich Deines Fusses Spitze nur...« mir zugeeignet. Ich hoffe sehr, dass Sie sich durch Unbilligkeit, die gemeinste Erwiderung auf eigentümliche Leistungen, nie länger als eine Minute werden betrüben lassen. Ihre Kraft und Art sind durch eine Reihe unter sich verwandter Gedichte so durchaus begründet, dass Sie, Wirkung ins Weitere anlangend, es verschmähen dürfen, mit kleinen Zeiträumen zu rechnen.

Die Umstände haben es leider nicht so gefügt, dass ich den Wunsch, nach München zu kommen, erfüllt sehen durfte, und werden sich solchen Absichten auch wol für eine Zeit widersetzen.

Immerhin wird es sich wol bald einmal so fügen, dass ich Gelegenheit habe, Sie in Ruhe und mit Behagen zu sehen.

Ich danke Ihnen sehr für Ihre freundlichen Worte über meine Arbeiten. Gedichte, die sich vom Dichter losgelöst haben, beginnen ein eigenes Leben mit sehr unendlichen oder sehr endlichen Möglichkeiten. Sie werden die Zeit nicht betrügen, so fein oder grob der Dichter sich selber betrügen mag. Ich lebe innerhalb meiner nur zu einem kleinen Teile auf Künstlerisches gerichteten Arbeiten gänzlich abgetrennt von dem was sich unter uns Literatur und Dichtung nennt und bin um den Widerhall, den zufällig Hervortretendes finden mag, schon darum unbesorgt, weil er nur in den seltensten Fällen den Weg zu mir findet. Dass aber solche Fälle mich mit den reinsten und angenehmsten Empfindungen erfüllen, muss ich nicht erst sagen. Ich habe alle Veranlassung zu befürchten, dass solche bis ins tiefste absichtsvolle Dinge wie meine Gedichte es sind, es schwer haben werden, das gefasste und empfindliche Herz zu finden, von dem allein sie aufgenommen zu werden erwarten können, und heute mehr als je. Seien Sie sehr herzlich bedankt.

Nehmen Sie das geringe Bild, das ich beilege als eine vorläufige Gegengabe freundlich an.

Ich bin mit den besten Gesinnungen

Der Ihrige Borchardt

Verzeihen Sie, dass ich ein geschäftlich[es Wort] beifüge. Ich bin nämlich für meine [Beiträge] im Septemberheft ohne Honorar ge[blieben] und habe auf eine diesbezügliche Anfr[age] erfahren, dass ich mich dieserhalb an S[ie] als Quartalsredakteur zu wenden habe. Ich stehe im Begriffe mich auf Reisen zu begeben und wünsche vorher meine Verhältnisse settled zu sehen. Missdeuten Sie also freundlichst meine Bitte nicht und haben Sie die Güte, die Summe, um die es sich handelt, ich glaube 130 M., mir anweisen zu lassen. Ich habe meine Abreise deswegen schon aufschieben müssen und wäre für eine möglichst umgehende Erledigung von Herzen verbunden. Nichts für ungut.

Der Ihrige B.

7 RUDOLF BORCHARDT AN RUDOLF ALEXANDER SCHRÖDER

5 Kronprinzen Ufer
Berlin NW. Okt. 30 01

Hochgeehrter Herr! Ich habe vor etwa acht Tagen in einem rekommandierten Briefe mitgeteilt, dass die Redaktion der Insel mit meinem Honorar für September rückständig ist. Ich habe Mühe mir vorzustellen, welche Gründe es veranlasst haben, dass ich bis heute ohne ein Wort der Mitteilung und ohne Honorar bin. Ich bedaure aufs lebhafteste, Ihnen mit geschäftlichen Dingen lästig fallen zu müssen und bitte Sie, meine Dringlichkeit mit den Ihnen bekannten Gründen zu entschuldigen. Ich warte von Tag zu Tage auf dies Geld, denn ich habe nur noch Creditbriefe auf London!

Herzlich grüssend der Ihrige   Borchardt

8 RUDOLF BORCHARDT AN RUDOLF ALEXANDER SCHRÖDER

5 Kronprinzen Ufer
Berlin NW 12 XI 01

Hochgeehrter Herr. Ich habe Ihnen für die freundliche Erledigung meiner Bitte zu danken und zugleich für meine Dringlichkeit Ihre Entschuldigung nachzusuchen. Es war natürlich nur meine Schuld – ich bin kein sehr für Geschäfte gemachter Kopf und hatte mich ungeschickter als nötig eingerichtet. Im letzten Augenblick obendrein hat sich alles wieder als unnötig erwiesen, denn mein Gesundheitszustand hat sich wieder so erheblich verschlechtert, dass ich wol oder übel meine Abreise aufschieben, und meine Dispositionen verändern musste. Jetzt fürchte ich, vor Weihnachten an Reisen nicht denken zu dürfen.

Ich würde sehr gerne erfahren – Sie haben selber die Freundlichkeit gehabt, in mir die Hoffnung eines die geschäftlichen Beziehungen überdauernden Verkehres zu erregen und werden also mich nicht für einen Zudringlichen nehmen – also Sie würden mir eine grosse Freude machen, wenn Sie mir einmal sagten, worauf sich Ihre gegenwärtigen oder geplanten Beschäftigungen richten. Ich bin unsicher, in welcher geistigen Welt ich Sie mir vorstellen soll. Ich habe es eine Zeitlang für möglich gehalten, dass Sie zu der einen oder anderen Wissenschaft in die eine oder andere Beziehung könnten getreten sein. Ich sprach mit Herrn Richter von Reinken aus Bremen, der Sie kennt, darüber. Wenn dies der Fall wäre, so könnte ich mir denken, dass ich Ihnen dann und wann mit dem von Nutzen sein kann, was meine Erfahrung in diesen Dingen ausmacht. Ich weiss nicht, ob Ihnen bekannt ist, dass meine Studien fast ausschliesslich philologischer Art gewesen sind, und sein werden, solange ich Kraft und Laune habe, sie fortzuführen.

Es ist vielleicht gut, dass ich dies erst jetzt sage, denn wer kann sagen was Sie von meinen Gedichten gehalten hätten, wenn Sie gewusst hätten, dass es die Verse eines Philologen sind. Ich meine das übrigens nicht sehr ernsthaft, und will doch hinzufügen, dass ich mich mit der antiken Welt nur deswegen beschäftige, weil sie, als Ganzes und in jedem ihrer kleinsten Bruchteile die grösste Gewalt über meine Sinne hat. Aber ich will diese Confidenz beschliessen und Ihnen lieber noch einen guten Winter wünschen.

Ich höre hoffentlich recht bald von Ihnen.   Ihr Borchardt

9 RUDOLF BORCHARDT AN RUDOLF ALEXANDER SCHRÖDER

5 Kronprinzen Ufer
Berlin NW 27. XII 01

Hochgeehrter Herr. Ich gebe eben, am Tage vor meiner Abreise den Auftrag, Ihnen ein Exemplar der in allernächster Zeit erscheinenden »Elegieen und Zwischenspiele« zu übersenden. Lassen Sie mich hoffen, dass Sie die Teilnahme, der manches meiner Gedichte sich bei Ihnen zu erfreuen gehabt hat, dem was Sie in dem Bande noch nicht kennen, freundlich zuzuwenden geneigt sein werden. Ich habe so wie Swinburne und Hofmannsthal auch Ihnen ein Gedicht ausdrücklich zuzuschreiben mir erlaubt und dadurch andeuten wollen, dass meine Kunst Ihnen nahe ist, und dass es mich tief erfreut, das zu wissen. Verzeihen Sie mir, dass ich Sie nicht vorher gebeten habe, Ihren Namen in mein Buch setzen zu dürfen. Es schien mir aber dies mehr eine Art Geschenk zu sein, das sich der Rechte einer Überraschung vielleicht bedienen dürfte.

Ich bin zeither mit einer grossen tragischen Arbeit beschäftigt gewesen, die ich im Groben und Ganzen zu Ende gebracht habe und in dieser Form nach England und wer weiss wohin noch mitnehmen werde. Der Titel ist: »Rosabel und der verstörte König« aber das wird Ihnen nicht viel sagen. Möchte seine endgiltige Form zu der grossen Ambition auf Stil mit der es unternommen ist in einigem Einklang stehen. Für jetzt ist nur eine grosse Liebesszene, auf dem Gipfel des Stückes, in derjenigen Gestalt vorhanden, der ich selber ein Recht auf Existenz geben würde.

In England werde ich »das Buch Vivian« drucken lassen, falls die dortigen Preise die deutschen nicht sehr erheblich übersteigen sollten. Ich lege Ihnen einiges aus dem Buche in Handschrift bei, was ich zufällig in meiner Mappe finde. Die »Hessischen Sonnette« sind eine Reihe von xv Stücken, von denen hier die beiden ersten und eines aus der Mitte sich zusammengefunden haben. Ich denke für das Buch an gleiche Form, crown 8° mit frontispiece von Sidney Garth Jones, den ich glücklich genug bin für die Ausstattung gewonnen zu haben und der für die »Pathetische« ein wunderbares Bild der »schlafenden Erinnerung« gezeichnet hat.

In Bezug auf die »Insel« giebt was ich zu sehen bekomme, den Befürchtungen Recht, die ich seinerzeit bei der Nachricht Ihres Ausscheidens aus dem Redaktionsstabe zu äussern mir gestattete. Was soll man zu Dingen wie Arno Holz's »Dichterin« oder diesem aufgedunsenen Schäfertume im letzten Hefte sagen? Ich bin, wie immer, allerfreundlichst

Der Ihrige   Borchardt

Meine Adresse, sobald sie eine feste ist, teile ich Ihnen von England aus mit. Von hier wird alles nachgesandt – auch die »Venetianischen Gedichte«, wenn Sie noch daran denken.

1902

10 RUDOLF BORCHARDT AN RUDOLF ALEXANDER SCHRÖDER

[Fragment]

[Rodaun, ca. 23. Februar 1902]

Ich habe hier mit dem ersten Akte des Morain auf Herrn von Hofmannsthal eine sehr tiefe Wirkung gethan und hoffe den prachtvollen Stoff dramatisch so nieder zu ringen dass sich mir die Vorstellungen vom Umfange meines Berufes zur Kunst dauernd und befriedigend erweitern. Anderes nach anderer Richtung ausgreifendes wird sich dann anschliessen. Der Plan eines Orest in Delphi, von dem ich eine sehr hoffnungsreiche Szene (Orest und die Pythia, die ihm den Eingang ins Adyton verweigert) mehr hingeworfen als ausgeführt habe, scheint mich nicht loslassen zu wollen. Näher liegt aber ein Neudruck meiner Übersetzung von Platons Lysis, den ich vor anderthalb Jahren für meine Freunde drucken liess. Es steht davor ein Dialog über Formen, den ich gestern Herrn von Hofmannsthal vorgelesen habe, und den - ebenso wie die Übersetzung – dieser einem grossen Kreise vorgelegt zu sehn wünscht. Ich würde darin eine leidlich wohlthuende praktische Lösung – oder den Anfang dazu – des zwischen Produktion und Wissenschaft schwebenden dipsychischen Zustandes sehn, über den zwischen uns eher leichte Worte hingeflogen sind, während diese Dinge doch eine furchtbare und aufgerissene Seite haben.

Indessen ist hier im Parterre Zimmer der Geist Schroederscher Sonnette in lieblichster Weise thätig lebendig, wie es ja nicht nur das Vorrecht von Paradieses Pforten ist, dass Dichterworte um sie immer leise klopfend schweben. Was ich hier mitsende, wollen Sie gefälligst und gütigst solcher freundlichen Magie zuschreiben, wenn ich auch leider gestehn muss, dass mein trüber Eigensinn sich unter ihr wenig hat erhellen wollen. Immerhin bittet meine Muse, die nicht das erste Mal zwischen Ihnen und mir den Botengang läuft, die Schwester in der rue Richelieu um das freundliche Gesicht das sie nicht zum ersten Male sieht. Am schönsten wäre es doch, wir, das heisst ausser mir nun nicht die Muse sondern der lebendigste Mensch, hätten Sie im August einmal in *Mödling* oder *Ottakring* bei uns und thäten Ihnen und uns an Ihnen eine Güte.

Ihr Borchardt

1907

11   RUDOLF BORCHARDT AN RUDOLF ALEXANDER SCHRÖDER

Villa Sardi di Vallebuja
(Lucca) 5 April 07

Herr von Hofmannsthal beantwortet mir heut Fragen, die ich über Sie an ihn gerichtet habe, spricht von Ihren Plänen und Arbeiten, und versichert mich, nicht zum ersten Male, Ihrer festgehaltenen Teilnahme an mir, Ihres Wunsches, mich selber nun auch mindestens an der ungeheuren Aufgabe, die Sie sich gesetzt haben, überhaupt aber an Ihrer künstlerischen Welt Teil haben zu lassen.

In einer so glücklichen Epoche wie diese für mich ist, in der auch das blosse Gedenken aller Verblendungen und Verzweiflungen einer von allen Seiten her bedrohten Jugend längst von mir weg an die Horizonte getreten ist, wie der seliggewordene Aether- und Goldrest eines Gewitters, in einer solchen Zeit ist es mir unendlich beglückend zu vernehmen dass der alte Besitz an Unersetzlichem vollzählig mein Eigen ist, dass bei denen, die sich unter wiedererhelltem Himmel zu mir gefunden haben, gerade Sie und auch Sie nicht fehlen. Lassen Sie mich für den Νόστος dem jetzt Ihr ganzes Sinnen gilt, und für mein eigenes Heimfinden den Νόστιοι θεοί im Stillen opfern und schwarzen Wein giessen, nach Norden blickend. Mehr will ich nicht sagen, ehe ein Wort von Ihnen mich etwa dazu beredet. Sein Sie in Ihrem Tagwerke gesegnet und erhalten sich mir. Es ist weniger Menschen Tagwerk an das ich mit solcher Eusebie denke wie an das Ihre.   Borchardt

12 RUDOLF ALEXANDER SCHRÖDER AN RUDOLF BORCHARDT

Villa Torlonia Frascati
14. 4. 07

Lieber Herr Borchardt

Ihre freundlichen Zeilen treffen mich bei Richard Voss in der Villa Torlonia in Frascati, wo ich für etwa 10 Tage bin. Ich bin Ihnen für die unverdient freundschaftlichen Gesinnungen, die Sie mir in Ihrem Briefe aussprechen von Herzen dankbar. Seien Sie versichert, daß ich für Ihre Arbeiten die allergrösste Hochachtung, ja Verehrung habe & daß Ihre Anteilnahme an meiner Thätigkeit mir ein Glück & ein Ansporn ist. Wenn ich Ihnen im Laufe meiner Übersetzungsarbeit, die ja im vollen Maße erst vom Oktober dieses Jahres an vor sich gehen wird, Abschriften schicken darf & Sie mir Ihre Correkturen & Vorschläge mitteilen wollen, so werde ich sehr froh sein. – Ich würde Ihnen gern einige Sachen von mir schicken, doch habe ich nichts Rechtes da. – Sollten wir uns Ende dieses Monats einen Tag in Florenz treffen können? Länger würde ich allerdings nicht bleiben können, da ich nach Berlin zurückkehren muß, wo geschäftliche Dinge der Erledigung harren. Für eine Woche bleibe ich noch hier. Falls Sie mein Buch »Elysium« nicht besitzen sollten, würde ich es Ihnen gerne schicken, und mich über jedes Zeichen Ihrer dichterischen Thätigkeit sehr freuen. Ihre früheren Manuscripte bilden einen kostbaren Teil meines Besitzes. Ich hoffe sehr, daß wir uns in absehbarer Zeit einmal sehen werden. Kommen Sie nie nach Deutschland? Ich hoffe in den nächsten Jahren bei einer Einschränkung meiner architektonischen Thätigkeit mehr Bewe-

gungsfreiheit zu erlangen als bisher & dann wird sich jedenfalls –
wenn nicht jetzt – ein Zusammentreffen herbeiführen lassen, das
bis jetzt wohl nicht hat sein sollen.

Kommt von Ihnen nicht einmal ein Buch heraus? Ich kenne
zwar Ihre Gesinnungen über diesen Punkt & würdige sie durchaus – bedauerlich aber bleibt es doch, daß Sie Sich so der Bewunderung und dem Genuß vieler Menschen vorenthalten.

In der Hoffnung, daß unsre wieder angeknüpfte Correspondenz nicht sobald abreissen möge bin ich mit herzlichen Grüßen
Ihr ergebenster RASchröder

13   RUDOLF BORCHARDT AN RUDOLF ALEXANDER SCHRÖDER

[Briefkopf: Villa Sardi
di Vallebuia Lucca]
17 April 07

Das ist einfach wundervoll, einfach unvorstellbar, dass Sie mir so
nahe sind, oder so nahe kommen müssen, um nach Hause zu
gelangen.

Nun aber, wie Sie sichs vorstellen dass wir uns treffen möchten, dürfte es nicht sein selbst wenn es ginge. Es geht, nebenbei,
auch nicht; Florenz ist mir aus tausend Gründen mit einem
Worte unzugänglich. Die Hauptsache ist aber dass ich an lhrer
Strasse wohne und Sie nicht unbehaust und ungespeist ungeehrt
und unbedankt an mir vorüberlassen kann – ich würde mirs nie
verzeihen, es nachträglich nie begreifen. Ihre Zimmer sind bereit,
Ihr Couvert gelegt, wann immer Sie kommen. Ein Nein kann

ich nicht annehmen, verzeihen Sie dies Dringen. Mit der Aussicht auf künftige Möglichkeiten den Schmerz über versäumte Augenblicke beschwichtigen wäre Ihnen bald so leidig wie mir; und welche Möglichkeit immer später auftauchen könnte, keine würde mich Ihnen und Sie mir so frei und heiter gegenüberstellen, wie die Umstände unter denen ich Sie jetzt erwarte und sicher zu begrüssen hoffe – dies letztere auch namens meiner Frau.

Ein Tag, sagen Sie, und das klingt mir bitter; ich weiss dass eine, dass Sie sich *jedes* Mittels bedienen werden, etwas mehr als einen Tag daraus zu machen. So Herrliches ich Ihnen hier in diesem Traumhause und der Stadt und Landschaft zu zeigen vermag – an dem gemessen was Sie grade würden genossen haben, wird es sich nicht behaupten können, und ich wage auch nicht mit Deutungen und Vermutungen an Menschliches zu rühren, was Ihnen über jenes hinaus, Ihren jetzigen Aufenthalt teuer machen kann; trotzdem bitte ich unbefangen und herzlich – benachteiligen Sie jeden Andern, stehlen Sie jedem Andern soviel Zeit als Sie können und geben Sie sie mir, alle, und alle auf einmal. Ich habe unendliches mit Ihnen nachzuholen, und wenn Ankunft und Abgang zu nah bei einanderliegt, ist alles in mir beklommen und erstickt. Leben Sie inzwischen herzlichst wol und lassen mich bald schöne Nachricht vernehmen.

Ich sende dies eilig, damit Sie gegebenen Falles bei Zeiten disponieren können.

B.

14 RUDOLF ALEXANDER SCHRÖDER AN RUDOLF BORCHARDT

Villa Torlonia, Frascati
[19./20. April 1907]

Lieber Herr Borchardt

Es würde gewiß recht häßlich von mir sein, wenn ich nicht wenigstens den einen Tag mir abränge, um zu Ihnen zu kommen & ich thue es selbstverständlich mit dem größten Vergnügen. Ich muß unbedingt am Samstag früh in Zürich sein, werde nun versuchen Dienstag Abend von Rom weg zu kommen, falls dann ein einigermaßen möglicher Zug geht. Dann würde dieses Intervall Ihnen gehören & jedenfalls werde ich im Lauf des Mittwoch in Lucca sein & Ihnen das Nähere von Rom aus depeschieren. Es thut mir sehr leid, daß gerade jetzt meine Zeit so aufs Äußerste beknappt ist, jeder Tag, den ich hier in Italien sitze ist eigentlich schon eine Gewissenlosigkeit, da ich die dringendsten Verpflichtungen in Deutschland habe. Nun, wir werden hoffentlich die wenigen Stunden des Zusammenseins um so intensiver geniessen.

Mit vielen Grüßen & der Bitte mich Ihrer Frau Gemahlin zu empfehlen bin ich Ihr ergebenster

RASchröder

15 RUDOLF BORCHARDT AN RUDOLF ALEXANDER SCHRÖDER

Schönsten Dank für Ihre guten Nachrichten, und allerdings ist zwischen den Terminen die Sie setzen vielerlei Allerschönstes denkbar, während das Gran Beschränkung das mit in die Masse kommt eher formgebend als abschmeckig ist. Sie haben soviel ich sehe einen für hierzuland passablen Zug um 10^{50} Abends, der Sie mit Zugwechsel aber ohne zu lange Pausen in Florenz und Pistoia Mittwoch früh um ¾9 hier absetzt. Wenn Ihr Billet Ihnen den Heimweg über Pisa gestattet, so haben Sie auf dieser wohlversehenen Route zwischen mehreren späten Eilzügen, Direttissimi (1 und 2 Cl.) die Wahl. Depeschieren Sie nur immer, aber vielleicht nicht erst zu spät, denn der Telegrammdienst auf dem Lande arbeitet mit archaischen Beschleunigungsbegriffen. Ich muss Ihnen, eines unauffindbaren Schlüssels wegen leider auf Papier des 14ten Jahrh. schreiben, es ist noch besser und jedenfalls lustiger als mein Conceptpapier, also nichts für ungut. Leben Sie wohl, und lassen Sie sich bald und heiter begrüssen.

Bdt

Villa Sardi den 21 April 07.

16 RUDOLF ALEXANDER SCHRÖDER AN RUDOLF BORCHARDT

[Briefkopf: Hôtel Lavigne, Rome.
Via Sistina N. 72]

Lieber Herr Borchardt.

Sie werden mich für einen sehr wankelmütigen Menschen halten. Aber durch eine briefliche & telegraphische Nachricht aus Berlin sind meine Dispositionen geändert & ich kann noch für einen Tag nach Neapel fahren, wo einer meiner besten Freunde begraben liegt, der dort im Februar starb. Ich werde dann, da die Nachtzüge sehr unbequem sind, am Sonntag früh von Rom wegfahren und am Abend um 6 Uhr in Lucca sein, falls Ihnen das paßt. Auf diese Weise sehe ich auch noch Pisa, das ich nicht kenne. Ich kann dann jedenfalls 2 volle Tage bei Ihnen bleiben. –

In der Hoffnung, daß mein Telegramm Sie noch rechtzeitig erreichte, (es wurde etwas spät, weil ich die Depesche aus Deutschland abwartete) bin ich mit den besten Grüßen

Ihr ergebener RASchröder
Mittwoch 24. 4. 07

17 RUDOLF ALEXANDER SCHRÖDER AN RUDOLF BORCHARDT

Berlin W. Genthinerstraße 13J
24. Mai 07

Lieber Herr Borchardt
Endlich bin ich wieder in Berlin & finde die Muße Ihnen zu schreiben. Nicht als ob ich nicht schon vorher Zeit gehabt hätte – im Gegenteil, ich habe – mit einer Unterbrechung von 8 Tagen, während derer ich ein Zimmer ausmalte, nichts gethan, als gefaulenzt im höchsten Maß – aber es geht mir leider so, daß ein sehr hochgespanntes Gefühl sich bei mir schwer in die Form eines Briefes fügen will. Man ist eben ein Egoist & hütet mit seinen Schätzen herum, ängstlich, davon ab zu geben oder zu verlieren. Die drei Tage in Vallebuja sind für mich durchaus epoche machend. Unsere Gespräche und eigentlich das, was zwischen den ausgesprochenen Worten lebendig wurde hat mir den Begriff dessen, was ein Dichter sein sollte, einen Begriff der sich bei mir schon seit einiger Zeit bildete, mit unglaublicher Kraft gereift & vertieft. Das Merkwürdigste aber ist vielleicht, daß die

dichterische Gestalt Hofmannsthals, die mir eigentlich zu verschwinden drohte, mir plötzlich wieder in der Athmosphäre unserer Gespräche lebendig geworden ist. Ja, mein lieber Freund, wir sollen es nur ruhig hinnehmen, was sich in den letzten Werken zeigt, nämlich Gutes & Großes die Fülle. Das Problem, mit dem einen die Unzulänglichkeit dieser Werke bedrängt ist vielleicht nicht einmal so sehr das Problem der persönlichen Unzulänglichkeit des Dichters, als der Ohnmacht der Dichterei überhaupt – gewissen Abgründen des Erkennens gegenüber. –

Gewiß ist es ein schlimmer, ja verderblicher Fehler, wenn der Dichter – wie es H. thut – in einem Werk fortwährend den Standpunkt wechselt und sich alle Augenblicke mit schwindelnder Schnelligkeit in Abgründe stürzt, über denen er eben noch zu schweben schien – ja, über denen zu schweben in diesem Falle »de rigueur« wäre. Aber wer will da richten, und *jetzt* richten? Es wäre vielleicht denkbar, daß sich die gestaltende Kraft dieses Dichters an einem ganz pragmatischen Stoffe einmal erweisen dürfte. Im geretteten Venedig ist er nahe daran & scheitert (auch – oder vielleicht vor allem – im Theatralischen) doch an der zu großen Scheu, mit der er das psychische Problem anfaßt. Transparenz & Transzendenz, die *unverarbeitet* jedes Dichtwerk zu grunde richten, hat er eben auch noch nicht überwunden. Er versucht, *in* den Worten das zu geben, was *hinter* den Worten leben müßte. Es ist wie eine Wolke, die im elektrischen Bereich mit Blitz & Zerstörung niedergeht & die hätte nach Überwindung jener Region sich in sanften Regengüssen auflösen sollen. Vielleicht ist das Wesentliche an einem dramatischen Dichter, daß er sich von sich aus nicht gegen das Schicksal stellt, sondern mit

1907

dem Schicksal geht, und da, wo kein Verständnis & keine Erklärung kommen will & kann, einfach darstellt. Mir scheint, daß unseren ganzen dramatischen Autoren der Begriff der Gerechtigkeit noch zu lebendig ist, während grade der Begriff der Ungerechtigkeit *als solcher* das wesentlich Dramatische ist. – Nun dürfen wir wohl getrost sagen, daß (wenn wir von dem unerforschlichen Shakespeare absehn) kein älterer Dichter von der Notwendigkeit oder der Unentrinnbarkeit des prinzipiell Ungerechten durchdrungen gewesen ist. Dies Ungerechte lebt eben in ihrem relativ einfachen Weltbild als ungelöstes Materielles, so daß es da noch mit furchtbarer Vehemenz sichtbar & wirksam bleibt, wo der tragische Prozeß im Drama einen scheinbaren Ausgleich oder eine scheinbare Auflösung herbeiführt. – Nun denke man, wie den Denkenden heut zu Tage alle diese Materien unter den Händen zerrinnen. – Zu bedenken ist hier ferner, daß selbst Göthe als er in seinem 83. Jahr starb aus der Welt hinwegging wie ein Jüngling mit einer ungeheuren Rüstkammer, als stände er vor einem großen Feldzug (denn was sind die großen Fragmente des Faust & des Wilhelm Meisters andres?). Ferner denke man an welche Diadochen die Trümmer dieses alexandrinischen Reiches gefallen sind (selbst bis zu Herrn Haeckel in Jena weist dies) und man wird verstehen, was es heißen will heut zu Tage einen dramatischen Plan größeren, ja heroischen Umfangs aufnehmen, mit Naivetät aufnehmen! – Denn das ist das Merkwürdige, Hofmannsthals Fehler ist diesen Problemen gegen über die all zu große Naivetät. Nichts andres. Er geht den Dingen von vorne zu Leibe, von daher, wo er gerade steht. – Ich weiß nicht, lieber Herr Borchardt, ob Sie aus diesen Thorheiten etwas Vernünftiges herausklingen hören. Ich habs Ihnen nun mal geschrieben & schick es, damit doch wenigstens ein Brief von mir an Sie gelangt.

Ich hatte in der Schweiz & in München schöne warme Tage, dann wieder kaltes & regnerisches Wetter; und nun hier in Berlin einen herrlichen Mai-Abschluß. Der Flieder ist am Verblühen und die schönen Rhododendren fangen an auf zu gehn. Sie werden nun mitten in einer Rosenfülle sitzen & die Erinnerung an die Kamelien in dem verregneten Hain wird Ihnen nur noch ein mitleidiges Lächeln entlocken. Wie schön wär es bei Ihnen. Mir ist noch immer das schöne Grau der Felder & die Blondheit der Weinberge vor Augen & die schmale Schwärze der herrlichen Cypressen. Sie sind sehr glücklich, immer in diesem Lande zu wohnen, hoffentlich kommt der Tag bald, wo ich Sie nicht mehr drum beneide, weil ich selber da wohne. Wenn Sie mir noch ein Exemplar Ihres Frankfurter Aufsatzes geben können, werde ich Ihnen *sehr* dankbar sein. Ich habe mich Ihrem Winke folgend mit Tibull befasst & reichste Freude daran gefunden. Die erste Elegie des 2. Buches ist göttlich schön & vieles andre noch mehr. – Das Hofmannsthalsche Prosa-Buch wird Sie wohl schon in Vallebuja erreicht haben. Was wird mit dem elenden Zeitler? Dr. Blei schickt mir fortwährend Liebesbriefe, ohne mein Herz wesentlich zu erweichen. In Parenthese bemerke ich nur, daß Clémenceau noch nicht gegangen ist (Sie gaben ihm damals nur noch drei Wochen), und daß mir hier im lieben Deutschland doch manches nicht so scheinen will, wie es Ihnen da draußen scheinen mag. Doch hier wie überall wird die Zeit lehren. Wesentlich ist mir, daß wir uns in dem Punkt des Conservatismus einig sind.

Gewiß kann man dem lieben Gott mit nichts mehr imponieren, als daß man das erhält was er einem hat zu geben - oder zugestehn müssen. – Nun grüßen Sie mir tausendmal Ihre liebe Frau Gemahlin, derer ich so sehr dankbar gedenke & seien Sie selbst herzlichst gegrüßt von Ihrem

R S.

18   RUDOLF BORCHARDT AN RUDOLF ALEXANDER SCHRÖDER

Ὁπόσους ἄν τις ᾖ κεκτημένος ἑταίρους,
τοσαύταις μὲν διανοίαις διανοεῖ, τοσαύταις δ' ἀκοαῖς
ἀκούει, τοσούτοις δ' ἤθεσιν παρέχει ἑαυτὸν
πρὸς τὰ συμφέροντα.
  so oder ähnlich Platon in Timaeus
         für Rudolf Alexander Schroeder
  Villa Sardi
  15 Juni 07   Borchardt
[Widmung in: Das Buch Joram. Leipzig: Insel-Verlag 1907]

19   RUDOLF ALEXANDER SCHRÖDER AN RUDOLF BORCHARDT

[Bremen, Mitte Juni 1907]
Meinem lieben Meister zum Geburtstag
[Widmung in: Lieder an eine Geliebte. Berlin, im Verlag der Insel bei Schuster & Loeffler 1900]

20 RUDOLF ALEXANDER SCHRÖDER AN RUDOLF BORCHARDT

Lieber Herr Borchardt,
Ihre Sendungen haben mir das größte Vergnügen gemacht. Die Villa habe ich schon allen möglichen Leuten zu lesen gegeben, d.h. hier bei mir; denn aus den Händen gebe ich diese Zeitung nicht, sonst geht sie sofort verloren. Übrigens sollten Sie doch ein kleines Buch draus machen. Es ist gerade hinreichend für ein »Pamphlet«. – Das Buch Joram ist ja ein alter Bekannter von mir, ich freue mich sehr Sie nunmehr in Verbindung mit der Insel zu wissen, obgleich dieser Verlag mir grade einen nicht sehr angenehmen Streich gespielt hat. – Ich möchte sehr gerne, Sie schrieben mal einen Roman von 4 Bänden nur, damit ich einige Wochen lang Ihre herrlichen Perioden geniessen könnte. Ich freue mich immer sehr, wenn ich denke, was Sie in den nächsten Jahrzehnten alles hervorbringen werden. Das Hofmannsthalsche Prosabuch hat mich auch sehr stark ergriffen und alle diese Dinge zusammen haben mir das Gefühl gegeben, daß etwas wie eine »Litteratur« bei uns existiert. – Im Übrigen hab ich neulich wieder den Münchhausen von Immermann gelesen & bin über die unvergleichliche Fülle dieses Buchs aufs Neue in Erstaunen geraten. Merkwürdig, Balzac & Flaubert erhebt und preist man – und ein solches deutsches Buch wird vergessen. –

Nun, es ist eben ein undankbares Metier, zu schreiben. Meinen Vetter Heymel haben Sie in München gesehn? Ich glaube wenigstens, von ihm so verstanden zu haben. –

Schreiben Sie mir doch mal, was nun aus der Rede über Hofmannsthal wird. Es wäre schrecklich wenn dieses Beest von Zeitler daran schuld wäre, daß dies Buch für immer verstümmelt bliebe. – À propos der »Morgen« – oh weh! Was für ein furchtbares Blättchen! Es sieht so aus wie ein Propagandablatt gegen den Alkohol oder ähnliches. Es könnte auch von Ellen Kay herausgegeben sein. Welches Asyl für obdachlose Lyrik! Höchstens eine Wärmehalle. – Ich lese jetzt Herrman Grimms Michelangelo & fange an Ihre Ehrfurcht vor diesem Mann zu verstehen.

Nun ade, grüßen Sie Ihre Frau Gemahlin herzlichst & sagen Sie Ihr, Vallebuja sei vorläufig für mich noch immer »der Ort des irdischen Paradieses«, & sie solle sich nicht wundern, wenn ich eines Tages mal wieder ankäme, unangemeldet aus Furcht, man werde mich abweisen. –

Das beifolgende Buch empfehle ich Ihrer Nachsicht. Die Sonette kommen auch, wenn ich erst wieder ein Expl. habe.

Mit vielen herzlichen Grüssen
Ihr dankbarer   RASchröder
Berlin W.
Genthinerstraße 13
19. 6. 07.

21 RUDOLF BORCHARDT AN RUDOLF ALEXANDER SCHRÖDER

[Briefkopf: Villa Sardi
di Vallebuia Lucca]
23 Juni 07

Ich hätte Ihnen längst für den inhaltsreichen Brief danken sollen den ich hier vorfand und der vieles an Gedanken – zwar auch vieles an Widerspruch – in mir aufgeregt hat. Zur Vorlegung des einen wie des andern ist es, seit ein zweiter Brief mich Ihrer hat gedenken machen, zu spät – wir müssen uns mit der Hoffnung trösten, über die Gerechtigkeit im Drama einmal mündlich uns zu verständigen. Für heut lassen Sie mich Ihnen die Sendung verdanken, in der ich Elysium vermute, – sie ist noch nicht eingetroffen. Und lassen Sie mich – Sie erwähnen so garnichts von Ihren eigenen Arbeiten – am Weitergehen des Homer teilnehmen. Entsinnen Sie sich unseres beabsichtigten ἀγών nicht mehr? Sagen Sie mir wo Sie im Augenblicke stehen und ich will Ihnen »meine Hand weisen«. Ich habe seither die Nekyia vorgehabt um mich an ein par Versen zu versuchen, aber vor Bewegung und Benommensein durch diese wundersamen Vorstellungen nichts eigenes zustand gebracht. Sein Sie nun nach wie vor überzeugt dass ich auch für das Mindeste was diese Arbeit angeht, die wirklichste und tiefste Anteilnahme bewahre und es als eine Ehre ansehe, dazu das meinige leisten zu dürfen, wenn Sie mir nur die Möglichkeit gewähren. Der Gedanke, durch gleiche Pflichten und ineinander verschlungene Verantwortungen in einer realen und männlichen Weise mit Ihnen verbunden zu sein, ist mir bei so vielen Verlusten zwischen deren abgeblühten Stielen ich eben in die Dreissig hinübergegangen bin, ein ruhiger und richtiger Trost, und in der Kühle dieses schönen Bewusstseins erhält sich mir die Erinnerung an Ihren Aufenthalt bei mir. Ja liessen Sie ihm nur bald wie Sie leider nur scherzhaft anzukündigen scheinen, eine ausführlichere Wiederholung folgen. Im Herbst werden meine Eltern für längere Zeit hier sein und ist auch sonst allerlei vorübervagierendes Volk zu erwarten. Aber der Sommer ist einsam und köstlich. Versuchten Sie doch diesen inbrünstigen gewaltigen Hochsommer, Ende Juli oder August, bei uns zu kosten! Das Haus ist nie herrlicher, als in dieser durchsichtigen dunklen Kühle, während draussen alles beizt und blendet, und wer Italien in diesem Licht und Feuer nicht kennt, kennt nur das Convenu davon; hier ist das ὑψερεφὲς μέγα δῶμα hier die μέγαρα σκιόεντα des Alkinoos, rings umher ist phäakische Welt. Und wie ist es mit Ihrem Plane, hier für einige Zeit zu siedeln? Sie könnten in aller Musse ein Winterhaus suchen, der Agent, der mich zu Ankäufen verlocken will, lässt mir mit seiner langen Liste der verfügbaren Villen schon seit Wochen keine Ruhe.

Von diesem und anderem dachte ich in Berlin mit Ihnen zu sprechen, wo Sie denn, als ich an Ihrem Hause war, das Weite gesucht hatten. Ich hatte viele und meist geschäftliche Fragen, vor allem in der Hofmannsthal Angelegenheit, in der ich nichts entscheidendes thun wollte ohne durch Sie über H's Stimmung und Stellung zu der Sache unterrichtet zu sein. Da meine Reise nach Deutschland keine andere Veranlassung gehabt hatte, als mir einen Anwalt zu besorgen und die Rechtlosigkeit aufzuheben, so können Sie sich denken wie sehr meine Enttäuschung, bei der Nachricht von Ihrer Abwesenheit, alle meine Angelegenheiten mitbetraf, vom persönlichen ganz abgesehen. Selber nach Bremen zu gehen, hatte ich keine Zeit mehr. Aber dass ich die Möglichkeit doch erwog zeigt Ihnen wieviel mir an einer Besprechung mit Ihnen gelegen war.

Da ich mich gleichwol allein habe behelfen müssen, so hören Sie nun in Kürze wieviel ich erreicht habe; Zeitler hat das Buch aus dem Handel ziehen müssen und in allen übrigen Punkten klein beigegeben; welches die Verkaufshöhe der von ihm schon ausgegebenen Exemplare gewesen ist, (d.h. wieviel in Condition und wieviel auf feste Rechnung), das aus ihm herauszubekommen, ist die verzweifelte Aufgabe die Mittelstädt sich dieser pathologischen Psyche gegenüber gestellt hat. Den Übergang der ersten und zweiten R ü H (letztere der Schluss) hat Kippenberg übernommen, doch ist darüber noch weiteres und nichts Erfreuliches mitzuteilen. – Das ganze charakterisiert sich, soweit man überhaupt im Bodenlosen nach Gründen suchen kann, als vulgärster Racheakt wegen meiner Verbindung mit der Insel, wobei er immerhin auch die Überzeugung gehabt haben mag, die Arbeit würde nie ganz fertig. Er behauptet jetzt, die Hauptschuld trüge Drugulin, der sich geweigert habe, das letztgesandte Stück Ms. zu setzen, bevor das Ende dasei, und der überhaupt den Satz nicht länger habe stehen lassen wollen. Alle seine alten Behauptungen, die ersten Bogen seien stereotypiert, erweisen sich als Lügen, eine Erkundigung bei Drugulin hat ergeben, dass dort weder Matern noch Platten vorhanden sind, das ganze ist von der Schrift gedruckt. Beiläufig habe ich ihm auch die Formen weggenommen, Cassierer habe ich sie angeboten, zweifle aber sehr ob er sie nimmt. Die Insel, die sie einmal zurückgewiesen hat, steht ausser Frage – wenn ich Mühe habe, das Buch unterzubringen, unterdrücke ich es ganz.

Hofmannsthal hat zwei Billets die ich ihm in der Sache schrieb, nur durch Übersendung der Prosaschriften mit der Widmung »zu danken und zu fordern« erwidert, an Kippenberg hat er einen Brief voll tiefster Niedergeschlagenheit geschrieben, das ist alles was ich weiss; ausser dass dritte Personen Zwischenträgerei getrieben haben, Z. selbst durch Briefe an H. in denen er wer weiss welche Verdrehungen und Fabeln vorgebracht hat, und ein privater Wichtigthuer, der schon einmal H. in dieser Angelegenheit durch Wehklagen über meine Cunctationes kopfscheu gemacht hatte. Dass Sie ihm in der Sache bisher nicht geschrieben haben, entnehme ich Ihrem Schweigen und fast auch dem Seinen. Dass er nach Italien, sogar Umbrien – drei Stunden von mir – gegangen ist ohne mir eine Chance zu geben – ich hörte es in Leipzig – macht etwas in mir so bitter und hart gegen ihn, wie ich nie befürchtet hätte gegen etwas Vergöttertes werden zu können. Geh es zu allem andern.

Die Prosaschriften haben mich stark bewegt – es wäre thöricht den Abstand dieses Gefühles von dem alten mit dem ich noch den »Brief« gelesen habe, ihm allein zur Last legen zu wollen. Meine sachliche Differenz von ihm in der Frage des dichterischen Problems kann ich hier nur eben andeuten. Es ist unpolitisch zu verfahren wie H. thut, und zu allen Compromissen der Menge in Fragen des Künstlerischen zu condescendiren, – unpolitisch und unpädagogisch. Der Künstler darf vielleicht mit sich handeln lassen, aber er darf das Geschäft nicht mit der Erklärung beginnen »Ich lasse auch mit mir handeln«. Indem er in alle Abstriche, die die Menge vom Absoluten der Kunst macht, von vorneherein willigt, und seine Forderung auf den Rest beschränkt, zwingt er zu immer neuen Abstrichen und verringert das Maass des Anspruches und der Verantwortung in geometrischer Progression. Wir sind vielleicht unter uns auch davon überzeugt, dass in einem Bande Storm mehr Dichterisches steckt, als im ganzen Richard Perls oder Gundolf; aber bei uns bildet eine solche Erkenntnis nur die Gegengewichte gegen eine sonst vielleicht der Erstarrung ausgesetzte Überspannung der Postulate, und diese Überspannung ist im Grunde doch unser Rückgrat, das Primär Gegebene und Unentbehrliche; das Publikum zu einer solchen Erkenntnis überreden wollen, zu der es gar nicht überredet zu werden braucht, denn in einer ganz vulgären und erniedrigten Fassung bildet sie ohnehin sein ganzes künstlerisches Evangelium, halte ich für ganz bedenklich, rein politisch gesprochen, denn es gefährdet unsere ganze mühsam eroberte, bis jetzt noch so schwache und winzige aesthetische Einfluss Sphäre. Ich spreche nicht davon dass es auch stillos ist und Grenzen aufhebt, wenn man als Künstler dem Publikum nicht als einem Publikum sondern auch nur eben wie Künstlern gegenübertritt.

Dadurch werden die wundervollen Ahnungen, die diese Rede enthält, freilich kaum berührt, und der tiefsinnige Mythus des Dichters im Hause der Zeit, (»unter der Stiege«) schon gewiß nicht. Ich beklage nur auch hier wieder das zerrissene und gestückte, dies Nichtzuende*concipieren* sondern obenhin – zu Ende machen, was diese Arbeit mit allen letzten Arbeiten H.'s teilt. Nach herrlich gedrungenen Seiten, in denen jedes Wort gediegen und full sterling ist, kommen Seiten auf Seiten in einem schwätzigen und spielerigen Tone, den ich, mit der Erinnerung an die alte, mit tiefster Anmut wirklich spielende Süssigkeit seiner Prosa in mir, einmal durchaus nicht ertrage; sowenig ich das Spielen mit durcheinander huschenden Refrains ertrage, dass die Rede musikalisch abschliessen soll, wie als wäre er sich des Ruinenhaften im Architektonischen des Abschlusses mit schlechtem Gewissen bewusst gewesen.

Die ShakespeareRede ist viel einheitlicher und von dem oben

angemerkten freier, im Ganzen das beste Niveau, das ich seit dem »Brief« von H. gesehen habe. Aber warum mit diesen Dingen den ersten Band dieser Schriften füllen, während dort die wirklich unzugänglichen Sachen hingehörten, die »Französischen Redensarten«, der Aufsatz über Peter Altenberg, der über George, der über D'Annunzios Wahlrede, der über Swinburne, das Buch über Victor Hugo, das Ding aus der »Insel« über den Straussschen Engelwirt, – wie vieles andere. Hier zu »sammeln« hat einen Sinn. Aber den Brief der schon in den »Erzählungen« im Wiener Verlag gestanden hat, wie das Gespräch schon in dem Bardt-Marquardt-Bändchen, dort heraustrennen und hier wieder hineinnähen, dies ganze unaufhörliche Wenden alter Sachen und Dreimalverkaufen finde ich an einem grossen Herrn so unerklärlich pauvre. Mit den Gesammelten Gedichten ist es auch nicht anders. In wieviel Zeitschriften und Sammlungen haben diese Sachen grösstenteils schon gestanden! Bei einigen zähle ich den fünften Abdruck. Was hat eine Sammlung H'scher Gedichte für einen Sammlungswert, in der – ich sage nur das erste was mir einfällt, – folgendes fehlt: Psyche, Der Jüngling und die Spinne (stehen in den Ausgewählten G.) die Elegie »Südliche Mondnacht«, die Epigramme, Nox portentis gravida, Die höchste Ernte aller Dinge..., die »Verwandlungen«, der Prolog zur Goethe-Feier des Burgtheaters, »Im Grünen geboren dem Bache gefreit« die Stanzen, die Ghaselen. Oder aber wenn er aus kritischen Gründen diese Stücke gewissermassen in eine »Ausgabe letzter Hand« verweist, welches Recht auf den Abdruck in dem vorliegenden Bande haben dann verlegene alte Journalhüter wie der zweite Prolog, das entsetzliche »Grossmutter und Enkel«, das zweite und dritte Gedicht der Terzinen mit ihrer foppishness und halbkoketten grundfalschen Naivetät, oder gar so durch und durch zweifelhafte Neuigkeiten wie die »Sehnsucht des alten Mannes nach dem Sommer«, ein Ding wie ein Brokatkissen voller Löcher in die man Heu gestopft hat, so wirkt dies sich Überschneiden edler gediegen dem Stoffe eingewobener Arabesken und des reinen versfüllenden rubbish. Ahnen Sie was es heisst »nichts hielte mich, ich nähme einen *Rand*?« ich ahne es nicht.

In Berlin höre ich dass George das grässliche Wort gesprochen hat »Der Dichter Hugo von Hofmannsthal ist längst gestorben; sein Vetter lebt noch und schreibt.« Es ist grässlich und ich wollte eher meine Zunge essen, ehe ich andern solche Dinge zugäbe. Aber meine Vorstellung von diesem Menschen ist eine so ungeheure nicht nur gewesen sondern ist sie ja – was hilft es das zu verheimlichen – im Grunde noch, dass ich ihm schon ein Sinken, das ich an andern kaum bemerken würde, nicht erlauben kann, ich versichere Sie, nicht erlauben kann. Ich messe ja den Abstand nicht nach seiner bisherigen Leistung, sondern an der Forderung einer künftigen, zu der die bisherige mich berechtigt. Hofmannsthal darf es sich verbitten, dass man mit ihm Nachsicht hat; es ist seine Ehre zu fordern dass man an ihn erbarmungslose unerbittliche übermütige Maassstäbe anlegt. Seit wie lange schon wäre es eine Grausamkeit, ihm diese Ehre zu geben!

Ich weiss keine Heilung für ihn, er muss absolut verblendet sein, tragisch verblendet. Sie wenden mir ein, »er bleibt immer noch was er ist –« ja, aber er sollte nicht, eben darum nicht, weil er ja *bleibt*, so rücksichtslos discreditieren, was er war, diese historisch gewordene Gestalt nicht so unaufhörlich neuen verzerrenden Beleuchtungen aussetzen und sich selbst dem Gedächtnisse der Seinen entfremden.

———

Ich habe Herrn Heymel – zwar muss man nun wol sagen Herrn von Heymel - nicht gesehen und erhalte die Nachricht dass er gleichzeitig mit mir in München war, mit wirklichem Bedauern. Persönliche Beziehungen zu ihm, wenn ich sie dort oder sonst hätte anknüpfen können, würden mir in der precären und sogut wie aussichtslosen Phase, in der meine eben erst wiederhergestellten Beziehungen zum Verlage sich befinden, gerade jetzt wertvoll sein. Da Sie davon nichts zu wissen scheinen, so will ich kurz sagen, dass der Bruch schon meines ersten VerlagsVertrages durch den Verlag mich zur vorläufigen Suspension allen Commerzes mit ihm gezwungen hat. Der Vertrag über Joram enthielt die von K. selbst getroffene Bestimmung, dass das Honorar bei Vertragsschluss 27. Mai zahlbar sei. Diese Bedingung ist in der unfairsten Weise durchbrochen worden. Als ich am 6ten hier eintraf war von der Insel nichts und von meiner Bank kein Avis da, telegraphische Erkundigung bei letzterer ergab dass die Insel nicht gezahlt hatte. Bei der Tradition von ungeschäftsmässigster Geschäftsführung die diesem Verlage auch seine Freunde nicht abnehmen können (Vogelers »Frühlingsradierungen«, eheu!) werden Sie sich nicht wundern wenn ich trotz sehr angenehmer persönlicher Berührungen mit K. während meines Leipziger Aufenthaltes energisch auf Erfüllung drang, und als auf mein Telegramm keine Antwort einging die Alternative »Erfüllung und Entschuldigung – oder Ende der Beziehungen« stellte. Mit dieser letzteren Depesche kreuzte sich eine Meldung der

Insel, nun gezahlt zu haben, und damit wäre alles gut gewesen, wenn nicht die patzige Erwiderung einen Tag nachgehinkt wäre »Vertrag sei durch Exemplarabsendung, Anweisung, Brief *einwandfrei erfüllt*«, ohne dass seither mit Ausnahme einer im hohen Geschäftstone (was Menschen wie K. »reserviert« nennen, Sie können sich das Stil-Genre denken) abgefassten Note über andere Gegenstände, in der dieser Affaire mit keinem Worte Erwähnung geschieht, eine Äusserung vorläge. – Damit werde ich auf den Tenor meines betr. Telegrammes gezwungen und halte meine Beziehungen zu Herrschaften, die solche Vorstellungen von einwandsfreier Vertragserfüllung haben für solange beendigt, bis ich Satisfaction habe; wenn ich sie nicht erhalte, bekommt die Insel nicht eine einzige Zeile mehr von mir.

Ich füge hinzu, dass meine Besprechungen mit K. für den Verlag im höchsten Grade fruchtbar gewesen sind, und dass ich Leipzig mit dem Eindrucke verliess, einmal der Insel durch Einbringung starker Geschäfte und Angliederung ganz neuer verlegerischer Rayons die grössten Dienste geleistet, dann aber auch mir selber hier ein mächtiges und beglückendes Arbeitsfeld geschaffen zu haben – wovon sich übrigens nichts auf meine eigene Produktion bezieht. Meine eigenen Mappen, die öffnen zu können mir eben noch eine Fata Morgana vorgespiegelt hatte, schliesse ich gerne wieder; aber meine Pläne die ich K. mit alter Leichtfertigkeit entwickelt habe, von ihm nach vollzogenem Bruche verpfuscht zu sehen, würde mich wurmen, und die unfairness, oder wenn Sie wollen, den geschäftlichen Flair dafür traue ich ihm zu; das wäre dann allerdings Kriegsfall und die Insel kann versichert sein, dass ich ihr schwere Stunden mache, wenn es dazu kommt.

Der Aufenthalt in Deutschland war sonst für mich erfrischend und in mehr als einer Hinsicht ermutigend. Ich bin zum ersten Male mit dem Gefühle, hinter mir etwas reales und schon fast starkes zu hinterlassen, über die Berge zurückgekommen. Meine lange geduldige und bei stärkster innerer Spannung nach aussen doch gelassene Obscurität belohnt sich reichlich, zum ersten Male weiss ich wo ich stehe. Es ist vieles abgemacht, vieles eingeleitet worden, womit ich Sie noch zu überraschen hoffe. Jetzt bin ich wieder im Stillen über allen meinen Webstühlen in den schattigen Sälen. Nach langer Zeit sind wieder Verse gemacht worden, am Roman und den Weltfragen diktiere ich weiter. Um Clemenceau lassen Sie uns nicht sorgen, die Politik ist voller »sursis«. Und lassen Sie sich durch die neueste Hardensche Sauerei die Freude an der deutschen Gegenwart nicht verkümmern. All diese Dinge sind nur aus der Nähe schrecklich und verzerrt, wie Theaterdecorationen; aber das Geschmeisse hockt immer mit allen Sechsen drauf und weidet sich dran.

Die Frau trägt mir auf Sie zu grüssen, – ich bin wie immer der Ihre   Bdt.

22   RUDOLF ALEXANDER SCHRÖDER AN RUDOLF BORCHARDT

Berlin den 26. Juni 1907
Lieber Herr Borchardt
Soeben erhalte ich Ihren langen Brief und will gleich darauf etwas erwidern, damit ich nicht wieder Wochen und Monate hingehen lasse, bis alles, was Sie erwähnen alt und »unaktuell« ist. – Sie sind nicht sehr glücklich gelaunt gewesen, mein Bester, als

Sie diesen Brief an mich schrieben – 4 Bogen voll und nichts als Klagen – was soll ich Ihnen da antworten? Nehmen wir die Punkte vor der Reihe nach.

ad. 1. Hofmannsthal. D'accord, wenn Sie Sich dazu bequemen, zu modifizieren & abzuschwächen. Im Grunde haben Sie mit Ihren Klagen Recht, was aber nicht verhindert, daß Sie zu gleicher Zeit Unrecht haben. Wie? Sie wissen es selbst. Die Stefan Georgische Bemerkung ist ein Geistesblitz zu 50 Pfennigen nach berühmten Mustern. Seien Sie nicht herb und zart gegen Hofmannsthal. Er ist launisch, wunderlich und schwer zu ertragen – manchmal; mais ça passe. Und dann – ich bin noch nicht ins 3. Jahrzehnt getreten, bin aber doch schon nach so vielen Seiten hin verarmt, daß ich sogar anfange die »abgeblühten Stengel« zärtlich zu pflegen. Ich glaube auch, man ist im Allgemeinen zu rasch damit, Leuten nicht ganz lautere Motive zu zu schreiben. Vielleicht verbirgt sich doch hinter dem, was Sie im Anfang Ihres Briefes so scharf kritisieren, eine sehr sublime und lächelnde Bescheidenheit und eine Resignation fast hoher Art, die einsieht, was es mit den sogenannten Höhen des Lebens auf sich hat – ich habe wenigstens diese Dinge nie anders gelesen & nie anders auffassen können. Es ist eben so: in meines Vaters Hause sind viele Wohnungen. Mir persönlich ist die kriegerische Attitude jedenfalls vollkommen fremd – eine Schwäche, die ich zugebe – & so verstehe ich die Weitherzigkeit, die H. in der inkriminierten Rede zugiebt, recht wohl, ohne mir dabei viel Sorgen um die praktischen Folgen zu machen. Das übrige Bedauern wegen mangelnder Gründlichkeit und Festigkeit teile ich mit Ihnen, ohne so sehr drunter zu leiden wie Sie. Ich gestehe offen, daß ich weder von H. noch von irgend einem Mitlebenden das Äußerste erwarte, und gebe Ihnen vollkommen Recht in diesen Punkten streng zu urteilen, weil ich weiß, wie sehr Sie in Ihren eigenen Arbeiten Festigkeit und Cohärenz anstreben & erreichen. – Den »*Rand*« des alten Mannes hab ich auch nicht erwischt, sonst gefällt mir gerade dies Gedicht sehr gut. – Warum die übrigen weggeblieben sind, begreife ich allerdings auch nicht; aber das ist ja schließlich Hofmannsthals »rayon«. –

ad. 2) Nein, ich habe an H. wegen des Zeitlerschen Deliktes nicht geschrieben & möchte es auch jetzt nur thun, wenn Sie mir noch mal ausdrücklich schreiben, daß es Ihnen erwünscht ist & in welcher Form. Dann bin ich selbstverständlich mit tausend Freuden bereit Ihnen jeden Dienst zu leisten. – Ich kann mir jedenfalls nicht denken, daß irgend etwas in der Sache ihn verstimmt haben kann. Es liegt doch gar *kein Grund* für ihn vor, darüber zu grollen. Schließlich können Sie doch Ihre Bücher drucken, *wann, wo & wie* es Ihnen paßt; und die Schweinerei eines Idioten hat doch nichts, was auf Hofmannsthals Gesinnung gegen Sie irgend wie einwirken könnte.

ad. 3) Was meine Produktion betrifft, so schrieb und schreibe ich nicht drüber, weil sie mir augenblicklich sehr fern gerückt ist. Mit dem Homer beginne ich gerade wieder nach einer halbjährlichen Pause. Ich hoffe in den folgenden Monaten sehr weit zu kommen. Ich bin jetzt beim fünften Buch. Nehmen Sie doch irgend etwas aus dem 5.-8. Buch, Nausikaa oder dergl. Es würde mich sehr consternieren und hindern, wüßte ich *genau*, was Sie übersetzen, da ich einen Zweikampf mit Ihnen aus erklärlichen Gründen scheue. Jedenfalls aber übersetzen Sie, wenn Sie Lust haben. Das Resultat kann für mich nur lehrreich sein. – Sonst schreibe ich nicht, sondern fange an mich ernsthafter als bisher mit der Malerei zu beschäftigen. Sie müssen bedenken, daß mein broterwerbender Beruf mir außerdem viel Zeit wegnimmt. Die angekündigten Fortschritte Ihrer Arbeiten und die in Aussicht gestellten Überraschungen erfreuen mich als Freund & machen meine Neugier & Ungeduld als Leser rege. Also warten Sie nicht zu lange damit und

ad 4) verkrachen Sie sich nicht vorher mit sämtlichen Verlegern Europas. – Was diese letzte Geschichte angeht, so wage ich hier keine Äußerung. Kippenberg ist ein Knote, va bene. Aber ist das *so* schlimm? Eine Gemeinheit wird Ihnen von dieser Seite nie blühen, dafür bürgen Heymel & ich. Ich will sehen, ob ich etwas in dieser Sache erreiche. Schließlich wird man diesen kleinen Schweizerkäse doch wohl dazu bringen, daß er sein »Pater peccavi« stammelt. – Trotzdem muß ich Ihnen das Compliment machen, daß Sie ein sehr streitbarer Herr sind! Huj! Ich bin momentan mit dem Objekt Ihres kaiserlichen Zornes auch gänzlich übers Kreuz, »Unstimmigkeiten« schwerster Art, sodaß ich am Freitag in Bremen eine ernste Sitzung mit Heymel haben werde, in der ich dann zu wirksamer Unterstützung meiner Argumente contra Kippenberg und zur Illustrierung dieses Casus oder vielmehr Caseus mir erlauben werde Ihre Beschwerde mit vor zu bringen. –

ad 5) Daß Sie bei mir – od. vielmehr leider nicht bei mir – waren erfahre ich erst durch Ihren Brief & mein posthumes Bedauern ist *sehr* groß. *Wie* schade! – Aber davon, daß ich diesen Sommer noch einmal über die Alpen komme, kann leider keine

Rede sein. Unmöglich! – Ich bin im Übrigen krank gewesen, eine Blasen-Affektion, die mich an Sie hat denken lassen, und bis auf diesen einzigen Umstand höchst quälend & ermattend war. – Ich habe diesen Sommer noch zwei »Muß«-reisen in Sachen meiner architektonischen Aufträge vor mir & bin von dem vielen Gereise, das seit anderthalb Jahren mich nicht zur Ruhe kommen läßt so herunter, daß ich unbedingt eine – wenn auch so geringe – Continuität in meiner Lebensweise herstellen muß. Ich werde nach Bremen gehen, wo meine Eltern auf dem Lande leben und ich ganz in Ruhe arbeiten kann. – Ja, meine Zukunftspläne! Darüber reden wir ein andermal. Vorläufig seien Sie versichert, daß ich jede Gelegenheit mit größtem Eifer ergreifen werde, die mich in Ihre Nähe bringt. – Mehr kannn ich nicht sagen & versprechen. –

Was nun schließlich den Homer des Ferneren betrifft, so werden Sie *alles* erhalten, aber aus verschiedenen Gründen nicht vor etwa drei Monaten. Kessler, der meine bisher fertiggestellten Mss. hat, läßt seit dem Februar, trotz Mahnung nichts von sich hören, und ich möchte ihm nun nicht wieder schreiben, ehe ich nicht an Hand sehr wesentlicher Fortschritte ihm den Ernst der Situation klar machen kann.

Schreiben Sie mir doch, bitte, wenn das Elysium zu lange ausbleiben sollte, damit ich recherchieren lassen kann. Die Sonette erhalten Sie sofort, wenn ich ein Exemplar bekomme, das mir der Schweizerkäse, diese bête noire, noch nicht geschickt hat. -

Zum Schluß bitte ich Sie für mich zu beten, daß man mir von da oben eine kleine Ermunterung zu Teil werden läßt. Ich muß sehr gegen eine geradezu greisenhafte Erschlaffung kämpfen, die gewiß nicht das Richtige für meine Jahre ist. – Mir wäre faktisch mit einer anständigen retraite vollkommen gedient. Das ist doch nicht gut. – Haben Sie aber keine Angst: gegen mich selbst und meine Produkte steht mir noch ein klein wenig kritische Energie zur Verfügung. Nun ist dieser für meine Verhältnisse phänomenal lange Brief zu Ende – (im Übrigen auch eine kleine Bosheit gegen Sie; denn sie werden an ihm genau so lange entziffern, wie ich an Ihrem).

Die Grüße Ihrer Frau Gemahlin erwidere ich herzlichst und bin mit den freundschaflichsten Gesinnungen & Wünschen

Ihr RAS.

23 RUDOLF ALEXANDER SCHRÖDER AN RUDOLF BORCHARDT

Non multum – sed multa!
———

Seinem lieben Herrn Borchardt d. V.
[Berlin] 28. Juni 07.

[Widmung in: Sonette. Zum Andenken an eine Verstorbene. Leipzig: Insel 1904]

24 RUDOLF BORCHARDT AN RUDOLF ALEXANDER SCHRÖDER

[Briefkopf: Villa Sardi
di Vallebuia Lucca]
29 Juni 07

Die Eile, mein lieber Herr Schroeder, mit der ich Ihren Brief beantworte, soll Sie nicht erschrecken, – meine Correspondenz, – halb Gott sei dank, halb leider – hat sonst nicht dies déconcertante Blitztempo von Antwort auf Antwort. Sondern, so spontan, wie ich Ihnen vor Tagen Verstimmung und Missmut ausgesprochen habe, ganz so spontan bin ich bereit, ja mehr als bloss das, wünschte ich, den Eindruck dieser Querelen in Ihnen durch ein neues Wort auszugleichen. Es ist einmal mit mir nicht anders; meiner Heftigkeit können auch die dreissig nichts anhaben, und während Gesellschaft mich duldsamer, gerechter und annehmlicher macht, presst mich die Einsamkeit verbunden mit dem starken seelischen Druck unter dem ich in ArbeitsPerioden immer stehe, oft in einer so gewaltsamen und leidenden Weise zusammen, dass ich dann wol in so fatalen Schriftstücken wie dem letzten explodiere. Serenität, wie die Ihre, unerzwungene und unerzwingbare, als blosse Atmosphäre der Διάνοια, wie ist mir dies dunkel-klare, diese ferne Lichtbrechung versagt! Ich werde manchmal von Zorn so krank wie andere nur vor Verliebtheit, buchstäblich krank, und muss mich mit regulärem Fieber legen. Wenn diese wie ich wol weiss, stillosen und albernen Bizarrerien meines Temperaments Sie einmal zu sehr verstimmen so lassen Sie das eine für mich sprechen, dass meine Hingebungs und Aufopferungs Fähigkeit sich nicht mit geringerer Intensität äussert und dann wol gelegentlich etwas gutes wirken kann. Und hiermit lassen Sie mich diese Apologie beenden. Mit Hofmannsthal bin ich, immer in der Stille und in der Seele, wie ein unerträglicher, argwöhnischer, eifersüchtiger Liebhaber, der mit der Geliebten nur in Szenen, Dépits und Catastrophen existiert, unfähig sich loszureissen, unfähig dem Leben sein Recht zu lassen, unfähig überhaupt der heiteren und lässlichen Gemeinschaft in der unter irdischen Begrenzungen soviel vom Leben besteht. Ich bin mit ihm immer on the top of my voice, leide selbst unglaublich darunter und finde es so unmöglich, raisonnable zu werden, fünfe grade sein zu lassen, ihm nachzusehen, was ich jedem andern darum nachsehe, weil mir jeder andere neben ihm so wenig bedeutet. Für Ihre gütige Bereitwilligkeit, ihm jetzt noch in Sachen Zeitler zu schreiben, danke ich, ohne dass ich glaubte, sie anstrengen zu sollen; es ist nun am besten, alles bleibt wie es ist, und ihm wird die Freiheit des Entschlusses durch keinen Wink beeinträchtigt. Nur im ersten Momente der frischen Überraschung wäre so etwas natürlich und unoffiziell gewesen; heute trüge es, wie Sie selber so richtig fühlen, den Charakter einer Vermittlung, durch deren Einleitung eine bisher nur schwebende durch nichts direktes zugegebene Spannung in dem Sinne präjudiziert würde, dass sie sich aus eigener Elastizität nicht wieder herstellen könnte, und der entsprechende Schritt würde die Lage präcisieren, statt sie zu beheben. – Sachlich möchte ich nur nachtragen, dass Sie die Stelle meines Briefes aus der Sie auf einen Zweifel an der Lauterkeit von H.'s Motiven bei mir schliessen, gewiss missverstanden haben – das Moralische und das Niveau verstehen sich bei solchen Gegenständen immer von selbst, erst jenseits davon werden mir die Sachen diskutierbar. Und die Weitherzigkeit, Resignation, und das Etcetera der sublimen Haltungen in allen Ehren – hier muss es für mich beim Nein bleiben, ich kann nur wieder sagen aus politischen Gründen. Ich bin nicht der Arzt der kranken Zeit und traue mir sowenig Heilkraft zu wie ich Lust am medizieren in mir spüre. Aber ich will wenigstens in *dem* Negativen heilsam wirken, dass ich Seuche nicht propagiere, weder in dem ich mich anstecken lasse, noch indem ich selber anstecke. Die Sphären-Mischung die zwischen dem Künstler und dem Publicum alle jene halbkünstlerischen und halbaufnehmenden Literatenzwitter schafft, dies Schwabing der Seele halte ich für Seuche. Für mich Künstler ist das Publicum der geschworene Feind und Gegenpol, wie für mich Publikum es der Künstler ist; gegen das Publicum ausgeglichen zu werden überlasse ich den Kräften der Zeit, die, wenn es geht, eine mittlere Provinz des Gemeinsamen zwischen uns abgrenzen werden – man nennt das je nach dem Umfange einer solchen Provinz Geltung, Einfluss, Ruhm, Beliebtheit, Unsterblichkeit. Aber ich selber gleiche mich nicht gegen das Publikum aus, mit Verlaub; und wenn ich es thäte – es könnte ja Ausnahmegelüste geben – so hätte die literatur*fremdeste* Schicht dieses Publikums mehr Chancen von mir angeredet zu werden als die literierende, halbschlächtige, nach beiden Seiten hin ohnmächtige. Diese kriegerische Geste, sagen Sie, ist Ihnen fremd – und ich muss diese Fassung acceptieren, ich stehe dem was ich hier negiere allerdings mit dem grenzenlosen mörderischen Hasse gegenüber, den irgend ein mittelalterlicher uomo di parte für die Gegenpartei hat; aber ich verdanke eine solche Verfassung des

Inneren höchstens in ihrer Gradstärke mir selber; in der Sache verdanke ich sie eben keinem andern als Hofmannsthal, dem früheren. Es ist seine Praxis und seine Theorie die mir die ersten festen Data, die ersten geometrischen Punkte gegeben hat, von denen aus ich mich gegen die Welt construiert habe. An diesem Punkte wird mein Verhältnis zu jener Rede eben das, was man in einem wichtigeren Zusammenhange tragisch nennen müsste. Wenn ich nun wenigstens die Genugthuung hätte, denken zu dürfen, dass ich stehen geblieben sei wo er vorwärts ging, dass ich eine überwundene Phase seiner Art in mir petrifizierte, während er lebendig weiterwüchse. Sie werden mich nicht so kränken wollen, dies Wort Genugthuung für eine Grimasse der falschen Bescheidenheit zu nehmen, denn Sie wissen, wie wenig ich mir immer noch und trotz allem, neben ihm bedeute. Aber wo ist bei den Dingen die er seit dem Bergwerk produziert, die Möglichkeit gegeben, eine solche Hoffnung zu unterhalten?

»Aber«, sagen Sie, »so denkst Du und er denkt über die Frage Publikum-Künstler eben anders, in meines Vaters Hause pp.« Und eben das sage ich, nichts anderes als das. Nur dass ich in einer solchen Frage ersten Ranges mit ihm nicht einig bin, sondern ihm conträr widersprechen muss, erschüttert meine Vorstellung von unserer Gemeinschaft und unserem stillschweigenden Bündnisse. Denn wir haben irdische Aufgaben und müssen uns irdisch untereinander vergleichen, – dass wir jenseitig gegen einander ausgeglichen und in eine höhere Einheit aufgelöst werden können, versteht sich. In der Zerrissenheit waren wir, in die Einheit wollen wir, jeder muss es in seiner Weise, auf seinem Wege versuchen, – für die Gleichmacherei der »Schulen« sind wir alle drei oder alle sechs zu reif. Aber wenn ich zugebe, dass es eine zerrissene Manier giebt zur Einheit zu kommen, so löse ich mich selber auf. Sie kennen wol in dem Alexis dieses grossen Immermann, den Sie jetzt wieder lesen, die unvergleichlichen Szenen, in denen der Zar seinen Versuch den Sohn zu retten, am selbstgegebenen Gesetzbuche scheitern sieht, und alles Pochen auf die Rechte der individuellen Willkür und selbstherrlichen Freiheit beim Kanzler, seiner eigenen Creatur, nichts vermag als dass der das Richterkleid zerreisst und das zerbrochene Recht in die Hände seines Schöpfers zurückzugeben droht. Sagen Sie und sage wer sonst immer, dass ich nur einen versteinerten Hofmannsthal in mir trage, so erwidere ich, dass sein Unsterblichstes in mir ist, und dass dasjenige in mir, vor dem seine jetzige Leistung nicht besteht, das Teil von ihm ist, das ihn und seine jetzige Leistung und alles einzelne seiner Leistung überleben wird: der Stil, der Anspruch, die Ambition, das Recht, das er in die Welt getragen hat.

Das alles sind, wie man wol sagen kann, Überspannungen – und wie viel leichter könnte ich leben, wenn ich nicht als Künstler und als Lebendiger, so streng nähme was bei andern locker und lustig spielt. Trotzdem könnte ich hierbei nicht einmal über mich hinaus *wünschen*. Gewiss steht auf jedem Dinge sein Preis und ist nichts um weniger als es wert ist, zu haben; aber für ein Ding *mehr* zu bezahlen als es wert ist, ist darum doch die einzige Möglichkeit zum Leben zu kommen; im allerwinzigsten und im allergrandiosesten könnte ich das Gesetz meiner Natur mit keinen anderen Worten aussprechen.

Nun noch eine Zeile zum Satyrspiel der Insel und des Sieur

Kippenberg – und um mich vollständig zu erklären, sage ich Ihnen, dass ich die Sache selbst als Bagatelle nehme und von dem Augenblicke an nahm, wo ich wusste dass man gezahlt hatte. Dass ich vorher einen Augenblick lang empört war, erklärt sich eben daraus, dass ich mein Honorar für die letzten Insel Beiträge zu einer Zeit wo ich Geld dringend brauchte, habe eintreiben müssen, und aus dem was mir von Erfahrungen anderer in meinthalb uncontrolierbaren Formen zugetragen worden war; und in jedem Falle ist es eine kaufmännische Dummheit, das erste Geschäft mit einem Kunden, an dem einem liegt, anders als in den Formen strictester Vertrags Erfüllung zu erledigen. Gleichviel, Bagatelle ist Bagatelle; nur muss ich bitten, dass die Herren Mitcontrahenten nicht aus der Bagatelle eine Affaire machen, indem sie die Erfüllung einer Formalität verweigern. Das, scheint mir, ist der springende Punkt. Wer mich auf der Strasse anstösst, beweist durch sein »Pardon« dass ihm lümmelhafte Intentionen fernlagen; wer bloss weitergeht ist zwar ein Lümmel, beweist aber darum noch nicht seine Intentionen in diesem Falle. Das thut erst, wer auf eine entsprechende Aufforderung die Entschuldigung verweigert. Und zwischen Provocation und dem Anscheine der Provocation ist nicht vielmehr Unterschied als zwischen dem guten Ruf und der Jungfernschaft beim Frauenzimmer. Wer den einen erregt, thut die Wirkung des andern, wer das eine verloren hat, hat beides verloren.

Ich habe in dieser nichtsnutzigen Miserabilität das schlechte Gefühl wie eine Art von Verleger-Shylok auf meinem bond zu stehen, während ich doch Antonio Kippenberg noch gerne etwas drein gäbe, um auf das Pfund Schweizerkäse aus seinem Herzen verzichten zu können. Aber der Geselle lässt mir eben keine Wahl als dies oder die Blamage of eating my own words. Mein einziger Trost liegt in dem was Sie über die eigenen Ehe-Irrungen mit diesem Herrn andeuten, was ich nicht schadenfroh meine, sondern nur so, dass vielleicht mein Festbleiben für das Verhältnis anderer Autoren zu ihm heilsam ist; wenn ich mir und anderen künftige Zänkereien mit ihm dadurch ersparen kann, dass ich mich im Anfang einmal schwer geärgert habe so hat der Ärger seine Pflicht gethan.

Nein, mein Freund, das Elysium ist zu unserm grossen Kummer ausgeblieben. Ich habe auch wiederholt danach gefragt, und die Post beteuert ihre Unschuld. Hoffentlich klärt sich der Verlust auf.

Das bringt mich darauf, dass man Ihnen eine Rohrpostkarte unterschlagen haben muss, auf der ich Ihnen in Berlin mein Kommen anzeigte; ich sage das nur, per regola Sua, und füge nur der Wunderlichkeit halber bei, dass ich an Ihrem Hause das sich auf mein Klingeln nicht öffnen wollte, bei einem ebenso vergeblichen Versuche den Portiersdraht in Motion zu bringen, von einer dienenden Jungfrau gestört wurde, die auf dem Heimwege dort einen Menschen mit Einbruchsgelüsten noch gerade abzufassen glaubte. Worauf sich folgendes Gespräch entwickelte. »Zu wem wollen Sie denn?« »ist Herr Schroeder zu Hause?« »Nein Herr Schroeder ist nicht zu Hause.« »Wissen Sie nicht wann er wieder kommt?« »Ach ich habe wohl das Vergnügen mit Herrn Borchardt?« Ich, struck dumb. Schließlich »Ja ich heisse Borchardt«. »Ja, Herr Schroeder ist in Bremen.« »So.« »Ja, und er hat gestern an Herrn Borchardt einen langen Brief geschrieben, nach

Italien.« Ich war über alles das so verdutzt, dass ich mit dem dümmsten Gesicht das mir zu Verfügung war, abzog, ohne die Dueña nach den Quellen aller dieser Weisheit gefragt zu haben. Aber meine Karte hätte sie Ihnen am Ende aufheben können.

Ich lese alte Engländer, Congreve, Vanbrugh, Massinger, Ben Jonson, mit ständig wachsendem Entzücken. Das Phänomen Shakespeare wird einem nicht kleiner sondern nur enormer, wenn man sieht, über welch ein ungeheures Durchschnittsniveau hinaus eine Erhebung ihm noch möglich war. Vanbrugh ist mir überhaupt neu, und wenn irgend etwas, so verdienen seine besten Stücke Übersetzung und Aufführung. Nichts giebt einem für die richtige Einschätzung solcher Coxcombs wie Oscar Wilde oder der blassen Paddy Maulreisser wie Shaw bessere Massstäbe als ein Blick in diesen Dialog, diese Pracht der mondänen Satire, diese Paradoxen, die nicht kitzeln und lächeln machen sondern mit dem Blitz und der Wucht des Schwerthiebes spielen wie nur herrliche Athleten die ihre Kraft verschweigen. Zugleich versichere ich Sie im Vertrauen, dass die Menschheit herunterkommt, weissGott nur noch herunterkommt. Der Geist und der Weltton der grössten Beaux unserer Gesellschaften reicht noch nicht einmal aus um die butlers und Comparsen dieser Zeit auch nur notdürftig zu staffieren. Ich sage mit Willen so, denn Sie werden nicht verlangen, dass man die Messieurs Alphonses die bei uns der Hure Bühne das Publikum zuschleppen und von ihr leben, mit dieser strahlenden Götterdeszendenz vergleicht. Und wenn die, um direkt Publikum mit Publikum zu vergleichen, in die Correspondenzen dieser Zeit blicken, so wird das Resultat fast noch trostloser.

1907

Den Homer will ich dieser Tage vornehmen ohne mich gerade an die Herrlichkeiten des γουνοῦμαί σε ἄνασσα zu wagen. Ein neues Stück Pindar habe ich dieser Tage übersetzt, d.h. nachgedichtet und will es Ihnen senden sobald ich eine Abschrift habe, – auch an anderem probiere ich herum, den unsäglich schwer wiederzugebenden elegischen Stücken, Xenophanes, Ion. Sobald davon etwas zu Tage liegt, sollen Sie es erhalten.

Sie haben inzwischen mit Herrn Heymel gesprochen und was ich nun zu sagen im Begriff stehe, kommt für diese Gelegenheit zu spät. So bleibt es einer andern aufgespart wenn es Ihnen die Müh wert scheint. Meine Reise nach Deutschland war für mich in einem sehr sonderbaren Sinne Epoche, ich habe die Stellung dieses winzigen Bruchteiles der Welt, der für meine Arbeiten in Betracht kommt, zu eben diesen Arbeiten fast mit beklemmender Plötzlichkeit verändert gefunden und bin dort, wo ich früher der unschuldigsten Ignorierung, der Lauheit und der Gleichgiltigkeit begegnet war, auf ein tiefgehendes Interesse und eine fast darf ich sagen, allgemeine Erwartung gestossen, die mich in der zerrissensten verworrensten Glücksstimmung den Heimweg hat nehmen lassen. Es scheint ich bin nicht mehr ganz obscur, mehr kann ich da nicht sagen; ich darf heute mein jahrelanges Schweigen brechen, von einem zum anderen Tage zeigen was ich habe, und was, das ist nicht façon de parler, noch keines Menschen Auge gesehen hat. Wenn also, wofür ja wol jede Wahrscheinlichkeit vorliegt, der Stein des Anstosses zwischen der Insel und mir aus dem Wege geräumt sein wird, und die Insel will, me voilà. Ich habe noch Kippenberg die Zusicherung der teilweise im Joram hinten verzeichneten Sachen verweigert, oder mindestens verschoben; spätere denkwürdige Begegnisse haben mich anders gestimmt und davon überzeugt dass es hier zugegriffen und durchgedrückt heisst. Zugleich hat sich während meines Berliner Aufenthaltes, durch Dinge die Sie nicht interessieren, meine ökonomische Lage in einem so erheblichen Maasse verbessert, dass ich selbst für starke Ansprüche auf Erträge aus meiner Feder zunächst nicht angewiesen bin und jedenfalls dem Verleger nicht so starke augenblickliche Auslagen zuzumuten brauche, wie anfänglich gemeint. Dies ist meine augenblickliche Stellung in der Sache, von der Kenntnis zu haben für die Insel vielleicht von Wert ist. Sie haben freilich recht wenn Sie mich wegen meiner Streitsucht sanft beim Ohre nehmen, und ich versichere Sie, dass mir diese Affaire unglaublich leidig ist. Aber ich weiss andererseits auch sehr wol, was ich zu bieten habe, und dass wenn ich mich mit allen Verlegern Europas verkracht habe, ein letzter kommt, der allen diesen gekränkten Herren ein schönes Stück Geschäft wegnimmt indem er mich in Bausch und Bogen verlegt. Nicht als glaubte ich darauf hin sündigen zu dürfen; aber ich verlange mein Traitement. A tout Seigneur tout honneur, basta.

Und also Sie kommen fürs erste nicht. So schreiben Sie wenigstens hübsch oft, in Ihrer unleserlichsten Handschrift meinthalb; so verdaue ich es wie die Klapperschlange das Kaninchen, und bin mit fünf oder sechs vertrackten Wortschnörkelfasern wie sie mit den gröbsten Knochen, erst nach acht Tagen fertig. Wenn Sie wollen können wir ja auch als stehendes Motiv unserer Briefe das Backfisch-P. S. einführen, in dem wir bitten die schlechte Handschrift zu entschuldigen. – Dass Sie durch eine so hässliche Beschwerde wie Sie sagen an mich erinnert worden sind, beklage ich, Sie haben hoffentlich inzwischen auch in diesem Punkte jene Geläufigkeit der Produktion wiedererlangt, deren Begriff ich mit dem Klange Ihres Namens verbinde. Denn Sie, mein Lieber, über greisenhafte Erschlaffung klagen zu hören, ist nun die köstlichste Sache von der Welt. Wenn es so wäre, so geschähe Ihnen nur Recht, und ich würde der Rache des Himmels für Ihr naives Schnelldichten nichts abzubitten versuchen, schon weil es meine eigene Würgeproduktion so mortifiziert. Aber es ist gar nicht wahr, und Sie bereiten nur den grossen coup vor, dass Ihre Leser sich in diesem Jahre mit 11000 Versen statt 16000 begnügen müssen. Gleichviel. Für mich können Sie weder zu viel noch zu wenig machen, ich glaube fast, diese Ihre Verse, die weniger als Kunstwerke sind, sind für mich noch immer Kunstwerke et demi. Woran das liegt? Wol daran dass sie das einzige heut produzierte sind, wovon ich fühle, »Du könntest das nicht machen«

Adieu und herzlichst Ihr   Bdt

25 RUDOLF ALEXANDER SCHRÖDER AN RUDOLF BORCHARDT

[Nicht abgesandt]   Bremen Bentheimstraße 7.
                                           12. Juli 07.
Lieber Herr Borchardt,
Ihr Brief hat mich sehr gefreut, & ich danke Ihnen herzlichst dafür. – Die Insel-Affaire nimmt hoffentlich keine »acute« Wendung – es wäre wirklich schade. Ich schicke Ihnen gleichzeitig Horaz-Übertragungen, die – oh Schande! – im nächsten Insel-Almanach erscheinen. Was meinen Sie dazu? Ich feile seit zwei Jahren dran mit einer Hartnäckigkeit, die zwar nicht eines »bes-

seren«, wohl aber eines etwas weniger aussichtslosen Objektes Wert wäre. – Leider bin ich durch allerhand nötige & dringende Geschäfte nicht zum Homer gekommen, wie ich beabsichtigt hatte. – Das 5. Buch harrt noch seiner Verballhornung & ich muß diesen Notzüchtigungs-Akt bis auf den August-September verschieben, da noch diverse Reisen meiner harren. – Seien Sie froh als Herr von Vallebuja, und bemitleiden Sie mich, den Sclaven Villen- & Sofa-gieriger »Kunstfreunde!« Gott, lieber Herr Borchardt, wenn ich Ihr Temperament hätte, so würde ich sicher schon längst in die Luft gegangen & explodiert sein & schon wieder in diversen Unkräutern oder sonstwo meine Auferstehung feiern. – Sie nennen das Gegenteil solcher Explosivität und Entzündbarkeit bei mir »Serenität«. Nun, ja, ein schönes Wort. Aber »Serenissimus« steht nahe dabei & bei meinen senilen Anwandlungen nicht zu Unrecht.

Im Übrigen bin ich auch mitunter alles andre als seren. Parole d'honneur! – Ich würde Ihnen schon eher geschrieben haben, wenn ich nicht erst heute, wenn ich nicht erst unterm Datum dieses Tages das letzte Wort Ihres verehrungswürdigen Schreibens entziffert hätte. (Dieses eine Duplik auf Ihre Replik wegen meiner Kritik unserer beiderseitigen Handschriften). –

Hier ist das Wetter schandbar, polarische Temperaturen, Regen, Sturm, kurz eine Freude für einen armen Schuften wie mich, dem Sonnenschein nötiger ist als Brot. Ich würde verzweifeln, wenn das zu meiner Serenität paßte. Von 100 + 1 Gedichten kann dabei – abgesehen von dem übrigen Verfall meiner Seelenkräfte – keine Rede sein, die Hippokrene ist eingefroren und könnte höchstens

26 RUDOLF BORCHARDT AN RUDOLF ALEXANDER SCHRÖDER

[Briefkopf: Villa Sardi
di Vallebuia Lucca]
13 Juli 07

Ich sehe ich darf den Dank für die Sonnette nicht länger aufschieben, wenn nicht unter den beim täglichen Lesen neuhinzukommenden Beobachtungen und Einfällen der Brief mir in Nichts zerrinnen soll. Darum lassen Sie mich aufs Gerathewohl ein Erstes Bestes sagen, unter Vorbehalt eines gelegentlichen Retournierens auf den Gegenstand, das freilich erst unser nächstes Zusammensein völlig erschöpfend gewähren wird. Darum auch heut kein Détail, vor allem keines negativer Art. Sie wissen selber genau genug, wie oft in diesem Bande Ihre Kunst gefährlichen Klippen und Untiefen sich auf die Breite eines Ruders nähert, und da Sie augenscheinlich solche Gefahren eher gesucht als gemieden haben, im Gefühle einer vollkommenen Herrlichkeit über Ihre Kunstform und immer wachsender Gewalt über die Sprache, so wäre es albern, Ihnen eine Schiffskarte voller Kursabweichungen zu überreichen. Das Positive liegt mir im Augenblicke, da ich mich rein empfangend und beschenkt fühle, näher, und dieses ungeheure Buch könnte noch viel mehr leere Seiten haben, die Technik noch viel häufiger gegen meinen Canon verstossen, ohne dass dadurch an der einen Hauptsache etwas geändert würde: der Haltung, die zugleich sein Gehalt ist. Man spricht von der Haltung ganzer Epochen der Menschheit, von der Einheit des Mittelalters, der Antike, der Renaissance, des Rococo – keine künftige Betrachtung wird diesen Begriff auf das

Ganze unserer Zeit anwenden können; aber wenn es überhaupt möglich sein wird ihn im Zusammenhange mit ihr auch nur anzusprechen, so wird das Büchern wie Georges Vorspiel und diesen Sonetten zu verdanken sein. Was die Zeit zu wünschen lässt, leisten diese für sie; alle ihr obliegende Verpflichtung, ihre Tausendfalt unter die Einfalt eines Typus, den laufenden Contour einer einzigen allzureichenden Geste der Seele zu integrieren, übernehmen George und Sie auf sich allein. Indem Sie, eine herrliche aber allgemeine Anlage zu Menschlichkeit, Treue, Pflicht und Liebe einfach an einem bestimmten Punkte bis an die letzten Consequenzen der Form weiter führen, ohne Einsprechen und Markten, als reinster und schuldlosester Ausdruck erschütternder Diktate, geben Sie wirklich ein Analogon aller grossen Stile der Seelendarstellung, des jungen Platon und des jungen Dante, aller grossen Ideale der männlichen Seele, der καλοκἀγαθία der cortesia und Höveschkeit, der gentilezza und der urbanitas, der milte und staete, des Epheben, des Ritters, des Cortigiano, des Gentleman des Offiziers. Denn dieses ist für mich der Punkt oder das Niveau, auf dem mir alle moralischen Begriffe von selber aesthetisch werden, und alle aesthetischen eine Übersetzung ins Moralische zu verlangen scheinen; ich könnte sagen ich wüsste kein Buch unserer Zeit in dem so viel Ehre, Höflichkeit und gute Erziehung ist wie hier, und würde damit doch nur bestimmte Eigenschaften Ihres Stiles, bestimmte Begrenzungen, Verstärkungen und Verschweigungen Ihrer Darstellungsart, Ihrer Distanz gegen das Innerliche meinen; und ich könnte all dies letztere zum Gegenstande des technischesten Raisonnements machen, ohne mir einen Augenblick einreden zu wollen dass hier Stil etwas anderes bedeutet als Takt, Verhaltenheit etwas anderes als Discretion, die Einheit des Tones etwas anderes als die Einheit der innerlichen εὐγένεια. Der Begriff der dies moralische und dies aesthetische zusammenhält ist eben kein anderer als der der Kultur, der vielberedeten, vielbefaselten, vielersehnten; dieser Kultur die nicht nur in die Breite eine Einheit des gegenwärtigen Lebens ist, dessen verschiedene Sphären sie zusammenfasste, sondern auch in die Tiefe eine Einheit des geschichtlichen, da alle wahren Kulturen wie alle höchsten Gipfel in einer Ebene liegen. So ist dies ganz moderne Buch, das nirgends einen einzigen archaischen Begriff verwendet vielleicht das ritterlichste das sich denken lässt. Sein »Dienst« seine »Minne« seine »Staete« seine Cortesia beschenkt uns mit Möglichkeiten um die wir sonst die Vergangenheit beneideten. Nichts mehr für heut als einen Dank von Ihrem

B

27 RUDOLF ALEXANDER SCHRÖDER AN RUDOLF BORCHARDT

[Briefkopf: Berlin W.
Genthiner-Strasse 13 Villa J]
23. Juli 07.

Lieber Herr Borchardt

Irgendwo hab ich einen angefangenen Brief an Sie liegen, will mich aber nicht mit dem Suchen danach aufhalten (er ist unter Reise-Papieren verborgen) sondern mich jetzt gleich für die verschiedenen litterarischen Echos bedanken. Das eine von Ihnen auf die Sonette & das andre von einem richtigen Berge stammend. Nun zu dem letzteren darf man wohl mit einer leichten Veränderung sagen: »Joram publico« oder auch »Parturiunt montes, nascetur ridiculus – Leo.« U. s. w. – Sie wissen nun woran Sie sind & werden hoffentlich baldigst einen neuen Psalter herausgeben um keine Erwartung zu enttäuschen. Mittlerweile halte ich mich an die Produkte Ihrer Kraftlosigkeit & finde mich recht wohl dabei. Jedenfalls war ein Berg, der keine Aussicht bot – nur eine Ansicht & dazu eine schiefe. Es ist merkwürdig, wenn diese Leute einmal Weihrauch streun, so fährt ihnen der Teufel mit Gestank in die Hosen & verdirbt die Zeremonie. Ein »mons pietatis« – man muß Mitleid mit ihm haben. Doch nun genug von diesem Berge, der gewiß niemals zum Propheten kommen wird ebensowenig wie der Prophet zu ihm.

Nun aber das andre Buch. Nein Herr Borchardt, gewiß ist es nicht so. Das Buch mag ganz ordentlich & schätzbar sein; aber Sie dürfen nicht soviel davon sagen. Sie erleben sonst Enttäuschungen, die Sie Sich selber zuschreiben müssten. Ich bin Ihnen *sehr,* sehr dankbar, dafür daß Sie als erster & einziger die Distanz, in der sich meine Produktion zu vielen zeitgenössischen Hervorbringungen befindet, mir bezeichnet haben. – Doch ist diese Distanz mehr verneinender Art – mit den Positionen siehts bedenklich aus. Guter Wille, ja. Aber mehr? – Aber noch einmal, ich danke Ihnen von Herzen für Ihren guten, lieben Brief, der mir sehr viel tröstlicher war, als Sie Sich denken können – abgesehen von der Beschämung über das Zuviel. –

Wie geht es Ihnen nun in der gepriesenen Sommersglut? Wir kommen aus dem Regen & der Kälte nicht heraus. Außerdem bin ich immer matt & müde & wenig aufgelegt, was recht fatal ist, wenn man bedenkt, wie kurz das Leben & wie kurz vor allem die Zeit ist, in der man etwas leistet. Ich bin viel mit Horaz beschäftigt. Vier Übersetzungen erscheinen im $^{+++}$ Inselalmanach. Sie sehen, man ist noch immer leichtsinnig & frech, trotz aller bescheidenen Redewendungen. Wie sind Sie übrigens mit der Insel dran? Hat sich die Affaire zum Guten oder zum Schlimmen entwickelt? Ich schicke Ihnen eine Photographie von mir aus dem Jahre 1902, die noch ganz ähnlich ist und hoffe auf Erwiderung. Falls ich in 8 Tagen keine andere Nachricht von Ihnen habe erfolgt »Elysium« N°2, diesmal recommandiert. –

Adieu, lieber Herr Borchardt. Ich schlafe ein. Viele Grüße an Ihre Frau Gemahlin. Ich lege mich zu Bett & träume von Vallebuja, Villen, bösen Bergen, und von »der Art wie das Erlöserproblem in den Joram eingeführt ist« (so'n Viech!)

Als Ihr immer getreuer RAS.

28 RUDOLF BORCHARDT AN RUDOLF ALEXANDER SCHRÖDER

[Briefkopf: Villa Sardi
di Vallebuia Lucca]
den 29 Juli 07

Mein lieber Herr Schroeder, ich muss hernach zur Stadt um Besucher abzuholen und will die Gelegenheit nicht vorübergehen lassen diesen Brief sicher zu befördern, kann ihm aber darum nur eine irgendwie überschüssige Viertelstunde widmen. Mir ist das Verlorengehen des Elysium in jedem Sinne widerwärtig, um so mehr als es Ihnen die Wiederholung und damit Verdopplung eines Geschenkes auferlegen soll, das ich freilich nicht die Selbstentäusserung habe selbst in seiner Verdopplung mit einer bescheidenen Phrase zurückzuweisen, denn ein Exemplar das ich mir kaufte könnte doch nur den halben Wert für mich haben. Darf ich Sie aber, bei dieser Gelegenheit un vrai frère quêteur bitten, bei Sendungen, an denen Ihnen etwas gelegen ist, grundsätzlich aufs Einschreiben zu achten? Wir leben gerade wieder mit der Post auf dem Kriegsfusse und sehen alle unsere Communicationen, Zufuhr und Nachrichtendienst durch organisiertes Langfingertum geniert. Ein Geldbrief an uns ist ohne Spur verloren, ein wichtiger Brief nach Deutschland gleichfalls, und der Umstand dass Sie meines am gleichen Tage (30 Juni) an Sie abgegangen ausführlicheren Antwortschreibens auf Ihren letzten Brief keine Erwähnung thun, macht mich auch hier Sinistres ahnen.

Das sind Nachteile die man in das Glück dieses Zustandes und Daseins hier schon ohne viel Erregung fest verrechnet – sonst freilich ist nun die für mich schönste Zeit des Jahres da, antike

Hochsommerseligkeit von einer glühenden Reinheit und einer gestrengen Festigkeit der Natur und des Phänomens, für die ich keine Worte habe und keine suche. Ich bin täglich vor Sonnenaufgang im Bade und mit den ersten Strahlen im Garten bei den Rosen, die meine fast kindisch bis ins winzigste gehende Sorge zu lohnen beginnen und in diesem Monate den zweiten Flor bringen, zum Stupor der ganzen Umgebung, wo man wachsen lässt was wachsen will und was die tausendfältigen Schmarotzer nicht vertilgen, das verdorrte und die Früchte ungeschnitten lässt und dann natürlich von den unbeschränkt in Busch schiessenden Stöcken nach der ersten halbwilden Juni-Blüte nichts mehr erwarten kann. – Tagsüber bin ich fleissig, unten im »galanten Cabinet« dessen Sie sich vielleicht noch erinnern, bei angelehnten Läden im warmen Halblicht – das schönste an Sphäre was ich weiss, während draussen die riesigen Cicaden mit ihrer spröden Schnarre lärmen und nur eine schmale Lichtbahn die harte weisse-und-dunkelblaue Glut des Landes ahnen lässt. Ich bringe den Annus Mirabilis nun in die letzte Ordnung, ich hoffe ihn im Winter als Buch zu sehen, wenn –

Nämlich, *wenn;* Sie werden wissen dass Heymels πειθώ bei diesem Herrn versagt hat. Ich habe ihn nun in mein letztes Mittel geklemmt von dem ich Ihnen nichts weiter sage als das es fasst wie Kneifzangen. Wenn es auch versagt, so werde ich zwar vor ihm allen Respect haben, den Hybris selbst in subalternen Naturen bei mir erregt, aber ich bin dann natürlich für die Insel verloren wie sie für mich. Ich werde mich dann über kurz und lang doch mit Fischer verständigen müssen, der, vermutlich über meine Vertenz mit der Insel durch irgend ein literierendes Waschweib unterrichtet einen Fühler nach mir ausgestreckt hat. – Ich gestehe Ihnen, dass ich vor der ungeheuren Dummheit, die K. bei allem »Charakter« in dieser Angelegenheit beweist, Mühe habe meine fünf Sinne beisammen zu halten und gewiss zu bleiben ob ich eigentlich wache oder träume.

Sonst ist nicht viel zu sagen als dass die Frankf. Ztg um die Erlaubnis gebeten hat, das Joram-Nachwort nachzudrucken, und auf meine notgedrungen abschlägige Antwort wenigstens einen ausführlichen Aufsatz über diesen Gedankenzusammenhang zu wünschen erklärt; das heisst, mein Jugendfreund, der kleine Heinz Simon thut es, der sich jetzt für die Übernahme des ganzen Concerns dort in einem sehr methodischen Tirocinium einarbeitet. Ich habe zugesagt, bin aber nun zweifelnd ob es mir gelingen wird, ein geistiges an Potenz auf das nur die Organe der feinsten Präcisions Apparate vibrieren können, an der groben Zunge der Küchenwage Publikum zu demonstrieren. Es geht mir dabei wie dem Mathematiker Gauss, der einmal auf die Frage, warum er über gewisse Probleme nichts veröffentliche, mit grandiosem Stumpfsinn antwortete: »die Resultate habe ich alle längst, ich weiss nur noch nicht wie ich zu ihnen gelangen werde«; ein Wort das man allen mit der Feder denkenden zu tiefster Meditation empfehlen möchte.

Heymel hat mir sehr freundlich und verständnisvoll geschrieben, zugleich mich mit dem wirklich bedeutenden und schönen Anerbieten eines limitierten Privatdruckes von der Villa überrascht das ich natürlich mit lebhaftem Danke angenommen habe. Ich fasste in Venedig auf der Rückreise von Deutschland unter dem intellektuellen Glücks Schauer mit dem der Marcusplatz immer wieder auf mich wirkt, den Plan als Gegenstück zur Villa eine »Piazza« zu schreiben und beides unter einem dummen Titel an Julius Bardleben zu verhökern. Da mir aber nach den glücklichen ökonomischen Ergebnissen meines Berliner Aufenthaltes – ich schrieb Ihnen davon in dem verlorenen Briefe – an literarischen Einkünften nicht mehr gelegen zu sein braucht, so verzichte ich mit tausend Freuden auf die zweifelhaften Genüsse dieser Publizität zu Gunsten des Heymelschen Refugium, in dem doch mindestens ἄγραφοι νόμοι allen gemeinsam und beschworen sind.

In dieser »Sphäre« fällt mir ein, dass ich einen verzweifelten Versuch gemacht habe, das Blei-Gewicht das ich schuldlos und hoffnungslos mit mir schleppe, abzustossen, – ich weiss noch nicht mit welchem Erfolge. Ich forderte nach meiner Rückkehr von Deutschland wo ich in seine »Karfunkelsteine« einen hinreichend versteinernden Einblick gewonnen hatte, den Beitrag zurück, den er mir für dieses Ragoût aus stinkigen Eiern abgelistet hatte, bekam aber darauf nur die Antwort, es sei schon gedruckt pp, sei seine grösste Freude am ganzen Jahrgange pp mit dem stehenden Refrain, ich sei der grösste lebende deutsche Dichter pppp. Obendrein schickte er mir die letzte Sauerei die er aus den Senkgruben der Literatur zusammengeschöpft hat, das »Lustwäldchen« – ich weiss nicht ob Sie es kennen – genug es ist eine Sammlung grenzenlos langweiliger und stupider Bordell-Roheiten, in den verlorensten Zeiten unserer Kultur von ihren letzten und untersten Geistern, meist verdorbenen totkranken Studenten mühsam hergestellt, besten Falles der gleichzeitigen überreif barocken und in aller Verirrung grossartigen Libido

Marinis tölpelhaft nachgestümpert; mit Bedacht ist alles nicht geradezu säuische Produkt des Zeitalters, vor allem Gryphius, der einzige der Zug zur Grösse hat ausgelassen, und eine heuchlerische Einleitung motiviert das mit einer ästhetischen Beschränkung auf »Liebesgedichte« wirklich Liebesgedichte wagt das Untier diese Wucherungen verrohter und kranker Impotenz zu nennen! Ich habe ihm darauf so höflich und nett als meine Erziehung es nur hergeben wollte, verständlich gemacht, dass mir diese Chosen der letzte dégoût sind, und dass ich gewohnt sei, das dritten Personen gegenüber offen auszusprechen, daher es nicht schicklich fände es ihm zu verschweigen. Glauben Sie dass ich ihn damit los bin? Er schweigt bisher, lassen Sie uns das beste hoffen! – Alle anständigen Menschen mit denen ich jetzt wieder über den Fall Blei gesprochen habe, sind einer und der gleichen Ansicht, dass man sich dieses ärgsten aller die Luft verderbenden und guten Sachen schadenden Parasiten entledigen muss – wenigstens wenn er sich nicht entschliesst, sich zu reformieren. Er ist ein leidlich gescheiter Mensch, der grossen Herren die Manieren allenfalls abzugucken weiss und es zum literarischen Äquivalent der Sorte von glänzenden Kammerdienern bringen kann, die man hier cameriere di fiducia nennt. – Verdirbt man der Pest die er verbreitet nur die geschäftlichen Contagiums-Möglichkeiten so ist es sehr möglich dass er wieder arbeiten lernt und in seiner Weise nutzen – meinthalb mit allen seinen naseweisen Orakel Manieren. Aber so gehts nicht mehr lange fort.

Berg! Ich sehe er hat Ihnen soviel Freude gemacht wie mir. Es ist immer noch anständig von ihm, dass er an einem Menschen wie ich der sein ganzes bischen Literatendasein negiert, irgend etwas ehrlich zu loben findet. Ich bin Kritikern gegenüber, an denen ich in der Rede ü. H. so summarische Justiz geübt habe nicht unbescheiden, und all sein Gefasel und alle Airs die er sich giebt, nützen mir und der Sache doch am Ende mehr als sie schaden.

Leben Sie herzlich wohl und seien Sie von uns beiden in alter Gesinnung gegrüsst, B.

Im Voraus Dank für das Bild für das ich mich revanchieren werde sobald ich ein besseres habe.

29 RUDOLF ALEXANDER SCHRÖDER AN RUDOLF BORCHARDT

Berlin den 2. [gestr.: Juli]
August (leider schon!) 1907.

Lieber Herr Borchardt,
Also Elysium ist noch nicht da. Aber es muß kommen. Es ist nämlich schon das erste mal eingeschrieben gewesen & wieder zurückgekommen, weil Vallebuia mit einem j, statt i geschrieben war!!! Nun ist es allerdings seit 8 Tagen wieder unterwegs & ich habe einen Laufzettel hinterhergeschickt – oder veranlasse dies vielmehr noch heut. Jedenfalls werden Sie einmal in den Besitz dieses Buches kommen, wann? das weiß Gott.

Ihren Brief vom 30. Juni habe ich erhalten, der angefangene Brief, von dem ich Ihnen schrieb, war die Antwort darauf; und da nun beide (Ihr & mein Brief) momentan in Bremen sind & ich in Berlin bin (noch für ca. 6-8 Tage) so ist damit gesagt, daß ich nicht einmal heute auf Details dieses Briefes, der mir im Allgemeinen sehr wohl erinnerlich ist eingehen kann. Mir thut das sehr leid, zumal wegen der Insel-Affaire, die mich äußerst schmerzlich berührt. Kippenberg war gestern bei mir & expektorierte sich ausführlichst über die Angelegenheit, war sehr gekränkt darüber, daß Sie, nachdem Sie sich so freundschaftlich mit Ihm & seiner Frau gestellt hätten plötzlich ihn wie einen Schuhputzer behandelten, Dinge von ihm verlangten, die mit seiner Ehre unvereinbar seien etc. – Da ich nun nicht die Ehre habe Herrn K's Ehre anders als sehr oberflächlich zu kennen, so weiß ich natürlich nicht, was mit ihr vereinbar ist & was nicht. Ich möchte Sie doch nun dringend & herzlich bitten, lieber Freund, machen Sie dem Mann die Sache nicht all zu schwer; denn wenn schließlich von seiner Seite aus nichts vorliegt als eine Verspätung von 3-4 Tagen so ist das doch immer noch kein Vertragsbruch & eine ziemlich unbedeutende Affaire. Der Mann wird nach jeder andern Seite hin bereit sein für Sie selbst *Opfer* zu bringen & ich glaube kaum, daß Sie einen so anständigen Verleger noch einmal finden. An einem gewissen Mangel von Form darf man sich allerdings an diesem Menschen nicht stoßen, nur ist das schließlich doch nicht das punctum saliens bei geschäftlichen Beziehungen und schließlich giebt es für Fälle wie diese doch ein gutes altes Wort vom »Klügeren, der nachgiebt«. – So, damit möchte ich in aller Bescheidenheit meinen Standpunkt zu der Sache angedeutet haben. Irgend welche Einflüsse auf den guten K. habe ich nicht, und habe mich daher bemüht, ihm klar zu machen, daß er hier wirklich nicht leichten Herzens vorgehen dürfe.

Das Blei, das sich Ihnen nun für eine Zeit als Gewicht ans Bein gehängt hat, ist bei mir zu einer chronischen Bleivergiftung geworden & Sie verstehen, die ist so gut wie unheilbar. Ich habe mit dem edlen Mann seit der Inselzeit so viel Beziehungen, daß ein direkter Brief jetzt für mich insofern sinnlos wäre, als dieselben Widerwärtigkeiten vor 7 Jahren genau so scheußlich waren wie jetzt. Ich ziehe mich still & langsam zurück, was allerdings nicht verhindern wird, daß ich neben Ihnen als Karfunkel 2ter oder 3. Güte in diesem opalisierenden Cingulum Veneris mit einem Beitrag glänzen werde, der sicherlich auch auf Anfrage schon grade gedruckt sein würde. Das furchtbare ist nur daß alle litterarisch beflissenen Jünglinge dem Beispiel dieses Blei-Spiels folgend sich schon dieselben Edel-Manieren angewöhnt haben wie dieses Ober-Schwein. Das Lustwäldchen hat gerade in diesen Tagen meinen Abscheu erregt und ich kann auch Ihre Kritik dieses Schweine-buches nur mit einem unausgesetzten »Hört hört« & »sehr richtig« erwidern. Er hat es übrigens nicht mir selbst geschickt, sondern – die Möglichkeit! – einer mir bekannten Dame. Über Haupt, mein Lieber, *die* Gegend des deutschen Parnasses, wo sich dieses trüffelsuchende Scheusal aufhält unter Bier- und andern Gift-Bäumen, bedürfte schon aus Gesundheitsrücksichten einer polizeilichen Ausmusterung. Na, Schluß. –

Nun kommt noch etwas Wichtiges & es kommt nebenher auch zu Tage, warum ich Ihnen auf der ersten Seite dieses Briefes so apostolisch zum Frieden mit dem bösen K. geraten habe. Hören Sie, mein Lieber: Ich will zum Herbst 1908 ein Jahrbuch für 1909 herausgeben, in dem der Hauptsache nach Sie, Hofmannsthal & einiges von meinen Übersetzungen stehen sollen. Mit dem Inselverlag ist die Sache schon arrangiert. Es würde sich nun nur darum handeln, ob Sie selbst im Falle eines Bruches mit K. für diese Publikation zu haben wären. Ich wage es hier an Ihre freundschaftlichen Gesinnungen für mich zu appellieren. Das Jahrbuch, das den schönen Titel *Hesperus* führen soll ist seit Jahren schon ein schöner Traum von mir & ich würde es sehr betrauern, wenn es einer bleiben müßte. Denn Ihr Nicht-mitwirken würde für mich die Sache zu Fall bringen. Die *Villa,* die Heymel privatim drucken will, hatte ich eigentlich gedacht in dem Jahrbuch abzudrucken, doch ist es so ja auch sehr schön. Und bis zum März, wo ich das Material haben müßte, werden Sie ja Anderes genug fertig haben. Das Buch sollte in ganz groß oktav etwa 200 Seiten umfassen, groß gedruckt (nicht zeitschriftenartig) und ich würde von Ihnen Beiträge jeden Umfanges willkommen heißen.

Honorare werden selbstverständlich anständig sein – aber das reizt Sie alten Protzen ja nicht mehr – könnte ich doch auch ein gleiches von mir sagen oder für mich erwarten! Nun, bei mir thuns die diversen rosa & himmelblauen Sofas, sie retten mich vor der Schande litterarischen Erwerbslebens! – Haben Sie in dieser Zeit außer dem »Lustwäldchen« ein gutes neues Buch zu sehen gekriegt? Ich nicht – & dabei lebe ich in Berlin. D.h. doch, der »weiße Fächer« von Hofmannsthal war mir neu – Sie werden ihn wohl schon kennen, es bedarf keines Lobes; denn er ist in der Tat schön. So etwas ermuntert einen immer wieder. Denn manchmal, wenn man so in das Tohuwa-bohu unserer Litteratur, Kunst, Kritik, Musik und aller sonstigen -ismen, -iken, -ion etc. hinein sieht bekommt man anachoretenhafte Gelüste. Natürlich Sie in Ihrer Rosenvilla begnügen sich damit wirkliches &

ungefährliches Ungeziefer auszurotten, während einen hier unabläßlich das allegorisch gemeinte & gefährliche Ungeziefer umschwirrt. Neulich stand wieder so'n Artikel über Kunst oder über Kritik oder über Kunst & Kritik von Dehmel im Tag bei dessen bloßen Anblick mein Gehirn zu Brei wurde. Contagiöser Kram, furchtbarste Seuchengefahr für alle noch nicht gänzlich ramponierten Gehirne! – Diese verschleierte Plattheit, die jedes Loch im Fußboden als mystischen Abgrund visiert und über jeden Abgrund auf dem Federhalter hinwegfliegt wie die weiland + + + Hexen auf ihrem Besenstiel! – Genug des Schimpfens. Ich will Ihren Sonnentag nicht mit diesem nordischen Wolken und Fliegen, Mücken & Schlimmerem verfinstern. Leben Sie vielmehr wohl, bevölkern Sie das galante Kabinett mit den Kindern Ihrer Muse, und behalten Sie einen armen Teufel lieb, der weder ein galantes Kabinett hat, noch eine Muse, mit der sich die Galantheit erfreut. Adieu – 1000 Grüße an Sie & Ihre Frau!

Ihr RAS.

[Beilage]

Hor. Car. IV. I.

Frieden träumt ich; und wieder nun
Venus, rufst Du zum Kampf? Schone, oh schone mein!
Sieh, auch Cinara fände heut'
Ihren Sänger nicht mehr. Grausame, laß mich ruhn,
Mutter süßer Begehrlichkeit;
Denn mein alterndes Haupt beugt sich dem schmeichelnden
Zwang der Liebe nicht mehr: Geh hin,
Wo der Jünglinge Schwarm zärtlichen Worts Dich ruft! –

Viel willkommener flögest Du
In des Maximus Haus, wenn Du ein Opfer suchst,
Mit dem purpurnen Taubenschwarm:
Dessen jugendlich Herz rührest Du nicht umsonst.

Edlen, väterererbten Sinns,
Nie fehltreffenden Worts, aller Beklagten Schutz,
Hundertfältiger Künste voll,
Trägt er Länder hin durch deiner Paniere Ruhm.

Wenn der stärker Begabte dann
Des vergebnen Geschenks großer Rivalen lacht,
Stellt er überm Albanersee
Dein gemeißeltes Bild unter ein schönes Dach.

Dort erfreuet Dich Räucherwerk
Immer wechselnden Duftes, und berecyntischer
Flöte festlicher Ton erschallt,
Mit vermischtem Gesang, Leier und Hirtenrohr.

Dort mit zierlicher Mägde Reihn
Stampft dreifältigen Schritts nach saliarischer
Art der Jünglinge Reihentanz
Dir zu Ehren den Grund, Tage und Nacht hindurch.

Mich gelüstet der Weiber nicht,
Nicht der Knaben; und schon floh des wechselnden
Geists aufregende Hoffnung fort,
Floh Behagen des Weins, welkte der Kranz im Haar.

1907

Doch warum nur, oh sag', warum,
Rinnt vereinzelte mir, Träne die Wangen ab?
Sag, warum, Ligurine, mir
Stockt verschüchterten Munds stammelndes Wort und
                                                                          schweigt?
Schon in nächtlichen Träumen, ach,
Halt ich, halte dich fest, dich, den Beflügelten
Durch die Halme des Rasenfelds,
Durch die schlüpfende Flut, Starrer, verfolg ich dich.

I, 4

Also löst sich das Jahr, da wechselnd der Frühling kommt
                                                                     und Westwind,
Und trockne Kiele gleiten in das Wasser.
Aus den Ställen entläuft das Vieh und der Ackersmann vom
                                                                               Feuer.
Die Wiese starrt nicht mehr im grauen Froste.

Hebt Cyterea doch schon, wenn Bäume hindurch der Mond
                                                                     blickt, Venus,
Im Tanz mit Nymphen und mit den gehalt'nen
Grazien wechselnd den Fuß, da glühender noch die schwere
                                                                              Werkstatt
Vulkanus unten den Cyklopen schüret.

Jetzo schmücket das Haupt, das leuchtende, nehmt die Myr-
                                                                              tenreiser,
Nehmt bunte Blumen aus gelöster Scholle.

1907

Faunus fordert sein Mahl im düstern Licht des Hains, so
                              gebt ihm
Ein zartes Lämmchen, wie er mag, ein Böcklein.

An die bedürftige Türe pocht der blasse Tod gleichgültig
Und an den Turm des Königs. Oh, mein Sestus,
Unser Leben ist kurz, so lasse die lange Hoffnung fahren:
Schon drückt die fremde Nacht dich mit Gespenstern

Und das plutonische Haus, Verbannung; denn einmal gehst
                              du dorthin
Und hast des Weins, des Würfelspiels vergessen,
Ja, des Lycidas auch, des schlanken, der alle jungen Freunde
Erröten macht: Bald glühn ihm so die Mädchen.

1907

30 RUDOLF ALEXANDER SCHRÖDER AN RUDOLF BORCHARDT

[Berlin, Ende Juli/Anfang August 1907]

Für Rudolf Borchardt
Wenn unterm Grund die Toten lauern
Uns, die wir atmen zu empfangen:
Was hilft es, ihnen vor zu trauern
Und zu bedenken, was vergangen.

Sie werden uns schon bald erreichen,
Sie rücken hinter uns heran.
Doch keiner soll vom Boden weichen,
Auf dem er sich behaupten kann.

Und so, von Feinden rings umgeben
Wird Dir das eine Glück bekannt:
Gefühl von nah verwandtem Leben
Und Druck der freundschaftlichen Hand. –

[Widmung in: Elysium. Ein Buch Gedichte. Leipzig: Insel-Verlag 1906]

31 RUDOLF BORCHARDT AN RUDOLF ALEXANDER SCHRÖDER

[Briefkopf: Villa Sardi
di Vallebuia Lucca]
5 August 07

Mein lieber Herr Schroeder,

Sie haben mir die schönste Gabe, – die ein sprödes Schicksal mir nur zögernd hat gönnen wollen, – nun durch die Verse des ersten Blattes ganz teuer gemacht – – nur wenn ich im Augenblicke dieses Beschenktwerdens den Druck Ihrer Hand lebendig hätte erwidern können, wäre etwas von dem Dankgefühle in Sie hinübergeflossen, das ich Worten und gar diesen elenden Buchstaben nicht anvertraue.

Das eigene Schicksal hat es mit mir so gemeint, dass ich den Versen dieses rührenden Buches nicht oder fürs erste noch lange nicht als Kunstwerken gegenüberstehen kann – sie enthalten für mich ganz, und noch viel mehr als die Sonette, – Klänge, Bilder, Weihrüche aus dem Ritus einer Religion, in deren Mysterien und Liturgieen ich kein blosser Adept habe sein sollen; und seit langem kein Neophyt mehr bin. Was andern an diesen Strophen Form sein mag, klingt mir zu oft wie die sacral gewordene Formel eines inneren, mir eigentümlichen Sühnenwollens und Sehnenmüssens – und so kann ich nicht betrachten, sondern begnüge mich immer wieder zu lesen und in der Stille nachzusprechen, was ich mich schämen würde zu beurteilen. Denn ein Urteil werden Sie es nicht nennen wollen, dass ich mir meiner rauchig und wolkig betrübten Art neben dieser diaphanen Durchlauchtigkeit, die nichts färbt und nur das Lichteste durchlässt, als meiner Grenze bewusst werde, – vielleicht nicht einer Grenze die mich ungeduldig macht, denn sie macht mich im Gegenteile ruhig wie das ganz Notwendige immer, aber sie hat Schicksal genug in sich, um dieser Ruhe einen tiefen Ernst zu geben, zu allem andern als Schicksalsernst was dieses Buch in meine Sphäre bringt oder zurückbringt. Ich wollte, Sie könnten mich einmal lehren, so zu sein wie Sie; da Sie es nicht können und ich es nicht lernen würde, so muss ich bleiben wie ich bin und wie ich mich oft selbst nicht wünsche; denn davon lebe ich im letzten Ende doch innerlich, wie im besonderen alles Tiefere wodurch ich Ihnen angehöre, davon alleine lebt.

Ich schlösse hier am liebsten und bäte Sie nur noch das Gedicht anzunehmen, das ich aus dem Annus Mirabilis für Sie abgeschrieben habe – aber ich muss noch etwas stumpfes daranflicken damit schon ein läppischer Streit sein läppisches Ende findet. Kippenberg also legt Wert darauf dass die von der Vertenz Unterrichteten ihre Beilegung aus gleichlautenden Erklärungen erfahren. Der Bettel lautet: »zugrundeliegende Missverständnisse gegenseitig Streitfall freundschaftlich Erklärungen erledigt« oder so ähnlich, ich kann jetzt nicht nachsehen. Jeder Aktuar oder Corpsstudent bildet Ihnen einen Satz daraus, die hauptsächlichsten Worte sind es jedenfalls. – Er hat sich gesperrt, wie das berühmte Kalb im Joram »gegen den der es leitet, es zu metzen« – *wie* ich ihn schliesslich zur Raison gebracht habe ist »Geschäftsgeheimnis«. Aber nun übergenug davon.

Ganz und getreulich der Ihre Borchardt

32 RUDOLF BORCHARDT AN RUDOLF ALEXANDER SCHRÖDER

[Nicht abgesandt]

Villa Sardi 10 Aug 07

Mein lieber Herr Schroeder   Für irgend etwas und irgendwie zu danken, wird allmählich die ständige Form meiner Briefe an Sie – auch kenne ich in solchen Stücken keine verlegen abwehrenden Bescheidenheiten sondern sage rundheraus dass ich mich freue. Ihr Bild ist mir leicht fremdartig, es hat einen hagern und fast spitzen Zug der mit meiner Erinnerung an Sie nicht übereins geht – ist mir aber dennoch als Bild und Ganzes sehr erfreulich gewesen, wie es denn jetzt auch neben einem herrlichen grossen Hofmannsthalbilde das ich aus Berlin mitgebracht habe seinen Platz gefunden hat. Indem ich es dahin stellte, fiel mir lebhaft ein, dass da gewiss für Jahrzehnte hinaus kein drittes Bild sich anschliessen kann; denn davor dass George mir eins schenkte bin ich sicher und sonst – –? Mir kommen lauter Namen und lauter »Nein« zugleich in den Sinn. Bleibe es immerhin bei diesen beiden, es ist auch für zwanzig Jahr genug. – Ein Jüngling der hier als eine Art germanistischer Sekretär bei mir ist um eine bestimmte Arbeit mit mir vorbereiten zu helfen weiss Wunderdinge von der *Auge* zu erzählen in der Rilkes Ruf und Absatz sich jetzt zu Hause befindet. Es wäre lehrreich genug wenn das so wäre; und würde mich von allem sachlichen abgesehen, für ihn natürlich sehr freuen.

Ihren Übersetzungen aus Horaz sosehr sie mich interessieren, stehe ich wie Sie gewiss nicht anders erwarten können unentschieden gegenüber; es sind Atelier Arbeiten an die ich keine absoluten Maassstäbe lege, ja, bei meiner allgemeinen Stellung zur Sache,

33   RUDOLF ALEXANDER SCHRÖDER AN RUDOLF BORCHARDT

[Berlin] 13. August 1907.
Lieber Herr Borchardt.
Ihr Gedicht ist wunderschön, ich habe mich sehr daran erfreut & bin auf das Werk, aus dessen Zusammenhange es ist sehr gespannt. – Das zuckend Abgebrochene der Reime und Rhythmen in dieser sonderbaren Versstellung ist sehr schön & der Ton seelischer Ergriffenheit tief rührend. Es ist merkwürdig daß Ihnen diese Dinge auch aus einem Verfehlen heftigster Wünsche heraus geboren sind. Mir geht es damit so eigen, daß ich oft nur deshalb eine recht durch & durch glückliche Zeit erleben möchte, um einmal den Ton meiner Dichtungen umstimmen zu können. Aber hier geht es auch so, daß einmal Verfehltes für immer verfehlt bleibt, und durch nichts Erreichtes & Erreichbares zu vergüten ist. – Daß Ihnen mein Elysium lieb ist, hat mich sehr gerührt. Das Buch ist ein Destillat aus sehr großer Verzweiflung des Herzens heraus, mehr vielleicht eine Symbolisierung eigenen Starr-Werdens & Kalt-Werdens als etwas anderes. Ich fürchte, daß ich mich kaum je wieder so »reinlich« werde aussprechen können, als in diesem recht simpeln Buch. Meine neuen Dichtereien leiden meist an Überladung mit Gedanklichem & ich fürchte für die Zukunft immer ein Weniger an eigentlichem Impetus; denn leider kann man durch vieles Abklären eine Art von Transparenz erreichen, die alles hindurch läßt,

ohne etwas aufzufangen. Ich habe jetzt eine kleine Reihe von Sonetten (in der Form der shakespeareschen) geschrieben, die tout simplement transzendentaler Art sind & mich deshalb sehr beunruhigen. Sobald ich Schreibmaschinen-Abschriften davon habe, erhalten Sie sie mit der Bitte um strengstes Urteil.

Nun aber zum Hauptzweck meines Briefs, nämlich der Frage, ob Sie meinen letzten Brief erhalten haben? In ihm fragte ich an, ob Sie Lust hätten, sich an dem Jahrbuch für 1909, das ich im Inselverlag herausgeben werde beteiligen wollen? Es wird im wesentlichen (wenn *Sie* wollen) aus Beiträgen von Hofmannsthal, Ihnen & mir bestehen, dazu dann einiges Füllsel. Von mir haupts. Übersetzungen aus Homer & Shakespeare. – Ich bitte Sie dringend, mich hierbei zu unterstützen & mir möglichst bald zu schreiben, weil mir die Sache am Herzen liegt. – Dem Brief lagen auch einige Horaz-Übersetzungen bei, über die ich gerne etwas von Ihnen hören würde, auch Tadelndes! –

Nun ade, lieber Herr Borchardt, vielen schönen Dank & viele schöne Grüsse nach Vallebuja. – Leben Sie recht wohl & vergessen Sie nicht Ihren geplagten »Mitstrebenden«

RAS.

34 RUDOLF BORCHARDT AN RUDOLF ALEXANDER SCHRÖDER

Villa Sardi
17 August 07

Mein lieber Herr Schroeder – Ein Brief an Sie liegt begonnen seit Tagen da, aber ich habe Gäste und bin so vielfach gestört und zersplittert dass ich kaum zum dringendsten komme, – dies dringendste hängt dann aber wieder mit einem der Gäste – mit dem ich eine Arbeit vorbereite – so zusammen, dass alles Laufende ruht. Verzeihen Sie daher meine Säumigkeit bei den neuen Geschenken, mit denen Sie mich bedacht haben. Ihr Bild finde auch ich noch ausserordentlich ähnlich – das etwas Hagere und Spitzige abgerechnet, während ich Sie jetzt eher *voll* in Erinnerung habe; Auge und Ausdruck halten mir Sie aufs erfreulichste lebendig; ich habe es nicht über mich vermocht Sie in effigie zu hängen, sondern die effigies vorderhand neben ein herrliches grosses Bild Dessen von Rodaun gestellt, das ich aus Berlin mitgebracht habe. Dabei denke ich wol oft, dass nicht leicht in meinem Leben ein anderes Bild zu diesen zweien treten wird. Nun müssen wir uns daran genügen lassen!

Die horazischen Proben waren mir wie Sie begreifen werden, höchst interessant, und, wie Sie nicht gut anders erwarten können, nur stückweis und versweis ohne Rest annehmbar. Einem Leser des Horaz wie Metier und Hinneigung ihn aus mir gemacht haben, müssen Sie es nachsehen, wenn er an die Wiedergabe gerade dieses Dichters einen schon fast pedantisch hohen Anspruch stellt. Ich weiss wohl – und weiss es übrigens aus eigenen verzweifelten Versuchen – dass dieser Anspruch eben darum ein chimärischer ist, weil Horaz auf dem augenblicklichen Stande unserer Dichtersprache »flatly« unübersetzbar ist, weil weder unser Material noch unser Kunstbegriff zur Wiedergabe dieser diamantischen Präcision, dieser vollkommenen Fugung, dieser vornehmsten ja manchmal geradezu maniakalischen Ökonomie der Mittel ausreicht. Ein solcher Versuch setzt für das Gelingen zunächst eine Abgewetztheit, eine Zurichtung und

Tötung des Sprachgutes voraus, von der wir (Gottseidank) sehr weit entfernt sind, dann aber auch für die blosse Vorstellungswelt ein Kultur Erbe das wir noch lange nicht besitzen werden – – – ich meine Lagerungen von unzähligem verwelktem, verblasstem abstract gewordenen, was nun eine Art gleichmässiger Schicht bildet – eine Schicht in der durch ein einziges glückliches Wort, einen Treffer, alles übereinanderliegende für einen Moment aufzuckt, durcheinander blüht, lebt, duftet, um sofort wieder zu versinken. Ich will nicht dogmatisch werden, sondern einfach ein Beispiel nehmen, um Ihnen zu zeigen, wo Sie, (während Sie im übrigen immer einen Teil horazischer Art, besonders im Tone, retten) dennoch notwendigerweise das Eigentliche des Gedichtes, der Conception verwischen, die nur mit den wenigsten absolut notwendigen Worten, ohne Füllsel und Flicken rein in die Verse gebracht ist. Ich nehme III 18, mit Willen ein ganz kurzes, und bitte Sie ihren Text zu vergleichen. Das Epithet Nympharum fugientum amator ist nicht so müssig wie in Ihrem hübschen Verse »Wenn Du Freund der flüchtenden Nymphe Faunus pp« sondern das ganze Gedicht wird als Gattung (Umschreibung eines Gebets Rituals) und als Motiv aus dieser Paraphrase des φιλόνυμφος oder νυμφοσύλας entwickelt.»Faun auf stürmende Nymphen Entbrannter« redet der Dichter den Gott an, indem er gewissermassen mit aufgehobenen Händen abwehrend an seiner Gutsgrenze steht, wenn die wilde Jagd Dich über mein Gebiet führt, so zerstampfe mir meine dicht vor der Ernte stehenden Felder nicht und brich mir keine jungen Triebe ab. Per meos fines steht ἀπὸ κοινοῦ zu dem zweigeteilten Gebet, das auf das Gereifte und auf das noch Zarte der Flur geht und eine Teilung in incidere und abire nach sich zieht. Sie sehen dass Ihr »wandernd« und »segne milden Blicks« das Motiv ganz verwischt, nichtwahr, vom übrigen abgesehen. An die erste Strophe schliesst sich die zweite in der ganz feierlichen Ritualform si bene facio salvum me fac, dessen halb ironischem Pathos – wie denn überhaupt der Ton des Gedichtes ein sehr leichter, einmal (13) sogar moquanter ist, Ihre Umsetzung in Frage nicht gerecht wird. Und ebenso wenig spüre ich in der Fortsetzung viel Horazisches. Das Gerippe ist doch einfach das: Sei mir lenis und aequus, so wahr als ich meine Ritualpflichten gegen Dich streng erfülle, erstlich die Opfer zu Neujahr Dir wie allen palatinischen Göttern bringe, mit Tieropfer Trankopfer Rauchopfer ferner aber bei Deinem eigensten Feste zu den Decembernonen auf meinem ganzen Gute vom Stiere bis zum Schafe vom Pachtbauern (pagus = der Gesamtheit der Coloni) bis zum Taglöhner (fossor, der nichts als Erdarbeiten mit blosser roher Muskelkraft auszuführen im Stande ist) kein lebendes Wesen arbeiten lasse. Das Kleinvieh wird nicht wie sonst gemolken, sondern ludit, tollt herum (nicht »schweift« das thut es ja mehr oder weniger immer) der Stier ruht, die Bauern sind auf den Wiesen wo sie sonst nichts zu suchen haben, dann, parodistisch hyperbolisch, der Wolf errat, treibt sich herum, wie auf Utopien der Aurea Aetas, mit den Lämmern die sehr frech sind und mit ihm die Rolle getauscht haben, wie er mit ihnen (Epod. II 12 errantes, typisches Wort für weidende Herden.) Gewiss ist dann V. 14 ein plötzliches süsses Landschaftsbild, ganz flüchtig, huschend wie immer bei Horaz. Aber es ist nicht wie bei Ihnen ein *blosses* Landschaftsbild, das ist in diesem Stile und unerbittlichen Zusammenhange ganz unmöglich. Es ist ein Festtagsbild, ein Zug aus der festtäglichen Sphäre. Feststrassen werden mit Laub, und zwar bei Reichen und vor allem in Rom mit kostbarem, duftendem Laube, sonst mit Myrthen, Calmus pp. bestreut. Hier auf dem Lande thut der Decemberwald der sein letztes Laub fallen lässt dasselbe, dem Gotte zu Ehren, spargit, giebt seine bäurisch rohe agrestas Zuthat zum Festschmuck, das plötzlich aufspringende Motiv einer Feststrasse, eines Zuges auf ihr, leitet zu dem Tanz auf dem der fossor, der letzte unterste der Gutsleute, roh und tölpisch sein Mütchen an der Erde kühlt (die ihm manchen Schweisstropfen entlockt hat) einen komischen Sinn in den Dreitakt des uralten stampfenden Tanzes legt. – Nun halten Sie mich gewiss nicht für den Pedanten, der mit einer solchen Herausarbeitung des bloss logischen Schemas ein Gedicht wie dies für erledigt hält. Aber es ist das Wundervolle bei Horaz und in der meisten wirklich grossen antiken Poesie überhaupt, dass die Zeichnung und Modellierung immer restlos in Kunst selbst, in Eindruck und sinnliche Überzeugung umgesetzt ist, es daher auf Irrwege führt, wenn der Dolmetsch von dieser sinnlichen Färbung und Überzeugung, antik gesprochen, der ψυχαγωγία, einem ὕστερον, statt dem πρότερον der logischen Motivierung ausgeht. Er wird dann vielleicht, wie Ihnen hier halbwegs, und an andern Stellen, etwa im ganzen 1 4 sehr hübsch gelungen ist, irgend ein Gedicht, auch wol irgend ein dem antiken halbähnliches herstellen, aber niemals was doch der einzige Sinn des Übersetzens auf unserm Niveau ist, Stil durch Stil wiedergeben. Denn Stil bei Horaz ist eben nichts als dies, eben nichts als dieser Ausgleich, diese vollkommene Proportion zwischen dem consequenten Aufbau der Conception und der Ausbildung jedes seiner Organe zur sinnlich vielsagendsten, scheinbar selbständigsten Erscheinung. Bei Homer stehen die Dinge ganz anders, hier ist der Stil unpersönlich, eine grosse nationale Convention in der sich die anonyme Poesis unverantwortlich unambitiös bewegt, halb locker, halb im grossen Schutze liturgisch erstarrter Formen. Hier – wenn ich auch für mich selber nie an die Möglichkeit gedacht hätte – erscheint mir vor allem nach den schönen Proben die Sie mir gaben, eine Übersetzung viel thunlicher, wie ja schon im Bestehen niederer Vorarbeiten wie Stolberg Bürger Voss eine Gewähr für das Weiterkommenmüssen liegt. Und für die Horazischen Sermonen steht nach Wielands bewunderungswürdiger Leistung das Problem auch weit günstiger als für die Oden, wo alle vor Ihnen gemachten Versuche schlechterdings nicht zählen; bleiben Sie also wenn meine Bemerkungen, wie ich lebhaft hoffe, Sie nicht allzusehr verärgern, durchaus und sehr dabei, hier Künftigen die Bahn zu brechen. Voller Möglichkeiten zu Horaz zu gelangen ist die Zeit ohnehin; Georges »Hirten-und Preisgedichte« sind bei allem Anschein der Stillosigkeit, mit dem sie in Georges Art ja geradezu renommieren (etwa die greulichen Namen, Menechtenus u.s.w., und die manchmal noch greulicheren Situationen, von den Metzen ganz abzusehen) gewiss das horazischeste was die neure Poesie erzeugt hat, rein dem Stile, der inneren Form und der äusseren Fügung nach, und jede wirkliche Übersetzung des Horaz findet hier Material zur Gegenprobe. – Verzeihen Sie mir mein Mäkeln, oder vielmehr nehmen Sie es so im Vertrauen auf mich, wie ich im Vertrauen auf Sie zu allem was mir von Ihnen zukommt meine Meinung unverschränkt sage. Sie sind niemand den man schonen müsste, wo man nicht mit reinem Gewissen loben kann.

Noch eins, – in 1 4, im viertletzten Verse, ist ein leichtfortzuschaffendes Versehen. Domus exilis Plutonia hat mit exilium nichts zu thun; exilis heisst mager dürftig arm. Dass überhaupt der Schluss dieses sonst Ihnen sehr gelungenen Gedichts mir nicht ganz so gefallen kann wie der Anfang zeige Ihnen die folgende wörtliche Version von der grossen Sinn-Cäsur an:

Blutloser Tod, gleichmässig klopft sein Fuss an Armenbuden
Und Königs Türme; Sestus oh Begnadeter,
Lebens Summa des kurzen verbeut uns langen Wahn zu
                                                                      fristen
Bald (iam mit *Fut.*) und Nacht *ist hart an Dir* und Spuk
                                                                      die Manen

Und das Haus, notdürftig, Plutonisch, einmal dort hinunter
Weder zum Becherkönig wird Dich noch ein
                                                             Glückswurf küren
Noch der feine Lycidas Dich bezaubern, von dem die ganze
Jugend schon brennt und bald den Mädchen warm macht.

Iam te premet nox ist noch nicht der Tod, premere ist nicht tasten im wörtlichen sondern im besonderen Sinne des »auf den Fersen seins« z.B. II 10, 3, »Bald und Du bist in dem Alter, in dem die Nacht ganz dicht bei Dir ist, die Spukgestalten der Manen Dir etwas zu bedeuten anfangen, Dein Reichtum Dir zu verlieren, gegenüber dem Verzicht auf alles der Dich bei Pluto erwartet; einmal pp.

1907

Natürlich habe auch ich versucht, vor langer Zeit diese Verse deutsch zu sagen; was versucht man nicht; sehen Sie selbst wie es mir misslungen ist.

Tod mit dem Fuss kracht *eben* das »Aufgethan« gegen
                                                        Armen-Buden
Und Königs Türme: immer lächle Sestius —:
Kurz dies Leben aufs Höchste verbeut es uns, langen Wahn
                                                              zu fristen,
Bald siehst Du Nacht drohn, Spuk die Manen leibhaft
Nah und ein Hausen, schmal, bei Stygischen. Einmal dort
   hinunter,
Kein Becher-König kommst Du mehr vom Glückswurf,
Keinen wie Lycidas stumm bewunderst Du, dessen Reiz die
                                                                  Jugend
Heut ganz entflammt und morgen Mädchen warm macht.

Genug davon und lassen Sie sich weitere Mitteilungen nicht verdriessen. Im ganzen und ohne den engen Zusammenhang mit dem Grossen Latein sind ja auch alle Ihre Stücke wieder von grosser Anmut und Reinheit. Man fühlt aufs deutlichste durch, wieviel Ihnen von den Versen sinnlich lebendig geworden und geblieben ist, zur spielenden Erneuerung gedrängt hat. Nur kann ich ganz allgemein gesprochen nicht meinen dass sich damit Horazens Anspruch an uns und unsere Möglichkeiten an ihm erschöpfen; dabei kommen höchstens so durchsichtig sanfte Stücke wie Vides ut alta — besonders hübsch bei Ihnen — rein heraus. Bei so complicierten wie Intermissa Venus diu mit seinem berühmten Umbruch im Tone versagt es. Nun wirklich ein Ende.

Dass meine Verse Sie günstig gefunden haben ist mir, da es sich um die letzten hier entstandenen, mir noch mit voller Wärme nahen handelt, eine grosse Freude. Conception und acht Zeilen davon bestanden seit Jahren, jetzt bringt der Abschluss des Annus Mirabilis hier wie bei anderm was ich gelegentlich mitteilen will, die zum Fertigmachen und Abschiednehmen günstigste Verfassung. Es ist mir nah gegangen, was Sie mit Rücksicht auf den künstlerischen Antrieb zu solchen Arbeiten von sich selber andeuten, und es ist mir ein Trost, Sie dies so gefasst betrachten zu sehen wie ich selber zu thun mich langsam erzogen habe. Möchte Ihnen eine Zeit, wie diese die Sie für sich in jedem Sinne ersehnen zu Teil werden und möchte sie, wenn es nicht frevelhaft ist, das zu wünschen, auch die Tonart Ihrer Arbeiten umstimmen. Für mich muss ich glauben dass ein volles Vertrauen in Glückliches und dies ganze Genughaben am Leben abseits von der Poesie stehen bleibt und keinen Ausdruck mehr in ihr findet, wie es, bei mir wenigstens, keinen in ihr sucht; Poesie der Art wie sie mir vorzugsweise als lyrisch erscheint ist mir die Wirkung einer noch so leisen noch so subtilen Differenz mit dem Leben, aber immer einer Differenz, das Bedürfnis bestimmter Seelen, grosse oder kleine Unzulänglichkeiten, Begrenzungen, und so fort bis zu den ewig menschlichen Entgängnissen gegen ein Höheres auszugleichen das jeder nenne wie er will. Ich werde nicht leicht dort wo ich mich ganz und restlos am Leben stille, diese Stillung selber wieder poetisieren, wie das Manier des Métiers geworden ist. Die Poesie und der Mythus tritt immer in jene geheimnisvolle Lücke zwischen den Loosen und den Göttern. Wenn wir nicht das abgebrochene mit dem geahnten verbinden sind wir nichts und Literatur.

An eine Heilung des Lebens durch das Leben selber gestehe ich nebenbei so wenig glauben zu können als Sie; aber ich glaube auch nicht, dass für eine gewisse Reife und einen gewissen Ernst des Mutes gegen die Welt viel daran gelegen sei. Für die höchsten Zwecke der Seele macht es keinen Unterschied, ob sie hier oder da im Triumphe oder im Verzichte, ihre entscheidende, unverlierbare Form erhalten hat. Nur dass sie eine solche Form überhaupt einmal erhält (eines Ihrer Sonette spricht das mit wundervoller Einfachheit aus) nur dass sie einmal sich hingegeben hat, einmal den heimlichsten und feinsten Eindruck des Schicksals in der vornehmen Beständigkeit ihres Stoffes aufgenommen hat, nur das verschlägt im letzten Sinne. Jede solche Formierung ist, aufs höchste betrachtet, ein Gleichnis der ganzen Welt selbst. Ein gehöriger Grad der Intensität und der Concentration vermag es zum Bilde der Welt zu erweitern. Der Rest besteht dann nur in jenen consequenten Compromissen auf die höhere Naturen ja überhaupt angewiesen sind um existieren zu können. Die Sphären getrennt halten, doch so dass sie unter einander zusammenhängen, sich mit dem Leben und gegen das Leben ausgleichen wie man sich gegen das »Höhere« ausgeglichen hat, einmütig sein und bleiben, bequeme Verwechslungen verachten, erhaben sein über die feige Mittelstands-Geste der Seele, die mit einem Wechsel auf Gott in der Hand vom niedrigsten Leben »Glück« nämlich alles was sie so nennt, herauswinselt, und von Aufschub und Abstrich nichts wissen will – dies sind ja schliesslich nur Stilfragen. Es ist ja nur Frage der Distinction, wo man sich »stillen« will oder glaubt sich stillen zu können. – Sieht man über diese Dinge einmal klar so weiss man auch was man von dem modischen Gerede über das »Ende« des »Erlebnisses« als eines künstlerischen Movens zu halten hat. Es ist Phrase, wie all das von dem an unsere Zeit geknüpften »Anfang« und »Ende« und wird dadurch nicht besser dass Hofmannsthal ihren Anwalt gemacht hat. Dies sind Urphänomene, an denen kleine Menschlichkeiten keinen Zoll verrücken können. Nur Zeiten und Sphären ohne wirkliche Intensität der Seele können sie bezweifeln.

Ein Wort zum Plane Ihres Jahrbuches, an dem meine Beteiligung Ihnen ja gewiss schon vor der ausgesprochenen Frage sicher war. Ich denke Ihnen dafür das mir Teuerste zu geben was ich besitze, das Fragment der »Päpstin Jutta« d.h. das ganze Vorspiel der »Verkündigung« und einen wilden Haufen Szenen. Über sonstiges können wir uns verständigen sobald mir wieder die Gelegenheit wird Ihnen meine Mappen vorzulegen. Wollen wir nicht Xenien machen, alle zusammen? Scheint Ihnen diese süsse Lügenzeit nicht wie geschaffen dazu? Ich vergnüge mich seit langer Zeit damit, in unbeschäftigten Minuten eine Thorheit besonderer Grösse auf meinen Leim zu locken und mit dem Pentameter zu quälen. z.b. habe ich den Plan eines lyrischen Kochbuchs in schönen Xenienrecepten mit trefflichen Exempeln, auch eine Litfasssäule schwebt mir sehr reizend vor, mit Theaterankündigungen und den Plakaten der Concurrenzzirkusse S. Fischer und A. Langen, mit tausend Geschichten obendrein, oder ist Ihnen das zu sehr in der Richtung der Gentle art of making enemies?

Äussern Sie sich doch einmal. – Mein Gast von dem ich vorhin sprach, erzählt Trostloses von den immer tiefer steigenden Vormittagsstunden des »Morgens« – haben Sie etwas dazu gegeben oder vielmehr, legt H. noch Wert auf diese fragwürdige Entreprise, nachdem Sombart lui a forcé la main? Ich weiss von diesen Dingen nichts. – Aus derselben Quelle erfahre ich von der steigenden Geltung Rilkes in Deutschland, gewissen Conférenziers-Narren, die ihn »weit über« George stellen u.s.w. So sehr mich das Rilkes wegen freut, – und das ist nicht Phrase – so wenig scheint es mir ein wünschbares Symptom für die gegenwärtige Verfassung und Bereitschaft des Publikums zu sein, wenigstens nach dem zu urteilen was ich von R's. neuen Sachen kenne. Ich kann mich darüber nicht ausführlich auslassen, Sie müssen meinen Sinn ohne das verstehen.

Ich wundere mich fast Sie noch in Berlin zu sehen, und weiss nicht ob ich Sie bedauern soll und was Sie zu dieser Jahreszeit dort hält. Ihre Briefe klingen wirklich froissiert und ermüdet wie echte Berliner Briefe und ich wünschte Ihnen wol etwas von unserer Ruhe und Gleichmässigkeit der Bläue, die erst heut Nacht, zu meiner grössten Wonne, Regen-Geräusch und -Geruch und dann ein prachtvolles langes Gewitter unterbrochen hat. Nur meine ich Sie sollten Ermüdungen nicht so ernst nehmen wie Sie zu thun scheinen. Bedenken Sie dass Sie vermutlich der ungeheuerste künstlerische Produzent sind der jetzt lebt, und dass auf solcher Potentialität des Organs Preise stehn. Ich arbeite oft Wochen lang still mechanisch fort, ein plötzlicher Glückstag belohnt meine Geduld. Der Impetus wechselt seine Erscheinungsform wie der Körper, der alte begegnet uns schwerlich

wieder. Und dann haben Sie ja auch wieder »eine kleine Serie« Sonnette da – come on, wieviel tausende verschweigen Sie schamhaft? Ich bin, mit den Grüssen unseres Hauses,
   sehr der Ihre   Bdt

35   RUDOLF BORCHARDT AN RUDOLF ALEXANDER SCHRÖDER

Villa Sardi
16 September 07

Mein lieber Herr Schroeder, ich richte diese Zeilen noch nach Berlin, obwol ich Sie dort nicht mehr vermute und verhoffe – und zwar hauptsächlich mit dem Zwecke zu fragen, ob Sie irgend Genaueres über die Pläne Herrn v. Heymels für den Jahresrest wissen. Er schrieb mir er beabsichtige Ende dieses Monats nach Schluss seiner Waffenübung am Starnberger See zu sein und andres als das weiss ich nicht, möchte auch nicht geradezu danach fragen. Die Publikations- und allgemeinen programmatischen Pläne die augenblicklich zwischen mir und dem Verlage zur Diskussion stehen, haben nun, ohne sich gerade toten Punkten zu nähern, so unberechenbaren Kurs, dass ich mich gerne zu Weihnachten wenn es nicht früher sein kann, lieber aber früher mit Ihrem Vetter bespräche, wenn auch nur um mich einmal von dieser seiner gänzlichen Unbeträchtlichkeit in der Geschäftsführung des Verlages, will sagen seinem vertragsmässigen Ausgeschlossensein davon, mit dem Messer Formaggio einem immer ins Gesicht springt, selbständig zu überzeugen, »Heymel hat damit garreinnichts zu thun, Heymel hat darin nichts zu sagen« ist mehr oder weniger verhüllt, immer sein erst und letztes Wort, und jeder Weg geht immer nur über seine eigne Leiche. Wie gesagt, die Dinge sind bisher leidlich gegangen, aber es ist mir soviel klar, dass ich meine Ziele, oder das potentiell ausreichende Minimum meiner Ziele durch rein kaufmännische Diskussion mit diesem milchigen Gährungsprodukte nicht erreiche, sondern dass es dazu der ideellen Interessierung andersgearteter und übrigens auch geschäftlich weiterblickender Menschen bedarf. Sie wissen vielleicht, dass ich beabsichtige, durch eine den Stoff energisch durcharbeitende Auswahl des Aesthetisch besten und mehr oder minder Unbekannten aus der älteren deutschen Litteratur dem bei uns schleichenden Renegatentume das Handwerk zu verderben – im literarischen und dichterischen etwas ähnliches wie es die Jahrhundertausstellungen in Paris und Berlin gewesen sind. Besonders an der mittelalterlichen Literatur ist mir unendlich viel gelegen, ich verehre in ihr die Urbilder einer eigensten deutschen Sophrosyne, eines heroisch strengen Formanspruchs, künstlerische Grossthaten ersten Ranges und Gestaltungen des Seelischen wie sie uns seitdem versagt gewesen sind; die Vereinigung dieser Dinge, von den grossen frühen Minnesängern (beileibe nicht Walther) bis zu den letzten grossen Mystikern in einer geschlossenen Serie (Münster Ausgabe) ist mir immer mehr zu einem teuren Ziele geworden, zu dessen Erreichung ich auch persönliche Opfer nicht scheue, – und da Kippenberg der anfänglich Fettfeuer und Oriflamme dafür gewesen ist, jetzt leise anfängt, mit Rücksichten auf Kosten, Risico pp flauzumachen, so habe ich ihm eigentlich schreiben wollen, ich sei bereit mich ev. bis zur Höhe von zunächst 5000 M., die beim Fortgange verdoppelbar wären, bei einem solchen Unternehmen zu engagieren. On second thoughts habe ich mich damit fürs erste zurückgehalten, und würde wie ich mir jetzt die Sachen zurechtlege, einen solchen Antrag lieber Hrn vHeymel persönlich machen, unter der Voraussetzung dass es mir gelingt ihn für meine Pläne zu interessieren, unter der weiteren, dass er Gründe hat trotz prinzipieller Zustimmung seine oder des Verlages Action in der Sache finanziell limitiert zu wünschen, über diese Limitierung hinaus aber meine pecuniäre Beteiligung sich gefallen lässt. Dies sage ich Ihnen so ganz offen, nicht als feste Absicht sondern als Andeutung einer Möglichkeit die mir aufgetaucht ist, und zu der Ihre Teilnahme mit der ich mir a priori zu rechnen erlaube, gewiss äussern wird was Ihnen von Belang scheint. Ich habe auch an anderes gedacht, an die Gründung einer Commanditgesellschaft zu solchen Zwecken, bei der die Insel als Hauptcommanditär, ich und wer sonst immer es sei, als Nebencommanditär figurieren müsste, und deren Geschäfte, wie das im Bankwesen ja immer üblich ist, von der Insel mitgeführt würden. Aber dies alles sind secundiora gegenüber der grossen Hauptfrage, ob es gelingen wird die Insel auf die Höhe ihres Begriffes zu heben, ihr ein solides Kulturprogramm zu geben und dies Programm zugleich in concreten Aufgaben auszudrücken, ob es gelingen wird, das bloss snobistische und im Grunde ganz vulgäre, das ihr von der Übergangszeit her noch anhängt, abzuschneiden und schliesslich, sie buchhändlerisch so mächtig zu machen als es immer gehen will. Sie wissen ich bin ein überzeugter und ruchloser Machtanbeter und unchristlich genug, das Schwache in jeder Form zu negieren auch in der einer aus Luxusausgaben erzielten relativ hohen Rentierung. Dem saturierten Skeptizismus eines ganz stagnierenden

Reichtums, der, je nachdem, in Poole'schen Hosen oder in Blaufuchs steckt, den Bücherschrank mit schönen Deckeln füllen, kann sehr rentabel sein, wie es rentabel ist für diesen selben Reichtum Poole zu sein oder Pelzhändler, oder auch einfach Valet de confidence. Aber es ist reichlich subaltern unter grossen Redensarten schliesslich doch nur den todgeweihten Überfluss mehr oder minder listig zu besteuern. Und man kann bei der heutigen Conjunctur buchhändlerisch auf die positivste Weise sehr viel Geld machen, wenn man die nötigen Betriebsmittel und etwas Kopf und Blick hat, Handbücher des Sammlers von Bronzen bis zur Spitze; langsame Ersetzung des culturell vollkommen veralteten Baedekertyps durch neue Führer die die Neuerschliessung von ½ Europa durch das Automobil berücksichtigen; Almanache und Kalender jeder Art und jeder Stufe; Kinderlitteratur; dies und eine Menge anderes kann sehr elend und sehr schön gemacht werden; und starke Durchschnittsgeschäfte kann auch das ideellste Unternehmen nicht entbehren.

Um nun an das Ende dieser wie ich fürchte, strohernen Epistel zu gelangen – für dies und vieles anderes, nicht zum letzten um der Begegnung und Berührung selber willen auf die ich einen grossen Wert lege, wäre es mir mehr als bloss lieb Herrn vHeymel vor Neujahr zu sprechen und er selber hat in seinem letzten Briefe schon Möglichkeiten erwogen. Ich würde ihn natürlich mit grösstem Vergnügen hier oder wo sonst in Italien es sei, empfangen – ich glaube er deutete eine solche Eventualität, ganz unsicher, an – ebensogerne aber irgendwo in Deutschland zu seiner Verfügung sein – in München wenn es schon nicht anders geht, sonst wo er mir etwa Rendezvous giebt. Ehe ich ihm aber selber darüber schreibe, wäre es mir lieb zu wissen, was er für die nächsten Monate vorhat. – Zu Weihnachten bin ich in Berlin, wo ich vermutlich im Vereine für Kunst Sachen von mir öffentlich vorlese, hernach in Bonn, wo ich eine Vorlesung altdeutscher Dinge zugesagt habe. Dazwischen könnte ich sehr wol einen Tag nach Bremen kommen, wenn Herr vHeymel nicht aus anderen Gründen in Berlin anzutreffen ist.

Wenn Sie mir bei dieser Gelegenheit auch sagen wollten, dass Sie mir meine Pedanterien in Sachen Ihres Horaz nicht nachtragen, so hätte das wenigstens das Gute, dass ich aufhöre mich mit Reue über meine Vorlautheit zu plagen. Ich bin für solche Fragen der schlechteste der befangenste Richter. Grade was Sie vergessen machen wollen, wird für mich immer das gegebene sein, jede Incongruenz mich skeptisch finden.

Ich lege Ihnen um nicht ein gar zu gehaltloses Couvert abzuschicken als Curiosität Improvisationen von mir bei, für die ich von Ihnen am Ohre genommen zu werden hoffe. Wir waren kürzlich hier eine leichtsinnige Gesellschaft, die sich die Abende mit Schnelldichten gegebener Zeit gegebenen Gegenständen, gelegentlich gegebenen Endreimen vertrieb, fünf Minuten für ein Sonett, 10 für ein Lied, fünfzehn für ein Rondell. Dabei habe ich an mir die grauenhafte Fingerfertigkeit entdeckt, deren Produkte, alle in einem Zuge hingeschrieben Ihnen hier zugehen. Was mir von ernsterem dabei aufgegangen ist, erzähle ich Ihnen ein ander Mal.

Der »Morgen« ist nun auch bei mir aufgegangen – per dio Santo! Ist es zu glauben!

Ich habe auf Hofm. ein Epigramm gemacht, das Tithonus

heisst und dessen Sinn Sie sich danach denken können; aber es ist nicht Eos die ihn raubt sondern eine die noch beim Hellwerden auf Raub aus ist –

Übrigens sind seine »Briefe« darin das Schönste was mir seit langem von ihm zu Gesichte gekommen ist; einheitlich, von durchgehendem Tone, rhythmisch sehr sehr schön erwogen.

Sie selbst seien herzlich gegrüsst von uns beiden die Ihrer oft gedenken.

Getreulich Ihr   B

[Beilage]
Mit Ausnahme dieses Sonnetts ist alles auf den beiden Bogen enthaltene das Produkt eines einzigen Abends, - was ich zu meinen mildernden Umständen zu verrechnen bitte; vier weitere gleichzeitig gemachte darunter 2 Rondeaux schicke ich nicht, weil sie gar zu schwach sind.

    Sonnett (auf das vorgeschriebene Thema
      »Thy Days are thy sonnets«
         O. W.[)]

Der Stein bezeugt Lysipp, und auf Paläste
Die Gross-Geborene als ihres Gleichen
Hinaufgeordnet, Wolken zu erreichen
Blickst Du mit Qual, wie übergangne Gäste
Durch Gartengitter schaun nach einem Feste –
In Deinen Händen weißt Du Dir kein Zeichen
Der Obmacht, Dein Verhängnis zu erweichen;
Und Geist zu dauern hinter Deinem Reste.

Mut dennoch Du: Nicht nur die Seelen wandern
Gottwärts hinan, ein Pilgrim hinterm andern –
Sei eins mit dem Verzichte, der Dich schient:
Dir gilts, wenn Heilge Gottes Freiheit künden
Mit Ankunft, wem er will sich zu verbünden:
Auch wer nur steht, des Tags zu warten, dient

                Lied.
Jeder sieht mein wirres Treiben
Keiner weiss, was mich beseligt, -
Meinen letzten Hauch befehligt
Eine nur und weiss es nicht –

Eine sieht dass ich verzaubert
Vorwärts in die Flammen flügle,
Alles hat sie, was mich zügle
Und bewegt nicht ihr Gesicht.

Jeder weiss mich ihr gefangen,
Wer begreift die Wonne-Bängnis
Die mir ewig im Gefängnis
Gnad und Ungnad éines macht –

Eine weiss, dass ich nicht markte,
Noch mich je ins Rechte setzte,
Trifft mich nur der ärmste, letzte
Abglanz ihrer Übermacht.

1907

Ritornelle auf gegebene Blumen:
Cyane, Ranunkel, Weide.

Schwarze Cyane:
Seit der Demeter Kind hinunter musste
Erdunkelst du auf jedem Ernte-Plane.

Blutige Ranunkel:
Der wilde Einhürn kommt bei Dir zu äsen,
Auf seiner Stirne steht der Stein Karfunkel.

In einer Weide:
Mich schaukelnd, grüss ich mein Gesicht im Wasser:
Traum hier, Traum dort: Ein Spiegel trennt uns beide.

36 RUDOLF BORCHARDT AN RUDOLF ALEXANDER SCHRÖDER

Mit einem Granatapfel
An Schroeder als Antwort auf Elysium
Diese Frucht der Persephoneia, Gastfreund,
Schont' ich Dir und mir einen blausten Herbst lang:
Dir und mir vor Nacht, da das erste Mal Orion in Osten

Hoch mit Hunden hinter dem Jahr heraufkommt,
Brach ich heut den lastenden Zweig: nicht klagend,
Wol nicht klagend; aber der alten Totenklage gedenkend.

Wenn das Fest sein wird, da man ihrer andenkt,
Ihnen nichts als alternde Blumen, nichts als
Bettlerlicht auf Knieen ins unbekränzte Dunkel hinabreicht,

Dann nicht ohn ein ewiger Zeichen sollst Du
Ohn ein Opfer, das Dir gemässer sei, nicht
Stehn und suchen: nimm den geheimnisvollen Apfel des Hades.
Denn die Schale, wo sie schon aufreisst, wer sie
Ganz zersprengt, die Nester der Purpurkerne
Schöpft aufs Grab, den kümmere nicht, ob berstend einer
                                                                       verblute,
Sondern jene hungern nach Keim; Dein Herzblut
Halben Wegs nicht bis zu den Untern flöss es;
Gieb ein Bild und scheide; Du hast nur Bilder, Mensch,
                                                                       Deiner Wünsche.

1907

Alle die wir wurden und da sind, wohnen
An der Grenze; jede Sekunde stösst an
Reifes Jenseits, draus keine Hand dem sterblich Warmen
                entgegnet.
Dennoch nimm, oh Bruder, und gieb sie weiter,
Gieb die Frucht, darauf ich der Glut ihr Spiel liess:
Zwar nur halbwegs liess; in der Baumnacht, taulos, haftete
                herbstlang
Stets lichtabseits stille die ganze Halbfrucht,
Grün und fremd, dem emsigen Vielfuss kundig,
Spinngeweben heimlich; sie trank bis heut nicht Regen und
                Frühwind.
Besser so: es muss für die Reinsten etwas
Keusch, ein Ei sein, das in der eignen Hut wächst,
Kühl, ein Herz, das vielem gewohnt, dem Einen einsamer
                anhangt.
Uns auch bräunt am Leben die Wange, Gastfreund,
Unsres Herbstes, Leben im Leben tränkend,
Lautlos wachsend, warten auch wir nach ganz abgefallener Blüte.

Was untröstlich gegen den Baum gewendet,
Schicksal hat und hält, aber nicht die Farbe
Von der Zeit nimmt, dies zu entdecken wehrt mir ausser
                dem Heilgen
Auch dies Stern-Zwielicht, da ins warme Nachtbeet
Weit im Bogen fahrende Gäste kehren,
Faltern gleich, indessen um ein unsagbar Deutliches anders,
Ob sie schon wie solche bei Tag wer weiss wo

Erst wenn Tau fällt, schnell mit dem Seglerlaut des
Flugs angeisternd vor dem vergänglich roten Monde sich stillen.

23 Oct 07

37 RUDOLF ALEXANDER SCHRÖDER AN RUDOLF BORCHARDT

[Nicht abgesandt]

> Der Frühling & der Winter.
> An Borchardt als Erwiderung.
>
> Sing, es kehret das Jahr; über den Saaten wächst
> Abgeernteten schon grünend ein neu Gefild;
> Schaudernd halten die Wipfel
> Das zerriss'ne Gewand nicht mehr.
>
> Oh, wo tönen sie nun, ferne dem Horchenden,
> Fern in schimmernder Nacht (denn das Verborgene
> Dünkt und Zukunft uns nächtlich)
> Lieder, wie sie der Lenz berief?
>
> Sag, wo blieb das Gefühl, das den bereicherten
> Ästen himmlischen Drangs Blüten entlockt und Frucht?
> Wo das Rauschen der Wälder,
> Wo die Stimme der Nachtigall?
>
> Einwärts weiset das Jahr. Und die umnebelten
> Tage sinken zu früh; ach, & die schaudernden

Wipfel geben nicht Antwort;
Und es redet der Wind allein.

Wehe, wenn dir am Herd, mitten im Hause nicht Scheiter
liegen, gehäuft, wenn in der Winternacht
Kein bacchantischer Zauber
Alter Tage Gedächtnis löst! –

Arm ist draußen die Welt, die dir entgegnete
Einst mit sprudelndem Quell, Wandrer, mit grünendem
Bett. Sie greift dir ins Herze -
Fordernd gierig von dir die Glut.

Ja, sie greift dir ans Herz, da nun die Sonne doch
Machtlos schrumpfet und alt dieses verwelkenden
Jahres und fressendes Dunkel
An den Grenzen der Tage wächst.

Freund, so wahre die Glut, wahre das Haus! Denn Gast-
Freundschaft öffnet die Thüre; und mit dem Wanderer
Kommt das mördrische Dunkel,
Kommt der giftige Frost herein.

Der vergiftete Tag sinkt in die Nebel hin
Und im Westen verwelkt zitternd das Licht und schrumpft
Wie die Blätter der Rose,
Die ein kränkender Frost benagt.

Wo, so sage mir doch, wäre ein Bildnis nun,
Wär' ein jugendlich Bild, kräftig den zaubrischen
Schlaf des Winters zu lösen,
Der die Quellen versiegelt, Freund?

Freund, es kehret das Jahr; über den Saaten wächst
Abgeernteten, schon grünend ein neu Gefild
Und bezeichnet den Fremdling
Hinter schimmernder Nacht, den Lenz.

Bremen den 4.11.07.

38 RUDOLF ALEXANDER SCHRÖDER AN RUDOLF BORCHARDT

[Briefkopf: Grand Hôtel de Russie
et des Iles Britanniques Rome]
2? 11 1907

Mein lieber Herr Borchardt.
Was Sie von mir denken beunruhigt mich im Augenblick nicht so sehr, als die Furcht, Sie haben es überhaupt aufgegeben an mich zu denken & mich eingesargt bei den Leuten, mit denen Sie nichts mehr zu thun haben wollen. – Ich bin nämlich seit etwa Juli – wo ich einen grossen Brief an Sie angefangen hatte –, in einen Zustand der Hypochondrie verfallen, der mich von Zeit zu Zeit heimsucht & unfähig zu irgend einer brieflichen Äußerung macht. – Ich kann mich nicht darüber äußern – es ist auch ganz uninteressant – und jedenfalls würde ich mit der nötigen

Energie schneller über diese Perioden eines thörichten Verstummens hinwegkommen – aber das Unglück ist nun mal geschehen & grade in Ihrem Falle ein *großes,* da *gewiß kein* Tag vergangen ist an dem ich nicht aufs Lebhafteste Ihrer gedacht & mich mit Ihnen verbunden gefühlt hätte. Nun bin ich durch eine plötzliche Fügung in Geschäften nach Rom gekommen & bleibe bis etwa zum 20. Dezember. – Da ich hier eine Einrichtung übernommen habe und beim Ausmalen der Räume einer kleinen Wohnung gegenwärtig sein muß, bin ich auf absehbare Zeit eigentlich hier nicht abkömmlich. – Sollte sich nun ein Zusammentreffen herbeiführen lassen? Mir würde es unendlich daran liegen, mit Ihnen über den *Hesperus* zu reden & vieles Andre, vor allem auch Ihren fabelhaften Entwurf für den gänzlich unwürdigen Inselverlag, dessen bekannte »Caseomanie« sich wohl mehr minderen Erwerbszweigen zuwenden wird, wenn nicht Heymel (der *sehr* wohlgesinnt, aber nicht alleinherrschend ist) zu einer Gewaltleistung aufgestachelt werden kann. –

À propos Horaz war mir Ihr damaliger Brief *sehr* erfreulich und belehrend, ich hatte Ihnen drauf geantwortet, aber meine Geistesverstimmung hat den Brief & alles Übrige nicht fertig werden lassen. Nun seien Sie gnädig mit mir! –

Eine Antwort auf das herrliche Gedicht mit dem Granatapfel ist auch geschrieben aber nicht geschickt, weil »ich mich nicht entschliessen konnte«. – Gestern packte mich die Angst, Sie könnten schon weg sein oder in diesen Tagen nach Deutschland reisen & so depeschierte ich heute früh. –

Ich hoffe, lieber Herr Borchardt, Sie messen die furchtbare Ungezogenheit meines Verhaltens nicht mit dem Maßstabe gewöhnlicher guter Sitte sondern mit dem eines nachsichtigen Freundes. –

Ich bereue wirklich sehr – aber kann ja leider die Monate & Tage nicht mehr zurückschrauben in denen ich Sie durch mein Schweigen beunruhigt & geärgert haben muß! – In Erwartung einer Zeile von Ihnen und mit vielen Grüßen auch an Ihre Frau
Ihr ergebenster RAS.

39 RUDOLF BORCHARDT AN RUDOLF ALEXANDER SCHRÖDER

Villa dell'Orologio
Vico Pelago (Lucca)
30 XI 07

Mein lieber Herr Schroeder – was denken Sie! nur etwas unglücklich hat dies sonderbare in den Wind rufen mich gemacht, und auch das ist in dem Augenblicke vergessen in dem ich Antwort höre, durch den Wind. Ich hatte und habe Ihnen gegenüber doch ein zu gutes Gewissen, als dass Ihr Schweigen mich in Rücksicht auf unser Verhältnis hätte beunruhigen können; und nachdem mir Kippenberg hier vor wenig Tagen nichts bedrohliches über Ihre Gesundheit zu melden wusste, war ich im Grunde ganz zufrieden und dachte an meine eigenen Sünden. Denn unter uns gesagt – nicht als ob *Sie* davon wissen könnten – ich habe in diesen Dingen ein volles Schuldbuch und müsste der ärgste Pharisäer sein, wenn ich Ihnen etwas anderes sagen sollte, als dass ich mich freue wieder von Ihnen gehört zu haben.

Aber zum eigentlichen Anlasse Ihres Briefes fürchte ich, nichts eigentlich Erspriessliches proponieren zu können; wir haben, wie

Sie nun vielleicht erst aus diesem Briefkopf erfahren, Villa Sardi aufgegeben und uns auf lange hinaus hier oben, am nördlichen Abhange der Pisanerberge, ein Riesenhaus (künstlerisch gewiss das schönste der Gegend) genommen, der Umzug und viel Geschäfte haben mich fast um 14 Tage zurückgebracht und um die Zeit in der Sie in Rom fertig zu sein gedenken, soll ich nach Deutschland gehen, von wo vor drei Wochen an Rückkehr nicht zu denken ist. Für die Zwischenzeit aber ist noch Arbeit in Fülle da, der Annus Mirabilis soll Mitte des Monats in Druck und hat noch End- und Hilfs- Redaktion nötig, die Manuskripte für die drei Bände »Vermischte Schriften« von denen der erste Herbst 1908 heraussoll, muss ich zu Weihnachten schon in buchmässiger Anordnung in Leipzig parat haben um zum Vertrage zu kommen, und schliesslich, da die »Münster-Ausgabe« der deutschen Litteratur des Mittelalters über unsägliche Verzögerungen hinweg nun schliesslich hier doch zum Faktum geworden ist und meine Reise nach Deutschland der Anwerbung von Mitarbeitern mitdienen muss, so muss ich hunderterlei überlegen, ordnen, registrieren, in Zusammenhang bringen, um in der gegebenen kurzen Zeit alles an der Schnur zu haben; Sie sehen das sind für Reisen keine sehr günstigen Bedingungen; kann ich nun aber nicht *Sie* an dem »eigentlich« Ihres Briefes fassen, durch das Sie Ihre Unabkömmlichkeit von Rom doch etwas weniger unbedingt machen? Und, mit einem Worte, können Sie nicht, über einen Sonntag mindestens, Ihrer bottega entspringen? Und zwar, um die Unverfrorenheit dieser Fragen vollzumachen, *hier*her entspringen. Sie wissen, und ich muss es nicht erst versichern, dass ich unter anderen Umständen eine Reise nicht würde gescheut haben, um mich ein par Tage lang mit Ihnen zu besprechen, selbst wenn die Gesprächsanlässe minder dringend wären, als sie diesmal wirklich sind; für jetzt geht es einfach nicht, d.h. die Strecke Weges die ich Ihnen allenfalls entgegengehen könnte, entfernt mich nur so wenig von diesem schönen und behaglichen Hause, dass es mehr als thöricht, dass es einfach stillos wäre, seinen Sälen und Gartenterrassen die rohe Trivialität irgend eines Zufallszusammenkunftsortes vorzuziehen; denn was wäre in Frage ausser Florenz, dessen Berge von unsern Fenstern sichtbar sind, und ausser Pisa, was uns fast näher ist als Lucca? Sich in den zweifelhaften Hotels eiskalter Gebirgskleinstädte wie Orvieto oder Arezzo Rendezvous zu geben, verbietet wenn schon gar nichts anderes so doch die Jahreszeit absolut. An welche andere Möglichkeit können also im Grunde Sie selber gedacht haben, als die, uns hier von Angesicht zu Angesicht zu zeigen, dass Sie noch leben. Welche Freude Sie uns machen würden ist ja gar nicht zu sagen, ganz abgesehen davon dass unsere Wände noch der Entsühnung von dem Käsedufte harren, welchen die Kugelgestalt hier hinterlassen hat; wir müssen hier zusammen ein Feuerwerk des schönen Geistes, Witzes und Übermutes entzünden, wie Raketen gegen einander funkeln, damit das viele an Erdenrest Reissaus nimmt oder sich aetherisiert. Scherz beiseit, er hat sich pro viribus suis recht brav benommen, trug einen Smoking und hohe Lackstiefel nebst genähtem Ripsschlipschen mit der Grazie eines tanzenden Hundes, fiel aus der Rolle und wieder hinein und hinaus pp, das Geschäftliche ging weniger schlecht als ich erwartet hatte, d.h. ein Drittel dessen was ich ihm aufdringe, nimmt er wirklich in Angriff, vielmehr er giebt seinen Segen dazu, dass ich die Arbeit thue, und das ist immerhin etwas. Ich habe ja auch inzwischen gelernt ihn zu nehmen – – da ich doch immer »über seine Leiche« muss, bleibt mir nichts anderes übrig – und wenn ich dabei meinen Ton um ein Par Grade tiefer nehmen muss als gewöhnlich, so ist das kein grosser Schade; geschäftlich durchsetzen lässt sich mit ihm nichts was ihm nicht in seiner eigenen Sprache gesagt wird, davon hat mich der rein akademische Erfolg alles in Leipzig mit ihm durchgesprochenen und fast abgemachten allmählich überzeugt. Nun versuche ich es eine Weile so, und das [sic] Bewusstsein der »Volksgesamtheit« (was sagen Sie zu solchen Narrenworten? ich werde eben nicht klug) das ganze Opfer meiner Zeit und Kraft zu bringen wird mir über alles was im Zeitenschoosse an Enttäuschung und Verkennung für mich aufgespart ist, forthelfen; in Bezug auf die Münsterausgabe meine ich das, an deren Spitze ich als Generalleiter getreten bin, und von der im nächsten Jahre die vier ersten Bände erscheinen sollen: Höfische Minnesinger Tristan 1 (beide von mir) Meier Helmbrecht und Dithmarschenchronik. Mala di deaeque avertant omina. Beiläufig habe ich K. auch einen lateinischen Horaz zu machen zugesagt, stilvoll vom Titel bis zur Schlussleiste – sumptibus sociorum qui Insulae signo nascuntur pp. Was mich daran reizt ist eine lateinische Einleitung als Brief zu schreiben, R.B. poeta lectori ἀφιλολόγωι salutem, und dann eine halbe Seite elegante Frechheiten, comprimiert in ut- und cum-Sätzen. Für die Insel kann das ja ein glänzendes Geschäft werden.

Aber genug von solchen Dingen, die wir besser und hoffentlich bald mündlich abhandeln; ich kann Sie diesmal doch mindestens dezent logieren und Sie sollen gegen das Rodauner Gastzimmer mit dem hohen Fenstertritt nicht allzuviel zu vermissen haben. Anraten würde ich, mit demselben Zuge wie im April (Morgens 8) zu reisen, um 2 Uhr und Minuten sind Sie in Pisa, von wo ich Sie im Wagen in kürzester Zeit zu mir bringe, den Sonntag verleben wir aufs schönste und Montag nachmittags um 4 gehen Sie von Pisa nach Rom zurück wo Sie um 10 und Minuten wieder eintreffen; dies natürlich nur wenn Sie eben auf nicht mehr als drei Tage »abkömmlich« sind.

Was wäre von mir zu melden, als dass es einsam, einsam, einsam um mich her ist, wie es war und wol sein wird. Der Joram hat sich kaum verkauft, ein par gute Jungen, die sich dafür einsetzen und ihn vorlesen (Geyer am 24. im Berl. Architektenhause) werden ihn nicht in Schwung bringen. Nicht in einer einzigen wichtigeren deutschen Zeitung oder Zeitschrift hat es der Verlag zu einer Besprechung gebracht, das sonst erschienene ist grosswortig rühmend aber ohnmächtig und meist sehr leer, oder von dem giftigen Hasse der kleinen Literatencamorren eingegeben, die sich gewöhnlich um den jüdisch-lyrischen Unterrock irgend eines empfindsam verkommenen Frauenzimmers sammeln; ein solches Mensch hat in der Nationalzeitung unter erlogener Inhaltsangabe vor dem Joram gewarnt, ein zweites, Namens Lasker-Schüler, meinen Vortrag im Verein für Kunst in letzter Stunde geradezu inhibiert, was mich sehr verdriesst; aber der Hass dieses literierenden Gesindels ist bisher die einzige Ehre die meine Arbeit mir gebracht hat. Was liegt dran! Sie haben mein Promemoria gelesen und wissen ungefähr wie es in mir aussieht; auch dass ich über das gutmütige Bedürfnis des »Verstandenwerdens« hinaus bin, brauche ich nicht erst zu sagen. Nur ist es manchmal für die Nerven zu viel, die eigene Stimme in der grossen Stille so laut und grell zu hören. Eine Freude war mir seit Monaten nur Georges grosses neues Buch; bei allen zunehmenden Verkehrtheiten und geradezu Abstrusitäten, bei vielem äusserst Abstossenden und im schlimmsten Sinne forzierten ist doch eine so durchgehende Grossheit und Pracht, ein solcher Vigor in dem Buche, dass man es erfrischt aus den Händen legt und nicht, wie sonst fast alles, ermüdet. Die Consequenz dieser Fatalität von Mensch, die immer gegen ihre Zeit ist, die für jedes Süsslich ein volles Herb, für jedes Rohe ein Strengzartes, insomma für jede Geste die Complementgeste hat und die Zeit eben dadurch bezwingt, dass sie von sich selber nicht abgeht, alles das ist ein grosser ganzer Trost für Unsereinen. Immer wieder ist es nicht die Kunst die ich hier bewundere – sie ist sehr ungleich und vieles kann ich heut schon besser – sondern die Seelengrösse, die Gesinnung, Charakter und Tendenz, gerade das, was dieser Mann und die Seinen sich einreden aus der Kunst verbannt zu haben; was ist man, was weiss man von sich selber; in diesem Augenblicke übersieht mich vielleicht jemand ganz so, wie ich George, und dennoch muss ich im Irrtum weiter; es ist ein petrarkisches Dilemma.

Sie aber lassen mich nun bald Bescheid haben und hoffentlich guten. Erfreuen Sie sich an Rom und gedenken unserer.

Meine Frau grüsst Sie herzlich, ich bin in alter Zuneigung
der Ihre   Bdt

40 RUDOLF ALEXANDER SCHRÖDER AN RUDOLF BORCHARDT

[Briefkopf: Grand Hôtel de Russie
et des Iles Britanniques Rome]
3. 12. 1907

Mein lieber Herr Borchardt.

Falls Sie noch am Sonntag über 8 Tagen da sind, so wäre es mir am liebsten, Ihrer sehr freundlichen Einladung dann zu folgen. Sollte dies nicht der Fall sein, so würde ich mich auf alle Fälle (obwohl unter *sehr* erschwerenden Umständen) für diesen Sonnabend frei machen. Falls die letztere Eventualität eintritt, bitte ich um ein Telegramm. –

Ich freue mich sehr auf das Wiedersehn & bin mit vielen Grüßen an Sie & Ihre Frau Gemahlin

Ihr getreuer   RAS.

N.B. Ich habe ein huldvolles »Caseoscript« aus Florenz empfangen. – Hoch die Münsterausgabe und der nationale Zusammenhang! – Ich studiere jetzt mit heißem Bemühn ein Buch des Grafen Kayserlingk über die Unsterblichkeit – aber alle diese Philosophen fabrizieren nichts als Potemkinsche Dörfer! Leeres Stroh!

41 RUDOLF BORCHARDT AN RUDOLF ALEXANDER SCHRÖDER

Villa dell'Orologio
Vico Pelago 5 12 07

Mein lieber Herr Schroeder

Einverstanden für Samstag über acht Tage und den letzthin bezeichneten Zug. Die Aussicht, Sie hier zu sehen, ist mir *sehr* reizend. Falls Sie aber dann schon, wie ich fast vermute, auf der Heimreise sind, so werden Sie doch wol auch über Ihre Zeit freier verfügen können und unseren Ansatz »Samstag-Montag« nicht à la lettre nehmen. Dass wir vor dem 18ten oder 19ten reisen ist nicht wahrscheinlich.

Von Blei heut ein fataler Brief; diese Canaille wollte vor etwa 1½ Monaten meine Mitarbeiterschaft für geplante *»Horen!!!«* Was sagen Sie. Ich nahm die Lust und auch den Schmerz zusammen und redete es ihm aus: »Zeit ungünstig, abwarten pp.« Darauf Devotionszustimmung, geheuchelte, bessere Einsicht, und Aufgabe des Plans. Heut also wieder das alte Lied. Es sind nun aber die Opale, die weitergehn sollen, und ein ganzer Complimentenschleim dabei, quoad mit meinem Mitarbeiten stände und fiele seine Leitung. Wir wissen was das wert ist – da er aber von den »Wenigen« spricht, deren »Bestes« er neben meiner unvergleichlichen Classik zu bringen gedenkt, und da ceteris datis Sie einer dieser Wenigen sein müssen, er auch wohl an Sie schon geschrieben haben wird, so möchte ich warnen und einen Trust zusammenbringen à la Doctor-Bleis-New-Periodical-Antipathizers-Amalgamated-Company Ltd. Ich für mich habe eine glänzende Ausrede, da ich eben Meister Anton von Emmenthal meine Beteiligung an der neugeplanten Insel rundweg abgeschlagen habe; will sagen, ich arbeite nicht mehr an Zeitschriften die ich nicht mitredigiere. Aber wie werden Sie und die andern sich stellen; Hofm. beiläufig hat schon zugesagt: was soll man auch anders erwarten, da Blei sich in der letzten Zeit durch und mit H. eine neue Reputation gemacht hat, trotz Polizei und Schwurgericht; er geht mit seinen Briefen hausieren und zeigt jedermann schwarz auf weiss dass H. ihn gebeten hat über ihn zu schreiben.»Ich wüsste keine Feder eines Lebenden aus der mir eine Besprechung erwünschter wäre als die Ihre«; wörtlich. Resultat ein Buch HvH und seine Zeit. Conspue e-e-e-z!

Und also auf Wiedersehen. Ihr B.

42 RUDOLF ALEXANDER SCHRÖDER AN RUDOLF BORCHARDT

[Briefkopf: Grand Hôtel de Russie
et des Iles Britanniques Rome]

Also, Schröder erscheint in hyperboreischer Blässe
Auf der pisanischen Flur am Samstag, wenn nach dem Mittag
Kaum die zweite Stunde verfloß & das donnernde Dampfroß
In den schmutzigen Hof die stinkenden Wagen befördert. –
Weiter schreibt er Euch nichts, da seine Hände seit Monden
Nicht des Schreibens gewöhnt noch der Mund vernünftiger
Worte,
Noch das Hirn eines klugen Gedankens, - dies alles, so hofft er,
Wird ihm der Anblick des Freundes und die Nähe Borchardt-
ischen Geistes

Wiedergeben & doch mag es wohl sein, daß tödlicher
                                    Stumpfsinn
Unabänderlich ihn, unweigerlich hält, und die Seele –
Sich in den Fesseln »*blei«ernen* Graus vergeblich bemühet.
Oder vom Dufte des *Käses* den, ach, auf heimischen Fluren
Allzu reichlich sie athmend genoß nicht wieder geneset. –
Stärke du also oh Borchardt das Herz, auf daß du Dämonen,
Siegreich begegnest, dann wollen wir, traun, zu zweien
                                    gemeinsam
Uns gegen Blei & Käsegedüft als Heroen bewähren!

Rom den ? [8.-12.]12. 07.

1908

43 RUDOLF BORCHARDT AN RUDOLF ALEXANDER SCHRÖDER

77 Kaiserin Augustastr
Berlin W. 3 Jan. 07 [1908]

Mein lieber Herr Schroeder,

ich hoffe lebhaft dass diese Zeilen Sie noch in Rom oder spätestens in München erreichen, ich komme sonst mit meiner Zeit ins Gedränge und die Hesperus Affaire ist in Gefahr wenn wir uns nicht wie zwei Wappenthiere von links und rechts auf dies Geschöpf stürzen; am besten scheint mirs, Sie telegraphieren, sobald Sie die Zeit Ihres Eintreffens in Leipzig kennen, an mich und ich gehe dann sogleich dorthin ab. – Blei hatte mir versprochen, den Horennamen aufzugeben und deutete dann brieflich an, ihm schiene doch nichts entscheidendes dagegen zu sprechen. Ich habe kurz repliciert, dass ich eine Genierung des HorenNamens durch dreiste Nachbarschaften öffentlich inhibieren würde und gesonnen sei mich zu diesem Zwecke noch vor Erscheinen des ersten Heftes der Frkfrter Ztg zu bedienen. Ich hoffe das hilft, denn was Sie berichten klingt wie Rückzug.

Über weiteres nur mündlich, ich bin hier vielfach okkupiert und finde für Briefe nur hastige Minuten. Morgen früh gehe ich nach Bremen wo ich eigentlich schon heut hätte sein sollen, für zwei Tage, – dabei soll, wenn es solcher Extraansporne noch bedürfte Ihrer doppelt gedacht sein; meine Frau grüsst freundlichst, ich bin wie immer der Ihre

Borchardt

44 RUDOLF BORCHARDT AN RUDOLF ALEXANDER SCHRÖDER

Villa dell'Orologio
5 Febr 08

Mein lieber Herr Schroeder, es wäre Stoff genug für einen sehr viel längeren Brief da als Sie heut bekommen werden, aber ich muss alles aufschieben bis die erste Geschäftslast die ich hier nach meiner Rückkehr finde weggearbeitet ist. Auch mit Ihnen also das Geschäftliche voran.

Ad vocem Hesperus. Mit einem Convolut, mein Lieber, kann es nichts sein – sans rancune. Sie sind nicht ordentlicher als ich auch, zugegeben, nichwahr? und mir würde es Angst machen, so etwas von fremder Hand bei mir zu haben, besonders da es sich vielfach um Ms.-Unica handeln müsste, die ich auch für die Redaktion der Vermischten Schriften (bei contractlich festgelegten Ablieferungs Terminen) dahaben müsste. Daher nun meine Vorschläge auf die ich *principielle* Äusserung erbitte; dieser würde dann Ihre definitive Entscheidung nach Einsicht ins übersandte Ms. folgen können. Sehen Sie also einen Anlass, unser hier mündlich festgelegtes wahrhaft grandioses Übersetzungsprogramm fallen zu lassen, mit dem der Hesperus die grossen Übersetzungstraditionen (gerade der herrschenden Hobelbankpraxis gegenüber) der Frühromantik wieder aufnehmen könnte? Von Ihnen ein Stück Shakespeare und ein Stück Homer, von Hofmannsthal *alles* was er von der Alkestis dahat, von mir das Stück Pindar das Sie kennen und Dante den Sie nicht kennen! Disponibel wären vom letzteren der Eingangscanto, das Stück Inferno mit Ugolinos Hungertuch und ein pomposes Stück Paradies. –

Ferner: am Aufsatz über den siebenten Ring diktiere ich: er wird stark programmatisch und würde sich darum vor allem für den Eingang eignen: Ich muss nur wissen, ob Sie Passenderes an den Anfang rücken wollen, damit ich allfällig den Ton modifiziere. Zur Auswahl von eigenem stelle ich Ihnen: die bacchische Epiphanie, das Vorspiel zur Päpstin Jutta, (Marienleben und Verkündigung), schliesslich eine Art Novelle: Geschichte des Erben, Dugento, in und um Pisa, herb. Wie steht es mit Xenien? Mein Häuflein vermehrt sich.

Anderes kann ich aus dem einfachen Grunde nicht geben, weil ich meine ganze bisherige Produktion für ziemlich wenig weltliche Wollust der Insel verschrieben habe, der Käs hats schwarz auf weiss und kann sich drin einwickeln, wenn es Makulatur wird. Nur das obengenannte nehme ich, eben für den Hesperus von diesem dreibändigen Käsepapier aus; allenfalls könnten Sie ein par neue Verse haben, auch den Granatapfel drucken, aber wolgemerkt, in seiner heutigen Gestalt. – Ich hörte gerne von dem was Sie sonst haben. Taubes Gedichtband war mir eine hässliche Enttäuschung; wenn unsere ganze gewaltige formale Entwickelung nur auf diese kunstgewerbliche Äusserlichkeit und Leere hinzielte so ists nichts mit uns gewesen; diese Hurensentimentalität am Schluss als neue Auflage, nur formal im neusten Stil aufgemacht, der alten endlosen Lieder an die respective Verlorene! Grässlich grün. Einzig die Verse auf Kaiser Heinrich VII haben in mir nachgeklungen. Sie finden das zweifellos hart und ungerecht, aber bedenken Sie meine Enttäuschung, nach so verheissungsvollen Versen wie die auf Venedig nun dies Zeug Sonette aus einem alten Haus zu finden – diese Hübschigkeit, Adresse,

Geschicklichkeit, als ob es sehr gut nach einem wolerzogeneren Franzosen fünften Ranges übersetzt wäre, der Verse à l'oreille macht, – parfümierter Quarkkäse, sagte Heine davon. Bah.

Ad vocem Reinhardt bedaure ich Gratulationen nicht annehmen zu können: das einzige was mir garantiert ist, beschränkt sich darauf, dass er meine Dramen in 14 Tagen nach Eingang *gelesen haben wird*. Wenn Sie wissen was das bei ihm heisst, so habe ich genug gesagt; die Garantie habe ich von dem stärksten Aktionär seines Theaters und übrigens seinem Vertrauten, – viel Hoffnung gönne ich mir nicht; ich habe in Berlin determinierte Todfeinde, und glaube bis zum Aufgehen des Vorhanges nicht dass eine Aufführung zu Stande kommt. – Hardt hat mit dem Tantris einen Monstreerfolg in Köln gehabt, gelesen hab ichs nicht.

Hiermit nehmen Sie für heut vorlieb; ich bin todmüde und nah einem nervösen Nachgeben aus Deutschland zurückgekommen, mag auch auf das Scheitern des Zeitschriftplanes gar nicht mehr eingehen, es erschöpft mich daran zu denken, – der Moment, der einzige wahre heilige Moment ist verpasst und damit genug. Jetzt macht George was ich machen wollte; Revue für allgemeine Kritik herausggb von Gundolf Vallentin vdLeyen, erstes Heft April; für mich ein neuer Beitrag zu den occasions manquées, die meine Fatalität zu werden beginnen. Heymel hat zu mir gestanden wie ein Ritter, ich hätte ihn auch noch weiter entraînieren können gab aber auf und warf die Karten weg. Ich bin K. nicht böse es streckt sich keiner länger als er kann, und er kriegt ohnehin seit er mit mir zu thun hat schon so etwas Verrenktes, poor dear. Aber was er seine »Gründe« nennt sollte Sie nicht täuschen. Sein einziger Grund ist der einzige den er nicht nennt: Gemacht solls werden aber von höchstihm. Ein Inselchen soll schon zustand kommen, heidi! aber nicht jetzt; ein Blättchen für literarische Greise und literarische Kinder, ungefährlich, von Doktoren und Professoren gemacht visiert gestempelt, mit Neudruckereien, Raritäten, Kennermätzchen, etwas Kulturphilisterium und viel Bildung, das Geschäft im Hintergrunde; dessen »sämtlicher Bethätigung es zu dienen« hat; »komm Komödie wieder du trauliche Wochenvisite pp.« Sie sollen sehn, wir emigrieren noch alle. Eine Zeitlang gehts glatt und ich will am wenigsten Spielverderber sein. Aber lassen Sie den Mann erst ökonomisch doppelt so mächtig sein wie er heut ist, – und das kann er bei seinem thrift in drei Jahren sein – und das Pathos das wir kennen wird sich verdreifacht haben. Dass Sie mich nur nicht missverstehen: Ich respectiere ihn durchaus innerhalb seiner Grenzen und bin mit guter Art von ihm geschieden. Aber auf die Dauer haben wir Incompatibilität, ich kann nur mit Kaufleuten geschäftlich umgehn, nicht mit Kleinhändlern, und brauche für meine Pläne Menschen von zugreifender und durchgreifender Kraft; dass ich sie finde ist kein Zweifel, aber ich werde drüber alt werden.

Heymel hat mir einen unverlöschlichen Eindruck gemacht, als Lebens Produkt, als Schicksalssumme und Person; es sind zehn Jahre, dass keine menschliche Begegnung mich mehr so geisterhaft und schmerzlich verjüngt hat; ich zehre noch von dem Eindruck und scheue mich ihm zu schreiben.

Sie wissen wol dass ich bei Paulis zwischen Ihren Schwestern sass und mit beiden von Ihnen sprach; es war sehr wunderlich, aber schön dabei; die dritte, von der ich hörte sie ständen Ihnen am nächsten, habe ich, Gott weiss warum, am Ende gar nicht gesprochen; ich fühlte mich den ganzen Abend höchst fatal und an falscher Stelle, hatte drum auch keinen Trieb mich irgend zu empressieren.

Wollen Sie meinem kleinen Bruder erlauben Sie zu besuchen? Er ist 21 Jahr, Architekt, ein feiner Bursche von grosser innerer Noblesse und hübschen Kenntnissen, der unglaublich an mir hängt und, was hier mehr ins Gewicht fällt, zu Ihrer Poesie ein erlebtes Verhältnis hat. Er ist mir in den letzten Wochen in Berlin viel gewesen, und hat mich zum Schlusse noch lebhaft gebeten Ihnen seinen Wunsch zu übermitteln.

Hier, auf meinem Hügel, dessen Sie sich so freundlich erinnern, beginne ich mich nun langsam wieder am Gleichmaass der Tage und des Himmels zu beruhigen. Die ersten Kamelien blühen auf, in den schwarzen Beeten wagen sich die ersten Primeln und Veilchen ans Licht, in den stillen Laubgängen geht es sich schon gut ohne Rock. Ich diktiere am George und an einer Übersicht der Ergebnisse der deutschen Reise, organisiere Schritt vor Schritt die Münsterausgabe und redigiere die Schriften, – von neuen Plänen bin ich ganz leer.

Meine Frau grüsst Sie freundlichst und ich bin wie immer
treulich   der Ihre Bdt

45 RUDOLF BORCHARDT AN RUDOLF ALEXANDER SCHRÖDER

[Briefkopf: Villa dell'Orologio
Vico Pelago Lucca]
8 Juli 08

Mein lieber Schroeder, der Tod meines Vaters, vor fünf Tagen nach schrecklichen Monaten eingetreten, giebt mich, so ungeheuer es klingt, dem Leben und den Freunden wieder, – ich könnte das keinem der es nicht begreifen wollte erklären und tröste mich bei Ihnen mit dem Bewusstsein sicherlich begriffen zu sein, wie ja auch Sie wissen, daß ich der Ihre bin und geblieben bin trotz allem diesem Schweigen.

Hier inzwischen das erste. Jutta, George, Bacchische Epiphanie folgen. Nur länger warten lassen wollte ich nicht.

Dank auch für den Rosenkranz aus vierundzwanzig Perlen. Ich bringe meine Notizen darüber zu Papier und sende alles zusammen. Warum fehlt die Stunde in der die Sonne für einen Augenblick den Teich besucht?

Leben Sie wohl und seien Sie für Ihr Aushalten bedankt.

Grüssen Sie Heymel.   Ihr Bdt

46 RUDOLF ALEXANDER SCHRÖDER AN RUDOLF BORCHARDT

Bremen/Horn
Schwachhauserchaussee 365
5. 8. 08.

Mein lieber Borchardt.

Beigehend ein opusculum, das ich Ihnen nur aus Pflichttreue & der Vollständigkeit halber übersende. Im Ferneren belästige ich

Sie mit einem Manuscript, das mir so prekär ist, daß ich unbedingt irgend eine verständige Äußerung drüber vernehmen muß.

Ich fürchte – um ganz offen zu sein – mich etwas vor dem blasphematorischen Inhalt der Gedichte und weiß – abgesehen von den Mängeln des Details – nicht, ob es überhaupt erlaubt ist, solche Dinge in dichterischer Form auszusprechen. – Ich habe das Zutrauen zu Ihnen, daß Sie mich verstehen & mir eine aufrichtige Meinung darüber sagen werden. Was das Formale anbetrifft, so bitte ich zu bedenken, wie schwierig es ist solche *jenseits* der Grenze des Abstrakten oder Abstrahiblen liegende Probleme methaphorisch zu bewältigen.

Ausdrücke wie »Einzelheiten« »Bleibendes« »Unentrinnliches« sind vielleicht in einem so besonderen & prekären Fall als durchaus conkret und real aufzufassen, so abstrakt und gedanklich sie auch sein mögen, da immer die Gefahr besteht durch ein unvorsichtig gewähltes Gleichnis die gefährlichsten Schiefheiten und Doppelzüngigkeiten heraufzubeschwören. Vielleicht wäre es auch besser noch einiges herauszulassen – drei oder vier Gedichte sind schon in der Versenkung verschwunden.

Im Übrigen denke ich jetzt zuweilen mit Bedauern an jüngere Jahre, in denen ich an Kenntnissen & Erkenntnissen ärmer und an Mut & Frechheit reicher war. Poetische Entwürfe kränkeln jetzt bei mir schon im Keim. – Ich habe angefangen Distichen zu schreiben, fürchte aber, es wird nichts draus. Ich fürchte, ich habe mich in einem Convenu einer gewissen poetischen Routine gefangen, aus dem schwer herauszukommen ist. Ausserdem strebt bei mir alles mit einer verderblichen Hast ins Abstrakte, kaum daß ich mal irgend eine noch so flüchtige Qualität beim

Wickel habe. Verzeihen Sie, daß ich Sie mit diesen Confessionen einer schönen Seele öde, aber ich bin heute Abend geschwätzig.

À propos der Distichen & Hexameter möchte ich Sie doch darauf aufmerksam machen, daß Ihre Verwerfung des tonlosen e als Spondeus-Silbe, die ich mir übrigens für den Homer zur Richtschnur genommen habe, ohne Vorgänger ist. Hölderlin im Archipelagus verwendet diese unbedingt (wenn man den deutschen Hexameter nicht als ein ¾ taktiges Versmaß – also in gewissem Sinne trochäisch – lesen will, was ja auch eine »Lesart« wäre) verwerflichen Spondeen.

Beispiele:
»Delos ihr *be*geistertes Haupt, und Tenos & Chios ...«
»Losgelassen, die Flamme der Nacht ....«
»Droben ihr Nachtgesang im liebenden Busen ....«
»Dein*e* Boten dir nicht ....«
».......... und der Erstgebor'ne, der Alte ...«
»Dein*e* Weheklage der Fels ......«

Das ist nur ein Teil der Fälle, die sich in den ersten 50 Versen finden. Und ebenso ist es bei Göthe. –

Platen ist, soweit ich weiß der einzige der genaue Spondeen beobachtet hat. Wenn ich ihn nicht als Ihren Vorgänger aufführe, so geschieht das aus dem Grunde, weil ich Ihren Distichen keinerlei Verwandtschaft mit Folgendem vindizieren möchte:

Horaz & Klopstock.

Klopstock suchte, beschränkt wie Horaz, auf Hymnus & Ode
Immer erhaben zu sein; *aber es fehlte der Stoff.*
Denn nicht lebte Horaz als deutscher Magister in Hamburg,
Aber in Cäsars Rom, als er der Erde gebot.
Such oh, moderner Poet, durch Geist zu ergänzen den Stoff
                                                               & Fehl,
Durch vielseitigen Styl decke die Mängel der Zeit.

– – wenn hier nicht trotz der richtigen Skansion der Mops mit der Wurst übern Rinnstein springt, so weiß ich nicht, wann er es sonst thut. –

Oder etwa Folgendes:

»Schiller & Klopstock sangen & Göthe, die Blume der Anmut,
Rückert & auch Uhlands / Muse, vor allen beliebt.«

oder:

»Hier, Germania, laß auf diesen unsterblichen Trümmern
Brechen die Lorbeern mich, / die du *bewilligetest!!*«

– – Welch ein Kauz, dieser Platen! – Und dazwischen die ernsthaftesten & rührendsten Dinge & ein Bemühen um Sauberkeit des Ausdrucks, das bei etwas mehr »Stoff« zu sehr Hohem geführt hätte.

Wenn es nicht ein so verfängliches und schielendes Unternehmen wäre, so hätte ich wohl Lust – seit Jahren schon – eine Auswahl aus Platenschen Gedichten zu machen & zwar derart, daß ich einige z.B. von den Großen Oden rücksichtslos zusammenredigierte. Es ist ja eben das Unglück, daß wir eine solche Menge Dichter haben, deren Gutes in dem Wust des gedruckt Überlieferten vergraben, unzugänglich & durch üble Nachbarschaft verdorben liegt. Aber zu helfen ist da kaum. Zunächst sind die Tendenzen unserer Zeit in litterarischen Dingen so antikritisch, antilyrisch – – zudem so divergent, daß an die mögliche Aufrichtung eines Canons nicht gedacht werden kann. Bestände die Möglichkeit, daß Leute, wie George, Hofmannsthal Sie & ich uns zu einer Peisistratischen Kommission zusammenfänden, so – – – aber da höre ich die Gänse lachen! –

Wissen Sie übrigens worüber die Gänse noch sonst lachen? Über den Hesperus, dessen Erscheinen einstmals zwei Herrschaften Namens Borchardt & Hofmannsthal am Herzen zu liegen schien, und der nunmehr aus Mangel an Prosabeiträgen nicht am litterarischen Himmel aufgehen wird. – Ich trage Ihnen diese Fahnenflucht als Freund nicht nach. Im Interesse einer ernsten Sache, die allerhand Früchte hätte tragen können, muß ich allerdings meinem Bedauern Ausdruck geben, daß der letzte Appell, den ich vor etwa 8 Tagen an Sie & Hugo gehen ließ, nicht beantwortet wurde. – Ich will mich hierüber nicht verbreiten, weil die Thatsache an sich betrübt genug ist um nicht noch durch unnütze Controversen betrübter gemacht zu werden. – Aber an Sie, mein lieber Borchardt, möchte ich noch einmal ganz ernst appellieren. Sie sind ein so hochbegabter Mensch & haben so viele Einsichten in alle möglichen Verhältnisse, daß es unverantwortlich wäre, wenn Sie Sich in Anregungen, Andeutungen und Versprechungen erschöpfen wollten. Wissen Sie denn, wie lange Ihnen noch vergönnt ist zu leben? Und wenn Ihnen wirklich Ihre Frist verstreicht & Sie haben uns nicht gegeben, was Sie sollten, so gratuliere ich Ihnen im Voraus zu den Geiern, die alsdann im Tartarus Ihre Leber hacken werden. Also gebe Gott uns allen, daß wir Methusalems Alter erreichen – dann werden Sie Sich schon aus Langerweile entschließen Ihre Perlen vor die Säue zu werfen.

Dr. Blei schreibt mir übrigens seit Wochen, er habe eine Elegie von Ihnen für das IV. Heft des Hyperion. Ja, ja – tempora mutantur etc. – Ich persönlich habe für diese Sirene noch Wachs im Ohr, obwohl ich den zweiten Teil des Sternheimschen Don Juan noch talentvoller finde als den ersten. Aber Blei? – Nein, mein Freund, ich bin froh mit einer leichten Vergiftung durch dieses Weichmetall davongekommen zu sein.

Nun, mein Lieber, möchte ich schließen. Es ist nach Mitternacht, eine Zeit in der mich die böse Laune packt. Leben Sie also wohl & denken zuweilen an einen armen Hyperboreer, der sich zum mindesten mit ebenso bösen Gespenstern herumquält wie Sie. Hier sind den ganzen Tag Gewitter gewesen & ich habe den ganzen Tag vor Kopfweh nicht arbeiten können, habe aus Verzweiflung die abstrusesten Dinge gelesen, Anmerkungen des verschollenen Herrn Heinsius zum Horaz, einige Kapitel aus Vellejus Paterculus & Florus, (worauf mir übel ward) Konjekturen über Homer, die von der Edda bis zu den Mongolen reichten & die Körperlichkeiten des armen Dichters in mythologischen Scheidewässern verflüchtigten (worauf mir zum zweitenmal übel ward) ferner Correkturen eigener Gedichte (worauf mir zum dritten Male übel ward & zwar am heftigsten) und wanke nunmehr gebrochen ins Bett. Tibull habe ich in dieser Zeit auch gelesen, konnte aber vor Neid über den vielen »Stoff« dieses göttlichen nicht weiter, da ich befürchten mußte meine eigene Dichterwürde möchte in dieser Atmosphäre sich verflüchtigen – explodieren, wie der Zeppelinische Luftballon.

Nun aber Schluß. Herzlichst S.

Freitag. [7. August 1908]

Nachschrift.

Mein Teurer, Bezüglich der Hexameter-Theorien möchte ich doch noch eine Bemerkung machen. Mir scheint (und ich hatte es in der Eile des Briefschreibens nur vergessen) daß der Hexameter an sich ein ¾-taktiger Rhythmus sei. Zum mindesten ist er es unbedingt in einer accentbetonten Sprache wie der Deutschen. Es ist mir an sich schwierig, mir vorzustellen, daß selbst in der Griechischen Abmessung des Daktylus auf die lange Sylbe eine volle halbe Note kommen sollte und auf die anderen beiden 2/4. Es mußte dadurch eine Monotonie in den Vortrag kommen, die meinem musikalischen Empfinden unerträglich wäre. Könnte man nicht hier ein freies Spiel innerhalb eines dreigeteilten Taktes annehmen, bei dem die betonte Quantität je nach den Umständen eine halbe Note oder ein punktiertes Viertel, ja (um das Verwegenste zu sagen) ein einfach betontes Viertel dargestellt hätte, während die unbetonten Sylben sich entsprechend in den Rest des Taktes geteilt hätten?

ist kein Schreiten sondern schweres Liegenbleiben. Jeder fortschreitende Rhythmus wird entweder alla breve gehen, was für den daktylischen Hexameter von vorneherein sich ausschließt, oder ¾ taktig sein, sei es mit einer trochäischen oder jambischen Betonung. Demnach würde sich das epische Versmaß als ein bereichertes trochäisches darstellen. – Der Spondeus würde sich alsdann als ein aus zwei gleichwertigen punktierten Noten hergestellter Takt,

oder (und dies erscheint mir das Plausiblere als ein aus einer halben & einer Viertelnote gebildeter Takt erscheinen, wobei die Wucht des Akzentes der ersten langen Quantität eine Tondauer mehr verschaffen würde. –

Schematisch würde also der Daktylus so aussehn

der Spondeus so

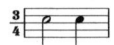

Daß diese Theorie eines quasi trochäischen Zeitmaßes auch für den daktylischen Hexameter für die Übertragung ins Deutsche nicht ohne Bedeutung sein kann, werden Sie sehen.

Zur Begründung muß ich hier einigermaßen ausholen. Ich habe oben behauptet [daß] ein fortschreitender Rhythmus – und das sind mit verschwindenden Ausnahmen alle dichterischen Rhythmen – entweder alla breve oder ¾ Takte haben müßte. Nun zeigt es sich, daß unsere deutschen (auch die englischen & französischen!) Trochäen & Jamben nicht, wie man für gewöhnlich annimmt ¾ taktig, sondern ein alla breve-Maß sind. Das antike lang-kurz & kurz-lang ist hier ein Betont-unbetont, und umgekehrt. Das einfache Nachklopfen mit dem Finger beim Vorlesen eines deutschen Gedichtes in Trochäen oder Jamben, wird Sie darüber belehren, daß Sie es mit zwei gleichlangen Taktteilen zu thun haben, von denen der eine, wie es ja in jedem musikalischen Verlauf der Fall ist betont, der andere unbetont ist. Ein Trochaischer Vers würde also für uns ein Vers sein, bei dem *der Hauptsache nach* die Betonung der ersten Sylbe beachtet wird, beim jambischen die der zweiten. – Ich sage, der Hauptsache nach. Denn weder im Trochaischen Vers noch im Jambischen haben es unsere größten Dichter für nötig befunden sich unbedingt an die Hauptregel ihres Systems zu halten. Vor allem nicht im dramatischen Vers, der bei Göthe (und wie sehr bei Shakespeare!) oft durchaus sich der jambischen Betonung entfremdet, ohne unserm musikalischen Gefühl wehe zu thun. Daß dies letztere nicht der Fall ist, liegt eben in dem 2/4 Verhältnis dieser Verse; denn es ist ein durchgehendes musikalisches Gesetz, daß zwar die Betonung bei gleichen Taktteilen wechseln darf, so oft sie will, ohne Befremden zu erregen, die Betonung eines schwächeren Taktteiles dagegen weil in sich widersinnig immer befremdlich wirken muß. – So kommt es daß in unseren sogenannten jambischen Versen öfters der Rhythmus frei über der ausgezählten Sylbenreihe schwebt und die erstaunlichsten Wirkungen eben gerade durch seine Gebundenheit an den leidenschaftlichen Wort-Akzent hervorruft. (Im trochaischen Vers findet sich infolge seines von Natur heftigeren & schnelleren Fortschreitens eine größere Straffheit. Doch fehlt es auch hier nicht an den wirksamsten Anomalien.)

[Beilage]

Die Zwillingsbrüder.
Sonette
von
Rudolf Alexander Schröder.

Caelum ipsum petimus.

[Handschriftlich:]
Bitte um freundliche Bemerkungen.
Manuskript vorerst nicht zurück.

I.

Wenn du mit Feuern aus dem tiefen Kummer
Des einsamen Gedankens mich erwecktest,
Und mir die Flammenhand entgegen recktest,
Durch Blendung scheuchend meinen Seelenschlummer,

Wenn du von jeder runden Himmelswarte
Mich stürmend suchtest mit verschiedenen Winden,
Du würdest doch nicht jene Höhlung finden,
In die hinein Bedenken mich verscharrte.

Und sag', was hülf es, wenn zu mir dein Blick,
Wenn mir von deiner Burg Befehle kämen?
Ich hab' mich unter jeglichem Geschick
Hinweggebückt. Und jeden Arm zu lähmen,

Taucht' ich ins dumpfe Wasser, wenn er schlug.
Lebendiger was hülf' es? Ich bin klug.

2.

Schilt das armselig, das sich selbst nicht kennt
Und sich mit keiner deiner Künste ziert,
Das sich mit keinem deiner Namen nennt
Und immerfort sich an sich selbst verliert.

Schilt unbeweglich, was sich nicht zerteilt,
Schilt leer, was sich mit keiner Form beschränkt,
Schilt ohne Anblick, was sich nicht enteilt,
Schilt ohne Kunde, was sich nichts erdenkt.

Mit allen Prächten deines Himmelsbaus,
Mit dem Gefolg' unzähliger Trabanten
Tritt angebetet vor das All hinaus
Und lache des aus eigener Not Verbannten.

Du trägst das unveräusserliche Zeichen,
Das dich mit mir verknüpft als Meinesgleichen.

3.

Du Redender mit tausendfachen Strahlen,
Du Namengeber des bestimmten Bundes,
Erinnere Dich der Pakten unseres Bundes,
Erinnere Dich des Wissens, lass dein Prahlen.

1908

Geh', wo du willst, berühmet, wohlgetan,
Und spiegele dir dein Abbild tausendfach;
Denn das ist deine Lust; denn du bist schwach:
Schmal ist dein Land und schwindelnd deine Bahn.

Wahrhaftiges ist auch mir bekannt. Und so
Sieht deine Buhlerei mein Antlitz nicht.
Ich sitze im Verborgenen, bin froh,
Dass ich nicht Hände habe noch Gesicht.

Wo hast du nicht gebettelt? Aber hier
Pocht Leid und Mitleid an verschlossene Tür.

4.

Und sagt' ich dir's durch leerer Worte Zeichen,
Du Herr der leeren Zeichen und der Worte,
So müsstest du, besiegt, von jedem Orte,
Auf den du dich gegründet wähnst, entweichen.

Und hielt ich dir und dem das du zerstreutest,
Den einen Spiegel vor, in dem sich's einet,
So wüsstest, Träumer, du, was du gemeinet,
Dass du dich immer vor dir selber scheutest.

In jedem Dinge ist sein Gift verborgen,
Das es ihm selber widerspenstig macht;
Und so entwird zum Gestern jedes Morgen;
Und jede Morgenröte wird zur Nacht.

Was einmal Einer ausser sich gestellt,
Zersprengt sich selbst vor Hass. So wächst die Welt.

5.

Aus Zeiten wechselnd kommen neue Zeiten;
Und mit den Tagen kommen Tag und Tage.
Du weisst vielleicht, warum ich dies Entgleiten
Nicht so wie du mit vollem Grund beklage.

Du hast dich doch an etwas hingegeben,
Du hast dich doch an Aeusseres verpfändet;
Und also scheint mir, traun, dies hohe Leben
Voll Doppelsinnes, der sein Gut verschwendet.

Ich sehe nicht mit Neid die vielen Schätze,
Die überall an jedem Punkt erscheinen;
Denn ausgestreut auf all zu viele Plätze
Sind sie so leicht nicht wieder zu vereinen.

Und so erscheinen Tage, kommen Zeiten;
Und voller wird dein Land von Einzelheiten.

6.

Taten. Mit denen eiferst du so wichtig
Und überfüllst die schwindelnden Sekunden.
Denn, wie sie wandelten, wie sie geschwunden,
Wird alles schwächer, wird am Ende nichtig!

1908

Du bist der Gierige, bist krank vom Zwingen;
Und immer reckst du doch den Arm ins Weite,
Und langst nach allem um die eine Freite,
Nach der dich lüstet, dir ans Herz zu bringen.

Doch sieh! – Du siehst es nicht – Die Welt ist leer
Trotz Deines Wahns von Wasser, Luft und Steinen.
Dich treibt die grauenvolle Wut umher
Durch's Irrgeläuft von falschen Widerscheinen.

Und ob ich nah vor deinen Händen sei:
Du greifst in's Bunte, greifst an mir vorbei.

7.

Sag' nur: Dies ist und bleibt in allen Tagen
Das unaussprechlich Lebende und Gute.
Ich brauch dich nur, du Prahlender, zu fragen,
Woher das kam? Wie wird dir da zu Mute?

Und würd ich fragen erst, wohin es ginge,
So wüsstest du vor Scham dich nicht zu kennen,
Und möchtest diese wandelbaren Dinge
– Vielleicht – bei ihrem rechten Namen nennen.

Den aber giebt es nicht. – Denn dort steht Schweigen,
Wo sich das letzte Kenntliche verhüllt.
So führe immer deinen Wunderreigen
Phantastisch schwankend durch ein Spiegelbild.

Es graut dir doch in deiner Atmosphäre –
Und wenn er tausendmal lebendig wäre! -

8.

Mit keiner Kenntnis darfst du mich belehren,
Mit keinem Bild mir zeigen, was ich bin,
Mit keiner Last mich irgendwie beschweren:
Das ist ein Gift, und kränket deinen Sinn.

Das ist die Krankheit oder doch ihr Zeichen;
Denn aus dir selber kommt, was dich versehrt.
Versuche dir nun alles an zu gleichen:
Dies eine Gleichnis ist dir streng verwehrt.

Denn alles dies Gebärdende und Viele
Empfänd' ich selbst wohl als verführter Thor,
Wüsst' ich nicht, jedes dieser Augen schiele
Nach jenem Spalt, aus dem es sich verlor. –

Verlor, verlor, Verloren heisst der Sinn;
Und schrieen alle Sphären auch: Gewinn!

9.

Es müssen deine Kreaturen büssen
Für deine Sünde, die du stets verhehlst,
Da du sie doch mit liebevollen Grüssen
Bis in den Schoss verstummter Grüfte quälst.

1908

Es fühlt das letzteste Gebild ein Sehnen,
Das deine Unersättlichkeit verdammt;
Und löschen möchte sich mit Herzenstränen
Die schrankenlose Glut, durch dich entflammt.

Und wenn die alten, festen Berge zaudern
– Sie lösen sich da du dich kaum gewandt,
Und stürzen hin in sehnsuchtsvollen Schaudern.
Denn um die Kugel, die dein Blick umspannt,

Und um die Frage – Grenze deiner Macht
Liegt die verfehmte Heimat in der Nacht.

10.

Das ist's, Erhabener, du bist nicht geblieben
In deinem Erbteil, das dir zugemessen.
Denn da du selbst dir etwas vorgeschrieben,
Hast du des einzig Bündigen vergessen.

Denn selber bis du durch dich durchgegangen,
So oft du dir ein Gleichnis auserkoren;
Und aller Sterne mitternächtig Prangen
Erzählet nur, wie oft du dich verloren.

Und wenn du nun des Weilenden gedenkest,
Und Dich bemühst mit Wägen und Vergleichen:
Du wirst auch da, wo du dich fest beschränkest,
Dem hohen Schaum auf einer Welle gleichen.

Sie glättet sich, sie wird versinkend fliessen;
Und du, Allmächtiger, wirst mitgerissen.

11.

Das aufgetane Auge schliesst sich nie.
Das Thor lässt aus und nimmt nicht wieder auf.
Der Weg, begonnen, führt von hie zu hie,
Von dort zu dort. Wo endet solcher Lauf?

Frohlocken darf ich, der ich noch besitze,
Der ich noch bin, wo jemand andres scheinet,
Ob er es auch im brüderlichen Witze
Viel höher, stolzer, als ich selbst gemeinet.

Dass du auf jedes neugeborene Lauten
Mit einem Röcheln zahlst den Bettlerlohn,
Stadt, Land und Berge, die gewaltigen Rauten,
Eh sie noch warden, sind zerrüttet schon,

Ich danke dir's. Ich bin's. Ich widerstand
Dem Wucher mit der Mutter gleichem Pfand.

12.

Du nennst dich Herr und prahlst mit runden Bällen
Und Lichtern die den Erebos durchqueren,
Als wär Triumph dies flackernde Erhellen,
Zerstreut-armseligen Widerscheins Gebären.

1908

Doch nun vernimm's in deiner Schöpfer-Wonne,
Lichttrunkener, in Allerwelten-Pracht:
In jedem Nebelstern, in jeder Sonne
Wohnt kernhaft innen die verpönte Nacht.

Blind ist dein Licht. Darinnen wohnt das Alte,
Unweigerlich; und ob die Agonie
Erbosten Krampfs milliardenfach sich spalte,
Von der Bewohnerin erlöst sichs nie.

Herr! Dreimal Herr! Doch Herr von solchen Landen,
Die nie auf keiner Wage sich bekannten.

13.

All überall ist eines jeder Frist.
Du bist nur hier und dort mit tausend Dingen.
Doch ich versteh mit urgeborner List
Das, was du dir ereignest, zu durchdringen.

Denn immerfort, wohin dein flatternd Spiel
Mit Arm und Blicken sich begierig drehte,
In jedem Hauche der dir wohlgefiel,
Behausest du das Unverlierbar-Städte.

So zeigt sich denn als hoffnungsloses Flieh'n
Der schöne Fluss allgegenwärtiger Stunden.
Er möchte sich dem Bleibenden entziehn,
Und bleibt an's Unzerteilbare gebunden.

1908

Das also, Meister, ist dein Meisterstück,
Dass alles von dir fliesst und nichts zurück?

14.
Und käme nie der Tag, es gleich zu machen,
Und nie die Stunde, die dich dir entblösst,
Ich dürfte immer deiner Narrheit lachen
Und deiner Not, die sich im Leeren stösst.

Dazu erschufst du Sonne, Stern und Lichter,
Um Schmutz zu tragen in das ewig Reine,
Popanz zu sein der eigenen Gesichter
Und ausgestossen aus der Ur-Gemeine –

Mit Hammerschlägen hast du dir's zertrümmert,
Wo doch der Ambos fehlte solchem Schmieden,
Dass nun ein Hauch, ein Körnlein dich bekümmert,
Und die Sekunde meistert deinen Frieden.

So fahre fort, dein Narrenhaus zu schmücken,
Und fühle immer Mich in deinem Rücken.

15.
Zwiefach ward keinem das Geschick. Es steht,
Dass wer gewinnt, verlieren muss um Gleiches.
Einmal vergassest du's. Und also geht
Unendlich fort der Gräuel deines Reiches.

1908

Wohlan. Vertandle weiter Stück für Stück
Der alten Krone ungeformte Kräfte!
Mich dünkt – doch schaudert oft bei solchem Glück;
Und fast gespenstisch däucht dich dein Geschäfte.

Wenn du es wüsstest, was du heimlich weisst,
Aufrichtig wüsstest, was du dir verdunkelt,
Wo du bliebest, Götze, du, der du so dreist
Mit Sonn und Stern geprunket und gefunkelt?

Zwiefach ward keinem das Geschick. Es steht:
Verraten wird ein jeder, der verrät.

16.
Wer sollte hassen? Armer Narr des Tags,
Vom heissen Drang des Widerspruchs gequält!
Wer sollte hassen? Siehe hin, es fehlt
Die runde Summe deines Ueberschlags.

Nur brande nicht mit Brünsten und Verlangen
An's Ufer meiner seelenlosen Welt,
In der kein Traum sich Träumen zugesellt,
Nichts das da käme, oder das gegangen.

Du Aeugelnder sieh dich an dem nicht blind,
Das sich mit keiner Finsternis vergliche
Bemalter Nächte, wie die deinen sind
Mit Sternenbildern warmer Himmelstriche.

Dir bleibt das Viele, das gefällt und schreckt,
Und hinter dem die Wahrheit sich versteckt.

17.

Ja grosser Freund, Gefangener deinem Glück,
Mitsterbender in jedes Blättleins Fall!
Das ist dein Los: du kannst nicht mehr zurück
Aufschluckend dein von dir gelöstes All –

Wenn Du dich kehrtest, wo du dich gewandt,
Und riefest ge'n die Mutter: Meinen Raub
Stell ich zurück, und kehre in dein Land,
So riefest du umsonst. Sie bliebe taub.

Du hast gezielt da, wo kein Zielen war,
Du hast gestellt, wo nirgend Grund und Ort.
Wie käme das zurück? Die wage Fahr
Fährt durch's Abgründige und reisst dich fort.

Aus diesem Laster lässt dich keine Reue:
Denn falsche Rechnung rechnet stets auf's Neue.

18.

Das könnte mich vielleicht mit dir verbünden:
Das Grau'n das ich in deinen Seelen lese,
Den sehren Gram, den Rost verjährter Sünden,
Die Krankheit, wissende, dass sie nie genesen. –

1908

Denn mit Erbarmen würd mich's überwältigen,
Wär ich nicht klug, und wüsste mich zu retten,
Sonst nähm ich wahrlich aus den tausendfältigen
Die schwerste, diese mir von deinen Ketten.

Mich jammert dein. Und da ich scheid' und meide
Gefahr, die du im Uebermut beschworen,
Bewahr' ich mich am schwersten vor dem Leide,
Dass du, o stolzer Bruder, so verloren.

Denn das, was noch am reinsten dir geblieben,
Sind deine Weinenden, die dich nicht lieben.

19.

Wohl. Du bist schön. Mit tausendfachen Künsten
Erfüllt dein Seelen-Ueberschwang die Welt.
Er malt den Tag mit milden Zauberdünsten
Und wirkt des Abends rosenfarbenes Zelt.

Auf jedem Stern erweckt dein hoher Wille
Die holde Flamme, die so zärtlich blinkt;
Und der Entfremdung seelenlose Stille
Besiegt das Auge, das hinüberdringt.

Vollkommen ist's, und ruht in seiner Schwere,
Des steten Wechsels ausgeglichenes Spiel.
Und immer strebt die Hoffnung vor ins Leere,
Und wo sich's wandelt, dünket ihr ein Ziel.

Ich aber hüte mich vor solchem Sinn,
Und bleibe lieber da, wo ich nicht bin.

20.

So lass mich schlafen, lass mich untersinken,
Da doch die Leere kein Versinken kennt.
Ich lasse dir dein weisses Firmament
Und deinen Durst und mannigfaltig Trinken.

Oh Bruder du, das Gleiche, das uns hält,
Ist deinem Lose so gemein wie allen.
Du hast an ewiger Neuerung Gefallen;
Und im Beschlossenen ruht meine Welt.

Oh du, mein Bruder, hege dein Begehr,
Und schwanke durch den Taumel vieler Dinge.
Ich weiss, dich dünket meine Fülle leer
Und meine Unermesslichkeit geringe.

Und aus der Ruhe aus dem Widerstreit
Schöpft sich ihr gleiches Mass Gerechtigkeit.

47 RUDOLF BORCHARDT AN RUDOLF ALEXANDER SCHRÖDER

[Briefkopf: Pensione Alto-Matanna
Lucca-Palagnana]
14 August 08

Mein lieber Schroeder,
Ich komme erst nach Tagen dazu dem Georgeaufsatz der inzwischen an Sie abgegangen ist einige Worte beizufügen, Sie ersehen aus dem Briefkopfe dass wir uns ins Hochgebirge verzogen haben, und die letzten Tage zu Hause waren so vielfach in Anspruch genommen dass auch aus der besten Absicht zu schreiben nichts werden konnte. Heut nun, Abends nach einem anstrengenden Wanderungstage, will ich wenigstens mein Möglichstes thun um Sie von mir hören zu lassen; vor allem dies: wenn inzwischen der Hesperus im bejahenden Sinne entschieden ist so bitte ich um ein Wort damit ich Ihnen Jutta und Bacchische Epiphanie schicken kann. Ferner hier das Sonnett, für dessen exakten Wortlaut in Einzelheiten ich mein Gedächtnis bürgen lassen muss:

Wen Dunkelheit belastet der will Licht –
Wen Licht erschreckt, der ruft nach Dunkelheit, –
Und wartet einer in der Halben Zeit
Voll Dämmerung, – der sieht und sieht auch nicht.
Von irgendetwas gäb ich gern Bericht
Schmerz oder Lust, Furcht oder Tapferkeit;
Doch hat sich alles längst in mir entzweit
Was sonst ein Traum zu Träumen uns verflicht.

Nichts seh ich mehr, als eine Wüstenei
Darin sich viel bewegt, und stille ist:
Was also soll ich singen oder sagen?
Ich wüsste kaum dass ich lebendig sei,
Wär irgendwo nicht in mir jederfrist
Dein Schmerz: und der entpresst mir diese Klagen.

Ferner hier zwei Oden des Horaz, das einzige Blatt das ich im Augenblicke der Abreise noch habe finden können:

III 18

Wenn Du Freund der flüchtenden Nymphe Faunus
Meine Fluren wandernd betrittst, so segne
Milden Blicks die keimende Trift und alle Sprossen der Herde.

Fällt am alten heiligen Platz nicht jährlich
Dir Dein Böcklein, fehlte, Gesell der Venus,
Je der Wein im Kruge und Dufts die Fülle Deinem Altare?

Auf dem Anger schweifet das Vieh im Grünen
Wenn dem Stier am Ende des Jahrs Dein Festtag
Mit dem Herrn vom Joche erlöst, und beide freun sich der
                                                                      Musse;
Bei den Lämmern weilt der Wolf im Frieden
Buntes Laub verschüttet der Wald. Und dreimal
Stampft der Pflüger jauchzend im Takt die Scholle die ihn
                                                                     verhasst dünkt.

1908

125

Immer seltner treffen verliebte Knaben
Klirrend ungeduldigen Wurfs Dein Fenster
Deinen Schlaf stört keiner und auf der Schwelle feiert die
                                                  Thüre,
Die doch sonst in lockeren Angeln früher
Nie geruht; und seltener hörst Dus, seltner:
»Da ich hier die traurige Nacht durch wandle, Lydia hörst
                                                  Du?«
Aber Du, Du lauerst nun bald im Winkel
Von der Buhler höhnischer Schaar verlassen
Wenn zur Zeit des wechselnden Monds der Nordwind
                                      Trunken heranbraust.
Alte Du, von hitziger Brunst gepeinigt
Wie sie geil die Mütter der Pferde heimsucht
Die dir um die schwülstige Leber wütet; und du bejammerst

Dass die reife Jugend den frischen Epheu
Und der Myrthe sprossendes Reis so gern hat
Und die trocknen Blätter dem Wintersturme lächelnd
                                                  anheimgiebt.
So. Ich habe nur noch Raum genug um Ihnen zu sagen wie tröstlich mir eine wenn auch ferne Aussicht auf Ihren Besuch ist. Ich bin von den letzten Zeiten und von halb freudloser Arbeit mitgenommen und erschöpft, und erhoffe hier Beruhigung und Kräftigung. Ihnen auch nur brieflich im Zusammenhange von mir zu sagen, würde mich schon fröhlicher machen, und ich hoffe dass sich hier endlich ein Morgen oder Nachmittag dafür

finden wird. Heut nichts als meinen Dank für Ihr schönes freundschaftliches Beharren trotz meinem Schweigen, ein Beharren das ich oft wie Atmosphäre um mich gefühlt habe, und das ich Ihnen nicht vergessen will.

    Meine Frau grüsst Sie herzlich
    ich bin der alte   B.

48 RUDOLF BORCHARDT AN RUDOLF ALEXANDER SCHRÖDER

[Villa dell'Orologio
Vico Pelago Lucca]
LS   [Ende November 1908]

Ich kann einen langen Brief an Sie der sich von Tag zu Tage weiter schleppt im Augenblicke wo die Abfassung meiner Flugschrift durch die politischen Ereignisse in ein schreckliches Tempo kommt, nicht abschliessen und begnüge mich für jetzt, Ihnen für alles zu danken, Sie um ein *wenig* Geduld zu bitten und durch das beigelegte Couvert zu zeigen seit wie lange ich Sie vergeblich suche und bestürme. Auch Pauli wenn Sie ihn sehen, bitte ich, über meine augenblickliche Behinderung freundschaftlichst aufklären zu wollen.

Ich weiss wol, dass ich ungehört bleibe mit allem was ich zu sagen im Begriffe bin, aber ich habe meine Seele an diese Sache gesetzt und muss sie, gerade nach der Münchener Verräterei durchhalten.

                                                                      Treulichst B

49 RUDOLF BORCHARDT AN RUDOLF ALEXANDER SCHRÖDER

[Villa Burlamacchi Gattaiola
Lucca, Ende 1908]

Zu Od. A 278ff.

291/2

»wie es der Mutter geziemt«; irrig bezogen und darum unverständlich; ich hätte nichts gegen die Zusammenziehung wenn nicht die Erfüllung der Sohnespflicht ausschliessliche Anlegenheit zwischen dem Toten und dem Kinde wäre, ohne Zusammenhang mit anderen Überlebenden, gar geheirateten Frauen; also etwa:

> Schütte das Mal ihm auf und versieh drauf solche Versehung
> Reichliche, wie sie sich schickt, und vergieb zum Manne die
> Mutter.

295/6

warum κτείνειν abschwächen? hier wird, in archaischer Rede, alles rund und roh gesagt. Ferner, klingt Ihnen »Gemächer« nicht verbraucht und bildlos? Es sind doch die ebenen Gelasse, Hallen Höfe aus denen sich solche altertümliche Königshofbauten zusammensetzen, das Haus selbst, als plurale tantum. Hier handelt es sich um Fragen des Urrechts; *innerhalb* seines Hausfriedens muss Telemach töten d.h. strafen und sich wehren, um innerhalb des Rechts zu bleiben; *ausserhalb* ist es Fehde und Krieg; daher immer das antike Morden im Hause, Orest Odysseus etc. etwa,

> Wie Dus stellst auf dass Du in Deinen Gehöften die Freier
> Würgst, mit List oder, seis, laut angesagt; keinerlei Art hats

Dass Du an Kindsgedanken dich hältst; und hast doch die Jahre.

Dies letztere, weil mit der Rede der Athena das ganze Problem wirklich in die Entwicklung des Telemach zur Reife verlegt ist, und die νηπιάας ganz unabhängig davon ob die Freier sie ausnutzen oder nicht, bei ihm angesichts seiner einzigen grossen Männlichkeits-Aufgabe, abgethan sein müssen.

298.
kühn für δῖος scheint mir so sehr es altdeutsch allgemein schmückendes Attribut ist, gewagt, doch weiss ich nicht, wie Sie es sonst damit halten. Was haben Sie gegen »edel«, das doch auch ein altes Lichtwort ist? - Sonst finde ich die Zusammenziehung der drei Verse sehr glücklich.

301ff.
Also Du, (kein Aber, denn es liegt kein Gegensatz und
 keine Wiederholung vor) hochwachsenen Leibs
 und herrlichen Ansehns
Helden werde Du einer und schaffe etc.

Sie werden die Nuancen leicht fühlen; ich vermisse an Ihrer Fassung die nackte Prägnanz des primitiven heroischen Gefühles; übrigens, ein für alle Male, meine Verse sind reine αὐτοσχεδιάσματα, nur gemacht um mir lange Paraphrasen zu sparen.

306.
Gast, ja trägst Du mir holdes Gemüt, dies alles zu reden,
[gestrichen:] Als seinem Kind ein Vater; des soll nicht eines vergessen.

1908

309.
ὁδός ist genau Fahrt und Fährte.
Aber, wol an, nun bleib, und läge Dir immer die Fahrt an,

312.
hier bin ich Ihnen böse, oh Dichter! Sehen Sie sich den herrlichen Vers an, mit seiner geschlossenen strengen Bildkraft und fragen Sie sich ob Sie ihn auflösen dürfen!
Dass Du nicht eh denn ein Bad Dir gethan die
herzliche Wolthat
Gabe in Händen zu Schiff aufsteigst, frohlockenen Mutes,
Ehrende, gar eine reiche; die bleibe Dir meiner ein Denkstück

323
»Über ein solches Gefühl« zwar im Zusammenhange sehr schön, aber im Verhältnis zum Text wunderlich.
Und da er sich innen besonnen
Grauts ihm durch und durch; so schiens ja, dass es ein
Gott war.

326
An der Wortgruppe νόστος Ἀχαίων würde ich nicht rütteln, denn sie ist der Titel selbst dessen was er singt, ein berühmtes episches - uns verlorenes Gedicht das der Dichter als ganz bekannt bei seinem Publikum voraussetzen darf.
der sang der »Achaier Heimfahrt«
Unglücks-Fahrt von Troje zurück wie sie Pallas verhängt hat

328.
Wieder zu stehenden Beiworten; »sinnig« ist nordisch, περίφρων südlich. Das eine nach innen das andere nach aussen gerichtet; die wörtlichste Wiedergabe wäre »umsichtig«. Die Deutungen die das vorgesetzte περι- durchweg als Intensivum auffassen sind veraltet. Aber das kommt gewiss für Sie zu spät. Dagegen θέσπις = θεσ-επ-ις von θε(σ)ός Gott und ἔπ-ος Wort darf getrost »himmlische Weise« werden.

336.
»Treppe« ist, obzwar im Dialekt alt, als Literaturwort sehr modern ich würde sagen »Stiegen« (pluralisch stairs)

334
Kleinigkeiten; der homerische Vers ist voll hoher Sinnlichkeit der Anschauung; ihr Vers sieht ins Griechische rückübersetzt etwa so aus:
κρηδέμνοις ἀνακενθομένη λιπαροῖσι πρόσωπον
Vergleichen Sie und fragen Sie warum die παρεῖαι und die zarten deutlichen ἄντα und σχομένη mit dem feinen Gegeneinander der Wangenhaut und des gewobenen Flors geopfert werden müssen.

335.
hier notiere ich eine leise Verkennung der Sphäre. Eine Frau spielt nicht und hat keine Gespielen, die Heirat in die Fremde trennt sie von ihrer ganzen ἡλικία, aus dem Vaterhause nimmt sie nur die Amme in das Haus ihres neuen Herrn hinüber. Ἀμφί-

πολοι sind die δμῶαι αἱ ἀμφ' αὐτὴν πέλονται, ihre »Umgebung«, das was immer um die Herrin herum sich zu schaffen macht. κεδναί sind sie als Mägde wie Penelope δῖα als Herrin, das höchste an sittlicher Qualität wozu sie in ihrer Lage gelangen können. – Beide Worte, das Subst. wie das Adj. sind ganz starr, altertümlich und farbig- undurchsichtig. Äquivalente finden ist sehr schwer. »Dienste« sagt man wol mecklenburg.-platt für alles Gesinde, aber das darf man nicht wagen.

346.
An die in aller archaischen Rede aller Sprachen vorgestellte Anrede nicht rühren! Die Fälle in denen Inversion eintritt (Ὀδυσσεύς etc.) haben fast alle metrische Gründe.

Mutter mein, wie gönnst Du nun nicht dem wonnigen
                                                                          Sänger
Uns, wie der Geist ihn treibt, zu beseligen?

357.
»heisse« die Mägde
Hinter der Arbeit sein. Wortwechsels walten die Männer

366.
πάραι κλιθῆναι, »Bei-lager«
»Alle verlangt'es, ihr nah bei zu liegen | lagern im Bette[«]

368.
»mutverwegensten« unmöglich.
Werber der Mutter mein, Hochfahrende, frevelnde Herzen |
                                                                freche Gewissen?

370
Warum »schöner«? Und warum die logische Verbindung zwischen den Sätzen, ohne sichtbaren Erfolg, modifizieren?

372
das καθεζώμεσθα würde ich gern gewahrt sehen; das ist doch alles so voller Bildlichkeit dass man die Szene sich entwickeln sieht.
Tags aber, wolln wir zu Markt hinsitzen; gehe mir dahin
Jeder;

382
Der Vers ist mangelhaft:
Staunen*d d*ass ist Kakophonie, und so, das starken Ton hat dürfte nicht in die Thesis kommen.
Sprachs; und alle Zumal, den Zahn in die Lippe verbissen
Stutzten gegen Telemachos hin und wem er den Trutz bot.

386
»umwässert« ist nicht sehr schön, nichtwahr? Wässern heisst nun einmal Wasser geben.
Möchte dem Seeland Ithaka nur Kronion zum König
Dich nicht setzen etc.

402
für κτήματα ist mir »Schätze« zu stark. Es wäre mhd.=gewerb, doch schlage ich so kühne Archaismen nicht vor. »Gut«, »Güter«, »Habe«

1908

408)
der Vers ist auch in der Variante noch nicht gelungen.

    Hat er vielleicht eine *Botschaft geb*racht dass dein V[ater]
das ist nicht ∪ ∪ ─────── –
dein hat im deutschen zu starken Ton.

    Ging er mit Botengerüchte vom Vater, dass er heran kommt
    Oder auf eigen Geschäft und schickte sichs dass er an

                                      Land ging?

410/11
die Verschlüsse »Kennten« und »Schlechten« fallen als Alliteration nicht wohllautend ins Ohr. Dem wäre durch das überhaupt stilvollere (und ältere »Argen« für Schlechten abzuhelfen; aber die Ausdehnung) des letzten Sätzchens zu einem ganzen Verse, noch verstärkt durch emphatische Partikeln verwischt im ganzen den Ton etwas, und löst das elliptische γάρ nicht ganz korrekt auf: ich versuche, um mich deutlich zu machen:

    Denn wie ein Hauch entfuhr er uns aufgeschwungen,

                                      und blieb nicht

    Dass wir ihn kennten; und sah doch nicht aus als

                                  müsst er das Licht scheun.

das ist natürlich Paraphrase, zeigt aber was man sich als Erklärung für das γάρ ausgefallen zu denken hat. (»Er hätte es doch nicht nötig gehabt, denn ...«)

413
Sie lassen das ἀπώλετο fallen, und Ihrer ganz einfachen Fassung fehlt es gewiss nicht an Rührendem; trotzdem geht es vielleicht auch anders:

Polybos Sohn, verloren ist dies Nachhause dem Vater
(oder) verloren ist das, mein Vater der kommt nicht
zwar weiss ich wieder doch nicht, ob Ihre Fassung nicht den Vorzug verdient; das lässt sich nicht wirklich nachbilden.

415
Verkündiger und Verkündung ist sehr blass für die griechischen Begriffe. Wenn Ihnen Weissagung und Wahrsagung nicht gefällt so ist Auslegung und Ausleger noch besser

417
Sie vermeiden sonst das schlicht »Gast« für ξεῖνος und sagen Gastfreund, hier aber wo das letztere ganz und allein am Platz ist, wunderlicherweise einmal das, was den Leser befremden muss; vielleicht ganz einfach »Freund«.

419/20
dass mir das nicht zusagt, begreifen Sie. Aber ich kann im Augenblicke nichts besseres improvisieren. Lösungen für diese ganz starren Wendungen ergeben sich immer erst im Laufe langer Arbeit.

433
vermischen, verzeihen Sie, ist poetisches Papier. Die deutsche Sprache hat nie so gesagt, es gehört zu den aus lat. und griech. (miscere μίγνυσθαι) eingeschlichenen Schulschmäcklein wie »mit Krieg überziehen« und ähnliches; in der Beseitigung solcher Übersetzungs Requisiten liegen heut unsere Stilaufgaben.

Ich versuche:

Ohne doch bei zu liegen, u.sw.

Komisch; mir fällt eine Stelle aus Parzival ein wo Antikonie zu Gawan ungefähr sagt. (Sie hat ihn wiedergeküsst und er bittet um mehr)

Herre seid ihr anders klug
So mag es dünken Euch genug
Ich erbeuts Euch durch meins Bruders Bete
(Der Bruder hatte sie geheissen Gewan gut aufzunehmen.)
Dass es .... (irgend ein Frauenname) Gahmurete
Meinem Oheim nie bass erbot
Ohne Beiliegen! etc.

Das ist genaues Äquivalent, so berühren sich die Cyclen.

434ff

wird den Feinheiten der Satz- und Aussagenverbindung nicht gerecht; καὶ - καί ist homerisch hier was später in att. Prosa καὶ - καὶ δὴ καί ist, cum - tum, und dem entspricht die Nuancierung φιλέεσκε (*Iterat.*) - ἔτρεφε, letzteres in der nicht seltenen Plusquamperfekt-Bdtg, da Homer ein anderes Plusq. τετράφην (oder ἐτετράφειν, wie in schlechten Grammatiken steht) noch nicht kennt: »die immer ihn von allem Gesind am meisten lieb behalten hatte, auch hatte sie ihn ja genährt als er ein Brustkind war.«

Die nun leuchtete ihm; auch hegte sie treuer im Herzen
Als das Gesind ihn sonst und hatt' ihn genährt an den
                                                          Brüsten

Der Vers ist elend, aber Sie sehen den Sinn.

436
Ich habe nichts dagegen dass Sie sich den Odysseuspalast nach Bedürfnis ausmalen, fühle aber die Pedantenpflicht – da ich doch hier wesentlich als Pedant erwünscht bin, – anzumerken, dass mykenische Wohngelegenheiten auch in Palästen, aus Luftziegeln und Holz bestehen, höchstens Steinsockel haben. Πύκα ποιητός ist schon alles wo nicht geradezu der Wind durchpfeift.

[Odyssee, 2. Gesang]
Morgenentsprungen erschien die rosig greifende Frühe
    Und ...
Das ist nur eine Arabeske. Aber Ihre Fassung ist nicht gut.

3
Das archaische Schwert ist Stichwaffe.

5
Die beiden Hälften des Verses sind unharmonisch. Götter »machen« sich nicht »fort«.
    Schickt er sich aus der Kammer zu gehn wie Götter im
                                            Aufbruch

6
Eilends *hiess* mit gellenden Heroldsrufen verkünden

8
Herolds Rufe ergingen ...

1908

30

Statt des rauhen Verses schlage ich vor wie oben
  Ward ihm ein Botengerücht von der Heerfahrt dass sie uns heimkommt

47

ὡς πατὴρ ἤπιος war er nicht ihm sondern gerade dem Volke.

59

»Ahn« für Ahnherrn ist sprachlich und metrisch besser.

58

»uns ist ja« mein Ohr sträubt sich gegen die Verbindung stj in der daktyl. Thesis.
  ... kein männlicher Beistand

60

Vers metrisch anfechtbar.
  selbst noch zu schw., das ist kein Daktylus
  Und wir werden des Treibens allein nicht Herr; und es geht dann
  Weiter ins Elend fort und die Ohnmacht gegen das Trutzen.

70

Hier liegt leider ein schwereres Missverständnis des Textes vor, durch das der ganze Passus unverständlich wird. Sie fassen ἐᾶν in der geläufigen Bedeutung »zulassen« die hier schlechtweg unmöglich ist. ἐᾶν heisst geschehen lassen in jedem Sinne, daher, wie das deutsche »lassen« zugleich zulassen und ablassen, jedes nicht-mitmachen und nicht-selbst-machen einer beliebigen oder einer fremden Handlung. Welcher Fall der Ancipität hier gewählt werden muss zeigt das σχέσθε : Haltet ein, ihr Guten und lasst ab ein Elend zu dulden (oder zu ὀτρύνειν V. 74) das mich zugrunde richten muss. (Jedes Lexicon wird ihnen für diese Bedeutung von ἐᾶν in Fülle Parallelen bieten, ich kann jetzt nicht suchen.

Thut Einhalt, Gesellen, und steht davon ab, in das Unglück
Ganz mich allein zu stossen; so wahr mein Vater Odysseus
Nie aus böslichem Willen verletzt die reisigen Griechen.
Das ihr wohl vergeltet, und mich verletzet, und böslich,
Seit ihr jene bestärkt. So wäre mir immer noch besser u.s.w.

85

ὑψαγόρη κτλ. ist durch Ihr Deutsch nicht wiedergegeben. »Stolz« würde keiner dem andern vorwerfen und in ἄσχετος fasse ich den Verbalbegriff activisch oder medial, keinesfalls passivisch.

Wiedergabe enorm schwer, wenn nicht ausgeschlossen.
  Blind Wütiger
Telemach, Maulheld Du, Wut Schnaubender, sags noch
                                einmal, das
Was Du uns jetzt anhingst; und meinst wir würden nun
                                schändlich.

101

Würde ich anders construieren:

μὴ κατὰ δῆμον Ἀχαιάδων τίς μοι etc. und δῆμος ist dann nicht Volk sondern die direkte Nachbarschaft, Gau, Sprengel (wie altital. popolo und pieve = plebs für Kirchengemeinschaft) Ein Volk der Archaierinnen giebt es nicht.

> Dass nicht über die Gegend von Weib zu Weib mir ein arger
> Leumund werde: »Was frommt, dass er warb, - nun hat er das
> Hemd nicht!«

117

ἔργα sind hier Handarbeiten; Antinoos geht aus dem scheinbaren Ernst in offenen Spott über. Athena Ergatis lehrt die Weiber »wirken«. (Geschichte von Arachne.)

146.

Die Adler kommen nicht heraus: solange sie in der Windrichtung, d.h. in geradem Vorwärtsfluge, fliegen, bleiben sie einander nahe, mit den Fittichen *strebend*, die Fitt. *wälzend*; (so fliegt der Raubvogel wenn er *nach* einem Ziele fliegt). Über dem Markte angelangt fangen sie an zu kreisen und einander zu umkreisen wobei sie viele Federn (nicht Flügel) schütteln, sträuben, fallen lassen, eben wie der aufgeregte, kampflustige Vogel thut, u.s.w.

> Beide schwammen zuerst gradaus mit Windes Herauftrieb
> Einer dem andern nah die gewaltigen Fittiche rudernd,
> Doch kaum über dem Brausen des mitten Marktes erhaben
> Kreisten sie wider einander herauf, viel Fedriges rüttelnd
> Blickten herein über alles Gehäupt und gellten sich Tod zu
> Dann mit den Klaun an Wangen einander und Beuge gefallen
> Schwanden sie rechts vorbei hausüber ober der Stadt hin.

Ich weiss nicht ob Ihnen in dieser dummen Skizze meine Nuancen so fühlbar werden wie ich möchte.

206

ἀρετή kann ich hier nur als den Vorrang und Vorzug verstehen, τίς ἄριστος ἔσται, wegen den Verbindung mit der Eris; man erwartet zwar περί, kann aber auch ἕνεκα rechtfertigen.

243

befriedigt mich nicht.
 Mentor, feindliches Blut, wahnwitziges, sag noch einmal, das,
 Was Du da rietst, uns hemmen etc.

326

»Eine Leibwache mit sich aus P.« metrisch mangelhaft.
 Wartet er geht und holt sich ein Par Wehrleute von Pylos
 Oder er thuts von Sparta

50 RUDOLF BORCHARDT AN RUDOLF ALEXANDER SCHRÖDER

[Villa Burlamacchi Gattaiola
Lucca, Ende 1908]

Notizen.

Od. IV.

16

ἔτας gehört einer Sprach- (und Hausrechts-) Stufe an, die *schon* im Epos als historisch vorausgesetzt, also auch von ihm nur formelhaft verwand wird; »Verwandte« ist ein ganz neues und für mein Sprachempfinden überhaupt schlechtes Wort. Im mhd. Epos würde die Formel »kunden und magen« lauten, das ist natürlich unbrauchbar, aber etwas färbendes und stimmendes gleichwol erfordert. »Sippen« werden Sie nicht wollen. Ich schlage das alte, und dialektisch noch vorkommende »Blutsfreund« vor, obwol sich die Begriffe familienrechtlich nicht ganz scharf decken. Oder was sagen Sie zu dem Sammelbegriff »die Freundschaft« wie man heut in der Schweiz Vettern über den dritten Grad hinaus noch nennt? Kundschaft Freundschaft Landschaft sind ja lauter alte Collective.

Also suchte beim Schmaus in der Hohen Halle des Fürsten
Sitzend die Nachbarschaft und die Freundschaft bei Menelaos
Kurzweil.

18

Nur Weiber tanzen bei solchen Gelegenheiten als bezahlte Unterhalter; diese Herrschaften purzeln oder rollen, wie man auf

Vasenbildern sieht. Tanzende Männer sind in alter Zeit immer in sakraler Handlung begriffen.

23

warum Waffengenoss? Natürlich ist er vornehm; aber Kämmerer oder ähnliches bleibt besser in dieser friedlichen Sphäre.

24

Hirt der Völker klingt mir sehr päpstlich und überhaupt papierern. Es ist zu bedenken dass ποιμήν in der Bedeutung *Hirt übertragen* ist und ursprünglich viel weitere Kraft und vornehmeren Klang hat. Hirt im eigentlichen Sinne heisst βούκολος usw. Wenn Sie »Hüter« sagen, bewahren Sie den Doppelsinn.

26

Ich weiss, sowenig mich Ihre sehr schwerfällige Fassung befriedigt, für διοτρεφής nichts besseres vorzuschlagen. Das Wort gehört zum antiken Hofzeremoniell und ist fast ein Titel; so etwas erfindet sich nicht, aber die blasseste, insignificanteste Ersetzung scheint mir die beste. »Von Gottes Gnaden«, - wenn sich das irgendwie in den Vers bringen liesse!

31

Schade um die schöne Antithese νήπιος - νήπιος! Ich weiss nicht ob es Ihnen die Mühe lohnt zu bessern. Was Menelaos tadelt ist nicht Narrheit sondern Kindischer Mangel an rascher Initiative.

 Unklug bist Du doch sonst, Boethossohn Eteoneus,
 Nicht grad, dass Du mir jetzt wie ein Kind unkluges
          daherfragst.

1908

33/4

αἴ κε haben Sie missverstanden; es steht c. coni. und heisst genau wie ἐάν nur »ob etwa« , *falls* wirklich« , während es sonst αἴ δή oder αἴ γὰρ δή mit opt. heissen müsste. Dies ist nicht als ein abergläubisches abschwächendes δεῦρ' ἱκόμεθ' worin ja etwas frevelhaftes liegen könnte; die Vorstellung ist: vielleicht ist auch für uns scheinbar im sichern Hafen gelandete die Mühsal noch nicht aus und wir können jederzeit noch einmal die Füsse unter fremden Tische strecken müssen; und da sollten wir jetzt etc. etc.

Wir -, ja haben der Gast-Kost wir die Fülle gegessen
Anderer Leute und sind nun zurück - wenn ja für die Zukunft
Zeus uns Leidens erlässt!

39

ἱδρώοντας heisst schweisstriefend, und steht in enger Beziehung auf das nassgeschwitzte Joch; solche Zerdehnung des Bildes in Einzelheiten der Handlung ist ein homerisches Stilmittel. Hätte Homer von Schaum gesprochen so hätte es sich um Herausnehmen des Gebisses oder Halfters gehandelt.

60/65

Die Rede des Menelaos mit ihrem ganz besonderen archaischen Hochgefühl des zur Herrscherrasse gehörigen Einwandererkönigs ist für mich in Ihrer Wiedergabe nicht kräftig und präcis genug; statt aller Einzelheiten lieber eine Übersetzung:

Nachher aber werd ich
Wenn ihr am Mahl Euch geletzt Euch fragen, wie ihr
geheissen

Seid im Volk; nicht wol von vergänglichem Elternge schlechte,
Sondern ihr seid gottbürtiges Blut von Königen, Zepters
Mächtigen; und dergleichen wie käms aus niederer Zeugung!
Die κακοί sind wirklich die Eigenen, Hörigen, Knechte, das
ganze von der arischen Einwanderung erdrückte Volksstratum,
von dem die »Blonden« in diesem Tone durchweg sprechen.

73.
»Und von Erz und Elfenbein« kann ich nicht anders messen als
⌣ ⌣ – ⌣ – ⌣ –. Elfenbein als – – ⌣ ⌣ gemessen
verweigert mein Ohr, besonders in positione mit »rings«.
Warum nicht Elfant oder Helfant? Sonst hilft eine
Umstellung
Rings und Elfenbein | Elfantbein und Erz i.d.h.S.

92
λάθρηι in diesem Zusammenhange kann kaum anders als mit
»meuchlings« wiedergegeben werden.

95
ist das missverstanden, oder, aus irgend einem Grunde, umgeformt? Es heisst doch nur, »da ich (im allgemeinen) sehr viel auszustehen hatte, und (im besonderen) - nämliche temporär - mein schönes bequem eingerichtetes Haus einbüsste, als verloren annehmen musste.« Die beiden Aoriste sind gleichgeordnet, in der Prosa würde es heissen καὶ - καὶ δὴ καί = cum - tum. - Die ausserordentlich sorgfältige Charakteristik des Menelaos - auf der die ganze spätere Ausgestaltung des Charakters in der Litteratur

beruht - betont den lässlichen bequemen verwöhnten etwas fettlebigen Herrn der reichen Ebene, mit leiser Motivierung des Hahnreischicksals; es ist wirklich nicht befremdend dass man solch einem Phlegmatiker mit dem ersten besten hübschen Gast durchgeht. - Darum wache ich einigermassen eifersüchtig über der Delicatesse dieser indirekten Psychologie; was für ein Gegensatz von der Inselnatur der ganzen Odysseusgesellschaft, ganz Klippe, Sehne, Auge, Herz, unverwüstlich, πολύτλας, zu diesen sentimentalen Seeräuberregrets!

122
Ich kann nicht erwarten dass Sie nur auf meine Autorität hin ändern, und, gegen die der philologischen Vulgata, der Artemis die Spindel lassen. Aber sie gebührt ihr hier, und jede Erinnerung an Jagd und Pfeil ist hier deplacirt. Es ist die Artemis ἐργάτις, wie es eine Athene ἐργάτις giebt, eine uralte Göttin des Frauenlebens und Frauenhauses, von der sonst nur schattenhafte Reste im Geburtsbeistand pp. geblieben sind; sie ist mit der thrakischen Mörderin erst durch späten Synkretismus, auf Umwegen über die Mondsymbolik die sie mit ihr teilt, zusammengewachsen.

132
die κύκλοι, Rollen oder Scheiben, (nicht Räder) auf denen der Korb läuft haben keine χείλη, auch würden sie, als die strapaziertesten Teile, nicht aus dem am leichtesten abnutzbaren Stoffe gebildet sein; die χείλη, - plur. weil umlaufend und daher als Vielheit wirkend, hat der τάλαρος selber. Ich würde »Lippe« bewahren; »Mündung« brauchen wir ähnlich; das Bild kommt vom

überhängenden runden Profil her [Skizze]. Tischler sprechen von Zargen.

145
Natürlich liegt in κυνῶπις etwas von dem was Ihre Wiedergabe mit so starkem Chargieren ausdrückt: die Psychologie ist die, dass Helena die Klugheit hat, sich selbst sofort zu belasten und gegen Anspielungen oder schlimmeres sicher zu stellen. Trotzdem rate ich von der Fassung ab; das Wort ist blass, das metaphorische darin fast ausgelebt, »frech« ist schon fast zu böse, »verbuhlt« trifft es am besten.

156.
Hier habe ich wieder Bedenken gegen Ersetzung der starrsten Worte in der epischen Titulatur durch die unlebendigen deutschen die sich schwerlich vor 1750-1800 nachweisen lassen werden. Hier muss es für mein Gefühl Herzog heissen; Sie sehen wie Sie schon wenige Verse später durch πομπός ins Gemeng kommen.

170
die Abweichung »unserthalb« von εἵνεκ' ἐμεῖο ist nicht so unwesentlich wie es scheint; es gehört in die Charakteristik dass Menelaos alles heterogenste sofort auf sich und sich allein bezieht.

183
metrisch unmöglich: ein solches Hauptverb, das Leben des Satzes (und das Pathos) darf in der Thesis nicht verschluckt werden. Bringt nicht »erschwoll« für »schwoll auf« alles in Ordnung?

1908

186

Bei diesen wundervollen und berühmten Versen schmerzt mich jedes Abweichen von der Melodie der Satzfolge; das lange Asyndeton muss für mich mit der λιτότης schliessen. Denken Sie an das schöne Vollmöllersche Gedicht, das dies Kunstmittel auch bewahrt

>»und nicht blieb thränenlos Peisistratos, er gedachte
> Des Bruders den im auf des Skamandros Feld erschlagen
> Der strahlenden Eos Sohn.[«]

193ff.

die syntaktische Gliederung wird nicht klar. γέ schränkt immer das gesagte ein, bezeichnet ausgenommene Fälle; daher γέ - γέ häufig die Bedeutung, »zwar - aber« »einerseits - andererseits«, »im Grunde - zwar wiederum« annimmt.

> Sage Du nun, wie viel dran sei; es leidet mir sonst wol
> Jammergeschrei nach Tische; so wird ja wieder ein Frührot
> Mit dem Tage geboren; und dennoch, Klage verarg ich
> Keinem ... etc. etc.

204

Aus obigem ergiebt sich, dass εἶπες hier nicht »erzählt« heissen kann, sondern nur »gesagt, ausgesprochen hast«, nämlich die Betrachtung über das Weinen an der rechten Stelle, wie dann wieder aus 212ff. hervorgeht.

342

Hier eine kleine germanistische Ausstellung; dar ein steht auf die Frage wohin, dar in auf die Frage wo. »eingehen« aber »Insasse«.

343

Haben Sie absichtlich Philomeleides durch Philomeides ersetzt oder nur verlesen? Der Name Lächelfreund klingt komisch abgesehen davon dass es Kultbeiwort der Aphrodite und daher als Männername unmöglich ist.

Mit Philoméleidés die Wette zu ringen sich aufhub

384

Bei Ἅλιος Γέρων ist kein unbestimmter Artikel zulässig. Der so Genannte ist eine ganz determinierte individuelle Figur (wie die römische bona Dea) »Der Alte vom Meere«, ursprünglich eine Vulgär-Hypostase des Poseidon selbst, uralt, wie seine altertümliche Erscheinungsform in Rätseln und Sehertum beweist, und im niedern Volk sich bis in historischen Zeiten mit seinem alten »durchsichtigen« Namen haltend, während er als Nereus Poseidon Proteus schon grosse mythische und Namens-Wandlungen durchgemacht hat.

Daher kann im ὁέὸ hier nur liegen »jemand, Du kennst ihn vielleicht nicht«; es giebt keine ἅλιοι γέροντες.

415

καὶ τότ' etc. καί heisst hier nicht »und«, coordiniert auch nicht (was in jedem Sinne unmöglich ist) μελέτω mit ἴδησθε, sondern ist wie unser »so« in sodann eine reine tautologische Nachssatzverstärkung »dann werdet ihr Kraft und Gewalt *brauchen*«.

421 = 342

436
Homer stellt sich das neckisch nixenhafte Wesen nicht geradezu als Robbenschlächterin vor. Sie *bringt* die Felle. Der Rest ist der Phantasie überlassen und das Märchen wäre nicht Märchen wenn es alles heraussagte, motivierte, herholte.

Die ganze Erzählung ist bei Ihnen sehr derb geworden und das altertümlich derbe durch das modern derbe wiedergegeben wird gar zu leicht stillos. Warum

445
riebs? Ein Tropfen auf der göttlichen Fingerspitze genügt ja.

479
Die Bürger des Himmels wollen mir durchaus nicht gefallen. Himmelskönige meinthalb. Sassen oder so etwas. Ich weiss wol woran Sie denken, aber das Wort ist gar zu verschlissen.

489
ἀδευκής ist nicht schmählich, bringt keine Schmach, sondern ist das ganz bittere worin kein δεῦκος (verwandt mit lat. dulcis) Süssigkeit ist.

529
Aber *der. der* wol Druckfehler, zerstört den Vers.

585
Das häufige »Da« stört, (576 583 585) und schleppt manchmal
»Dies vollbracht, so wandt ich mich heimwärts etc.«

591
Schade um ἄλεισος das bunte, weiche Fremdwort. Fremdworte sind alle unsere Bezeichnungen für Trinkgefässe, Becher (bicchiere) Glas (glacium ghiaccio) Pokal (boccale) Napf (nappo) Kelch (calix) Gral (gradale) Seidel (situla), Kopf (coppa). Unsere alten Worte, Stauf, Kump etc. sind untergegangen oder dialektisch geworden, höchstens Humpen lebt noch, kommt aber hier nicht in Betracht. Nach uncontrollierbarer Grammatikertradition bedeutet ἄλ. einen Becher in getriebener Arbeit, wie die Vaphion Becher ja wirklich sind. Und das sind deutliche Tassen. Ich weiss nicht ob Sie das wagen und traue momentan auch meinem eigenen Sprachgefühle nicht. Das Wort ist germanisch, fränkisch, ursprünglich Bezeichnung eines »gehäuften« Hohlmasses, wird dann von den Italienern aus dem frz. tasse als tazza genau in die Bedeutung übernommen die hier verlangt wird, - den Becher aus d. König v. Thule übersetzt Carducci: una tazza d'or gli diè. In jedem Falle haben Sie hier die Dinge zur Wahl.

597
μῦθοι καὶ ἔπη ist nicht so müssig tautologisch wie »Reden und Worte«. Das erste sind seine »Erzählungen« das zweite seine Conversation. Vielleicht Mären. Märe Märchen Sage Geschichte, alte epische Arbeit der Phantasie heisst successiv μῦθος und so auch noch die erzählenden Stücke die, eingeschoben, Stilelement des attischen philos. Dialogs geworden sind.

606
Warum »schmücket sich«? Hier verstehe ich das Deutsch nicht.

Hier würde ich übrigens von der allgemein zwischen uns ausgemachten philologischen Weitherzigkeit absehen und den Vers athetieren. Wenn irgend ein Vers bei Homer so ist dieser sicher unecht oder verschoben. Syntaktisch ist er in Anschluss und Fortschluss unerklärlich und unschützbar, die Bedeutung von ἐπήρατος (ob von αἴρω oder von ἔραμαι) ist durch den Zusammenhang ganz strittig gemacht, und dem (etwa möglichen) Sinn nach ist der Vers durch voraufgehendes und nachfolgendes entbehrlich geworden. Ich halte ihn für ein altes παροίμιον, (Sprichwörtchen, Citierverschen,) solcher Inselbewohner über ihr eigenes Land, die etwa sagen konnten,

Ziegen nur bringts, doch lieb ich es mehr, als brächt es
auch Rösser

Das kann in Ithaka ebenso geträllert worden sein wie irgendwo sonst, sagen wir in Mykonos, und lange vor der Rezension der wir unsern Text verdanken, wird es in irgend einen Inselhomer gekommen sein, vielleicht wirklich den ithakesischen. Solche Interpolationen aus Lokalpatriotismus (athenische und korinthische vor allem) giebt es durch die ganzen beiden Gedichte in Fülle, und die alten Philologen schonten sie um des lieben Friedens willen. Sehen Sie sich wenn Sie dies gelesen haben das Verschen noch einmal an, so werden Sie keinen Zweifel mehr über seine Entstehung haben. Es ist thatsächlich eine compendiierende, zusammenziehende *Reminiszenz aus* der *ganzen* Stelle, und drauf gewachsen wie das Kind auf dem Elternschoosse.

Langweilen Sie diese ambagines so sagen Sie mirs gelegentlich. Die Katze lässt das Mausen nicht und der Philologe, auch wenn er inzwischen das Handwerk gelassen hat, nicht das Haarespalten. Cf. Nietzsche.

607/8.

Hier übersetzen Sie vielleicht absichtlich verwischend. Telemach unterscheidet die νῆσοι αἵ τε etc. (für αἵτινες) von den νῆσοι die wie die Peloponnesos das nur teilweise thun und irgendwie an der ἤπειρος hängen. Das Griechische hat für Insel und Halbinsel nur ein Wort.

609.

»Tätschelte« ist für mich unnütz derb und »slangy« streichen thut es auch. »Strich ihm über die Hand«. Das sinnliche altertümliche »Blut« würde ich für unmethodisch halten durch das verblasste »Herkunft« zu ersetzen.

Tüchtiges Blut beweisest Du mir etc.

612ff.

Ich könnte mir denken dass Sie durch Ihre Wiedergabe von κειμήλιον irgendwo ins Gedränge kommen würden und unterliess deshalb oben die Anmerkung.

»Unter den Gaben – soviel mein Haus Wahrzeichen bewahrt |
Geb ich etc[«]   hält

616.

Das Gold ist nicht aufgeschlagen, denn das geschieht nur auf einen Holzkern und das Mischfass ist τετυγμένος durchgeschmiedet. Das Gold ist angeschmolzen oder angelötet, wie wir das an erhaltenen Stücken controllieren können.

636

Der Gegensatz ἄδμητες - δαμασαίμην kommt mir nicht scharf genug heraus; es handelt sich doch um Zureiten eines Wildfangs (ἐλασσάμενος)

643

Der Gegensatz zu den Eigenknechten zeigt was ἐξαίρετος hier heisst; wörtlich »Vornehme«.

656

Ich finde Hauptmann nicht gut wegen des kriegerischen Klanges den es hat, während es hier doch nur den Schiffsherrn bezeichnet. Suggeriert Ihnen Ihre hanseatische Erfahrung nichts Schlagendes? Baas und Maat was mir einfällt ist natürlich ausgeschlossen, Schiffsvogt ist undeutlich

661/2

Hier bleibt die Wiedergabe weit hinter der gewaltigen Suggestivität der Verse zurück. Ich schlage nichts vor um Ihre Phantasie nicht zu hemmen. Auch der Anfang der Rede scheint mir recht tonlos. »Er *hats* fertig gebracht« »wir mein*t*en, (ἔφαμεν) er würde es *nie* fertig bringen«.

678

»Ausser der Mauer«, nicht »hinter«

689

τινά darf hier kaum fehlen

Wie er an niemand wider Gebühr mit Worten gehandelt
Oder mit Werken? und gilt doch Recht für Göttl. H. etc

694/5
Ich habe keine kritische Homerausgabe hier und kann den Stand der Wissenschaft zu dem Verspaare nicht feststellen. Mit Sicherheit aber kann ich sagen, dass Interpunktion und Schreibung, wie sie mir vorliegen und Ihnen vorgelegen haben, unmöglich sind. P. kann nicht sagen »Euch geht es gut und ihm wird *so* gelohnt«, denn sie weiss nicht wie es Ihnen μετόπισθεν gehn wird, vielmehr sie muss wenn sie griechisch fühlt, ahnen dass sie ihrer χάρις = τίσις nicht entgegen werden. Syntaktisch müsste der Gegensatz durch ἀλλὰ ausgedrückt werden, aber wie gesagt, es giebt hier keinen Gegensatz, er ist unsinnig. Ich lese
κεῖνος δ' οὔ ποτε πάμπαν ἀτάσθαλον ἄνδρα ἐώργει,
ἀλλ' etc. etc. etc. ἔργα. Punkt.
Der Gegensatz liegt zwischen der Handlungsweise und der Handlungsweise, nicht zwischen Lohn und Lohn. Was dann abgeschlossen wird durch
φαίνεται οὐδέ τις ἔστι etc.
Einbildung ist, und nicht Wirklichkeit, dass guten Thaten später ihren Lohn finden

712
Die beiden schönen Daktylen Weiss ichs doch nicht ob ein G[ott]
verfallen hoffentlich noch der Schärfe des Schwertes.
Weiss nicht ob ihn ein Gott aufwiegelte oder sein eigner etc. etc.

(So etwas muss man doch wagen dürfen, in dieser allgemeinen Simplicität.)

718.

Diese Umschreibungen »sich befinden« für »sein« oder »dastehn« sind Prosa, und dazu allerneuste, und keine schöne. In dieser Sphäre des Stiles heisst »sich befinden« was es wirklich heisst, »erkennen wo man ist«.

734

ist so wie jetzt verbessert kaum ein Vers
    Oder er liess mich tot im Haus zurück da er fortging
ist nach meiner Transcriptionsweise
= 2 1 1 2 2 2 1 2 1 2 1 1 2 2
  – ∪ ∪ – – – – ∪ – ∪ – ∪ ∪ – –
Haus zurück ist ein Daktylus
Oder er liess im | Hause mich tot und | ging seine Wege
Wo die Tripartition das »im« lang macht.

735.

Es liest *doch* jeder unbefangene Dólios, es ist mit dem metrischen Zwange nichts geholfen.

    Aber jetzt geh schon wer und hole mir schnell meinen Alt-
                                                                knecht
    Dolios her, den Vater mir schenkte eh ich hier ankam

766

zu ἀπαλάλκειν. Penelope betet Ritual, und die Übersetzung wird gut daran thun, so nackte Ritualbegriffe als möglich zu verwenden. Für das beste Äquivalent halte ich das einfach »wehre«.

767
Homer hat eine grossen Auswahl in Verben des Klagens. Das hier gewählte ist malend, und entspricht am besten unserem »schluchzen«. Thatsächlich ist es etwas stärker, der schluchzende Schrei in dem die Rede abbricht.

771
Auch Ihre verbesserte Fassung gefällt mir noch nicht, vor allem wegen des sonst ganz ausserhalb Ihrer Diktion liegenden Konjunktivs im abh. Relativsatze.
Ho, wie sie Hochzeit jetzt, die müdegewordene Herrin
    Rüstet und weiss noch nicht wie ihr Sohn dem Tode
                                    bestimmt ist
Sprachs - ; und war sich da keiner vermutend, was da
                                      bestimmt war.

783/4
An diesen Ihren Versen hat der Philologe eine heimliche Freude. Sie sind ein Schulbeispiel der fortschreitenden Interpolation, und darum so lehrreich, weil Ihre eigene Hanseatenerfahrung in nauticis mit ins Spiel gekommen ist; leider hat sie nicht kritisch gearbeitet - dafür sind Sie nicht ausschliesslich genug Wasserratte - sondern dichterisch, - dafür sind Sie eben Dichter.
Vers 783 im griech. Homer ist eine blödsinnige Einschiebung, von einem Pedanten herrührend der nie im Boot gesessen ist aber verlangt dass alles κατὰ μοῖραν zugeht wie er sich das vorstellt.
Die Freier müssen um Telemach abzufangen, 1) sofort weg und 2) in einer unabänderlich gegebenen Richtung fahren. Aus bei-

dem folgt, dass sie nicht auf Wind warten können. Daher müssen sie rudern, und Mast und Segel werden längelang im Boot verstaut; um die par Meter aus der Deckung herauszufahren, wenn man auf der Höhe essen und stundenlang warten will, setzt kein Mensch Segel, selbst wenn er Wind hat, und auf der freien Höhe verankert mit gesetztem Segel liegen und essen, kriegt überhaupt keiner fertig. Vielmehr richtet man sich auf eine lange Ruderreise ein und nimmt das Tuch nur auf mögliche Windchancen hin mit, die ja mit Sonnenuntergang und dem Einsetzen des Landwindes sich vermehren;

Sie sind unter anderem irregeleitet worden durch die eingebürgerte falsche Lesung ἐκ δ' ἔβαν αὐτοί in V. 585. Es ist alte Corruptel, hier wie an anderen Stellen entstanden durch Misskritik. Die einzige mögliche und brauchbare unter den überlieferten Lesungen ist ἐν δ' ἔβ. aber das homerische Stilmittel durch das eine zeitlich voraufgehende Handlung, gleichsam in parenthetischer Completierung, an zweite Stelle gerückt wird, ist erst im letzten Jahrzehnt entdeckt und begriffen worden. Alle Jahrhunderte vorher hatte man immer corrigiert. Sie machen das Schiff also flott, *legen* Mast und Segel hinein, machen ruderklar, lassen sich, während sie teils an Bord, teils knietief im Wasser stehen, vom Lande oder aus dem flachen Wasser die Waffen reichen, machen das Schiff auf der Höhe fest - denn sie waren inzwischen alle drin - und essen etc. - Das ἀναβάντες 843 darf Sie nicht stutzig machen. Es ist ganz übertragenes Wort für abfahren. Das ἔνθα wo zu Nacht gegessen wird kann sich nur auf das νότιον ὑψοῦ beziehen.

782
Schade um den schönen malenden Vers –
 Aber im obern Gemach lag sorgend P.
 Nicht einen Bissen gegessen und nicht einen Tropfen
                                                                getrunken
 Rang sie etc

802.
Da es sich einmal um einen weiblichen Schatten handelt, so würde ich neutrale Pronomina verwenden.
 Eingedrungen durchs Loch, wo der Riem zuschliesst,
                                          in die Kammer
 Stunds ihr über dem Haupte

842
Auch hier ist mir der deutsche Vers nicht sinnlich genug.

843
Siehe oben.

[Odyssee, v. Gesang]
E

38
Der Vers ist formelhaft, Ihre Fassung scheint mir immer noch zu locker.
 Erz drauf legend und Gold und Gewand die Fülle und Hülle
 Häufend etc.

Dabei haben Sie den Vorteil eine alte germanische Rechtsformel zu beleben, deren Begriff mit dem Sinne des Verses identisch ist. Ein Gewand wurde genommen und mit Münzen gefüllt, das ganze gebunden und von aussen Münze gehäuft bis nichts vom Gewande mehr sichtbar war; das heisst »Hülle und Fülle«.

47
Unter Stab stelle ich mir den Zepter eines Gottes vor, σκῆπτον und σκῆπτρον. Hermes trägt was Sie selbst im Elysium die goldene Rute genannt haben und hier auch so nennen mögen, wenn Sie nicht Reis vorziehen; Wünschelrute und Wünschelreis sind folkloristisch mit dem Hermesstab dem Y oder $\mathsf{\varphi}$ auch darin identisch, dass es in beiden Fällen ein Zwiesel ist; so heisst es im deutschen Märchen.

V 111
Wenn Sie schon Gründe haben, das schlichte δεῦρο so zu amplifizieren, so würde ich doch von der »Gemarkung« absehen; es ist zu sehr Begriff eines *Gemeinde*-Flurrechts als dass es nicht allerlei Fremdartiges suggerierte. Götter haben allenfalls einen »Bann«, was ja auch dem allgemeinsten Sinne wie dem Nebensinne nach hier am Platze ist.

113
statt »gebühret« sähe ich gern einen anderen Begriff. Ungebührlich ist es nicht gerade für den sterblichen Mann als Bettschatz und Prinzregent der Heiligen Königin fortzuleben, und die folgenden Worte der Kal. zeigen ja auch dass sie ihn in eine anstän-

dige olympische Karriere hineinzulancieren vorhat. Aber es ist nicht seine αἶσα, es ist ihm nicht *beschieden*. Sein vorbestimmtes Los ist stärker als alle Götter, selbst als Zeus, der im Grunde sich für diesen Fall von Rehabilitation nur mässig interessiert; wie aus V. 23/4 hervorgeht wo ich Sie vorschnell verbessern wollte. Der Urgrund des menschlichen Schicksals ist nach archaisch griechischer Vorstellung von Göttern aus untangierbar; er liegt in dem dunkeln unaussprechlichen was manchmal αἶσα heisst, manchmal Dreimütter (μοῖραι) dann wieder anders: eine Urmystik die älter ist als aller Mythus, vom Mythus zeitweilig überwuchert wird, ihn schliesslich wieder abthut, um in historischer Zeit als Philosophie dem Olymp kritisch den Garaus zu machen und das Schwergewicht der menschlichen Schicksalsführung wieder in das einmalige Individuum hineinzuverlegen, aus ihm heraus zu konstruieren. - Man berührt hier den Hauptnerv der griechischen Art (ἦθος) überhaupt. Die Aisa die dem Menschen bei der Geburt, durch die Geburt, wird, ist im letzten Grunde mit seiner Indoles dem In-Ihn-Hineingeborenen überhaupt identisch, und Anlage ist Schicksal, mindestens sie tendiert darauf hin Schicksal zu werden. Dies Hauptstück, der Kern aller arischen Empfindung der τέλη, einmal richtig begriffen, schliesst viele griechische Rätsel auf und bewahrt vor den Hirngespinsten und Faseleien über griechisches Wesen die gerade jetzt bei uns im Schwange sind. Jene männliche griechische Unabhängigkeit von den Göttern im Gefühl des ἀνδρὶ ἀγαθῶι οὐδὲν κακὸν οὐδαμῶς wie es Sokrates später ausdrückt; die Neigung zum Trotze gegen einen ohnmächtigen Götter-Clan, der im Grunde doch nur chicanieren kann, aber nichts wesentliches ändern; das nennen götterfromme

Zeiten, wie sie sprunghaft immer wiederkehren, dann ὕβρις, es wird aber, etwa in der Komödie, ungeheure Farce. Sehen Sie sich einmal die Stellung der Athene in diesem ganzen Treiben an. Odysseus weiss ja natürlich von seiner αἶσα nichts, die erkennt das einzelne Individuum immer erst sterbend. Wissen darum haben nur die grössten Götter, Poseidon genau so wie Athene. Und nun ist es die letztere die unaufhörlich die Götter an ihre definitive Unmacht erinnert und fragt wie lange die miserable Aufschieberei des Unvermeidlichen noch dauern soll. Denn in bestimmten Momenten wie dieser einer ist, werden die Götter, indem sie sich der Schicksalserfüllung zu widersetzen aufhören, zu Erfüllern; widerwilligen, halbwilligen, z. T. höchst unwilligen, zum Teile schliesslich, wie Poseidon in der letzten Phase der Odysseusleiden zu tölpelhaften boshaft rübezahlmässigen Quälern, die nur noch das letzte Mal sich austoben wollen, ehe alles Eingreifen ihnen versagt ist. – Denken sie auch wie in manchen Fällen nicht einmal die Götter über die αἶσα Bescheid wissen und ratlos werden; wie vor Hektors Tode Zeus die ganze Schicksalsgeschichte wägen muss um auszurechnen wem Leben und wem Tod bestimmt war. Ein Gott der über menschliches Geschehen ein Orakel befragt, – giebt es tiefsinnigere Ironieen? Der echte Grieche war immer zu grossartig angelegt um zuzugeben dass von diesen heiligen Canaillen aus seine höchsten Güter entscheidend ins Spiel zu ziehen wären.

123
Wer hat Artemis »gezogen« oder »erzogen« dass sie nun so »züchtig« geworden ist? Züchtig sind kleine Bürgermädchen, und

selbst da kostet es Mühe genug; die Göttin ist rein lauter kühl makellos geweiht unnahbar

126

Ihre Widergabe von ὧι θυμῶι εἴξασα finde ich ein wenig roh. Sobald so etwas aus der formelhaften Starrheit herauskommt kennt man es nicht wieder. Die Wendung kehrt immer wieder wo Menschen instinctiv handeln, Il. 9 593, 10 122, Od 14 262, 18 139. Das heisst nur dass die Göttin ihrer Leidenschaft frei folgt, nicht dass sie lange gegen eine Gier kämpft und sich schliesslich mit viel Pläsier wegschmeisst.

179

Ihre erste Fassung war sinngemässer. Od. hat von Kal. noch kein πῆμα erlitten. ἄλλο steht elliptisch, wie 173, zu ergänzen ist ἢ ὃ εἶπες.

217

»Deinethalb« ist in diesem Sinne kein Deutsch. »Vor Dir« ginge allenfalls wenn – Sie – »neben« und »gegen« verschmähen. Ich glaube Sie beziehen οὕνεκα oder vielmehr σεῖο unrichtig. Es hängt von ἀκιδνοτέρα ab, und οὕνεκα heisst »warum«. Das »weil« folgt ja gleich.

226

Warum klafft die Höhle plötzlich? Den Stamm (und Sinn) von γλαφ-(ρος) haben wir in klaub-en. ὁ λέων ὄνυξι γλάφει heisst der Löwe klaubt mit den Klauen. Eine ausgeklaubte Höhle ist eine ausgewölbte, schöne. Und das ganze Wort hat etwas Schimmerndes, wird auch als Synonym mit glatt gebraucht Um es zu fühlen muss man solche mediterranen Meergrotten gesehen haben.

313.
Die Sturzsee wirft *ihn*, μίν.

337.
Wir wissen dass viele antike Exemplare den Vers nicht hatten und dass Aristarch ihn mindestens für sehr zweifelhaft hielt. Auch ohne solche Zeugnisse würden wir uns keinen Moment bedenken ihn zu streichen. Er stammt aus einer Zeit für die solche Züge wie Verwandlung von Göttern in Tiergestalt, blosses Phantastisches Zubehör sind und die sie daher unsinnig häuft. In gut mythischer Zeit wird consequent mythisch gedacht und es kommt nicht vor, dass Götter Tiergestalt annehmen um zu Menschen zu sprechen, denn das ist irrsinnig. Sie verwandeln sich wenn sie verschwinden in die am besten zur schnellen Entfernung geeignete Gestalt; so Leukothea hier in die Möve V. 358, Athena sonst in die Eule. ὄρνις ὡς ἀνόπαια διέπτατο. Auch zeigt schon eine kleine Überlegung warum es so sein muss. In den Tieren von deren rätselhaftem Leben man sich umwebt und umschwirrt sah, deren Lebens- und Bewegungsprinzip dem Urmenschen überall dunkel und grauenvoll erscheint – wie heut dem Dichter, diesem ältesten Bewohner der Erde – vermutet die geängstigte Phantasie den verborgenen Gott; die Eule ist oder bedeutet Athena, die Möve dem Schiffer ebenso die Heilige Weisse Frau. In gesteigerten Momenten wirft der Gott die Hülle

ab und redet menschlich zum Menschen; ist der Moment vorüber sausst er wieder verhüllt von hinnen. Aber nie ist es umgekehrt. Über die reine Märchenstufe, in der Menschen und geheimnisvolle Tiere mit einander verkehren ist der leidenschaftlich zur Möglichkeit und Klarheit verlangende griechische Geist schon längst hinaus wo wir ihm als reifem Mythus begegnen, und nur wenige Fetzen vom allerschaurigsten Altertum, redenden Rossen und Schlangen hängen ihm noch an.

357.
Plätte thut metrisch den selben Dienst wie das unexakte Nachen.

367.
wieder ihn selbst, αὐτόν nicht αὐτὴν (σχεδίην) schwemmt die Welle ab.

370.
Die Stämme sind das Gegenteil von schmächtig, und der ganze Sinn des Vergleiches arbeitet darauf hin den Gegensatz zwischen Strohhalmen und Tannenstämmen, bei gleichem Effekt eines Windstosses auf beides, herauszuarbeiten. Also darf hier nicht abgeschwächt werden.

412.
Ihre Beschreibung dieser Meerdinge ist so schön und malerisch dass ich kaum Ausstellungen wage, denn was ist schliesslich daran gelegen, oder wem? Nur Ihrer eigenen Information möge also dienen, dass λίσση δ' ἀναδέδρομε πέτρη etwas anderes heisst als

Ihr Text. Vergleichen Sie Od. X 4 wo derselbe Versschluss in ganz anderem Zusammenhange steht. Entweder heisst es »der Fels ragt auf« oder es bezieht sich auf das plötzliche Rückverschwinden des Geklüftes unter den Sturtzseeen. So geht auch die ὁρμή V. 416 auf keinen Anlauf sondern im G - ich schreibe nicht weiter denn Sie verstehen das Wort offenbar als »Anlaufen«; es ist dann zweideutig gewählt, denn aus dem Sinne erwartet sich der Leser eher »Rücklauf«. »Verloren wäre der Antrieb«. Oder doch wol am besten, wenn auch nicht ganz genau, Landung.

429
ich hätte gegen Ihre metaphrastische Fassung des ἧος μέγα κ.π. nichts einzuwenden, wenn nicht die folgenden Worte, um Sinn zu behalten der im Schweben bleibenden Spannung bedürften. So muss es heissen »und liess die Woge vorüber«. Sonst wirkt der »Rückstrom« nicht neu genug, in diesem bis aufs einzelne prachtvoll ausgearbeiteten Landungs- und Brandungsgemälde.

462.
Warum missgönnen Sie der Freundlichsten das freundliche Wort mit dem ihre beschützenden Hände zum letzten Male aus dem Gedichte und dem Meere auftauchen? Für diese allerleichtesten Accente der höflichen Seele, die durch das ganze Epos huschen, alle seine Formeln beleben bin ich sehr empfindlich.

467
Alles in Ehren, aber der Frühtau ätzt nicht; θηλύς das hier immer falsch erklärt wird, hat seinen sinnlichen Zusammenhang mit

θάλλω und es heisst nur reichlicher, schwellender Taufall. Der Vers und die ganze Stelle liegen wie das aeolische ἄμυδις zeigt in sehr alter Fassung vor, wodurch sich die altertümliche Bedeutung eines Wortes erklärt, das sonst durch das Gedicht hin seinen wurzelhaften Sinn ganz eingebüsst hat und ausschliesslich femininum heisst. Versschluss und Formel haben das Alte gerettet.

475
Hier fürchte ich folgen Sie dem Dichter nicht recht. Die Vorstellung ist die: der Fluss rinnt zwischen steilen Bergwänden (κλιτύς) die dichtbewaldet sind, hat noch nicht genug Alluvium um sich eine Austrittsbebene geschaffen zu haben und gerade hinreichend um die oben geschilderten Landungsverhältnisse zu ermöglichen; es wächst da Schilf, also ist das Bett nicht kiesig sondern schon lehmig. Odysseus schwankt ob er in dem schmalen Thalboden beim Flusse sich niederlegen oder links oder rechts die bewaldete Höhe erklimmen soll. Er entscheidet sich für das letztere, braucht aber seinen Plan (der ihn um die Begegnung mit Nausikaa gebracht hätte) nicht auszuführen. Denn schon nach wenigen Schritten, noch ganz dicht am Flusse, d.h. im Thalboden, stösst er auf (εὕρει) soviel Wald wie er zu seinem Zwecke - Schutz vor Reif und Tau - braucht, - eine natürliche Laube aus zwei verschlungenen Baumstämmen. In den (wirklichen) Wald also (hinauf) geht er eben *nicht*, sondern bleibt, alles in allem wo er ist; daher muss der »Berg« weg und die noch schlimmere Blösse; Blösse des Bergs ist da wo er Wald *nicht* hat, und da kann Wald nicht gerade wachsen. Aber die Stelle wo die Geschwisterbäume wachsen ist erhöht, sehr begreiflicherweise

denn sonst hätte Frühlings- und Herbstwasser längst die schöne Baum-Ehe zerstört. Hier ist alles die organische Logik einer genauen mühlosen Anschauung und Erfahrung, goethisch, hofmannsthalsch, antigeorgisch, antiphantastisch.

489ff.
Hier gewinnt das Bild durch die etwas willkürliche Wiedergabe nicht an Klarheit. Ihr »Fern von den Nachbarn« klingt als rette er das Feuer vor Schabernack der es ihm auslöscht wenn er den Rücken dreht. Der Dichter aber will nur sagen, wer an der äussersten Flurgrenze, dort wo er keine hilfsbereiten Nachbarn hat, Feuer unterhalten will, macht es so und so, und rettet seine Glut an einer Stelle wo er keinem zuschreien kann: »bring mir ein par lebendige Kohlen aus Deinem Herde«. Das heisst ἵνα μή ποθεν etc.

[Odyssee, VI. Gesang]
Z
44
Ich glaube Sie verwechseln δεύεται und δέεται, das auch c. genet. stehen müsste.

 da Wind nicht rüttelt, da Guss nicht
 Regnet, oder der Schnee gar hinein stiebt; immer, so
            heisst es etc.

Beiläufig wollen Sie nicht einmal ein schönes altes Wort retten und für αἴθρη die Heitre sagen? Kein Mensch in der Schweiz braucht ein andres Wort für Licht und klaren Himmel. Sogar »geh mir aus der Heitre« wird gesagt.

72
ἐκτός geht nicht auf einen Wagenschuppen sondern auf das ganze Gehöfte. Wagen werden wie heut noch in Italien der barroccio mit der Deichsel schräg gegen die innere Hofwand gelehnt. Angespannt wird draussen, wie auf Vasenbildern zu sehen, ebenso gehen alle übrigen mit der Abfahrt verbundenen Geschäfte auf der Strasse vor sich.

95
Dies missverstehen Sie. Von Unrat ist keine Rede. Die Mädchen suchen sich – wie noch überall im Süden – Kieselbetten, und finden sie am besten dort wo das Meer die meisten Steine gegen das Land zu, aufs Land, gewaschen hat; hinaufgespült, nicht hinuntergespült. – Dies aus zwei einfachen Gründen; die Kiesel sind sauber und glatt – daher nichts hängen bleibt und reisst – ferner vor allem heiss, und die Wäsche trocknet im Augenblick. Wenn Sie zu uns kommen zeige ich Ihnen die Nausikaas unten im Serchio und die weitschimmernden Wäschemengen auf dem Fluss Schotter ausgelegt.

101
Nicht Reigen, sondern sie singt. Von Ballspielliedern wissen wir auch sonst.

104
Eber, nicht Böcklein, die - selbst Wildböcke - sind kein waidgerechtes Wild, und haben auch nichts im Bergurwald zu suchen sondern weiden an Klippen halbverdorrter Inselhänge.

1908

106.

Der Acker hat keine Nymphen, sondern im Gegenteile, sie negieren sich gegenseitig. ἀγρός ist hier Land und Feld im Gegensatze zur Stadt; nämlich Wildnis; davon dann ἄγριος.

115

gen einer. Du gehest gegen mir vorüber (Hiob)

128

Die erste Fassung ist eher besser als die zweite. Für den »Schössling« bedarf es nicht des Aufwands muskulöser Adjektive, und er deckt sich schliesslich nicht nur genau das inguen. Ausserdem hat die Olive schüttere Belaubung und schmales Blatt.

Riss aus dem zähen Gehölz mit nerviger Hand einen ganzen Laubbruch aus etc.

Wer je mit Olivenholz zu thun gehabt hat - ich habe es jetzt wieder den ganzen Winter verfeuert, gesägt und gebrochen weiss dass für dies πυκινόν die muskulöseste Hand gerade gut genug ist.

208.

Ich glaube ich habe das schon einmal angemerkt: φίλη steht rein subjektiv: »wenig, aber von Herzen«. Willkommner ist immer die reiche Gabe, darin ist diese Zeit von naivster Ehrlichkeit.

215

Warum λήκυθος immer so umschreiben? In der Bibel ist es das Ölkrüglein der Witwe, ein Krug oder Krüglein ist es und darf es auch hier sein. [Skizze eines λήκυθος am Rand]

232
χρυσῶι περιχέειν heisst vergolden; Terminus und Gedanke - frostig genug - beweisen die relative Jugend des Einschiebsels; Der gleichzeitigen Kunst ist Blattvergoldung unbekannt.

244
Ihre Wiedergabe wird der reizenden Nuance von offenem Bekenntnis und halbem Verhaltenwollen nicht gerecht, die sich in der mädchenhaften Inconsequenz des Satzbaus ausspricht. Zuerst ist der, den sie sich wünscht angeblich nur τοιόσδε, einer der ihm *gleicht*; aber ein hiesiger muss es natürlich sein; dieser Hiesige, fingierte, wird aber in ihren Gedanken schon zu einem *hiesiggewordenen*, nämlich demselben, der auch schon τοιόσδε gewesen war, Od. selbst, der dann schliesslich im Lande bleiben soll; da ist der τοιόσδε ganz vergessen. Es ist die Blüte archaischer Ethopoeie, mit Recht die Bewunderung aller Zeiten.

264.
Das topographische wird nicht recht klar, weil Sie ὁδόν durch Gestade ersetzen; die Stadt liegt auf einer Erhöhung, die durch eine Landzunge mit der Insel zusammenhängt und dieser Isthmus scheidet zwei kleine Hafengolfe; beiderseits werden die Schiffe auf den Isthmus der zugleich die einzige schmale Zugangsstrasse ist, hinaufgezogen, und die Schuppen unter denen jedes steht, tragen zur Verengerung noch bei.

289
Hier würde ich »also« durch etwas anderes ersetzen, was den

Beginn der neuen Gedankenreihe in dieser meisterhaften, genau disponierten Rede unterstreicht. Denn ὧδε bezieht sich immer auf das folgende, in diesem Falle auf die Topographie der Gegend die Odysseus nicht verfehlen darf.

Auch dem deutschen Leser muss fühlbar gemacht werden, wie Nausikaa sich hier aus ihrem träumerischen Schwätzen, der nahezu offenen Erklärung ihres Wunsches zurückruft und corrigiert; die neue Anrede markiert es, das ὧδε unterstreicht es, die Erkenntnis der Realität, νόστος und πομπή vollendet es.

[Odyssee, VII. Gesang]
H

17
»Verachtung« ist etwas stark. Es ist das Hänseln und Aufziehen des Fremden aus ignoranza, dem man ausserhalb der Verkehrsstrassen im Süden noch allerwärts begegnet.

113.
Ich glaube nicht dass das ἕρκος hölzern und ein Gatter war. Entweder es ist eine crates, eine jener ½meter breiten und überraschend starken Verdornungen, deren sich der mediterrane Bauer noch bedient, oder, wahrscheinlicher in der klippenreichen Insel, einer der mörtellosen aber sehr kunstreichen Steinhürden, wie sie in Sardinien Jahrtausende überdauert haben.

283
ἐξέπεσον ist normales Passiv zu ἐκβάλλω, wie φεύγω zu διώκω ἀκούω zu λέγω πάσχω zu ποίω. »ich wurde angetrieben«, »ich landete« und fasste wieder Mut.

310.
Das ist kein Zugeständnis an Odysseus sondern das Gegenteil. »Von Zorn ist nicht die Rede: ich sage nur genau was ich gesagt habe: man soll die Dinge thun wie sichs schickt.«
Sonst müsste γέ oder γέ ἄρα stehen.

[Odyssee, VIII. Gesang]

Θ

V. 54
ist wieder die bekannte completierende Interpolation, aus Stellen, wo es in den Sinn passt. NB! dass das ὑψόν von Scheria schneller erreicht wird wie das von Ithaka dessen Küste nicht so zerfasert und voller natürlicher Schutzstellen ist.

V 111
Ich kann Ihnen nicht verbergen, dass ich diese Namenscherze weil sie erstlich mit der durchgehenden Nomenclatur des Gedichtes in Missklang stehen, und zweitens auch unter sich inconsequent bleiben müssen, nicht sehr stilvoll finde. Was Nausikaa und Nausithoos recht ist sollte Polyneos billig sein. Man kann hier mit der homerischen Sprache, wo sie mit ihrer Fülle spielt nicht in Wettstreit treten ohne die Armut der unsern heutigen angestrengt aufzublähen. Ausserdem fehlen in unserer sprachlichen Erfahrung – und der nationalen – die geschichtlichen Voraussetzungen für eine solche Nachahmung. Der Deutsche war auch als Normanne wo er Schiffer war, immer in erster Linie Krieger und Ritter, der Grieche nicht; darum ist das kriegerische und ethische Element – zusammenfliessend ins ritterliche – das

Grundprinzip der Altgermanischen Namensgebung. Natürlich sind auch die griechischen hier offensichtliche Märchennamen, aber sie sind doch wenigstens sprachlich möglich. Im deutschen klingen noch die besten wie Spitznamen.

1909

51 RUDOLF ALEXANDER SCHRÖDER AN RUDOLF BORCHARDT

[Bremen] 6. 1. 09.

Lieber Herr Borchardt.

Sie werden in ein paar Tagen die Revisionsbogen des 8. 9. 10. und 11. Bogens meiner Odyssee-Übertragung erhalten. Da Ihre Correkturen für den 2. und 3. Bogen eine so sehr große Hilfe und die Veranlassung so äußerst wertvoller Verbesserungen waren, so sind Graf Kessler und ich gewillt bis zum 1. Februar mit dem Druck dieser Bogen zu warten, falls Sie Sich entschließen können an dieser Sache noch mit zu arbeiten.

Ich bitte Sie dringendst mir wenigstens auf einer Postkarte eine Notiz zukommen zu lassen, ob und unter welchen Bedingungen Sie gewillt sind sich der Homerübertragung helfend zu widmen. Wie sehr Sie mich dadurch für alle Zeit verpflichten würden habe ich in meinen verschiedenen unbeantwortet gebliebenen Briefen schon so klar ausgedrückt, daß eine nochmalige Beteuerung wohl nicht nötig ist.

Es ist mir nicht anders möglich als anzunehmen, daß irgend eine Mißstimmung Ihrerseits gegen mich die Ursache Ihres langen Schweigens ist. Ich bedaure das unendlich & bin gern bereit, Ihnen jede Genugthuung zu gewähren für eine Kränkung deren Art und Umfang mir vorläufig allerdings verborgen ist.

Mit guten Wünschen für das angefangene neue Jahr und Empfehlungen an Ihre Frau Gemahlin bin ich

Ihr aufrichtig ergebener   RASchröder

52 KAROLINE BORCHARDT AN RUDOLF ALEXANDER SCHRÖDER

[Briefkopf: Villa Burlamacchi
Gattaiola Lucca]
16 Januar 09

Lieber Herr Schröder,

Wenns nicht eine so dumme Sache wär, sich in andrer Leute Angelegenheiten zu mischen, hätte ich Ihnen längst einmal drei Worte geschrieben, weil ich mir ganz gut vorstellen konnte wie rätselhaft Ihnen meines Mannes absolutes Verstummen sein mußte. Nun ist heut Ihr Brief gekommen, den er mir gezeigt hat, und jetzt duldets mich nicht länger abzuwarten und mit anzusehen wie er sich abquält und wie mit jedem Tag des Schweigens die Schreibmöglichkeit weiter in die Ferne gerückt wird. Es vergeht wohl kaum ein Tag an dem nicht von Ihnen gesprochen wird und es ist gewiß niemand an den Borchardt mit größerer Herzlichkeit denkt und den er sich mehr wiederzusehen sehnt als gerade Sie – aber er schweigt. Seit der unglückseligen Kaisergeschichte hat er das Briefe schreiben aufgegeben aus Angst und mit dem beständigen Druck auf der Seele daß er sich zuerst in Erklärungen, Auseinandersetzungen und gewiß auch Streitigkeiten einlassen müßte über diesen einen Punkt, um den alle seine Gedanken von morgens bis nachts den Kreislauf gemacht haben; über dieses Hindernis kann er nicht weg, sein ganzes inneres und äußeres Leben war davon beeinflußt und ich war nur froh daß er mir nicht ganz krank drüber geworden ist. Sie Deutsche, die in Deutschland leben, haben keine Ahnung wie anders sich alles aus dem Ausland ansieht und wie beschämend es für Unsereinen sein muß sich von italienischen und französischen Zeitungen sagen lassen zu müssen daß es außer dem Kaiser keinen ritterlichen Menschen innerhalb der Reichsgrenzen gäbe, während in Deutschland alles stolz auf den errungenen »Sieg« ist. Aber ich komme grad in das rein was mein Mann vermeiden wollte, ich bin eben in Gotts Namen nicht umsonst seine Frau und lebe in seiner Luft.

Nun da der Bann durch das Telegramm gebrochen ist, das zu beantworten er sich nach einem Tag guten Zuredens entschlossen hat, wird er Ihnen gewiß auch bald schreiben aber wird ängstlich vermeiden etwas davon durchblicken zu lassen wie es eigentlich um ihn steht. Weil ich aber weiß wie sehr er an Ihnen hängt und wie unglücklich er bei dem Gedanken ist es könnte etwas zwischen Sie treten, halte ich es einfach für meine Pflicht Ihnen die Wahrheit zu sagen. Ich selbst habe unter diesen krankhaften Schweigeperioden zu sehr gelitten, um nicht Alles zu tun was in meiner Macht liegt erneutem Unheil vorzubeugen. Gel, fassen Sie diese Zeilen in dem Sinn auf. –

Nun kommt bald das Frühjahr und damit Ihr in Aussicht gestellter Besuch; richten Sie sich doch diesmal so ein daß Sie nicht nur kommen und sofort wieder verschwinden. Ich brauche Ihnen wohl nicht extra zu sagen daß ich mich mehr freue je länger Sie hier sein werden, und was Rudolf betrifft wird er einfach glücklich sein. Er zehrt immer noch Wochen nachher an jedem Beisammensein mit Ihnen und beschäftigt sich in Gedanken überhaupt unaufhörlich mit Ihnen. Jeden neuankommenden Bogen Homer liest er mir sofort vor und wir warten auf jede Post, was sie uns wohl Schönes davon bringen mag.

In unserem neuen Haus werden wir es etwas behaglicher haben wie bisher, nicht nur Öfen zum Anschaun sondern geheizte Zimmer, aber alles in Miniatur, sogar das Sälchen in der Mitte; ich glaube man könnte die ganze erste Etage in den Mittelsaal von Villa Sardi stecken – aber hübsch ists doch. Nun lassen Sie mich hoffen daß Sie es sich bald selbst anschauen kommen und seien Sie bestens gegrüßt von Ihrer

Lina Borchardt

53   RUDOLF BORCHARDT AN RUDOLF ALEXANDER SCHRÖDER

[Fragment] [Briefkopf: Villa Burlamacchi
Gattaiola Lucca]
Sonntag Abend [24. Januar 1909]

Lieber Schroeder, wenn Sie sich nun, da Ihre endlose Langmut mich wirklich aus meiner trüben Höhle herausgelockt hat, nicht einfach damit begnügen wollen zu constatieren dass ich wieder da bin, – sich nicht mit mir so stellen wollen, als hätte mein äusserer Verkehr mit Ihnen so wenig Unterbrechung erfahren wie mein innerer, – so weiss ich nicht recht wie es mit uns werden soll. Ich bin betrübt über das Ganze, betrübt über meine so lang dauernde Lähmung – es ist genau so eine Lähmung wie die anatomische eines Arms oder Fusses – betrübt darüber, Sie betrübt zu haben und täglich denken zu müssen wie ich Sie immer mehr betrübe, betrübt darüber, dass Sie denken konnten, vielleicht denken mussten, durch einen Appell an meine Selbstsucht erreichen zu können, was jeder Appell an meine Freundschaft für Sie zu erreichen unvermögend gewesen war, – betrübt schliesslich über mich selber in eben diesem Zusammenhange: denn ich muss mich gegen Sie so betragen haben, dass Sie glauben konnten sich in einem solchen Maasse in mir getäuscht zu haben und zu mir sprachen wie Sie früher nicht zu mir gesprochen hätten. Ich kann Ihnen jetzt nur sagen, dass ich es als eine Ehre ansehe, Ihrer wundervollen, für ein Jahrhundert endgiltigen Übersetzung die geringen Dienste leisten zu können, die meine zufälligen Spezialkenntnisse mir etwa in dem Maasse Ihnen zu leisten gestatten, wie irgend ein anonymes Handbuch es thäte wenn es eins gäbe, und dass meine wie immer geringe aktive Verbindung mit einer solchen Unternehmung mich für die Zeit die ich daran wende, um so mehr entschädigt, als ich diese Zeit sonst doch nur vertrödeln würde. Denn ich arbeite nichts und treibe Tag um Tag so herum, es ist nicht anders als ob ich ihn verschliefe und ich wollte ich könnte mehr verschlafen als ich thue. Das also kann ich sagen, sonst nichts. Ich kann mich nicht entschuldigen, nicht und nichts erklären, sondern ergebe mich Ihnen auf Gnade und Ungnade. Oft ist an einer langen Correspondenzlücke nichts Schuld als aufgesammelte Kleinigkeiten, die man schliesslich, wenn man das Schweigen bricht, mehr oder minder scherzend herzählen kann. Hier sind die Dinge um die es sich gehandelt hat, für Worte überhaupt zu schwer. Ich habe ein Jahr hinter mir, das mir nur teures genommen hat, ein unverschmerzliches nach dem andern, und nichts gegeben was die Rede wert wäre. Ich bin einsamer als je zuvor, finde mich unnützer als je zuvor, und würde mich gerne einer nutzbringenden Thätigkeit zuwenden, wenn ich glaubte, für irgend eine geschickt zu sein. Das wird nicht tröstlicher durch die Gewissheit, dass ich nicht einmal ein

Recht auf dies Gefühl habe, dass es vorübergehn wird und ich selber früher oder später zu einem Teil meiner alten Beschäftigungen den Weg zurückfinden werde. Zu einem Teil; denn die drei Cardinaltugenden hängen doch inniger zusammen als man glaubt wenn man sich über sie lustig macht; und mit Glauben und Liebe hat die dritte Schwester mindestens das gemein, dass es auch Hoffnungen giebt die man nicht zwei Mal im Leben hofft.

Genug von mir selber, und zu den Sachen, – es ist wol am besten, ich stelle mich mit handgreiflichem in der Hand wieder als Lebendiger vor. Und dabei kann ich nur von dem letzten reden was Sie auf meinen Tisch gelegt haben. Alles frühere Geschenk Ihres bestürzenden Reichtums ist genau genommen zwischen uns noch unbesprochen und muss es bleiben bis Sie etwa zu uns kommen und wir an unserm Kamin die Blätter eins nach dem andern durchlaufen. Lieber Schröder, ich muss für all das um eine General-σεισάχθεια bitten. Vernichten Sie das Schuldbuch zwischen uns und ich will, was an mir ist, versprechen, Ihre Hand nicht wieder fallen zu lassen. Und also zum Homer.

Ich habe inzwischen den ersten Gesang in der neuen Fassung und bin zwar auch über die Kleinbesserungen froh, in denen Sie mir nachgeben, vor allem aber über die Festigkeit, mit der Sie im allgemeinen auf Ihrem Stil beharren. Die lange Zeit, seit Absendung meiner Ausstellungen, war es meine heimliche Angst, Sie könnten zu sehr unter den Einfluss meiner Augenblickseinfälle, reiner αὐτοσχεδιάσματα

54 RUDOLF ALEXANDER SCHRÖDER AN RUDOLF BORCHARDT

1. 2. 09.
Bremen-Horn

Lieber Borchardt

Also doch! Na, ich wäre Ihnen nach dem Brief Ihrer Frau Gemahlin doch im März auf die Bude gerückt, Sie alter Sünder! – Im übrigen hat mir diese Periode,

»die lange, die traurige Zeit«

nur gezeigt, wie sehr Sie mir am Herzen liegen; denn ich habe mich heut morgen im Bett kindisch gefreut, als ich den Empfang Ihrer eingeschriebenen Sendungen signieren durfte. Also – wir sind Freunde, lieber Borchardt, nicht wahr? – Das Übrige erledigt sich damit von selbst. – Nur gehen Sie jetzt nicht gleich wieder unter Segel und fahren nach irgend einem Atoll, wohin es keine Postverbindung giebt. Das wäre schrecklich. –

Nun ad Homerum. Daß Sie die Sache im Ganzen so freundlich auffassen ist mir sehr erfreulich. Im detail sind mir Ihre diesmaligen Äußerungen ebenso wertvoll wie die vorigen. Ich glaube nicht, daß irgend eine dabei ist, aus der ich nicht Nutzen ziehen könnte. – Ich will Sie nicht mit Erklärungen aufhalten darüber, daß, und in wie weit ich selber von der metrischen Unzulänglichkeit vieler Verse (viel mehr als Sie die Milde hatten aufzuzählen) durchdrungen bin. Was ich davon ohne allzu radikale Eingriffe in meine Diktion & den ganzen Zusammenhang jetzt schon ändern kann werde ich gleich ändern – im Übrigen muß ich mir das Endgültige Feilen für eine Zeit vorbehalten, in der diese entmutigende Arbeit mich nicht mehr von dem Verfolgen des Ganzen und dem Weiterarbeiten abschreckt. Vorläufig muß ich mir hier eine kleine »Vorgabe« ausbitten – die Arbeit als solche ist schon seelenmörderisch und gefahrvoll genug. Sie werden übrigens auch sehen, daß im Verlauf des Arbeitens auch dieser Teil meines Pensums schon von vorne herein immer sauberer & freier von all zu großen Anstößigkeiten »ausfallen« wird.

Das eigentliche Problem des deutschen Hexameters ist ein solches, das sich zwar in seinen einzelnen Teilen ganz gut erfassen, aber nur sehr schwer in eine irgend wie zu Nutzen oder Resultaten führenden Folge darstellen läßt. Es beruht zunächst auf dem Wesen und Widerspruch von *Wort-* und *Satz-*Akzent, von denen der letztere sich wenigstens für eine epische (& auch dramatische) Folge nicht immer genau fixieren läßt. – Also schon hier muß hie und da ein Kompromiß eintreten. Nun tritt als drittes Element und eigentlicher Störenfried die Quantität mit allerhand im Grunde recht unverschämten und unberechtigten Forderungen, die aber doch aus einem vierten und wieder höchst heimtückischen Grund nicht abzuweisen sind, nämlich aus dem, daß der deutsche Daktylus & Spondeus ein ¾taktiges Maß ist & nicht ein 4/4 taktiges, wie ja (nach Ausspruch aller Gelehrten) der antike es ist. Hätten wir – übrigens ein undenkbarer Fall – es mit einem 4/4 Maß zu thun, so würden wir uns den Teufel um die Quantität zu scheren haben – unsere betonte Sylbe kriegte zwar den Ehrenplatz aber die beiden andern wären auch noch bequem genug logiert, mit ihrem ganzen Anhang von Consonanten. Jetzt aber drücken sich die beiden Sylben, falls sie nicht ganz klein & bescheiden sind, in dem engen Gehäus ihres einen Viertels kümmerlich herum, & sind darin ebenso à l'aise wie etwa zwei zu Markt getragene Hühner im Schließkorb der Bäuerin. – Daher auch das Poltern und Schüttern des durchgängigen deutschen Hexameters: es ist eben das Geschrei der bedrängten Hühner. Wer will aber in diesem Wirrwar feindlicher Interessen endgültig entscheiden, wer einen Canon aufstellen, bestimmen, was unter allen Umständen für eine Daktylussilbe zu vollwichtig oder für die Thesis im Spondeus zu geringwichtig sei und vor allem, *was wie wo wann* als vox media anzusprechen ist, & was nicht? Der Mann, der sich dessen unterfinge, müßte ein Herakles sein und das Grimmsche Wörterbuch (das nota bene ja auch nie fertig wird) unter Zuhilfenahme der Wahrscheinlichkeitsrechnung durcharbeiten, so verschieden sind die Valeurs desselben Wortes in verschiedenen grammatischen und geistigen Zusammenhängen. Schon die leidige Theorie des deutschen »Ersatz-Spondeus« (wie es einen »Ersatz« für Eiderdaunen gibt) könnte Stoff zu einer kleinen Abhandlung geben. Immerhin glaube ich, wenn wir uns einmal über diese durchaus nicht uninteressanten Fragen in Muße unterhielten, so könnten wir doch auf eine Art von Convention kommen, auf eine Art Leitfaden wenigstens, ein Empfehlen bestimmter Grundsätze, wenn auch für den einzelnen Fall Compromisse & Anomalien niemals ausgeschlossen sein dürften. – Ist es doch selbst nicht gut möglich in einem größeren Zusammenhange die Hexameter alle so zu schreiben, daß sie *ganz* ungezwungen so gelesen werden *müssen*, wie der metrische Verlauf es fordert (aber durch die Indifferenz des *Satz*akzentes, die bei einem längeren notgedrungen nur selten pathetischen Vortrag nicht immer aufgehoben werden kann). Daß nach dieser Richtung hin meine Diktion im Vergleich zu den meisten älteren Hexameterfolgen einen Fortschritt bedeutet – jetzt schon – werden Sie mir wohl zugeben. Bei vielen Alten – namentlich auch bei Voss – ist es doch lediglich das Entgegenkommen des Lesers der aus der Anhäufung metrisch durchaus zweideutiger Worte mittels einer vorgefassten Absicht einen Hexameter heraus-scandiert. Daß sich bei mir auch noch eine Menge solcher schielender Verse oder Versteile findet, ist mir vollkommen gegenwärtig – *ganz* vermeiden läßt dieses Übel sich nie.

Zur Vervollständigung einer Theorie des *epischen* (wenigstens dieses!) deutschen Hexameters würde übrigens auch eine Aufzählung der Gegenmittel gehören, die man brauchen kann, um die schädliche Wirkung sovieler Unbestimmbarkeiten und »Unstimmigkeiten« (im wahrsten Sinne des Wortes) ein wenig abzuschwächen. Hier kommt einem eben der Satzakzent wieder zu Hilfe, der indifferent, wie er durchgängig ist manchmal spontan mit unendlich größerer Wucht auftritt, als es die bloße Quantität oder der bloße Wortakzent vermöchte. An eine solche wuchtige Thesis kann man nun, wie an einen Hebel schon einmal einen überfüllteren Daktylus od. dergl. befestigen, er trägt unter Umständen diese Last über den Bogen des Verses hinweg. – Ich glaube, Sie werden verstehen, wie ich das meine nicht *pro domo* im Sinne meiner Arbeit, sondern im Sinne einer Ermöglichung längerer Hexameterfolgen für die deutsche Sprache überhaupt. Daß dieses – im Übrigen für die einzigartigen Bedingungen des deutschen Hexameters höchst gefährliche – Mittel nicht ganz zu verwerfen ist, erhellt schon aus dem Umstande, daß die deutsche Rhythmik überhaupt im Satzakzent ihr wesentlichstes Kunstmittel hat, vermittels dessen sie zum Beispiel sogar in die anscheinend harmlosesten Blankversfolgen unter der Hand ein dityrambisches Element hineinspielt. – Das Vorwalten dieses dityrambischen Elementes ist es übrigens auch, was m. E. den Hölderlinschen Hexameter kennzeichnet; und deshalb bin ich eigentlich erstaunt, daß Sie in Ihrem Bestreben nach Korrektheit der einzelnen Versteile grade ihn mir als Vorbild empfehlen. Ich glaube nicht zu weit zu gehen, wenn ich das genaue Gegenteil davon thue. Im Archipelagus finden sich z. B. eine Menge Verse, die lediglich durch freundlichstes Entgegenkommen noch allenfalls als Hexameter zu deuten sind – so herrlich sie im Übrigen sein mögen. Nun das ist etwas für dies pindarische Genie, aber nichts für einen armen Schuft, der 30 000 biedere Verse machen soll in denen alles richtig »*rum* tata, *rum* tata« vor sich geht.

Die wohlscandiertesten deutschen Hexameter finden sich bei Platen, in den zwei kleinen Idyllen. Hier geht alles ordnungsmäßig zu, & wenn es manchmal schöner sein könnte, als es ist, so ist das Schuld der Muse & nicht der Metrik.

Ich will Ihnen übrigens im Innern dieses Blattes ein paar Verse aus dem »Archipelagus« herausschreiben & Sie fragen, ob das wohlscandierte Hexameter sind. – Daß diese Frage die göttliche Schönheit des Gedichtes nicht berührt, ist selbstverständlich. Es handelt sich ja hier nur um die Frage ob Hölderlin zum Schulmeister taugt. – Im Übrigen mögen Sie sagen was Sie wollen als *Ganzes* ist der Göthesche Hexameter der Einzige *epische* den wir haben, & zwar *absolut vorbildlich*, bis auf die fehlerhaften Details, mit denen ich ja auch zum großen Teil versucht habe aufzuräumen. Er hat den epischen Ton, die flüssige *Behaglichkeit* eines niemals lyrisch überspannten Verses u.s.w. –

1909

So, mein Lieber, nun noch kurz etwas Praktisches. Sie werden auch an dem bisherigen Geschwätz mehr als genug haben.

Die Correkturen, die Sie mir gesandt haben sind, so schön sie sind, vorläufig für mich nicht von direktem *praktischen* Wert, da die Bogen, die sie angehen für diese präkursorische Ausgabe schon ausgedruckt sind. Das wofür ich *dringendst* Ihre Correkturen ersehnte, waren der 8.-11. nunmehr 8.-13. Bogen. Ich schicke Ihnen diese Bogen nunmehr noch einmal mit meinen letzten Correkturen versehen & bitte Sie »in aller dringlichen Bescheidenheit« darum, sie flüchtig durch zu gehen, und mir zu schreiben, was Ihnen als besonders Schlimmes auffällt, damit doch auch der jetzige Druck nicht ganz ohne Ihren Segen bleibt. Wenn Sie mir diese Bogen bis zum 10. d. M. mit solchen nur flüchtigen Anmerkungen zurückschicken könnten, so wäre ich Ihnen unendlich verbunden. Können Sie dies *nicht*, oder nur bis zu einem späteren Termin, so bitte ich

---

11. 2. 09.

Hier nahm zwar nicht der Tod, aber wohl die Influenza dem Dichter die Feder aus der Hand. – Es ist also nun schon über den Termin hinaus, den ich mir erdreistete Ihnen zu stellen. Ich bitte Sie also nun nur darum »so bald als möglich« wenigstens einen Teil zu corrigieren, damit der Druck vorschreiten kann. Mir geht es leider seit geraumer Zeit nicht wohl – ich habe etwas zu angestrengt gearbeitet & dazu seit Wochen eine Grippe, die mich jetzt mal wieder zur Abwechselung ans Bett gefesselt hat. Doch glaube ich sie jetzt zu überwinden.

Im Übrigen habe ich Ihren Brief heute wieder gelesen & es ist mir auch Diverses eingefallen, das auf einem besonderen Bogen folgen soll. – Ja, mein Lieber, ich denke viel an Sie & Sie thun mir aufrichtig leid – eine Kraft wie die Ihre – durch innere und äußere Hemmnisse so gehandicapt zu sehen, ist ja selbst für den Fernerstehenden ein höchst schmerzliches Schauspiel. Glauben Sie mir, lieber Borchardt, es giebt in der Welt niemand, der Sie so aufrichtig und ernsthaft schätzt & Ihnen soviel Gutes und Befriedigung wünscht, wie ich. Vielleicht kommt doch noch die Zeit, wo Sie eine Art Arrangement mit Ihrem Schicksal treffen – ohne das, und ohne viel Conzessionen & Compromisse gehts freilich nicht. Aber man lebt nur einmal – das ist abgedroschen aber eigentlich doch niemandem recht klar – & schon aus diesem Grunde sollte es immer heißen – tant pis – tant mieux –; denn jeder Moment fruchtlosen Kummers ist eine überflüssige Gratification für den Teufel, dem wir so wie so schon genügend tributär sind. Nun seien Sie herzlichst gegrüßt und vor allem Ihre liebe, verehrte Frau Gemahlin, der ich mich ganz besonders verpflichtet fühle.

Herzlichst Ihr RAS.

[Beilage]

Zum lyrischen & epischen Hexameter.

Sie haben wegen der Finessen ganz recht; aber im Übrigen ist doch ein enormer Unterschied zu constatieren.

Der Hauptunterschied liegt darin, daß für den epischen H. eine vollkommen unbelastete, ebene, klare Syntax das Haupterfordernis ist, neben dem alles andere schweigen muß. Dies Erfordernis ist aber de facto im Deutschen nicht mit einer vollendeten Melodie des Hexameters zu vereinen – und um diese handelt es sich bei den immer wieder auftauchenden metrischen Bedenklichkeiten – nicht um die bare Correktheit, die ja – wenn wir überhaupt von irgend einem feststellbaren Punkt ausgehen wollen – schon dann erreicht wäre, wenn wir nur immer in der Thesis die *meist*betonte Silbe hätten – denn anders läßt sich schematisch das Prinzip unsrer Metrik nicht erklären. Das furchtbar Gefährliche ist eben bei uns die unendliche Abstufung der untergeordneten Valeurs.

Dies führt mich auf Ihre Bedenken wegen *Odysseus*.

Ja, mein Teurer, was denken Sie? Hier ist Regimentsküche und kein Paillard oder Ihr kulinarischer Namensvetter. Schlimm ist allerdings der Vers

»Also wollte Odysseus / den zierlich gescheitelten Mägden –«
weil hier noch durch die Cäsur die prekäre & schleppende Silbe besonders hervorgehoben wird. Den habe ich inzwischen auch geändert. Im Übrigen bin ich zwar völlig Ihrer Meinung halte aber ein Durchführen so strenger Observanzen mit der nötigen grammatischen Beweglichkeit für unvereinbar.

So, nun Schluß. Die Verse aus dem Archipelagus auszuschreiben wäre eine Gemeinheit, daher unterbleibe es.

---

12. 2. 09.

So, lieber Borchardt, nachdem ich nunmehr die Correkturen, soweit es in meinen Kräften steht, festgelegt habe, möchte ich hiermit feierlichst meine Bemerkungen gegen Hölderlin zurücknehmen. Die Verse sind sehr schön.

Allerdings gegen die Achilleis können sie nicht an, da redet ein anderer Geist und auf den Höhepunkten auch ein anderer, wirklich heldenhafter, epischer Rhythmus. Der Vers der Achilleis ist stellenweise ein wirklicher *versus herous,* m. E. homerischer als irgend etwas selbst bei Vergil.

Lesen Sie mal
Vers 16-25 Vers 61-92
Vers 506-527
und
Vers 645-651.

Die Last, die diese Verse fortbewegen, würde dem zarten Schweben im ersten Aufflug die Schwingen zerknickt haben –

Nun erhalten Sie als (unvermeidliche) Beigabe ein neues Gedicht von mir. Nehmen Sie es freundlich auf, als ersten, schüchternen Versuch auf einer neuen Bahn, die mich hoffentlich von dem etwas mageren Lyrismus meiner früheren Versuche mehr ins Breite und Menschliche führen wird.

Ferner schreiben Sie mir, bitte, ob ich in der zweiten Hälfte März oder in den ersten Tagen April mich für einige Zeit bei Ihnen niederlassen darf, und zwar wesentlich zu homerischen Zwecken? – Ich habe, Gott sei Dank, meine Grippe überwunden & bin wieder gesund!

Herzlichst Ihr RAS.

[Beilage]

Der Landbau.
Elegie als Epistel
an Hugo von Hofmannsthal.
R. A. S.
Weihnachten 1908.

[Handschriftliche Widmung:]
Herrn Rudolf Borchardt mit freundlichen Grüßen des Verfassers – dies erste Stück einer Reihe, unter der sich auch ein an Ihre Adresse gerichtetes Gedicht finden soll. –

Honig ging ich zu suchen für Dich und fand bei den Bienen
Nördlich darbenden Gaus spärliche Waben, oh Freund,
Der Du doch wohnst im phäakischen Land, wo immer die Süsse
Tropft aus der Höhlung des Baums, wo der ambrosische Wind
Rieselnden Hauches die Fluren erfrischt; und es spendet die
Sonne,
Spendet lebendiger Tau Fülle verschiedenen Guts.

Siehe, wir sind die Bescheidenen hier: Mit kärglicher Labung
Dünkt sich der Gaumen verwöhnt; und das geringere Maß
Goldener Zeit gibt schmalen Gewinnst, wann immer vom Meere
Steigt mit dem grauen Gewölk Nebel und Regen und Rauch.
Also vermeidet die Muse das Land: Die Himmlischen lieben
Ihren Verbrüderten stets, Helios, halten sich gern
Unter dem leuchtenden Blick und fliehn die dumpfe Verhüllung,
Welche des Äthers Gesicht ferne den Sterblichen hält.

Freilich, wir borgen uns wohl bei dem und jenem ein Lämpchen
Für die kimmerische Nacht, häufen die Scheiter am Herd,
Dass wir sie rufen, die Göttin; so kommt sie, triefend von Regen,
Fröstelnd, und wärmt sich, und spricht keinem ein wirtliches Wort.
Denn es engt ihr als Qualmen die Brust; und gegen die Breite
Sehnt sie sich immer hinauf, sehnt sich zum blauen Olymp.
Aber bei euch, oh ihr Glücklichen! dort auf den heiteren Hügeln
Sucht sie die Waldungen oft, sucht sie den rinnenden Quell,
Steht an der Kimme des rötlichen Bergs, wo gegen die Ferne
Tief ins Grauen hinein schweift der begehrliche Blick.
Dann auch kommt ihr die Nacht und füllt mit Zeichen den Himmel,
Die sie Euch deutet und sagt einzeln die Sterne Euch an,
Wie sie sich halten, und gehen mühsälige Bahn durch die Felder
Runden Bezirkes, und stumm tragen sie göttliches Los,
Uns, den Bezauberten fremd, denn wir mit kleinem Vermächtnis
Tragen vergängliche Last atmender Herzen mit Not,
Viel an uns selber geplagt; und trägt doch alle die Erde,
Weist uns, die Mutter, mit Lust, Fährten und Wege genug.
Wir aber sehen die Liebe nicht an, und drängen uns sinnlos
Mit verworrenem Schwall immer den Fremdesten auf;
Schwindlig macht Erleichterndes uns. Die nächste Verlockung
Reisst die verwegene Gier aus dem beschlossenen Weg.
Keiner verehrt die Nemesis frei. Wildtätiges Unmass
Zettelt ein knotig Gewirr, welches die Parze erst spät,
Spät erst schlichtet und löst, wenn Jahr und Stunde gekommen,
Oder zerschneidet es jäh, dass sie ins Leere hinab,

Des zerspaltenen Knäuls um tüchtige Endungen sinken;
Und so waren umsonst Hoffnung und Taten und Glück.
Wohl dem Erleuchteten, der sich besinnt vor der äussersten Grenze,
Da ihm ein inneres Mass kündet die Wege der Welt!
Denn es ist in Jeglichem, uns ein bündiges Zeichen,
Göttlich ist es und trägt Siegel und Gleichnis von Gott.
Wer aber achtet des? Wer kennt's? Wer würf sich nicht blindlings
In das Umklammernde hin, an das Verlockende fort?
Denn wohl freilich redet der Gott nicht deutliche Worte,
Warnt nicht menschlichen Laut's, zeigt sein Geheimnis nicht auf.
Doch die Sirenischen wissen's vertraut. Mit herzlicher Stimme
Schmeicheln sie – oh der Gesang schluchzet von jeglichem Fels!
Und wie wär der Schiffer gewarnt? Es kennet die Klippen
Jeder Gescheiterte nur, nur der Zerfleischte die Klau'n.
Sie aber wissen's mit Rosen und Duft, sie wissen's mit Flöten,
Wissen's mit schimmerndem Trug, ja, mit Belehrung und Gunst
Wie von himmlischen Göttern; und oft die Edelsten treibt es
In die Verblendung hinein, fremden Dämonen zum Raub.
Dir aber sagt die Befreundete viel, die himmlische Göttin,
Dass sie das Herz Dir stählt und Dir entblödet das Aug.
Oh die Belehrerin kenn ich wohl auch und rufe sie täglich;
Doch die den Einen liebt, hält sich vom Minderen fern.
Selten nur, selten und innigst erfleht, mit flüchtigem Grusse
Streift sie vorüber – ihr Flug dünkt wie Liebkosung dem Sinn.
Und doch kettet die Himmlischen uns – und wären sie ferner
Als das letzte Gestirn – innen ein gläubiger Sinn;
Denn wie das Aug den Orion ergreift, so rühret die Seele

Jegliches Göttlichste an, wenn sie es willig verehrt.
Und nur der ist gänzlich verwaist, dem solches versagt ist,
Wenn er im Inneren blöd, richtet zu Boden den Sinn,
Wie die gebundenen Tiere es tun; und tägliche Mühsal
Füllet mit schalem Geschick Stunde um Stunde ihm aus.
Darum bin ich Dir hold, oh Freund; denn gleiche Verehrung
Bindet den festesten Bund, mehr als die Liebe zum Weib,
Mehr als väterlich Fühlen zum Sohn – denn dieses sind Bande
Dumpf, Unförmigem gleich; aber Verehrung begeht
Reinere Bahn. – So sei mir gegrüsst! es reichet Dir wahrlich
Kein unwürdiger Mann brüderlich grüssend die Hand.
Immer gedenk ich Deiner, oh Freund, und des freundlichen
Hauses,
Altertümlichen Baus, glatt und behaglich und breit,
Hart an der Strasse; und doch, den Wandrer, welcher die Schwelle
Schnell überschritten, umfängt stumm der verschlossene Hof.
Rosen umblühen die Tür und die zierlich geschwungenen Stufen;
Durch die geöffnete Tür dringt athmender Frische ein Hauch.
Schauernd umfängt mit wohligem Duft die schwimmende Bläue
Weiten, verdämmerten Flurs sommerlich schmachtenden Gast.
Sei mir gesegnet, du glückliches Haus! – Wie oft an der innern,
Steinernen Treppe gelehnt standen wir gegen die Nacht,
Wenn durch vergitterte Fenster die mildern Farben des
Himmels
Süss mit zärtlichem Glanz blickten ins weisse Gelass.
Oben im Saale bescheidener Prunk der beschriebenen Wände,
Dreifach geöffneter Blick, traulich von Wipfeln umgrenzt.

Aber daneben Dein Ehegemach; und jenseits das andere,
Ernste — ich hab es bewohnt, hab es, ihr Götter! entweiht.
Hab in den Büchergestellen gewühlt, den poetischen
                                               Schreibtisch
Mit profanem Geschäft kritzelnder Feder entehrt.
Nun, Du liessest es gehen. Es mochte Dich innerlich kränken;
Doch kein Zeichen verriet, Guter, solch bittres Gefühl.
Freilich kränkt ich Dich herber wohl oft mit dreistem
                                               Geschwätze,
Da ich mit heftigem Groll Freunde und Feinde bestritt,
Stets, wenn Gerty, die Frau, das giftige braune Getränk uns,
Das der begehrliche Gast immer nach Tische verlangt,
Sorglich bereitet: so stieg ein stachelnder Geist ins Hirn ihm,
Du aber duldetest sanft, wenn ihn die Laune erhitzt.
Aber der Garten! Er steigt wie der des götheschen Wirtes,
Gegen den Hügel heraus. Stufen bedarf es dem Fuss,
Bis er zur höheren Fläche gelangt, wo Laube und Häuslein
Dichter und Dichterling öfters geschäftig gesehn.
Unten, vom Haus dreiseitig umgrenzt, von hohen Kastanien
Recht wie ein Zimmer verdeckt, lag der vertrauliche Platz,
Wo Ihr mich oft, oh Ihr Guten, gelabt mit gastlicher Mahlzeit.
So verlohn's Euch der Gott, der die Bedürftigen schützt!
Weine des Lands - glückseliges Land! — und Früchte des Landes,
Speisen des Landes und Brot — trauernd gedenke ich sein;
Denn, ihr Lieben, hier unten im Land versagt sich gar vieles;
Und man reicht uns den Stein nicht nur im Gleichnis als Brot.
Doch was soll's? Wir leben hier auch, und preisen uns glücklich,
Seit uns reinere Luft, weiterer Himmmel umgibt,

Und uns minder mit Russ und Lärm die Stadt überwältigt;
Auch der Winter ist hell, hier vor den Toren der Stadt.
Weise. Die Alten waren's gewiss; doch weiser in keinem,
Als in dem Ruhm, den sie bäurischem Leben gezollt.
Sang doch Vergils zartstimmiges Rohr die Mühen des Ackers
Und die Freuden zumal, heilige Feste der Flur,
Sang einfältiges Leid und Glück ausonischer Hirten,
Die in der Frohnde des Herrn weidenden Tieren gefolgt,
Übend die Kunst des Wechselgesangs und schrillender Flöte:
Knechte zumal und gering, doch ein begeistertes Volk,
Sang die Gezeiten des wechselnden Jahrs und was sie vermögen
Und altheimischen Lands väterlich treues Gestirn.
Nichts erschien dem Zierlichen grob, nichts klein dem
              Erhabnen,
Was der Pflügende schafft unter dem Bogen des Tags,
Was der Säende zweifelnd vertraut der gelockerten Scholle,
Was der Erntende bringt, wenn ihn der Sommer belohnt,
Ceres' bräunlichen Kranz und Frucht Pomonens und Bacchus'
Schwellende Traube am Stock, den er mit Sorgen gepflegt.
Alles besang er, Hacke und Karst und Schaufel und Rechen,
Messer und Sichel und Korb, Tenne und Worfelgerät,
Sang des Rosses besondere Zucht und des kräftigen Rindes
Und des summenden Volks duftenden, wächsernen Bau
Und die Ziegen im würzigen Kraut am Fels und der Lämmer
Wollige Schwärme; und nichts lebte ohn göttlichen Dienst.
Laren bewachen das Haus. Es scheuchte die Diebe des Gartens
Mit zweideutiger Wehr schelmisch der hölzerne Freund.
Faunus folgt durch Wälder dem Reiz der flüchtenden Nymphe;

Über der Marke des Felds stand der begrenzende Gott.
Und auch Latiums blühendster Mund, die kristallene Kehle
Die mit bemessenem Ton einzig die Muse begabt,
Sang süsstönender, geistiger nie, als wenn er die Auen,
Hügel und flüsternden Wald pries im sabinischen Gau,
Pries über Felsen den lautern Quell, des plätschernde Kühlung
Immer das gleiche Geschenk Hirten und Herden gewährt,
Pries den winterlich flammenden Herd und mässige Hoffnung,
Tröstlich enges Geschick unter befriedetem Dach.
Uns auch dünkt seit langem, oh Freund, es sollten die Dichter
Ländlich leben und fromm halten der Erde Gebot,
Wo das Jahr mit wachsendem Tag den Segen heraufbringt,
Wo es sich wendet und fällt, und die versteinerte Flur
Alles Befruchtende hemmet und schliesst mit eisigen Klammern
Das Lebendige ein, aber ertötet es nicht.
Also bemisst der ackernde Mann das Wirken der Monde,
Kennt die Bedeutung des Tags über verändertem Land,
Kennt das unverstellte Gesicht der geleitenden Stunden,
Das den Getrübteren, uns, immer in Schleiern entweicht.
Einmal nur tritt jede dich an und bietet dir lächelnd
Süss unschätzbares Gut, oder sie fordert dich streng
Zu Unsäglichem auf und nimmt mit ehernen Händen
Unverweigerlich fremd dir aus dem Herzen das Herz.
Jäh aber wird sie von dannen gescheucht und geht wie die Toten
Oft rückblickenden Aug's, zögernden Fusses hinab,
Wo sie Gebet und Opfer nicht löst und herzliches Weinen!
Jegliche Speiche des Rads wandelt denselbigen Weg.
Nur vor dem ruhigen Blick des allumfassenden Vaters

Stehen sie still; er winkt ein und die andre herauf,
Wie es ihn dünket. So weilen sie gern und decken den holden,
Unverwelklichen Kranz ewiger Jugend ihm auf.
Doch einfältiger Sinn, von Tag zu Tag in des Ackers
Nahrung spendendem Dienst zählet die Wandelnden treu.
Und ihm naht mit redlichem Gruss die schenkende Freundin;
Schmetternd mit Schlossen und Blitz stürzt die Verderberin her.
Was dem sterblichen Bös und Gut, und wie es sich schlichtet,
Kennt der Erfahrene wohl, sondern Verpflichtung und Recht.
Solches freilich lernet sich schwer; und unter den Sternen
Dünket uns manches so nah; aber ein Frevel ist das.
Hinter der Pflugschar still den geduldigen Rindern zu folgen,
Mühsam zu pflanzen die Saat, mühsam zu ernten das Korn,
Oder die Bäume zu schneiden ums Haus, und die Beete zu
                                                           wässern,
Bis sie mit Kräutern und Frucht danken der ordnenden Hand,
Oder im schauerlich schweigenden Wald die Eiche zu fällen,
Bis der ermüdete Arm ruht mit dem sinkenden Stern,
Und es winkt das ersehnte Gemach und erworbene Mahlzeit
Und ein Lager zu Nacht kaum, bis ins Grauen des Tag's,
Das ist uralt menschliches Glück; und es wollen die Götter
Gerne dem Sterblichen nahn, der sie bedürftig verehrt. –
Freund, Du weisst's, wir leben nicht so. Vielfältig ist heute
Und zerspalten das Los dieser gealterten Welt.
Längst verstummte des Orpheus Sang; und es folgen die Wälder,
Folgen die Tiere nicht mehr über der horchenden Flur.
Nah an den Städten hält sich die Kunst. Doch wehe dem Sänger,
Welcher des ewigen Bund's über dem neuen vergisst!

1909

Nicht so sei es mit uns! Drum freu ich mich vätererebten
Bäurischen Blutes, oh Freund, das mich des heiligen stets,
Bleibenden Grunds, des ernährenden lässt ehrfürchtig gedenken,
Und mir festet den Sinn unter den Strudeln der Zeit.
Wohl unzählig sind sie und schön die Gaben der Erde,
Doch auch zeuget das Herz eigene Güter sich auf.
Streuen umsonst doch Frühling und Herbst die bunte
                                               Verschwendung,
Wenn in der Seele sich nicht uns ein Erwiderndes regt,
Wenn dem Erfüllenden nicht ein Offenes immer begegnet:
Erst die empfundene Not macht uns des Retters gedenk.
Und so dankt ein verständig Herz, des ängstlichen Mangels
Fühlend bewusst, dem Glück jegliches Zeichen der Gunst.
Liebe erwächst, Vertraulichkeit so. Denn keines auf Erden
Ist ihm selber genug; und nach verbrüdertem Bild
Sehnt die gefangene Seele sich stets; und rühmt die Herzen
Die sich ergriffen, und trennt keiner den innigen Bund.
Das ist schön. Und schön ist's auch nach einsamen Tagen
Wieder zu finden den Freund, wieder zu drücken die Hand,
Die dich im Scheiden gedrückt, und die tröstende Stimme zu
                                               hören,
Und zu vertauschen, was lang jedem Vereinzeltes war.
Also komme auch uns die Zeit! Da tritt die Erfüllung
Zwischen uns Beide und winkt, öffnend das schwellende Horn.
Komme der Tag erwünschten Gesichts! – Und ob ihn die Stadt
                                               uns
Neben den Ufern der Spree, sandig und dürre, Berlin,

Bald mit dem schreitenden Winter gewährt, wo stündlich aufs
                                                                        Neue
Uns die ermattende Pflicht Wendung und Worte entpresst,
Zwingt uns die neueste Weise des Markts und des kritischen
                                                            Froschteichs
Breites Gequäke und langöhriger Hänse Geschrei,
Und den poetisch-politischen Tratsch und gedunsener Räte
Psychologistischen Schwatz höflich zu leiden, oh Freund,
Tausend und einmal wieder zu käun das tausendmal Alte,
Wenn ein behendes Geschwätz Dir bis zum Ekel zerlaugt
Jedes Geheimste der sinnigen Brust; und krank in der Höhe
Schwinden die Sterne erblasst über dem stinkenden Schwall:
Oder uns wirds ein Schöneres spät. Und reifere Wochen
Sehn uns über der Mark letzten germanischen Lands
Beide vereint im Gau, der Mozarts Väter geboren;
Und noch wandelt Musik heute die Täler hindurch.
Neu wird jegliche Lust. Dort über feurig begrüntem
Abhang wandeln wir viel, folgen gebogenem Pfad,
Der sich der Wölbung des Hügels bequemt und gegen den
                                                                   Wald hin,
Gegen des schrofferen Bergs steinerne Häupter uns lockt.
Unter Dir stürzt felsab der Quell; und es rauschen die Bronnen
Voll um jegliches Haus. Tief in der Krümme des Tals
Dränget und schäumt die behinderte Kraft melodischer Flüsse
Gegen die Weite des Sees, der sie mit Lächeln empfängt.
Seliges, dreimal seliges Land! Wenn rund in den Bäumen
Apfel an Apfel sich drängt, kränzend das satte Gefild,
Wenn der errötende Wald sich schmückt, und über der Nächte

Rauherem Duft der Mond silberne Firnen verklärt.
Oh, ihr blauen, geöffneten See'n, ihr dunkel verschwieg'nen,
Ihr mit dämonischem Sturz aus den befruchtenden Höh'n
Stäubende Bäche, am hellen Gestad ihr wartende Dörfer,
Märkte von Bauern bewohnt, edelsten deutschen Geschlechts!
Sei es noch oft dem Dichter vergönnt, euch wieder zu schauen,
Dem im nordischen Grau mürrisch die Seele verzagt,
Wieder zu schaun, ein willkommener Gast, die Strassen und
                                                      Häuser
Und am Abend das Licht, winkend vom Freunde zum Freund.

Freund, ich begann dies Lied zur Zeit des steigenden Frühjahrs,
Da die Kinder im Grün jauchzend nach Faltern gehascht,
Da die Rose sich eben erschloss, und über die Nacht hin
Schütternd die Nachtigall schlug rings in den Gärten um's Haus.
Nun aber kamen die Monde zum Schluss und die dämmernden
                                                      Tage,
Mit den erblindeten trat festlich die Weihnacht herein.
Göttlich naht, ein Bote, das Jahr. Er sei uns willkommen,
Der mit dem volleren Licht Kronen der Freude verheisst!
Eines sag ich Dir noch, und möchte Dir Mut in die Seele
Gießen, oh Freund, und Gefühl seltenen, hohen Geschicks.
Sei es Dir denn ein gültiges Wort und fröhliche Deutung,
Dies: Wir lieben Dich, Freund, wie man Unsterbliche liebt.

1909

55 RUDOLF BORCHARDT AN RUDOLF ALEXANDER SCHRÖDER

Villa Burlamacchi
Gattaiola/Lucca
19 Febr 09

Mein lieber Schroeder.

Gleichzeitig mit diesen Zeilen gebe ich Ihre letzten Druckbogen mit meinen Notizen zur Post. Lassen Sie uns hoffen dass nun einmal ein Anfang gemacht ist, der nicht wieder abreissen müsse. Ihre Arbeit wird immer besser und besser: Ich habe die letzten Gesänge mit nicht minder eindringender Aufmerksamkeit gelesen als die Ersten und auf diesen Fahnen kaum mehr anmerkenswertes gefunden. Sie sind in die enorme Aufgabe ruhig hinein gewachsen, haben sich einen Stil gemacht, ohne zu wissen wie, Ihre Armee auf dem Marsche gebildet wie Napoleon. Nun alles Glück fürs Weitere. Was meine Ausstellungen angeht, so werden Sie ohne Mühe bemerken dass ich alles was ohnehin zwischen uns controvers ist und bleiben muss, unter Separat Conto verrechne und nicht mehr in Anschlag bringe. Das metrische habe ich lieber überhaupt zurückgehalten. Die theoretischen Fragen die Ihr Brief aufwirft, mit einander der Antwort zu nähern werden wir glücklichster Weise bald, vor meinem Kamin, Gelegenheit haben. Traktate brieflich auszutauschen ohne immer gleich da magistrum rufen zu können hat wenig σπουδή. Es kommt hinzu dass ich den epischen Hexameter im Deutschen nicht nur aus praktischer Erfahrung kennen zu lernen ohne Anlass geblieben bin – das wäre so schlimm nicht – sondern generell mit einer Skepsis betrachte, die auch durch die Achilleis, rund heraus gesagt, nicht entwaffnet wird. Wie kann man überhaupt von einem Stil dieses unmenschlich schönen und unmöglichen Gedichtes sprechen, das fast auf jeder Seite einen andern hat? Lesen Sie die erste und die letzte Seite nach einander und Sie treten aus Welt in Welt hinüber, begreifen auch, warum Goethen die Fortsetzung so unmöglich wurde. Er ging durch Ihre Erfahrungen, aber nicht so weit wie Sie. Er glaubte einen epischen Stil zu haben als er begann, und fühlte ihn sich zwischen den Händen proteisieren, bis ihm unheimlich wurde: il n'y avait que le dernier pas qu'il coûtait. Und an diesem dernier pas an sich war Goethen seiner Aufgabe nach gerade so wenig gelegen, wie Ihnen Ihrer Aufgabe nach, viel und alles. Ich für mein Teil muss gestehen, dass mir der Hexameter der Goethischen Frühzeit, Reineke Fuchs, mit aller seiner Uncorrektheit lieber ist wie der viel correctere spätre; denn Correctheit für dies Maass ist gewiss die Forderung die ich in letzter Linie stelle, so sehr Sie das augenscheinlich zu hören befremdet. Ich weiss zu genau was der griechische Hexameter ist um dem Wahne ausgesetzt zu sein, es könnte im selben Sinne deutsche Hexameter überhaupt geben. Ich verlange nicht dass der deutsche correct im Sinne einer Prosodie ist, deren musikalische Voraussetzungen in einer melodisch accentuierenden Sprache uns fehlen. Ich verlange nur dass er ein *Vers* ist; was für ein Vers, ist *seine* Sache. Ich verlange keine Befolgung antiker Quantitätsregeln; aber ich verlange irgend welche Regeln die er in sich tragen muss, irgend ein sinnlich wahrnehmbares Prinzip des organischen Baues. Das haben so »uncorrecte« Verse wie die des Reineke Fuchs und so »correcte« wie die des Archipelagus; alle diese Verse bluten noch, wo Sie sie durchschneiden; das haben die Stolbergschen Hexameter sehr oft, die ich manchmal maasslos bewundere. Das haben die Platenschen niemals; sie sind ganz so tot wie seine meisten Sonnette, wie seine schlossermässigen Dithyramben, die immer richtig »funktionieren« wie seine ganze triste metrische Selbstbefriedigung. Taine hat von Beranger gesagt »un homme très-spirituel, qui a mis des rîmes a sa prose«. Platen schreibt eine mit irrsinniger Entschlossenheit und Ausdauer schematisierte Prosa, ohne Tritt und Puls und Gesang und Schrei. Das ist es was ich Versen nicht verzeihe. Woher ein Gedicht seine Notwendigkeiten bezieht ist seine Sache, aber ohne Notwendigkeiten ist es unnütz.

Damit komme ich auf Ihre Technik in jenen ersten Gesängen, wo sie noch eine Technik in the being ist. Was ich suchte war nicht der antik impeccable, sondern der Schroedersche Hexameter. Ich habe Verse darum angestrichen weil sie mich nicht überzeugten, weil sie in Prosa staken; weil eine durch und durch prosamässige Syntax, ein durch und durch prosamässiger Gedankenfortschritt mir die Praetention auf Vers unleidlich machte und mich auf Brüche im Vers achten liess, die eine andere Syntax ein anderer Gedankenfortschritt aetherisiert haben würde. Denn Sie haben gut reden von jener syntaktischen Durchsichtigkeit die Ihnen vorgeschwebt habe, um zu einem vollendeten Tone erzählender Simplicität zu gelangen – glauben Sie wenn nicht meinem Urteil so doch meiner Historie, und lassen Sie sich sagen dass jene Durchsichtigkeit ein Trug der Ferne ist. Sie hat nicht existiert und existiert im Homer nicht. Bis in die letzten Fasern der Wortstellung und des Satzbaus ist diese Syntax poetisch, durchsichtig wol im Sinne in dem diesem Volke überhaupt einzig gegeben war sein inneres auszudrücken, aber abgehoben von allem täglichen Sprachgebrauch, durchgeknetet und neugeformt durch den Hexameter, nichts als den Hexameter. Es ist nicht die reiche Sprache die zur reichen Form führt, sondern umgekehrt, das reiche Formprinzip bereichert die Sprache, gleichgiltig ob es sich dabei wie bei den Griechen, um melodische Schmiegsamkeit, oder wie bei uns, um den Reimschatz handelt. Zwingen Sie eine Sprache 500 Jahre ununterbrochen zu reimen und sie wird so reich werden wie das heutige Englisch ist. Zwingen sie einer Sprache den Hexameter die ionischen und dorischen Maasse und die aeolische Musik auf, und sie wird jene vibrierende und changierende Fülle des syntaktischen erhalten die das Griechische zu einem solchen Wunderwerke macht. Syntax und Metrik von einander zu trennen halte ich für ganz bedenklich, aber ich gebe gerne zu, dass in ihrer Ehe beide gleichberechtigte Partner sind. Ich weiss – theoretisch und praktisch, dass Gesang sich ebenso dazu zwingen kann Syntax zu werden wie Syntax sich zu Gesang sublimieren kann. Höchste Simplicität ist Resultat des ersteren Prozesses, höchste Complicität das des zweiten. Sie schliessen einander sowenig aus, dass oft ein und dasselbe Gedicht beides exemplarisch enthält, wie z.B. jenes nie genug zu bewundernde Hofmannsthalsche: »Wir gingen einen Weg mit vielen Brücken.«

Damit genug; wie glücklich bin ich fortfahren zu können: »mündlich mehr.« Ja, kommen Sie wann Sie immer mögen, und gehen Sie nicht wieder so bald; wie verrückt kommt es mir vor, zu denken, dass ich mit Ihnen genau 7½ Tag, alles in allem gerechnet verbracht habe. Wie genau bilde ich mir ein Sie zu kennen und wie wenig kenne ich gewiss im Grunde von Ihnen. Lassen Sie uns jetzt eine Reihe von Tagen, die man ohne gleich das Ende zu wissen sich ins Blau erstrecken sieht, behaglich und freundlich durchleben. Wollen Sie diesmal Appennin und Apuanische Alpen kennen lernen? Dann versehen Sie sich mit starkem Schuhzeug und wetterfester Kleidung. Wir haben sehr hübsches ganz in der Nähe, aber das Marmorgebirge lockt Sie vielleicht wie es mich gelockt hat, wenn Sie es durch mein dreifenstriges Sälchen liegen sehen. Schrieb ich Ihnen schon, dass wir jetzt zur Abwechslung ein winziges Häuschen haben? Meine Frau war die unerwärmbaren Riesenräume satt und wollte warme Zimmer mit Matten und richtigschliessenden Fenstern und Thüren. Und so hat uns unsere Nachbarin, die alte Fürstin Altieri eine alte kleine Bellevue zur Verfügung gestellt, die in ihrem grossen Park ein Paar Schritt von Villa Altieri liegt. Das ist die Burlamacchi, acht Zimmerchen, deren grösstes so gross wie mein Arbeitszimmer in Villa Sardi ist, und eine Halle unten, Wirtschaftsräume oben. Hoffentlich werden wir Sie warm und bequem logieren.

Die Epistel an Hofmannsthal hat ganz charmante Stellen, im Eingangsteile habe ich oft Mühe gehabt Ihnen zu folgen. Die sehr dichterische Beschreibung des Rodauner Hauses hat mich mehr als nur gerührt – ich werde es, mit diesen Augen wenigstens, nicht wiedersehen! Über allem liegt ein eigener glänzender Ton, etwas sehr Glückliches und Glücklichmachendes. Die Mängel, um auch davon zu reden, scheinen mir im Bau zu liegen. Das Gedicht ist unklar disponiert und man gleitet zu oft in Gedanken rückwärts um sich des Fadens zu versichern. Ich habe zuerst geglaubt, Sie spielten mit Ihrem Plane, verhüllten ihn halb um ihn dann wieder halb zu zeigen, aber ich bin schliesslich meiner Sache nicht sicher. Ihre Ankündigung auch mich unter die Adressaten aufzunehmen, könnte zu einer sehr fruchtbaren Erwiderung führen. Ich trödele längst mit der Absicht, mich von vielem Drucke, an Sie, in einer solchen Form zu erleichtern, und grosse Tongruppen schweben mir, fast in einem sonatenhaften Rahmen vor.

Noch ein Wort über den Hesperus, den betreffend ich gestern an Sie telegraphierte, wenn auch Ihre Ankündigung mit der Sie mich und Jahrbuch in den April schicken, mich mehr als je davon überzeugt, dass er nie erscheinen wird, so möchte ich doch für den Fall, dass die redaktionellen Abänderungen meinen Anteil mitbetreffen, Sie freundlichst bitten mich zeitig zu informieren. Es ist mir nicht ganz gleichgiltig wie ich in diesem Bande vertreten bin, nachdem schon meine eigene Ihnen übersandte lyrische Auswahl augenscheinlich so unglücklich getroffen war. Ferner erbitte ich den Francesca-Gesang aus Dante, den Sie ja nicht mehr benötigen zurück, ich besitze keine Abschrift mit allen dort befindlichen Correcturen.

Ich freue mich zu hören dass Sie Ihre Unpässlichkeit überwunden haben. Mir geht es langsam wieder besser, wozu beiträgt, dass ich seit einiger Zeit keine deutschen Zeitungen mehr halte. Damit ist der stärkste Reibungscoefficient ausgeschaltet und ich leide nicht mehr an den seelischen Ausschlägen, die ich mir sonst durch Berührung mit diesen von deutscher Canaillitis infizierten Organen regelmässig zuzuziehen pflegte. Auch dass ich die mechante Angelegenheit mit den süddeutschen Herren schliesslich, nach monatelangem Complimenten auf gut götzisch erledigt habe, hat mich erleichtert. Das ist verkauft bis an den Hals und legt es drauf an, mir ethisch zu kommen, will mich kaufen und verkauft mich wenn ich den Rücken drehe, spielt sich gekränkt auf, wenn ich schüchtern frage wo ich den Mund zu halten habe, reisst aus wenn ich ihn aufmache und bittet um milde Gaben wenn ich eben einschlafen will. Ich bin die Fratze satt, wohl bekomms jedem der noch Appetit drauf haben kann. Sonst habe ich nichts zu *schreiben* was ich Ihnen nicht besser *sagte*. Ich lebe jetzt meine tiefsten Jahre einsam in mir, glücklich-unglücklich und unglücklich-glücklich, ohne einen Gedanken für den Tag, die Augen nur auf die Zukunft und meine Pflicht gerichtet. Es scheint ich habe mit meiner Zeit nicht viel zu schaffen, aber ich lebe nicht umsonst.

Und nun leben Sie wol und schreiben Sie bald.

Meine Frau grüsst Sie von Herzen, sie hat sich Sorgen gemacht, armer Kerl. Sie wissen wie herzlich wir beide Ihnen zugethan sind.   Bdt

56 RUDOLF BORCHARDT AN RUDOLF ALEXANDER SCHRÖDER

z Zt Massa Sassorosso
(Castelnuovo Garfagnana)
7 März 09

Mein lieber Schroeder

Es ist, wie Sie oben sehen, doch zum »Atoll« gekommen. Der verschneite Appenin winkte mir zu lockend durch meine Saalfenster hinein. Seit vier Tagen sitzen wir 850 m. hoch unter Schneelasten in einem Bauernhause, wo wir uns für vierzehn

Tage so gut es geht eingerichtet haben. Fast die ganze Zeit hat es mit kurzen Pausen geschneit, in den engen Dorfgässchen liegt es meterhoch die Strassen sind unpassierbar. Von Ort zu Ort wird hier und da eine schmale Spur getreten, die Maultiere voran, die Männer hinterdrein. Gestern schien es sich besser anlassen zu wollen, nach einer sternklaren Nacht stand Morgens das ganze ungeheure Geklüfte der apuanischen Alpen in langer Reihe rotglühend von Sonnenaufgang uns gegenüber – es bildet die jenseitige Wand des Serchiothals, auf dessen diesseitiger Wand hoch oben angeklebt wir flüchtigen Vögel gerade nisten. Nachmittags verdüsterte es sich wieder, aus dem Osten braute eine violett braungraue Schneenacht herauf und heut sind wir wieder im blinden Flockentreiben erwacht. Trotzdem sind wir sehr glücklich und entlastet. Wir haben uns reichlich mit wanderndem Behagen versehen, sind in zwei niedern und [kah]len aber südlich geräumigen Zimmern eines leidlich behäbigen Hauses gut untergebracht, mächtige Buchenscheiter, Kloben, halbe Stämme verprasseln in einem rohen Steinkamin, auf dessen oberer Brüstung gewählte Bücher stehen, meine Frau hat gestern ihre Blockrahmen zusammengehämmert und vertreibt sich die Zeit bis zum ersten Sonnenstrahl aufs beste; die Bauern, – von einer Güte und Feinheit wie sie vielen nördischen Gentlemen zu wünschen wäre – gehen ab und zu, mit Handreichungen und Gefälligkeiten; gestern haben sie ein Lamm geschlachtet, und uns den Vorderlauf gebraten, heut kommt das Rippenstück daran, dazwischen helfen uns unsere Conservenbüchsen fort. Abends geht man von einem Haus zum andern, ein Kreis von dunklen Gestalten sitzt um das grosse Feuer die Weiber den blonden Wollrocken in der Hand, es wird homerisch erzählt und gehorcht. Ich habe Arbeit in Fülle zur Hand und greife in jeder Minute die reichsten Eindrücke aus diesem altertümlichen Leben auf.

Aber das war es nicht eigentlich warum ich Ihnen heute schreiben wollte, sondern es ist notwendig geworden, den Zeitpunkt Ihres Besuches bei uns etwas genauer zu präcisieren. Freunde von mir, die ursprünglich in der zweiten Märzhälfte einige Tage bei uns hatten sein wollen, sind beruflich erst etwas später abkömmlich und werden uns also in der ersten Aprilwoche ganz beanspruchen; erstlich weil unser Haus höchstens zwei Gäste aufnehmen kann, dann weil ich Sie gerne ungestört für mich haben möchte, suche ich also jetzt schon Collisionen vorzubeugen und bitte Sie nicht vor dem achten April zu kommen, wenn Ihnen das möglich ist. Sie wissen vielleicht schon, dass inzwischen Ihr Besuch bei mir, – wenn Sie die Absicht, wie wir lebhaft hoffen, noch festhalten – einen etwas pragmatischeren Charakter angenommen hat, als ihm ursprünglich zukommen sollte. Heymel hat seinem ganz ungeschickten und zweideutigen Verhalten in Sachen der Süddeutschen Monatshefte die Krone aufgesetzt durch einen höchst bedauerlichen und übereilten Brief, in dem das schlechte Gewissen sich in der ja nicht ganz ungewöhnlichen Form der Ungezogenheit ausspricht. Er hat sich dadurch von mir eine harte Antwort zugezogen – die Häufung von ebenso ungerechten wie leichtfertigen Beschuldigungen in seinem Briefe verbunden mit einem Tone von aufbegehrender Protektion, den ich ihn mit Kopfschütteln anschlagen sehe, gaben mir keine andere Möglichkeit. Ich habe ihm erklärt ich würde meine Gestion und Aktion Ihnen gegenüber als gemeinsamem Vertrauensmann, dokumentarisch rechtfertigen, und erhoffe von Ihrer Freundschaft ebenso wie von Ihrem Rechtsgefühle, dass Sie mir die einzige Möglichkeit einer solchen Verteidigung die Heymels Unart mir correcter Weise übrig lässt, nicht sperren wollen. Über die Modalitäten werden wir uns dann verständigen. Am Rechthaben und Rechtbehalten liegt mir nichts. Aber ich muss nachweisen dürfen, dass ich nicht wider besseres Wissen behauptet und beschuldigt habe, und das ist in einer halben Stunde geschehen.

Damit leben Sie für heut wol. Meine Homerica haben Sie hoffentlich erhalten. Allerherzlichst   Bdt

57   RUDOLF ALEXANDER SCHRÖDER AN RUDOLF BORCHARDT

[Briefkopf: Grand Hôtel de Russie Rome]
24.5.[190]9

Lieber Borchardt

Zunächst meinen herzlichen Dank für Ihre viele Mühe. Ich hoffe, Sie haben mich nicht all zu sehr verflucht. Die Fahrt war wundervoll. Wir sind schon Sonnabend Nacht hier eingetroffen. – Arezzo dürfen Sie Sich nicht entgehen lassen, es ist eine mährchenhafte Stadt. Doch werden Sie es wohl kennen. Mein Gott, wie ist Italien schön! – Rathenau war sehr lieb und nett trotz einiger Monumentalworte (wie z. B. daß die Sculpturen in der Michelangelocapelle »seelenlos« seien!!!!!), die ich schweigend & respektvoll quittierte. Sonst ist er aber ein Mensch, der ernsthaft nachdenkt und in Vielem auch wirkliche tiefe Resultate zeitigt. Wir werden uns hier in Rom wohl noch ein paarmal sehen &

sind auch schon in Tivoli zusammen gewesen. – Was Tivoli anbetrifft so ist es das Schönste, was ich gesehen habe, ein Berg, der aus allen Ritzen & Schlünden Wasser speit, überwältigend und erschütternd wie das Ende & die Erfüllung eines ungeheuren Verlangens, und unbeschreiblich süß und rührend zugleich in der bescheidenen Grüne der Landschaft, deren Laub & Gras, deren Wein & Ölgärten von der Höhe des Travertinfelsens hinunter in die breite Ebene wandern.

Hier in Rom, wo es übrigens sehr heiß ist, bin ich wohl untergebracht & habe einen schönen Blick auf den Garten & den Pincio. Sie sehen, in & bei Rom läßt es sich leben. –

Daß ich hier Lucca nicht vergesse, ist selbstverständlich. Sie wohnen in einem schönen Idyll, während hier alles heroisch & episch ist. –

Rathenau hat übrigens auch etwas über Lyrik gesagt – Detail ist mir entschwunden – aber es lief so auf »das lyrische Gedicht« hinaus »Über allen Wipfeln« – mir deuchte dieser Ton nicht unbekannt. Ferner findet er Mandarinen »jüdisch«, was mich frappierte. Er behauptet sie schmeckten nach Haaröl – dagegen seien Erdbeeren die Speise der Mutmenschen. Voyons, il y a de la méthode dans ceci.

Nun, mein Lieber, würde ein Dankeshymnus folgen – aber erstens wissen Sie, wie gern ich bei Ihnen war & Ihre liebe, verehrte Frau, weiß es auch; & zweitens ist der Bogen am Ende. Wo werden Sie wohl nächstes Jahr sein? Ich hoffe doch in Lucca. Denn der Gedanke Sie grade dort wieder zu treffen ist mir zu lieb, als daß ich schon jetzt darauf verzichten möchte. – Ihre liebe Frau grüße ich ganz besonders & freue mich auf den Moment, wo ich in Bremen die große Zeichnung aufmachen darf, als meinen Trost im Lande der Hyperboräer. –

Den Altieris & Karnautens alles Angemessene & Gute. Sehen Sie nun ist doch noch ein Bogen angebrochen – & meinem Prinzip nach müßte ich ihn eigentlich vollschreiben. – Aber ich bin in Rom & da soll man keine Briefe schreiben.

Also adieu, Musulmanno & Gittone erhalten einen Spezialgruß. Ersterer soll nur den Letzteren nicht fressen wie das Meerschweinchen.

Tausend Grüße Ihr S

58 RUDOLF ALEXANDER SCHRÖDER AN KAROLINE BORCHARDT

Bremen-Horn 1. Juli 1909.

Meine liebe, verehrte gnädige Frau

Nun bin ich seit fast einer Woche hier zu Haus & habe Ihnen immer noch nicht geschrieben & gedankt, hatte allerdings mit Nachwehen einer Influenza, die mich in München ins Bett zwang, zu thun. Ich habe mich so sehr gefreut Ihr schönes und so sehr persönlich redendes Blatt hier bei meiner Ankunft vorzufinden. Ich danke Ihnen nochmals herzlichst dafür & auch für alle Mühe, die ich Ihnen post festum durch meine Unordnung machte, sämtliche hinterlassenen Gegenstände, auch das Manuscript sind bestens in meine Hände gelangt und ich habe nur das Gefühl der Beschämung Ihnen so schwer zur Last gefallen zu sein. An Borchardt schreibe ich, sobald ein freier Moment da ist – ob das bald der Fall sein wird muß ich allerdings bezweifeln, da ich jetzt in einer Periode der Arbeit nach allem Faulenzen getreten bin – das wechselt bei mir immer so: ½ Jahr rabiater Müßiggang und ein Monat rabiater Fleiß, in dem dann alles nachgeholt werden soll. – Hier ists sonnenlos, wärmelos, – bodenlos in jeder Beziehung. – Ich schicke an Ihren Mann meine Sonette & die Elegie, die in den Südd. Monatsheften erschienen ist. Was machen Altieris & die Carnautischen Sybillen – alias Ombrellenverkäuferinnen? Vielleicht sind Sie aber gar nicht mehr im Tal von Gattaiola, sondern nomadisieren schon à la Fra Diavolo: »Seht ihr auf Bergesspitzen...« etc. – Ich würde noch gerne weiter mit Ihnen plaudern; aber Homer und diverse Möbelstücke winken & drohen mit dem Finger. Also adieu. Im Herbst werde ich nach Italien kommen & im Winter nach Rom ziehen, so Gott will, da es hier in Deutschland übel ist, sehr übel, meine Gnädigste! – Man hätte eine solche Kümmerlichkeit wie die, die sich jetzt im Reichstag etc. offenbart doch für unmöglich gehalten. Nun, jetzt heißts wirklich: je schlimmer, je besser. –

Herzlichst grüßend
Ihr dankbarer & getreuer   R A Schröder

1910

59 RUDOLF BORCHARDT AN RUDOLF ALEXANDER SCHRÖDER

Gattaiola 28 Febr 10

Sehr verehrter Herr Schroeder

Eine Reihe geschäftlich mehr oder weniger dringender Erwägungen, mit denen Sie mittelbar oder unmittelbar verbunden sind, macht es mir unmöglich diesen Brief länger hinauszuschieben. Ich will die fraglichen Punkte der Übersicht halber rubrizieren und beginne sogleich

ad 1. Hesperus.

Die Publikation der ersten Auflage habe ich mit Rücksicht auf die Ärgerlichkeiten, die Ihnen das ganze Unternehmen vorgängig gebracht hatte nicht hindern mögen. Dagegen bin ich verpflichtet Sie schon jetzt davon zu unterrichten, dass ich die Veranstaltung einer neuen Auflage im gleichen Verlage wofern sie nötig würde, nicht zugeben könnte. Meine rechtliche Unterlage für dies Verhalten – die übrigens nur im Fehlen eines folgende Auflagen implizierenden Verlagsvertrages besteht – wird Herrn Kippenberg gleichzeitig mit obiger Aufkündigung notifiziert werden. Meine persönlichen Motive für die Inanspruchnahme dieses Rechtes liegen ausschliesslich in den Umständen *unter* denen, und den Formen *in* denen mein Bruch mit dem Verlage erfolgt ist, in der Weigerung des Verlages seinen Contract über den Joram zu lösen, und der daraus resultierenden Unmöglichkeit eines geschäftlichen Gewährenlassens das meine Selbstachtung und mein Interesse gleichmässig schädigen würde.

ad. II. betr. eine zweite Auflage des Jahrbuches bin ich auch aus sachlichen Gründen eher gegen als für. Da*für* spräche im Grunde nur, mindestens so weit ich sehe, die Wünschbarkeit, den durch die unangemessen geringfügige Honorierung unserer Beiträge entstandenen Verlust durch eine Neuauflage, bei der wir nicht wol honorarlos bleiben könnten, einzubringen. Und natürlich hätte ein solcher Standpunkt sein volles Recht. Wenn ich ihn für mich trotzdem nicht einnehmen möchte, so bewegt mich dazu der Hinblick auf den Charakter unserer im Hesperus enthaltenen Arbeiten, die zwar auf den Neudruck, aber den in ihnen organischen Zusammenhange, hindrängen. Hofmannsthal wird nicht darauf verzichten wollen, die Alkestis und Silvia unabhängig von ihrem ersten Publikationsrahmen, in etwaige andere Sammlungen seiner eigenen dramatischen Entwürfe einzuordnen. Ihr Homer ist, wie ich höre, schon erschienen und wird in seinen verschiedenen Ausgaben weiter unabhängig erscheinen, mit meinen dantischen und pindarischen Sachen wird es seiner Zeit auch zu solchen einheitlichen Publikationen kommen, und so im allgemeinen muss sich alles fragmentarische Gliedwesen aus unseren vorhandenen oder postulierten Einheiten, das wir dort zu einer Art von Ausstellung zusammengebracht haben, von selber wieder herausziehen und in unsern oder seinen wirklichen, auch buchmässigen Einheiten incorporieren. Es würde mich freuen, wenn diese Erwägung auch Ihnen einleuchtete, da es doch nützlich wäre, d'accord vorzugehen.

III. Die Form des Jahrbuches selber anlangend bitte ich, einen Vorschlag anzuhören, für den vieles mir zu sprechen scheint, in den ich ausführlicher einzugehen mir aber für den Fall vorbehalte, dass meine Maxime Sie für sich gewinnt. Und das ist die folgende.

Nachdem mit dem Hesperus eine Art von Kraftprobe geleistet worden ist, die soviel ich sehe im Sinne unserer künstlerischen und ethischen Absicht weiter als man hoffen konnte, begriffen wird, liegt es in der Richtung eben jener Absicht, fortzufahren, bei Kräften zu bleiben und an Kraft zu wachsen, den Handbreit Boden der gewonnen ist, festzuhalten und zu befestigen. Anders ausgedrückt, ich will das Meinige nicht unversucht gelassen haben, um eine einmal nach Aussen prononcierte Verbindung, durch die mitten in den deutschen litterarischen Verworrenheiten ein entwickelungsfähiger Nucleus geschaffen worden ist, solange es gehen oder nutzen mag, zu unterstützen, und einer neuerlichen Wiederholung des gewöhnlichen deutschen Phänomens vorzubeugen, in dem das kaum Geschaffene ausstirbt, das kaum Verbundene zerfällt, und jeder an jedem neuen Tage seine Last vom Fusse des Berges wieder aufwärts wälzen muss.

Da eine solche Fortführung des Hesperus in seiner bisherigen verlegerischen Gestion nicht mehr möglich ist, und ich bis auf weiteres nicht annehme, dass Sie das Jahrbuch zwar fortsetzen, die Trias aber lösen oder umgestalten wollen – worin Sie natürlich durchaus freie Hand haben, und nur zu Ihrer ehemaligen Ansicht der Sache in Widerspruch treten würden – so wäre mit einem Verlagswechsel die hauptsächliche *sachliche* Schwierigkeit behoben. Und eben hierauf zielt der Vorschlag den ich Ihnen nach voraufgegangenen, bisher unverbindlichen Verhandlungen, machen kann.

Ein rühmlich bekannter alter Verlag ist prinzipiell bereit das gleiche Jahrbuch für 1910 und 1911 zu publizieren, bei gegenseitiger Zufriedenheit auch weiterhin dabei zu bleiben. Titel Ausstattung und Redaktoren hätten die gleichen zu sein, über die Bedingungen habe ich nur wissen lassen, dass ich, bei durchschnittlichem Umfange von 200 Seiten, 3000 Mark als das Minimum des Gesamthonorares ansehe, und dass es zu gleichen Teilen unter die Beitragenden zu repartieren ist; letzteres um der in ihrem Prinzipe wie in ihren Wirkungen gleich grotesken Seitenhonorierung zu entgehen. Diese Forderungen sind zwar noch nicht prinzipiell acceptiert, aber ich habe Grund zu der Annahme, dass sie kein Hindernis des Abschlusses bilden werden. Die Honorierung würde einmalig sein bis zu einer eventuellen Auflage des 3ten Tausend, von da bis zum 5ten. Dies alles vorderhand unverbindlich, da bei Annahme der Hauptforderung der Verleger hier sich zu compensieren suchen wird.

Ich darf Sie wol im Interesse der Sache bitten, mich Ihre Entscheidung so unverzüglich es gehen will, wissen zu lassen. Bisher habe ich für *mich* ausschliesslich verhandelt, und es evident gemacht, dass ich weder mit der Autorisation noch dem Wissen der beiden anderen Mitarbeiter des Hesperus correspondiere. Es ist auch einverstanden, dass mit dem abschlägigen Bescheide eines der beiden Dritten die Unterhandlungen de facto abgebrochen sind.

Ich lasse Ihnen für den Fall, dass Sie und Hofmannsthal prinzipiell mir beipflichten, selbverständlich gerne die Redaktion auch der folgenden Bände, wie Sie die des ersten im Interesse aller durchgeführt haben, und trete in diesem Falle sofort zurück, wahre mir aber das Recht des Imprimatur, das im vorliegenden

Jahrbuch, wie ich Ihnen nicht verhalten kann, in einer mich aufs tiefste kränkenden Weise, ich weiss nicht durch wen, verletzt worden ist. Das pindarische Gedicht enthielt eine Widmung, die nicht zufällig, sondern organischer Teil des Ganzen war, auf der ersten Correctur fehlte sie, auf meine Remonstration wurde sie in der zweiten gesetzt, im Druck war sie wieder beseitigt, wie auch überhaupt dies ganze Gedicht durch Nichtbeachtung meiner Satzvermerke unlesbar gemacht worden ist, zwei Strophen sind verschmolzen u.s.w. – Sollten Sie die Sekkatur des Redigierens nicht auf sich nehmen wollen, so hätte Hofmannsthal zwischen sich und mir zu optieren. Es ist kein Geschäft zu dem ich Neigung habe, als Pflicht würde ich es jeden Falles übernehmen und nach Kräften und Einsichten zu Ende bringen.

Um Ihnen auch das gleich zur Orientierung zu sagen: Die Drucklegung hätte Anfang Oktobers zu beginnen, das Manuskript durch den September hindurch vollständig zu werden, die Publikation drei Wochen vor Weihnacht, ohne Aufschub und Verschub zu erfolgen. Ich persönlich gedächte diesmal nur Originalarbeiten und zwar fertige zu geben: Eine Erzählung aus der Gegenwart, »Taglöhneraufstand«, einen Aufsatz »Über die ewige Jugend der Welt«, die »Bacchische Epiphanie«, das Vorspiel »Verkündigung« aus der Päpstin Jutta, und ein par Seiten Sprüche in Prosa. Und so sollte überhaupt der zweite Band den ganzen uns erreichbaren Umfang des ganzen uns beschiedenen Wertes durchmessen.

Damit wäre es denn genug, denn ich sehe bei genauerer Überlegung, dass ich keinen Anlass habe, Sie mit gewissen Miserabilien zu langweilen, zu denen ich mir vorgenommen hatte, Ihnen meinen Standpunkt zu erklären.

Ich höre so vielfach, dass Sie ein gutes und förderliches Jahr gehabt haben, dass es posthum wäre Ihnen anderes zu wünschen, als dass es dabei bleibe. Ich selber bin zwar durch körperliche Behinderung aber durch nichts anderes auf dem Wege aufgehalten worden dem ich angehöre, und so klage ich nicht.
Mit besten Grüssen Ihr Borchardt

60 RUDOLF ALEXANDER SCHRÖDER AN RUDOLF BORCHARDT

[Briefkopf: Vereinigte Werkstätten
für Kunst im Handwerk Aktien-Ges.
Bremen München Berlin Hamburg
Hemelingen bei Bremen] 4. 3. 10

Lieber Borchardt,

Welch merkwürdiges Zusammentreffen! Ich stehe im Begriff die Ihnen zugeschriebene Arbeit eines Jahres an Sie zu expedieren, und da kommt Ihr Brief. –

Leider muß ich Ihnen bezüglich des Hesperus – oder vielmehr bezüglich des Übergehens an einen andern Verlag mit einer Absage antworten. Ich kann das dem Verlag gegenüber, dem ich seit seinem Entstehen angehöre (N.B. als Beitragender, nicht als Manager) und dem Verleger gegenüber, der sich gegen mich stets anständig & manchmal sogar über Verlangen willfährig erwiesen hat nicht thun, ganz abgesehen von meinem Verhältnis zu Heymel, das jede auch noch so indirekt gegen den I. V. gerichtete Aktion mir von vorneherein verbietet.

Die Sache liegt im übrigen so.

1. Von einer Neu-Auflage kann keine Rede sein. Es sind etwa 600 Expl. verkauft. Ob noch viele hinzukommen werden, ist fraglich, sodaß auf jeden Fall der Verlag eine starke financielle Einbuße erleidet, trotzdem seiner Zeit ich angesichts der durch die fast 12 monatliche Verzögerung entstandenen Kosten auf sämtliches mir zustehende Honorar verzichtet und also weder für meine Beiträge noch für die redaktionelle Arbeit und den grenzenlosen damit verknüpften Ärger einen Pfennig gesehen habe.

2. Was die Aussichten eines neuen Hesperus für 1911 betrifft, so schreibt mir Kippenberg, er werde trotz des finanziell kläglichen Resultats gern eine Fortsetzung wagen, da ihm aus ideellen Gründen eine solche auch für den Verlag wünschenswert erscheine. Nur hoffe er, daß angesichts der Verhältnisse die Autoren ihre Honoraransprüche etwas herabsetzen werden. Nun, zunächst ist der K'sche Idealismus durchaus zu begrüßen und über die Realitäten der Honorar-Frage würde man wohl zur Einigung kommen mit dem Resultat, daß alles beim Alten bliebe. Denn meine, Kippenbergs & Ihre Meinung bez. der für den Hesperus gezahlten Honorare verhalten sich etwa so, daß K. mit seinem »zuviel« am einen Ende, Sie mit Ihrem »zuwenig« am entgegengesetzten Ende stehen und ich mit einem »unter obwaltenden Verhältnissen angemessen« in der Mitte. – Ohne mich nun mit der voraussichtlich nutzlosen Frage aufzuhalten, ob & unter welchen Bedingungen Ihnen eine Mitwirkung am neuen Hesperus sub auspiciis des Inselverlages möglich wäre, möchte ich auf den in dieser ganzen Sache wichtigsten und infolge seiner Jahre und Stellung ausschlaggebenden Faktor kommen, nämlich Hofmannsthal. Ich möchte Sie, lieber Freund, zunächst bitten,

sich über das, was ich Ihnen notgedrungen jetzt schreibe, so wenig als möglich graue Haare wachsen zu lassen – wir kommen jetzt doch schon in die Jahre, wo solches verbatim genommen nicht mehr zu den Unmöglichkeiten gehört – sondern diesem ganzen Dilemma eine sowenig pathetische Deutung zu geben, als Ihnen irgend möglich ist. Die Gesichtspunkte die Hofmannsthal bei seinen Beteiligungen an irgend einer Publikation leiten sind eingestandenermaßen, wenn nicht immer lediglich opportunistisch, so doch niemals ausschließlich ideelle. So hat es ihn seiner Zeit auf's Heftigste verdrossen, mit uns zweien allein sich im Hesperus zu exponieren. Das also, was Sie – & naiverweise auch ich als eine schöne und glücklich combinierte Trias ansahen, war für ihn der Gegenstand eines Ärgers der in so verletzender Form explodierte, daß darüber jede Freundschaft in die Brüche gegangen wäre außer die mit mir, der ich so schwer zu einer Zuneigung & guten Meinung geschweige denn zu einem herzlichen Teilnehmen komme, daß ich dort, wo ich mich einmal eingenistet habe, kaum wieder zu vertreiben bin. Ich muß Sie bitten, lieber Borchardt dies als eine ganz vertrauliche Mitteilung zu betrachten und keinen Gebrauch davon zu machen, auch gegen Hofmannsthal nicht. Ich habe über diese Affaire soviel Ärger & wirklichen Kummer gehabt, daß ihre »Neuaufrollung« (um im Stile unsrer lieben Zeitung zu schreiben) mich vollends desperat machen würde. Zudem hat Hofmannsthal sich hinterher sehr nett benommen; und es liegt kein Grund vor – nicht der geringste! – anzunehmen, er habe sich unsrer beider geschämt oder dergleichen. Es schien ihm nur – und damit mußte ich ihm allerdings schon damals Recht geben, & der Ausgang hat ihm damals auch Recht gegeben – daß bei einer solchen Zusammenstellung ein Erfolg für den Verlag außer Frage gestellt würde und zudem auch die ja an sich durchaus wünschenswerte Wirkung auf ein größeres Publikum unmöglich gemacht werde, wenn die Publikation nicht außer dem seinen noch irgend einen populären & nicht in dem Geruch des Ästhetentums stehenden Namen oder zum mindesten irgend eine Novelle & dergl. enthielte. Ursprünglich sollte eine Wassermannsche Novelle diesen Zweck erfüllen. Diese wurde aber wegen zu großer Kosten & zu großen Umfangs abgelehnt, was ein Glück war; denn sie war mit einem Worte gesagt, elend. Dann haben Hofmannsthal & ich uns vergeblich um einen Beitrag von Gerhart Hauptmann bemüht, der versprochen wurde & dann doch nicht kam, weil H. offenbar der Ansicht war, er passe nicht in das vorliegende Ensemble hinein, eine Auffassung, die ihm alle Ehre macht.

Sie sehen, wie die Verhältnisse bei der Zusammenstellung des ersten Hesperus lagen, und welches Augurium daraus für das von Ihnen geplante Unternehmen zu ziehen ist, selbst wenn Sie Ihre Publikation so einrichteten, daß ich daran teilnehmen könnte, indem Sie Namen & Format ändern würden.

Hofmannsthal nun schrieb mir in diesen Tagen, sua sponte, er würde sich sehr freuen, wenn ein 2. Hesperus zu Stande käme, doch wäre für ihn diesmal die Mitarbeit Hauptmanns conditio sine qua non. Ich möchte hierzu zunächst bemerken, daß ich überzeugt bin, diese Bedingung ist für H. eine ideelle Forderung & nicht etwa lediglich Ausfluß opportunistischer Tendenzen. Auch ich stelle Hauptmann in seiner ganzen Erscheinung wesentlich höher, als Sie es thun, & der Gedanke ihn in den für eine Publikation wie den Hesperus zu bestimmenden Kreis aufgenommen zu sehen hat für mich durchaus etwas sympathisches. Doch würde ich hieraus nicht eine prinzipielle Frage machen, zumal sich Hauptmann durchaus nicht zu der Ehre drängt, im Gegenteil bisher, wenn auch in der allerfreundschaftlichsten und achtungsvollsten Weise, abgelehnt hat.

Was mich persönlich betrifft, so habe ich *gar* keine Lust die Sache noch mal zu machen, zumal Sie unter den oben angedeuteten Bedingungen doch wohl keinesfalls mitmachen werden. Und so wird denn wohl der Hesperus trotz des unerwarteten Wohlwollens von Kippenberg & Hofmannsthal nicht eine zweimalige Erscheinung machen, sondern ein abruptes Dokument bleiben, fragmentarisch & isoliert wie unsere ganze Produktion. – Erlauben Sie mir zu bemerken, daß ich versucht habe in dieser, weiß Gott, nicht unwichtigen oder von vorn herein aussichtslosen Unternehmung, mit Hintansetzung jedes persönlichen Interesses den ehrlichen Mittler zu machen. Es scheint aber, daß deutsche Dichter ebenso wenig als deutsche Politiker unter einen Hut zu bringen sind; und so müssen denn die Consequenzen getragen werden; denn es ist ein teures Vergnügen, wenn man sichs erlaubt, ohne Compromisse auf seinem Stück zu bestehen. Die Welt gehört eben den Wölfen, und um die Erlaubnis zu erlangen, daß man ihnen ein bischen Musik aufführen darf, muß man schon eine recht lange Weile mit ihnen heulen. Avis au lecteur. –

Noch eins. Die Weglassung der Widmung vor Ihrer Pindar-Übertragung ist auf Hofmannsthals dringenden Wunsch & direkte Veranlassung geschehen. Er hat Ihnen s. Z. einen Brief geschrieben, der seinen Wunsch & und sein Verhalten motivierte. Diesen Brief habe ich selbst zur Post getragen & zwar in Aussee. Nach Ihrem Schreiben muß derselbe nicht in Ihre Hände gelangt sein. Obwohl ich selbst sehr für die Weglassung der Widmung in dem Zusammenhang des Bandes war, habe ich mir nicht die Autorität zugesprochen, Ihnen deshalb zu schreiben, oder gar eigenmächtig die betr. Zeilen zu eliminieren, zumal ich der Sache nicht die genügende Wichtigkeit beimaß, um ein Hin & Her von Empfindlichkeiten deswegen herbeizuführen.

Nun, mein Lieber, lassen wir die Hesperus-Angelegenheit erledigt sein! Ich habe Ihnen, glaube ich, alles geschrieben, was zur Aufklärung irgendwie dienen könnte, und muß sagen, mir hat noch nichts im Leben soviel unverdienten Ärger und soviel unproduktive & mißlaunig verbrachte Tage verschafft als dieses gottverfluchte Unternehmen. –

Ich möchte nur noch mit einigen wenigen Worten meine Sendung begleiten. Sie werden aus ihr – der einzigen Frucht des vergangenen Jahres, das durchaus ein Jahr innerer Verstockung für mich war – sehen, wie innig ich mich in der Zeit dieses langen & nur aus einer seelischen Starre zu erklärenden Schweigens mit Ihnen beschäftigt habe, sollten Sie auch die Arbeit als Ganzes nicht billigen. Es ist das Beste, was ich habe & das möchte ich Ihnen als ein ξεινήιον senden. Im Mai komme ich nach Italien & werde gewiß nicht an Lucca vorbeifahren, wenn Sie es mir nicht verbieten, oder einen andern Ort zum Rendevous bestimmen. – Ich habe mich in dieser Zeit des Schweigens Ihnen so sehr angenähert, daß die Vorstellung, die ich von Ihnen habe, mich täglich begleitet und eigentlich mein ganzes Thun bestimmt. Bei jedem denke ich, wie würde sich Borchardt dazu verhalten? Glauben Sie mir, mein Freund, wir *dürfen* nichts zwischen uns kommen lassen. Grade die unendliche Verschiedenheit unsrer Charaktere & unsrer Produktion macht das nötig. Es gibt gewiß Niemanden der das Tragische Ihrer besonderen Lage stärker & inniger mitfühlt wie ich; so sehr wir auch als Litteraten ein gemeinsames Schicksal haben, so sehr fühle ich mich durch meine größere Leichtigkeit & Anschmiegsamkeit in praktischen Dingen bevorzugt und verstehe Ihr stetes »Entweder Oder« aus dem Gefühl dessen heraus, der all zu oft, gegen seine eigentliche Veranlagung fünf grade sein läßt, um nur ein Höheres nicht zu stören. Und in diesem Höheren werden wir uns, denke ich, immer zusammen finden. –

Ihre liebe, verehrte Frau Gemahlin grüße ich herzlich. Von meinem Leben Ihnen zu erzählen hat keinen Zweck, da das zwischen Arbeit, Essen & Schlafen abrollt. Hier & da eine Reise, ein Zusammensein mit Meier-Graefe oder Hofmannsthal – der Rest ist Schweigen.

Ich werde im Mai nach Rom gehen, hauptsächlich einer Elegie halber, die dort geschrieben werden soll, und für die mir eine genaue Anschauung Tivolis vonnöten ist. Ich werde diesmal das Sabinum des Horaz besuchen, & wenn Sie nicht Rudolf Borchardt, d.h. personifizierter Eigensinn wären, so würden Sie mitkommen. Sollten Sie noch in Villa Burlamacchi wohnen, so empfehlen Sie mich, bitte, den Herrschaften im »Palazzo«.

Nun leben Sie recht wohl und schreiben Sie viel! – Es ist, weiß Gott, wichtiger, daß Sie Bücher schreiben, als daß Sie sich mit Verlegern verkrachen!

Herzlichst   Ihr RS.

N.B. Der Homer ist noch nicht erschienen, sonst hätten Sie ihn längst in Händen. Kessler bummelt mit der Fertigstellung des ersten Bandes mehr, als erlaubt sein dürfte. Ich beende in diesen Tagen das Manuscript des zweiten Bandes & werde dann nach Beendigung der Odyssee mich der Ilias zuwenden. Den zweiten Band hoffe ich in Italien mit Ihnen durch zu sprechen.

61 RUDOLF BORCHARDT AN RUDOLF ALEXANDER SCHRÖDER

Gattaiola den 6ten März 1910

Lieber Freund

Ich will den Tag nicht zu Ende gehen lassen, ohne Ihnen für alles was Ihre Sendung einschliesst den gleichen Dank von ganzem Herzen zu sagen. Sie haben keine Worte nötig gehabt um mich zu versichern dass es zwischen uns beim Alten ist, und ich muss also keine verschwenden um es Ihnen zu bestätigen. Glauben Sie nur immer, dass ich zur Untreue so wenig Anlage und Geschicklichkeit habe wie Sie. Sie sind nicht nur der letzte Freund den seit langer Zeit mein Schicksal mir hat gönnen wollen, sondern wol der letzte überhaupt, den ich in meinem Leben gewinnen werde. Mit derselben Festigkeit mit der ich Sie zu meinem Glücke und meiner Freude meiner innerlichen Tendenz anhängen sehe, mit derselben fühle ich mich an Ihrem Naturell und dem Geheimnis Ihres persönlichen Wesens angewachsen. Ich kann heute nicht mehr darauf verzichten, Ihnen anzugehören, Sie mir zugehörig zu wissen, und nichts äusseres, ohne jede Ausnahme, kann mich hierin verändern. Möchte es das letzte Mal sein, dass wir für diesen Gegenstand auch nur zu so wenigen Zeilen die Feder rühren.

Das wissen Sie ja, dass mein letzter Brief in dem was er vermissen liess, nur eine zarte, und keine herbe Meinung gehabt haben kann; aber freilich hätte ich auch unter den Umständen unter denen ich ihn schrieb, im Hauptpunkte nie unsicher sein dürfen, und ich brauchte Ihre Antwort nicht zu Ende zu lesen, um mir mein Schwanken schon mit Bitterkeit vorzuwerfen. Diese Momente, in denen man am Menschlichen zeitweise den Halt verliert und die lautlose Communikation nicht bewahren kann, sind nur Wirkungen meiner grossen Einsamkeit, und die einzigen sehr precären, deren ich mir bewusst bin. Ich könnte es wohl ertragen, nirgends ausser in meinen Angehörigen menschliche Teilnahme und Zuneigung zu besitzen: Mein Inneres ist mit alter Freundschaft so lieblich bevölkert, dass meine Imagination kein Versiegen zu befürchten hat. Aber in dem unendlich Wenigen, was ich an solchem Menschenseelen-Gute nun doch einmal besitze oder zu besitzen glaube, mich bedroht fühlen ist mir gar nicht erträglich, und, wenn der Zustand andauert, jeder Weg gut um die Drohung nach Ja oder Nein hin zu entscheiden, – nur um wieder des Sichren Sicher sein zu können und das Unsichre an meinem Teile von mir fort und der ganzen unsichern Welt wieder zuzuschieben. So habe ich mit einem Schnitte die Beziehungen zu allen persönlichen Freunden Georges gelöst – eben noch es abgelehnt zu Simmel der mich hier aufsuchen wollte, in Beziehungen zu treten – und lieber ärmer sein wollen als weniger Herr des Meinen. Begreifen Sie dies aus meiner Lebensform heraus: Wer sich in der Welt bewegt, hat sich nach so vielen Seiten hin menschlich mitzuteilen, oder vielmehr so viele Teile seiner selbst unter so vielen jedesmal neuen und jedesmal anders proportionierten Bedingtheiten, dass ihm bedingte Verhältnisse das eigentliche Lebens Element werden: und die Scheu gegen das Unbedingte ist allem Gesellschaftlichen auf allen Gebieten gemein. Ich finde mich – da die Menschen mit denen ich umgehe, mich nicht beanspruchen – immer einem Ganzen gegenüber, vor der Natur wie vor den Gegenständen meiner Arbeit, vor der Geschichte wie vor dem Volke – das eben darum für mich eine eigene gewaltige Realität hat, – vor dem Buche das ich lese und dem Plan den ich verfolge: immer ist es ein Ganzes und macht mich eben dadurch zu einem Ganzen. Daher wird es mir von Jahr zu Jahr unmöglicher mich auf Individuen in der Weise einzurichten, die dem gesellschaftlichen Weltwesen so ganz geläufig ist, darum so schwer mit Teilwesen teilweis zu verfahren. Denn gestehen wir es uns nur ein, dass in allem wesentlichen, was menschlichen Zusammenhang ausmacht, das berühmte »Individuum« immer vielmehr ein Dividend ist: Und wenn der in der Welt lebende zu der ihm beschiedenen annähernden Completion auf dem Wege über Objekte nur dadurch gelangen kann, dass er sich eine möglichst hohe Quantität aller dieser ihm zugänglichen Bruchteile aneignet, so bin ich von ihm schon fundamental geschieden; da ich durch ständige und gewohnheitsmässige Intuition des Completen eigentlich in jedem Moment selbst ideell complett gezwungen werden sollte, erstarrt in mir alle auf die Differenz gerichtete, mich der Differenz angleichende Funktion, und alles menschliche Verhältnis, das sich differenziert, d.h. mindert oder unterteilt, geht mir verloren. So sehr bin ich aufs Bleibende und Wachsende eingerichtet, so sicher können die Freunde die ich habe, meines Verbleibens in wachsender Zugehörigkeit sein, und keiner mehr als Sie, keiner so wie Sie.

Aber das ist schon halbe Metaphysik. Um in Kürze das Reale abzuthun, so versteht es sich natürlich, dass ich jenen Hofmannsthalschen Brief betreffend die Widmung des Pindar nicht erhalten habe. Um Schonung meiner Empfindlichkeit hätte es sich nicht gehandelt: Eine Andeutung Ihrerseits, die Inopportunität vom redaktionellen Standpunkte aus betreffend, hätte mich nur veranlasst, das Gedicht zurückzuziehen und durch Entsprechenderes zu ersetzen. Die Widmung zu streichen hätte ich selber nie gewagt, – ich habe die Nachdichtung an dem Tage der Todesnachricht meines Vaters geschrieben, um für meine zerstörten Gedanken einen äussern Halt zu finden, betrachte jetzt und betrachtete damals diese deutschen Verse als eine Art letzten Zwiegespräches mit dem Toten, und die Widmungsworte als Ausdruck und Sinn des Ganzen, – ohne den extremen Anlass hätte ich das Stück nie übersetzt – und hatte meine Mutter von dem kleinen Denkmal unterrichtet, als Sie das Ganze angenommen hatten. Mit auch darum war die Streichung für mich ein Schlag, der das ganze Buch für mich wie nichtexistierend machte: thatsächlich habe ich mir noch keines meiner Freiexemplare kommen lassen und nur ein einziges verschenkt. Nun lassen wirs dabei bewenden. Aber wenn Sie in Zukunft Einwände ähnlicher Art haben so bedenken Sie freundlichst, dass ich von niemandem leichter und williger als von lhnen entgegennähme, was mir von jeder anderen Seite fremdartig begegnen könnte.

Und nun also den Rest der Hesperiana, der mir hoffentlich

nicht zuviel Raum und Zeit nimmt. Wieviel Exemplare sind denn gedruckt? 800 sollten es nach meiner Erinnerung doch nur sein. In jedem Falle ist der von Ihnen mitgeteilte Absatz durchaus kein désaströser vor allem in Anbetracht der erstaunlichen Thatsache, dass wie mein Bruder auf Grund eingehender Durchsicht mir mitteilt keine in Betracht kommende Zeitung oder Zeitschrift das Buch im Einlauf verzeichnet, d.h. zur Besprechung erhalten hat, was mir jetzt, am 7 April, von zwei Seiten als sicher mitgeteilt wird: wozu stimmt, dass nur Hofmiller der an uns beiden, und der arme Schelm Sulger-Gebing der an Hofmannsthal interessiert ist, gewissermassen ausser der Reihe Rezensionen gebracht haben. Selbverständlich rollt eine so schwermassige Publikation nicht von selber, und auch der schlankste Wagen braucht noch das Pferd das ihn zieht und den Kutscher der dieses lenkt. Mit dem zehnten Teile der Gestion und Publizität die der Verlag für seine nichtigsten aber durch Massenabsatz lohnendsten Produkte aufwendet, wäre für beides gesorgt gewesen. Aber auch in diesem besten Falle wäre der Verlagsgewinn relativ geringfügig gewesen, und darum ist selbst das Minimum von Engagement dafür unterblieben, während andererseits das ideelle Prestige die vorübergehende, und selbst als solche kaum sehr erhebliche Einbusse hinreichend aufwiegt um eine Fortsetzung als erwünscht erscheinen zu lassen. »Vorübergehende«: denn es versteht sich für den Verleger wie für Sie und mich, dass in Jahresfrist oder wann immer es sei, der letzte Bogen dieser in ihrer Art einzigen Sammelschrift aufgekauft und teuer bezahlt sein wird; darauf kann es jeder wagen.

Ich setze dies nicht fort und nehme mir überhaupt vor, den

Verlag Ihnen gegenüber ganz auszuschalten. Meine Vertenz mit ihm auszutragen sind Briefe an seine Autoren nicht der Ort, und was ich mit der tiefsten Traurigkeit schreibe, sieht geschrieben plötzlich aus wie Insinuation und Absicht. Und Absichten will ich mir erst erlauben, wenn ich und wo ich *sachliche* Absichten haben darf. Persönliches spielt nicht mehr hinein.

Was nun den zweiten Hesperus der Insel betrifft, so kann ich auch über diesen mit einem Worte hingehen. Meine Mitwirkung kommt nicht in Frage. Und auch ohne den Inselverlag würde sie durch die Hofmannsthalsche Conditio sine qua non, durch Hauptmann, strictissime ausgeschlossen werden. Darüber ein par Worte mehr.

Ich scheide Hauptmanns Meritum hierbei vollständig aus. Die ganze strittige Frage ist eine Frage des Stils; und in der Beantwortung dieser Frage sind die beiden extremsten Positionen, Hauptmann und ich, einig. Er wie ich erkennen deutlich, dass Publikationen wie der Hesperus entweder die Ratio haben Direktiven zu sein und direktiv zu wirken oder ganz unrationell sind und unterbleiben könnten. Ich, der ich diese Direktiven mitbestimmen helfe und für ihre Geradheit und Sammlung meine ganze Intensität einsetze, für den die Thatsache, dass meine Arbeiten dort mit abgedruckt werden nur in diesem Sinne und in gar keinem andern erheblich ist müsste mich jedem Versuche widersetzen der aus der Geradheit Schiefheit und aus der Sammlung = concentratio eine Sammlung = farrago machen wollte. Er, Hauptmann, – und er gewinnt persönlich dadurch unendlich bei mir – fühlt sich als bewiesener Meister seines Könnens zu stolz, um als Conscriptus bei Meistern fremder Künste zu hospitieren, zu stolz nicht nur um sich selber in schiefe Lagen zu begeben, sondern auch durch seinen Beitritt eine Lage für alle andern schief zu machen, die ohne ihn im Gleichgewichte geblieben wäre. Logisch ist er, logisch bin ich; unlogisch ist Hofmannsthal und sind Sie, soweit Sie sich Hofmannsthals Argumente aneignen, – ich habe nicht das mindeste dagegen, dass Sie das Hofmannsthal mit meinen Worten sagen, ganz wie ich es ihm sagen würde, wenn sich mir die Gelegenheit dazu böte. Dass Ihnen beiden Hauptmann eine wohlthuende und beglückende Erscheinung ist, kann ich mir zurechtlegen. Dass Sie ohne starke Selbstüberredung die Produkte seiner letzten Epoche in denen er Ihnen scheinbar am nächsten kommt, als Leistungen ästimieren können, werde ich nie glauben so lange meine Vorstellung von Ihrem wie Hofmannsthals kritischen und skeptischen Instincte so hoch bleibt wie sie es heute ist. »Einsame Menschen« – voilà! Fuhrmann Henschel, Biberpelz, voilà. Sachen, die mir das Innre stören, behelligen, belasten, constipieren – was Sie wollen: aber Sachen, die ich mir nicht einfallen liesse anders als consistent, wahrhaftig, von Anfang bis Ende dichterisch durcherfahren und durcherlitten zu nennen. Es sind Meisterstücke in unhaltbarem Material, Meisterstücke in nichtigen Gattungen, und zwar Gattungen deren Nichtigkeit Hauptmann selbst immer wieder erkannt hat. Daher seine unaufhörlichen Versuche, von der Ibsenschen Form loszukommen und sein eignes Haus zu bauen, zuerst in Florian Geyer und der $^{+++}$ Glocke in Anlehnung an Götz und Faust II, dann im Hannele selbständig, von Schluck & Jau an auf Shakespeareschen und Hofmannsthalschen Fundamenten, immer schwankend, faselig, formlos, verloren, sobald die winkelig kleinliche aber stählerne Ibsensche Gerüstanlage aufhörte die Existenzform aller seiner Weichteile zu bilden. Hauptmann selber weiss das πρῶτον ψεῦδος ganz genau, dass ihn auf ewige Zeiten von dem Gestalten, dessen Form der Unterthänigkeit die Freiheit und dessen Form der Freiheit die Unterthänigkeit ist ausschliesst. Er weiss dass das Fehlende sich nicht mehr nachholt, so oft er es versucht; Freudlosigkeit, Hoffnungslosigkeit, Unglück liegt über allem halbschürigen, was er jetzt produziert, was zu produzieren übelberatene Berater ihn drängen. Jeden jammert die edle Natur des Mannes, der durch die schändlich interessierteste und die frevelhaft leichtfertigste Ruhm-Mache eine Verantwortung aufgedrängt worden ist, die ihn längst jedes freie Aufatmen gekostet hat. Aber unter allen möglichen Arten, diese Teilnahme auszudrücken scheint mir die von Kessler ausgehende die unseligste und absurdeste zu sein, denn sie fügt zu alten Gewichten neue und wiederholt den Fehler dessen Folgen sie ausgleichen will. Ich will für mich kein Empressement heucheln, das wie Sie wissen, mir ferne liegt: Aber Sie als Hauptmanns Freunde sollten als Freunde an ihm handeln, zwischen Zartheit und Wahrheit, und erkennen dass der scheinbar sanftere Weg ihm aufzuhelfen, in Wirklichkeit der undelikatere ist. Sie sollten als freie Naturen sich den ganz artificiellen Compromissströmen widersetzen, durch deren Weiterleitung Sie sich zu unbewussten Werkzeugen sehr kluger und sehr verborgener Hände herleiten, der Hände derer die an der Reception Hauptmanns in die jedesmal leitende Stabscompanie ein rein weltliches, an seiner »Unveraltbarkeit« in jedem Sinne ein gesellschaftliches und geschäftliches Interesse haben, und den heiligen segenbringenden Conflikt und Contrast vertuschen möchten, ohne den Jahreszeiten nicht wiederkommen. Diesen Mächten sind so persönliche und reine Bundesgenossenschaften wie die Ihre und die Hofmannsthals natürlich die willkommensten, weil sie die cachierendsten sind. Aber wer darüber in Stücke geht ist Hauptmann selber.

Ich spreche ganz frei zu Ihnen – ist man einmal bei einem symptomatisch so entscheidenden Gegenstande, so schaffen Reticenzen nur Missverständnisse. Ich kenne Hofmannsthals Argumente: »In einer Zeit wie der unsern, in der es an jeder selbständigen Kraft mangelt und die Jugend die Versprechungen nicht hält, haben alle Parteiunterschiede vor der Potenz zu schweigen und müssen alle bewiesenen und positiven Potenzen sich vereinigen, vor allem, wenn die in Frage stehende von dieser Reinheit und Hoheit ist pp.« Darauf erwidere ich einfach, dass dies selbe Argument für viele andere gelten könnte. Für Rosegger. Für Georg Frenssen. Für Spitteler. Für Thomas Mann. Ich könnte Reihen von Namen folgen lassen. Alle vier, oder wenigstens drei von ihnen sind als Potenzen und Beherrscher ihres Reichs Hauptmann unendlich überlegen, alle vier geben ihm an innerem Adel und Reinheit der Tendenz nicht das Mindeste nach. Warum schlägt man uns keine steirischen und holsteinischen Geschichten zwischen unsern Versen und unsern Szenen vor? Die Antwort ist klar: weil alle persönlichen und gesellschaftlichen Verbindungen der heimlichen Dirigenten unserer geistigen Zustände zu diesen vier Ehrenmännern fehlen. Wären sie da, so möchte ich wol wissen wodurch es ausgeschlossen wäre. Es sind andere Sphären – oh sagen wir es nur unverschämt heraus, es sind andere Cliquen.

Dies ist es, was mich ängstigt, was mich zur vollkommensten Reserve für mich und zur freundschaftlichsten Mahnung an Sie zwingt: die Unehrlichkeit dieses Gedankenganges, so wenig sie Hofmannsthal bewusst sein kann. Die Ausnahme, die man für Hauptmann auf Grund seiner Potenzialität und seiner Integrität seinem Distinguens gegen seine ganze Generation machen will gilt keiner von diesen beiden Eigenschaften. Dies sind eitle Vorwände. Sie gilt Persönlichem, in das ich mich nicht weiter einlasse. Die Produktionen seiner wirklichen Potenzialität sind Hofmannsthal und Ihnen genau so antinom und genau so fraglos wie mir. Dinge wie die Griechische Reise, die still zu ignorieren das beste ist was Barmherzigkeit an einem Mann in grauen Haaren thun kann, solche Dinge mit denen der auf seinem Wege beirrte Hauptmann nun wirklich den Anschluss an die halbechte Zerfahrenheit, an das halbschlichte Geflunker und die halbwerte grundfalsche Naivität alles Unsicheren und Dilettantischen in dieser Übergangszeit gefunden hat, und durch die er freilich zu dem Hofmannsthal des letzten Jahrzehnts in eine verhängnisvolle Nähe getreten ist, geben ihm zu allerletzt einen Pass zu Bestrebungen die dies Unsichere zum Sichern, dies Dilettantische zur Classizität führen wollen. Ich kann zwar noch nicht darauf verzichten, – und werde es für Jahre noch nicht dürfen, – meine Differenz von der »modernen Literatur« mit der Schärfe und Zweifellosigkeit einer Parole und also parteiisch aufzufassen; zeigt man mir das Grössere und Allgemeinere, in das diese Partei momentan aufzugehen die Pflicht hat, – gälte es beispielsweise, ich setze einen idealen Fall, eine Festschrift zu einem bedeutenden Zwecke herzustellen, in der es auf Vielartigkeit statt auf Einheitlichkeit ankäme – so würde ich lautlos das Sakrifiz meines eigenen Willens bringen, wie ich es von andern fordern würde. Und selbst dann, vielmehr gerade dann, dürfte Hauptmann niemals der einzige ausser uns sein. Aber der Clique kann ich das was von Partei in mir ist nicht opfern. Ich kenne keine Personen. »Heilig halten wir die Geister, Aber Namen sind uns Dunst.« Und ich lasse mich weder dafür benutzen, noch dadurch noch durch anderes meinen Zielen entfremden.

Wir haben auch Gegenwart nur in so ferne, als wir Zukunft haben. Wollten wir uns das nur ständig und inständig wiederholen, so läge das Problem, wie es mit dem Gestrigen und dem Ewig Gestrigen zu halten sei, schlichter vor unsern Augen. Über die Compromisse in denen Hofmannsthal mit schlechtem Gewissen schwelgt, seit er sich aus den Händen verloren hat, hätte er gutmütig gelacht, als er die Dianora und die Ballade des äussern Lebens schrieb. Als ich ihm vor jetzt acht Jahren als gerade wieder etwas von Hauptmann durchgefallen war, mündlich meine Genugthuung über diese deutliche Wandlung im Publikum und, in einer sehr drastischen Form, ausdrückte, war er es zufrieden. Damals war Aufbau und Zusammenhang in seiner Produktion wie in seinen menschlichen Beziehungen: Nicht als hätten in den letzteren die Compromisse gefehlt, – aber auch noch die Compromisse waren organisch. Beer Hofmann hatte die rechte Stellung in seinem Leben und Bahr die seine. Clemens Franckenstein hier, Wassermann da, Kessler und Andrian, George und Felix Salten. Alles war richtig gestuft und logisch abgedämmt wie die Composition einer Monodie und eines Prologes. Heut ist das eine wie das andere aus Rand und Band, sind seine literarischen Gesten wie seine menschlichen Compromisse gleichmässige Indizien dafür, dass er nach Halt sucht. Sein Eigensinn allein bringt einen Schein von Methode in das Absurde. Aber dieser Schein besteht nicht vor der Prüfung.

Nur aus einem einzigen Punkte sind solche Fragen zu entscheiden, nur aus einem inneren und keinem äusseren, nur aus uns selber, nicht aus Hauptmann. Nur wenn wir noch glauben, einen Weg zeigen zu können, glauben und wissen und uns vertrauen, dass wir in unserer Unscheinbarkeit und Verlassenheit die einzigen sind, die Morgen Brot haben werden wenn das Land in Hungersnot ist, nur dann haben wir das Recht, Dinge wie den Hesperus zu machen, nur dann aber eben dann die Pflicht, ihn nach unserm Gewissen zu machen und nicht nach Rücksichten der Bequemlichkeit und Klugheit. Ich habe dies sichere und gläubige Wissen für uns beide, für Hofmannsthal habe ich es noch nicht bis auf den letzten Rest verloren. Von andern weiss ich dass sie sich zu uns finden werden, – so ferne ich der Heimat lebe, so scharf sind meine Instinkte für die Symptome des Dortvorgehenden, die zu mir dringen. Hätte Georges grässlicher Raubbau nicht um sich her alle Jugend vernichtet und vergeudet, so wäre uns heute schon ein giltiger Anhang zugefallen. So geht unser Kampf nach zwei Fronten. Aber sein Ausgang ist mir nicht einen Augenblick zweifelhaft gewesen, und erst heut wieder habe ich den Brief eines mir unbekannten jungen Menschen erhalten, der namens eines ganzen Kreises mir ein seit langem bestehendes Dankverhältnis ausdrückt. Nein, wir haben kein Programm, das sagen Sie in den herrlichen Versen durch die Sie mich soeben beschämen, mit grossem Rechte. Glücklicherweise haben wir den Willen, der weniger und mehr ist als ein Programm, denn er ist ein Müssen. Wir sind Classizisten und Traditionalisten gleichzeitig, weil klassisch zu sein schon eine deutsche Tradition geworden ist. Wir machen zwischen Classizität und Romantik den üblichen Schulunterschied nicht mehr mit, weil beides uns Schattierungen einer und derselben hohen und starken Sache sind, die in beiden uns gleichmässig entgangen ist, in beiden unseren geistigen Wirrnissen gleichmässig anklagend gegenübersteht. Wir sind volkstümlich und aristokratisch gleichzeitig weil wir den Volksbegriff vom höchsten Volkstypus abstrahieren, andererseits aber einen hohen Menschentyp ohne nationelle Bedingtheit weder zulassen noch begreifen. Darum gehen wir in keines dieser Schlagworte; wir tendieren auf Zusammenhänge und Universalität innerhalb des Bereiches in den hinein wir geboren und abgestammt sind. Statt der Universalität haben wir als wir anhuben, die kleinlichste Zersplitterung und die krasseste Einseitigkeit vorgefunden, von den Zusammenhängen nicht einen unabgerissen. Wiederherstellen war unser erstes Geschäft, wiederherstellen bleibt es und ist es immer noch wenigstens sporadisch. Wo dies Geschäft endet, endet auch das was von unseren Zielen in Worte geht; von da an gilt es uns selber, und nur in dem Maasse in dem wir uns selber befreien und in uns zunehmen können wir hoffen, den grossen Aufgaben der Fortsetzung zu genügen. Die Folge ist keine zeitliche, sondern nur imaginär, denn wir haben auch nicht wiederherstellen können, ohne zu gestalten, so wahr wir Künstler sind.

Darum sage ich Ihnen und mir: die Toten sollen ihre Toten begraben. Weder sie zu begraben, noch sie zu galvanisieren und aufgeschminkt mit Lebensfarben an unsern Tisch zu setzen sind wir da. Tot mögen sie mir beweglich sein, scheinlebend müssen sie mir grausig werden. In unser aller Jugend hat das, was Hauptmann künstlerisch vertreten und bedeutet hat, auch nicht einmal den Wert eines Hemmungscoefficienten gehabt. Es ist nicht so, als könnten wir je zu ihm halbverstehend zurück, indes er sich nur zu entwickeln brauchte um sich durch blosse Reife uns zu nähern. Auch dies Argument spukt ja drüben, und ich fühle intuitiv alle die falschen Analogien durch die man es zu stützen sucht, Goethe der Schiller, ja Wieland gegen die Romantiker durchzusetzen nicht nachlässt pp. Aber diese Nottruppen von Analogie sind wirkliche enfants perdus und den Schuss Pulver nicht wert durch den man sie niederstrecken könnte. Goethe hat in den Zeiten tiefster Niedergeschlagenheit und stockender oder unglücklicher Produktion vor der Reise nach Italien niemanden gehabt, der ihm mit unserer extremen Treue unbedingt und thätig stützend zur Seite gestanden wäre, aber er hat auch nicht nach Leisewitz gegriffen um sich aus ihm einen Golem von Bundesgenossenschaft zu backen, ist hoffnungslos ablehnend gegen Bürger gewesen, förmlich freundlich gegen Klinger, defensiv gegen das Gestern, das ihn wiedereinzuheimsen versuchte um an ihm weiterzuleben, da es wähnte auch sein Mittag sei überlebt. – Und hier bin ich nun bei dem Gegenstande, von dem Sie absonderlicher Weise befürchten, ich könnte ihn noch pathetisch auffassen, – nämlich der Stellung Hofmannsthals zu uns beiden im Hesperus. Nein, mein Freund, dies Phänomen ist mir seit viel zu langer Zeit viel zu vertraut, als dass ich seine melancholische Schnurrigkeit anders als mit kühlem Humor betrachten könnte.

Ich sehe die Realität der Dinge, ihre thatsächliche Proportion viel zu klar um davon influenziert werden zu können wie sich »in andern Köpfen die Welt malt« oder der Weltausschnitt, dem ich angehöre. Hofmannsthal ist [in] einer stillen Erbitterung darüber, dass er, wie er genau weiss, seit langer Zeit schlechterdings nichts leistet, weder die sichtbare und öffentliche Leistung sich zu gut schreiben kann, noch das Leben in vorwärts gehenden Ideen für sich lebt, auf das er sich aus der Welt zurückziehen könnte. Das sind nur rohe Ausdrücke für die sehr delikate und lebensgefährliche Sache, dass er auf einem grundfalschen Wege ist, durch Welt und Gesellschaft, durch Lebensführung und Lebensanspruch, durch tausenderlei Allzumenschliches dem ernsten Berufe abwendig gemacht, zu dem er vor Hunderttausenden ausgesondert worden ist. Ich vertraue immer noch, mit jenem unerschütterlichen Glauben an die Macht des Richtigen auf Erden, den ich dum spiro behalten werde, auf den Umschwung in ihm, auf die jähe schlohweisse Sekunde vollständiger Klarheit über sich selbst und den Mut, in dieser Sekunde seinem Gewissen zu folgen. Wohin und zu wem es ihn führen wird, daran habe ich keinen Zweifel. Er ist klug, und müsste mit Blindheit geschlagen sein, wenn er nicht sähe, dass er im höchsten und ehrwürdigsten Sinne des Wortes auf uns angewiesen ist, da schon einmal Einsamkeit keine Sphäre ist, in der seine schmiegsame Pflanze gedeiht. Sagen Sie nicht, »dazu müssten wir erst Grosses geschaffen haben, was ihn überzeugt pp.« Erstlich weiss auf Erden keiner ausser mir was ich geschaffen habe und schaffe, wie andererseits das von Ihnen vorliegende schon einem sehr hohen Anspruche genügt. Zweitens aber würde ohne jenen oben angedeuteten innerlichen Prozess Hofmannsthal sich nur um so mehr im Falschen verstocken, je unbezweifelteres wir hervorbringen, während die erste eigene ganz gediegene Leistung deren er sich bewusst werden wird, das Gleichgewicht zwischen ihm und uns auch für ihn sofort herstellen wird. Augenblicklich liegt die Schiefheit für ihn darin, dass er seit rund sechs Jahren auf Credit lebt, während wir beide weder Besitz noch Credit haben, sondern erst auf Umsatz und Markt hinarbeiten; daher seine Unsicherheit, sein Streben sich mit festen Crediten und stabilen Vermögen zu consolidieren: Die Basis des Umsetzbaren fehlt ihm völlig und er wird immer scheinhafter. Die erste reale und eigene Verstärkung seines Guthabens, auf gesundem Wege erzielt, wird ihn unabhängiger und arbeitsamer machen, arbeiten aber kann er heut nicht, ohne mit uns zu arbeiten. Dazu haben wir viel zu sehr im Laufe des letzten Jahrzehntes alle mächtigen Gedanken der Zeit an uns gezogen.

Dies ist für uns oder mich das einzige Dilemma: Nicht: wird Hofmannsthal uns neben sich als seine Bundesgenossen gelten lassen? Das sind Schnaken die nur für die Hofmannsthalsche Psychologie, aber nicht für meine Gedanken und Direktiven von Interesse sind. Sondern: wird Hofmannsthal noch einmal in seinem Leben irgend etwas leisten, was ihn zu einem sachlichen Gewinne für uns macht, statt zu einem buchhändlerischen Vorteil. Wenn nein, so würde ich auf das eine wie das andere gelassen verzichten, und Ihnen bliebe immer noch das ganze Glück der Vertraulichkeit mit einem geliebten Freunde. Wenn ja, so ist mit unserem Dilemma zugleich das seine eo ipso gelöst.

Aber freilich, wir haben gegen ihn Pflichten. Pflichten, die für mich wirklich zu erfüllen durch meine Entfernung von ihm und die Erstarrung unseres persönlichen Verhältnisses ausgeschlossen ist, die Sie bewusst gegen ihn zu erfüllen Ihrer Zartheit und Liebe schwerlich je abringen werden. Nur auf unbewusstem Wege, indem Sie sich immer entschiedener machen, den glücklichen Prozess der Intensification in dem ich Sie – ich kann nicht sagen mit welcher Genugthuung – begriffen sehe, immer mehr verstärken, können sie langsam bei ihm das Gewicht gewinnen, das ihn zieht. Sehe ich in seine letzten Prosen hinein, so frage ich mich manch Mal, ob er eigentlich überhaupt noch denkt, überhaupt noch ein Mensch von geistigen Gewohnheiten ist. Ich sehe ihn so fidel sich innerhalb der leersten Denk-Conventionen einer bestimmten Clique bewegen, so sehr sich dabei geberden als führte er das Wort für Minoritäten, so wenig begreifen dass das was er für Majorität hält, Null ist und dass er es im Bereiche des überhaupt Giltigen überall mit der heimlichen Tagesmacht hält, – dass mir wol grauen kann, wenn ich an den fast leichtfertigen Freimut seiner unabhängigen, immer selbst zusehenden und durchkostenden Jugend denke. Hier müssen wir durch unser blosses geistiges Dasein als stumme Mahner neben ihm stehen, ihn ahnen machen, dass wir kraft *seines* alten Geistes uns der geistigen Freiheit haben bedienen lernen; thun wir diese Pflicht wirklich so muss sein Puls wol früher oder später mit unserm verwandten wieder gleich schlagen. Wie froh wäre ich, ihn einmal für Tage bei mir zu haben, und wie ganz unmöglich scheint es für ewige Zeiten zu sein! Ich weiss, er könnte mir nicht widerstehen, ich würde ihn seinem Verhängnisse abbeten und selbst sein hartes Herz würde schmelzen! Jetzt ist bei den s. m. ein Aufsatz über die Alkestis von mir, in dem ich nicht eben sanft mit ihm verfahre. Aber was fruchten deliberierende Bedenken bei ihm, während die Schmeichler sein Ohr haben, die ihm seine Zerfahrenheit als Entwicklung einreden und das Publikum und ihn wechselseitig gegen einander erniedrigen!

Mein Lieber, ich habe den ganzen Gegenstand so abgehandelt als ob der Hesperus zwischen uns Dreien noch eine Realität wäre und glaube recht daran gethan zu haben. Ob der Fall über den wir uns jeweils gegen einander zu erklären haben ein realer oder wahrscheinlicher oder vorgestellter sei, ist sekundär, wichtig nur, dass wir von irgend einem Besondern auf das Allgemeine der Bedingung schliessen, in der wir zu einander stehen. Meine Verhandlungen über einen Hesperus ausserhalb jenes Leipziger Verlages enden mit Ihrer Absage, die mich nicht hat überraschen können. (Trotzdem habe ich es auf die Wahrscheinlichkeit ½ : 99½ versuchen müssen.) Mache ich nun etwas, so wird es etwas ganz anderes als die alte Trias. Ich würde versuchen ausser unser Beider Beiträgen eine kritische Prose von Wassermann zu erhalten (ich schätze seine Raisonnements von jeher so hoch wie seine Erzählungen niedriger als die Meisten) einen besonders guten programmatischen Aufsatz von Hofmiller, eine Geschichte von einem jungen Schweizer in dem ich eine episch mythische Dichtergewalt ohne Gleichen bewundere und eine Anzahl Beiträge von jüngeren Gelehrten, deren nach neuem Ausdruck der Welt langende Kräfte ich auch literarisch für wichtiger und repräsentativer halte als das Lemurentreiben unserer meisten sogenannten Bellettristen. Im Titel würde ich den Deutschen Merkur Wielands wieder aufnehmen und vor der Kühnheit nicht zurückschrecken, das künftig von mir herauszugebende als die »Zweite Folge« der alten berühmten Zeitschrift zu bezeichnen, wie die Franzosen mit gutem Glücke es im Mercure de France gethan haben.

10 April.

So weit war ich gekommen, als neben dies Blatt auf meinen Schreibtisch eine Publikation flog, die mich um jede Stimmung zur Fortsetzung brachte. Darüber sofort. Ich nahm wie ich Ihnen schrieb die Blätter nach Siena mit wo wir zwei Osterwochen lang nach Häusern suchten und die Schönheiten der einzigen wie es scheint ganz unangreifbaren ewig jungfräulichen Stadt Italiens wieder grüssten. Meine Mappe hat den Brief unvollendet wieder nach Lucca zurück gebracht und jetzt, da ich mich fast scheue, nach dem Datum auf der ersten Seite zu blicken, liegt mir nur die rascheste Vollendung am Herzen, damit Sie die zwischen uns gerissene Zeitlücke nicht als einen wahren Riss empfinden.

Darum auch stelle ich das Persönliche voran. Die Nachricht von Ihrer im Mai vorgesehenen Ankunft bereitet uns die grösste Freude, und um uns diese Freude ganz zu sichern und nicht etwa im letzten Augenblicke durch eine zeitliche Unvereinbarkeit überrascht zu werden, teile ich Ihnen meine Dispositionen für das Jahr mit, die ich in nichts wesentlichem mehr ändern kann. Am zwanzigsten Mai erlischt mein Contract und gebe ich Haus und Lucca auf, natürlich bleibt mir ein Marge von 2-3 Wochen über den ich mich leicht verständigen kann, zur Auflösung des Ménage; ca. am 14ten Juni reisen wir nach Chiavenna, gehen zu Fuss über Vicosoprano und Maloja, durchs Engadin und über den

Julier bis Bivio, fahren nach Chur wo wir mit Freunden einige Tage verbringen, weiter nach Constanz und Radolfszell-Tuttlingen, von wo wir ca. am 25ten eine längere Fussdurchwanderung der Rauhen Alb antreten. Ca. am 15ten Juli bin ich für rund drei Wochen in Geschäften und zu Einkäufen in München, ca. vom 8ten August bis 15ten September in einem Hochgebirgsort im Appenzell, von da ab, mit der diesmal mühsamen Einrichtung des Hauses beschäftigt, zwischen Florenz Siena und Geggiano unterwegs. Dann werde ich mich bis Weihnachten nicht mehr rühren.

So wissen Sie, woran Sie mit uns sind. Ich hoffe aufs Lebhafteste, dass es bei dem von Ihnen angegebenen Maitermine bleibt und bis zum 1ten Juni etwa finden Sie meinen Hausstand unverrückt hier vor. Lange darüber hinaus kann ich meine Dienstboten nicht festhalten, falls sich nicht wenigstens die Mägde – obwol das hier schwierig ist, – entschliessen sollten mit uns nach Geggiano zu kommen. Auch sonst würde mir diese Zeit für einen ausgiebigen Besuch sehr gelegen sein, da ich bis dahin wichtiges abgearbeitet zu haben und für Sie ganz aufgeräumt zu sein mit Sicherheit erwarten kann. Nun sagen Sie mir bald ein bindendes Wort.

Dass es hier im Hause aus vielen Gründen nicht auf die Dauer ging, haben wir Ihnen das letzte Mal gesagt, und überhaupt war ja Stadt und Landschaft hier von vornherein einmal erschöpfbar: der Punkt an dem beides für uns erschöpft war ist längst überschritten und ausser den soi disant Verpflichtungen gegen unsere Wirte – die Sie hinlänglich kennen um zu begreifen, dass man sehr gut ohne sie und sehr hübsch mit ihnen leben kann – hielt uns nur Bequemlichkeit und meine Reconvaleszenz fest. Lucca ist gar zu ein armseliges verstocktes und zurückgebliebenes Nest, das Klima, dem der Rivieren näher als dem des Berglandes, beginnt to tell upon us, – in jeder Hinsicht war eine Veränderung notwendig. Zur Wahl stand nur Umbrien und das Senesische. Nun hat das gute Schicksal mir ein Fabelwesen von Haus in die Hände gespielt, dessen Gleichen ich kaum im Traume zu hoffen wagte, und das ich Ihnen nur darum nicht beschreibe, weil ich Ihrer Bestürzung nichts vorwegzunehmen wünsche. Gemietet habe ich es auf zwei Jahre, wider Gewissen und Budget, denn ich habe es mir nur zu einem ruinös hohen Satze sichern können, und muss auch auf die Wohnlichmachung des riesigen Palastes von vornherein und ganz à fond perdu ein par Tausend Francs verwenden, da meine Mietsperiode mit dem in jenem Berglande rauhen Winter beginnt. Dafür winkt mir von dort ein Einsamkeits- und Hoheitsglück ohne gleichen, der Adel der durch die Geschichte geweihten Räume – alles ist voller Erinnerungen an Alfieri der als Freund der Hausherrn lang und oft dort gewohnt hat – die geschlossene Herbigkeit und Grandiosität der schon römischer werdenden Landschaftslinien der Hügelblick auf die unendlichen Wellen des Geländes und Siena selber. Sie sollen dort zum ersten Male nach Gebühr aufgenommen werden, Ihr kleines Appartement haben, ein bequemes Badezimmer in nächster Nähe und die Art Gastfreiheit bei der der Accent auf der *Freiheit* liegt – wie sehr habe ich das letzte Mal hier die Verschiebung der Accente bedauert. – Jetzt in München wollen wir für das Haus nach Kräften bernheimern, vielleicht steht auch Ihre Erfahrung uns ratwillig zur Seite. Einiges bequeme habe ich vergangenen Sommer von London mitgebracht – Sie wissen wohl gar nicht von unserer grossen englischen Reise – in Florenz neulich sind ein par schöne Käufe, darunter ein alter Muranolüster dazu gekommen, und langsam verliert unser Hausstand den Charakter des Provisorischen – wird ihn ganz in dem Augenblicke verloren haben, in dem doch das ganze Provisorische dieses hesperischen Inselglückes durch die Rückkehr aufs feste Land zum Ereignisse werden wird. Es ist ja nur ein ewiges Hinausschieben und Zaudern vor dem Definitiven was mich hier festhält, auch das Bedenken vor dem grossen Geldopfer, das die feste Ansiedelung, – kaum anders als in der Form des Hausbaus auf dem Lande möglich – in Deutschland mich kosten muss, und die Furcht mich dabei finanziell zu ruinieren, die Unabhängigkeit von Geld und verdientem Geld zu gefährden, an der meine ganze Lebensform hängt. Aber dies nur beiseit.

Wie viele Seiten habe ich geschrieben ohne anders als flüchtig der einzigen Gabe gedacht zu haben, mit der Sie mich beglücken! Ich verehre in diesen Oden, von Ihnen und mir ganz abgesehen, ein so grosses und erhebliches Zeichen der Zeit, dass es eines wahren Entschlusses bedarf um mich Ihnen als einem literarischen urteilend zu nähern. Und eben darum erwarte ich ihre Veröffentlichung, die ein Ereignis sein müsste, fast atemlos. Dass ein Mensch Ihrer Extraction und Ihres Bildungsganges an den Punkt seines Fortschrittes gelangt ist, an dem er sich zugleich richtend und ergebungsvoll, demütig und strenge, zu dem Ernste und der Grösse und der über Streit erhabenen Einzigkeit seines Mutterlandes bekennt, diese nur durch einen tiefen Prozess erklärbare Einsicht, dass es heut für uns alle ohne Heimkehr keinen neuen Aufbruch geben kann, das resolute Deutschwerden unserer allerhöchsten Geistigkeit erschüttert mich darum so, weil, als wäre es zum ersten Male, mein Volk und diejenigen die es mir repräsentieren, in meine eigenen, durch dunkle einsame Jahre, durch Spott und Verkennung festgehaltenen Wege einbiegt; und hierin also, Gott sei Dank, bin ich nicht mehr allein – ja, nicht nur die Besten erkennen und gestehen, sondern auch die Schlechten beginnen sich der snobistischen Fratze zu schämen, wollen nicht zurückbleiben und praestieren schnell einigen Einleitungspatriotismus – siehe Wolfskehl im Jahrbuch für die geistige Bewegung. – Ich habe die Gedichte mit wachsendem Staunen und Respekt vor Ihrer neuen Gedrungenheit, vor dem festen Muskel, betrachtet, der in Ihren Strophen anzieht, und die innige Kraft des gestalteten schönen und männlichen Gefühles mit der Rührung empfunden, mit der man im Gesichte eines Bruders Züge des Vaters, eine höhere fast schon im geistigen schwebende Verwandtschaft wiederkehren sieht. Über die Epode an mich mache ich keine Worte – ich würde Ihnen auch wenn Sie neben mir ständen nur mit einer Geste antworten können – was also könnte ich schreiben. Was mir zu bilden und zu sein etwa gelingen mag, werde ich Ihrer Freundschaft mit verdanken.

Ich sende Ihnen, um nicht ganz mit leeren Händen vor Ihnen zu erscheinen, was mir zunächst liegt, Swinburne Sachen mit dem Widmungsgedichte (– die mir diese Canaille Blei ohne Autorisation für Weber abgeschwindelt hatte, – der ihn dann desavouierte und mich mit Arbeit und allem schnöde sitzen liess, auch ein schändliches Capitel das aber nur eine Parenthese Wert ist) und einen Gesang Dante, den ersten in dem ich mir nahezu genug gethan habe. Kommen Sie her, so darf ich eine bescheidene Jahresernte vor Ihnen ausbreiten.

Aber nun zu dem »Jahrbuch für die geistige Bewegung« auf das ich vorhin eben nur anspielte, weil dort ein par Worte im Zusammenhange darüber gesagt werden mussten. Hätte ich es gehabt als ich den Brief begann, so wäre sein erster Teil wol etwas anders ausgefallen. Dies ist die Antwort des Georgischen Kreises auf den Hesperus, mit der man mir längst gedroht hatte, und die entsprechend ausgefallen ist, jeder Diskussion und Entgegnung im tiefsten unwert, das Lügen und Geberden von Buhlknaben und Narren, unredlich und gemein dass es einen würgt. Das Gesindel bietet uns einen »Geisterkrieg« an – ich bin nicht in der Lage den Handschuh aufzunehmen, denn ich führe geweihte Waffen und bin für ihre Reinhaltung verantwortlich. Sie, der Sie nirgend persönlich genannt oder angegriffen sind, werden nach dem Ausfall auf George (von dem ich nur gehört habe; wollen Sie mir das nicht schicken?) fürs erste keine Lust haben sich zu wiederholen; und Hofmannsthal gegen den leider nicht nur wie gegen mich, giftige sondern wirklich gefährliche Waffen geführt werden, (gegen die wir ihn unseliger Weise schutzlos wissen) ist nicht der Mann sich zu verteidigen wenn er nicht genötigt ist den Gegner sehr ernst zu nehmen. Das Scheitern unseres Hesperus beklage ich also nicht in dem Sinne, dass wir uns um das Diskussionsorgan gegen diese Gesellschaft gebracht haben, denn ich wenigstens diskutiere mich selber nicht mit garstigen Brüdern, die mit keiner Zeile verleugnen können was sie mir geistig verdanken dies zu Verdankende aber zugleich aufspeichern und verleugnen, zugleich verbrauchen und erbrechen möchten. Wohl aber gönne ich ihnen den Triumph ungern, mit dem sie auf das Ephemere des Hesperus als eines positiven Organes hinweisen werden; schon jetzt will die Freude über das unholde Ende der Insel Zeitschrift – sie haben ja immer die fixe Idee, das sei eine Concurrenzunternehmung gegen die Blätter für die Kunst gewesen – kein Ende bei ihnen nehmen. Und so wird es wieder heissen – ja leider widerspruchslos heissen müssen, – »macht uns unsere Geschlossenheit und Continuität nach, die Hartnäckigkeit mit der jeder an George beteiligte das Georgesche Ziel verfolgt, ihr bringt es nur zu gelegentlichen Zusammenrottungen und lauft nach fünf Minuten wieder aus einander.« Daran wird wenigstens das wahr sein, dass ausser George in Deutschland keiner, auch wir nicht, die Kraft besitzt, festen Nucleus zu bilden, und es ist beschämend sich gestehen zu sollen, dass eine solche Kernbildung per bonas artes unmöglich sein soll. Dem Umsichgreifen des Georgeschen Unfuges wird man ohnehin gut thun sorgsam zu folgen. Von der Königsberger Hartungschen Zeitung bis zur Neuen Zürcher Zeitung haben seine Clans fast alle wesentlichen Organe kritisch mit Beschlag belegt, in den preussischen Jahrbüchern pontificieren sie, in Verlag nach Verlag dringen sie ein und wenn ich auch für jetzt, gerade weil ich persönlich angegriffen bin, schweige, so wird es doch auf die Dauer nicht ohne ein schreckliches Strafgericht abgehen, dass diese Seuche und ihren Hauptverbreiter an der Wurzel ausrottet. Wie lieb es mir gerade darum wäre, meine Merkurabsicht zu verwirklichen brauche ich Ihnen nicht zu sagen. Überlassen wir die Einzelheiten der Besprechung hier.

Ich könnte noch über Unzähliges schreiben, aber mit jedem weitern Tage verfehlt dieser Brief mehr und mehr seines Zweckes. Lassen Sie mich ihn schliessen und hoffen dass er richtig in sein Ziel gelange. Meine Frau grüsst Sie freundschaftlichst und hofft aus Gründen die nur die Hausfrau angehn auf ein baldiges Wort.

Ganz Ihr B

62 RUDOLF ALEXANDER SCHRÖDER AN RUDOLF BORCHARDT

[Briefkopf: Bremen
Schwachhauser Chaussee 365]
25.4.10.

Lieber Borchardt

Nun kurz die Nachricht, daß ich etwa am 21-23. Mai nach Lucca kommen könnte, jedenfalls in der Zeit zwischen dem 20. Mai & ersten Juni. Vorher wird es mir kaum möglich sein – vielleicht am 19.; doch das werden Sie rechtzeitig erfahren. Ich bin durch Aufträge & Verpflichtungen hier noch gebunden & kann nicht genau den Termin der Erledigung angeben. Ich würde dann für 3-4 Tage Ihr Gast sein, da ich unbedingt noch in den letzten Tagen des Mai in Rom sein muß, wo ich einen meiner Auftraggeber treffe. – Hoffentlich sehen wir uns den Sommer auf einer Ihrer Stationen! –

Ihr Brief hat mir die größte Freude gemacht. Ich danke Ihnen herzlich & freue mich, daß Sie die Oden so freundlich beurteilen. Es war ein sehr schweres Stück Arbeit – wenigstens für poor myself und ich feile noch daran. Die Oden sollen im Juni od. Juli in den Sd. Monatsheften erscheinen. Ich bringe den Schluß der Odyssee — gestern ist die Reinschrift abgeschlossen! — nach Lucca mit. Ich freue mich unbändig drauf, Sie & Ihre liebe Frau wieder zu sehn. Sie werden mich allerdings kaum wiedererkennen — ich bin dick geworden wie ein Nudelteig & ebenso weiß & käsig — vor lauter Kummer & Mißmut hier oben. Auf Siena freue ich mich sehr hoffentlich bringt mich Herbst oder Frühling mal dort hin. —

Was die Georginen anbetrifft, so haben sie eine Zeit lang meinen kostbaren Schlaf beeinträchtigt. Jetzt habe ich ein paar Verslein auf sie gemacht, die ich Ihnen einschicke. Es ist der Einfall eines Abends, also verlangen Sie nicht zuviel. Die Swinburne Übertragungen sind sehr schön, & Ihr Einleitungsgedicht ist ausserordentlich. Ich hoffe in Italien eine 2. Elegie zu schreiben, deren Gerippe schon lange festliegt. Mir fehlt nur eine genaue Ansicht des Wasserfalls von Tivoli dazu, die ich in loco mir verschaffen will. Jetzt hat mich Kessler dringend um eine Übersetzung der Vergilischen Eklogen gebeten. Das ist aber hübsch schwer — viel schwerer wie Homer, weil das ganze so zerbrechlich & durch eine unablässige Höhe & Haltung des Ausdrucks wirksam ist — abgesehen von den politischen Realien, die manchmal dahinterstecken, aber doch mit dem formal-wirksamen des Gedichts nichts zu thun haben. Ich werde Ihnen auch hiervon ein Pröbchen mitbringen. Wenn Sie nach London fahren, so sehen Sie sich doch in Brüssel mein ausgestelltes Zimmer an, ich habe dort allerhand Röslein auf Goldgrund gemalt & finde es sehr schön. — Meinen George-Artikel bringe ich Ihnen mit. Was Sie über Hofmannsthal-Hauptmann sagen ist sehr klug und rechtschaffen – aber schließlich hat die Waage doch zwei Schalen & mir kommt es vor, als ob Sie den Ponderabilien & Imponderabilien in der einen Schale zuviel Gewicht geben.

Aut-aut ist eine schöne Formel aber »utrum-an« ist auch eine – womit ich mich bis auf Weiteres empfehlen möchte.

Herzlichst & mit den besten Wünschen für Burlamacchi

Ihr R.S.

N.B. Haben Sie das herrliche Gedicht, das für Heymel bestimmt war nicht fertig gemacht? Das wäre eine Gemeinheit! Über die Dante-Übertragung müssen wir reden, da mir vorläufig, an manchen Stellen Sprachliches unklar ist. Was ich verstehe, ist wundervoll. Haben Sie übrigens die Georgesche Übersetzung da? Sonst bringe ich sie mit. Ich habe neulich Ihre Pindar-Übertragungen mit dem Original verglichen & bin platt über Ihre Wörtlichkeit. So etwas dürfte man schon getrost als Meisterschaft bezeichnen.

63 RUDOLF ALEXANDER SCHRÖDER AN RUDOLF BORCHARDT

[Briefkopf: Bremen
Schwachhauser Chaussee 365]
2. 5. 10.

Lieber Borchardt,

Da ich verreist war, konnten die beabsichtigten Beilagen meinem Briefe nicht zugefügt werden. Sie folgen anbei: – Ich bin begierig zu wissen, ob die Ekloge vor Ihnen Gnade findet. Ich habe viel Mühe davon gehabt, fürchte übrigens, es sind noch einige falsche Übersetzungen drin.

Wie freue ich mich darauf, Sie um den 20. herum wieder zu sehn. Die »Georgika« sind nur törichte Scherze, vielleicht aber macht doch der Eine oder Andre Sie lachen.

Leben Sie recht wohl & grüßen Sie Ihre liebe, verehrte Frau!
Herzlichst Ihr   R S.

64 RUDOLF ALEXANDER SCHRÖDER AN RUDOLF BORCHARDT

Wenn wir es wagten in das Licht zu sehen,
So würden wir, die Erdgeborenen blind.
Doch wenn vor Gott wir reinen Herzens stehen,
Verschlägt es nichts, daß wir so blöde sind.

Und wenn wir auch im trüben Spiegel fingen
Dies unerreichte, einzig hohe Bild,
Bleibt uns doch dies: daß auch aus dem Mißlingen
Uns Trost und Kraft für viele Jahre quillt.

31. Mai 1910 Villa Burlamacchi Gattaiola.
Seinem lieben Freund & Führer Rudolf Borchardt schenkt dies erste Exemplar der Odyssee R. A. Schröder. –
vide Buch IV Vers 333/334

[Widmung in: Die Odyssee. Neu ins Deutsche übertragen von Rudolf Alexander Schröder. Erster bis zwölfter Gesang. Des Gesamtwerks erste Abteilung. Unter der Leitung von Harry Graf Kessler gedruckt in den Jahren MDCCCCVII bis MDCCCCX auf den Pressen von R. Wagner Sohn in Weimar mit Titeln und Initialen von Eric Gill und drei Holzschnitten von Aristide Maillol. Leipzig: Insel Verlag 1910]

65 RUDOLF ALEXANDER SCHRÖDER AN RUDOLF BORCHARDT

[Nicht abgesandt]
Rom den 15. Juni 1910.
Lieber Freund
Nur einen Gruß. Es ist – oder war wenigstens sehr herrlich hier. Jetzt regnet es seit 3 Tagen, ohne Aussicht auf baldige Besserung. Mein +++ Gedicht ist wirklich begonnen, gebe Gott, es geht weiter. Das Regenwetter, von dem ich sonst nicht abhänge, könnte ein Malheur werden, wenn mir Tivoli verregnet. Ich bin übrigens schon einmal da gewesen & habe wieder den grandiosesten Eindruck davongetragen. Am Montag fahre ich für 3 Tage dahin, dann am Mittwoch an den Lido, wo ich wahrscheinlich Hofmannsthal treffe. – Wie schön waren unsre gemeinsamen Tage! Apropos in Pistoja warens doch Flöhe, wenn nicht Schlimmeres – als ich den Schaden im Schlafwagen besah, zitterte ich für Sie! – Was war das für ein burlesker Abschied. Erst lachen, wie die Wahnsinnigen über meinen kreisförmigen Haarausfall & dann die wechselseitige Begeisterung in dem elenden Beißl. Erinnern Sie noch die Tapete & das sinnreich construierte Beleuchtungswesen? Die hübsche Frau, die vor dem Cafe neben uns saß, hab ich hier in Rom in einem Automobil gesehn & fühle mich fast als ihr Landsmann.

66 RUDOLF ALEXANDER SCHRÖDER AN RUDOLF BORCHARDT

[Briefkopf: Hotel Vier Jahreszeiten
München]
Sonnabend [20. August 1910]

L.B.

Da ich morgen, Sonntag um 9 in den Werkstätten arbeiten muß, um zu irgend einem Abschluß zu gelangen möchte ich Euch bitten doch am Sonntag mit mir um ¾1 in den Jahreszeiten zu essen. Ich bitte Euch deshalb ins Hotel, damit ich doch wenigstens in meinen 4 Wänden bin, denn Nachmittags muß ich mit meinem Bruder nach dem Starnbergersee, & Abends in Tutzing die Kühlmanniade fortsetzen. – Also morgen um ¾1 nicht wahr? Sonst gebt mir, bitte, Nachricht, wo Ihr seid.

Falls Ihr für Montag (Così fan tutte) noch Billets haben wollt, wendet Euch, bitte, an das Billettenbureau in den Jahreszeiten, aber so bald als irgend möglich, da es nur eine geringe Wahrscheinlichkeit gibt, noch welche zu erhalten. Ich riskierte nicht heute gleich welche für Euch zu kaufen, da der Preis sehr hoch ist (22 Mark)

Nun, also auf Wiedersehn.   Dein R.

N.B. für Sonnabend den 27. ist im Residenztheater *Titus*. Falls Ihr dahin wollt, nehmt doch auch gleich Karten. Ich bin dann wieder da.

67 RUDOLF ALEXANDER SCHRÖDER AN RUDOLF BORCHARDT

[Briefkopf: Hotel Vier Jahreszeiten
München, August 1910]

Lieber B.

Also heut Abend auf jeden Fall Conzert, nicht wahr? Ich glaube es beginnt um 8 Uhr. Wie wär's übrigens, wenn Du um 2 Uhr ins Palasthotel kämst, wir könnten dann evtl. *zusammen* Cossmann heimsuchen. Ich will mit ihm um 3 Uhr ein Rendezvous telephonisch abmachen.

Herzlichst Rudi.

Seid doch, bitte, um 7 Uhr in den Jahreszeiten. Dann können wir noch alles unternehmen.

68 RUDOLF BORCHARDT AN RUDOLF ALEXANDER SCHRÖDER

[München, August 1910]

L S Ich bekam im Augenblicke des Fortgehens ein schnödes Zahnreissen das sich erst nach Stunden wieder verzog und musste zu meiner grossen Betrübnis auf einen schönen Abend und den Wert des schönen Geldes verzichten. Morgen warte ich bis gegen 10 zuhause ob ich von Dir höre, bin sonst von ¾1 bis ½2 im Hoftheaterrestaur. Ist es Dir möglich mit Cossmann (und mir) Thee zu trinken? Er wünscht es sich sehr, ist Mittags nicht frei und Abends nicht capabel.

Viele Grüsse B

69 RUDOLF ALEXANDER SCHRÖDER AN RUDOLF BORCHARDT

[Briefkopf: Berlin W.
Genthiner-Strasse 13 Villa j]
4/IX 10

L. B. diesen Dreck hab ich gemacht. Die Messe war höchst interessant und schön, alles in riesigen Palästen aufgestapelt wie in Warenhäusern und die Straßen voller Fahnen und Bremborium wie wenn ein Sieg gefeiert würde. Ich habe eben das neue Buch von Rilke gelesen. »Malte Laurids Brigge« – Ein infameres Sauzeug ist mir noch nie vor Gesicht und unter die Nase getreten. Das Buch stinkt wie man sich in Berlin so hübsch ausdrückt »aus allen Knopflöchern« – aus »Nasen«- und anderen Löchern auch noch. Berlin ist doch eine schöne Stadt. Ich fuhr in einem völlig golden angestrichenen Auto vom Bahnhof hierher.

Viele Grüße an Dich und die Gattin   Dein RAS.

70 RUDOLF BORCHARDT AN RUDOLF ALEXANDER SCHRÖDER

Tausend Gesellen erbat ich vom Ewigen, eh er mir in Einem
    Vergalt mit Vollen dass er mir Tausend weigerte:
Segn' er mir wie Dir das Beschiedene, Rudolf Alexander,
    Bestätiger, Verteidiger, Besänftiger.

München den 10 Dec 10

Bdt

1911

71 RUDOLF BORCHARDT AN RUDOLF ALEXANDER SCHRÖDER

Geggiano Siena
Donnerstag [16. Februar 1911]

Lieber Freund

Ich habe mir längst gewünscht, von unserm neuen Hügel aus mit dem ersten brieflichen Scheinwerfer die Lande Europens nach Dir abzusuchen, aber über unserm Einzuge hier und der ersten Einrichtung stand eine vollkommene Constellation von Unsternen, und es ist ein Glück, dass ich nicht Italiener genug bin um an jettatura zu glauben, sonst würde mir entweder dies herrliche Haus verleidet sein, oder ich würde wenigstens neben den Blitzableiter ein Monstre-Corallenhorn als ἀποτροπαῖον gegen die finstern Mächte gepflanzt haben. Ein Telegramm mit einer nicht gleichgiltigen Todesnachricht auf der Schwelle unser harrend, ungefährliche aber langwierige und lästige Erkrankung meiner Frau im Hôtel in Siena, von wo sie hierher im Auto ins Bett überführt werden musste, Einrichtung und Umgestaltung des Hauses mit unzähligen Aufschüben, Behinderungen, Kostenüberschreitungen, Ärgerlichkeiten verbunden, Dienstbotennöte die noch nicht einmal ganz behoben sind – eins ums andere, was mir im Laufe des letzten Monats die unwahrscheinlichsten und kunterbuntesten Werkzeuge in die Hand gedrückt hat, – nur darin gehören sie zusammen dass sie alle mit Feder und Schreiben nichts zu thun haben. Jetzt endlich fängt der Wirrwar an, einer vorläufigen Ordnung zu weichen; unsere Wohn-Schlaf-

Arbeitszimmer wenigstens sind in leidlich stabiler Weise gerichtet, eine Art System des häuslichen Lebens und der Arbeit beginnt sich zu entwickeln, und wenn wir die Augen aufthun, finden wir, dass wir es für arme Sterbliche nun diesmal wirklich zu gut haben – ja ein zitterndes Etwas in uns möchte wol den Untern ein polykrateisches Opfer bringen, das Dunkle bestechen. Das Haus verbindet schlechtweg alle Vorzüge, die irgend ein ehemaliges Logis uns geboten hat, mit neuen und ihm eigenen zur Vollkommenheit, und wenn ihm der eigentliche Park abgeht – es hat nur seinen Eichenwald und einen mächtigen geschnittenen Gang aus immergrünem Ilex – so vermissen wir daran höchstens die Camelien, die in der etwas minder weichen Luft dieses ernsten Hügellandes in Freiheit nicht recht gedeihen; denn das Gefängnis des Parks von Gattaiola liegt uns noch immer mit schauderiger ungesunder Feuchte im Gefühl und nicht um die Welt tauschten wir die freie Wind- und Sonnenlage unseres Hügelzuges gegen jene modernden Schranken zurück. Die meiste Ähnlichkeit hat die räumliche Anlage mit Villa Sardi, zu der auch der Bau, von gewissen Standpunkten aus eine närrische, und uns übrigens gar nicht verdriessliche Ähnlichkeit aufzusetzen vermag; aber der gleiche Block mit dem Obergeschoss steht hier in dritthalbhundert Meter Meereshöhe und also in goldner Morgenklarheit wenn die Thäler, wie das von Villa Sardi, im trägen Reifnebel stocken, den erst am späteren Vormittag die Sonne auftrinkt; und wie an den Hügelhäusern zu denen wir im Winter aus dem kalten Luccheser Hause sehnsüchtig hinaufstiegen, so fanden wir auch an unsern Gartenmauern hier in den ersten Januarwochen die Monatsrosen noch in Blüte, die Levkoje hat gar nicht ausgesetzt, die Geranien sind erst unter den Frösten der letzten Wochen verschrumpft, aber die Veilchen haben sich nicht aufhalten lassen, und bringen jeden dritten Tag ein halbdutzend Blüten indes die Wassertröge nachts sechs-sieben Centimeter Eis ansetzen. So hat also Geggiano endlich ein Mal den vollen Vorteil italienischen Klimas im Winter, jene nur mit dem Hochgebirgsklima zu vergleichende Verbindung von frischer und erfrischender Kälte mit stärkster Sonnenstrahlung, einer Strahlung die das zu passierende Luftmedium nicht weiter zu afficieren scheint, aber mit voller Kraft, wie durch eine Röhre geleitet, auf der Blume und dem Menschen anlangt. Gegen diese himmlische Güte ist das Haus nun so gerichtet, dass jetzt wo die Sonne fast im Süden aufgeht alle sieben Fenster unserer Südfront gleichzeitig den ersten Strahl fangen, und bis in den Nachmittag den Segen behalten; wir zünden erst zum Thee die Feuer an, und mein Holzbudget, unterstützt durch die prächtigen Eichenkloben die wir hier im Eichenlande einlegen dürfen, macht bereits ein triumphierendes Gesicht; dazu kommt die wahre Ländlichkeit der Lage und der Lebensweise, gegen die gehalten alles Lucchesische noch Vorstädterei war; worin sie liegt, ist schwer zu sagen, die wenigen Kilometer Differenz können es nicht gut ausmachen; es wird wol die Formation des welligen Landes sein, die alle Thalschaften enger abschliesst, die Strassen zu endlosen Krümmungen nötigt; und das was um die Ecke herum liegt, ist uns einmal ferner als das doppelt so weit auf der Geraden entfernt ist. Auch die Grösse der alten ritterlichen Hofgüter mit ihren weiten unter blosser Waldnutzung stehenden Gutsstrecken muss dabei mitwirken; es ist weit von einem Herrenhause zum andern, Dörfer giebt es ausser spärlichen unten an der Landstrasse entlang garnicht, nur die Bauerschaft des einzelnen Gutes bringt es, in der Nähe der Villa zusammengesiedelt zu einer Art paese. Aus dieser Rusticität ergiebt sich als reizende wirtschaftliche und Lebensfolge die Notwendigkeit, es mit dem Bauerspielen etwas ernster zu nehmen als in Lucca, – und während ich einen Blumengarten voll aller alter Stammpflanzen des ältern europäischen Würz- und Hausgartens, Kaiserkron, Verbenen, Portulak, Aglei, Rittersporn, Hahnenkamm, Jalappe und so weiter, anlege, liegt gleichzeitig Tüte an Tüte mit Gemüsesamen unten im Orangenhaus – ich pflanze nun wirklich meinen Kohl und werde dem Horazischen Ideal der non emptae dapes – nolens volens – mich so nah als möglich zu halten haben; ich habe fünfzehn schwarze Hennen – von denen allerdings eines vom Sachverständigen für eine sexuelle Zwischenstufe erklärt wird – ferner hat mir ein gerissener Florentiner Händler für schweres Geld einen Rassehahn aufgehängt der sich noch in einem zu seinen Funktionen unverhältnismässig zarten Alter befindet, was aber jenen wolbekannten frühreifen Bethätigungsdrang vorwiegend an reiferen weiblichen Schönheiten nicht ausschliesst, und ihn für das Ganze Eier und Küken erhoffende Haus zu einem Gegenstande peinlich registrierender Controle macht. In sein durch greulichen Stimmbruch verziertes Gekräh mischt sich ein wolhabendes Truthahngekoller, und das Taubenkurren wird dazu kommen, sobald die Jahreszeit es gestattet, neben dem eben fertig gewordenen Hühnerhof den Schlag aufzurichten. – Dies alles schreibe ich Dir so breit wie ich es geniesse, es ist nicht nur der Spass daran, so lustig die Spielerei des Fütterns Beobachtens pp auch für sich schon meiner unverwüstlichen wenn auch täglich mehr versteckten Kindsnatur vorkommt, sondern die zugleich so erziehende und so schwer beseligende Erdnähe, deren heiliges Land für mich eben Italien ganz so ist wie das heilige Kunstland für andere. Dass die Furche gezogen, der Same gelegt ist, dass 25 Tage vergehen ehe das erste Grün ein Wachstum, zwei Monate ehe die versetzbare Pflanze ihre Fruchtfähigkeit offenbart, dass eine Ausgabe für die Zuchthühner gemacht ist, die diesen Zeitraum für diesen Reproduktionstermin, jenen für jenen weiteren und so fort erwarten muss, dass Sonne und Wolke, Frost und Frühlingsnässe von vierzehn zu vierzehn Tagen in die Perioden eingreifen, in dem Mond und Sonne durcheinander das mir anvertraute Erdfleckchen regieren, dies giebt mir ein Gefühl notwendigen Eingeteiltseins, stiller Geduldung und Hoffnung die für mein ganzes Leben das Gleichnis eines Zeitmasses aufrichtet und mich die Grenze lehrt, diesen Urbegriff der Freiheit, den vielleicht nur der Bauer ganz so fühlt wie der Dichter. Jetzt im unmittelbaren Gegensatze zu den schweren geistigen Occupationen des deutschen Aufenthaltes, während derer sich doch mein innerer Instinkt nie darüber täuschen liess dass all dies Erringen und Trachten auf ein Schattengreifen hinauskommt, soweit unser eigener Wille im Spiele ist – gerade hiernach empfinde ich das handgreiflich Reale dieser Existenz wie eine Verjüngung. Dass ich mich nicht »verliegen« werde, weisst Du nach unsern letzten Gesprächen von selber. Mein Arbeitsprogramm ist festgestellt und ich habe viel vor, dies Jahr wird nicht gereist, auch nach Apulien nicht, genug wenn ich das schöne, schöne Land der nächsten und weitern Nähe kennen lerne.

Lass mich nun recht bald von Dir hören, und erfahren wie es Dir inzwischen ergangen ist. Wunderlich genug, dass unser Münchener Zusammentreffen, einmal verlebt und durch neue Trennung schon von uns entfernt, in den Tagen mit Heymel noch das süsssaure Nachspiel bekommen musste: aber wenn ich bedenke, dass ich ohne das die Elegie noch nicht kennte, so nehme ich dies heikle Pläsir gerne in Kauf. Lass mich das Gedicht nun sobald es geht haben, ich muss es durchaus lesen, und den Eindruck, der in mir wankt und schüttert, zu etwas was mir bleibt und womit ich etwas anfangen kann, stabilisieren; hier liegt ein Pack Allerlei, das dieser Tage an Dich abgeht, eines und das andere kommt noch dazu; ich habe beim Auspacken und Registrieren meiner Skriptur hier systematisch ausgesucht was ich in Deinen Händen sehen möchte, alles wovon ich Abschriften habe ist dabei, anderes schreibt Lina Dir ab. Da es nun zwischen uns so nahe geworden ist, dass ausgestreckte Hände sich nicht nur berühren sondern ergreifen, so soll meine Hand wenigstens aufhören gegen Dich leer zu sein. Das einzige worum ich Dich bitte ist Zurückhaltung gegen Jedermann, Heymel eingerechnet. Dein Blick in meine Dinge ist wie auf ein Blatt das meine Hand hält, über meine Schulter weg, und dass ich Dir Einsicht gebe, keine Publizität, sondern das Gegenteil davon, die Einladung in mein Geheimnis. Dies begreifst Du und fühlst darin mehr, als in allen Worten die ich machen könnte, was seit München zwischen uns anders geworden ist.

Was Du etwa über Georgiana noch gehört hast, wirst Du mir nicht vorenthalten; weniges heimische Papieresrauschen dringt glücklicherweise in mein ländliches Concert herüber. Dass der

Vollmöllersche Bafel in Berlin gefallen ist, erfahre ich mit dem Gleichmute der Gleichgiltigkeit, zu der es dieser Mensch bei mir, nach solchen Anfängen, nachgerade gebracht hat. Buber hat mir sein neuestes Buch chinesischer Mystik dediziert, in das ich mich so bald noch nicht wage; mein Weg ist gegenwärtig zu sehr der diesen Verdichtungen umgekehrte, hat die Gestalt als Ausgang und geht über die Erde, nicht durch den fünften Äther. Meier Gräfes Marées sollte ich besser lesen als bisher geschehen. Im Augenblick ist er das Entzücken meiner Frau, und ich bin zufrieden dass er ihr Freude macht. Für mich bleibt es bei besten loyalsten Absichten des Gerechtwerdens und einer reflexartigen Skepsis die ich durch nichts beschränken kann. Meier Graefe überzeugt mich nicht und hat für mich nichts Überzeugendes; ein Gran ruheloser Unvernunft ist allem was er schreibt für mich beigemengt, ein fatales Hastdunichtgesehn, vorgestern hier, gestern da, morgen dort, übermorgen werweisswo, jedesmal mit dem gleichen Aplomb, dem gleichen Toupet, der selben ehrlichen Begeisterung, derselben Basislosigkeit; wer mich reissen will, sehe mehr zu seinen Füssen als zu seinen Armen, nur sein Feststehn, nicht sein Zerren wird mich von der Stelle bewegen; und dieser Mensch steht auf einem Berg aus Molke mit Beinen aus Drahtspirale; das ist seine Beweglichkeit; das ist seine Unfähigkeit mich zu rühren; unaufhörlich beggnen mir Sätze die wirkliche Einsicht ins Gesetz noch mehr der Welt als bloss der Kunst beweisen und möchten mich zu freundlicherem Urteil bewegen; pardauz kommt ein absurder Trumpf drauf, ein plattes schwarmgeisterisches Übermass, eine Windmacherei dass ich mit der Faust aufs Buch schlage. – Der Marées ist im Ganzen besser, im einzelnen wieder so salopp geschrieben wie seine früheren Arbeiten. Bei dem ihm aufgedrungenen Tempo geht das nicht wol anders; dass er sich schärfer zusammennimmt im Gefühl der grossen Aufgabe, die ihm seit langem an die Seele gewachsen war, ist schön. Trotzdem ist der Eindruck – bisher – auf mich dubios.

Nimm dies alles nicht als Aggression, als welche ich es gegen Dich am letzten äussern würde, sondern als ein Selbstgespräch zum Zwecke der Selbstrechtfertigung, da ich gerne über etwas was Dir viel gilt denken möchte wie Du, und es mich wurmt es nicht zu vermögen. – Für heute alles beste von uns beiden und das treuste von Deinem

RB

72 KAROLINE BORCHARDT AN RUDOLF ALEXANDER SCHRÖDER

Villa di Geggiano, Siena
16. August 1911

Lieber Herr Schröder,
es scheint mir wieder einmal an der Zeit mich in Rudolfs Angelegenheiten zu mischen, wenn ichs auch nicht grade sehr gern tue.

Haben Sie gegen Ende Juli einen Brief von ihm bekommen? Wenn ja, dann ists gut, dann betrachten Sie diese Zeilen als nicht geschrieben, Sie werden dann Ihre eigenen Gründe zum Schweigen haben, wie er seine hatte, von denen er Ihnen auch gewißlich geschrieben haben wird. Ich frage nur, weil am 27 Juli morgens der Fuhrmann, der unsre Besorgungen in der Stadt macht, mein Commissionenbüchle für die Geschäfte dort verloren hat, ich also vermuten muß, daß der gleichzeitig abgegangene Brief auch nicht eingeworfen wurde, eine Vermutung die in diesem ehrlichen Lande nur noch dadurch bestärkt wird, daß die Marken schon drauf waren.

Während ich dies schreibe, meine ich Sie ungläubig lächeln zu sehen und muß gestehen, daß ichs vermutlich auch täte. – Glauben Sie nun bitte das unwahrscheinlich klingende eben darum und denken Sie, daß, wenn ich hätte lügen wollen oder können ich vielleicht was Besseres und Glaubhafteres erfunden hätte. Nehmen Sie es also auf das wenige hin, was Sie von mir kennen, als die Wahrheit, die es thatsächlich ist.

Ich weiß ja überhaupt nicht was in dem Brief stand, ich weiß nur welch ungeheure Erleichterung es für Rudolf war das lange Schweigen gebrochen zu haben, daß es mir leid täte, wenns umsonst gewesen wäre und wenn das Schicksal ihm zu den vielen Possen in diesem Jahr noch den einen mehr gespielt hätte.

Und wie ists mit Ihrem diesjährigen italienischen Aufenthalt? Seit Rathenau Sie seinerzeit entführt hat sind Sie nicht mehr bei uns gewesen, und das ist lang her. Er selbst kam neulich hier durch, nur für eine Stunde glaub ich, trank Thee mit uns, bewunderte alles ungeheuer und sprach ganz bescheiden davon, daß er jetzt auch in der Nähe von Berlin ein Landhäuschen habe, natürlich ganz einfach und nicht mit der Pracht und Herrlichkeit hierzuland zu vergleichen. Warum sind die Menschen, und insbesondere die Berliner so verlogen?

Wir führen hier ein vollkommenes Einsiedlerleben, kennen keine Seele weit und breit und sehen die Stadt nur von fern auf ihrem Hügel liegen, ohne jemals ohne dringendste Notwendigkeit hinzukommen; mein letzter Besuch dort war am 31 Januar und das nur, weil ich zum Notar mußte. Sogar gestern zum berühmten Palio sind wir nicht hingefahren.

Wenn Rudolf von dem Brief wüsste, trüge er mir gewiß viele Grüße auf; da ich ihm aber von der Schlamperei unsres Boten nichts gesagt hab, kann ichs auch jetzt nicht gut tun, sonst ärgert er sich noch nachträglich und das ist ja überflüssig bis der Verlust ganz sicher ist.

Darum von mir allein alles Herzliche
Ihre   Lina Borchardt

73   RUDOLF BORCHARDT AN RUDOLF ALEXANDER SCHRÖDER

Ich schreibe Dir consterniert und unglücklich über die Heymel betreffenden Nachrichten, die ich soeben aus München erhalte, natürlich mit grösster Verspätung, da jedermann mich für informiert gehalten oder andern die verdriessliche Aufgabe gelassen haben wird, mir solche Hiobsposten zu übermitteln. Ich erkläre mir auch jetzt Dein Schweigen, das trotz wechselseitiger Gewöhnung an in jedem Sinne grundlose Chasmen des Verstummens anfing mich zu beschäftigen, das aber jetzt mehr als nur mich beschäftigen würde, wenn Du es nicht gleich brächest, um mir *genau* zu sagen, was vorliegt, und *kurz,* was vorgegangen ist (klatschhafte Détails erwartest Du von mir nicht verlangt und ich von Dir nicht verzeichnet zu sehen), – vor allem damit es mir möglich wird Heymel ein herzliches, und wenn es irgend angeht, ein frohklingendes Wort zu sagen; was mir auf die Basis uncontrolierbarer Redensarten hin zu thun, und bei so delikaten

Nebenumständen, gefährlich scheint. Man schreibt mir also, er sei in Débâcle, habe fast alles entgiltig verloren, München verlassen, sei Regisseur bei Reinhardt in Berlin, die Frau stehe mit ihm in Scheidung. Nochmals und dringend bitte ich Dich um ein postwendendes Wort der Beruhigung.

Ich hatte im Frühjahr von ihm einen Brief in dem er wieder Gedichte von mir wollte um einen Privatdruck zu machen – Du begreifst, dass ich in seinen mir wolbekannten Verhältnissen es nicht über mich vermochte, ihn ins Blaue hinein Geld zu kosten, und ebensowenig ihm diesen Grund für mein Nein anzugeben; und da es sich um meine alten Inselbeiträge handelte, ein anderer Grund plausibler Art also nicht aufzutreiben war, so schulde ich ihm die Antwort noch – auf jenen Brief wie auf seine Hag-Prosa und anderes wolgemeinte aber mir halbverdriessliche – ein sinistres Gefühl in allem was ihn angeht, hat mich seit München nicht verlassen und sieht sich nun mehr als nur bestätigt. Dies aber ist nicht mein erster Gedanke zu seinen Schicksalen, sondern im vordersten Vordergrunde steht mir die Pflicht und der Wunsch, jetzt wo er vielleicht Freunde braucht, ihm in jedem mir gegebenen Umfange des Worts Freundschaft zu erweisen und zu halten, und ihm von dieser Gesinnung so bald es geht, unzweideutige öffentliche Zeichen zu geben. Dafür will ich Deine Worte abwarten. Rückwärts mag ich garnicht denken, so sehr das tragische dieses sich ins Unglück hinein Überbauens und im Gefühl dass alles doch verloren ist, Trotz über Trotz Schichtens zu Betrachtungen einlädt; mir ist eben vom ganzen noch schwindlig. Lieber will ich bei der Hoffnung bleiben, dass nun, da die Strenge der Natur ihn aus Adaption entlässt und im vierunddreissigsten Jahre auf sein anfängliches Findlingsschicksal reduciert, die ganze Kraft einer ursprünglich sehr energischen realen und auf Aktion gerichteten, durchaus weltlichen Natur sich entbinden möge. Ist an der Reinhardtsache wirklich etwas so ist es immerhin ein Wirkungskreis, also ein ungeheurer innerer Gewinn gegen das schlaffe und stagnierende Münchener Getreibe, das jeden ordentlichen Kerl, auch wenn [er] sein äusseres Leben nicht völlig auf false pretences stellt, am Ende lebendigen Leibes muss verfaulen, veröden und verderben machen. Ich kann nicht wissen wieviel wirkliche Reserven er hat, und ob die Elasticität mit der er mich manchmal hingerissen hat, nicht eben nur die mehr traurige als erfreuliche Unverwüstlichkeit des geborenen Spielers ist. Was er hat, muss nun wol an den Tag, und wenn es auch nur etwas wäre was er statt des Münchener Nichts und Minus gewönne, so sollte man seinem Schicksal mehr segnen als fluchen.

Mir fehlt alle Lust Dir etwas von mir zu sagen, bis ich von Dir gehört habe, ich schreibe eilig und fast ohne nachzudenken. Lass Dir daran genügen, dass ich seit 1901 kein so glückliches und fruchtbares Arbeitsjahr wie dies gehabt habe, und seit Monaten fast nur Verse mache, die ersten wahren und genügenden, deren ich mir bewusst bin. Der lange Bann hat sich gelöst, es war auch Zeit. Dass ich mit Hofmannsthal Frieden habe, und die schönsten, beglückendsten Zeugnisse neuer Verbindung zwischen uns hin und her gegangen sind, magst Du aus Rodaun gewahr geworden sein.

Du hast mir dies Jahr gefehlt, fehle mir nun nicht länger und mehr als ohnehin nötig ist, und als sich in diesem kurzen und

strengen Leben für Zusammengehörende verantworten lässt.
Lina grüsst Dich herzlich.
Wie immer Dein RB

Geggiano 14.11.10 [richtig: 14. Oktober 1911]

74 RUDOLF BORCHARDT AN JOHANNES SCHRÖDER

Hochgeehrter Herr
Darf ich Sie um die große Gefälligkeit ersuchen, mir Rudis gegenwärtige Adresse mitzuteilen? Ich muß befürchten, dass ein an ihn gerichteter wichtiger Brief ihn verfehlt hat oder ihm nachreist.

Mit der Bitte meine Freiheit entschuldigen zu wollen, und verbindlichem Danke
Hochachtungsvoll und ergebenst
Rudolf Borchardt
Villa di Geggiano Siena 28 Okt 11

75 RUDOLF ALEXANDER SCHRÖDER AN RUDOLF BORCHARDT

[Bremen] 1. November [1911]
L. B.
Deinen Brief an den »Rentier« habe ich fälschlicherweise geöffnet, da ich die Adresse für einen Witz hielt. Übrigens ist mein Vater kein Rentier & und ich habe ihn unwissend vor einer schrecklichen Kränkung bewahrt. Für vorkommende Fälle merke Dir seinen Namen, er heißt: Johannes. Daß ich den Brief

jetzt erst auf neue Mahnung an Dich absende, (er ward an dem Tag der Ankunft Deines ersten Briefes geschrieben) entspringt meiner momentanen (d.h. leider nicht »momentanen«) Verrücktheit, ich leide an einer Art Menschenscheu, die sich hauptsächlich in der »Hemmung« des brieflichen Verkehrs äußert. Ich bin in diesem Irrsinn schon beträchtlich weit gediehen ja es ist Zeit, daß ich mich ihm entreisse. – Du weißt, es gibt allerhand innere Nöte & Verdrüßlichkeiten, die sich irgendwie äussern müssen, wenn das Leben sonst normal verläuft & zwischen einer Hecke von Verpflichtungen & Rücksichten sich durchzuwinden genötigt ist, wie das meine jetzt. Mich quält nichts besonders sondern nur eine Mißstimmung darüber, daß ich aus lauter äußeren Gründen nicht die Existenz führe die mir nötig ist, & die augenblicklich eine *lernende* sein müßte, statt einer unablässig ausgebenden, wie sie ist. Jede briefliche Mitteilung an irgend einen Nahestehenden würde die Spuren dieses Mißverhältnisses tragen – & Du weißt mehr als irgend einer, was in solchen Umständen Schweigen und sich beschränken bedeutet. Sei Dir außerdem noch mitgeteilt, daß ich wie ein Wahnsinniger arbeite & kaum eine halbe Stunde Besinnung habe. Ein wenig Beschäftigung mit den Blumenpflanzungen unsres Gartens gibt mir die einzige Erholung. Geselligkeit habe ich so gut wie keine. Was mich beschäftigt ist der Hauptsache nach mein musikalisches Produktionsvermögen, & daß dieses auf absehbare Zeit hin in dilettantischen & daher eigentlich fruchtlosen Bemühungen sich Genüge tun muß.

Hier hast Du eine Entschuldigung, mein Armer, die Dir genügen muß. Wenn ich Dich durch mein Schweigen leiden gemacht habe, so geschah es nicht aus Übermut, sondern aus mehr gegenteiligen Empfindungen. Verzeih mir, & schreib mir, daß Du mir verzeihst, sonst trage ich noch eine Last mehr. Ich habe diesen Sommer täglich Eurer gedacht, so sonderbar das klingen mag. Aber es ist sonderbar, ich fühle mich wie gebannt an dieses Haus, dem jetzt meine Mutter fehlt, & das auch sonst von einer albernen Fülle interner Widerwärtigkeit heimgesucht wird. Möge mich das neue Jahr diesem Bann & Wirrwar entreißen!

Herzlichst der Eure   RAS

[Beilage 1]

[Briefkopf: Bremen
Schwachhauser Chaussee 365]
im Februar 1911.

L. B. Deinen guten langen Brief drängt es mich gleich zu beantworten – obwohl ich hier & von hier eigentlich nichts der Mitteilung Wertes zu Papier bringen kann & zudem irgend ein Frauenzimmer mir meine Schreibfeder ruiniert hat, sodaß meine Pfote an Unleserlichkeit das Maximum erreichen wird. Daß Deiner Frau der »Marées« gefällt freut mich von Herzen – daß Du dem schönen & innigen Buch so wenig abgewinnen willst, thut mir leid (denn vom »nicht-Können« kann hier ein für allemal nicht die Rede sein). Man sollte eben doch gewisse Bücher lesen, wie sie *gemeint,* nicht wie sie geschrieben sind. Immerhin ich begreife deinen Standpunkt M. G. gegenüber völlig, wäre ich des Mannes & seiner inneren Stabilität nicht so persönlich sicher, würde es mir ebenso gehen. Auf solchen Quarkbergen stehen denn doch andre Patrone als der ehrliche Kunstwart J. M. G. –

z. Bsp. »Roller«. (Der steht sogar entre nous auf einem Hügelchen von parfümierter Scheiße, in den er soweit es die geringe Höhe selbst dieses Bergleins zuläßt peu à peu versinkt). Also noch einmal, Deine Frau ist sehr lieb & gut, daß sie dem armen Mann Gerechtigkeit widerfahren läßt. Wenn Du hörtest, was jetzt hier die Allerweisesten über den toten Marees sagen (Leute im Genre Harry Kesslers), so würdest Du verstehn, warum mich Deine liebe Frau so besonders erfreut.

Von Georginen und anderen Herstbluminen habe ich nichts gehört, nur daß Derleth noch lebe hat mir neulich ein Unparteiischer versichert. Der »Rosenkavalier« war ein großes »Eräugnis« in Dresden. Man sah goldene Hintergründe, rotgekleidete Mohren, lebendige Affen & Papageyen (auf der Bühne!) und hörte diverses, nur nicht den Text, der übrigens durchaus das ist, was man »charmant« nennt. Edelmut & Bosheit, Fürnehmheit & Gemeinheit, Schwermut & Leichtsinn, von allem gibts die entsprechende Dosis, in Terzetten, Quartetten, Duetten, Solis & Chorscenen. Schließlich kriegen sich die, die sich haben sollen, und die »Fürstin« zieht sich mit einer Thräne im Auge & dem Gefühl, daß das Parkett schon wisse, sie sei doch die Beste, aus der Affaire. Dazu eine Musik: halb saurer Häring, halb Schlagsahne. Schrumm! – Immerhin, bei Lichte besehn ist die Musik nicht ohne »reizvolle« Details – and so on. Es war sehr schön am Premièreabend; denn erstens war man der Gelegenheit entsprechend gerührt, zweitens, wohin man sah, Busen und darauf befindliche Perlen & drittens sehr viel Sekt & Caviar hinterher. Ich habe mich für Hugo des pekuniären Erfolgs wegen gefreut & und auch deswegen, weil die Musik sehr viel weniger greulich war, als ich befürchtet hatte. Stellenweise sogar recht hübsch. – Aber, aber! Na, Du bist kein Musikante, mein Lieber – diese Qualen & Bedenken rühren nicht an Dich; & ich danke Gott dafür, denn wenn Du hier Dich aufgefordert fühltest mit zu reden oder mit zu denken & mit zu fordern, so würdest Du noch einige Sicherheitsventile mehr benötigen als jetzt & ich würde Dir bestimmt meine Saison-Visite am Rande der Sahara oder bei den Australnegern abstatten müssen.

Inzwischen hat sich mit mir ein hohes Wunder begeben. Höre & staune. Auf einem Diner beim Grafen Harrach (Du kennst ja mein faible für höhere & höchste »Aristokraten«) hat mich der Reichskanzler in höchsteigener Person zu meinen Oden becomplimentiert. Dies ist nicht eine Erfindung müßiger Laune sondern die reine Wahrheit, oh Freund. Ich war natürlich wie immer sehr verlegen und sagte etwa »Oh bitte schön, recht gern geschehn« oder dergl; aber geschehen ist es nun einmal, & ich laufe herum als Reichsdichter, zum Bersten geschwollen. Ich meine, mein Lieber, es war doch so etwas wie »Horaz & Augustus«, was? Sowas kann man in Berlin erleben. Natürlich war ich acht Tage lang Mode & wurde auf Thees herumgezeigt, habe mich aber aus dem Leben der hohen Welt wieder auf mein bürgerliches Hinterviertel zurückgezogen & arrangiere jetzt in Bremen Wohltätigkeitsaufführungen mit lebenden Bildern & Gesang nebst kaltem Buffet im Nebenraum. Du siehst ganz so idyllisch wie die Eure ist meine Existenz nicht. Wenn Ihr auch sonst nichts vor mir voraus hättet, so habt Ihr doch wenigstens kein Telephon – oder, was noch mehr sagen will – Ihr vermißt es sogar stellenweise. Ja, ja, »Beatus ille...« nur, mein Lieber, »paterna rura« sinds eben nicht, da liegt doch der Hase im Pfeffer. Dies eine »paterna« macht die drei ersten Verse dieses Gedichtes so thränenweckend schön; denn, wie kann man solutus omni fenore sein, wenn man kein »väterliches Feld« besitzt. Na, im Innern haben wir gewiß solchen Grundbesitz, & der muß es denn eben sein. Ich habe übrigens angefangen hie & da in *Herder* zu lesen. Du hast recht: hier sprudelt eine kristallene Quelle; und ihre Verschollenheit macht diese reinen und hohen Denkschriften und Mitteilungen noch ganz besonders ehrwürdig, weil im Grunde nur das würdig Bescheidene durchaus nicht Sensationelle, das ihnen eignet, unsre Zeit von ihnen fernhält. Wenn man solche Dinge liest & denkt, es sind doch keine 150 Jahre her, seit sie geschrieben wurden, so muß man doch hoffen, wir seien noch zu etwas bestimmt. Auch mit Thackeray beschäftige ich mich eingehend, ohne eigentliche Freude. Ich finde ihn doch mehr breit als tief & nicht so unmittelbar wie Dickens. Es geht bei ihm alles durch eine Reflexion, die nicht stark genug ist, um das, was sie sich aneignet völlig zu verarbeiten & neu zu schaffen, es kommt aus dem Prozeß so eine Art caput mortuum heraus, der Dichter & Mensch hilft sich eigentlich mittels allerhand momentaner Analogien von Fall zu Fall fort, wo er organisch verbinden sollte. Daß ein großes Talent und ein bedeutender Mensch hinter diesen Arbeiten steckt soll selbstverständlich nicht bezweifelt werden. Nur scheint er mir etwas reichlich an der seelischen Indigestion teil zu haben, die auch bei uns die 40^{ger} bis 70^{ger} Jahre des verflossenen Jahrhunderts kennzeichnet. Weltschmerz ohne eigentliche Transzendenz.

[Beilage II]

[Briefkopf: Bremen
Schwachhauser Chaussee 365]
16. 10. 11.

L. B. Beunruhige Dich nicht all zu sehr wegen Heymels, mein Lieber. Sein Débacle, soweit diese ihm selber völlig unklaren Geldverhältnisse für ihn zu übersehen sind, scheint allerdings durchaus vollständig zu sein & es ist nur zu hoffen, daß er mit dem was ihm von Inseleinnahmen u.s.w. bleibt, in Zukunft haushält & nicht noch irgend eine definitive Thorheit begeht, die ihm auch diese letzte Stütze abbricht. Vorläufig ist er durchaus unverändert, saust durch Deutschland umher steckt voller Pläne, fährt Luftballon & lebt bon, da ja noch immerhin veräusserbare Werte (Bilder etc.) in seinem Besitz sind. Zu irgend einem wirklichen Versuch sich eine auf realen Grundlagen fussende Lebensform zu schaffen ist er noch nicht gelangt, wie ich denn überhaupt den Eindruck habe, als sei ihm von seiner Lage zunächst nur das sensationelle und abenteuerliche ins Bewusstsein getreten, er prätendiert eine hohe Glückseligkeit über sein endlich erreichtes Freisein von den Fesseln der lastenden Capitalien & was dergleichen glorreiche Gefühle & Vorstellungen mehr sind. – Wie das enden soll, ist nicht aus zu denken & das Nachdenken darüber ist auch zwecklos. Mit seiner Frau steht er, soweit ich von hier aus beurteilen kann im besten Einvernehmen; und es scheint als ob sie die Situation, die sie ja wohl zum Teil (allerdings darf man das kaum sagen) mit verschuldet hat, in diesem Gefühl mit Würde tragen will, ein Verhalten, das ihr durchaus zur Ehre gereicht & einem das angenehme Gefühl gibt, daß der gute A. in diesem einen Punkt wenigstens Boden unter den Füßen hat. Allerdings tritt er, wie es scheint, diesen Boden in mehr als einem Sinne mit Füßen. Von einer Scheidung habe ich nichts gehört, nur von Projekten, sich aus ökonomischen Gründen zu trennen, was auch wohl das richtigste ist, da kaum abzusehen ist, wie die beiden noch ein »Haus« machen wollen. Und darüber, daß diesen beiden Menschen die inneren Hilfsquellen versagt sind, eine geminderte Existenz ohne weltliches Drum & Dran durch zu führen, entsteht wohl bei niemandem ein Zweifel, am wenigsten bei ihnen selber. – Du wirst wohl schon aus meinen Ausführungen ersehen haben, daß ich über irgend welche Details der H-schen Finanz- & Seelenlage ebensowenig unterrichtet bin als Du. Vorläufig scheint es, als sei sein Inselanteil noch intakt, was ihm eine Revenüe von etwa 20 000 M. abwerfen dürfte. Was sonst noch unverpfändetes Besitztum in seinen Händen ist, kann ich nicht übersehen, jedenfalls scheint es, daß hier noch ein kleines Kapital zu retten wäre, das einige Zinsen trüge. H. lebt vorläufig noch in guten Hotels & hat Hundertmarkscheine in der Westentasche. Ich brauch Dir ja nicht zu sagen, daß diese Form des Daseins nur eine transitorische für den armen Kerl sein kann, & spreche es ungern aus, wie sehr ich befürchte, daß das Definitive eine völlige Mittellosigkeit sein wird. Ich habe so durchaus nicht den Eindruck, daß der sogenannte Ernst des Lebens diesem guten Alfred dämmern wird, ehe er sich völlig der Mittel entblößt hat, deren Vergeudung ihm eine so liebe Gewohnheit geworden ist, & das Tragische dieses einer tristen Entscheidung zurollenden Geschicks ist es vielleicht, daß ein besseres Gefühl, eine innere Unzufriedenheit mit dem ganzen verruchten Creditsystem, auf das seine bisherige Existenz aufgebaut war, ihn zu dem letzten Wegwerfen und Entblößen treiben wird – er wird wie die Motte ins Licht fliegen. Doch ist das höchstwahrscheinlich eine viel zu pathetische Auffassung dieses peinlichen & betrübenden Falles; es handelt sich bei dem Problem H. im Grunde wohl nur um die Unfähigkeit reale Dinge reell zu betrachten. Auch jetzt sind seine Zukunftspläne durchaus vage und diffus, er will tausenderlei Dinge thun für die ihm jede Vorbedingung fehlt – Vortragsreisen, Journalistik etc., einige dutzend Tauben auf dem Dache –, aber zu irgend etwas Bindendem und Solidem fehlt ihm jeder Trieb. Er wird es sicher für die nächste Zukunft durchaus verstehen das gewisse equivoque Renommee, das er durch seine Verbindungen & Adaptionen sich unzweifelhaft in gewissen »Macher«-Kreisen erworben hat, nach Kräften auszunutzen. Er erzählte, daß er Anträge für Amerika habe, einen Vorlesungscyklus zu halten & dgl. m. – was aus all dem werden wird, & was bestenfalls an alle dem sein wird, kannst Du Dir denken. Dabei fühlt er sich momentan moralisch sehr gehoben & Mann geworden, soweit ich das aus dem wenigen, das ich von ihm sehe & höre entnehme, & ist sich natürlich nicht klar, daß er nur von einer schon recht fadenscheinigen Illusion – der des Geldbesitzens & verdienens – auf eine noch fadenscheinigere zurückkommt, auf die des geistigen »Wegebereiters« & Propagandisten. Male Dir aus, mein Lieber, wozu das führen wird. Der Mann ist doch Analphabeth im schönsten Sinne des Wortes!

Ihm hat in der Gesellschaft wie unter den geistig Arbeitenden & Schaffenden sein Müßiggang & die Möglichkeit dieses Müßigganges die nötige Folie gegeben. Wenn nun seine Thätigkeit aufhört die liebenswürdige Verbrämung dieser unverantwortlichen Existenz zu sein, wenn sie sich verantworten soll, mit solider Arbeit & solider Schurkerei in Konkurrenz treten soll, was kann sich da ergeben! Nimm selbst den günstigsten Fall an, es gelingt ihm wirklich sich für dauernde Zeit eine halbschürige Litteraten- und Herumreder-Existenz zu gründen (und das ist für ihn der einzige Weg bar Geld zu realisieren), könnte irgend einer von uns ihm auch nur zehn Schritt weit auf diesem Wege folgen? Gewiß, er ist besser beraten & befreundet als seine voraussichtlichen Collegen – aber kann solcher Rat & Einfluß bei ihm fruchten, wo doch ein Boden, in dem irgend etwas substantielles keimen & Frucht tragen könnte kaum vorhanden ist, sondern eigentlich nur ein Resonanzkörper aus dem guter & schlimmer Schall verworren wieder herausschallt? – Glaube nicht, mein Lieber, daß ich A. nicht lieb habe. Ich werde ihm, wo ich kann, helfen & versuchen ihm einzelnes abzunehmen oder zu erleichtern; irgend etwas Entscheidendes zu unternehmen ist in seinem Falle unmöglich, weil er selber keiner Klarheit & keiner Entscheidung fähig ist. Daß er Anlagen hat, intellektuelle & moralische & zwar die allerliebenswürdigsten, wer würde das bereitwilliger anerkennen als ich, der ich ihn näher kenne als irgend ein anderer Mensch – aber diese Anlagen sind im Keime stecken geblieben – oder besser gesagt, diese Keime sind keine Anlagen geworden; in seinen Gärten stecken die Blumen & Sträucher nur mit den Stengeln in der Erde – wenn da eines Tages die tägliche Zufuhr unterbunden wird, so muß das hübsche Zeug verdorren, & das bisschen bodenständige, was bleibt, dürfte den Besitzer selbst enttäuschen. – Schließlich: man hat H.

geliebt wie man eine schöne Frau gern hat, der man alles einzelne um des ganzen willen verzeiht, nun soll die auf einmal arbeiten lernen. Ich fühle tief, wie sehr ich an manchem Unglückseligen in der Entwicklung dieses guten und gut meinenden Menschen Schuld bin. Ich habe in meiner ersten Jugend ein sehr waghalsiges Spiel getrieben & Intuition & Combination für mich gelten lassen, wo andere langsam sich zu Resultaten heraufarbeiten. Wenn ich Dir sage, daß ich jetzt anfange hier & da meine Schulden zu bezahlen, so wirst Du verstehen, was ich meine, & wirst auch verstehen wie durchaus verderblich das frühe, ständige Zusammenleben mit mir, das scheinbare Teilhaben an meiner Tätigkeit auf Heymel wirken mußte. Er gewöhnte sich – trotz meiner ständigen verzweifelten Versuche, ihn auf seine eignen vier Füße zu stellen – daran sich geistig huckepack tragen zu lassen, er lief als eine Art Index & Epitome meiner Meinungen & Erlebnisse herum, ohne zu bedenken, (was ihm à fond auch wohl gleichgültig gewesen wäre) daß Kapitelüberschriften manchmal irreführen können oder sollen – & pflegte dann diese lieben Gewohnheiten bei andern weiter, sodaß schließlich bei ihm Eigenes & Angemaßtes sich so sehr durcheinander geschoben & miteinander verwoben haben, daß kein Mensch in keiner Beleuchtung die Grundfarbe dieser durchaus schillernden Persönlichkeit erkennen konnte, vorausgesetzt, daß diese Grundfarbe nicht von vorneherein mehr ein Postulat als ein Gegebenes war. Allerdings ist wohl anzunehmen, daß aus Heymel etwas vernünftigeres geworden wäre, wenn er nicht gleich im Beginn seiner Laufbahn in eine Verbindung mit ihm im Grunde fremden Geistern geraten wäre, vielleicht ein guter & rauhbeiniger Militär mit litterarisch-ästhetischen Ambitionen.

Nun, mein Lieber, es dürfte wohl an der Zeit sein, daß die Schleuse, die Du unvorsichtig genug geöffnet hast sich wieder schließt. Antwortlich Deiner Frage nur noch dies: von einer Anstellung bei Reinhardt ist, so weit ich weiß keine Rede. A. hat sich mit R. & seinen Gesellen anscheinend in München weidlich befreundet & beschwätzt, aber ich halte Reinhardt denn doch für klüger als er sein müßte, um solche Dummheit wie die Anstellung Heymels, zu begehen. Der könnte doch höchstens als eine Art lebendiges Megaphon bei Volksscenen zur Verwendung kommen. Noch eins. Es tut mir herzlich leid, daß Du, lieber Freund, auf Deine freundschaftlich besorgte Nachfrage eine so trockene & unwirsche Antwort erhältst. Aber ich kann mir nicht helfen, so oft ich an mir vorübergehen lasse, was ich in all den Jahren mit & an H. erlebt habe – & es ist dessen mehr als irgend ein Mensch ahnen kann – so überkommt mich ein Gefühl, das an Verzweiflung grenzt & ich muß es mir im allgemeinen streng versagen dem was jetzt mit ihm vorgeht mehr als den notwendigsten Anteil zu schenken, wenn ich den Mut zu irgend einer Tätigkeit behalten soll. Es ist eine merkwürdige Tatsache, daß man im Geistigen für die Zinsen der Kapitalien, die man verschenkt hat, verantwortlich bleibt. Man kann hier eben eigentlich nichts verschenken, sondern nur verwalten, & das ist eine sehr ernste und unter Umständen sogar furchtbare Wahrheit.

Es ist selbstverständlich, daß ich Dir nun noch ein weniges von mir selber erzähle, nachdem wir solange ohne Nachricht von einander waren. – Ich vermute, daß Du die Anzeige von dem Tod meiner Mutter nicht erhieltest. Wir sandten sie im März, aber ich fürchte, die Adresse war nicht richtig. Ich hatte damals einen langen Brief an Dich angefangen, gleich nach Erhalt des Deinigen & schicke Dir das Bruchstück. Anfang Mai ist dann noch der alte Wolde gestorben, mein einziger wirklicher Freund hier in Bremen, wenn er auch etwa 30 Jahre älter war als wir. Diese Ereignisse & allerhand sonst, haben mich bezüglich meiner epistolaren Tätigkeit, die ja nie sehr hervorragend war, gänzlich lahm gelegt. Ich habe mich auch nicht entschliessen können irgend jemanden diesen Sommer über zu besuchen & habe die ganze Zeit mit unbedeutenden Unterbrechungen im »Kreise meiner hiesigen Bekannten & Angehörigen« verbracht, zum Teil unter sehr angestrengter Arbeit, die mich leider jetzt nervös recht herabgemindert hat. Man merkt das doch, wenn ein Jahr mal die gewohnte große Ruhepause fehlt. – Daß ich Euch gern gesehen hätte, wirst Du mir wohl glauben, Euch sogar lieber als irgend jemand sonst. Ich sehne mich sehr danach mit Dir zusammen zu sein. Meier-Graefes haben mich im August besucht & Hofmannsthals sind rührender Weise auch von Berlin herüber gekommen & Bremen durfte sich eine Weile im Glanze eines Klassikers sonnen. Allerdings war besagter Klassiker etwas nervios, zumal der im Vorigen behandelte Herr von Heymel, nach dem er kaum erfahren, daß hier Litteratur im Gange sei per Eilzug heranbrauste und Hugos seelisches Gleichgewicht in bedenkliche Erschütterung brachte. Nota bene Hofmannsthal hat etwas unerhört Schönes teils geschrieben, teils übersetzt, eine Erweiterung des englischen Mysterienspiels Everyman. Wenn ich mich nicht täusche, so ist dieses Werk der Höhepunkt seines Schaffens. Ganz einfach, durchgehends Knittelverse & ohne jedes der bewußten Mätzchen. Es hat mich tief erschüttert. Auch eine kleine Oper – od. eigentlich mehr ein Divertissement – hat er geschrieben »Ariadne«, auch dies durchaus erfreulicher als manches frühere. Von Deinem Brief an Hofmannsthal hat mir Heymel erzählt, auch Hugo – ; ich sollte ihn zu lesen kriegen, jedoch ist er mir bislang noch vorenthalten. Ich habe in der Tat seit dem Monat Mai kein Gedicht mehr geschrieben, die Walze repetiert scheints nicht mehr, man muß ihr neue Zähne einsetzen. Selbst zum 60. Geburtstag von Richard Voss hat's nicht mehr gelangt – kein Hymnus, keine Ode, keine Elegie ist mir entquollen, & das will doch was heissen. Dafür kommt aber nun zum März eine Art Sammelband (Schüttelreim ist: »Bammelsand«) von mir heraus, Elysium, Stunden, Zwillingsbrüder, Oden, Elegien & dergleichen altbackenes Zuckerwerk für liebe Kinder. Wir drucken gleich zehntausend Stück, die Masse muß es bringen. Preis 50 Pfennig, auf Closetpapier, zum Mitnehmen für die Reise oder auf's Land. – Meine Hauptarbeit ist gewesen die völlige Neubearbeitung meiner Odyssee Übertragung. Ich habe jetzt das mir mögliche geleistet & nach der Richtung hin mein Gewissen erleichtert. Ob diese Arbeit überhaupt hätte unternommen werden sollen? Ich fange nun wieder bei der Ilias an – Gott steh mir bei! – Die neubearbeitete & billige Odyssee habe ich Deinem Freunde Kessler gewidmet, hauptsächlich um Deinen Freund Kippenberg zu ärgern. Er hat sich dann auch geärgert & wollte die Widmung garnicht drucken, worauf ich mich in die Brust warf & auf diese Weise Kesslern in die ihm von Dir mißgönnte Unsterblichkeit hinüberbugsierte. Möge er es mir danken.

Im Übrigen habe ich ein Streichquartett komponiert, in dem sinniger Ernst, ja ergreifender Sölenschmölz mit kecker Heiterkeit abwechseln, und das fast ganz garnicht sehr dilettantisch klingt, zum Erstaunen der Musici, die die Gewogenheit hatten es mir & dem Klassiker neulich vor zu spielen. Das meiste habe ich aus Beethoven gestohlen, einiges auch wo anders her. Jetzt versuche ich eine Fuge, vierstimmig zu schreiben – na, ich fürchte das wird ein Unfug werden & kein Fug, dieweil ich nicht einmal Contrapunkt studiert habe. Aber, wer weiß, probieren geht über studieren, & gelingt sie mir, so wird es in meinem Lebenslauf heißen: »von diesem Tage an widmete er sich mehr & mehr der Musik, bis zu völligen Erschlaffung«. Wenn Du zudem bedenkst, daß ich ausserdem Stoffe, Teppiche, Façaden, Gartenbänke & Mausoleen zeichne, so wirst Du begreifen, weshalb bei alledem so wenig herausschaut. Ich möchte – ja, weiß Gott, ich möchte mal ein Jahr lang nur tun dürfen was ich möchte, mein Lieber, Du darfst das, & das ist Dein unvergleichlicher Vorteil. Zeige Dich seiner würdig & schicke mir bald ein paar schöne Verse; ich kann Aufmunterung in meiner menschen- und pflichten-vollen Einsamkeit hier gebrauchen. Ein Brief an Deine liebe Frau liegt ein.

Herzlichst   Rudi

77   RUDOLF ALEXANDER SCHRÖDER AN KAROLINE BORCHARDT

Liebe Frau Borchardt,
Nein, es war kein Brief angekommen. Was hätte er bei einem so widerwärtigen Patron auch zu suchen gehabt? Er wird also wohl in der Umgegend von Siena vermodern. – Verzeihen Sie mir! Ich

hab mich in dem an Ihren Mann gerichteten Convolut genügend ausge – sprochen, (um nicht zu sagen – »gequatscht«), weshalb & wieso, meine Schreibfaulheit zur Manie entartet ist. Ich habe mich gewisser Weise wohl befunden in dem Gefühl, ich sei von allen Freunden & allem, was Freunde geben können abgeschnitten, gewiß ein sehr egoistischer Luxus; nun will ich mir aber für die Zukunft besseres vornehmen. Helfen Sie mir dabei durch freundliches Verzeihen! –

Herzlichst & dankbarlichst Ihr

RASchröder.

[Bremen] 1. November 1911.

77 RUDOLF BORCHARDT AN RUDOLF ALEXANDER SCHRÖDER

[Geggiano, November 1911]

Mein Lieber

mit meiner Antwort auf den überreichen Inhalt Deines letzten Couverts hat es eine Weile gedauert, und Du wüsstest den Grund, wenn mein ausführlicher Sommerbrief an Dich nicht, wie Lina mir nun sagt, in die Hände eines markenhungrigen Finders gefallen und in irgend einem Winkel in Stücke gerissen worden wäre. Dass er eine armselige Condolenz – was kann man in solchen Stunden für Trost anzubieten wagen – gelegentlich Deines schweren Verlustes enthielt, versteht sich von selber; sie hier womöglich noch armseliger zu wiederholen erlass mir; Du weisst dass alles was Dich angeht mir nahgeht und dass Deine Verarmung um einen Menschen- und Mutterwert, dessen

Reichtum Du in den dankbarsten und schönsten Worten ausgesprochen hast – vor der »Obstblüte« – mir wie jedem der an Dir Teil hat den Trieb geben musste, schnell in Deine Nähe zu treten – nur damit ein Blick auf alle Dir zeigte was Du noch besitzest und solange es lebt nicht verlieren wirst. Und einen andern innern Ausgleich wird jeder der in der Atmosphäre der Unsterblichkeit zu leben gewohnt ist, still verschmähen. Es giebt Verluste die innerhalb der Grenzen unseres irdischen Daseins nicht zu erstatten sind, und von selber den Gedanken der Ewigkeit aufrufen, der das Beste unseres Inneren immerfort gehört und dem wir das irdische, wo wir am Besten sind, immerwährend opfern. Das steht auf allen Grabsteinen, und sitzt auf dem letzten Grunde jedes wohlfeilen Pfaffentrostes. Die Wahrheit daran erlebt man darum doch jedes Mal, wenn man allein gelassen nach etwas wankellosem um sich greift.

Dass das Gedicht auf den Tod Deines Freundes das Schönste ist, was Du gemacht hast, spricht es selber mit einem wolberechtigten Schöpfungsendgefühle aus, und dem Freunde bleibt nur übrig es dankbar zu bestätigen. Es ist von Deinen umfangreicheren Compositionen die erste, die restlos gegliedert und organisiert ist, es fehlen in ihr die Wirbel, die bei eingehender Betrachtung auch im Tivoligedichte mir noch bemerkbar werden, und die bei Dir zweifellos musikalische μεταβάσεις ἐς ἄλλο γένος sein müssen, so ständig und typisch kehren sie bei Dir wieder. Wirbel nenne ich sie, weil in ihnen die Motive oder Themen, statt sich zu entwickeln, gewissermassen in ihren Muttergrund zurücktauchen und in ihm sich für eine Reihe von Versen ständig um sich selber drehen, bis aus ihnen der Faden einer Melodie – oder sagen wir des Gedankenzuges – allmählich wieder hervortritt, um langsam einer neuen Stelle des Kreisens zuzustreben. Musikalisch kenne ich diese Technik sehr wol, ohne dass ich bei meinem sehr mässigen Überblicke Dir Beispiele dafür angeben könnte, in dichterischen Compositionen haben sie für mich dann und wann etwas leicht Fremdartiges, und es macht mich glücklich zu sehen dass sie Dir doch nicht zu den elegischen Gattungsmerkmalen zu gehören scheinen. Die Schönheit und der Gesang Deines Verses nehmen mit jeder Deiner neuen Arbeiten zu, und wenn die Homer-Frohne über die Du sehr begreiflicherweise wol auch einmal seufzest, Dir und uns nur diese vollendete Ausbildung Deines Instrumentes eingetragen hätte, so verdient Dein Freund Kessler die Widmung vollauf. Ich hebe auch noch die Stelle des Nachtanbruches mit ihrer wahrhaft herrlichen bescheidenen Tonfülle hervor – so wenig es einem behagt, an einem so ganzen Werke Einzelheiten hervorzuheben, so weiss ich doch dass der Dichter es anders hält und in allem Hervorgebrachten irgend etwas winziges so besonders liebt wie an einer Frau den Mund oder den Schritt – oder ist es nicht so? – und es gern hört wenn man etwas davon sagt. Im ganzen will ich noch bemerken, dass an Deinen Totengedichten mich nichts so freut und erhebt wie die sichere Stellung im Leben und vom Leben aus, die sie haben. Selbst sehr gepriesene – und mit Recht gepriesene – Stücke der Art, wie Adonais von Shelley, gewissermassen auch Ave atque vale von Swinburne haben mit ihren antiken Todesrausch-Vorbildern das Beklemmende gemeinsam, dass sie den Tod sich ins Leben holen, das Begrabene geradezu aufwühlen, in die Welt bringen, und zu allem was darin Sterbezeichen trägt in eine grosse Verbindung setzen die einen schliesslich mit einem Schüttelgefühle solche Seiten aus der Hand legen lässt. Auf dem Grunde davon wie auf dem Grunde jedes decidierten aesthetischen Missvergnügens liegt natürlich ein *logischer* Fehler, und kein primär aesthetisches Versagen. Es ist an einem Menschen, den wir in seinem Grabe preisen das allerunwesentlichste, dass er gestorben ist und das allerwesentlichste, dass er gelebt hat und *so* gelebt hat. Jenes ist sein allgemeinstes Menschenlos, dies sein vereinzelndes Götterverdienst. Goethe im Epilog zur Glocke geht über die Thatsache des Todes mit der grossartigen ausgleichenden Kürze des Lebendigen hinweg und schreibt den Umriss eines Lebens unvergänglich hin, Hofmannsthal in der Kainzrede, die ich jetzt zum ersten Male lese, ist auf der andern weniger glücklichen Seite, und kommt so viele Anläufe er auch immer wieder nimmt, vom Gefühle des Wegseins, Irgendwo-Herumflatterns Herabäugens – vom recht wirklich unmenschlichen nicht fort. Es gehört natürlich ein sehr beträchtliches Gleichgewicht dazu, es zu machen wie Du es in diesem letzten Gedichte machst, und das Leben in den Tod zu bringen, alles Scheintote durch die blosse Dichterberührung wieder menschlich und lebendig zu machen, – aber es ist auch im Grunde die einzige hohe Rechtfertigung solcher Produkte, dass sie Triumphe des Dauernden über den Hinfall sind und verkünden dass es keine Grenze giebt, vor der die menschliche Seele haltzumachen genötigt wäre. Das sieht man an den Schlüssen dieser Deiner Gedichte, denn sie sind wirkliche Schlüsse und führen den Lesenden in seine Welt zurück, aus der sie ihn herausgeholt haben – vielleicht als a wiser man a sadder man, wie

Coleridge sagt – aber doch als Mann und Menschen, während die andern ihn als Fledermaus an einen Lotus des Acheronufers angeklebt verlassen. Dass es davon Ausnahmen giebt und vor allem eine grosse Ausnahme, versteht sich. Die ihres Gegenstandes beraubte Leidenschaft hat das Recht ihre Kränze zu zerreissen und in die Gruft dem Verlorenen nachzustürzen; sie wird von selber in den Untergang mit hingerissen, und ein Mensch der den kostbarsten Wert seines sensuell spirituellen Lebens an das Menschenlos aufzugeben genötigt wird, darf einen solchen Verlust als completes Wesen gar nicht überleben können. Das ist die Rechtfertigung gewisser Belinde Gedichte und des House of Life, wol auch des ein und andern von mir. Aber man muss da mit Madonna Dianora sagen »Ders zweimal könnte, wäre fürchterlich«. Und Übertragungen hiervon auf die allgemeine Totenbeklagung können nur sehr vorsichtig gemacht werden. Ich lese in der letzten Zeit wieder viel altdeutsch, und finde etwa die Nachrufe die sich die Dichter des 12ten und 13^{t} Jahrh unter einander machen, von klassischer Richtigkeit, so den des Truchsessen von StGallen auf Walther. Ruhige Euphemismen, »an die Fahrt sein« für sterben etc. umschreiben den Hingang. Bewegte aber nicht durchwühlte Worte summieren den Gewinn. Allerdings sind die religiösen Überzeugungen und Vorstellungen, die den Leichnam sofort in feste Formen des himmlischen Gnaden-Hofstaates abzugeben erlauben, hier der grosse Avantage der auch dem künstlerischen Stile zu gute kommt. Aber da der Weisheit letzter Schluss nicht das trostlose »Heute Dir morgen mir« ist sondern das »Möge mir morgen werden was Dir heut geworden ist,: Gnade« so halten diese Gedichte zwischen Leben und Tod von vornherein eine so wunderbar schwebende Mitte, wie sie bei uns zu fixieren nur dem Genius durch einen ihm selber unbewussten Schwung verstattet ist.

Lass mich nun zuerst Dir für alles danken, was Du mir über die traurige Heymelsche Angelegenheit schreibst und worin ich Deine Freundschaft für den armen guten Kerl so wenig verkenne wie Deinen Klarblick für seine Chancen. Ich habe immer die unglückliche Neigung den Menschen an denen ich hänge, als Dauerndes und Beherrschendes dasjenige zuzumuten, wessen sie wol für die Minuten ihrer allerbesten Instinkte fähig sind, sonst aber in jedem Sinne besser thun sich zu entschlagen. Aus diesem Grunde stammen von jeher die Enttäuschungen die ich im Leben erfahre, während seltsamer, aber nicht unerklärlicher Weise, künstlerisch und theoretisch ich von solchen unbedingten Maassstäben sehr weit entfernt bin, und am complexen Menschenwesen das nur auf seinen Zinnen Silber trägt gerade meine Freude habe. Im Heymelschen Falle hätte es sich für mich höchstens darum handeln können, ihm spontan besonders herzlich zu schreiben, mich mit Rat und Arbeit für seine »propagandistischen« Projekte zu seiner Verfügung zu halten, – und das, beiläufig gesagt eben so dieser gefährlichen Sache wie dieser gefährlichen Person wegen – und etwa durch Publikation der Dir bekannten an ihn gerichteten Verse ihm ein öffentliches Freundschaftsbekenntnis zu geben. In allem übrigen rein ökonomischen ist trotz enormster Verluste die er erlitten haben und noch erleiden mag, bei meiner augenblicklichen Behinderung an mein Vermögen heranzukommen seine wirtschaftliche Lage immer noch so turmhoch über der meinen und seine Chance menschliche

Beziehungen wirtschaftlich rentabel zu machen so sehr das Hunderttausendfache der meinen, dass es närrisch wäre, ihn mir in diesem Sinne hilfsbedürftig vorzumalen. – Ich erhielt diese Nachrichten durch einen aus Wolfskehls ständigen Klatschreservoirs gespeisten Kanal, und daher begreiflicher Weise von der triumphierenden Schadenfreude durch einige Zusatz-Annehmlichkeiten vermehrt. Es ist eben, von allem persönlichen Bedauern für das Geschick eines Freundes abgesehen, nach aussen hin, bei der gruppenartigen Verbindung, in der man sich uns vorzustellen gewöhnt ist – gleichgiltig mit welchem Recht – mehr als eine individuelle wirtschaftliche Catastrophe, dass der Begründer und Mitbesitzer der Insel die weisse Fahne aufzieht und sich ergiebt. Ich überschätze solche Wirkungen darum nicht, weil ich weiss dass von allem was Hofmannsthal Dich und mich verbindet, der gute Alfi sicherlich nicht das stärkste Band gewesen ist, aber ich unterschätze es nicht, weil er das öffentlichste war. Und darum, – nicht nur darum – wird es mir eine wirkliche Freude machen, innerhalb der Dir angegebenen Grenzen Alles zu thun, was er für nützlich halten könnte und ich werde ihm das auch schreiben.

Und so hätten wir also beide ein einsames Jahr gehabt, Du aus Bremer Haus- und Geschäftsstunden nur manchmal in den Glanz entrinnend, wo die Reichsgrafen Dich umbuhlen und die Kanzler Dir die grossen edlen Hände drücken (übrigens ist Bethmann Hollweg, Politik beiseit, ein so tiefer und ernster Mann, dass ein Lob oder Dank aus seinem Munde nicht zu den verächtlichen oder alltäglichen Lebensgütern gehört) – ich in einer so absoluten und ununterbrochenen Einsamkeit wie noch nie zuvor selbst in meinem einsamen Leben, stundenweit von einer

Stadt in der ich kein Gesicht kenne, auf einem breiten Hügelgipfel dieses Landes in der Mauer um mein Haus herum lebend und sie fast nie verlassend, denn die Gegend ist arm und öd, Spaziergänge führen in eine struppige Unwirtlichkeit wie ich sie in Italien noch nicht gekannt habe und wir haben rasch gelernt uns auf die nächste Gartenumgebung unserer Behausung einzuschränken. Aus dem was mir die Monate gebracht haben, sende ich Dir was sich einigermassen übersehen lässt und abgeschrieben ist. Mit der Wannsee-Elegie ist ein Jahrelanger Plan zum Abschluss gelangt freilich sehr anders als geplant, und durchaus mit der neuen Lockerheit und Spontanität, die mein Stil in den verflossenen und verschwiegenen Reifejahren erlangt hat. Ich blicke mit einem leichten Grauen auf die comprimierten narkotischen Extracte zurück, die das alte Feuer in mir auszukochen pflegte, und die in der neuen gleichmässigen Wärme nicht mehr gediehen. Was ich heut mache wird, so hoffe ich, nicht mehr berauschen, und muss, das weiss ich, auf alle die verzichten die nach der Kunst als nach berauschendem greifen. Aber wenn es noch den einen oder andern giebt, der von ihr genährt sein will, so hoffe ich Stärke Leben und Wärme genug in die Zellen dessen was ich nun aufbaue eingespeichert zu haben, um ihn zu sättigen. Das Schwalben-Binomium erklärt sich selber, ebenso, hoffe ich, die Ode. Ich wollte sie gefiele Dir. Wenn Du mir Mut giebst so will ich noch zwei derartige machen, die im Grunde schon ausgebildet in mir liegen, den Gesang an die Rebe, Gleichnis der Erziehung des Menschen durch das Schicksal in Form einer wahren Becherode, und eine Ode an den Ölbaum, für die ich das schönste im Stillen schon weiss. – Ich lege Dir schliesslich als

Dissonanz ein Produkt bei, über das Du mir gar nichts zu sagen brauchst wenn es wie ich annehme, Dir missfällt. Die tripolitanische Buberei, die ich hier in ihrer in der ganzen Welt noch unbekannten, mit Worten garnicht zu bezeichnenden *Genesis* erlebt habe, hat mich mehrere Wochen lang in einer geradezu verzweifelten Stimmung gehalten, aus der ich nur eben so wie man das bitterste überlebt herausgekommen bin. Ich bedurfte einer gewaltsamen Entladung und schuf sie mir in der Ballade die Du liest, und die anonym als fliegendes Hetzblatt für Deutschland gedacht war. Ich habe auch versucht sie als solches zu lancieren, fand aber keinen Mutigen, hätte schliesslich auch noch Kosten gehabt und habe die Blätter schliesslich missmutig auf den Berg des andern geworfen, dem das gleiche Schicksal geworden ist. Einen Sinn hat es als poetisches Pamphlet mit der Absicht zu wühlen und zu erbittern, und als solches schien es mir geradezu teuflisch gelungen; ich weiss aber nicht wieviel an solchen Eindrücken die frische Wut schuld ist, die sich am Hinschmeissen solcher Rasereien noch nicht erschöpft hat und sie auch noch beglückt vor sich hinsingen muss um sich zu entlasten.

Was dies verflossene auch sonst für ein ernstes und schweres Jahr gewesen ist, habe ich schon in der ersten Zeile dieses Briefs Dir angedeutet. Ich hatte im verlorenen Dir darüber das Nötigste gesagt, und will jetzt nur das Nötigste vom Nötigsten davon wiederholen; denn ich bin im Begriffe mich mit Dir zu beraten und muss Dir gewisse Einzelheiten, die ich sonst verschweige, so gut es geht anvertrauen. Meine Beziehungen zur Familie sind mit dem Tode meines armen Vaters eine mir von jeher fremdfühlende Mutter das Centrum des Hauses geworden ist, unmerklich und stetig unhaltbar geworden. Ich habe mich in der Entfernung und da der Briefwechsel mit den Leuten die nur fahrige Zettel schreiben, über vieles hinweggetäuscht, hierüber in gutmütigen Irrtümern befunden und selbst durch Akte die jeden Andern zum Aufbegehren gebracht hätten, mir nicht die Augen öffnen lassen wollen, teils aus Lässigkeit, teils aus wirklicher Indifferenz gegen Leute von immanenter berlinischer Taktlosigkeit, teils weil ich so wol meinte, dass gewisse Unanständigkeiten kein Privileg meiner Familie bilden, und mehr oder weniger bösartig überall vorkommen würden. Dies hatte nun seine ökonomische Seite insofern, als das Testament meines Vaters in einer Weise gefasst ist, die unter normalen Umständen mich nicht beunruhigen konnte, – denn sie giebt allen Kindern gleiche Rechte – unter unnormalen dagegen höchst prekär werden kann, denn es umschreibt diese Rechte gegen das Recht der Mutter nicht in hinlänglich klarer Weise. Das Recht auf die Rente z. B. von der ich existiere ist mir sowenig verbürgt wie irgend einer der Schwestern der Mitgift-Zuschuss, dagegen mir wie allen bei Lebzeiten der Mutter eine erhebliche Kapitalsauszahlung genau so weit offen gelassen dass ich sie, wenn ich wirklich will, legal erzwingen kann. Das alles ist aber nicht das schlimmste, vielmehr ist der entscheidende Punkt der, dass ich letztes Jahr in Deutschland den angeblichen Nachlass meines Vaters überhaupt als Rechtsfiktion erkennen musste. Durch Schenkung inter vivos ist fast eine ¾ Million dem Nachlasse entzogen und auf das mütterliche Conto geschoben worden, wovon ich nie etwas erfahren hatte, und was wenn ich es früher erfahren hätte mich vermutlich vor Inkrafttreten des Testamentes veranlasst haben würde, in aller Freundschaft mir meine Rechte garantieren zu lassen. Ich ermüde Deine Aufmerksamkeit nicht durch weitere Einzelheiten. Ein jüngerer Bruder von mir, das etwas rüpelhafte Individuum, dem Du leider einmal in meiner Gesellschaft begegnet bist und das inzwischen die Dame von der Schreibmaschine bereits mit unserm Familiennamen beehrt hat, ist seit einem Jahre im Besitze des ausgesetzten Capitals, und den andern Brüdern wird es nicht vorenthalten werden. Ich, der ich keine meiner Absichten, auf den meine Lebensarbeit steht, ohne Capitalreserven durchsetzen kann, musste zu meinem Erstaunen erfahren, von meiner Mutter nicht als durch die fragliche Testamentsbezeichnung emanzipierbar angesehen zu werden. Gründe anzugeben hat man sich gespart; ich wäre ein prächtiger Mensch, so hiess es ungefähr, aber ich hätte ja kein Geschäft und keinen Beruf, und lebte so hin, weil die Familie mich unterstützte. Dass ich weder Einrichtung noch sonst dasjenige besässe was ein Ehepaar in unserer sozialen Lage besitzt, sei meine Schuld, das brächte die Frau in Berlin mit, und ich hätte eben bei der Wahl meiner Lebensgefährtin vorsichtiger sein müssen. Und kurz und gut, solange ich den Mund hielte, könne alles so weiter gehen, und man würde mich, ohne die gesetzliche Verpflichtung dazu zu haben weiter »unterstützen«. Aber den Mund aufthun dürften in einer Familie wie der unsern nur die Commis. Dies war der Sinn, und waren ja nach dem Feinheitsgrade der einzelnen Familienmitglieder auch geradezu die Worte. Ich habe darauf auf den Bezug meiner Rente verzichtet. Das Geschäftliche was noch zu erledigen ist, und es ist bei der cavalieren Verwaltung die meine Mutter als Testamentsvollstreckerin geübt hat, sehr schwieriges und peinliches, besorgt mein Berliner Vertreter mit dem Familiennotar. Klagen werde ich nicht, wie sich von selbst versteht, und wenn Uncorrectheiten vorliegen, sie aussergerichtlich zu beseitigen versuchen, solange man mir irgendwie die Möglichkeit dazu lässt. Leicht ist es nicht: wenn Ausgaben zu machen sind, zieht meine Mutter sie vom Nachlass ab, wenn Geld eingeht, kauft sie sich Papiere; und dazu sind alle still weil sie persönlich für sich alles erreichen können, was sie wollen; was sich sofort ändern würde, wenn sie für mein Recht einträten, das niemand ableugnet, aber alle verweigern. – Dies geschieht in genauester Kenntnis der Verhältnisse; man weiss wie wenig meine Frau hat und wieviel wir aus ihrem kleinen Guthaben zu einer selbst so fragmentarischen Hausstandsbegründung haben aufwenden müssen, man weiss auch dass wir ihrem Bruder ein Fünftel alles unseres Geldes geliehen haben, um ihn vor einer geschäftlichen Catastrophe zu bewahren, und dass wir nach menschlichem Ermessen dies Geld verloren geben müssen. Und daraufhin bemisst man seine Entschlüsse mit dem ruhigen Wuchergeist, der glaubt es mit Zwangslagen zu thun zu haben. Die letzten Gründe dafür liegen um gerecht zu sein, in meiner Lösung vom Inselverlage. Dass man es »mit Leuten die die Macht haben verdirbt« gilt meiner Mutter als ein Zeichen meiner Unzurechnungsfähigkeit, und obwohl Heymel ihr in München persönlich auseinandergesetzt hat, ohne die Insel irgendwie zu desavouieren, dass Unrecht und Recht sich auf beide Seiten ziemlich gleichmässig verteilen, so ist doch seit diesem Ereignis jede Meinung von meinen Geistesgaben, die sie sich von X und Y hat widerstrebend aufreden lassen, der besseren Erkenntnis gewichen, dass ich ein vielbeschäftigter Idiot bin, für den genug geschieht wenn man ihn irgendwo fern von Madrid vor Hunger schützt, der aber alle Rechte die er leider nun einmal hat, herausprozessieren müsste; und für Prozesse hat er glücklicherweise kein Geld.

Diese Verhältnisse habe ich zu acceptieren, bis auf die Apanage natürlich, die meine Frau ebenso wie ich ohne Aufwand von déplacierten Erbitterungen erklärt haben, nicht mehr zu beziehen. Was wir nun brauchen, und wir brauchen sehr wenig, muss ich verdienen. Ich gebe das Haus und Italien zum 15 Januar auf, wir stellen unsere Sachen hier in Depôt und gehen zuerst für ein par Monate nach München, wo ich versuchen muss, so gut ich kann meine Feder und meinen Kopf zu verkaufen. Ob es mir gelingen wird daneben durch eine der einschlägigen Bankoperationen meinen Anspruch aus dem väterlichen Testament zu Gelde zu machen, wird sich ebenfalls dort ergeben. Wenn es ohne zu schwere Verluste geschehen kann, und meine Verdienstmöglichkeiten wie ich voraussehe, sehr bescheiden bleiben, so werde ich mich dazu entschliessen müssen, wenigstens einen Teil der mein künftiges Vermögen ausmachenden ca. 275 000 M. auf diese Weise zu liquidieren. Die Hauptsache wird aber die dauernde Unterhaltungsbeschaffung zu bleiben haben, und ich weiss dass ich hierfür mit Deinem Rate und Deiner Erfahrung, vielleicht auch mit dem geschäftlichen Vermittlungsbeistande rechnen darf, den mir Deine schöne Freundlichkeit so oft angeboten hat, als ich seiner nicht zu bedürfen glaubte, und jetzt nicht wird versagen wollen, da ich seiner dringend bedarf, um mich vor Unehre auf der einen Seite und Not auf der andern zu schützen. Es ist am besten, ich sage Dir gleich woran ich denke.

Was mir notthut ist eine dauernde und dauernd honorierte Arbeit, die mir zu selbstständiger Production Zeit lässt, und das kann wie die Dinge liegen schwerlich anderes als Übersetzung sein. Zweierlei kommt in Betracht: ein wirklicher deutscher Browning, zu dem ich wie Du weisst, eine Menge Stücke liegen habe, und den unter lebenden Deutschen wirklich nur ich, der ich seit zehn Jahren mit dem Dichter lebe, herstellen kann; die Schwierigkeiten der Sprache und des elementaren wie des höheren Verständnisses setzen eine sprachliche und allgemeine Cultur, die der Wiedergabe eine Formherrschaft voraus, die ich in keinem Lebenden vereinigt sehe, und die im nötigen Masse zu erreichen es auch für mich gespannter und geübter Anstrengungen bedürfen wird. Das zweite sind Übersetzungen aus griechischen Dichtern, für die ich auch bei Dir keines Befähigungsnachweises bedarf. Ich will sie vielmehr so schön machen, dass der Leser noch einmal den albernen Menschen dankbar sein soll, die mich gezwungen haben werden sie zu meinem Unterhalte zu machen. Wenn es möglich ist, dass irgend jemand sich findet, der mir in geregelter Commission dieser Arbeiten ein kleines Fixum von ca. 300 M. monatlich garantiert, wenn es Dir möglich ist, direkt oder indirekt jemanden dafür zu interessieren, so ist mir für alles schlechterdings Unentbehrliche geholfen; was ich etwa mehr brauche, wüsste ich mir auf dieser Basis zu verschaffen; was ich mir ohne diese Basis zu verschaffen wüsste, könnte mir nicht sichern was ich brauche.

Die verlegerischen Beziehungen die ich in den letzten Jahren anzuknüpfen versucht habe, sind ausnahmslos Nieten, Versuche junger verlegerischer Anfänger gewesen mich literarisch und pekuniär ad maiorem gloriam ihres Verlages auszubeuten. Was davon Gestalt gewonnen hat, stockt wenn ich mich nicht selber engagiere. Was ich Dir also zuzumuten hätte – und das Herz schlägt mir ein wenig indem ich es thue – wäre durchaus die Beschaffung und Interessierung eines Verlages der mir mein Minimum von Lebensbedarf garantiert. Ich habe eine Arbeit unter den Händen, die in ca. 14 Tagen abgeschlossen sein wird, und kann im ersten Vierteljahre nächsten Jahres andere dichterische und halbdichterische Arbeiten offerieren, die Früchte der langen Jahre des Schweigens. Und ich habe schliesslich die Absicht wenn ich einen Verleger finde, der das wagt, meine gesamte prosaische poetische gedankliche darstellende Produktion von Monat zu Monat in schmalen Mitteilungen-Heften zu veröffentlichen, für die sich heut, da meine Leser immerhin schon nach Hunderten zählen, Subscribenten finden werden, die die Kosten decken.

Dies alles unterbreite ich Dir als dem Freunde mit Offenheit und in der Gewissheit, keiner Missdeutung die mir fürchterlich wäre ausgesetzt zu sein, zugleich mit dem Vertrauen, dass Du in allem, was Du etwa für mich thust, mich schonen und nicht über das Nötigste hinaus preisgeben wirst. Es handelt sich für mich um ein bitteres Intermezzo das überwunden werden muss, und überwunden werden kann, weil ich ein Mann bin der seine Arbeit kann und seine Arbeit thut wie jeder Pflasterleger. Ich hoffe ich brauche weder zu verhungern, noch mich zum verhöhnten schellenklingenden Appendix einer reichen und ungezogenen Tiergartengesellschaft herabwürdigen zu lassen. Dafür habe ich zu viel gelernt und zu viel aus mir gemacht. Nichts fehlt mir als

Mittel und Weg. Ich bitte Dich, hilf mir zu beidem und denke mit welcher Freude ich für Dich thäte was ich könnte. Ich brauche Dir nicht zu sagen, wie sehr ich auf Deine Antwort warte.

Armer guter Kerl, Deine Freunde machen es Dir nicht leicht. Und Du machst es Ihnen so leicht und willst Ihnen keine Möglichkeit geben, sich etwas von Dir verdanken zu lassen.

Sieh zu, und denke dass Du einer Sache hilfst und keiner Person. Bdt

[Beilage]
Wannsee.
Elegie
Der Wagen prallt zurück; die Pferde stehn;
Aussteigen soll ich? nach dem Hause gehn?
Dem dort? Wo nicht ein Stein,
Nicht eines Steines Schatten zu mir spricht?
   Dies ist es nicht;
Ihr hörtet falsch, dies kann das Haus nicht sein.
Die Straße selbst schon nicht, das Haus noch minder!
Wie, dennoch? – Kindertage, - Kinder-
Erlebnisse belehrt mich, steht mir bei!
Erinnerungen, sagt mir wo ich sei!
Zeigt mir, und ob mich draußen alles tröge,
Das Ding, das Nichts, dran ich mich richten möge!
Es darf nur eines bloßen Geisterwinks,
So kenn ich gleich mein altes Rechts und Links –
Zeigt mir den Zaun, ich weiß was er umzirkt,
- Das Straßeneck, so ahnt mir was es birgt,

— Den Anfang, und ich kenne den Verlauf,
— Das tote Fenster, und es tut sich auf,
    Und aus dem Öffnen hinter Arm und Hand
Füllt sich die Luft mit Einer, die drin stand,
Als wir es waren!
Nord West Süd Osten sendet einen Geist
Kluftüber durch den Tod von Zehen Jahren
    Der mir die Heimat weist,
Mir Kreisendem, um den die Heimat kreist!

Wohl mir, und daß Ihr keine Geister seid!
    Wohl Euch, die Ihr zu zweit,
Die Ihr den Bebenden, ans Ziel Verirrten
Zu lösen, still aus Eurer Nachbarschaft
Herzu getreten, mich in meine Kraft
Aufs neu bestellt, ah wohl Euch, guten Wirten!
Ihr seids doch noch, wie Ihrs gewesen: Wipfel
Wie einst! Nur Eures Hauses obrer Gipfel
Steigt überm Grün, dahinter sich versteckt,
Was mir ein Blick im Innern wieder weckt —
Die Rampe steigt, der Brunnen rauscht so fort,
Die Rose lebt und stirbt am alten Ort,
Und was die Kronen wiegt und Bäumen lauscht
Einfach erwachsen find ichs, nicht vertauscht —
In sich erstarkt, unwissentlich gewandelt,
Nicht eben eingefeilscht, schon umgehandelt — —
    Indes die Mummerei des Nachbarhaus
Das Unsre, draus uns Eigensucht vertrieb,

Zu einer großen Klage machte, blieb
Das Eure sich getreu, ein Vaterhaus.
Wir blicken Euch auf Euer Glück nicht scheel;
Ein Denkmal steht es unsrem tiefsten Fehl;
Ein Gleichnis unsrem Säen ohne Frucht,
Der frevlen Siedlung und der frevlen Flucht.
Nur wo der Sinn auf seinem Kauf beharrt
Und seis um schweren Kauf, unsterblich darf er dauern;
Voll Prüfstein stecken Deines Hauses Mauern.
Vertandle Deine Art und Deinen Part
Und rückwärts ins Verwirkte lernst Du trauern:
    Entsagender, nur Du hast Gegenwart!

Die Kinder jauchzen Euch zurück in Garten.
Mich nicht; mich laßt; hier bin ich gut allein:
Am Herben dieser Stunde zu erharten
Will ich von dieser Heimat nur den Stein
Nur einen Sitz; so hats noch keine Not
Wenn er für Ruhe gilt – da sonst für Brot
Nur Stein um Stein in meine Hände stieß,
Was andern Mutter war, und mir so hieß. –
    Dort auf der mitten Freiung das Getänn
Verbirgt mich schon Vorüberblickenden:
Als Knabe war ich dort schlecht aufgehoben
Nun deckt mich zu, was ein Jahrzehnt gewoben.
Lebt wohl und laß mich meinen Geistern:
Nur den sein selber nicht bewußten Sinn
Kann dieser Elfenhohn der Dinge meistern –

1911

Ihr kamt, und vor der Liebe floh er hin.
Und da ichs wieder bin,
So laßt mich auch den Becher kosten –
Mißgönnt mir seine bittren Neigen nicht:
Wo mirs ins Innre zielt, bin ich auf Posten,
Bin ich die Tat und suche mir Gericht.
   Still und ade –
Ich tat nicht wohl, die Wohltat tut mir weh –
Wannsee? Schon gut! Indes, ein andrer See
Wird mir zu Füßen, weitet sich und blinkt
Schon Spiegelung, dran meine Wimper trinkt.
Nicht Lethe – Eine Felsenlippe speit
Die wilde Strömung der Vergessenheit, –
Strudel, der die Bereitschaft wie das Sträuben
Zu Grunde fort reißt, bis sie, aus Betäuben
Wirrsinnig aufgetaucht, verweinten Rufern
Zulächeln, keiner weiß von welchen Ufern.
Vergessen will den Leib, der sich ertränkt –
Erinnerung, daß sich Dein Auge senkt,
Den Tiefblick, der im Widerblicke mündet,
Das Herz, das sich erträgt, wie sichs ergründet.
Kein Kielgang pflügt den See, kein Segler blitzt,
Nicht der ihn furcht, nur wer am Strande sitzt
Und unvermerkt die Lider überdacht
Erschwimmt Begegnung mit der stillsten Fracht:
Mich vor den stummen Mienen fortzuschleichen
Dem klaren Vorwurf auszuweichen
Und hinzusitzen, wo mirs wohl,

Indes die trügelose Fläche
Mir zu vertaner Kraft verwundne Schwäche,
Mir meinen alten Abgrund wiederholt,
Was wärs als mir Verflüchtigungs-Genuß
Vom letzten armen Recht der Schatten fortzuklauben?
Als dürft ich mir am hoffnungslosen Fluß
Den Trost, der mir am Leben werden muß
Und werden will, vom feigen Tode rauben?
Weh mir, und hätt ich michs erfrecht:
Spar Du Dein Herz, Du sparst was Du verschuldest
Die Uhr hebt aus, ein Büttel nennt Dich Knecht:
Erinnrung ward dem irdischen Geschlecht
Wie Schlag zur Kette am Geflecht,
Es wird ein jedes Lebensrecht
Erst fest an Rechten wie sie jeder duldet,
Versage Dich und Du bist arm:
Gieb Dich hinunter, sauge allen Harm,
Nimm die Gefühle, sammle die Gestalten
Wie scharfe Speere in Dein Herz zurück
   Und lerne standzuhalten.
Die Welt wächst ewig jung, und Du willst alten?
Ist ganz, und Du nur lägst als taubes Stück
Am Wechselstrom von Leiden und von Schalten?
Und bettelst bei Lebendigen Gewalten
Nur weil sie Deinen Vätern galten
Um die leibhaftige Minute Glück,
Da Du Dein Sein, Dein Menschendasein segnest –
Du, der Dir nie entsagst, und drum Dir nie begegnest?

Haus, oh Gehöft, einst unser, nicht mehr mein,
    Wie kannst Du meinen Anblick tragen?
Ich gebe Dir von diesem schlechten Stein
    Die Losung aus verwichnen Tagen –
Du kennst sie noch und läßt mich ein.
Vergebens dräust Du neue Schrift am Thor:
Der alte Sohn vom Hause sitzt davor;
Noch hier, noch so, noch heut, er will es wagen. –
    Tu ab die Tünchen altvertraut Gesicht;
Herunter mit dem Putz, er ziemt Dir nicht, – Klimmgrün
hinauf, das hier am Pfeiler tanzte,
Gefällte Bäume, geistert in den Stand,
Verwunschen sei was hier ein Andrer pflanzte
Als jene kaltgewordne Hand.
Sink in die Erde, fratzenhafter Strunk,
Verwildre zugeschorner Rasenprunk –
Ich bitte Deine schlichte Wiesenflur –
Um meiner nicht, um keiner Füße Spur,
Nicht meine friedlos hingewälzten Glieder,
Zerknickte Halme gebt mir schweigend wieder –
Frei wie ihr wart, ein Waldrest, uns vertraut,
Um Stämme alter Bäume schießt ins Kraut. –
Ihr tausend Dinge, die vom Fremden sprecht,
Mir aus den Augen, fort aus meinem Recht.
Ich bin nicht hergekommen, um den Preis
Des hier in Tod versunknen Allerlei
Dem todgeweihten Einerlei zu klagen;
Und mir den Mißlaut seufzend heimzutragen

Daß jeder Scherbe, jeder Fetzen schreit:
»Auch ich war einmal ganz: Vergänglichkeit!«
- Mich trifft sie nicht, Euch mag die Rede treffen:
Da Ihr ein Spuk schient, konntet Ihr mich äffen, –
   Wohl mir, daß Ihr zur rechten Zeit
Des Stoffs Euch Schuld gebt, des Ihr wirklich seid,
   Dem Geist Euch untergebt Gefangne –
Ich bin es selbst, das hier Vorbeigegangne,
Der Mensch und die Unsterblichkeit.
Was je mir war, mir steht es zu Gewinn,
Und schölt es jede leere Gruft: »Verloren« –
Wer wagt, und sagt von einem Ding: »Dahin«
Eh ich es nicht heraufbeschworen?
Noch ist mir nichts umsonst geschehen,
Und macht es nur ein Wunder auferstehen,
Ich bring es, weil ich selbst dies Wunder bin:
Antworte meinem Anhauch, stumpfe Runde,
Begeistre Dich aus dieser Geisterstunde –
Beschreibe Dich, oh Haus, mit jener Schrift
Die keinem deutlich ist, als den sie trifft
   Und selber ihm bleibt sie unsäglich.
Gewohnheit blicke mir, das stärkste Atemgift,
Bis zum Ergrausen blicke mir alltäglich
   Gleichgiltigstes, gebare selten!
   Vergriffnes, lerne über alles gelten!
Dichter, noch dichter wimmle, Gegenwart,
Von meinen alten Augen vollgestarrt –
- Schatten, ja Du: der noch vom gleichen Punkt

1911

Tagaus tagein zur gleichen Rüste wandert,
Der bunten Leiste, die daneben prunkt -
Durch deren Spuk Du wohlbekannter Spalt,
Verschollner Launen müßiger Aufenthalt
Wie ehmals noch die Wand querab mäanderst –
- Ich blicke nichts in Euch hinein:
Seht her, mein Aug ist willig zuzufallen;
Ich fuhr aus mir, Euch Schläfer zu befrein
Euch Wänden flehend aus und ein,
Beschwörend um und um entlang zu wallen,
Zieh was von Euch mir auferstanden
Gleich einer Wogung hintendrein.
   Bin für Sekunden wieder mein
    Nun wieder mir abhanden.
Von diesen Fenstern sehnt sichs wie sichs sehnte,
Aus Winkeln dehnte sichs, wie nun sichs dehnt,
Von mir, der durchschritt und ins Freie lehnte,
Schwebt noch die Tür, nur halb ins Schloß gelehnt,
Es trägt den Buchstab so verblieben
Wie ihn mein müßger Finger hingeschrieben,
Die Scheibe, die von meinem Hauche tränt -
Ein Jubeln hier und da ein altes Grollen;
Hier wohnt ein Blick von einst wie Bilder an der Wand –
Von dort entbindet sich ein altes Flüchtenwollen
Ein Toben gegen Schloß und Band.
   O Unglück, Knabenglück
    Wann aber überkommt Ihr mich mit Vollen?
   Stück, Stück und wieder Stück,

Langsam mit Schmerz entwachst ihr Eurem Ort,
In mich zurück
Entschwebt Ihr, durch mich hin und aus mir fort!
Wann soll es sein?
Wann fügt Ihr Euch darein,
Schließt euch und werdet fest?
Ists hier, ists droben unterm Dach das Nest?
Ists noch mein Geist
Der Schwalben gleich, die ihr Geniste füttern
  Hin kreist, von dannen kreist?
Werd ich nicht selbst besucht, nicht selbst gespeist
  Mit armem Hin- und Widerflug
Wie Nestlinge von Vogelmüttern?
  Wo bin ich denn behaust?
  Hinweg! Ich habs genug!
  Mir schwillt, Mir graust!
Geschmeiß, Ihr sollt mich nicht mit jedem Viertelszug
Halb nagen, und nur halb erschüttern!
Nicht tastend den Gesimsen längs zu streifen –
– (Es buhlt sich nichts, es stückt sich nichts hervor
Mit diesem Saugen, diesem Schweifen) –
Ich bin gekommen durchzugreifen:
Hinweg, und seis aus Sturz, aufs neu empor. –
Und harrten Dein des Rachetags Gespenster –
  Oh Jugend, oh mein Haus,
Wirf mir die letzte Miene Deiner Fenster,
Der Tore letztes Wort ein letztes Mal hinaus:
Nicht wie Du sonst mir aus verlornem Strauß

Heimkehrenden Geduldungen verhießest –
Ich brauch ihn nicht mehr, Balsam, den Du gießest,
Die Säule Feuers über mir losch aus –
Ich will von Dir mein unverkäuflich Teil -
Zurück in meine Hand, geworfen Beil!
Werk, nicht von Menschenhänden, steige steil
Und unangreifbar durch den blinden Graus,
Darin Du wankst und nun vor mir zerfließest!

Dies wärs! So hättest Du mir, Haus, geblickt,
Das ich nur erst gewahre wie durch Tränen?
Aus solcher Höhlungen versteintem Gähnen
Vor deren Gram mir die Gebärde schrickt!
Dies Wort verschwiegst Du, und ich wußt es nicht?
Und machts erdröhnen und ich mußt es nicht?
Wohlan, wohlan, ich weiche Dir nicht aus.
Ich kenne Dich, Du bist es, Trauerhaus -
Bist was ich herzustellen mich erkühne,
Unangetastet, schrecklich unverrückt,
Bist meiner Jugend halbverhangne Bühne
Auf der mir nie ein leichter Tritt geglückt;
Da ich von niemand einen Trost empfangen,
Da keiner ungekränkt von mir gegangen.
Da Unrecht Aller, tätig und geduldet
Von Akt zu Akte Zins zu Zinse trug,
Bis ich von aller Schuld und meiner überschuldet
Den Blitz herberief und zu Boden schlug. –
Der Vorhang ist hinauf und es beginnt

Das Trauerspiel im alten Labyrinth
Der Jugend seine Masken herzugeben -:
Kreis ein, Kreis aus, Kreis ein: Das Irre Leben.

Leicht hub sichs an: gefüllt bis an den Rand
Ein Schiff voll Kinder treibt an diesen Strand,
Halb scheu, halb rauh ihr ungeschickt Gebahren,
Die Schwestern stumm, die Brüder steif in Paaren.
Doch Mutwill hat die Oberhand,
Und die sich eben Fremde waren
Schon freveln sie, Gesellschaft vertauschend,
Am Schauer der Befreundung sich berauschend:
Hier sind sich zwei verschworen, dort verwandt,
Das Spiel wird eifrig, giltiger das Pfand,
Und wems verfiel, muß wie im Ernste büßen -
Das Kinderspiel stolziert auf Freiersfüßen,
Und spürt nicht, was die Zeit und alles rings behext: -
Der Abend stürmt durch Jahre, man erwächst;
Der Busch wird Hecke, zum Gebüsch die Rose,
Zwielicht das Licht und jede Farbe blinder –
Schon seid Ihr, halb noch kindlich, nicht mehr Kinder,
Euch trägt, Euch hegt, Euch engt die Insel gleicher Lose:
Gleichheit nie vor Euch eingesogner Wonnen,
Der Einklang nie so frisch gefühlter Pein
Erklärt Euch auf der Welt allein
Die Ihr nur eben erst begonnen!
Und wie sie sich um Euch verwandelt, rings
Erschüttert Euch das Wachstum jedes Dings -

1911

Versucht den Feuerkelch zu pflücken,
Der unter Euren Augen sich erschließt,
Ihr greift im jähen Niederbücken
Nur Stroh und was aus seinem Samen sprießt:
Was um Euch rauscht, es ist kein Wind im Laub,
Das Leben ists als Räuber, ists als Raub,
Niemals geboren, nie zernichtet
Ein Wirbelndes auf Wirbeln hochgeschichtet,
Das sich nicht fassen läßt noch sich ermißt,
Das wird, zerwird, neu wird und nirgend *ist*.
Der Mond steigt auf, doch schneller schießt Gesträuch:
Wand links Wand rechts zwingt Euch in enge Gassen;
Dort reissen sie, Euch scheinbar durchzulassen –
Geht, und der Grund treibt Fels, Euch zu umfassen, -
Ja, jeder Fußbreit wechselt unter Euch.
Ihr seid wie sie und wißts nicht – Lebensfinder
Ihr Liebesseligen, noch vor Stunden Kinder,
Unmerklich Euch Entwandte: von der Erden
Bis in Zenith der gleiche Rausch des Rankens
Schließt Euer Blut ins allgemeine Werden
Betäubt Euch mit der Trunkenheit des Wankens -
Befreundung band in Eines die Gefühle,
Die dann so süß entfremdet sich entbinden.
Nun sie sich anders wiederfinden
Ist nichts so reizend wie die neue Kühle, -
Die Wände weichen, im geflochtenen Saal
Von rechts, von links, von schrägher mündet Strahl
Versammeln sich von ungefähr Verirrte
Und tauschen das Geleit zum andern Mal.

Verschwunden sind sie in den Taumelhecken,
Und wie am Läuten über weite Strecken
Sein Vieh erkennt, und bei sich sagt der Hirte
– Sie sind versorgt, solang sie sich entdecken –
So hört die Schöne dicht am neuen Herrn
Fühllos des alten Freundes Scherz von fern;
Und er das Lachen, das ihm eben girrte,
Fern und ihm graust; ein Stern, es fällt ein Stern. –
»Glaub was Du sagst und leugne, was Du riefst!«
»Die Welt ist Traumwelt, leb als ob Du schliefst!«
»Vergöttre, was im Tiefsten Dich verwirrte:
Es bringt zu Tag das Wunder von Zutiefst.«
»Nur zu, wir sind zu Gast; und keiner sieht die Wirte.«

Mondwirrsal! Labyrinth; wie kanns die Sonne schaun?
Und dennoch scheints: Der Tag will sich vertraun,
Und unterm nüchtern Gold aus frischen Himmeln
Beginnt die Dunstwelt aufzublaun,
Das Fangnetz seinen Raub ans Licht zu wimmeln:
Gestillten Blicks im Vorgefühl der Freude
Vollwachsen geht die Erste durchs Gestäude,
Das ihr den alten Spuk entgegensprießt,
Allein sie schrickt nicht und in Licht zerfließt
Vor ihr das übernächtige Gebäude.
Sie hebt die Ferse? Was beginnt sie nun?
Beschäftigt schlüpft sie aus den beiden Schuhn,
Ist schon hinunter und bei andern Gästen
Blickt sie ins Spiel wie Sitzende bei Festen:

1911

Denn seit sie unbewusst den Zauber brach,
Tut ihrs ein Anderer, mehr und Mehre nach –
Sie scheinen ihres Weges sehr gewiß -
- Verblendete, Ihr rückt auf steile Wälle! -
Allein sie sehn kein Hindernis
Betretens: und es fließt, um auf der Stelle
Sich hinterrücks aus Lüften zu erneun, -
Ohnmächtig dennoch; keiner kehrt sich
An das entseelte Sperren und Bedräun;
Die große Sonne wächst, der Zauber leert sich,
Wem spart er den zu oft gebrochnen Bann?
Doch seh ich dort die Hecken einen zwängen:
Vergebens sucht er neben durch zu drängen;
Kaum daß er freien Fuß gewann
Bleibt er in neuen Fallen hängen.
Längst nicht mehr Knabe, noch nicht Mann -
Und dort erglänzts, aus den verschollnen Gängen
Kommt feierlich das Kind und sieht mich an.

Unseliger, blick auf mich, und sage nicht »zu spät!«
Nicht um Dich, hinter Dich, und nicht bei Seite!
Der Zarten, die voll Zweifel bei Dir steht
Frommt der Verstrickte nicht zum Weggeleite -
Denk etwas außer Dir und schreite, schreite
Den Weg, der weiser ist als der ihn geht!
Wirf nicht auf mich den Todesblick des Sinkens!
Wirf von den Rändern des Ertrinkens
Dein letztes Herz wie einen Hakenstrick

Hierher, nach deinem Ewigen, Blick in Blick,
Und hangend von den Burgen meines Seins
Greif ichs, und haftets hier, so ist es Deins!
Du bist der Würfel Deines eignen Spiels,
Der Jäger Deines Wegs und keines Ziels,
Das überschüssige Mittel leerer Zwecke,
Der Schöpfer und das Opfer dieser Hecke,
Der Gänger jedes Schritts, der Fänger jedes Staubs,
Raub jedes Spinnwebs, Räuber keines Raubs!
Den Gott gewahren der im Punkte webt
Des sich die blöde Seele überhebt –
Da Du zur Welt erwuchsest hieß es Tugend:
Heut wenn Du noch gestehst, daß alles lebt
Und Dir aus Lebens Rechte widerstrebt
Entleibst Du und entseelst Du Deine Jugend.

Am Kleide schwebt dem Rüstigen das Gespinst
Dem noch die Fliege, dem Du nie entrinnst -
Ein Faden! und vor tausend kleinem Zwirn
Versunken stockt Dein wundersichtig Hirn.
Ein Ferneduft! Und eben noch Gezwerg
Wirfst Du den Geist mit Meilenpranken
Der Ahnung nach, und holst Dir Wald und Berg
Vor Deinen Schritt hinein als Schranken.
Verfluchter, atme, und es ist ein Schein:
Das wo Du hinwillst, ist das All–und–Ein,
Ich schwöre Dir, es giebt ein Groß, ein Klein
Was Du als einen Trug verleumdest, Ist,

So wahr Du Scheit und Unze Gottes bist,
So wahr in Deinem Fuß, in Deiner Faust
Die widerlich im eignen Garne wüten,
Der Inbegriff von Sternenbahnen haust
Beim Allbegriff von Sternenblüten!
Ist alles Wort vergeudet und vergebens?
Weckt nichts in Dir den Aufstand eignen Lebens?
Muß ich Dir Übermütigem, Überfeigem
Den Vorwurf dieses Mädchenkindes zeigen,
Das noch nicht lang sein Haar im Nacken flicht?
Ich sage Dir es ist kein Lug so dicht
Kein Trug, der noch so sperrig vor ihr prahlt,
Sie müssen schwinden oder neigen
Wenn aus dem schuldelosen Angesicht
Die Andacht dieses kühnen Auges strahlt.
Sie senkt wohl dann und wann die Lider,
Verwechselt oder ruht die Glieder
Doch Deine Wildnis ist die ihre nicht:
Ihr sagt das Herz, wie Pflicht und wie Verzicht
Das große Recht auf freie Straße zahlt,
Und Dickichte verziehn wie Morgendämpfe,
Wo Mut sich Heldenbahnen voller Kämpfe
Und Liebe sich die Krone malt.
– Gesegnet, dem sie ihre Blicke läßt!
Laß ab vom andern, diese halte fest.
Entlaß die Hand, die sie Dir träumend bot,
Auch liebend kann sie nicht zu Hilfe kommen,
Aus Dir heraus gebierst Du Deine Not

Um Dich herum von Dir bist du beklommen,
Und nur was Du mit Dir zur Welt genommen
Entdeckt Dir einen Durchbruch aus dem Tod
Erzwingt Dir Deinen und nur Deinen Frommen!...

...Ah so nicht wars, so war es nicht gemeint!
Ich scheide mich von Dir, Verhasster, Feind,
Wahnwitz, ich bin Dir nicht verschuldet.
Wie, zwingen, was Dich nur mit Schauder duldet?
Die ohne Dich und daß Du sie gejammert,
Längst still für sich den Weg ins Offne fand –
Die junge Geberin der guten Hand
Hältst Du in Deinem Wust verklammert?
Weil Du alleine Deine Marter leidest,
Weil Du Entwachsenen ihre Menschheit neidest,
Weil dieser Wirrwarr, der nur Dich noch engt,
Sogar bei dieser Letzten nicht verfängt,
Springst Du, im Tag allein lebendiger Rest
Von ihres Zwielichts schwärmerischem Fest
Vor ihren Schritten auf in Deinen Stricken,
Um sie in Deinen Ränken zu ersticken
Du, ihre letzte Falle, letzter Bann,
Der Namenlose, der nicht leben kann?
Umsonst, daß Du Dich stellst, als ob Du von mir lernst
Du mischest Deine Wahrheit, Deine Lüge
Umsonst mit meinem heiligen Ernst
In die Verzerrung Deiner Winkelzüge,
Umsonst daß Du mir nun zu gleichen scheinst:

1911

Ich bin das Jetzo: gnade Gott dem Einst -
Umsonst, umsonst, daß Du der Reinen trutzst,
Der Du zur Wildnis wurdest vor den Füßen –
Sie ist erschrocken, wohl, sie hat gestutzt,
Und muß mit kurzem Weh die Schwäche büßen,
Dann, ob Dein Arm an ihr sich auch versiebenfältigt,
Wie Deines Gleichen bist du überwältigt,
Groß blickt sie aus, und schreitet Lebenwärts
Mit einem leichten Schritte durch Dein Herz;
Ich seh von hier, zu meiner eignen Sühne,
Mich stürzen im Zusammenbruch der Bühne.

Wenn Ihr Gewalten, die Zeitlebens nach mir zieltet,
Mich nicht im Spiele hubt und aufbehieltet,
Wenn Ihr mich drum erquickt und neu begabt
Durch Höll und Himmel zubereitet habt,
Daß ich mich wage, wo die Andern zaudern,
Gedeihe, wo die Zärtlichen erschaudern
Und in das Schlechte, Mächtige hinein
Einsam verteidige Euer Ja und Nein,
Wenn ich, der hier mich selbst zu Tod verdammte
Euch tauge hier und heut in Schildes Amte
Gebt mir zu tun; weil Euer Aug ersiehet
Das Riesenwerk, für das es Einen braucht,
Dem Ihr die Frist zu wirken liehet
Als er des Lebens schöne Frist verhaucht,
Der nicht wie Jener darf und Jeder mag
Dankbar sich lagere im geschenkten Tag,

Der ausgesperrt von ziemlicher Begnügung
Beschwert mit allen Kosten seiner Fügung
Euch mit dem Einsatz flieht und dem Gewinst,
Wenn er nicht wuchert, wo der Nachbar zinst.
Ob ich durch alle diese Jahre,
Seit Ihr im Tod mir tilgtet die Geburt,
Und splitternackt mich Euch ins Lehen schwurt
Den Leib in Eurer Einberufung spare, –
Ob ich die Stirn gesenkt, wenn sie mich schelten
Daß ich mit dem vertrauten Worte kargte,
Und nicht im Gäßlein feilhielt, nicht am Markte, –
Sie, die noch nie gelernt dem Wirt vergelten –
Ihr wißts und wann ich vorwärts treten muß,
Ihr wart mein Anfang, werdet mein Beschluß,
Ihr senkt aus Eures Aethers weißer Blendung
Im Blitz die ganze Mühsal meiner Sendung
Deutlich und mächtig her in mein Revier;
Und ruft: »Wo bist Du«; daß ich spreche: »Hier«.

Und so, weil schon die Glocke schlug,
Muß ich die letzte Spur von meiner Wange streichen.

Links donnernd um die letzten Weichen
Gleisen gehorsam malmt und hält mein Zug.

1911

[Beilage]

        Klassische Ode
Ich bin gewesen, wo ich schon einmal war:
Mai und der Juni waren mein Weggeleit;
An ihren Händen bin ich wieder
Zwischen die Hügel hinein gekommen

Und kannte fast die Wege nicht mehr; doch ging
Mir untern Füßen., wie sich durch Morgenrauch
Der Bau der Landschaft unerschüttert
Gegen den scheinbaren Aufruhr herstellt,

Der Trost der stillen Erde im Herzen auf:
Denn es bewölkt das Himmlische Teil in uns
Das Irdische mit seiner Schöpfung,
Eh es uns tagt; und es tagt nicht jedem.

Hier saß ich nächtlich; hörte vom Mäuerlein
Des Weinbergwegs den wachsenden Laut, den Laut
Der tief verhohlenen Gewässer
Neben den Betten der Eingeschlafnen –

Hier kreuzte meinen steigenden Pfad der Weg
Der wilden Dirne, die aus der hintersten
Talschaft des schwarzen Hochgebirges
Hölzerne Ware gehäuft zu Markte

Gewaltigen Schritts mir singend vorübertrug,
Friedloses Goldhaar über der Götterstirn
Sich bändigend, und keusch wie Tiere
Fahrend in all ihrer Pracht des Leibes. –

Hier sprach ich: »Mischleib, Nymphe, Hamadryas:
Nur noch so lang, wie nun dein beschlagener
Fußtritt bergab nicht ganz verhallt ist,
Wie dir das Ohr in der Luft noch nachsingt –

Nur noch so lang den Ewigen Schöpfungstag
Durch deine Augen sehn, wie er niederfährt!
Nur noch so lang durch deine Nüstern
Ziehen den Atem wie Ersten Nachtwinds!

Dir scheint die Sonne, fruchtet der Regen; Feld
Und Herde nährt dich; Schauder und Kuß verheißt
Dir die Unendlichkeit des Schoßes;
Aber wir Anderen sind nicht glücklich!«

Hier sprach ichs; wo ich Hügel hinauf, hinab
Im dichten Frühduft gegen die Höhe zu
Beschäftigt strebe; hier von wo mir
Eben mit Sonne mein Haus hervor ahnt.

Denn anders dünkt den eben von Himmeln her
In Leib verbannten bäumenden Geist der Grund
Unstet, dran er, Geblüt des Cherubs,
Kind des Gestirns, wie ein Gast sich umtreibt,

Und anders wohl den Erde verwaltenden
Mühseligen Vogt des Himmels, den Halbgott Mensch,
Der für den Stand der hundert alten,
Tausend urältesten Vesten einsteht,

So wahr er selber mitten durchs winkende
Dickicht des alten zaubrischen Unbestands
Die Grenze zieht, und dort den Gott setzt,
Wo er ein bitter Geliebtes aufgibt. –

Hier wars der Duft; hier ist es das Blau: bin ich
Gewesen, wirklich, wo ich schon einmal war?
Ich bins: des sei mir Zeuge, Sonne,
Seit du auch mir zu bedeuten aufsteigst –

Wie du den Tau trinkst, drin ich auf Knieen bin,
Den Kelch erschließest, den ich erreichen kann –
Dem braunen Pflüger, der, den Stieren
Fluchend, das Eisen im Lehm herumzwingt,

Den ersten Schweiß am Halse herniedertreibst –
Wie du im weißen Hofe am Straßenrand,
An dem ich wie im Traume streife,
Mächtiger durch die Gewalt des Feiglaubs

Schon dringst, so daß man Schalter verschließen kommt:
Und legst den schönen Töchtern der Bauerschaft
Gold Gottes über die unnahbarn
Schlafenden, heiligen Angesichter.

           1 Novbr 1911

78 RUDOLF ALEXANDER SCHRÖDER AN RUDOLF BORCHARDT

Bremen-Horn
8. 12. 1911

L. B. Deinen lieben Brief möchte ich gleich beantworten, soweit er sich gleich beantworten läßt. Was Du mir über die unerquicklichen Geld- und Familienverhältnisse schreibst, hat mich tief erschüttert. Ich wähnte Dich nach der Seite hin gesichert und über jede Möglichkeit pekuniärer Schwierigkeiten hinaus, soweit Geldverhältnisse überhaupt sicher sind. Ich will nun gleich an 2 Stellen schreiben, von denen eventuell Dein sehr bescheidenes Projekt verwirklicht werden kann. Mein Gott, was ist das für eine dumme und verdrießliche Geschichte! Mein Guter, hast Du denn auch wirklich versucht Dich mit den betreffenden Instanzen gütlich auseinander zu setzen? Immerhin sind es doch Deine Verwandten, & wenn auch die leidige Inselaffaire Dir geschadet haben mag, so reden doch Deine Brüder mit sehr entschiedener Hochachtung von Dir; & gerade von dem Gemahl der Schreibmaschine kann ich mir nicht denken, daß er nicht gegebenen Falles ehrlich für Dich einstände. Ich denke mir, Du müßtest doch vielleicht auch durch dritte Personen Einfluß auf Deine Frau Mutter gewinnen können. – Na, ich will Dich nicht mit solchen aus der Ferne gemachten Erwägungen ärgern. Mir ist es eine große Genugtuung Dir in irgend etwas helfen zu können; und es müßte selbstverständlich mit dem Deubel zugehn, wenn wir keinen vernünftigen Verleger fänden. Ich habe etwas in petto, was vielleicht höchst passend & sogar angenehm sein könnte. Ich habe jetzt mit Kessler eine Art stillschweigenden Abkommens, nach dem ich für seine (wirklich fabelhaft schöne) Privatpresse alljährlich Übersetzungen liefere. Zunächst schon die Dir teilweise bekannten Bucolica, nebst der Georgica, ferner Theokrit u. a. mehr. Nun ist hier in Bremen ein junger reicher, etwas kränklicher Freund von mir seit etwa einem Jahr mit den Vorstudien zu eben solch einer Privatpresse beschäftigt. Er hat sich zu diesem Zweck mit dem Sohn des verstorbenen Lloyddirektors Wiegand verbunden. Das ganze Unternehmen verdankt meiner Initiative seine (vorläufig noch im Werden begriffene) Existenz; man wußte nicht was dieser reiche junge Mann (der Sohn des alten Wolde, dem meine Elegie gilt), der durch ein Herzleiden zu aufreibender Thätigkeit unfähig ist, anfangen sollte & ich riet ihm dies. Nun hat sich Wolde durch eigene Schuld mit dem Inselverlag überworfen, ich habe das notdürftig zusammengeflickt; kann aber doch, da ich mich schon Heymels wegen & auch der vielen Opfer wegen die Dein Freund K. für mich gebracht hat, mit dem Inselverlage durchaus verwachsen fühle (zum mindesten was meine Publikation betrifft) ihn kaum etwas, oder doch nur sehr Entlegenes für diese neue Presse geben, zumal sich inzwischen nun auch Kessler mit unerhört schönen Projekten hervorgethan hat. Ich stelle mir nun im Augenblick vor, daß Du etwa den spiritus rector des Woldeschen Unternehmens machen könntest, indem wir uns über das von jedem von uns zu übersetzende vorher vereinigten, oder Kessler & Wolde reflektierten beide auf Deine Arbeitskraft und es würde zunächst eine von uns beiden besorgte Übertragungsserie entstehen, die dann doch ein sehr schönes und wünschenswertes Produkt & Zeichen gemeinsamer Bestrebungen werden könnte. Der Hauptsache nach würdest Du Dich natürlich dann auf das Wolde-Wiegandsche Unternehmen stützen, da hinter diesem schon aus dem Grunde, daß zwei junge Leute mit ungeteilter Arbeitskraft & Anteilnahme dahinter stehn, durchaus die größeren Entwicklungsmöglichkeiten stecken. Hier könnte dann später mal ein nucleus für allerhand litterarische Unternehmungen sich bilden, nur müßte man zuerst sehr klein beginnen, damit nicht Geschäftsunkenntnis & Mangel an Erfahrung unnütze pekuniäre Opfer fordern. – Ich schreibe Dir dies, ohne zu wissen, ob sich etwas derartiges in der Tat arrangieren läßt, nur, damit Du mir baldigst äußerst, ob Du überhaupt zu derartigen Unternehmungen Lust hättest. Es scheint mir nach vieler Hinsicht *sehr* wünschenswert, daß Du bei Deiner ganzen nicht immer leicht verständlichen Art in praktischen Dingen – in die Hände von gentlemen kommst; & das wäre hier der Fall. Für mich hätte es nur das Bedenken, daß ich unter Umständen, wenn ihr euch mal nicht verstehen solltet die nicht sehr angenehme Rolle des Mittelsmannes übernehmen müßte – na, ich hab nen breiten Puckel. Sollte sich aus irgend welchen Gründen dies von mir vorgeschlagene Arrangement oder ein diesem ähnliches nicht machen lassen, so kann man ja weiter sehen. Ich möchte Dich nur noch darauf hinweisen, daß es sich bei den beiden Pressen nicht um irgend welche dilettantische Entreprisen handelt. Die Kesslerschen Bücher werden schöner wie die Morrisdrucke, & ich hoffe sehr, dem kleinen Wolde wird es gelingen ähnliches her zu stellen. Die sehr hohe Qualität dieser Drucke wird von vornherein ihnen einen gewissen Abnehmerkreis sichern. Verbinden sich die Drucker nun noch mit zwei der ersten deutschen Schriftsteller, so ist eine hohe moralische Wirkung dieses Unternehmens sicher. Natürlich müßte vorausgesetzt werden, daß nach einem gewissen Zeitraum das Prestige dieser Presse auch für die Verbreitung billiger Drucke – also für rein litterarische Zwecke – ausgenutzt würde. Grade der junge Wolde (etwa 26 Jahre alt) würde m. E. hierfür sehr zu haben sein, da sein ursprüngliches Interesse auf litterarische Dinge weit mehr gerichtet ist als auf rein artistische. Er hat selbst eine ganz charmante Übersetzung von Daphnis & Chloe gemacht, die z. B. Kippenberg gedruckt hat. – Soweit vorläufig das Geschäftliche. Kessler äußerte übrigens neulich erst den Wunsch etwas von Dir zu drucken selbst das *Fragment* des Alkestisaufsatzes. Warum muß so etwas Fragment bleiben!!

Deine Gedichte habe ich nicht gelesen, sondern verschlungen. Natürlich ergreifen die Schwalbenverse einen am unmittelbarsten, auch die Ode. Was Du selber sagst ist auch mein höchst erfreulicher Eindruck, die Reinigung oder vielmehr die Beruhigung des Mittels, ohne daß dadurch des Mitgeteilten oder Mitzuteilenden weniger würde. Mir persönlich ist es eine Genugtuung zu sehen, wie Du von so völlig anderen Ausgangspunkten her Dich gewissermaßen meiner Art näherst, ohne die Deine zu verlassen. Es ist eben doch so: Großes & Reifes will einfältig und einfach ausgesprochen sein, & Reife bewirkt eben dies, daß die innere Einfalt des Dichters ein Mittel bereitet findet, in dem sie sich zeigen kann. Wünschen wir uns beiden ein Fortschreiten in diesem Sinne. Über die Elegie schreibe ich Dir mehr, wenn ich mit ihr vertraut geworden bin. Sie ist mir jetzt, nach der Lektüre nur mehr ein Chaos schöner & ergreifender Einzelheiten. Die ungeheure Intensität Deines Ergreifens lebendiger Dinge & Geschehnisse ist hier zum mindesten ebenso stark & eigen wie in Deinen schönsten früheren Dingen & der entlastete Vers viel zugänglicher. – Dein nahes Verhältnis zu meiner neuesten Elegie erfreut mich sehr. Die Stelle mit dem Abend ist mir auch die liebste drin. Es geht manchmal seltsam, man ist eine Zeitlang wie verloren & dann treffen an einem Tage lauter tröstliche & schöne Ereignisse zusammen. So erhielt ich gestern in Abschrift den Brief eines mir bekannten jungen Officiers, über die deutschen Oden, das rührendste Dokument, das sich denken läßt. Ich habe dies dem Heymelschen Vortrag in Heidelberg zu verdanken, über den ich im Grunde sehr entsetzt war. Es ist merkwürdig, so tut man Menschen wie Alfred immer Unrecht, im Guten wie im Schlechten. Mir ist diese ganze Art von zweideutiger Propaganda ein Greuel, & nun hat sie doch scheint's ihr großes Gute. – H. hat übrigens jetzt allerhand recht ernsthafte Pläne, die ich Dir nicht näher auseinandersetzen darf. Hoffentlich gelingt es ihm, dann wäre er wenigstens für eine gute Zeit innerlich & äußerlich »angebracht«. – Die Trennung von seiner Frau wird sich dann doch wohl in absehbarer Zeit vollziehen, da haben die Münchner Nuntii nicht ganz Unrecht. Doch ist das Verhältnis beider ein durchaus freundliches. – Wenn Du Lust hast ihm zu helfen, wäre es sehr schön. Namentlich die Veröffentlichung Deines *herrlichen* Gedichts etwa in den Sd. M. wäre wundervoll!! Hier in Bremen erscheint jetzt übrigens ein Litteraturblatt, von braven Leuten geleitet & für eine geraume Zeit financiert. Ich habe versprochen ihnen Beiträge zu verschaffen & habe auch selbst ein paar Horaz-Übertragungen drin veröffentlicht. Würdest Du uns was dafür schenken? – Mache ja die weiteren Oden. Merkwürdigerweise ist eine Ode an den Ölbaum ein Projekt das mir schon mal nahegelegen hat. – Deine Tripolisballade hat mich eigentümlich berührt, da ich seit vorgestern einen Versuch mache meine deutschen Oden hinsichtlich der neuesten Ereignisse zu erweitern. Ja, Dein Kaiser, lieber Freund. Ob Du wirklich mit ihm Recht hast? – Im übrigen verstehe ich Ton & Haltung des Gedichts vollkommen, ob es sich für einen großen Leserkreis eignet, dünkt mich der nicht ganz leicht verständlichen Form halber zweifelhaft. Wer im Publikum ist heutzutage über die politische & militärische Geschichte der Italia unita informiert? – Ob Deine Entrüstung über die Haltung der deutschen Regierung – abgesehen von ihrer poetischen Berechtigung – nicht etwas zu weit geht muß die Zukunft lehren. Nach dem, was ich jüngst habe läuten hören hängt unser & Österreichs ganzes Verhalten mit der Person des alten Franz-Joseph sehr nahe zusammen, der in seinem hohen Alter den Frieden bewahren möchte. In Österreich rechnet man scheint's stark mit Kriegsmöglichkeiten nach seinem Hingang. Na, das sind ungefangene Fische. Jedenfalls sollte man denken, muß sich die ungeheure Spannung Europas einmal entladen. Ein Unglück wird das immer sein, namentlich im Hinblick auf Asien. Um so mehr ist der schamlose Leichtsinn dieser Gipsfigurenonkels zu verwerfen. Ich freue mich unendlich darauf, Euch im Winter wieder zu sehen, & vieles zu besprechen. Jedenfalls ist der arme Bethmann zu bedauern; er hat scheint's, abgesehen von allem übrigen, eine heillose Erbschaft angetreten. – Ade, mein

Lieber, grüße Deine liebe Frau, & mach keine übereilten Streiche mit Deinem Geld!! – Nachher ist es zu spät & Du wirst doch hoffentlich noch recht *lange* leben.
Herzlichst in Erwartung Deiner Rückäußerung
Dein getreuester R.S.

79 KAROLINE BORCHARDT AN RUDOLF ALEXANDER SCHRÖDER

Villa di Geggiano, Siena
14 Dezember 1911

Lieber Herr Schröder,
Rudolf, der fürchtet seinen Brief heut nicht zu Ende zu bringen, bittet mich Ihnen nur mit einem Wort zu sagen, daß er nicht das mindeste gegen Ihre Vorschläge einzuwenden hat. Er wird Ihnen im Gegenteile für alles, was Sie in der vorgeschlagenen Weise arrangieren können, natürlich sehr dankbar sein.

Das hätte ich eigentlich auch auf einer Postkarte schreiben können; aber da ich nun schon einmal vor einem großen Bogen sitze, so will ich ihn dazu benutzen Ihnen jeden Zweifel an der Fatalität dieser Familienereignisse zu benehmen. Ich bin die letzte Rudolf gegen den Vorwurf des Starrsinns und der unpraktischen Bedingungslosigkeit wenigstens für frühere Jahre zu verteidigen. Hier konnte kein gentleman anders handeln als er gehandelt hat, ausgenommen vielleicht sein sehr unangebrachtes Zartgefühl in Momenten und unter Umständen, unter denen er der gentlemanlyness nichts vergeben hätte, wenn er den Mund aufgetan hätte. Da er es damals nicht getan hat, haben diese Herrschaften aufgehört sich zu genieren. Das sind ja überhaupt keine

Menschen. Wären sie Menschen, hätten sie ich will nicht sagen ein Herz und eine Seele, aber einfach ein Inneres, so hätten Sie natürlich Recht und man müßte dies und jenes versuchen; aber dann hätte Rudolf auch Recht, der seit Monaten nichts anderes tut als auf jedem Wege und unter Aufopferung sehr wichtiger Dinge einen Ausgleich herzustellen, der ihn nicht gradezu ausgezogen an der Erde lässt. Das ist alles umsonst gewesen. Rudolfs Vater, das einzige Wesen mit einer Seele in diesem Hause, glaubte bei seinem Tode diesen Sohn, den er so glücklich war wieder zu haben, ökonomisch vollkommen gesichert zu hinterlassen, und wir haben das anfangs auch geglaubt und haben nur in Ausführungen der Weisungen des Vaters gehandelt, wenn wir uns geschäftlich suchen ließen, statt zu suchen. Daß der Tod oder um es besser zu sagen das Inkrafttreten des Testamentes eine neue Crux bedeutete, war mir, da ich offne Augen habe, sehr bald klar; aber Sie können sich denken, daß es nicht meine Sache sein konnte zu hetzen und Rudolf aufzuklären. Was in den folgenden Zeiten im einzelnen von uns Beiden auszuhalten gewesen ist, wollen wir jetzt verschweigen, wie wir es immer gegen jedermann verschwiegen haben. Aber daß es nicht so weiter ging, wenn man bleiben wollte was man war, stand seit der Münchner entrevue fest. Wenn es sich nur um die Sache handelte, ich meine um die Ablehnung von Rudolfs berechtigten Forderungen, so würde ich mich nicht entrüsten, es handelt sich um das wie; um ein Maß von innerer Rohheit gegen einen Menschen, den diese Analphabeten für wehrlos halten und dem sie sein Quantum zudiktieren – es ist so unglaublich, so haarsträubend, daß ich darauf verzichte es auszumalen. Wie soll jemand glauben daß ohne den mindesten äußeren Anlaß – es war tatsächlich zwischen der Familie und Rudolf nicht das geringste vorgefallen – über einem ruhig und sachlich begründeten klaren Anspruch die Familienverbindung zu existieren aufhört. Unsereinem graust es dabei; aber für Rudolf ist es vielleicht nicht das schlimmste, daß das Leben ihn noch einmal zwingt nur auf sich selber zu vertrauen und auf solche Freundschaft vielleicht, wie die Ihrige, die schon darum selten sein muß, weil sie ist was sie ist.

Wir haben die besten Hoffnungen und verlieren nichts wesentliches. Was wir an Bequemlichkeit aufopfern, muß verwunden werden, und der menschliche Verlust ist nicht mal eine null sondern die Fortschaffung eines minus. Die Mutter, der Rudolf immer unsympathisch gewesen ist und die an seiner unglücklichen Jugend die Hauptschuld trägt, würde ihn jederzeit wieder kaltblütig ruinieren; die älteste Schwester haben Sie gesehn; der Schreibmaschinenbruder hat sein Schäfchen im trockenen und riskiert nichts außer salbungsvollen Kernsprüchen; der zweite Bruder, der Urheber dieses ganzen schimpflichen Vorgangs ist ein Schuft, dem ich schon seit langer Zeit, also während wir von ihm nur süße Worte hörten, jeder profitablen Gemeinheit für fähig gehalten habe. Die jüngeren Geschwister sind wohlmeinend und charakterlos. Das sage ich nicht zornig, denn in Affekt bin ich durch diese Geschichten nicht gebracht worden, sondern ganz ruhig als das Endresultat fünfjähriger Beobachtung.

Jetzt wollen wir hoffen und arbeiten.

Auf Wiedersehn in München.

Herzlichst Ihre　　　　　　　　　　　　Lina Borchardt

80 RUDOLF BORCHARDT AN RUDOLF ALEXANDER SCHRÖDER

Mein Lieber

Ich kann jetzt nur mit einem Worte für Deinen Brief danken; wollte ich zu sagen versuchen, wie es mich bewegt hat, Dich mit so grossen Schritten der Stelle zueilen zu sehen, an der ich mich, einer gegen zehn, mit schlechtem Volk herumschlage, so würde ich vermutlich die Fassung verlieren, die ich solang als ich allein war, mir durch nichts äusseres habe nehmen lassen. Zwar »allein« darf ich nicht sagen, denn ich habe eine Frau, deren Treue und Ernst und innere Lichtheit in schweren Stunden zu etwas wie Diamant wird und höchstens zerschmettert aber nicht verletzt werden kann. Immerhin, da sich bei Menschen von besserer Art eine solche äussere Krise nie im rein Äusserlichen halten kann, sondern zu dem Vorrat an innerlich Kritischem sofort in Beziehung tritt den man bei sich trägt und kaum kennt, so habe ich doch das Schwerste in mir auszufechten gehabt ohne mich irgendwem vertrauen zu können, und das war gut so. Wenn dann endlich der Moment eingetreten ist, an dem ich mir ganz aus mir selber nicht auszuhelfen gewusst habe, und wenn Dir in Deiner augenblicklichen Abspannung eine nicht sehr bequeme Mühwaltung für mich aufgedrängt worden ist, so bitte ich Dich nochmals, es mir zu vergeben. Leicht ist es mir nicht geworden. Ich kann Dich nur aufs festeste versichern, dass Du nie einen Augenblick von mir aus Deine Mühe zu bereuen haben sollst, und dass ich Engagements die Du für mich triffst und einleitest, bis an die letzte Grenze meines Lebensvermögens erfüllen werde. – Natürlich ist das was ich wünsche, bescheiden, aber ich habe in meiner gegenwärtigen Lage nicht das Recht, mehr als das Minimum zu fixieren, unterhalb dessen die Not beginnt. Dass ich auf diesem Minimum von 300 M. auf die Dauer, oder überhaupt auf längere Zeit nicht bleiben darf, und alles anstrengen muss, um etwa Mitte kommenden Jahres auf ca. 500 M. monatlich zu kommen, versteht sich. Habe ich das, so brauche ich hier in Italien meinen Standard kaum zu ändern. Mit 7500 Frcs. jährlich, also ca. 20 fcs täglich ist mein gegenwärtiger Haushalt, den Du gegen den Dir bekannten nicht verändert finden würdest, ohne Zwang zu bestreiten, und es bliebe bei Linas großer Wirtschaftlichkeit sogar ein Marge für besondere Gelegenheiten; in jedem Falle könnte man in Ruhe arbeiten und abwarten, dass Theater oder Literatur einmalige grössere Gewinne abwerfen und eine Reserve zu bilden gestatten. Aber jene Summe wäre natürlich von Jahr zu Jahr wieder zu verdienen, und dazu bin ich in jedem Sinne bereit, und, wie ich hoffen darf, gerüstet.

Ich kann nur hoffen, dass die Bereitwilligkeit von Molde [sic] und Wiegand, mit mir zu arbeiten, so leicht und relativ so rasch zu erlangen ist wie die meine. Eine angenehmere Art mir das Nötige zu sichern und gleichzeitig das Nützliche zu bewirken, weiss ich mir nicht zu denken. Es ist Dir bekannt, dass ich allem Drucktechnischen im Grunde fern stehe und ohne jedes Bibliophilengefühl bin. Das war früher nicht so, ich habe meine redliche Kelmscottpress Schwärmerei gehabt und mir sichre Kenntnisse zu verschaffen gesucht die meinen Geschmack unterstützten; aber in den Jahren versteckter Armut, in denen ich froh war, mir von antiken und modernen Schriftstellern Löschpapierabzüge zu beschaffen, ist mir alles ästhetische Interesse am Buche am Aste verbrannt, und wird auch schwerlich wieder am Holze keimen. Ich nehme auch nach Deinen Worten an, dass nichts derartiges von mir erwartet und gewünscht werden wird, und dass ich nur mit dem zu thun haben würde, was auf den Seiten steht, dass ausser meiner direkten künstlerisch literarischen Leistung mein geistiges Vermögen im allgemeineren, als Urteil, als Begriff vom Notwendigen, als Überblick und Anweisung in Betracht käme. Alles das ist natürlich unbedingt zur Verfügung. Ich kann, sobald ich über die vorhandenen Absichten und die ihnen zu Gebot stehenden Mittel unterrichtet bin, ein Schema ausarbeiten und mit Dir wie mit den Beiden durchgehen; wie wundervoll es wäre wenn wir zwei unsere Arbeiten coordinierten, ist gar nicht zu sagen. Unsere Übersetzung ist so sehr ein Teil unserer Produktion, bekräftigt sie so sehr in der Art wie ein Maler einmal eine Platte nach alten Meistern radiert, kommt so ganz aus derselben Erlebnisquelle wie das eigene Kunstwerk, dass allerdings und geradezu für die deutsche Litteratur etwas gethan ist, wenn wir eine solche kleine Bibliothek der Umformungen aufstellen, in denen wir unsere grossen Ahnen uns nachsingen. Will Kessler etwas von mir, so kann er es natürlich haben. (Beiläufig gesagt die Alkestis ist durchaus nicht Fragment, sondern liegt vollständig bei den S.M.) Meine persönliche Missstimmung gegen ihn, die ich gelegentlich gelüftet habe, beruhte hauptsächlich auf dem Gefühle, dass er au fond Opportunist ist und mit Opportunismus Hofmannsthal corrumpiert, daneben auf anderen Sachen, die ich nicht begründen kann, weil ich sie nur rieche; aber das sind persönliche Grillen und Launen von mir, die ich vom Geschäftlichen rein trennen kann; so wie er sie vermutlich davon trennt, wenn er etwas von mir will, denn er mag ganz so viel gegen mich in der Nase haben. Hierfür will ich nur sagen, dass mein ganzes Totenbuch auf Swinburne für ihn daliegt, das ganze Bersabe-Misterium, ein Dutzend der schönsten Gedichte und mein grosses Widmungsgedicht »An den Heros«. Das sollte auf meine Kosten bei Bändly in Bern gedruckt werden, ich habe aber, als es so weit war, scharf rechnen müssen und bin das Risiko nicht mehr eingegangen, worüber ich heut allen Anlass habe froh zu sein.

Ich denke, wenn es zu unserer Cooperation kommen sollte, zunächst zu machen, was ich am besten kann: Pindar, Lyriker, – darunter die überhaupt noch nie recht gewürdigten – ich meine ästhetisch – und kaum je ziemlich übersetzten philosophischen, deren Schönheit und Herrlichkeit wahrhaft übermenschlich ist – Tragiker – um zu zeigen wie man das macht nämlich weder à la Vollmoeller noch à la Hofmannsthal, – Aristophanes, Prosaiker. Auf letztere richte ich Dein Hauptaugenmerk; das erste Buch Herodot, das dritte Thukydides, die Anabasis, das Buch Strabon über Griechenland in der genau entsprechenden deutschen Sprachschicht zu lesen, diese Aussicht wird auch manchem Nichtbibliophilen das Geld in der Tasche lose machen. Das Beispiel habe ich im Lysis gegeben, inzwischen aber unendliches gelernt und unendliches abgethan; das ist heut noch viel besser zu machen. Theokrit lass ich Dir gerne. Lieber wollte ich noch Burns übersetzen als den, oder Hebel in Scotch. Natürlich wirst Du den Dialekt beiseit lassen, aber das könnte ich wiederum nicht, dazu färbt er mir alles zu sehr bis in den Faden. Es ist etwas anderes ob einer seine Schriftsprache wie eine fremde schreibt –

so Hebel und Burns, – und nur im Dialekt sich rein und spontan ausgiebt, oder ob er umgekehrt, – wie Theokrit – sich zu bestimmten aesthetischen Nebenzwecken der Dialektkostüme bedient. Aber ich schweife ab. Lass uns immerhin die Verteilung nach unserer persönlichen Indolens vornehmen und nimm Dir alles was Dir von Homer und Vergil her liegt. Ich will mich schon einrichten; alles braucht ja nicht übersetzt zu werden und dächte ich mir einen Band Pindar von ca. 10-15 Stücken, eine Lyrikersammlung, Aeschylos Perser und Euripides aulische Iphigenie, den springenden Keim und die berstende Frucht der tragischen Pflanze, so wäre auf lange Zeit Arbeit genug. Und dieser Arbeit will ich mich als der ausschliesslichen Pflicht mit jeder erdenklichen Hingebung und Präcision widmen. Du hast nicht zu befürchten, dass Du den Mittelsmann abgeben müsstest, wenn die Andern von mir nicht mehr verlangen als ich zu thun mich verpflichten kann.

Dass meine Verse Dir leben, ist eine grosse Freude für mich. Hoffentlich denkst Du an die Abzüge; und vermissest auch hoffentlich nicht auf die Dauer das Ordnungsprinzip in der Elegie. Sie ist eine meiner überlegtesten, wenn nicht *die* überlegteste Composition, in der fast von jedem Worte Rechenschaft gegeben werden kann; wäre es anders so dürfte sie nicht so lang sein. Nur ein Plan von Steigerung Retardation und Entwickelung darf dies Ende so weit von diesem Einsatze entfernen. So bald ich kann erhältst Du Mehreres. Für heut lass mich abbrechen, es ist spät, und ich stehe jeden Morgen noch unter Sternlicht auf.

Ganz Dein   Bdt
Geggiano 15 Dez 1911

81 RUDOLF ALEXANDER SCHRÖDER AN RUDOLF BORCHARDT

[Briefkopf: Schloß Neubeuern
ᵃ/Inn Oberbayern]
30.12.11.

L.B. Du wartest sicherlich schon verzweiflungsvoll auf weitere Nachricht von mir; aber es ist in dieser Angelegenheit in fast komischer Weise alles eingetroffen, was das Zustandekommen irgend eines Bescheides und einer Entscheidung hindern könnte. Zunächst ist ein acht Seiten langer Brief den ich an Kessler zugleich mit dem vollständigen Manuskript der übersetzten Bucolica *eingeschrieben* sandte noch nicht in seinen Händen, oder verloren gegangen; denn gestern abend hier eintreffend finde ich, nach dem ich vergeblich mit größter Ungeduld auf seine Antwort gewartet & inzwischen schon auf einen anderen, anderes betreffenden Brief prompte Antwort von ihm erhalten hatte, hier ein Telegramm von ihm aus London, worin er anfragt, ob mein Ms. noch nicht abgegangen sei. Ich hoffe nun der Brief ist, wie es ja unter Umständen mit eingeschriebenen Briefen gehen kann ihm mit fortwährender Verspätung nachgereist & jetzt in seinen Händen. Doch schreibe ich ihm heute nochmals.

Wolde & Wiegand waren ebenfalls beide verreist und unerreichbar, doch ist es mir schließlich gelungen den einen am Weihnachtstag in Bremen zu sprechen & den andern für den 3. Festtag aus dem Taunus her zu zitieren.

Was ich bis jetzt mit diesen beiden jungen Leuten besprochen habe ist folgendes.

Sie wissen die Ehre mit Dir zu arbeiten wohl einzuschätzen,

werden aber vor 1913 noch kein Buch drucken und auch dann der ganzen Verfassung ihrer lediglich bibliophilen Zwecken zugewandten Druckerei nach höchstens 3, 4, 5 Bücher pro anno. Trotzdem sind sie bereit Dir von einem noch näher fest zu legenden Zeitpunkt des nächsten Jahres ab zunächst für 2 Jahre ein Fixum von 300 M. monatlich zu garantieren. Du hättest dafür jährlich eine Übersetzung abzuliefern und ein oder zwei Bücher zu edieren, und zwar mittel- oder althochdeutsche Sachen, die Dir ja sehr nahe liegen. Dies ist in nuce, das, was ich erreicht habe. Ob sich mit Kessler ein Arrangement treffen läßt, werde ich bis zu Deiner Ankunft in Deutschland sicher erfahren. Ich schreibe ihm gleich heute noch einmal, da ich ja nun seine englische Adresse weiss.

Zu bemerken ist, daß Deine Verbindung mit Wolde & Wiegand die Möglichkeit durchaus offen lassen würde, bestimmte Objekte (etwa den Browning) einem andern Verlage zu überlassen. Ich werde auch nach der Richtung hin Schritte tun, um Dir hier möglichst viele Combinationen vorschlagen zu können – wenigstens hoffe ich, auch anderwärts nicht ohne Erfolg an zu klopfen, wenn auch leider Deine verlegerischen Antezedenzien nicht eben ermutigend wirken dürften. Es ist jetzt ja noch mehr als früher bedauerlich, daß Du es nicht über Dich vermocht hast dem Inselverlag gegenüber ein zu lenken, K. hat immerhin unter seinen Collegen eine nicht zu unterschätzende Stellung, & Anfragen bei ihm dürften keine Wirkung zu Deinen Gunsten haben. – Ich schreibe Dir dies nur, um Dich von übertriebenen Erwartungen abzuhalten, ich hoffe natürlich, daß es zu allseitiger Zufriedenheit gelingt, Dich & Deine Produktion materiell zu sichern. Daß ich *alles* tun werde & tue, was in meinen Kräften steht, um dies Resultat herbeizuführen, dessen bist Du ja sicher. Deine Mss. konnte ich leider in Bremen nicht ab schreiben lassen, weil die mir hie & da zur Verfügung stehende Schreiberin krank war. Ich habe sie gestern der Heymelschen Tippdame gegeben & Du wirst sie bei Deiner Ankunft in München in 2 Expl. vorfinden.

Du hast Recht, die Elegie schließt sich bei mehrfachem Lesen immer mehr zusammen. Ob nicht hie und da eine allzu dunkle Wendung klarer gefasst werden könnte, müßte eine Besprechung ergeben. Jedenfalls gehört sie zu Deinen schönsten Hervorbringungen & die Steigerung gegen den prachtvollen Schluß ist sehr herrlich. –

Ich bin hier für eine Woche auf dem Lande mit Hofmannsthals, van de Velde & andern zusammen. Bis etwa zum 6. Januar träfe mich eine Zeile von Dir hier. *Dringendst benötige ich Nachricht* über den Termin Deines Eintreffens in Deutschland. Du sollst ja am 15. Januar in Heidelberg lesen?

Ich bitte Dich mir möglichst umgehend zu schreiben, wann Du kommst, da ich bis etwa zum 16-18. Januar Dich in München oder Heidelberg treffen könnte & auch eine Begegnung mit Dir & den beiden W's herbei führen könnte; nachher muß ich wieder nach Norddeutschland.

Also bitte, mein Lieber & verzeih die Kürze dieses Briefes, ich habe nur eine knappe ½ Stunde Zeit gehabt, da ich den Brief möglichst zeitig absenden wollte. 1000 Grüße Dir & Deiner Frau auch von Hofmannsthals!!!

Herzlst. Rudi

1912

82 RUDOLF BORCHARDT AN RUDOLF ALEXANDER SCHRÖDER

[Geggiano, ca. 3. Januar 1912]

Mein Lieber ich erwidere Dir in Eile und mitten im ärgsten Aufbruchsdurcheinander zwischen Packern und Kisten, Dein Brief war schon gestern Abend hier, wird mir aber infolge der Unordnung die alles ergriffen hat, erst soeben zugestellt. Wir reisen am 5 mittags hier ab, sind einen Tag in Florenz, drei in Gattaiola bei Altieris zu Besuch und am 10ten abends in München, wo wir sofort eine Wohnung suchen. Hast Du mir dorthin etwas mitzuteilen, so thue es per Rau'sche Familienpension Franz-Josefstrasse 4, wo wir zwar nicht wohnen, aber gleich vorsprechen. Bis 9ten Abends bin ich für Dringliches – Rendezvous-Abmachungen – in Gattaiola erreichbar. Mein Heidelberger Vortrag ist auf den 19ten verschoben, was mich wie es nach Deinem Briefe scheint um das Vergnügen bringt, beim Reden Dein Gesicht vor mir zu haben, Dich aber um nichts wesentliches betrügt, denn die Rede selbst erscheint unmittelbar drauf im Drucke. Ich habe so wichtiges und erstaunliches, nämlich solche ungeheuerlichen Gemeinplätze, Trivialitäten pp zu sagen, dass es mit ihrer Verbreitung durch den Schall nicht abgethan ist und Drugulins Pressen stöhnen müssen. Du musst nämlich wissen dass es in Heidelberg neben den Muckern –

aus obigen Krakel ersiehst Du dass ich nervös bin und nicht einmal den kleinsten Erdstoss aushalte; während ich schreibe wankt wieder einmal das Haus, seit drei Tagen geht es schon so, und ich werde froh sein, den trügerischen Boden hinter mir zu haben –

also neben den Muckern um den zum akademischen Schönbart und Privatdozenten der Eloquenz avancierten Gundolf herum giebt es in Heidelberg eine gänzlich ohne mein Zutun und Wissen gebildete Protestantengemeinde unter der Aegide eines mir obscuren Hrn. Weissbach, die den Turmgesang »es ist kein George als George und Gundolf ist sein Prophet« mit dem Chorale »Ein feste Burg ist unser Borchardt« beantworten. Sie haben einen Verein und einen Verlag, den sie, wer weiss warum, A-Ω-Verlag nennen, und das ist ungefähr alles was sie haben. Dass sie mich dorthin kommen lassen – so gut wie gratis – um sich Relief zu geben und mich gegen die Gegner innerhalb des Heidelberger Wasserglases auszuspielen sehe ich wohl, habe aber darum nicht nein sagen mögen; nur muss ich dafür sorgen, dass die Debatte sich von Heidelberg emanzipiert, und darum lasse ich drucken. Darüber mündlich. Denn wir müssen diesmal endlich klug sein, und dafür sorgen, dass die Rede besprochen wird, und die Fragen in Fluss kommen. Hier muss Hofmannsthal, für den es heisst, »Tua res agitur« sich ins Geschirr legen; ich schreibe ihm, sobald ich kann, selber. Gleichzeitig, geordnet, und im Einverständnisse müssen an verschiedenen Stellen die professionellen kritischen Tintenfässer Beifall, Erstaunen, mässige Bewunderung und bittere Verachtung speien, bis genug vorliegt dass man die Sache wieder selber in die Hand nehmen kann. In diesem Sinne war schon Hofmannsthals Pan-Aufsatz für dessen Zusendung ich Dich ihm herzlich zu danken bitte, sehr schätzbar, aber er war nicht mit den Mitteln des Schriftstellers unternommen, oder nutzte wenigstens diese Mittel nicht völlig aus.«»Vom Neuen« sagt Goethe irgendwo, »verlange ich sogleich Resultate; problematisches habe ich in mir selber genug« und mit ihm sagt es das Volk.

Da rede ich nun so hin, und habe Dir noch nicht einmal für Deine unglaublichen, und ebenso unglaublicherweise erfolgreichen Bemühungen für mein Portemonnaie gedankt, die mich beschämen würden, wenn ich nicht in mir den Willen und die Möglichkeit hätte, sie zu rechtfertigen und gerechtfertigt Dir eines Tages heimkommen zu lassen. Als innerlicher Vorwurf bleibt mir nur das Gefühl zurück, dass ich mit grosser Manier auf meine Rente verzichtet und meinen Freunden die ganze Last der Ersatzschaffung aufgebürdet zu haben scheine – oder wenigstens dass es von aussen das Ansehen haben könnte. Dass es nicht so ist, und dass mein Verzicht nur dann überhaupt moralisch war, wenn er *rein* moralisch war, also ohne Rücksicht auf Folgen und Contingenzen – dass für mich auch im Falle mindest fühlbarer Folgen äusserer Art eine innerliche durch nichts abzuschwächen ist, die von harmlosen Leuten als »falsche Scham« oder die Überwindung einer solchen bezeichnet wird – Bitterkeit, für die ich keine Worte suche – das fühlst Du mit und verlangst keine Worte von mir. Ich bin Dir dankbar und atme seit heut früh etwas leichter. Ich bin mit den Bedingungen die Du mit den Bremern präliminariter festgestellt hast, einverstanden. Da bei dem Bibliophilen-Charakter dieser Drucke der Umfang der Bände kaum beträchtlich wird, so scheint mir die Bezahlung herrschaftlich, und ich muss meine Äquivalente in die Qualität des Gelieferten zu legen versuchen. Dass ich altdeutsches drucken darf, freut mich recht sehr. Der arme Heinrich wird den Reigen eröffnen, das vollkommenste erzählende Kunstwerk des deutschen Mittelalters; die andere Edition wird vermutlich anthologisch, da giebt es mehr als eine Möglichkeit. Kenne ich die beiden Herren einmal, so muss ich zusehn, wofür sie zu interessieren sind. Das grosse Epos der Franken, Rolandlied und ältere Chansons de geste liegt deutsch noch nirgends vor; anderes braust mir durch den Kopf wenn ich nur dies alte Ventil lüfte – wofür jetzt weder Zeit noch Anlass ist. Die griechischen Sachen werde ich wol mit Pindar beginnen, für den ich am meisten liegen habe, sodass ich auf Vorrat arbeiten kann. – Ich danke Dir von ganzem Herzen dass Du auch über Browning und Besorgung eines andern Verlegers Dir Gedanken zu machen begonnen hast, bitte Dich aber, das vorläufig einzustellen, – wenigstens soweit es sich auch darum gegenseitige feste Bindungen mit festen Lieferfristen hätte handeln sollen; ich kenne meine Art und Unart zu genau, um mir zuviel an feste Termine gebundene Arbeit übernehmen zu sollen, so gerne ich bereit wäre, mich zur allmählichen – sagen wir auf drei bis vier Jahr berechneten – Herstellung eines deutschen Browning zu verpflichten. Wäre es mit den Bremern nichts geworden, so wäre eine solche Herstellung auf zwei Jahre mein Haupthandwerk geworden, das ist nun nicht mehr nötig. Es ist natürlich richtig dass mein Kriegszustand mit der Insel keine glückliche Belastung neu zu entrierender Verlagsbeziehungen bildet, aber ich rate Dir, diese Schwierigkeit, wenn nicht geradezu zu ignorieren, so doch nicht zu überschätzen; erstlich sind wir keine Domestiken, über deren Führung man sich vor neuem Engagement bei ihrer letzten Dienstherrschaft informiert, zweitens giebt es kaum einen beträchtlicheren Menschen, dem es gelungen ist, ohne Reibung und Kränkung oder Schädigung und Hader mit Kippenberg längere Zeit geschäftlich zu thun zu haben, sodass meinem Rufe von Unberechenbarkeit – wie ich ihn zu haben scheine – sein mühsam erworbener – den ich nicht qualifizieren will, – gegenübersteht – und schliesslich sieht es mit der collegialen Nachbarlichkeitsgesinnung der Insel gegenüber bei den meisten in Betrachtkommenden Verlegern, dürftig genug aus, ja man kann wol sagen, das einzige nachbarliche Gefühl das man meinem kleinen Freunde gegenüber zu bethätigen liebt ist das der Schadenfreude, und er muss schon mindestens halb so tüchtig sein, wie er zu sein glaubt, wenn man ihm nicht in ein paar Jahren von rechts und links den Wind aus den Segeln genommen haben soll. – Also um das zu resumieren: wenn ich mit den Bremern auf vorgeschlagener Basis abschliessen kann, und Du mir für Browning einen *normalen* Vertrag – ohne pressante und sehr eng genommene Termine – sichern oder vorschlagen kannst, so wäre das der Gipfel alles Wunsches. Geht letzteres nicht an, so wird *vielleicht* – ich rechne keineswegs damit – mit Kessler irgend etwas was mir ein par hundert Mark bringt, wenn nicht so will ich Dir in den nächsten Wochen druckfertige Originalmanuscripte schicken, über die Du, – und Hofm. vielleicht – mir Eure Meinung sagen mögt, und für die sich wol Interessenten finden werden. Ich sage Dir ins Ohr, dass ich Sachen gemacht habe, die ich selber nicht ohne Herzklopfen lesen kann. Gott sei Dank dass die Behelfe die Du mir beschaffst mir ermöglichen über die Kluft hinwegzukommen, die sich zwischen mir und der Ausnützung meiner *eigenen* Arbeit aufgethan haben; aber dass meine materielle Basis sich sobald es geht auf diese letzteren stützen muss, braucht nicht erst gesagt zu werden. Hierbei nur ein Wort. Ich erkläre Dir jetzt schon, dass wenn die Bremer gerne mit mir arbeiten, ich meine Interessierung an ihren Unternehmungen durchaus nicht auf die Zeit beschränken werde, in der *ich sie* nötig habe, sondern ihnen selbstverständlich dauernd verpflichtet bleibe, auch wenn mir die Erfüllung solcher Verpflichtungen nicht immer leicht fallen sollte.

Es wird nun nichts als das letzte, scheinbar geringste, mir in Wahrheit schwerste übrig sein, die Feststellung der Modalitäten der Garantie. Ich fürchte, es ist unverschämt gefordert, dennoch muss ich fragen: Glaubst Du es ermöglichen zu können, dass man mir eine Summe auf meine Bank legt, die dort vorhanden zu wissen mir gewährte, was ich heut nötiger als alles brauchte – innere Ruhe? Was ich von eigenem noch hatte, ist in diesen Tagen und Kosten hingeschmolzen, von jetzt an mache ich täglich meine Frau ärmer. Lass mich nichts weiter darüber sagen, äussere nichts davon wenn Du nicht *sicher* bist mich nicht unnötig zu exponieren und einem Refus auszusetzen, der das Allerschlimmste wäre.

Mit meinem Vermögen – darüber vergass ich das letzte Mal zu schreiben – bleibt alles beim alten, ich thue nichts unüberlegtes, verkaufe und präjudiziere nichts. Ich wollte nur, die Rechtssache in Berlin nähme ein anständiges Ende. Seit Monaten arbeitet der Anwalt, der für mich die Verwaltung nachprüft, an der Aufhellung der beispiellosen Verhältnisse, für ein volles Zehntel der Masse sind keine Deckungen da, Vergeudung, Verschleuderung und Willkür haben ohne Aufsicht und ohne Skrupel gehaust. Es ist

nun doch zu einem Ultimatum gekommen, aber Prozesse führe ich nicht. Wenn es nicht im Vergleichswege gelingt, die pflichtgemässe Erhöhung der Masse und die Lieferung der vorenthaltenen Nachweise durchzusetzen, so gehe ich als Bestohlener ruhig beiseit und lasse den Wölfen den Raub.
Dein Bdt.

Hofm. alles Herzlichste, er verwöhnt mich mit Aufmerksamkeiten; sein Diltheyaufsatz ist sehr sehr schön.

83   RUDOLF ALEXANDER SCHRÖDER AN RUDOLF BORCHARDT

[Bremen] 23.1.12

Herrn
R. Borchardt,
Pension »Kensington«
München Luisenstr. 5

Lieber Freund!
Einliegenden Brief beförderst Du wohl gütigst an seine Adresse. Ich habe die Adresse von Dr. Weissbach nicht. – Ich habe gestern mit Kessler flüchtig gesprochen, er ist im Prinzip bereit, mit Dir zu arbeiten. Ich kann Dir aber erst Näheres mitteilen, wenn ich mit Wolde darüber geredet haben werde.

Hoffentlich ist Dir alles gut bekommen.

Mit herzlichem Gruss an Dich und Deine Frau
Dein
[Rudolf Alexander Schröder]

1 Brief an Dr. Weissbach

84 RUDOLF ALEXANDER SCHRÖDER AN RUDOLF BORCHARDT

[Briefkopf: Bremen
Schwachhauser Chaussee 365]
10. 3. 1912.

Mein Lieber, schon wieder scheint der Faden sogenannter seelischer Beziehungen zwischen uns zerrissen, keine Taube bringt eine Botschaft, kein Postbote einen Brief, keine Zeitung eine Nachricht. Also muß ich wohl derjenige sein, der zuerst schreibt, cosa novissima e rarissima. Was macht Ihr in München in einer Pension deren englischer Städtename mir so zu sagen entfallen ist? Wie geht es dem Quercia? Ist er für 100 000 M verkauft, oder ist er dennoch ein Abguß, oder seid Ihr inzwischen so reich geworden, daß die Absicht eine Gallerie von Quattrocentoskulpturen zu sammeln nichts Groteskes mehr hätte, oder sollte der tönerne Gegenstand von seinem Koffer gefallen sein & Ihr klebt jetzt weinend die Scherben? Oder – doch halten wir ein, die Unzahl der Perspektiven würde uns sonst schwindelig machen. À propos, wie heißt eure Pension noch? »Kensington« »Badminton«, »Paddington« – ich will mich für das erstere entscheiden und zu Gott beten, es sei das rechte, sonst wehe diesem Embryo eines Briefes, der schon vor der Geburt zu traurigem Irrsal verdammt wäre. – Mit Vergnügen, mein verehrter Freund habe ich Ihre schönen Verse in den vortrefflichen Südd. Mon. gelesen, konnten es nicht mehr sein, & könnten Sie uns nicht öfter mit den Kindern Ihrer Muse erfreuen? Ich versichere Sie, es ist ein Bedürfnis nach guter Lektüre auch auf dem so reich bebauten Feld der besseren (ernsteren) Lyrik immer noch vorhanden, zuweilen so gar ein schreiendes. Mit Bestürzung haben mich die politisch-polemischen Diatriben eines sog. »Spectator Germanicus« erfüllt. Wer mag sich hinter diesem Pseudonym verbergen? Na, wir wollen erst mal abwarten, ob die Italiener etwas mehr erlangen als die Käserinde auf der sie jetzt sitzen.

Inzwischen habe ich einen Brief erhalten, von dem eine selbstverständlich *nur für Dich* bestimmte Abschrift einlege, in der Annahme, sie wird Dich amüsieren. Ich habe nun noch zwei weitere Oden geschrieben, die ich einlege & denke den Cyclus mit noch zwei anderen, von denen eine auf Friedrich den Großen gehen soll, zu schließen. Ob die vorliegenden beiden Oden Bethmanns Beifall finden ist mir etwas zweifelhaft; aber ich hatte – ich war ja in Paris – das Gefühl, derartiges müsse auch gesagt werden. – Eine kleine Elegie auf den Todestag meiner Mutter liegt bei. Das ich die Oden und die Elegie gern noch in den Sammelband aufnehmen möchte, aber nicht weiß, ob sie was taugen, wäre mir eine möglichst umgehende Äußerung von Dir *sehr* erwünscht, Du brauchst ja nur kurz zu schreiben, ja oder nein, das wäre genug.

Mein Aufenthalt in Paris war für mich in gewissem Sinn epochemachend, indem mir dort innere Freiheit & Arbeitskraft wiedergeschenkt wurden, die ich in dem langen Zuhausesitzen unter unerfreulichen Familienverhältnissen gänzlich verloren hatte. Dadurch, daß ich in Paris eine Grippe bekam, verlängerte sich mein Aufenthalt um circa 14 Tage & ich habe mal regelrecht gebummelt und mich gefühlt, als wäre ich nicht 34 sondern 24, oder noch jünger. Kessler war da & hat mir allerhand Hübsches gezeigt & Meier-Gräfes waren auch recht nett. Aber das Bummeln war doch das netteste. Und, mein Lieber, die Küche. Ich habe schändlich geschwelgt, discret aber lasterhaft gegessen, so, weißt Du, in dem Genre, wo man bei Kaffee & Cognac etwas sentimental wird & nichts dagegen hätte gerade in diesem Augenblick zu sterben, weil man einer fürsorglichen Aufnahme drüben unter obwaltenden Umständen sicher wäre. Habe natürlich auch wundervolle Bilder gesehen, Renoirs ganz herrlich! Ich schicke Deiner Frau den Renoir von Meier-Gräfe, sie würdigt ja so was. - Denk Dir, es geschehen Zeichen & Wunder, mein Vater setzt mir vom Herbst an eine bescheidene Summe aus, damit ich meine Sofa-Tätigkeit einschränken & mich mehr litterarischen Diwanen zuwenden kann. Ich bin vor Rührung ganz hin; es ist ein Werk meiner ältesten Schwester, die dem alten Herrn zugesetzt hat. Ich hätte selber nie den Mut gefunden, ihm davon zu reden. Um so mehr hoffe ich, mein Lieber, daß Deine Familienaffairen auch nur vorübergehend die unerfreuliche Gestalt behalten mögen, die sie jetzt haben. –

Du bist mir im Übrigen durchaus Rechenschaft schuldig, darüber, was aus Deinen ökonomischen Plänen geworden ist. Wie sind Deine Verträge mit den Sd. M.? Ist aus der Alkestis-Publikation was geworden? Was macht Wannsee? Du wolltest mir doch eine Abschrift schicken? Ja, Kuchen! – Kann & soll ich Dir sonst noch in irgend etwas behilflich sein? Sieh mich hier bereit zu allem bis an die Grenze des Strafgesetzbuchs. – Außerdem, was treibst Du, was schreibst Du, wo bleibst Du? – Ich halte Ende März 2 Homervorlesungen in Weimar, werde nächsten Winter noch sechs weitere dort halten, Du siehst ich arbeite mit großen Mitteln für meine Popularität. Was Kessler anbetrifft, so würde er allerdings gerne mit Dir arbeiten; ich fürchte aber, es wird nicht gehn. Er will einen kompletten Thukydides, & hat auch sonst sehr große Pläne. Wir müßten mal drüber reden. Schreiben lassen sich solche Sachen nicht. Wann geht ihr wieder nach Italien? Ich komme bestimmt hin. Voßens haben mich in die Villa Barberini am Albaner See eingeladen & das möchte ich mir nicht entgehen lassen. Wenn übrigens das Taschentelephon Deiner Freundin Leo mal wieder in Deiner Nähe ist, so übermittle ihr meinen ehrfurchtsvollen Gruß. Ich lache immer noch wenn ich daran denke, wie sie in Euer Zimmer trat, gerüstet zur Kritik und mit den Allüren einer verirrten Lokomotive. Und seltsam, je mehr Kuchen sie aß, desto bitterer wurde sie. Aber sie war doch höchst charmant & ich möchte sie gern mal wieder sehn. – Und Frau Borchardt! Hat sie ausgestellt? Hat sie überhaupt schon ihre Bilder gerahmt? Hat sie daran gedacht selbige auch mal nach Bremen zu schicken? Ich garantiere hier für einen guten Erfolg. Ich bin erst seit drei Tagen in Bremen, und der junge Wolde ist verreist, kommt erst nächste Woche zurück. Sonst hätte ich mit ihm schon mal wegen Deines projektierten Hierherkommens geredet. Schreibe mir doch, bitte, *ob* & wann Du etwa könntest, ich bin vom 21 ab in Weimar, weiß nicht genau wie lange, jedenfalls nicht sehr lange. In Heidelberg hatte ich einen recht schönen Preß-Erfolg, alles andere war unbeschreiblich ridicül. Solch ein Nest voll Spießbürger ist doch schon schlimmer als eine einsame Kloake. – Interessiert hat mich der zionistische Aufsatz des Herrn Joseph in den Sd. M. Wie kann man so brav und so blödsinnig sein. Im Übrigen, weißt Du, ist diese Rassen-Theoretisiererei doch eine gefährliche Zeitkrankheit; das Buch des Herrn Burte, für das der gute Heymel solche Propaganda macht, »Wiltfeber« ist ein betrübendes Produkt dieser Krankheit. Wie gräulich, und wie dumm! – Du wirst mir selbstverständlich glauben, daß innerhalb vernünftiger Grenzen die Rassenfrage auch mir eine höchst wichtige ist. Aber heut zu Tage muß alles in's Fratzenhafte ausarten. Megaphonie!! Ade, auf Wiedersehen 1000 Grüße an Euch Beide,

Rudi

Ich schicke Euch eine, leider schon gerahmte, Photographie nach einem Portrait, weil es wie mich deucht immerhin das beste Bild von mir ist. Erwarte aber Gegenleistung! –

85 KAROLINE BORCHARDT AN RUDOLF ALEXANDER SCHRÖDER

München, Luisenstr. 5/2
Pension Kensington
[März 1912]

Lieber Herr Schröder,
da ich nun wirklich dran denken muß meine Bilder auf die Wanderschaft zu schicken, eh ich selbst wieder weggehe, so wäre es mir ja mindestens ebenso lieb in Bremen anzufangen wie irgend wo anders.

Wären Sie wohl so gut mich wissen zu lassen an wen ich mich zu wenden habe, damit ich auch den Zeitpunkt der eventuellen Ausstellung genau weiß, um mich mit anderen danach zu richten. Ich habe kürzlich noch eine andere Aufforderung nach Nordwestdeutschland bekommen, die sich ja dann bequem anschließen könnte.

Bekommen wir Sie noch zu sehen, ehe wir wieder nach unten gehen? Hoffentlich doch ja.

Herzlichen Gruß Lina Borchardt

86 RUDOLF ALEXANDER SCHRÖDER AN RUDOLF BORCHARDT

[Briefkopf: Bremen
Schwachhauser Chaussee 365]
12.3.12

Lieber Borchardt!

Einliegend eine weitere Ode. Es wäre mir lieb, wenn Du mir möglichst umgehend etwas darüber schreiben könntest, vor allen Dingen auch darüber, ob es vielleicht zu kühn ist, wenn ich in der letzten Strophe Preussen als Pfand deutscher Zukunft anführe und dann sofort in der folgenden Frage die Bedeutung dieses Pfandes ganz ins Allgemeine ziehe. Wie gesagt, Du würdest mir mit möglichst umgehenden Notizen einen großen Dienst erweisen, da, falls überhaupt diese Gedichte noch mit aufgenommen werden sollen, es sehr eilt.

Herzlichst grüßt RAS

1 Ode.

87 RUDOLF BORCHARDT AN RUDOLF ALEXANDER SCHRÖDER

[München, 12. März 1912]

Mein Teurer ich bin im Begriffe eine Arbeit abzuschliessen die noch im Laufe des Nachmittags fort muss und habe daher nur Minuten um Deinen guten fröhlichen Brief zu beantworten dem man etwas wie Entspannung und Erlösung anzumerken meint. Dass mein Schweigen diesmal nur den Diskretionsgrund hatte, Dir den Anblick meiner Ungeduld zu ersparen während offenbar die Kesslerschen Sachen nicht den erwünschten Gang nahmen, brauche ich kaum zu sagen; ich habe mehr als ein Mal die Feder angesetzt um Dir zu schreiben und anzufragen ob Du wie im letzten Briefe angekündigt mit Wolde auf Grund der mit K. präliminariter getroffenen Vereinbarung weitergekommen seist, sah aber doch Dein Schweigen schliesslich als beredteste Auskunft an. Nun versteht es sich dass ich an Kessler nicht mehr denke. Etwas weniges muss denen mit denen ich arbeiten soll, denn doch an mir gelegen sein, und wenn sie prinzipiell bereit sind, dürfen die ersten Schwierigkeiten jedenfalls nicht von ihrer Seite kommen. Armer Swinburne. La Signora Emilia – tutti la vogliono e nessun la piglia, sagt der italienische Spottvers. Der complete Thukydides ist ein completer Wahnsinn. Auf welche Zeit sollte diese Titanomachie abgesehen sein? Und mit welcher Batrachomyomachie will er sich, bei geringer Zeitfrist, zufriedengeben? Wer soll das machen? Wer kann das nötige Griechisch? Wer ist bereit Wochen und Monate zu opfern, um sich den Stil einer solchen Übersetzung zu erkämpfen? Von solchen Dingen arbeitet man ein Buch als Specimen und sieht dann zu, bei largester Zeitberechnung, ob man ein zweites, ein drittes u.s.w. wagt. Das ganze ist die Arbeit eines Jahrzehntes oder wenigstens zwei Drittel davon. Der Rest ist Übersetzungsfrohne à la TausendundeinNachmittag und ist am besten von einem Primus Omnium zu leisten.

Es hat keinen Sinn Dir zu verbergen, dass ich die schwersten

Sorgen habe, und beim besten Willen manchmal daran verzweifele die nötige Summe zusammenzubringen um im April den italienischen Haushalt auf ein Jahr zu wagen. Für mich persönlich wäre ich unbedenklich; meiner Frau kann ich die Aufregung ohne die Garantie einer liquiden Summe die unsere Bedürfnisse deckt, die Wirtschaft wieder zu beginnen nicht zumuten. Dazu kommt dass eben trotz grösster Sparsamkeit der Münchener Aufenthalt doch wesentlich kostspieliger geworden ist und bleibt als wir gerechnet hatten und eine Operation die meine Frau vor zwei Wochen durchgemacht hat, ein weiteres Loch neben die andern reissen wird. Die S.M. geben mir 500 M. für Alkestis und haben 240 für die Februarbeiträge gezahlt, ob sie sich zu erheblichen oder angemessenen Zahlungen für die Sammlung meiner Prosen die ich grad redigiere bereitfinden lassen werden ist mir mehr als fraglich und schliesslich schon darum mit Recht zweifelhaft weil sie selber in den bösesten Klemmen versieren, auch ihre Rangierung mir noch keineswegs sicher scheint. Alles übrige mit Ausnahme natürlich der Bremer 3600 M. hängt in der Luft, meine Familienangelegenheiten sind hoffnungsloser als je zuvor da man dort mit Recht mir eine Klage nicht zutraut, und in dieser schuftigen Sicherheit mir sogar jede gesetzlich vorgeschriebene Auskunftsleistung verweigert – resp. erklärt diese Auskünfte nur vor Gericht zu geben. Es bleibt mir hiernach nichts übrig als durch Heymel der letzthin einen Tag hier war, wegen Browning bei Rowohlt einen Versuch zu machen, um den durch Kesslers Versagen verursachten Budgetausfall zu decken im übrigen die Zähne zusammenzubeissen, auf Monate aus der Hand in den Mund zu leben und soviel Unabgeschlossenes als möglich successive abzuschliessen um »Original-Verlagsobjekte« zu schaffen, auf die schliesslich in der nächsten Zeit meine ökonomische Existenz sich wird stützen müssen. Heymel hat übrigens mit Ullstein vor auf Grund meiner Tripolisaufsätze etwas zu entrieren und schickt mir heut ein neugierfieberndes Schreiben dieser Worthies, versucht auch »Wannsee« bei S. Fischer zu placieren, giebt aber selber den geringen Einfluss zu den er in diesem Concern engagieren kann. All das ist unverlässlich, hoffentlich ist es mit Reinhardt nicht eben so, bei dem er ein Stück anzubringen für mich versuchen wird.

Verzeih dies öde und schäbige Gewäsche, das Du aber selber aus mir elicitiert hast, und von dem ich selber wünschte dass ich es glänzender darstellen könnte. Ich habe es unsäglich schwer. Mein Leben hier ist einsamer als in Italien, und natürlich freudloser. Dort habe ich keine Menschen aber besseres, hier keine Menschen aber schlimmeres. Heute noch, nach zehn Jahren einer Arbeit die nur auf das Dauernde gerichtet war, und das Dauernde geschaffen hat mitten im ruppigen Schund und Schwindel dieser flauen Zeit, muss ich die Unterbringung meiner Produkte erbetteln. Auch bin ich dazu durchaus bereit, weil es etwas heiliges und verordnetes ist, sich und die Seinen schicklich zu erhalten, und keine Mühe mir dafür zu gross oder zu klein oder gar meiner unwürdig erscheint. Nur zum Ziele sollte es führen; erst wenn es das nicht thut, werde ich vor mir selber rot.

Mit dem Relief bin ich nicht viel weiter gekommen. Viele haben es gesehen, alle bewundert, auch Kunsthistoriker, – diese sogar besonders – und ein Zweifel an der Echtheit ist nur von einem Altertumshändler geäussert worden, gelegentlich einer Sitzung des hiesigen Altertumsvereins in der ich es vorlegte: Weiteres Interesse hat sich nicht gezeigt, James Loeb der es hier bei mir sah und übrigens sehr schön fand, hat eine Photographie an Dr. Warburg nach Hamburg gesandt von dem aber noch nichts eingegangen ist; auch den Besuch des jungen Boehler erwarte ich in der Sache, aber er ist noch abwesend. Was mich in der Verwertung des Objektes lähmt ist mein eigener Zweifel an Echtheit und Integrität, genauer mein Misstrauen gegen den angeblichen Zufall, der in einem von Händlern nahezu erschöpften Milieu mir ein solches Stück in die Hand gespielt haben sollte. Wäre ich im Gefühl sicher so wäre ein Handel längst entriert und geschlossen. So fürchte ich selber zum Schlusse zweideutig dazustehen, was Du leicht begreifen wirst.

Je länger ich schreibe, um so finsterer und stumpfer wird mir zumute, daher will ich mich zum Ende eilen und bald in besserer Verfassung ausführlicher sein. Deine Elegie muss bleiben wie sie ist, sie ist nicht besser zu wünschen. Es ist in ihr eine Genauigkeit der Phrasenprägung, die einen deutlichen Fortschritt bekundet, und dem Lesenden ein bis zum Ende vorhaltendes Gefühl der Beherrschung und Durchleuchtung giebt. Du hast nichts im Geiste so antikes gedichtet. Von den Oden ist die eine, die Rede Deutschlands enthaltende, ganz auf dem Niveau der übrigen, die andere die das Kyffhäusermotiv in der zweiten Hälfte – übrigens wunderschön – verwendet, in der ersten mir nicht ganz fasslich. Das Gleichnis der ersten Strophe kommt zu keinem rechten Ende, die zweite ist klar und gut, das »So galt es doch« im Anfang der dritten dunkel. Dem folgenden fehlt wie mir scheint die sichere Deutbarkeit der sämtlichen Beziehungen des Bildes. Was ist die Hochzeit, der Waffentanz, zu dem der Kaiser heraufgenötigt wird als Zeuge? Es ist natürlich das Reich. Aber es kommt nicht recht heraus und vertrüge wol eine zweite Formung. Prachtvoll der bittere tonlose Schluss.

Am 28 soll ich hier für die SM Dante vorlesen und eine Einleitung über Systematik der künstlerischen Übersetzung davor recitieren – *soll*, d.h. ich habe Cossmann dazu gebracht es anzusetzen und es wird werden wenn nicht etwas, oder wie das hier geht tausenderlei dazwischen kommt. Dafür kriege ich natürlich nichts. Ob aus Bremen etwas wird ist mir sehr fraglich. Wolde wollte sich darüber mit Dir besprechen. Ich selber kann mich darum nicht rühren, weil das Ganze den Charakter einer persönlichen Einladung W's an meine Frau und mich trug, zu deren Déterminierung und Beschleunigung ich natürlich nichts thun darf.

Habe Dank für Deine Freundschaft und Mühe, gleichgiltig was mir daraus an Vorteilen erwächst; der Gedanke an Dich thut mir immer im Stillen wol. Der Brief von BH hat mir grosse Freude gemacht, es kann kein verdienteres Lob geben als dieses. Adieu, lass bald von Dir hören

R.

Meine Frau schickt, d.h. zur Jury!! sechs ihrer schönsten Sachen nach Chemnitz zur Graph. Ausst. des Künstlerbundes. Kommen wir nach Bremen so denkt sie daran auch dort auszustellen, sonst schickt sie einmal etwas an eine dortige Gelegenheit. Private Shows haben wir hier genug veranstaltet, auch Maler, z. E. Weisgerber waren von den Zeichnungen sehr beeindruckt. Aber eine Chance hier auszustellen scheint, da niemand sie und mich kennt, ausgeschlossen.

Eben, da dies schon geschlossen ist, kommt die neue Ode. Ich schreibe Dir gleich da Du es wünschest, obwol ich heut nicht rein genug klinge, um mir ein sicheres Votum zuzutrauen, und lieber einen Tag damit wartete. Wie sie mir jetzt vorkommt, ist sie hübsch aber ohne den grossartigen Zug der andern, wobei ich nicht sprachliches meine sondern den Zug und die Macht des Vorgestellten. Den Eingang finde ich nur *poetisiert*, nicht innerlich poetisch, – ich meine es ist ganz leicht das poetisch wirkende davon abzustreifen und man behält dann blosse Gesprächswendungen in der Hand. Das Gedicht als solches beginnt erst in der dritten Strophe und bleibt auf einer ordentlichen Höhe – der *greuliche* Zorn will mir nicht gefallen, woher rührt Deine Vorliebe für dies Wort, das die Ungeheure Todesgefahr des F d Gr ständig umgebenden Hasses so schlecht bezeichnet – der Schluss wirkt nicht auf mich. Meinst Du das fridericianische Wort vom premier serviteur de l'Etat? Jede Umschreibung schwächt es für mich ab, diese finde ich auch tautologisch, und das »Pflicht« will mir schon gar nicht gefallen. Nicht mir gilt meine Pflicht soll doch im Grunde nur heissen, ich kenne keine Pflichten gegen mich selber, aber wer sagt in einem solchem Falle »gilt«? Man kann sagen nicht mir gilt meine Arbeit, gilt meine Sorge, mein Einschreiten etc., mit einem Worte jede Thätigkeit. Pflicht ist ein Verhältnis zwischen einem Subjekte und einem Objekte; es ist natürlich hier eine Attraction des Sinnes, eine besondere Form des ἀπὸ κοινοῦ d.h. Du hast die besondere Bedeutung die das Wort Pflicht im zweiten Satzteile hat, schon vorausfühlend in den ersten hinübergezogen, aber auf mein Gefühl wirkt es hart und und unschön. Gegen die Borussia als Pfand das dann verwaltet wird, habe ich nichts einzuwenden, man bezieht das *es,* das verwaltet wird mehr auf den allgemeinen Sinn des voraufgehenden Satzes als auf ein spezielles Wort. Die vorletzte Strophe ist extra gut. Verzeih dies gedankenflüchtige Gesudel und nimm es für nichts besonderes wenn es Dich nicht überzeugt, ich bin heut kein testis idoneus. R

88 RUDOLF BORCHARDT AN RUDOLF ALEXANDER SCHRÖDER

[Telegramm]

[München, 29. März 1912]

Hiesiger Vortrag auf elften Abreise vierzehnten festgesetzt bitte dringend festzustellen, ob und wann hiernach Bremen überhaupt arrangierbar Grüsse Borchardt

89 RUDOLF BORCHARDT AN RUDOLF ALEXANDER SCHRÖDER

[Telegramm]

[München, 5. April 1912]

Angekündigten Brief nicht erhalten verstehe Euch nicht hiesiger Vortrag auf Freitag verschoben bis dahin wäre allenfalls verfügbar anderenfalls bitte sofort Drahtabsage Grüsse Borchardt

90   RUDOLF BORCHARDT AN RUDOLF ALEXANDER SCHRÖDER

[Telegramm]

[München, 7. April 1912]

Eintreffe Montag früh circa halbacht bleibe bis Mittwoch Gruß
Borchardt

91   RUDOLF BORCHARDT AN RUDOLF ALEXANDER SCHRÖDER

[Telegramm]

[München, 19. April 1912]

Don't think ill of me if I accept what you offered so kindly
otherwise sha'nt get through this month without selling out
stock again let me have fifteen hundred possibly at once I am
leaving sunday night you'll have it back as soon as I can manage
to B

92   RUDOLF ALEXANDER SCHRÖDER AN RUDOLF BORCHARDT

[Telegrammentwurf]

[Bremen, ca. 19. April 1912]

Borchardt München
Pension Kensington
Luisenstrasse
Sende wenn irgend möglich Betrag morgen früh ab Gruss
Schröder

93 RUDOLF BORCHARDT AN RUDOLF ALEXANDER SCHRÖDER

[Briefko... Villa Mansi
...agrati Lucca]
29 Juni 12

Mein Lieber, was Du von mir gedacht haben magst, indes ich meiner mitten in der Arbeit ... etze geschriebenen und vermutlich sehr thörichten Karte W... ...en und Wochen lang kein Lebenszeichen habe folgen la... ...ngstigt mich beinahe mir vorzustellen. Ich weiss nicht ob ... jemals einem Menschen so vielen Dank schuldig geword... ist, wie ich Dir für die schöne That, durch die Du Dein... ...tand in meiner gequälten Übergangszeit aus Rentengenuss in Selbsterhaltung vollendet, ja, die endgiltige Passage zur letztern mir fast ermöglicht hast, jedenfalls um ein beträchtliches Stück verkürzt. Wenn ja, so hast Du vielleicht ahnen können, dass Dank unter Umständen so stumm ist wie Undank. Ich will nur nachholen, was auf meiner Karte nicht recht zum Ausdruck gekommen sein mag, dass meine Bitte an Dich die augenscheinlich irrige Voraussetzung hatte, Du könntest das Benötigte anstandslos erheben und anweisen lassen. Hätte ich vermuten müssen, dass es Dich Müh kosten würde es aufzutreiben – und wer weiss mit welchen Explanationen und Umschweifen, Du Armer! – so hätte ich in dubio doch gethan, wovor mir graute: ein weiteres Papier verkauft – ehe ich Dir beschwerlich geworden wäre. Hintennach war eben nichts mehr zu ändern, und, was das Schlimmste war, ich fürchtete damals noch, ich würde auch die dreihundert Mark noch notwendig brauchen, die Du mir noch aufbehieltest; die Unsicherheit darüber war einer der Hauptanlässe meines Schweigens in der unmittelbar folgenden Zeit. Nun habe ich es gezwungen, und kann Dir sagen, ich brauche sie nicht. Dass ich Dir das Erhaltene zurückerstatte, sobald ich es entbehren kann, muss ich Dir nicht erst wiederholen, und sollte jemals der Fall eintreten, dass Du es dringend brauchst, so ist es zu Deiner Verfügung; aber solange Du es mir lassen kannst, ohne Nachteil davon zu haben, bitte ich Dich es mir zu lassen. Was ich jetzt verdiene, reicht, sorgfältig verwaltet, zur Erhaltung unseres Lebensstandards aus, der wie Du weisst, von jeher ein mässiger gewesen ist, und verlangt nur in unbeträchtlichen Stücken eine niemandem als uns beiden spürbare Beschränkung, über die wir keine Worte verlieren. Ich hoffe dahin zu kommen, dass ich Ende dieses Jahres darüber hinaus einen einmaligen grösseren Gewinn verzeichne. Gelingt es, so kannst Du schon dann über mich verfügen. Von einer Regelung meiner Stellung zum Familienvermögen ist nichts zu erwarten. Ich habe die rechtliche Verfolgung meiner Ansprüche nach Feststellung der ungefähren Wahrheit über den Vermögensstatus in aller Stille eingehen lassen, da ich mich in den dadurch aufgedeckten Pfuhl von Unwahrheit und Unredlichkeit nicht herab lassen konnte ohne etwas von der Reinheit der innern Zustände einzubüssen deren ich für mein Leben und meine Arbeit bedarf. Das Resultat meiner Aktion ist ausser obigem im wesentlichen die Herausgabe einer Summe gewesen, die meine Mutter zu Gunsten ihres auf jammervolle Weise zusammengebrachten »Privatvermögens« dem Nachlasse entzogen hat, an dem ich miterbe. Von jetzt ab beschränke ich mich auf eine vierteljährliche Controle der Bücher, erwarte nichts und nehme nichts. Sollte mir bei

Lebzeiten meiner Mutter etwas Menschliches zustossen, so ist durch Codizill zu meinem Testament für sofortige Rückzahlung des Darlehens an Dich Sorge getragen. Damit habe ich gethan, was ich augenblicklich möglicher und rechtlicher Weise zu Deiner Sicherung thun kann. Und damit verlasse ich fürs erste diesen Gegenstand. Ich hatte nicht gedacht, dass es mir noch bevorstehen sollte, nachdem mein Leben einmal sich geregelt hatte irgend jemandes Schuldner zu werden, und es ist mir bitter angekommen, selbst der Deine sein zu sollen. Da ich es nun einmal bin, so ist mein einziges Ziel, kein schlechter Schuldner zu sein, das heisst erstlich im gewöhnlichsten Sinne, dann aber in dem höheren, dass ich nicht Dein schlechterer Freund sein möchte sondern Dein besserer. Seit Jahren ersetzest Du mir vieles ganz allein, was mir sonst versagt ist – lieber Rudi, ich kann auf nichts davon verzichten, und Du darfst nichts davon zurücknehmen, auch nichts von der Freiheit, über mich in jedem Sinne zu verfügen, in dem ich Dir jemals etwas wert gewesen oder brauchbar erschienen bin. Aber das sind müssige Worte wie sie nur aus einem vollen Herzen kommen können. »Wessen das Herz voll ist, des schweigt der Mund« sagt Pindar, und das ist eine schönere Weisheit als das läppische biblische Gegenteil. Vor allem mache Dir auch über meine Umstände keine Gedanken: Was ich durch die Bremer, Ullstein, Monatshefte allein verdiene, also durch eine Art laufender Arbeit die ich als mein Bureau betrachte und demgemäss erledige, sichert nicht nur unsere Existenz hier, wie Du sie kennst, soweit, dass ich im äussersten Notfalle nicht einmal hinzu zu verdienen brauchte, sondern ermöglicht mir auch nach wie vor das einzige Vergnügen an dessen Erhaltung mir gelegen ist, die Ausübung der harmlosen Gastfreundschaft von der Du mich hast glauben machen dass Du sie gerne annimmst und die nicht aufhören sollte, die räumliche Ferne zwischen uns von Zeit zu Zeit zu überbrücken. Letztes Jahr schon bist Du nicht dagewesen, dafür freilich warst Du mein Wirt in Bremen und erzwungener Maassen, in Berlin. Wenn Du dies Jahr Dich wieder vermissen liessest, wäre es mir ein rechter Schmerz, und wenn in dies Ausbleiben bei Dir gar der Gedanke mitspielte – ich mag den thörichten Satz nicht zu Ende schreiben den ich in der Feder habe, und mit dem ich Dir das unverdienteste Unrecht thäte. Du wirst die δόσις ὀλίγη τε φίλη τε heut von mir nehmen wie immer und mir die Freude daran durch keine stille Rechnung, selbst die freundlichstgemeinte kränken.

Dies ist der erste Brief, der aus unserm neuen Hause überhaupt herausgeht, erst gestern sind wir mit Räumen fertig geworden und in Ordnung gekommen, eine Woche ist darüber hingegangen. In den ersten Maitagen waren wir in Lucca und hofften im Handumdrehen zu mieten, wie das sonst geschehen oder geglückt war, mussten aber den verdriesslichsten Wandel der Verhältnisse gewahren den zu bewirken ein Jahr oder zwei hingereicht hatten. Immer rapider gehen die alten Güter und Herrenhäuser aus den Händen ihrer verarmenden Besitzer in die der Amerikabauern über, und ersteren, wenn sie früher vier oder fünf durch Zusammenerbung vereinte Besitzungen in Händen gehabt hatten, bleiben heut vielleicht zwei, die sie nicht mehr oder nicht mehr auf Jahre vermieten. Dazu kommen die Folgen des Cholerajahres, während dessen sich die reichen Livorneser hierher in die nahe Landschaft geflüchtet hatten – damit waren ihre Vorzüge für Livorno entdeckt, und auf vieles was sonst für mich in Betracht gekommen wäre, hielt man schon von dort aus die Hand. Fast drei Wochen hat das Suchen gedauert, und das Haus das wir schliesslich – zu unserm Glücke – genommen haben, hätten wir am Ende auch ohne Suchen haben können, denn ich kenne es seit Jahren, hätte aber nicht den Mut gehabt, es meiner Frau in erster Linie vorzuschlagen, denn es liegt recht weit von der Stadt und bedeutet für sie eine Art Sequestration. So bekam sie es erst zu sehen, als jede andere Möglichkeit ausgeschieden war. Das Resultat war heller Jubel, und er ist seit wir eingezogen sind, mit jedem Tage gewachsen. Ewig schade, dass Du das schlichte Schlösschen nicht mehr in dem Zustande sehen wirst, in dem wirs übernommen haben. Es war wie eine Weimarische Landhofhaltung aus der der alte Goethe den Augenblick herausgegangen wäre, mit allen Détails, dem eben sich verbürgerlichenden, aufs Bequeme gehenden Hausrat, den Schattenrissen, Bildern und Tabletten in Perlstickerei, in Öl gemalten »Prospekten«, Säulen u.s.w. Bücher der Zeit, gestochene Einladungskarten etc. auf den Tischen – das charmanteste was sich denken liess, nur freilich nicht zum Bewohnen für mich. Diese Zeit ist uns eben doch noch zu nahe als dass man in ihrer festgehaltenen Atmosphäre ohne das Gefühl ständiger Maskerade existieren könnte, und so ist die Harmonie denn rücksichtslos zerstört worden – komischerweise, wirst Du sagen, in der gleichen Zeitluft in der die wackern Deutschen sich streng biedermeiermässig einrichten. Was übrig geblieben ist, zum Glücke, ist die für Italien unerhörte Behaglichkeit und Zweckmässigkeit der Einrichtung von Haus und Raum. Wir haben nie ein so grosses Haus gehabt, und ausser der Burlamacchi nie ein so kleines. Es ist von einem Winkel bis zum andern bewohnt, hat keine von vornherein halb aufgegebenen, weil doch nie wunschgemäss zu gestaltenden Räume, hat immer reichen und vornehmen Leuten gehört und ist demgemäss vorzüglich gehalten. Ich bewohne einen Flügel für mich, in dem ich ein Appartement von Schlafzimmer Arbeitszimmer Bibliothek und Nebenraum habe, meine Frau den andern, der ausser ihrem Schlafzimmer und Atelier noch ein grosses Fremdenzimmer enthält, auf gleichem Stocke liegt der Wintersalon und der zehn Meter lange Sommersaal, jetzt von uns so eingerichtet, dass man ihn bewohnen kann und gar nicht herausmöchte; unten ist das Speisezimmer, oben noch eine Reihe Fremdenkammern, darunter zwei äusserst behagliche. Alles ist voller Öfen und Kamine, ich werde schwerlich die meinen zu setzen in Lage kommen, es wäre denn, der Winter brächte mehr als einen Gast auf ein Mal. Dann allerdings müsste der Ofensetzer für sein Behagen sorgen, denn mit dem hiesigen Winter ist kaum zu scherzen. Das Haus liegt 180 Meter auf einem den obern Teil von Vallebuia, das Hochthal der Freddana überschauenden Hügel, an den seine Rückfront mit dem ersten Stock sich anlehnt – was zu einer allerliebsten Treppen und Terrassenanlage mit einer barocken Brunnenexedra Anlass giebt, während seine Vorderfront sich mit zwei Säulen auf den Abhang hinablässt; darunter senkt sich vor einem allerliebsten Park mit alten Linden Eschen und Cedern umgeben, die schräge Wiese, an die raffiniert erdachte Schattenwege anschliessen und die durch Wasserfall und Teich anzeigt, dass man in den Bergen ist und mit dem kostbaren Stoffe nicht zu geizen braucht. Unablässig laufen und singen die Brunnen, das Fehlen jeder Cisterne beweist dass sie auch im Sommer nie versagen, und im Hause braucht man ganz wie in Deutschland, nur die Hahnen aufzudrehen, um seine Krüge zu füllen. Unmittelbar hinter den Thoren steigen die Vorberge der Apuanischen Alpen dichtbewaldet an. Ein par Stunden Wanderung bringen uns ins Herz dieser wunderbaren Bergwelt, die ausser Köhlern und Holzern kein menschlicher Fuss betritt, und von deren höchsten Alpenmatten wir uns gerade jetzt schwer genug losgerissen haben, um nach fertig gestellter Restauration des Hauses – wochenlang hat sie gedauert – hier einzuziehen.

Wochenlang, aber was für Wochen! Fast wollte ich vermessen sein und sagen: die schönsten meines Lebens. Und das kam so: nachdem wir in Lucca festgestellt hatten wie lange sich die Regelung des Hauses bestenfalls hinziehen müsse, und wie verdriesslich langweilig und kostspielig der weitere Aufenthalt in dem elenden Gasthofe sein würde, zu dem das alte wolrenommierte Universo nachgerade geworden ist, packten wir auf und gingen mit einer der Mägde zunächst nach Castelnuovo, dem Hauptorte der Garfagnana – so heisst das Thal des Serchio in seinem Hochgebirgsverlaufe – wohin seit einem Jahre eine Bahn geht, erkundeten rasch die Umgebung und mieteten auf Wochen ein leerstehendes, ganz reputierlich möbliertes und ausgestattetes Haus in einem Bergdorfe über der Stadt, Sassi, gegen 800 M über dem Meere und halbwegs zu dem Fusse der Pania jener landbeherrschenden griechisch geformten Klippengipfel, die Du von allen unsern Häusern aus den Horizont hast beschliessen sehen. Und wenn ich Dir nun sagen soll was während der dort oben verbrachten Wochen mein Glück gewesen ist, so weiss ich es schon nicht mehr: es war nichts als ein unendliches Gefühl, Gefühl der heldenhaften Höhe und Lauterkeit der Landschaft, der Vollkommenheit eines Feierfrühlings, wie ich ihn nicht möglich geträumt hätte, Aufgehen in einem vegetativen einsamen Prangen dieser entrückten Erde, das mich berauschte wie einen Knaben. Ich habe keine Worte für die Blumen die ich dort oben gesehen und gepflückt habe, für die unbetretenen – man möchte sagen götterbetretenen – dichtblühenden Wiesen, in die sich die herrlichen hochwaldigen Haine mit Buchten und Mulden herablassen. Was könnte es auch nützen, Namen zu häufen, die nichts mehr sind als botanische Termini, und sich als solche doch nie mit dem Mythischen decken was sie für mich aushauchten. Seit meinen dumpfen Jahren habe ich die Seligkeit dieser leidenschaftlichen Beziehung auf Natur nicht mehr so empfunden, und selbst damals war sie trüber. Ich fühle mich in jedem Betrachte seit einem Jahre als Wiedergeborenen, aber es lohnt nicht wieder als der selbe geboren zu werden der man gewesen ist. Nur für den, der Stufe nach Stufe sich verklärender Kraft ersteigt, haben die sich wiederholenden Jugendepochen eine tiefere, nicht nur seelische, sondern offen physiologische Bedeutung; nicht für denjenigen, in dem die mannigfachen Gebreste des Weiterlebens nur gerade »verheilen«, sondern nur für den, der sie verschmerzt indem er seine innere Masse vermehrt. Dies Gefühl heut auf der Höhe meines Lebens zu stehen und die letzten jugendlichen Hemmungen in mir endgiltig aufgezehrt zu haben, wird wol der Kern meiner unsäglichen Heiterkeit und Leichtigkeit dort oben gewesen sein, denn es hat mich auch in Stand gesetzt, unter einem schweren Schlage der mich dort traf, und über dessen

Umstände ich jetzt nichts sagen mag – nur eben zu taumeln und ein par Tage lang mich zu krümmen. Sonst wäre er mir ans Leben gegangen; und jetzt bin ich wieder ganz, der ich war. Dass in diese grandiose Coulisse hinein und in einem solchen Momente des inneren Dramas mir Pindar und Hofmannsthal gegenwärtig waren, der erstere als künstlerisches Centrum, denn der Band für die Bremer ist dort aus der Höhe nach Paris an Lutz Wolde gegangen, letzterer als plötzlich eintretende Person gehört mir nun so ganz zur Landschaft, dass ich nicht ruhen kann, bis ein einziger dichterischer Rahmen alle diese nur durch mein Inneres zusammengehaltenen Elemente umschliesst. Allerliebst war schon unser Zusammentreffen in Lucca mit der Rodaun-Neubeurer Reisegesellschaft, über das ich mich darum nicht ausführlicher verbreite, weil mir während des Schreibens langsam aufdämmert dass Du ja mit grösster Wahrscheinlichkeit dieses entweder in Aussee oder kurz nach der Rückkehr von dort empfängst und also besser als aus Dichterworten geschehen kann, über unser plötzliches Nachtisch-Aufeinandprallen im Hotel Speisesaal unterrichtet bist. Von meiner Seite will ich nur sagen, dass unser Freund in denkbar strahlendster erleichterter Reiseverfassung war, aufgeräumt, gesprächig ohne die flackernde Hast von sonst, liebenswürdig, herzlich, schlicht und für Minuten ganz mit dem alten bezaubernden geistigen Glanz über der Miene und der Äusserung. Mell als Vize-Rudi machte seine Sache was Gerti anging sehr mässig, Du hättest diese Rolle überzeugender gespielt und der schönen Ottonie manchen Moment leise gähnender Verlegenheit erspart. In parenthesi kann ich nicht unterlassen hinzuzufügen, dass ich nicht gedacht hatte, wie schnell sich die Andeutungen bewahrheiten würden, mit denen Du meine ahnungslose Ehrfurcht vor einer gewissen Person auf normalere Proportionen reduciert hast. Es war nicht weiter gefährlich, hauptsächlich weil ich es namenlos komisch fand, aber ein Zweifel war nicht mehr möglich. Man wird Dir gesagt haben, in welcher ausgelassenen Stimmung und mit wieviel Gedanken an Dich Abwesenden das abendliche Festmahl begangen wurde, wie hübsch es in Casa Altieri war, wo es wiederum alle fünf Minuten hiess »E Schroederè cosa fa?« und wie ausgefüllt von lustigen und sehr ernsten Unterhaltungen die wenigen Stunden verliefen, um deretwillen man die steile Wand von Sassi bis zu unserem blumengeschmückten mit Sträussen aus grossglockigem Enzian und honigduftenden Alpenaurikeln geschmückten Tische erstiegen hatte. Hofmannsthal wird wie ich mit dem Gefühle geschieden sein, dass unser Verhältnis von nun ab datiert und nicht von den unreifen Wiener Begegnungen her. Wir beide wissen heut genau was wir aneinander besitzen, sind ausser Gefahr, einander durch unbillige Zumutungen, durch die wir uns selber am schwersten kränken müssen zu beengen, und begreifen vor allem mit voller sachlicher Deutlichkeit die Proportion, das Maass in dem wir auf einander *angewiesen* sind. Seine praktische, viel combinierende Rastlosigkeit, der ich mich in früheren Jahren geradezu mit Bitterkeit widersetzte, alle diese Eigenschaften eines literarischen Weltmannes, der unumwunden auf Wirkung aus ist, und um Mittel und Wege, zu solcher Wirkung zu gelangen, nicht verlegen, stimulieren mich heut, da ich aus inneren Gründen mehr wie aus äussern zu Risikos gedrungen bin, vor denen mir früher gegraut hätte; während andererseits das pectus mit dem ich meine Dinge treibe, ihm am geeigneten Orte zu Gute kommen kann. Im Grunde ist ein Jüngling doch ein so illiberales Ding wie ein Weib. Nur ein Mann, der im Eigenen frei schaltet, kommt dazu einzusehen dass man generös sein muss oder krepieren, schon weil man als Mann einsieht und am eigenen Werke spürt, dass nur diejenige Negation ernsthaft ist, die auf Vernichtung ausgeht, und also zu einer Form der Thätigkeit wird wie alle andern.

Du hast mir zuguterletzt nach München eine Ode geschickt die mich sogar in der Hast, die mir für den Augenblick des Lesens gegönnt war, bezaubert hat, viel mehr noch würde sie es thun, wenn sie mir eben zur Hand wäre und ich versuchen könnte Dir ein genaueres Wort darüber zu sagen. Hierauf muss ich Dich vertrösten, denn meine Papiere sind nach sechsmonatlichen Wanderungen in einem Wirrwarr, dessen Lösung einen halben Tag fordern wird, und ich weiss noch nicht wann ich ihn frei haben werde. Bevor ich daran gehe, muss mein nächster Beitrag für die S.M. und die Bremer Rede abgegangen sein, der ich mich gleich nach Absendung dieses Briefes zuwenden werde. Bie hat wie vorauszusehen war, »Wannsee« seines Umfanges und seiner, wie ich vermute, und er andeutet, Ansprüche ans Publikum wegen freundlichst verbeten wünscht aber baldigst einen passenderen Beitrag; er erhält eine schärfer disponierte Fassung der Einleitung vor der Münchener Dantevorlesung unter dem Titel »Die künstlerische Übersetzung des Meisterwerkes als Kunstgattung«. – Dass die wackere Gallwitzin, die gerade gemahnt hat, so lange auf die Bremer Rede wartet wie Herr Weissbach auf die Heidelberger, thut mir recht leid, war aber durch die Unruhe meiner Lebensumstände von vornherein unvermeidlich geworden. Ich habe in der Zwischenzeit immer von Aufbruch zu Aufbruch gehetzt, nicht nur den Pindar zu machen gehabt, in dem etwa 1500 Verse ad hoc gearbeitet sind, sondern auch zwei der s.m. Aufsätze die Du gelesen hast, und die in jeder Hinsicht allem vorgingen. Ich bitte Dich dringend mir alles mitzuteilen was Dir in dieser Hinsicht, ich meine in bezug auf Wirkung, Vermutungen, Folgen, Eindruck meines Vorgehens bekannt geworden sein mag; es ist alles von grösster Wichtigkeit für mich. Die hiesige Regierung hat die Presse angewiesen alles was mit s.g. zu thun hat zu unterdrücken und übt gegen den Namen und alles Dahin gehörige eine Telegraphencensur die kein Wort durchlässt. Sie weiss wol was sie zu fürchten hat. Über die Diskussionen im Reichstag und im Unterhause bin ich genau unterrichtet. Die Wirkung in der Schweiz ist wie ich direkt gehört habe, eine unerwartet grosse. Ich habe die Aufsätze vorläufig eingestellt, da im Momente nicht weiter zu kommen ist. Jetzt sammle ich die vier erschienenen als Broschüre und beschränke mich fürs erste auf Entrefilets in der b.z. Sobald die eigentliche Dreibundfrage brennend wird, setze ich wieder ein, aber diesmal mit Skorpionen statt mit Geisseln; ich habe alle meine stärksten Waffen noch im Köcher.

Adieu mein Teuerster, lass mich nicht zu lang auf ein gutes Wort von Dir warten. Denke an mich als an einen Glücklichen, der durch den schwersten Pass seines Lebens hindurch ist, und rolle das Seil ins Bündel, mit dem Du ihm über die bleichste Minute des Klimmens hinausgeholfen hast. Denke auch nicht, wenn Du mich heut in so vielfacher Weise mich bethätigen siehst, ans bloss Äusserliche der Gründe die mich dazu veranlassen; das Bedürfnis nach inneren Krisen und Entscheidungen schafft sich äussere Notlagen dämonisch von selber und durchbricht sie dämonisch. So ist es wol bei mir gegangen und ich atme auf.

Meine Frau grüsst Dich herzlich, Du grüsse von mir wen von Zugethanen Du gerade zur Hand hast. Treulichst Dein

R

94 RUDOLF BORCHARDT AN RUDOLF ALEXANDER SCHRÖDER

[Villa Mansi
Monsagrati Lucca]
[5. August 1912]

L R Eben habe ich von Hofm. einen ausführlichen Brief aus Aussee in dem er u. a. sich mit Unruhe nach Dir erkundigt, Gerti sei seit Wochen auf eine Anfrage ob Du kämst ohne Antwort; ob Du hier seist, gewesen seist, erwartet würdest pp?, Du müsstest krank sein. Inbezug auf letzteres habe ich *geglaubt* ihn beruhigen zu dürfen, da ich aus eigener Erfahrung die gewissen Zustände von Schreiblähme kenne die Vielschreibende befallen. Geblieben aber ist mir, weil ich doch einmal weiss wie Du Dich retirierst wenn Dirs übel geht ein Gefühl von Besorgnis das Du uns hoffentlich bald benimmst, und wenn es mit einer Zeile wäre. – Von den s.m. habe ich, nachdem – nach 8 Wochen Wartens – drei rücksichtsvolle Mahnungen vergeblich gewesen waren und ich in die peinlichste Lage zu geraten drohte, auf ein peremptorisches Telegramm das an ihre Ehrenhaftigkeit appellierte endlich einen *Teil* meiner Forderung erhalten, bitte Dich aber nun mir zu sagen, ob dort der Bankrott perfekt ist. Ohne diese Annahme ist eine solche Handlungsweise von Menschen wie wir C. kennen doch schlechterdings ungeheuerlich, und auch mit ihr immer noch unerklärlich. Ich kann natürlich nichts mehr hingeben, ehe die geschäftliche Grundlage sichergestellt ist. – Weisst Du nichts von Wolde? Seit er mir Empfang des Pindar bestätigt hat habe ich gar nichts von ihm gehört auch auf ausführlichen Brief nach Paris.

Adieu auf bald.

B.

95 RUDOLF ALEXANDER SCHRÖDER AN RUDOLF BORCHARDT

[Bremen] 12. Sept. [1912]

Mein Lieber, ich sende Dir nun heute endlich die bisher erschienenen Nummern des Panther durch meinen Buchhändler.

Die Sd.M. sind noch nicht bankrott, aber das kann nicht mehr lange dauern, ich lege Dir etwas ein, was kennzeichnend für die Dummheit ist mit der dies so brave & schätzenswerte Unternehmen geleitet wird. Mir geht es nicht gut, Influenza und eine seelische Depression, der ich vergebens durch Arbeit entgegen zu wirken suche. Ich entschliesse mich auch gegen meine Neigung, Dir die in diesem Jahr entstandenen Gedichte zu senden. Ich halte sie für ziemlich dürftige Exerzitien. Ich will sehen, ob ich im Spätherbst noch für einige Tage an die englische Küste komme, um mich etwas zu erholen.

Hoffentlich geht es Euch gut.

Herzlichst Dein RS.

96 RUDOLF ALEXANDER SCHRÖDER AN RUDOLF BORCHARDT

[Bremen, 14. September 1912]

Mein Herr, Drängen ist ja ganz schön; aber nehmen Sie an, ich säße auf einer Erholungsreise am Nordpol oder in der Sahara, wohin würden Ihre epistolaren Bemühungen da führen? Also. – Wenn ein armer Teufel sich nicht wohl in seiner Haut fühlt & deshalb Explicationen & Ergüsse schrift- & briefstellerischer Art vermeiden möchte, so soll man es ihm gestatten für einige Zeit mal die Klappe zu zu machen. Allerdings Alarmnachrichten wie die letzte von Eur. Hochwohlgeboren beigebrachte sind imstande selbst Harpokrates zum Reden zu bringen. – Also ihr wollt so'n bischen Hesperus redivivus machen & der arme Wolde soll blechen? Na, schön. – Es sei.

Freilich bleibt für mich dabei eine enorme Schwierigkeit bestehen, die mich armes Luder mal wieder in die Lage »jener Katze« bringt; denn wie denkst Du dir mein Verhältnis zu Kippenberg dabei? Der Mann hat namhafte Opfer für das Jahrbuch gebracht und nun soll so ganz sans façon in einem anderen Verlag die chose weitergehen, nur weil Herr Borchardt aus Lucca bei Pisa am mittelländischen Meer mit Herrn Dr. Dr. Anton Kippenberg, Inhaber einer patentierten, waschechten Germania & diverser sonstiger Verlagsartikel verkracht ist, auf nimmerwiedersehn? Zu allem Unglück bin ich nun auch noch mit dem blonden Anton auf gespanntem Fuße derweil ich ihn ebenso wie meine Musenbrüder in den übrigen Dreibundsländern seit Monden auf ein billet doux warten lasse & er verzweifelte Ängste wegen der Ilias aussteht. – Er hat mich schon officiell durch meinen beau frère verwarnen lassen, daß er »verstimmt« sei. (Merkste was?) Nun ist das ja ein Zustand, der mir nicht weiter imponiert, Anton wird sich schon finden, etwas anderes ist es aber, ob nicht, wenn ich als *Herausgeber* dies Jahrbuch in einem anderen Verlage & noch dazu in dem Woldeschen Verlage weiterführe, von seiner Seite aus das vielbenamste Tischtuch zwischen uns zerschnitten wird.

Und nun um Ernst zu reden: ich bin K. durch viele Jahre hindurch befreundet geblieben & sein Verhalten gegen mich ist nicht nur stets korrekt sondern sogar stets freundschaftlich generös gewesen, so daß es für mich einfach eine innere Unmöglichkeit ist den Mann derart zu brüskieren. Es kommt dazu, daß Wolde Kippenberg seiner Zeit einen sehr dummen Streich gespielt hat & ich nur mit Aufwendung aller meiner Künste einen Bruch zwischen diesen beiden Kunstverlegern zugekleistert habe. K. würde es von mir aus als eine direkte Perfidie empfinden, wenn ich ein Werk das denn doch in gewissem Sinne ein Stolz seines Verlages ist, & zu dessen Weiterführung er sich immer bereit erklärt hat, so sans façon bei einem Verleger herausbringen würde, bei dem er nichts als Concurrenz-Absichten vermuten würde. Dies die moralische Seite der Frage.

Aus praktischen Gründen *muß* ich mich schon für die nächstens Jahre mit K. gut stellen, da er mich sonst mit der Ilias ganz übel chikanieren kann & das auch totsicher besorgen wird; denn das wissen wir beide, er ist gelinde gesagt nicht sans rancune. – Da ich nun mit der Ilias noch in den ersten Anfangsstadien stehe und mir für die Vollendung dieses Werks in den nächsten Jahren *Zeit* & Seelenruhe, beides im reichlichsten Maß dringend & unabweislich nottun, sehe ich nicht ein, weshalb ich mich unnützerweise dem Mißwollen eines Mannes aussetzen soll, der schon anfängt zu drängen & noch ganz anders auftreten wird, wenn er das Gefühl hat wirklich von mir schlecht behandelt zu sein. Es ist eben einmal so: jedes menschliche Verhältnis & Zusammenarbeiten beruht auf Reciprocität, & der Versuch mit beiden Händen zu nehmen lohnt sich selten, und ich kann eben nicht anders, ich muß mein Verhältnis zu K. und zum Inselverlag als ein Treueverhältnis auffassen trotz aller whims & oddities des braven Doktors.

Ich schlage nun also Folgendes vor.

1. Vorschlag

Du erklärst dich bereit eventuell für einen in der alten Form im Inselverlag erscheinenden Hesperus Beiträge zu liefern. Dann würde ich mit dem Antrag an Kippenberg herantreten, & selbstverständlich Deine Mitwirkung als conditio sine qua non aufstellen. Lehnt er dies, was sehr wahrscheinlich ist ab, so bin ich frei & kann machen was ich will; denn sollte er so unvernünftig sein von mir das Fernbleiben von einem derartigen Unternehmen in anderem Verlage zu verlangen, so ist das eine Dummheit deren onus auf ihn zurückfällt, & die mich in meinen Entschließungen nicht beeinflussen kann. Es wäre dann also der Weg frei die Sache genau so zu machen wie Du wünschst. Es ist mir nota bene sehr wahrscheinlich, dass es so kommen wird, denn seine Erbitterung gegen Dich ist womöglich noch größer als Deine gegen ihn.

2. Vorschlag.

Ich teile Kippenberg mit, daß Du & Hofmannsthal entschlossen seid ein dem Hesperus ähnliches Jahrbuch in einem anderen Verlage heraus zu geben & bitte ihn mich dafür frei zu geben.

Davon, daß ich bei einem solchen Unternehmen sei es officiell, sei es inofficiell die Arbeit der Herausgabe übernehmen könnte, kann unter keinen Umständen die Rede sein; & auch dann noch wird Kippenberg seine Zustimmung – wenn überhaupt – mit denkbar schlechtester Manier geben und ich werde die Nackenschläge davon haben. Nimm nun einmal an, der antwortet mir, er sähe gar nicht ein, warum das Buch nicht im Inselverlage erscheinen sollte. Was soll ich dann thun? Ich müßte ihm erklären, daß dies lediglich Deinetwegen der Fall wäre & mich damit hinsichtlich der zwischen euch schwebenden Streitigkeiten officiell auf Deine Seite stellen. Das kann ich aber nicht, & Du kannst auch nicht von mir verlangen, daß ich über die Neutralität die ich bisher beobachtet habe, hinausgehe.

Ich bitte Dich also dringend, auf meinen ersten Vorschlag ein zu gehen; Du vergibst Dir, weiß Gott, nichts damit & es ist aller Wahrscheinlichkeit nach voraus zu sehen, daß der Hesperus II. doch nicht im Inselverlag erscheinen wird. Du siehst auch aus meinen Auseinandersetzungen deutlich, daß ich mich vor einem etwaigen Krach mit Kippenberg nicht scheue; ich kann & will nur nichts tun, was ich nicht vor meinem Gewissen verantworten kann.

Geht Kippenberg auf den ersten Vorschlag nicht ein, so bin ich Herr meiner Handlungen. Im 2. Falle ist aber jedes Recht auf seiner Seite & ich könnte es auch vor Kessler & den übrigen Homerinteressenten nicht verantworten, wenn ich, nachdem ich ihre Geduld schon lange genug auf die Probe gestellt habe, die ruhige Abwicklung dieses Geschäftes mit dem Inselverlage leichtsinnig in Frage stellen würde.

Da hast Du nun zunächst eine Darlegung meines Standpunktes in bezug auf den geschäftlichen Teil Deines Vorschlages & ehe hierüber keine Einstimmigkeit erzielt ist, hat es ja keinen Zweck über die ideelle Seite dieses Unterfangens zu reden. Daß ein solches Jahrbuch wünschenswert sei, sehe ich vollkommen ein, auch die Form, die Du vorschlägst hat »meinen Beifall«. – Daß ich viel dazu zu geben hätte, will mir allerdings nicht scheinen, ich bin momentan nicht sehr reich an Ideen & so sehr bedrängt von Verpflichtungen, daß mir für eine eigene Arbeit die Ruhe fehlt, es wird also wohl bei den »Sprüchen« & dgl. sein Bewenden haben müssen.

Nun lebe wohl mit vielen Grüßen an Dich & Deine Frau
Dein R.

97 RUDOLF ALEXANDER SCHRÖDER AN RUDOLF BORCHARDT

[Ende Juni-13. Oktober 1912]
[Briefkopf: Hamburg,
Harvestehuder Weg 36]
[Ende Juni 1912]

Mein Lieber, Deine Zeilen haben mir eine große Freude gemacht, um so mehr, als ich s. Z. nicht einmal Deine Karte erhalten habe & seit Deinem Telegramm & der Unterschrift unter der gemeinsamen Luccheser Postkarte ohne jede Nachricht, vor allem aber ohne Deine Adresse war und so auf's geratewohl »Lucca, postlagernd« eine Sendung zu lancieren schien mir nicht angebracht. – Von Übelnehmen kann selbstverständlich keine Rede sein. Daß ich Dir übrigens damals das Geld nicht sofort schicken konnte, war ein reiner Zufall, irgend »Mühe« habe ich nicht davon gehabt. Ich vergesse immer Rechnungen zu schreiben & trotzdem ich dies Jahr ungefähr das Doppelte meiner durchschnittlichen Einnahme zu verzeichnen habe, hatte ich grade den Augenblick bar Geld nur an einer Stelle liegen, & mußte für den Rest einen Tag warten. Da nun von Dir keine Empfangsbestätigung & Adresse einlief, wußte ich nicht, wohin den Rest senden, er ist selbstverständlich zu Deiner Verfügung und noch mehr, wenn Du's brauchst. – Es freut mich sehr, aus Deinem Brief zu hören, daß es Dir gut geht & Du glücklich bist. Wenn Arbeit glücklich machen würde, wie die Großmütter es braven Kindern vorsagen, so wäre ich der glücklichste Mensch unter der Sonne. Ich habe in diesen Monaten so gottslästerlich geschuftet, wie nie zuvor. Allerdings nur architektonisch, divanisch, leider nicht litterarisch. Homer & Vergil warten auf ruhigere Zeiten, die bald kommen werden.

Gegenwärtig »weile« ich nicht, wie Du so hold und lieb vermutest, in Steiermark sondern an der Alster, wo es auch ganz schön ist, und wo ich mit Ernst Matthes zusammen einen Garten– und Speisesaal (d.h. beides in Einem) ausmale. Der Raum ist von mäßigen Dimensionen & es kommen folgende Motive vor: An der Hauptwand über der Mittelthür eine große Grisaille, Tag und Nacht darstellend, zwei Kinder, in Rankenwerk gegen einen mittleren Pfosten sitzend, der Tag hält die Hand vor die Augen, blickt empor, hält eine aufgerichtete Fackel, die Nacht, niederblickend eine gesenkte. Auf dem Pfosten steht eine Sanduhr. Über der Sanduhr ein kleiner Kreis von (plastischen) goldnen Sternchen mit einem Schmetterling in der Mitte. Daneben, rechts & links oberhalb der Tür Embleme des Friedens & des Krieges in Grisaille. Unter diesen befinden sich mit Bändern durchflochtene Rosenguirlanden und kleine Kreise, von Schmetterlingen mit einem goldnen Stern in der Mitte, sowie kleine weiße Vasen, da der Besitzer des Saales Porzellansammler ist. Rechts und links von diesem großen durch die Thür & ihre Umrahmungen gebildeten Mittelfeld befinden sich zwei schmalere Seitenfelder, die seitlich & oben kleine Einfassungen & Felder aus Bandwerk & Strichen haben, in dem frei bleibenden mittleren Raum sind in bunten Farben je einmal rechts & links oben die vier Elemente dargestellt, rechts ein Adler, eine Schlange, eine Schnecke, ein Salamander der durch's Feuer kriecht, kleine Springbrunnen, links ein Phönix der sich in seinem Nest verbrennt, Eichhörnchen, Schildkröte, Baumranken, Libellen & ein Delphin, alles durch ganz leichte Ornamente verbunden & in ziemlich genauer Symmetrie geordnet. Unterwärts Weinlaubranken über Wandarmen, darunter in einem niedrigen Feld über weißen marmornen Heizverkleidungen sehr farbige Ornamente mit einem Blumenglase in der Mitte.

[Skizze]

An der Haupt-Schmalwand ist oben eine schmale vergitterte Öffnung, für die Musik, darunter eine sehr prächtige Grisaille von Musik Instrumenten. Darunter, über einer breiten Anrichte zwei riesige Halbkreise, der äußere von Heckenrosen gebildet, der innere von Schmetterlingen. Zwischen beiden der Tierkreis, in kleinen weißen Figuren. Innerhalb des Schmetterlingshalbkreises ist noch ein Halbkreis von Sternen, von der Mitte aus geht ein großes Ornament, dessen Mittelpunkt ein Fruchtkorb ist, an dem zwei Fasanen naschen.

[Skizze]

Gegen die obere Grisaille zu soll dies Ornament, durch aufrecht stehende goldne Thyrsusstäbe, die von Winden umrankt sind heraufgeführt werden. Doch steht das noch nicht ganz fest. –

Die beiden übrigen Wände sind Fensterwände, an denen Weinlaubgehänge, von Tieren & Vögeln belebt, und Wiederholungen der Schmetterlings & Rosenmotive ihre Rolle spielen. –

Ich schreibe Dir dies so ausführlich, damit Du erfährst, was mich im Augenblick beschäftigt. – Die Ecken des Saales sind schräg & auf diesen Schrägwänden befindet sich immer ein Medaillon in geschnitztem Rahmen, Grisaille, je zwei Putten, die Jahreszeiten darstellend, darunter gekreuzte Füllhörner mit bunten Blumen.

Die Hauptattraktion des Saales wird aber ein großer Aubussonteppich sein, der in bunten Blumen die vier Jahreszeiten darstellt, er ist ganz mit Blumen & Ranken übersponnen; alle vier Ecken verschieden, & Du kannst Dir einen Begriff [machen] von der Arbeit, die solche Dinge machen, wenn ich Dir sage, daß ich ihn vollständig in Naturgröße aufgemalt habe (zum größten Teil wenigstens; denn es bleibt noch ein Rest zu thun), & daß er annähernd 110 Blumensorten enthält. Die Ausmaße des Sälchens sind etwa 9½ zu 6 Meter, die des Teppichs ca. $^7/_4$ Meter. An der Ausmalung der Wände werden wir etwa 7-8 Wochen zu thun haben (wir sind mit vier Mann dabei), der Teppich ist annähernd ¼ Jahr Arbeit (d.h. ich sitze schon seit bald 1½ Jahren daran, da ich nicht so continuierlich arbeiten kann). – Natürlich ist das alles eine Spielerei, hoffentlich wird es eine hübsche. Ich möchte damit meine Laufbahn als Dekorateur abschließen. Wenn ich Dir sage, daß ich für selben

21. August [1912]
Bremen-Horn

– An dieser Stelle schloß ich vor etwa 9 Wochen die Briefmappe & habe sie seitdem in einem Anfall der bekannten epistolaren Lethargie nicht wieder aufgemacht. Ich glaub, ich wollte Dir noch erzählen, was ich alles sonst zu thun hätte. Genug, es war & ist sehr viel, & verhindert mich auch vorläufig an Reiseplänen. Ich muß alles auf den Frühling verschieben, der mich denn diesmal wirklich weniger beschäftigt sehen wird, da ich ernsthaft eine Einschränkung meiner architektonischen Untaten vorhabe. Der Saal ist nun glücklich ausgemalt, & wenn Du mal wieder in der Nähe bist, sollst Du ihn zu sehen kriegen. Es ist sehr schade, daß ich diesen Herbst nicht zum Reisen komme, ich hätte eine Ausspannung nötig; aber es geht nicht, ich muß wenigstens in der Nähe bleiben. Vielleicht geh ich nochmal für 8 Tage an die englische Küste, voilà-tout. Ich schreibe Dir nicht weiter ausführlich, weil ich den Brief endlich abgehen lassen möchte, lege noch bei, was über den Sommer entstanden ist. Ein Urteil über diese Dinge, die mir durchaus zweifelhaft erscheinen wäre mir lieb. Eben fällt mir ein, daß ich heut Abend Pauli wegen der Bilder Deiner Frau sprechen kann & so bleibt der Brief noch einen Tag liegen. Ich schreibe Dir dann auch noch die gewünschte Panther Adresse. Daß Du wieder mit den Sd. M. verkracht bist, nimmt mich weiter nicht Wunder. Das kulinarische Ideal dieser Leute ist eben doch die Weißwurst und das moralische der sauersüße

Compromiß, mögen sie sich auch noch so gußstählerne Allüren geben. Hofmiller – na ja, er hat mich mal gelobt, Gott verzeihs ihm. Ich habe keine Veranlassung mich mit den Leuten weiter zu befassen. Die besonderen Qualitäten des Blattes bleiben ja bestehen; aber muß man überall dabei sein? Oh nein.

23. August

Also, mit der Kunsthalle verhält es sich so: Pauli kann für die Kunsthalle 2 Bilder & 6 Zeichnungen brauchen für die Weihnachtsausstellung, die Zeichnungen sendet Ihr am besten ungerahmt, wir lassen sie dann hier unter Glas bringen. Die Sendung müßte *spätestens* am 22. November in Bremen sein, Adresse einfach An die *Kunsthalle in Bremen*.

Ich rate Euch zu schicken, da die Möglichkeit eines Verkaufs ziemlich groß ist. – Ich könnte in den Vereinigten Werkstätten, die für solche Zwecke einen ganzen Oberlichtsaal geben, eine vollständige Collektion ausstellen, rate aber, zuerst das Experiment mit der Kunsthalle zu machen, da das Publikum dorthin geht & nicht zu uns. Später dann mal bei uns.

Wenn Ihr mir recht bald mitteilt, wie Ihr euch entschließt, wäre es gut. Ich kann dann vorarbeiten (hörst Du nicht Dr. Weißbartz (oder wie hieß der Lemur in Heidelberg?) reden?). Mein Kopf ist leider leer und dürre & der Verdruss Euch schreiben zu müssen, statt mit Euch zusammen zu sein, macht ihn auch nicht eben muntrer und ergiebiger. Ich komme mir hier, eingeklemmt, wie ich bin, in die ganze Fülle & Enge bürgerlicher Verpflichtungen manchmal wirklich wie in einem Traume vor. Aber es muß wohl so sein, hoffentlich kommt noch einmal eine Periode größerer Ungebundenheit, ehe das Alter da ist. Die Aussicht hier so als lokale Notorietät zu verschimmeln ist doch unlieb und bitter. Nun schreibe ich noch schnell die 2 letzten Gedichte ab, und will versuchen durch schöne Abschrift das Schäbige des Inhalts wett zu machen. Sind es dann keine Kallimachaischen Oden so sind es doch Kalligraphische & üben einen kunstgewerblichen Reiz aus. Allerdings mit Versalien wie Stefan wage ich nicht zu protzen, dazu langt die Zeit nicht. Ich habe jetzt den 2. Teil Faust wieder vorgehabt, zum Totweinen großartig, diese Einsamkeit des Genies & diese immer erneuten Versuche die Sprache zu einem lebendigen Organ zu machen, das Unsägliche mit zu teilen. Die Kunst im Einzelnen ist unübertrefflich, die fast ständige Exaltation eines aufs Äußerste gerichteten Geisteswillens schauerlich schön, wie ein Gewitter, Blitz auf Blitz der Offenbarung, & dazwischen das Donnerrollen der poetischen Umschweife. Als Höchstes ist mir diesmal erschienen die Peneiosscene, die Ledaschilderung: »Wunderbar, auch Schwäne kommen«, dann die unbeschreiblich wesenhafte Gestalt des Chiron mit ihrer dämonischen Bonhomie, dann der Sirenenchor

»Stürzt euch in Peneios' Flut.
Plätschernd ziemt es da zu schwimmen,
Lied um Lieder an zu stimmen,
Dem unsäligen Volk zu gut.
Ohne Wasser ist kein Heil.
Führen wir mit hellem Heere
Eilig zum ägäischen Meere,
Würd uns jede Lust zuteil.«

Hier ist wirklich ein von Innen herausbrechendes, das die Sprache kristallen & wohllautend macht, & ihr das allegorisch stumpfe benimmt. In solchen Versen naht sich wirklich die deutsche Poesie der höchsten griechischen. Reiner kann nichts sein. Der Klagegesang um Byron, alles was Linceus singt, & noch vieles andre sind dieses Zaubers voll. − Unbeschreiblich der Schlußchor des dritten Aktes, lies ihn doch noch einmal, was da mit den zartesten, unscheinbarsten Mitteln erreicht ist, ist wunderbar − eine polykletheische Anmut. − So heißt es denn wieder einmal »Göthe« für mich. Ich habe mich seit etwa 3 Jahren geflissentlich von ihm fern gehalten, und weiß auch jetzt noch nicht, wie es ausgehn wird, wenn ich mich mit geschärfteren Sinnen diesem Zaubergarten wieder nahe. Was mir jedenfalls mehr als jemals klar ist, ist, daß er unter allen Dichtergestalten die tragischeste ist, Dante, Byron u.s.w. nicht ausgenommen. Man braucht nur an die Achilleis & die natürliche Tochter zu denken, um zu verstehen, was ich meine. So ist alles Höchste bei Göthe, fragmentarisch wie die Giganten & Sclaven des Michelangelo. Er hat wirklich in sich Gott & die Welt vermitteln wollen. Niemand hat wohl so wie er die Dämonen überall gespürt und erlitten, niemand hat so menschlich & bescheiden wie er versucht, sie zum Frieden zu beschwören. Ihr Widerstreben & ihre Rache sind deutlich in dem inneren & äußeren Geschick seiner größten dichterischen Versuche. Olympier − nein, dreimal nein, Promethide, nein − aber, wenn man es dreist hinsagen will der Versuch einer Synthese aus beiden. Sehr tief begründet ist seine Abneigung gegen Beethoven. Dabei ist die Schlußscene des Faust durchaus ein Beethovensches Finale, bis auf einzelne Phasen & den Wechsel im Rhythmus.

»Sind Büßerinnen,
Ein leichtes Völkchen,
Um ihre Knie
Den Äther schlürfend,
Gnade bedürfend.«

Ja, das ist natürlich viel mehr als wie Beethoven; aber es ist die gleiche Gangart.

Nun genug des Geschwätzes, es hilft ja nichts, & dient höchstens zur Illustrierung meines geistigen Verfalles, der ja auch nichts verwunderliches hat. Nächstens fange ich an & schreibe Tristien wie Ovid. Vorher schlage ich mir noch einmal an irgend einem Kaufmannstische die Plautze bis zum Bersten voll & dann während des Rülpsens geht es wie geschmiert, Hexameter oder Trimeter, was verlangt wird.

Ade, schreib mal wieder! 1000 Grüße an Dich & Deine liebe Frau! Rudi.

13.10.12 abgesandt

natürlich wieder 3 Wochen liegen *geblieben*
ich habe inzwischen ein *Streichtrio geschrieben*

Lieber Freund, eben von Berlin zurückkommend finde ich Deine lieben Zeilen & habe grade eine unausgefüllte Stunde sodaß ich Dir mit – leider – ungewohnter Pünktlichkeit erwidern kann. – Quoad Hesperus habe ich den letzten Teil Deines Briefes abschreiben lassen & sende ihn an Hofmannsthal mit der

Bitte die nötigen Ouvertüren an Kippenberg zu machen. Ich halte es aus taktischen Gründen für richtiger wenn die Anfrage von Hofmannsthal als dem wirtschaftlich stärksten Faktor unsres »Concerns« ausgeht und bin andrerseits so sehr drauf angewiesen für die nächste Zeit für Erledigung des absolut Notwendigen meine Kräfte zusammen zu halten, daß ich das Hin & Her dieser jedenfalls nicht erquicklichen Vorbesprechungen gern von mir abwälzen möchte. Hoffentlich ist dies nicht gegen Deinen Wunsch – möglich wäre es ja immerhin, daß H. dem Plane noch zu wenig attachiert ist, um mit Vergnügen diese Mühe auf sich zu nehmen – doch konnte ich dergleichen aus Deinen Briefen nicht ersehen od. vermuten; – nur ist der gute Hugo nie ein sehr sicherer Kantonist, & daher meine Befürchtung. Mir wäre es im allgemeinen lieb, man verschöbe das geplante Erscheinen dieses Schmerzenskindes auf den Herbst. Ich würde mich gerne mit Euch drüber unterhalten und das kann vor dem Frühling nicht geschehn. Auch ist mir der Winter schon so vollgepackt mit unaufschiebbarer & unabweislicher Arbeit, daß mich die evtlle Nötigung, die Redaktionsarbeit noch dazu auf mich zu nehmen – & dazu wird es doch wohl kommen, da der postalische Verkehr über Italien zu kostspielig & zeitraubend wäre – etwas erschreckt.

Hofmannsthal ist auch im Besitz meines letzten Schreibens an Dich, & also über unsre Standpunkte im klaren. Soviel zunächst den Hesperus oder seinen anders zu benamsenden Nachfolger betreffend.

Leider hat mir der dumme Lutz keine Abschrift der Pindaroden zugehen lassen, sonst hättest Du von mir schon was drüber gehört, sicherlich nicht minder Entzücktes wie vom Rodauner

Chef. – Ich will noch heute ihn antelephonieren, & habe sie dann sicher morgen oder übermorgen. –
Ich schicke Dir die fragmentarisch übergekommene Ode noch einmal vollständig & dazu eine vorgestern in dem mit Recht von mir geliebten Esplanade-Hotel entstandene, die ja mit Deiner glänzenden Charakteristik wenigstens eines bedeutenden Teils meiner Beschwerden in merkwürdiger Weise zusammentrifft. Ich kann Dir übrigens zum Trost sagen, daß ich – was Dir seelenkundigem Mentor auch nicht verborgen zu sein scheint – das Gefühl eines inneren Erstarkens & Reifens unter dem Wirrwar seelischer Hautbeschwerden, die mich zur Zeit heimzusuchen scheinen (denn das meiste sind wohl Grillen), nicht verliere, ebensowenig wie das Gefühl des Zusammenhanges, ja des Zusammenlebens mit Dir & meinen wenigen Freunden. Wenn ich schweige, so geschieht es nur deshalb, weil ich mich scheue Zuständen, die innerhalb der ganzen Lebens & Gefühlsbreite doch nur die Bedeutung eines örtlich & zeitlich beschränkten athmosphärischen Minimums haben, durch Aussprechen – und was noch schlimmer ist Andeuten – ein Gewicht & eine Wirkung zu vindicieren, die ihnen nicht zukommt. Daß Du im übrigen mit jedem Punkte Deiner Auseinandersetzungen & Ermahnungen Recht hast, ist selbstverständlich, & ich kann Dir nur sagen, was Du Dir selber gesagt haben wirst, kommt Zeit, kommt Rat. Ehrlich gesagt, ich glaube sowohl Zeit wie Rat werden nicht sehr lange auf sich warten lassen. Das Gefühl, daß ich für die Erhaltung & Befestigung meiner litterarischen Leistungsfähigkeit – mögen ihre Faktoren & Wirkungsmöglichkeiten in Zukunft sein, welche sie wollen – nicht nur mir allein sondern auch meinen

Freunden & meiner Mitwelt verantwortlich bin, wird grade dadurch, daß es mich jetzt in der zeitweiligen Unmöglichkeit, ihm im vollen Umfange gerecht zu werden, so sehr bedrückt, die baldige Behebung dieses Mißzustandes in wesentlichem Maße herbeiführen. Allerdings wird mich, dessen bin ich sicher, meine sittliche, geistige & gefühlsmäßige Veranlagung auch in Zukunft derartigen Trübungen aussetzen, & ich muß meine Freunde für alle Fälle um Nachsicht bitten. Was mich bedroht, wenn von Bedrohung überhaupt die Rede sein soll, ist weniger ein Erlahmen der Fähigkeiten, als ein Erlahmen des Impetus, eine lethargische Verzweiflung über der Undurchdringlichkeit innerer Widersprüche & der Unlösbarkeit selbst des nächstliegenden äußeren Problems. Wenn man frisch & munter ist, so bildet diese Gespensterwelt den interessanten Hintergrund des Lebens, ist man müde & nicht dans son assiette, so kann sie übermächtig werden. Siehe da das Geheimnis meiner Miesheit. Nun habe ich in diversen Gedichten dem lieben Gott schon sämtliches Üble nachgesagt, das mir erdenkbar ist. Was bleibt mir also noch übrig, als meine Freunde zu ärgern. – So, mein Lieber, damit hätte ich Dir über meine gottverfluchten »Seelenzustände« mich endgültig ausgesprochen, Dir gegenüber & *nur Dir* gegenüber, um durch einen Versuch vertraulicher Äußerung Dir unnütze Sorge zu nehmen. Schmeiß diese Blätter in den Ofen, aber sei versichert, daß ich Dir für Deine wahrhaft liebevollen Zeilen dankbarer bin, als Worte ausdrücken können. Es ist gewiß, wenn Größenwahn thöricht ist, so ist Kleinheitswahn noch thörichter, & das Verzagen im Kampf mit der eigenen Unzulänglichkeit ist jedenfalls eines Mannes & Christen unwürdig. Wir sollen es nie vergessen, daß wir in der Welt zwar Umwege genug machen, aber dennoch immer Gott entgegen gehen; & in diesem Gedanken verstehen wir uns, lieber Borchardt, denke ich, noch besser als in allen andern. –

Ich schicke Dir um alte Gewohnheit fort zu führen meine eben beendete Übers. des 1. Buchs Georgika, geh mit ihr wieder ins Gericht! – Deiner lieben Frau Grüße erwidere ich herzlichst. Alles Gute! Dein R.

N.B. Von Heymel läuft soeben ein Telegramm aus »Adenhawahi« ein, wonach er am 3. Oktober in Rom Grand Hotel sein wird. Daß er mit Solf in Afrika war, ist Dir doch bekannt? Näheres über den Verlauf dieser Reise weiß ich nicht. -

[Beilagen]

Sind die Tage verrauscht, deren uns keiner sonst
Abschied ohne Geschenk? Welkte der Lenz, da wir
Jedem Hauche des Lebens
Tausendfältig erwiderten?

Aus des fernen Gewölks dämmerndem Untergang
Grüßtest, Spenderin du, Goldne, zum letzten Mal?
Ließest, Sonnengefährtin,
Uns hier Töne beraubt und Trosts?

Träumt, einsamer denn je, selbst des erheiternden
Lieds geselligen Traum nimmer dies Herz? – Im Tor

Hangt der Kranz, und es zaudert
Das geschichtete Holz im Herd?

Wohl, mit Jahren und Tag häuft die befremdliche
Schutt und Schotter aufs Haupt allen, die Schuld. – Und
Da du lächeltest, vormals, doch,
Wich die dumpfe Verzauberung.

Komm! Schon hebt sich der Tag über den Wald. –
   O komm!
Schon vom grünen Gewölb flüchtet die Mittnacht. – Laß
Nicht der Kunde verwaist, mich
Gottlos unter dem Pöbel stehn!

Rudolf Alexander Schröder

Sapphische Oden.
I.
Wenn zuerst im blassen Gehölz der Boden
Grünt, wenn Schnee am schattigen Hang die Schlacken
Träufelnd löst, wenn über dem Rain verstohlen
   Veilchen heraufschaun,
Hörst du gleich das Sommergeläut der Bienen:
Um die Haseln summen sie schon und Erlen,
Und vielleicht vom offenen Blumenfenster
   Weckts die Trunknen
In der Körbe trägem Verliess Duftathem,

Hyazinthen, oder des Goldlacks Süsse;
Und nun schwer von stäubendem Mehl gen Abend
Taumeln sie heimwärts.
Hörst Du's nicht? Nicht oben der Staare Schwirren,
Schon des Jahrs entschiedene Frist begrüssend,
Nicht den Fink? Im nackenden Zweigicht stimmt er
Flötend die Kehle.
Sagt, wo kam, Jenseitigen, auch die Kundschaft
Ueber See, am Rande der sonnverbrannten
Wüstenei, dass droben die Himmelstage
Blauer geworden?
Und ihr flogt, Geschwader, des Meers nicht achtend,
Da die Nacht nicht Schlummer gewährt und Tag nicht
Zwischen Wassern festes Geländ, fortrudernd
Ober der Fläche,
Ueber's Eis des hohen Gebirges, Freunde,
Landhinein, wo Lieder und Nest euch eignen,
Uns den Lenz auf rüstigen Flügeln bringend,
Ob im Gewölk auch
Winter streng die kalten Geschosse sammelt,
Tag um Tag noch Blumen und Grün verzögert,
Was verschlägt's euch? Wisset ihr doch, es kamen
Zeiten der Liebe.
Wissen's doch auch Liebende treu, wann immer
Ihrer Jahrszeit grämlicher Trotz sich mildert,
Wann fernwinkend Lächeln erwacht in aufge-
Schlossenen Lippen,
Und Gesang! – Wer hielte Gesang in Schranken?

1912

Wenn ein Hauch den Athem der Liebe hertrug
Irgendwo, aufschauert das Herz, und Liedern
Drängt wie den Küssen
Hergewölbt der üppige Mund entgegen.
Süss ist Stummheit, wenn sie der Kuss versiegelt,
Zwiefach süss die lautere Honigwabe
Goldnen Gesanges.

       Der Sommer. Sapphische Ode.
Weil das Jahr mit breiteren Schatten heimkehrt,
Weil am Fruchtbaum unter den tausend Keimen
Mancher schon im reiferen Licht des Sommers
Rundlich heraufschwoll,

Schon der Feldsaat stäbende Silberwoge
Brauner stockt und starrende Kronen duldsam
Einwärts neigt, bis frühe vor Tau des Schnitters
Waffe sie hinstreckt,

Schon im Laubwerk über den Rosensträuchern
Nacht hindurch die flötende Kehle stumm ward,
Schon der Pförtner früheren Winks die scheuen
Sterne hereinruft,

Warte du, wie einer auf Gipfeln stillhält,
Eh du kühn in's Grauen hinunterschreitest.
Diesseits wirf den scheidenden Blick, der hellen
Wasser gedenkend,

Vom Gebirg dem Wandernden einst zu Häupten
Morgenwärts entgegengesandt! Oh Jugend,
Wie Du aufblickst, gärtenerfüllt, im Zwielicht
Holder Gespräche!

Seid gesegnet! Selber der schalsten Lippe
Kuß, im Taumel irgend geraubt, hielt Treue!
Nichts entschwand, das unten im Fels nicht heimlich
Bliebe wie Regen,

Eingesargt, doch immer des Lichtes gegenwärtig,
Tief im Grund heilkräftig Feuchte mehrend;
Denn das Herz wär nimmer gerecht ein jedes
Gute zu tragen,

Wenn nicht Schlaf uns über den Lidern einbräche,
Nicht Gewölk gleich unter dem Fuss Vergessen
Unverhofft die blinkenden Schleier hinzög. –
Eins aber dennoch

Und ein andres wählet das Herz. Ihr Freunde,
Seid gegrüßt, gleichwandelnde Fahrtgenossen,
Jetzt im Glutblick hohen Gestirns, und bald auch
Gegen den Abend!

Nicht geziemt es feige zu sein mit Opfern
Uns, von Mittags goldenem Hauch umwittert,
Nicht Vertraun dem prüfenden Gott zu weigern,
Wenn er gelassen

1912

Vor der Ernte zwischen den Furchen hingeht
Taub Gehäus von strotzenden Zweigen streifend. –
— Jetzund gilt es: weder Gedicht noch Gleichnis,
Sondern Erfüllung,

Ein Gewächs, das unter dem Zorn der Winde,
Unterm Brand gefährlicher Sonne stark wird.
Nicht im Raub anklage das Herz die Jahrszeit
Weislich erwartet

Letzter Gaben kärglicher Fracht der Gärtner,
Unterm Spätlaub gegen den Winter dauernd,
Schwer vom Saft, im prangenden Rund des Jahres
Süsse bejahrend.

Sei begnügt, wenn unter den Früchten eine,
Einen Kern in trächtiger Hülle wahrend
Die verblieb. Im einzigen Samenkorne
Liegt – du weist's – die Fülle der Welt, ein Vorbild
Bündig geschlossen.

Rudolf Alexander Schröder

98 RUDOLF BORCHARDT AN RUDOLF ALEXANDER SCHRÖDER

[Briefkopf: Villa Mansi
Monsagrati Lucca]
18. Oktober 1912

Es ist ein rechter Freundschaftsbeweis von Dir mir auf einen Brief so zu antworten, von dem ich bis heut nicht hätte beschwören mögen, ob er ein nötiges Wagnis war oder einfach ein dummer Streich. Du hast mein Bedürfnis Dir im Augenblicke der spontanen Teilnahme alles zu sagen was mir à propos und mal àpropos einfiel, nach dem Grade meines Affektes bemessen und nicht nach dem Anlasse, und ungeschicktes hingehn lassen, weil Du fühltest dass ich es nicht verdiene daraufhin angesehen zu werden ob ich Dir geschickt oder ungeschickt bezeuge, wieviel Du mir bedeutest, – und Deine Ruhe, Deine Freudigkeit, Dein Vertrauen. Was Du mir dagegen sagst, ist so recht und tapfer, dass ich mir nun zwar gestehe, mein Brief hätte ungeschrieben bleiben können, und doch daneben froh bin Dich selber eine Bilanz des Innern ziehen zu sehen, die nun eben auch einmal da ist und ins Innere zurückwirken muss. Das Wort, und auch noch das vorzeitig gesprochene ist immer ein Befreier, und nur von uns hängt es ab, ob es die Fesseln des Druckes löst oder der Scham. Nichts mehr davon: von mir der auf Nachsicht selber am wenigsten verzichten kann, bist Du jeder erdenklichen gewiss, auch wenn der Draht nach Bremen wieder durchschnitten sein sollte und nur die Botschaft brächte, das Schweigen Gold ist – wenn ich nicht denken muss, dass es Dir durchaus zu schlecht geht um zu schreiben es ginge Dir schlecht, will ich zufrieden sein. Glücklicher

Weise liegt vor uns eine solche Breite des gemeinsamen Handelns und stehen wir so ganz in streichender Luft, dass keine Gefahr ist unsere Briefe könnten sich in windstillen Introspektionen verlieren, die dann freilich einem manchmal ein gesundes Grauen vor wortemachenden Erwiderungen geben können. Dies wenigstens ist oft bei mir der primäre Anlass chronischer Epistolastasen gewesen. Bei diesem Blatte will mich fast das entgegengesetzte Grauen ankommen; wenn ich bedenke was alles in diesen Brief muss, schwindelt mir, und nur der ruhige Abend der vor mir liegt und ihm ganz gewidmet sein soll, hält mich am Tische fest.

Der Reihe nach also; und zunächst Deine Gedichte. Wie sehr sie durch Dichtigkeit und Energie, durch Unabsehbarkeit der Metapher, durch sichere Führung und Zuschliessung der langsam sich entwickelnden Form der Meisterschaft sich nähern, wie sehr sie zugleich mit allen Deinen frühern die Hoheit und Innigkeit des Tones teilen, wie jugendlich sie in ihrer ernsten Männlichkeit sind, wie weich in ihrer Strenge – man weiss nicht was man zuerst sagen soll. Du hast Dich gewiss nicht über das Kargerwerden des Impetus zu beklagen, sondern erlebst nur an Dir seine Stetigung; er entlädt sich innerhalb des Gedichtes erschöpfend, statt wie es Dir manchmal früher ging, ein Gedicht zu provozieren und doch als Zustand in Dir sich zu perpetuieren, der immer neue Gedichte auf Gedichte abstiess ohne je ganz gestaltbar zu werden. Ich meine das freilich nicht so kahl entscheidend, dass ich in dem Seriencharakter Deiner frühren Kompositionsweise ihren unentwickelten Standpunkt, in dem heutigen die neue Stufe sehe: Ketten zu bilden, ist Dir zum Teil eingeboren, und die

Neigung dazu wird Dich nie ganz verlassen. Aber Du teilst es mit allen Menschen von Rang, dass Du Dich *gegen* Deine Anlagen entwickelst, und das Dir gemässe Dir wol auch einmal verleidet ist. Zweifellos lag in dem alten Cyclenbildenden Triebe eine leise Gefahr von »kommst Du nicht heute, kommst Du morgen«, und steht zu dem Triebe des Allsagen, Alldulden, Allgestalten wollens aus dem denn doch mehr oder weniger Gedichte wie die – wunderschöne – Esplanade-Ode stammen in einem keineswegs bloss die Form beeinflussenden Gegensatze. Künstlerische Reihen liegen zwischen den Extremen des Spielens – das ein tiefernstes sein kann, – und des Vernichtens das sich nicht genug zu thun weiss. Ich denke an Shakespeares Sonnette und die Römischen Elegieen; ich denke an die Römeroden und Deine deutschen, an Georges Zeitgedicht. Was nicht Variationen sind, sind Fugierungen, nämlich auf der Höhe des künstlerischen Anspruches, und nichts ist seltener als der Cyclus als Kunstwerk, nichts häufiger als der Cyclus als Apologie des Dilettantismus für das Gedicht das nicht gemacht ist. Du begreifst natürlich, dass ich hier abschweife, wie mich die Betrachtung lockt, denn wenn es von Dir einen dilettantischen Cyclus gäbe, hätte ich Dirs längst gesagt. Aber da Poesie, und zwar dilettantisch banalste Poesie – wo sie sich äussert –, urmächtig dumpfste – wo sie stumm bleibt – nach Herder nun einmal »die Muttersprache des Menschengeschlechts« ist, wir auch mit dieser Mutter die Gemeinschaft nicht verläugnen können, so hängt ein jeder von uns Blütenkelchen mit einem grünen Stengel am Ewig Grünen; bei Goethe ists ein gewisser vergnügter Trällersingsang bei Dir das oben beredete, bei George die immer noch spürbare ernste Albernheit des reimenden kleinen Morita, von dem die »Fibel« erfüllt ist, bei mir mag es das Rudiment von deklamierten Hochgefühlen sein, bei Heine ist es ein ganz archaisches Komödiantentum, der Rausch ein anderer zu sein als, – wie man genau weiss, – man ist. – (Die Mischung dieser Wollust und dieser Kälte, und das Gefühl der Virtuosität, die die Mischung durchsetzt, ist die Formel dieses rein in Formeln aufzuhebenden Wesens.) – Aber genug, man käme wer weiss wohin, wenn man fortführe. Die Georgica habe ich erst durchlaufen und mein Gefallen an dem ganz vergilisch behandelten Verse, seiner melodischen Buntheit und Variation gehabt. Meine Bemerkungen will ich Dir seinerzeit nicht verheimlichen, allerdings auch gleich von ihnen abstreichen was die Themastellung selber in Frage ziehen muss. Natürlich kannst Du die Hülle und Fülle bei dem Geschäfte gelernt haben, denn wobei lernte der wahre Künstler nicht? aber es wird mich immer jammern, dass Du soviel Kraft an die Nachbildung des Sekundären hast wenden müssen, und die Sache hat für mich sogar ihre praktisch ernste Seite. Ich werde über kurz und lang die Hesiodischen Geschäfte und Gezeiten für die Bremer übersetzen, dasjenige Werk also das Vergil missverstanden hat, indem er seine prophetische-praktische Sammlung uralter Bauernkalenderweisheit für ein Gattung schaffendes Werk literarischer Kunst nahm und als Lehrgedicht für Leser nachahmte. Was er wollte ist natürlich völlig missglückt, und wir würden sein Gedicht so wenig besitzen als wir andere Stubenexercitien der Zeit haben, wenn ihm nicht nebenbei etwas geglückt wäre, was er kaum gewollt haben kann: die unbewusste Verklärung

[Ein Blatt oder mehrere Blätter fehlen]

glaubt er, eh man es innerlich erlebt hat?« »Ja«, sagt er [Hofmannsthal] gleich enjoué und lebhaft, »ich glaube das schon, dass ich es gekonnt hätte, wenn ich mir klargemacht hätte, dass ich hier meine Quelle verlassen darf, aber wenn man sie einmal verliess, wohin wäre man da geraten? Da hätte man ja gleich den zweiten Teil Faust schreiben müssen!« »Nun?« frage ich ganz ernsthaft; »und wann wollen Sie denn anfangen, ihn zu schreiben? Warum in aller Welt denn nicht?« Du hättest ihn sehen sollen; er war wie ausgetauscht, seelig, hoffnungsstrahlend wie ein Kind; er konnte sich nicht genug an Dankesworten für die einfache Thatsache thun, dass jemand ihm gesagt hatte, er dürfe sein ganzes Pfund nicht sparen wo das Ganze gefordert sei, und wenn tausendmal das ganze Schleckervolk das Poesie nur noch in Pralinéformaten zu sich nehmen will, vor mächtigen Brocken erschreckt. Er ist noch brieflich darauf zurückgekommen, wie völlig Recht er mir gebe, und wie sehr er es sich ad notam genommen habe sich ganz und frei geben zu müssen. – Aber jammervoll bleibt es, zu sehen wie ausser seiner Atmosphäre, der der Grösse, er die Jahre her gelebt hat. Lass mich sie ihm weiter zublasen, oder vielmehr die Schwachen wegblasen die sie belagern, alles soll noch gut und schön werden.

Mit Deinen Desideraten bin ich pflichtschuldigst einverstanden, bitte Dich aber am 1 Oktober als Publikationstermin festzuhalten, da es einem die Thätigkeitsökonomie nicht fordert sondern zerstört, auf ein stetig zurückweichendes Ziel hinzuarbeiten. Wenn wir uns die Grenze weit stecken, so sei sie dafür auch Grenze und unerschütterlich, und dafür werde der Termin des Redaktionsschlusses abgemessen. – Auch Hugo erwähnt wie

Du eine Besprechung zwischen uns Dreien als thunlich, und er wünscht sie ca. im Januar in München. Nun muss ich Dir, im Vertrauen, soweit Du dies Vertrauen schützen kannst, und ganz aufrichtig erklären, dass für mich in absehbarer Zeit an Reisen gar nicht zu denken ist, und kein Anlass bisher sich zeigt, der die Reise möglich macht indem er sie nötig macht und bestreitet. Das *kann* sich um Weihnachten herum ändern; aber mit Sicherheit darf auf meine Abkömmlichkeit nicht gerechnet werden. Meine Einkünfte sind derart, dass sie mir hier weder in der Existenz noch in der Ausübung meiner bescheidenen Gastfreundschaft spürbare Grenzen setzen; aber für Hôtel und Eisenbahn neben dem weitergehenden Haushalt geben sie nichts her.

Ich habe nun mit Wiegand soeben allerlei Hesperiana besprochen und unterbreite Dir als blosse Anregungen das Ein und andere, wobei ich vorausschicke, dass W. alles materielle in freister und breitester Weise behandelt hat und zB sogleich erklärte, dass von einem so geringen Honorar wie 10 M. pro Druckseite wenigstens für die drei Gründer keine Rede sein könne. Ich halte also dafür dass jeder von uns dreien seine eigene Companie anwerben soll, und zwar zunächst ohne Zuziehung der beiden anderen, daher natürlich auch ohne Engagement, was bei der Aufforderung sofort zu bemerken wäre. Du als der Redakteur machst von letzterm eine Ausnahme. Collisionen sind nicht wahrscheinlich, und würden anders nicht schaden. – Ich gebe ferner zur Erwägung, ob wir nicht feststellen wollen wie stark der Anteil junger uns unbekannter Produzierender an dem Consurgite des ersten Hesperus gewesen ist, und schlage vor in der

Neuen Rundschau und unterm Strich der Frktr. Ztg. folgendes einrücken zu lassen: »Die Herausgeber des Hesperus bereiten einen neuen Band ihres Jahrbuches vor und bitten Autoren die sich für diesen Zweck ihnen bekannt zu machen wünschen, um Vorlegung dichterischer und abhandelnder Arbeiten bis zum – bei der Bremer Presse – unter der Adresse eines der Dreie.« Das Ergebnis dieser Präliminar-Auslotung der Tiefe, in die hinein wir wirken, wird sehr interessant sein, und wir dokumentieren damit sofort den liberalen Begriff, den ich anrate – und Du hast bisher nicht wiedersprochen – unserer Unternehmung heut zu geben. Davon gleich noch ein weiteres. – An Vollmoeller, den von uns Dreien Du am besten kennst, wirst Du wie ich hoffe Dich bald persönlich wenden. Dieser arme Teufel, den wie Heymel mir sagt zu allen übrigen Bankrotten nun auch die méchanteste Gerichts-affaire bedroht – Du wirst darüber eingehender unterrichtet sein als ich – braucht wie kein anderer die rettende Hand, d.h. die Restitution in einen reinen poetischen Bereich. Seine Journalisten-lyrik über Luftschiffe und Ozeandampfer, von denen ich bedaure dass sie Euch alle geblendet hat, mit den banalsten Metaphern italienischer und französischer Reporter zusammengesetzt – Barzini und dergl. Volk können das aber besser –, mit der oberflächlichsten und eintönigsten Poetisierung des Äusseren und nur vorwärtsgerissen durch das »Schrumm!« seiner alten Rhetorik, ist mir bei wiederholtem Betrachten immer unechter und manierierter erschienen – ich kenne allerdings die italienischen Originale dieser Rednerstanzen, die ihm sich ins Ohr gestohlen haben und ihn nicht loslassen. Man übersetzt eben nicht jahrelang ungestraft d'Annunzio, wie man nicht ungestraft jahrelang Spiegel fabriziert. Ob Quecksilber- oder Stilvergiftung, beide Thätigkeiten strafen sich durch Berufskrankheiten.

Dass wir alles an uns zu ziehen haben, was uns in der jüngeren Generation etwas verdankt oder verdanken kann, – abgesehen von der Pflicht gleichmässig liberaler Kriterien den Gleichaltrigen und Ältern gegenüber – darauf zu dringen veranlasst mich ein seltsames Quidproquo, das Du unwissentlich in diesen Tagen veranlasst hast. Statt der erschienenen Nummern des Panther schickt Leuwer mir einen Stoss »Pan«, und wie dem Botaniker keine Pflanze zu giftig, dem Entomologen kein Geschmeiss zu widrig sein darf, so habe auch ich nach sorgfältiger Abdämpfung meiner aesthetischen und geschmacksmässigen Reaktivität mich der Untersuchung dieser Sammlungen viehischer Produkte unterzogen. Es wirkt darin ausser dem Hanswurst Kerr, den ich allerdings nie für einen harmlosen Hanswurst, sondern schon im Puppenstand für eine schmierige Canaille gehalten habe, auch ein gewisser Hiller tonangebend mit, Dr. Kurt Hiller, Berliner, Referendarlyriker, Psychopath, Rhyparograph und Herausgeber des neu-erstaunlichsten musischen Gebindes das sich Kondor nennt, und mit Recht, denn es lebt von Aas; man hat es gewagt, mir das zuzuschicken, und ich habe in das, was die sieben Jahr jüngern heut betreiben und wozu alte Sünder sie ermuntern, einen Einblick bekommen, der mich schaudern machen würde, »hätt ich mir nicht das Schaudern abgewöhnt«. Zum ersten Male ist mir die Entwickelung der Generationen klar geworden; sie geht über George (und Hofmannsthal natürlich) hinweg, – was diese beiden haben influenzieren und an sich ziehn können hat sich längst geäussert, und es zeigt sich nun dass der alte Schlammstrom der Arno Holz, Scheerbart, Conradi, und wie der Dreck immer heisst vor der Insel von Poesie sich nur geteilt hat und hinter ihr zusammenschlagend wieder fortläuft. Wir hatten gedacht die wüste Wortführerei der impotenten Originalitätssüchtigen: Revolution der Lyrik, Grossstadtlyrik, Rhythmen unserer Zeit etc. sei durch die grossen stillen Leistungen einer ganzen Generation exautorisiert; und müssen nun zusehen, dass er es für alle diejenigen nicht ist, die es um ihr Leben bringen müsste, sich in diese Leistungen innerlich aufgehen zu lassen: der neue Pöbel mit einem Worte, blutjung, frech, wüst, vollkommen talentlos, lügnerisch, brutal, steht vor uns, und eh wir noch recht geschnitten haben sollen wir altes Eisen sein. Darum also ist unsere Aktion heut doppelt notwendig. Ich gebe wie Du wissen wirst, meine Gedichte 1900-1906 jetzt heraus, nicht zu mindesten darum; zu der Front gegen George, – wieder muss ich das Bild von der Drachensaat gebrauchen, denn die Reaktion gegen sein greuliches Thun konnte nicht anders als fürchterlich werden, und er trägt ein vollgemessenen Teil Schuld daran – in jener Front also kommt die Zweite, und wir müssen alles unsere thun, um der völligen Verwerfung und Vernichtung des Lebensberechtigten aus dem Gewinn des letzten Jahrzehntes zu steuern; Du kennst die trostlose deutsche Volksunart, jede Aktion mit Haut und Haaren in der nächsten Reaktion zu verbrauchen, diese wiederum sobald sie Aktion geworden ist und so cum gratia ad infinitum: einer der Hauptgründe warum von jeher unsere Vergangenheit bestenfalls fünfzig Jahr alt war, und alles weiter zurückliegende immer wieder erst hat ausgegraben werden müssen. Dies lass uns diesmal nach Kräften lindern und wenigstens das Mögliche versucht haben.

Das Datum am Kopfe des Briefes ist längst, ich will nicht sagen um wie viel überholt. Du hast sehr lange nicht von mir gehört, und ich muss damit diese Bemerkungen nicht alle après dîner kommen den Bogen abschliessen, statt den Brief zu enden. Nur eine Bitte noch: Die Sachen meiner Frau sind zur Ausstellung nach Bremen oder unterwegs: Willst Du die Güte haben, die Preise die an ihnen vermerkt sind auf ihre Angemessenheit hin zu überprüfen und, wo sie Dir das allgemein übliche zu überschreiten scheinen, in ihrem Auftrage abzuändern? Ich habe Pauli geschrieben dass Du in dieser Hinsicht carte blanche hast. Sie sind auf Anraten anderer Künstler – da meine gute Frau in puncto ganz weltfremd-unsicher ist – so hoch gestellt worden, dass bei den 33% Kunsthandlungs-Abzug – sie sind unterwegs gewesen – der etwaige Gewinn nicht ganz illusorisch wird, wir verlassen uns aber in dieser Hinsicht ganz auf Deine freundschaftliche Hilfe und Erfahrung.

Separat erhältst Du dieser Tage einen Haufen Poesie, keine neue sondern alte, bei der Redaktion meines lyrischen Corpus teils zu Tag gekommene teils überhaupt zum ersten Mal fixierte. Lass ein gutes Auge auf den Dingen ruhn, die zehn Jahre lang kein Menschenaug gesehn haben, und erkenne mit einer kleinen Rührung wie nah ich Dir einmal gewesen bin eh ich Dich von Person kannte, und eh vielleicht das wozu ich heut die Nähe sehe schon in dir sich angedeutet hatte. Ich sage nicht was es ist und will sehn ob Dus rätst.

Treulichst Dein R
und alles Herzlichste von meiner Frau.

99 RUDOLF BORCHARDT AN RUDOLF ALEXANDER SCHRÖDER

[Briefkopf: Villa Mansi
Monsagrati Lucca]
[Oktober/November 1912]

L.S.

Anbei ein Abschlag auf das Verheissene was meine gute Frau für mich – und Dich abgeschrieben hat. Diese Gedichte, von denen Du wie ich glaube nur zwei, diese aber seit ihrer Entstehung kennst, sind mir an dem Bande den H. macht mit das Teuerste und ich liebe sie so leidenschaftlich als ob sie nicht von mir wären. Sie drucken zu lassen ist mir – wäre mir – immer am schwersten angekommen. Nun heisst es transeat cum ceteris. Behalts für Dich, sage mir bald ein Wort davon, vor allem welches Dir am besten gefällt. N° III fällt aus dem Stil, das weiss ich wol, will aber nicht mehr zu klug sein. Es muss sich als Einzelgedicht vertreten. – Sehe ich die Sachen jetzt an, so haben sie für mich das weisse lichtlos gewachsene, wie Triebe von im Keller ausgekeimten Pflanzen. Sie müssen an der Luft Farbe kriegen.

Tuissimus

Das Nächste was Dir abgeschrieben wird sind die Lieder aus den 3 Tagen, das locker lyrische Gegenstück zu dieser gedrängten Dichtigkeit.

Das worin die Berührung mit Dir liegt ist natürlich VII VIII, es ist jetzt leicht zu raten da ich nichts anders beilege. Ich war also einmal hart am Thema der Zwillingsbrüder.

[Beilage]

Autumnus 1901-1902

I

Vor allen Göttern in des Jahres Reihn
So stumm, so staunend lernten wir zu beten –
Nun sind wir in den dritten Kreis getreten,
Das Jahr ist reif, die Blätter wurden Wein,
Und was nicht reifte, schläft in kahlen Beeten
Des alten Sommers unter Schleiern ein –
Sie könnten von den blinden Fäden sein,
Die eben deinem Schritt vorbei verwehten.

Ein neu Gesicht hat sich zu uns gesellt,
Aus finstern Schatten lacht es braun und bunt,
Dies ist Autumnus, der den Apfel hält:
Rot wirbelts um ihn, gelber sinkts zu Grund;
Mit starken Augen bindet er die Welt.
Die Traube schwillt um seinen schweren Mund.

II

Durch seine Worte klang ein fernes Horn.
Er sprach: »Steh auf, sei wie du warst, und sieh!«
Ich regte mich und hub mich auf mein Knie
Und schleppte mich heran durch Tau und Dorn.
Sein Mund, der leise lachte, war nun streng,
Nun süß; er horchte in die feuchte Weite;
Dann, mit den Händen, griff er, ihm zur Seite,
In einen Busch, und teilte das Gehäng

Und zeigte mir die Schlafende, die Brand
Und Wasser ist in mir, und Lohn und Strafe,
Das Nun-für immer, Untergang-für-Traum:
Sie schlief wie Kinder schlafen; auf der Hand
Lag ihr Gesicht: und über ihrem Schlafe
Mit Beben stand der überrote Baum.

III

Mir schien, daß ich mit meiner Dame ging,
Und Herbst ging vor uns her durch vielen Wald
Geheimnisvoll verwandelter Gewalt,
Denn fast demütig, wie ein Kämmerling
Vor seinem Herren fährt und ist gering,
Trug er den Stab vor uns. Dort sahn wir bald
Drei Frauen fremd und schön und hochgestalt,
Die sangen schwer und schwangen sich im Ring.

Sie die ich liebe, sprach, vor Seligkeit
Erbleichend, »Oh singt mehr –« doch wie gefeit
Verstummten sie, mit grauenvollen Mienen.
Und Herbst hub an: »Sie flehten, Euch zu dienen;
Nun überschlägt sie Flamme die ihr seid –«
Wir sprachen nicht, und neigten uns zu ihnen.

IV

Die Bäume sinds nicht mehr, die Sonne nicht:
Der wilde Schatten und die weiße Schwüle
Vermündeten in eins: juwelene Kühle

Verblieb vom Finstern, aber nur das Licht
Von Brünsten; oder hieß' es ein Verzicht,
Daß auch von meinem fiebernden Gewühle
Nur blieb was golden wird, wenn ich es fühle,
Nur was noch strahlt, auch wenn der Mund es spricht

Und wenn er einhält, was herausgesollt,
Und wenn der Stolz den Sommertand zu Füßen
Des Ewigen Lebens schweigend fallen läßt,
Indes mit letzten Kränzen uns begrüßen
Und Purpurthoren Thale voller Gold –
Sind wir nicht mehr denn die? Dies ist das Fest.

V.

»Blick her auf mich, musikgewordnes Leiden,
Und du, durchlauchtiges Feuer, Leidenschaft:
Ich bin des Mais und Sommers Ziel, die Kraft
Des Dämons über ihnen, wie Euch beiden:
Weil ich Erfüllung bin, heiß ich das Scheiden:
Küßt Euch in mir, und wißts; in mir erschlafft
Des Lebens Lust und lächelt geisterhaft:
Ich bin allein, und will mich an mir weiden –

Ich bin, wie Du, Rubin; wie Du, Smaragd, –
Untröstlichkeit und Trost des edelen Steines
Wie Ihr: ein Licht gefeit vor Schwund und Flucht.
Küßt Euch vor mir mit Mund auf Mund und fragt
Ob Euer Antlitz heilig sei, wie meines,
Mit morschen Augen, und der Stirn voll Frucht.«

VI

Herbstangesicht, oh Schläfe, deren Strähnen
Ich mir im Kuß um beide Hände binde, –
Im Kuß, drin ich ertaube und erblinde
Heißt mich der Gott die Arme von mir dehnen,
Was ich nun habe, wiederum ersehnen:
Ich soll, eh mir der Rausch des Todes schwinde,
In deinen Mienen fragen, ob ich finde
Wozu ich beten möge, wie zu jenen?

Dein Auge spricht: »Gewahre mein Geheiß,
So will ich in Dir sein: und nichts ist schlimm,
Ich nenn es schön; und heilige das Kranke.«
»Denn«, sagt die Stirn »der Tod um den ich weiß,
Ist reif, wer will ihn trinken?«, »Lippe, nimm,
Nimm,« sagt der Mund, »und stirb. Nimm, stirb und danke.«

VII.

»Demütige dich, Geschöpf: ich bin geheim.
Mein Rätsel schwillt und schreitet durch dein Prahlen:
Ich Gott will bersten aus verfaulten Schalen,
Und ganz verderben: denn ich bin der Keim.
Ich lauterer Saft zerrütte mich; ich Schleim
Will ekel sein; aus offnen Eitermalen
Abscheulich aufgehn, meine Lust bezahlen
Mit Tod, mit Scham, und Unflat Honigseim.

Zittre vor mir. Wer bist du? Wer ist die?
Euch hätt ich je geliebt? Und sah euch nie.

1912

Denkt wie ich wüst in meinen Fetzen kreiße,
Wenn ich Euch wieder lächle obenhin,
Und Scharlach schwenkend durch mein Schicksal reiße,
Und lügnerisch, und eine Landschaft bin!«

VIII.

Horch Klageruf! Das Füllhorn der Verschwendung
Singt Menschenjammer aus dem Schoß des Alls:
Lebendiges Fleisch in ewigen Sündenfalls
Abgründen wütet gegen seine Sendung:
Oh Wildnis, lockt dich von mir die Verblendung?
Muß aus Verdammungen dich abermals
Der Geist zum Nachhall wecken seines Halls:
»Weil ich das Scheiden bin, bin ich Vollendung?«

Zu gottlos trotzest du, mein Gott zu sein:
Wer warst du, bunter Dämon, von uns Zwein,
Was bist du, wenn nicht Götter aus dir handeln,
– Oh Landschaft, Frucht in Trauer, Opferfest –
Als Zeugung deines Tods, der wilde Rest,
Den wir umarmt verwinden und verwandeln?

IX

»Er ist ein Gott; was unsereiner wähne
Drängt ihn nur tiefrem zu. Er hadert nicht
Noch weilt er; Sieh sein sterbeklar Gesicht
Zweideutig lächeln mit der einen Träne,
Indes in Traubenhaufen seine Mähne

Zerschaukelnd über ihm zusammenbricht –
Was will die Hand, sie sucht? Das Auge spricht?
Er hebt die Beere gegen meine Zähne,

Und sinkt. Ah nimm mit hin. Die letzte seis
In der wir uns von Herz zu Herzen schlürfen,
Der Untergang, drin wir die Seinen sind,
Sein wie dies Blatt, das wir auf sein Geheiß
In der verschmolznen Miene spüren dürfen,
Und halten, denn es geht kein Wind.«

x. Urlaub.

Gieb Raum dem Reisefertigen, leichtes Zelt
Des Spätjahrs, goldne Masten, feuchte Ranken:
Er muß von hinnen, und wie soll er danken?
Solang in deinen Fällen Erde fällt,
Solang dein wilder Ohrberg nachts zur Welt
Hinblickt wo Hamelns hundert Lichter wanken,
Solang der Freund bei den nicht allzu Kranken
Die Freundin fiebernd sucht, und bebend hält,

Solang sei Hauch von ihrem Mund und Blond
Verfärbt in deine Herbste, schöner Wald
Oh Park und Haus, oh Purpur von Pyrmont,
So lang im Adel jeder Birke schwanke
Das weiße Wunder, falte sich die Schlanke
Aus jedem Rauch, und lebe, die Gestalt!

1912

[Bremen]
19. November 1912

Lieber Borchardt, eben von einem mehrtägigen Berliner Aufenthalt zurückkehrend finde ich Deine lieben Zeilen vor & will die Stille vor dem Sturm (so ein Ankunftsabend ist ja eine kleine Insel in dem Meer von Anforderungen, denen mich mein Leichtsinn ausgesetzt hat), benutzen, um Dir gleich zu danken. – Ich habe Dir allerdings soviel zu schreiben, daß ich nicht weiß, wo anfangen, & wenn Du schon das wohlgerundete Kunstwerk Deines Schreibens mit Entschuldigungen begleitest, was soll ich dann tun. Nehmen wir zunächst das Thema auf, das Du in deinem Postscriptum zuletzt berührt hast: Heymel, so kann ich nur eine völlige Conformität unsrer Leiden & unsrer Anteilnahme constatieren. Ich habe ihn hier vor einigen Tagen & jetzt eben in Berlin ausgiebig genossen, mit allem Drum & Dran, was zu der großen Festvorstellung gehört »Gallenbrechen«, tiefsinnige Erklärungen über seine Mediumhaftigkeit – ein drolliger Irrtum: das Leiden dieses guten Jungen ist doch eben, daß er alles mit sich selbst identificiert – & nun meint er, das Fehlen liege darin, daß er sich zu sehr in andere Existenzen hinein versenke. Ihn kann jeder Affe, der im Stande ist, ihn zu überschreien auch innerlich vergewaltigen, das ist ganz recht; aber das ist lediglich ein mechanischer Vorgang. Wenn sich Alfred klar machen könnte, daß er mit Dir, mir & Hugo nicht so umgehn darf wie mit Gevatter Schneider & Handschuhmacher, & sich entschliessen könnte die erbärmlichste Rücksicht auf unsre dann doch immerhin nicht völlig für seine excrementalen Bedürfnisse eingerichtete Wesenheit zu nehmen, so wäre das ja alles ganz gut. So wie es jetzt ist, erzeugen sich fortwährend für uns Molesten, die nicht das geringste Äquivalent bieten, und für ihn selbst Catastrophen, die denn doch auch vollkommen belanglos & ergebnislos sind, wie das Toben eines kleinen Jungen, dem man den Mond nicht, wie er sich gedacht, vom Himmel heruntergelangt. Er erging sich gestern in später Nachtstunde, wie er es schon bis zum Überdruß oft getan, in Lamentationen über Hofmannsthal, dem er Untreue, Mangel an Mut, etc. etc. vorwirft, Behauptungen, die natürlich in seinem Munde zu ziemlich plumpen Beleidigungen werden, weil jede Prämisse *ihm* fehlt. »Wen hat Hofmannsthal nicht verraten« und dergleichen Scherze für die ich ihn dann allen Ernstes zur Rede gestellt habe. Du siehst daraus hoffentlich ebenso wie ich, daß wir uns ihm gegenüber die größte Zurückhaltung auferlegen müssen; er ist eben zu thöricht & zu indifferenziert & zieht jede subtile Bemerkung in die Niederungen seines eigenen, umdunsteten Geisteslebens hinab. – Daß Hofmannsthal, der wirklich aus Notwehr, wenn auch nicht in sehr netter Form Heymel abgeschüttelt hat, kein Verräter oder Feigling in irgend einem gröberen Sinne des Wortes ist, brauchen wir nicht zu erörtern. Heymel, wenn er nun herumläuft & Berlin W. mit solchen dummen Redensarten erfüllt *wird* zum Verräter; & er hat außerdem eine sehr unmerkliche aber ziemlich infame Kunst, einem Leute durch kleine süffisante Redensarten zu vergraulen. Ich in meinem momentan durch allerhand unmittelbares, sehr Persönliches mal wieder ziemlich hart auf die Probe gestellten Verhältnis zu Hugo kann einfach dergleichen nicht ertragen, & kann mich nicht zum Comparsen des gekränkten Herrn v. Heymel machen lassen, indem ich dumme Redensarten über meine Freunde anhöre. – Hilf mir, bitte darin, indem auch Du von Fall zu Fall Heymel energisch in seine Schranken zurückweisest – auf andere Weise ist jetzt, wo er doch allen Ernstes als Litterat seinen Laden aufmachen wird, ein erträgliches Verhältnis mit ihm nicht aufrecht zu erhalten. Wir müssen ihn mit Freundlichkeit aber Energie von uns distanzieren, damit er nicht durch *sein* ständiges Herumrenommieren mit uns & unsern Dingen uns bei Fernerstehenden in Mißkredit bringt. Ich denke mir, eben weil wir beide so tief & so herzlich für den armen Kerl fühlen, wird es uns möglich sein, ihn ohne große Kränkung wo nicht kalt zu stellen, so doch »kühl & liegend auf zu bewahren«. Gott helfs! –

Im übrigen kann ich dem, was Du über den »Jedermann« schreibst, mal ausnahmsweise nicht zustimmen (ich bin ganz glücklich darüber; denn unsre Übereinstimmung in fast allen Punkten nimmt schon fast einen programmatischen Charakter an). – Ich meine, das Problem dieses »Mysteriums« ist grade das Gegenteil des Faustproblemes, es handelt sich hier um den unverlierbaren & unveräußerlichen Anteil den der normale Weltmensch am Göttlichen hat; durchaus handelt es sich um »jedermanns« Angelegenheit und nicht um ein so differenziertes Problem wie das irgend einer faustischen Gestalt; und so scheint mir nach der Exposition & der Durchführung des Jedermann der Abschluß durchaus richtig und einzig möglich. Hier konnte nur die beschränkte und einfache Formel den Ausschlag geben. Die postulierte Glaubenstat des Jedermann liegt m. E. darin, daß er in dem bestimmten Augenblick der Grundforderung nachkommt, die Christus in den Worten aufstellt »So ihr nicht werdet wie die Kinder«. – Den Durchschnittsmenschen dieses Dramas rettet das einfache Erkennen & Bekennen seiner Zugehörigkeit zur einfältigen Gemeinde der Gotteskinder aus der tödlichen Vereinzlung, in die ihn seine dumpfe Gebundenheit an irdisch, fleischliche Glücksfälle und Begehrnisse gebracht hat, in den Schoß göttlichen Erkennens zurück. Du kannst das Problem auch umgekehrt deutlich machen; doch tut das nichts zur Sache. Das Wichtige ist, daß es sich hier durchaus um das Problem eines Massen-Schicksals handelt, *des* Massenschicksals überhaupt (denn ob es sich hier um einen armen oder reichen, einen jungen oder alten, einen gesunden oder kranken Jedermann handelt, ist nicht wesentlich), von überlegenem Mitleid milde angedeutet, da es denn doch einmal nicht aus zu deuten ist. Was nachher mit Jedermann passiert, in wie weit, & auf welche Weise er sein besonderes Leben mit den Forderungen göttlicher Gerechtigkeit in Einklang bringen muß & wird, gehört nicht in den Rahmen dieses nur auf das ganz unantastbar Gewisse gerichteten Stückes; zumal das Bekenntnis, dessen Symbole es benutzt, bezüglich einer transzendentalen Buße & Läuterung die weitesten Perspektiven eröffnet. – Meiner bescheidenen Meinung nach hat also Hofmannsthal mit der Beibehaltung des simplen, begrenzten, und eben in seiner Begrenztheit doppelt erschütternden und rührenden Symbols ein sehr richtiges Stilgefühl bewiesen. – Was mir in dem ganzen Aufbau des Stückes mißfällt (im Einzelnen dürfte die Diktion wohl manchmal straffer & lauterer sein) ist lediglich die Bevorzugung, die die Gestalt der Mutter erfahren hat. Hier scheint mir ein schwacher Versuch in der bekannten sentimental individualisierenden Manier vor zu liegen; ja, mir ist als wenn an diesem Punkt etwas wie eine Säure sich in das Eisen des dichterischen Corpus einfresse. Es ist ein merkwürdig Ding um den modernen Dichter; er denkt Synthese zu treiben & bringt doch für dieses Geschäft nichts als Fermente mit. – Mir ist es übrigens sehr lehrreich gewesen zu hören, daß ihn zu dieser ominösen Bevorzugung der frommen Frau Mama eine liebe, enthusiastische Freundin gebracht hat – auf ihren Einfluß ist das unsympathische zweite Auftreten dieser Figur zurückzuführen. –

Fermentation statt Synthese ist ja auch das, was wir beide bei der Georgika empfinden; denn Du nimmst mir fast Wort für Wort die Vorrede oder das Nachwort weg, das ich zu dieser Übersetzung schreiben wollte, ohne mich allerdings mit Deiner Kenntnis der Hesiodischen Gedichte zu brüsten, die mir nur sehr flüchtig bekannt sind, wenn auch aus den ständigen Hinweisen der Commentare auf Hesiod & die andern Quellen mir die scheinhafte Methode des Dichters und das verfehlte des ganzen Experiments klar genug geworden sind. Freilich glaube ich, daß der von Dir gekennzeichnete, das ganze dennoch in einem höheren Sinne rechtfertigende Nebeneffekt nicht ganz so unbeabsichtigt war, als Du an zu nehmen scheinst, dazu ist mir die italische Tendenz Vergils doch durch sein ganzes Lebenswerk von der ersten Ecloge an bis zum Schluß der Äneis zu manifest und ergreifend. Was anders rechtfertigt denn im Grunde auch das ganze homeridisch alexandrinische »Kunstepos« als eben diese Tendenz, dies: «tantae molis erat Romanam condere gentem«. –

Für den Übersetzer ist es die größte Pein, daß er fast durchweg, notgedrungen, um nicht völlig in's sprachlich Verworrene zu geraten, auf das Falsche noch ein Falsches setzen muß, und den Anschein einer Naivetät erwecken muß, von der im Original nur wenige Spuren sind. Daß Du mir wenigstens vergilianischen Ton zusprichst befriedigt mich vollkommen, ein mehr ist von meiner Unbildung & von der Rapidität, in der diese Übertragung vom Stapel laufen mußte, nicht zu erhoffen oder zu verlangen. Zudem wird bei der geringen Anzahl von Expl., die das Buch nur in die Hände von Beschauern, zum allergeringsten Teil wenigstens in die Hände von »Lesern« gelangen lassen wird, kein großer Schade zu befürchten [sein]. Wenn ich Dir in einigen Tagen den ganzen Rest schicke, so wirst Du wahrscheinlich merken, was ich mit dem »Lernen« meine. Ich kann jetzt nämlich Hexameter machen, in einer ganz andern Weise noch wie zu Zeiten der Odyssee, & der ständige Zwang, auf den Ton, & die Tonschwebung des Originals zu achten, wird, so negativ das Resultat im vorliegenden Falle auch sein mag, für die Ilias seine Früchte tragen. – Es war mir ganz sonderbar, wie ich vor ein paar Tagen im Zusammenhang mit dieser Arbeit nach der Odysseeübers. griff. Alles kam mir matt & plump, um nicht zu sagen dilettantisch vor. – Ich hoffe übrigens & rechne sogar bestimmt damit, daß Du mir bei unserm nächsten Zusammensein durch einzelne Bemerkungen helfen wirst, grobe Verfehlungen zu beseitigen; & damit komme ich (Du siehst ich bin beinahe so stark in Übergängen wie Herr Poppenberg) zu Deiner überaus freundlichen Beurteilung oder vielmehr Nicht-Beurteilung meiner Gedichte. – Du mußt & wirst es einem um die Qualität oder die Berechtigung seiner Produkte sehr besorgten Freunde verzeihen, wenn er – ein wenig mißtrauisch – hinter Deinen Lobsprüchen allerhand unausgesprochene Bedenken wittert, nicht als ob Du aus falscher Freundschaftlichkeit Dein Lob reichlicher bemäßest, als es Dir selber gerecht erscheinen dürfte, sondern lediglich, weil er selbst sich auf das Deutlichste bewußt ist, wie sehr gerade diesen letzten, mehr oder minder in der Luft schwebenden Gebilden eine tunliche Vollkommenheit nottut und – fehlt. Und so möchte ich, auf die Gefahr hin mißverstanden oder lästig zu werden, Dir noch einmal die Pistole auf die Brust setzen, und Dich um »nähere Auskünfte« bitten. –

Nämlich: mir scheint von allen nur die Ode
»Einsam, tagehinaus, nächtehinaus...«
vollkommen befriedigend. Bei allen andern habe ich mehr oder minder schwere Bedenken. Z. B. ist die erste der drei »sapphischen« Oden nicht zu lang? Sind die zwei letzten Strophen der dritten, die ich schon selbst als verbesserungsbedürftig angezeichnet habe, so wie sie jetzt dastehen, überhaupt möglich? (Denn ich finde trotz aller Bemühung keinen befriedigenderen Schluß).

Wird die »Sommer«-Ode nach der gewiss ganz schönen Einleitung nicht gegen die Mitte hart & undurchsichtig? Wirkt in der Ode »Sind die Tage verrauscht« nicht in der letzten Strophe das »Komm u.s.w.« ein wenig als Verbiage? Verzeih diese aufdringlichen und gewiß kleinlichen Fragen; es geht mir nur mit diesen Gedichten ganz eigen, sie scheinen mir so sehr persönlich, daß ich an ihrer Existenzberechtigung zweifeln möchte. – Wenn Du nicht magst, brauchst Du übrigens auf diese Fragen nicht zu antworten. Dankbar wäre ich Dir jedenfalls für *jede* Detailkritik, auch für eventuelles Verwerfen des einen oder des anderen

Gedichts. – Wenn ich hier etwas albern bin, bin ich um so froher Dir mitteilen zu können, daß ich doch mal wieder in herrlichster Weise voll von Projekten bin, »brimful«. – Ich werde eine Elegie schreiben »Der Abendstern«. Ferner eine Elegie als Epistel an Dich, in die dann auch die Verse aus Villa Burlamacchi eingeflochten werden sollen, falls sie noch vorhanden sind, & die den Untertitel »Die Heimat« führen wird, sie wird voraussichtlich einen großen Umfang erreichen & die Verquickung von epistolaren & elegischen Momenten wird Dich wahrscheinlich ebenso beunruhigen oder stören, wie sie es beim Landbau & bei Tivoli getan hat; aber das macht nichts, ich bin in diesem Genre allen Einwänden zum trotz meiner ziemlich sicher. Aber vor allem wirds noch einen Cyclus deutscher Oden geben, wahrscheinlich unter einem andern Titel. Sie stehen mir schon alle vor Augen; zwei einleitende, in denen ich mich nach bekannten Mustern mit der Muse auseinandersetze, eine, wie der alte Kaiser Wilhelm am Fenster steht:

> Da zu den Kronen, welche du würdig trugst
> Dir Greisenalter seinen Ölzweig
>   Um das gebeugtere Haupt gewunden.

Eine auf Bismarck & seinen Sturz, eine auf Hugo von Tschudi, als den letzten Vertreter unabhängigen Beamtentums & last not least 2-3 auf die im Hererokriege ausgezeichneten & Gefallenen, denen noch kein Dichter, ja nicht einmal ein Zeitungsschreiber einen Kranz gewunden, & die doch gestorben sind für das, was alle deutschen Herzen bewegt oder bewegen sollte. Daß in der Bismarckode Dein Freund am Schloßplatz nicht *ganz* gut wegkommen kann mußt Du verstehen; ich will aber so loyal bleiben als das schreckliche Thema erlaubt. – Gib mir Deinen Segen zu diesen Projekten, lieber Freund, ich bin sehr glücklich dergleichen »in petto« zu haben, so glücklich, daß ich das gegenwärtige purgatorio mit Geduld durchlaufen werde. Für Durchführung fehlt mir nur Zeit, ein Wertgegenstand, dessen Mangel ja auch der mit Recht so beliebte Dehmelsche Arbeiter beklagt.

Der Name »Dehmel« führt mich – wiederum mit elegantem Schwung – zu einem anderen Teil Deiner hochgeschätzten Betrachtungen nämlich zu unserm weniger hochzuschätzenden Nachwuchs. Auch hier hast Du mir meine Worte aus dem Munde genommen; mir ist zwar nicht der Condor aber doch allerhand ähnliches »Gevögel« in das Zimmer geflogen, nicht ohne meine damalige Miesheit zu verstärken. Es ist ja wirklich schlimm, unsre Adepten haben kein Talent, Georgen seine ooch nicht & diese Pipifaxe erst recht nicht. Na, wir wollen uns nicht drüber aufregen. Was wir zu tun haben, ist auszuharren auf dem als Recht Erkannten, im Hinblick auf die Vergangenen, die sich unsrer nicht schämen sollen und im Ausblick auf Künftige, denen wir einen wie immer bescheidenen Keim des heiligen Feuers überliefern sollen. So lange er noch zu *tun* hat, hat ein vernünftiger Mensch keinen Grund sich zu beklagen – & wo und was hätten wir *nicht* zu tun? Wir sind doch, weiß Gott, eine Art Mädchen für alles, & wenn es uns nur gelingt, ein bescheidenes Kämmerchen rein zu halten, so ist das schon etwas. Diese Jünglinge, wenn sie sich ausgeschissen haben, werden sie schon merken, daß es stinkt, & wenn nicht,

So geh ich lieber in den Berg
Zum Kaiser Rotbart & dem Zwerg
Und conversiere mit den Raben
Anstatt mit diesen süßen Knaben.

Wenn es *unsere* Sache wäre, die wir verträten, so dürften wir uns graulen; aber Du weißt es noch besser als ich, daß wir in einem höheren Dienst stehen, der uns als solcher durchaus mit Vertrauen erfüllen muß, so sehr er uns auch mißtrauisch gegen uns selber machen wird.

Was nun den Hesperus angeht, so habe ich allerhand Bedenken. 1. Weshalb den Namen ändern? Ein besseres Symbol als diesen Stern, der zugleich in den Abend & den Morgen deutet finden wir wohl kaum. Soll es unbedingt ein anderer Titel sein, so wäre der einfachste der Beste. Sagen wir also »Jahrbuch für geistige Ruhe« – doch, Scherz beiseite, der Titel ist gewiß das wenigste. – 2. Ist es nicht sehr bedenklich für den Fall, daß die Insel ablehnt, das p. p. Jahrbuch den jungen Leuten an zu vertrauen, die von verlegerischer Gestion auch nicht die mindeste Ahnung haben? Wird es nicht schließlich darauf hinauslaufen, daß man diesen jungen Leuten eine große Summe Geldes abknöpft, die sie für ihre speziellen Zwecke besser fruktificieren könnten, und daß wieder ein unverkäufliches Buch daliegt zu meiner grimmigen Genugtuung & Deinem grimmigen Ärger? Verleger werden uns nicht mangeln, auch wenn K. nichts ist, was ich ja in Deinem Sinne wünschen möchte. Überlege Dir doch, bitte, diesen Punkt genau & schreibe mir, wie Du darüber denkst. Mir scheint es ein schlechtes Auspiz, wenn wir uns von vorneherein sagen müssen, es werde der Umsatz & der geistige & materielle Ertrag dieses

Sammelbandes durch die vorauszusehende geschäftliche Unerfahrenheit der Verleger in Frage gestellt, so angenehm das Zusammenarbeiten mit den beiden enthusiastischen und integren Leuten an sich sein mag. Ich möchte daher auch nicht entscheidend abraten, sondern nur die Frage Deiner & späterhin auch Hofmannsthals Erwägung anheimstellen. Ein verlegerischer Mißerfolg scheint mir, bei Wolde & Wiegand zunächst außer Frage; doch wissen wir immerhin nicht, ob er uns nicht auch unter anderer Flagge beschieden sein wird; und ich würde ihn meinem Temperament & meinen persönlichen Erfahrungen nach nicht allzu tragisch nehmen; denn schließlich: »Die Stunde kommt, die Stunde naht«, wo auch dieser Band gesucht & teuer bezahlt sein wird. – 3. Dein Vorschlag mit dem Inserat ist zwar lieblich & intelligent; steht nur in Frage, ob sich nicht ein schrecklicher Haufen dummes Zeug ansammeln wird & wir die arme Genugtuung ein Häuflein mißratener Musensöhne um uns zu versammeln nicht mit ärgerlichem Geschreibe für uns & arger Enttäuschung für manche zarte Jünglingsbrust bezahlen müssen; schließlich würde ja die Arbeit auf mich fallen, & ich bitte daher auch diese Frage gütigst nochmals zu überdenken. Freilich sehr leicht ist es möglich, daß sehr wenig einläuft, oder gar fast ganz garnichts & dies Ereignis würde mir soviel Spaß machen, daß ich um seinetwillen schon die Entreprise wagen möchte. –

Was mir vor allem wichtig erscheint ist, daß wir uns über eine Art Programm einigen, uns darüber verständigen, was z. B. an Kritischem in den Band hinein soll. Mir erscheint es z. B. angebracht, daß wir uns diesmal mit Georginen & Georgianis nicht bemengeln [sic], falls nicht etwas Flagrantes vorliegt; denn schließlich wollen wir doch, weiß Gott, etwas Besseres als eine Opposition gegen diesen nonsens. Wen wollen wir uns aber vornehmen, etwa Dehmel? Hier würde denn doch sine ira et cum studio nichts zu erreichen sein als ein in allem Wesentlichen negatives Resultat, & man müßte sich fragen, ob es berechtigt sei, einen Mann zu kränken, der eigentlich nirgend in unsre Sphäre eingreift und uns gegenüber stets eine höchst achtenswerte Loyalität gezeigt hat; daß er Burte zu einer kleinen Ehrung verholfen hat, wirst Du wissen. Ich wüßte eigentlich garnichts, woran sich eine irgend wie fruchtbare Kritik betätigen sollte – es ist rein gar nichts da, was eines Lobs oder Tadels aus unsrer erlauchten Mitte bedürfte; und das, was an sogenannten Zeitproblemen herumwimmelt ist durch seine eigene Consistenzlosigkeit vor jeder Kritik gefeit – es ist schon zerflossen oder verflüchtigt, bevor Du Dein kritisches Manuscript abgelöscht hast. – Eine Abhandlung wie Dein Heidelberger Vortrag wäre sehr schön, aber es müßte dann auch unter den dichterischen Dokumenten etwas stehen, was Deine Worte rechtfertigte; & ob Du oder Hugo dergl. *parat* habt ist mir zweifelhaft. Die schönste Gabe, die Du der Jugend bieten könntest wäre wohl die *fertiggestellte* Abhandlung über die Alkestis, & wenn Hofmannsthal sich entschlösse das darin mit Notwendigkeit gegen seine Dichtung Vorzubringende zu erdulden, gäbe diese Arbeit zugleich den schönsten Beweis für unsre Loyalität. Jedenfalls würde das Jahrbuch seinen eigentlich stabilierenden Beitrag Dir verdanken müssen. – Ich schreibe Dir dies alles, wie es mir durch den etwas ermüdeten Kopf fährt, lediglich um Dich von der Notwendigkeit einer gemeinschaftlichen Besprechung zu dritt zu überzeugen. Herbekommen werden wir

Dich schon; denn, wie gesagt, bei armen Leuten spielt Geld keine Rolle; & zudem kann man doch in Bremen oder sonstwo einen Vortrag inscenieren, oder wir können den Dreibund in Lucca feiern. –

À propos: von dem »Pagenaufstand in Ctesiphon« habe ich nie das Geringste gehört oder gelesen, ebensowenig von Vollmöllers gerichtlichen Nöten. Ad Vollmöllerum: nein, ich fordre ihn nicht auf; ich halte zu wenig von ihm. Die Titanic-Ode ist eine Schweinerei. Die beiden andern Gedichte finde ich allerdings noch immer schön; aber der Mann und seine Pantomimerei erscheinen mir doch »oberfaul«. Schade, er ist als Mensch nicht ohne Charme & als Dichter nicht ohne Talent – aber im ganzen doch wohl eine jener Erscheinungen, die wir negieren sollten. – Mir fällt übrigens ein, eine kritische Beleuchtung des Verhaeren-Rummels – hinc illae lacrimae (Condor & dergl.)!!! – wäre nicht übel. Man hätte da doch wenigstens einen Kerl vor sich, wenn auch keinen Dichter. – Aber wer soll das machen? Dir wird die Materie zu fremd & zu niedrig sein, mir fehlt Muße, Spannkraft & Belesenheit, um die Prämissen zu meinen Resultaten deutlich & überzeugend darzulegen; & Hugo kommt nicht in Frage. Dennoch wäre es sehr dienlich & unsern Zwecken angemessen hier ein begründetes & entscheidendes Wort zu sprechen. Nun aber genug; mein Zweck, Dich zu einer Besprechung zu locken, dürfte mehr als erreicht sein, & ich halte mich außerdem und noch durch einen zufällig entdeckten Rest kalten Thees im Stande die Feder weiter zu führen; & dabei muß der Brief heute fertig werden; denn morgen winkt mir ein wahrer Hexentanz zwischen Sophas, Teppichen Silbergeschirren, einzurichtenden

Läden, abzufassenden Geschäftsannoncen, zu beredenden Donatorinnen & der – eben der Orpheus-Episode, von der Du schreibst, & die mir in der ganzen Georgikaübersetzung merkwürdigerweise die härteste Nuß zu knacken gibt. Hier ist ein amüsantes Quidproquo zu verzeichnen. Während Du Dich von Ovid zum Vergil gerettet hast, habe ich mich grade von der Orpheusepisode, die mir fürchterlich »gegen den Strich« geht, weg über Lucrez in die Ovidischen »Amores« geflüchtet, (wieviel hat Göthe an diesen Gedichten gelernt!), um mal etwas consistentes zwischen die Finger zu bekommen. Du hast ja sehr recht, es spricht auch in der Orpheusepisode vergilische Hoheit – aber es ist doch alles gar zu erkünstelt & gespenstisch & gar das abgerissene Haupt, das oben auf dem Fluß schwimmend mit erkalteten Lippen »Euridice« seufzt, macht mir unwohl. – Wenn man da einen Moment an die Achilleis denkt, erschrickt man. Wieviel näher ist das der Antike, als der »antike« Vergil. Überhaupt diese ganze Affaire mit der künstlichen Bienenerzeugung und die zimpferlichen Nymphen & der galvanoplastische Proteus – schauderbar! – + + +! Dabei im Detail stellenweis auf's äußerste bewundernswert; aber alles wie unter einer Glasglocke, man kriegt keine Luft. Es hat doch etwas von den Georgeschen Murrha Steinen. Nun, ich bin müde, da fange ich ja immer das Schimpfen an. Vergil bleibt doch ein großer, unvergleichlicher & unerreichlicher Dichter, die Verse von den Bienen sind unbeschreiblich schön, ein durchgehendes Immengesumm; & die wahrhaft göttliche Ironie mit der dies Kleinwesen traktiert wird! So schön versifiziert wie Vergil – so von innen heraus schön – hat wohl kaum ein andrer Dichter. Vielleicht findet man bei Racine

& Molière Verwandtes; auch bei Schiller klingt dergleichen an; er hat ihn ja studiert & man merkt das z. B. auch im Spaziergang trotz prosodischer Mängel, & trotzdem die diamantene Transparenz des Lateiners nirgend erreicht wird.

Du schreibst mir wegen Deines verlegerischen Verhältnisses zu den w. w. – Daß es vorläufig unmöglich ist die ganze Masse deiner Produktion dort nieder zu legen ist selbstverständich, & das Angebot wäre ja nur eine Formsache. Ich möchte allerdings in unserm beiderseitigen Interesse wünschen, daß hier nicht durch irgend ein Mißverständnis Trübungen entstünden & biete mich gerne an, mit den beiden zu sprechen; müßte allerdings von Dir Mitteilung erhalten, um was es sich handelt. Auf ihr Entgegenkommen kannst Du ja jedenfalls rechnen & so solltest Du die kleine Mühe *ja nicht scheuen,* Dich mit Ihnen ins Einvernehmen zu setzen, was sicher am besten & am schonendsten von Fall zu Fall geschähe. Vielleicht habe ich Dich aber mißverstanden; & alles ist schon in bester Ordnung. – Heymel hat mir von Deinem Zerwürfnis mit den Sd. M. berichtet & ich habe ihm gesagt, daß, möchte auch alles formale Recht auf ihrer Seite sein jedenfalls der Versuch Deine Mitteilungen durch einen Dritten completieren zu lassen, gelinde gesagt, ein Mißgriff sei. – (Wer hat da mal wieder Recht??? – – –)

Nun kam heute früh (ich habe diesen Brief gestern Abend begonnen) Dein zweiter Brief mit der überraschenden & mich beschämenden Mitteilung Deines Geschenks. Laß mich denn in aller Kürze sagen, daß ich es mit gerührtem Dank annehme – aber unter der Bedingung, daß ich es als ein Depot betrachten darf, an dem ich mich einige Jahre erfreuen soll, um es Euch zurückzugeben, wenn Ihr in Deutschland Euer Heim aufschlagt. Dies schöne Gebilde gehört jetzt, da sein materieller Wert durch den Ausspruch einer arterienverkalkten Excellenz in Frage gestellt ist in ganz besonderer Weise Euch an & kann höchstens als »Leihgabe« meine profanen Gemächer zieren. Ich werde übrigens doch noch versuchen ein competenteres Urteil als das der plattnasigen Brillen-Doktorin ein zu holen; denn mir scheint die Verfertigung eines solchen Kunstwerkes durch einen Seicento oder Settecento Handwerker eine unsinnige Hypothese, noch unsinniger als die von Schottmöllern ihrer Kunstkennerschaft. Also schreib an die Schöne, & ich werde meine Hallen zum Empfang dieses sculpturalen Caspar Hauser bereithalten. Ich habe übrigens grade in diesen Tagen für Dich wegen der neuerscheinenden Prachtausgabe der Werke Friedrichs des Großen geschrieben, Du erhältst sie, falls noch Expl. zu haben, sie werden Dich weniger wegen der ziemlich minderen Übertragung als wegen der prächtigen Illustrationen (Menzel & zeitgenössische Portraits) interessieren.

Vergessen habe ich noch Dir von dem Zweck meiner Berliner Reise zu erzählen – Hauptmanns 50. Geburtstag, der durch ein Zweckessen gefeiert wurde, dem ich aus Loyalität beiwohnte, in der Voraussicht daß doch die anständigen Leute in der Minderheit sein würden. Es war gräulich. Reden wurden gehalten, so jammervoll, daß ein Missionsverein glänzend die Concurrenz bestanden haben würde. Nur Hauptmann sprach würdig, naiv & rührend von der göttlichen Mission des Dichters & würde auch Dir Freude gemacht haben – sonst war es das übliche Laubhüttenfest Sami Fischerscher Provenienz. Schade, schade! Das

Unrecht, das an Hauptmann geschieht, entwaffnet wirklich jede Kritik. Er ist denn doch ein so unendlich besseres & schöneres Ingenium als alle die, die ihm seinen Ruhm jetzt zerpflücken & zerfasern! Er hat zum mindesten Güte & Weltgefühl, zwei nicht zu verachtende Ingredienzien der poetischen Küche; & Herr Josef Hofmiller ist wenn er ihn so schamlos heruntermacht durch aus on the wrong side.

Dagegen hilft Dir kein Sträuben & ich mußte Dir dies zum Schluß noch schnell sagen, obwohl ich weiß, daß Du mich hier für sentimental hältst. Ich bin es aber nicht, sondern ich bin durchaus kritisch. Schrumm. Die Sache Deiner lieben Frau will ich bestens in die Hände nehmen, & hoffe bestimmt, ich verkaufe was. Daß ich sie zwischen jeder dieser Zeilen einmal grüßen lasse & sie sehr lieb habe (mit Deiner Erlaubnis!) versteht sich von selbst. Also ade.

Dankbarlichst & getreulichst   Dein RS.

101 RUDOLF ALEXANDER SCHRÖDER AN RUDOLF BORCHARDT

[Briefkopf: Bremen
Schwachhauser Chaussee 365]
Donnerstag. [20. November 1912]

L. R. Heute früh kamen Deine Verse, & ich habe sie im Bett gelesen, nicht ohne mich mit Rührung alter Zeiten zu erinnern. Es ist merkwürdig, daß auch wir uns in den 10 Jahren so gewandelt haben und daß uns diese Erzeugnisse einer Frühzeit schon wie etwas nicht mehr eigentlich uns angehöriges erscheinen wollen. Hofmannsthal, der doch von uns allen am wenigsten Grund dazu hätte geht das ja am allermeisten so. Was Du mit der »Verwandtschaft« dieser schönen Produkte mit meinen meinst, glaube ich zu spüren. Manchmal sogar in Wendungen & Reimbildungen. Was sie von mir trennt, ist Deine von mir schon damals sehr bewunderte & beneidete Fähigkeit das Ganze einer Umwelt an Dich heran & in Dich hineinzuraffen, eine Kraft, die sich denn ja auch in andrem Sinne in Deinen Abhandlungen als synthetisch Wirkendes äußert. –

Mit der gleichen Frühpost erhielt ich einen guten Brief von Heymel, den ich mit einlege, damit ein Gegengewicht gegen meine vielleicht etwas reichlich »nervösen« Klagen vorhanden sei. Er ist doch mit aller seiner Eselei ein lieber & loyaler Kerl, & möchte gern alles gut und schön machen. Nun aber Ade, der verflixte Orpheus ruft, er will noch einmal hexametrisch verarztet werden, coute qui coute.

RS.

N.B. Natürlich habe ich vergessen Euch für Eure Photos zu danken, sie sind ausgezeichnet. Ich schicke keine, weil ich so dick geworden bin, daß ich nicht mehr auf eine gewöhnliche Platte gehe.

102 RUDOLF BORCHARDT AN RUDOLF ALEXANDER SCHRÖDER

[Briefkopf: Villa Mansi
Monsagrati Lucca]
22 Nov 12

Mein Lieber

wenn nicht beifolgender Brief den Du statt des angekündigten Heymelschen ins Couvert gesteckt hast, Dir möglicherweise von geschäftlicher Wichtigkeit sein könnte, und wenn er nicht am Tage nachdem mein Riesen-Ms. abgegangen ist und mich sehr zwitterstimmig-halbthätig zurückgelassen hat, bei mir einträfe, so würde ich nicht mit so fieberischer Beschleunigung antworten, so grosses Vergnügen mir auch Dein Brief durch Mitteilungen und Mitteilung gemacht hat. Wie es ist, kann ich nichts bessers thun, als den Abend mit Dir beschliessen. Über Deine Gedichte verspreche ich Dir einen eigenen Brief. Jetzt, da die Trümmer meiner Redaktionsarbeit, Mappen, Zettel, Bogen in jedem Stadium der Vergilbung, der Tintenverblassung und der Handschrift über meine Tische verstreut liegen, kann ich ans Hervorsuchen nicht denken. Nur das »Sind die Tage verrauscht« ist mir ganz zufällig zur Hand, und ich habe es eben aufmerksam durchgelesen, um den Punkt zu finden, an dem Du Dir nicht genug gethan zu haben scheinst. Diese letzte Strophe gerade habe ich eigen schöntonig gefunden, und der Klang dieses Gebetes hat mich nicht verlassen, seit der Stunde wo ich es zuerst las. Nichts in allen diesen letzten Gedichten drückt mir Dein gegenwärtiges Stadium in der Relation zum allgemeinen so rührend aus.

Ich leugne nicht, dass ich unbewusst die Gewohnheit verloren habe, an Deine Produktionen mit détailliertem Krittel heranzugehn. In einem Verhältnisse wie dem unseren, bei so ungeheurer Verschiedenheit des innern Ausgangspunkts, des Naturelles, des Ingeniums und der παιδεία, bei so unwandelbarer wie unschätzbarer Vereinigung in gleicher Ebne alles Höchsten, wüsste man sich ohne ein fast absolutes Geltenlassen des Andern gar nicht zu helfen. Oft genug wünschte ich dies und das anders; suche ich es aber zu präcisieren, so erweitert sich mein Einwand rückwärts, von der scheinbar ihn veranlassenden Wendung auf die Conception, von ihr auf den Kunstbegriff, und ich sehe mit einem Schlage dass es nicht der Einwand des Kritikers ist, sondern die Differenz des Künstlers und des Menschen. Diese aber, ihrem Wesen nach, soll bestehen, und durch nichts aufgehoben werden. In früheren Jahren, vor allem eh ich Dir nahegetreten war, wohl auch ehe ich mich zu menschlicher Duldung (der activen Form der Freiheit) entwickelt hatte war mein ständiger Haupteinwand gegen Deine wie immer sympathische Form des künstlerischen Selbstausdrucks ihr Mangel, – wie mir schien – an wahrer Notwendigkeit: Dies und jenes war charmant gesagt, und hätte ebenso charmant auf tausend andere charmante Weisen gesagt werden können. Dies oder jenes Gedicht drückte den Zustand x oder die Bewegtheit y sehr rührend aus: aber millionen anderer gleichartiger Gedichte hätten das gleiche gethan, ohne dass damit erreicht worden wäre was mir das »Eins ist not« schien: das Gedicht - in dem - durch das - naturnotwendig, explosiv, der Zustand oder die Bewegung sich selber *so* ausdrückt, dass es mit den Geburtsmarken den Stigmata seiner Ausdrucksbedürftigkeit überdeckt erschiene; das Selbstporträt dieses Zustandes oder dieser Bewegung; oder daher notwendig eines Grades von Zustand, oder Bewegung, der nicht mehr passiv »gehabt wird« sondern elementarisch ins Aktiv, ins Haben, umschlägt, aus dem Besessenwerden in ein wenig Besessensein, ins Schöpferische; und daher den Aggregatzustand seiner Materie verändern kann; aus Eis wird Wasser, aus Wasser Gas, aus Gas Tropfe, aus Tropfen Schnee, aus Leiden Sicherwehren, aus Erdulden Zufügen, aus Erfülltsein Gestaltung. Ich fühle wol, dass Dir und Deinen Produkten diese

Prozesse nicht sowol abgingen, als in einer andern Staffelung verliefen. Jenes Element von Chaos und Eros war wol vorhanden, aber es mussten Gesetze Deines Naturells thätig sein, die eigenmächtig seine Auswirkung unterbrachen, vulgär gesagt, fünf Minuten zu früh das Ventil öffneten um den Kessel zu schützen, und mit der verbliebenen Unruhe des Gemisches, in der die sprengenden Kräfte noch gerade nachgrollten, verständig, ja *weise,* verfuhren. Ich wusste gut genug, woher diese Gesetze kamen, fühlte ihre bedeutende Funktion für Dich und für die Zeit, in der es eselhaft dehmelig zuging, und die Bierbäume in die Himmel wuchsen, aber ich war nicht so dumm, wie der gute Hofmiller sich stellt, das was aus ihnen hervorging mit Schlichtheit zu verwechseln, Schlichtheit! Oh Gott ja, danach sehnte man sich halbverschämt wie nach verlorener Kinderbescherung: Schlichtheit, die reagiert ohne es zu wissen; die entdeckt ohne es zu ahnen; die alles zum ersten Male zu sehn kriegt. Die von der niedagewesenen Welterscheinung überfallen zum ersten Male, aus dem Traum heraus langsam mit dem Finger zeigt und Namen zu geben anfängt und vor sich hinsingt »Wie herrlich leuchtet mir die Natur!« Aber das war Deine Schlichtheit nicht; sie war viel complizierter als die im Grunde doch maasslos vierschrötig schlichten Blutrünstigkeiten, Kraftlasterwutzitterbrunstfaserungen Dehmels; sie war eine Selbstrettung und ein stilistischer Protest gegen den Asianismus und das κακοζηλές der Zeit, Offensive als Defensive, das verschanzte Lager des neuen ἰσχνὸν γένος – kurz und gut, das heutige Gegenstück zum Atticismus. Hier aber waren die Grenzen meines Naturells und meiner geistigen Geschichte. Soweit die Produkte der Zeit mich zur Reaktion zwangen, war es nicht ihre überwüste, überrohe, überspannte Entladung gegen die ich mich aufgerufen fühlte, sondern ganz eigentlich und wirklich ihre *Schwäche,* ihre als Strotzen aufgeprallte vollkommene Impotenz, ihre als »stimmig« frisierte unbewusste Resignation. Ich empfand ihre Ergüsse nur als Auslaufen, als Folge einer durch keinerlei Formwiderstände gepackten Hemmungslosigkeit, ihre Kraftmeierei als die fatale Janushälfte ihrer Süsslichkeit. Meine künstlerische Notwehr ging daher nicht auf Reserve als Reaktion gegen Gebrüll, und nicht auf Fresko als Reaktion gegen verzärteltes Gepünktel, sondern schlechtweg auf volle Süssigkeit *und* volle Kraft, beides durch formale Contreforts so fest gerahmt, dass kein Toben der Elemente sie je durchbräche um wer weiss wohin zu gehen. Daher war meine Form nicht parnassisch, d.h. kein Basaltbassin zum Aufbewahren von Rosenduft, daher auch die Leidenschaft meiner Äusserung nicht blosse Ejakulation. Ich hatte von Form und Intensität eine harmonische aber durchaus auf Extreme gestellte Vorstellung, und wie man denn als Jüngling war, halb Grasaff, halb Waldteufel, katastrophensüchtig bis zur Anarchie, leidenschaftlich bis zum Bersten und Zerschmeissen, von Krise zu Krise existierend, so wollte man das Unbedingte unbedingt, die Gedichte zwischen den Armen, den Tod an der Kehle, die Thränen in den Augen, das Heulen im Halse, um zu wissen wozu man da sei und dass das Leben das Leben wert sei. Das war meine Praxis und ihr entnahm ich ausschliesslich die Maassstäbe meines Urteils.

Deine ersten Gedichte die damals kamen, hatten wie gesagt, mit solchen Maassstäben einen schweren Stand. Gefielen sie mir? Ja. Nein. Wenn es nicht billig klänge, so möchte ich sagen ich liebte sie, aber sie gefielen mir nicht. Sie thaten mir nichts an. Sie bemächtigten sich meiner nicht. Sie hatten nicht jene Souveränität über mich die Goethe definiert hat, als die Art die man nicht lindern kann ob sie uns das böse thun will oder das gute. Aber es war in ihnen ein Element nach dem es mich wie nach Kühlung verlangte. Ich war kein guter Mensch; aber ich hatte soviel Verwandtschaft und Fähigkeit zum Guten, dass ich mich von der Luft hoher moralischer Delikatesse die in jeder Zeile von Dir war, beschämt, und, gerade weil beschämt, sich angezogen fühlte. In den schlechtweg wahnsinnigen Zuständen von Verwirrung und Verirrung, die Jahrelang mein Leben ausmachten, über die ich nie gesprochen habe, auch jetzt nicht eigentlich sprechen kann, in die aber das Versieren in den Erzeugnissen von 1900-06 zurückzukehren mich gerade gezwungen hat – damals als ich circa fünf Menschen in mir hatte die alle gegeneinander arbeiteten, einander wechselweis unterstützten und ableugneten, und drauf und dran waren einander zu ruinieren – damals war die ständige Erinnerung an die Seelen-*Reduktion*, die in Deiner Poesie vorzuliegen begann mir eine Wohlthat. Mit den Gedichten als Gedichten wusste ich nur streckenweis etwas anzufangen. Hätte ich sie kritisieren sollen, so wäre kein Wort beim andern geblieben; ich hätte bei jeder Wendung gesagt, sie sei improvisiert, bei jedem Gedichte, es sei zu früh oder zu spät gemacht, bei allem, es fehle ihm die duldend begehrende Dämonie die es allein rechtfertigt, Silben zu messen und Worte an den Schwänzen ihrer Reime zusammenzubinden.

Noch heute glaube ich für jene Zeit, was ich damals mir wol so ausdrückte, – in Dir seien etwa so viel Elemente zu einem

Dichter, als in mir zu einem Menschen. Ich fürchte ein grosses Kompliment für Dich war das nicht. Ich war ein Unmensch der sich des Dichters in ihm in keiner andern als dichtender Weise zu *erwehren* wusste; Du warst die Nebulose einer künftigen poetischen Welt, die fürs erste zwar hier und da sich conglobierte, aber durch eigenartige Verhältnisse der Gesammtrotation, sagen wir durch Deine rein menschlichen Postulate in der Organisation aufgehalten war. Du hattest ein reines Leben und eine disperse Poesie; ich hatte poetisch, was Du in wenigen Wochen übersehen wirst (und nur teilweise kennst) und ein unreines, improvisiertes, auf lauter Abbruch bebautes Leben. Als wir uns begegneten, hatten die Fermente sich gesetzt. Du hattest Elysium geschrieben und bereitetest Dich zu der schönen Reihe von Produkten vor, die Dich von den Zwölf Stunden über die Zwillingsbrüder zu Tivoli führen sollten. Ich war ein Mann geworden und verstummte, wie der Sommer im letzten Gedichte des ersten Buchs Horaz. Mitte sectari rosa qua locorum Sera moretur.

Dies war die Zeit, in der meine Entwickelung mich Dir, und umgekehrt, soweit genähert hatte, dass ich mich zugleich empfangend und kritisch gegen Dich verhalten konnte. Vom Elysium aus belebte sich mir rückwärts Deine ganze Produktion unter einem neuen Lichte, und dieses Licht für einen sehr angemessenen Beleuchtungszustand zu halten hatten sich meine eigenen Augen hinreichend beruhigt. Da mein eigener Kunstbegriff sich zu wandeln begann, liess eine weitere und gerechtere Duldung einen ihm immerhin noch reichlich fremden on its own merits zu. Und Deine Conceptionsart mit allem was für die Gestaltung aus ihr fliesst war nerviger und gedrungener geworden, Dein

Begriff vom Gedichte und dem Wesen der Gebildwirkung ein energischerer. Ich konnte ein Ganzes von vornherein als Ganzes gelten lassen und etwas aussetzen was ihm innerhalb seiner *eigenen* Structur etwa fehlen mochte. Ich konnte solche Ausstellungen machen ohne dass sie weiter um sich griffen als mit dem strittigen Détailpunkt zusammenhing; und ich habe mich dieser Freiheit gelegentlich der Odyssee nicht nur als Philolog sondern als Kritiker und Künstler zu meiner eigenen Förderung bedient. Unsere wachsende Berührung wurde zu einer schönen Durchdringung. Wir nahmen einer vom andern an, wir wurden für einander fruchtbar. Ich bekam nun erst recht eigentlich den Blick für Deine dichterische Sonderart; indem ich sah, was in ihr einer Fusion mit der meinen allenfalls zugänglich war, wurde mir der verbleibende, ihr unzugängliche Rest in einer Weise ehrwürdig, für die ich schwer ein Wort finde. Es erscheint mir als das Heiligtum einer selbständigen Natur, auf das sie sich immer in der Stille muss zurückziehen können, um sich von allem fremden herzustellen, das man nur aussprechen kann und nicht mehr in Zweifel ziehn; oder aber die Bemerkungen, mit denen man das dennoch thäte, *würden nicht mehr fördern*. So haben sich die beiden Hyperbeläste nach äusserster möglicher Näherung im umgekehrten Sinne wieder leicht zu entfernen begonnen. Wie in jenen Jahren aus Fremdheit, so verhalte ich mich heut, unwillkürlich, aus *Vertrautheit*.

Wiederum wie damals würden die einzelnen Bemerkungen die ich etwa machen könnte, über ihren unmittelbaren Anlass hinaus das Wesen des Gedichts und des Dichters als different von dem meinen aussprechen: mit dem Unterschiede dass ich diese

Differenz heut als unendlich wertvoll ansehe, und jeden persönlichen Anspruch vor ihr zum Schweigen bringe. Ich habe das Umgekehrte drastisch genug erlebt. Du entsinnst Dich der Stunde im Münchener Hôtel, da wir Wannsee und eine Ode von mir passim durchnahmen und Du mir Deine Einzelbedenken begründetest. Ich habe sie notiert und bei späterer Durchsicht trotz schärfster Selbstprüfung ihnen fast nirgends nachgeben können. So, fürchte ich, würde es Dir mit mir auch gehen. Daraus folgt nicht dass ich Dir markante Einwände verschweigen werde und das Gleiche von Dir erwarte, auch um Gotteswillen nicht dass wir einander über den Schellenkönig loben sollen, sobald etwas produziertes zwischen uns hin und her geht. Aber wo aus einem Produkte von Dir Deine Art, so wie sie mir vertraut geworden und unentbehrlich ist, mich mit Reinheit und Eigenheit anspricht, ja auch mit den Eigenheiten, die mir zu Deinem Bilde gehören, und von denen ich nicht weiss, wie sie vor einem absoluten Kunstanspruche bestehen mögen, überall da sage ich aus mir heraus nur das Positive, – Freude, Anteil, Bewegung, in supremen Fällen wie Tivoli, Bewunderung. Den Maassstab zur Beurteilung Deiner Kunst entnehme ich nicht mehr der meinen und auch nicht einem abstracten Canon, sondern Deiner Kunst selber und ausschliesslich. Die Gattung Deiner Ode ist nicht Deine Ausführung des Horazischen oder Hölderlinschen Odengesetzes, sondern mit Dir, aus Dir entstanden, und Einwände gegen sie müssen aus Einblick in Dich und Dein Wesen fliessen. Wenn Du Dir widersprächest, Dich missverständest, Deine Conception verdürbest – dagegen würde ich Bemerkungen wagen. Aber dagegen dass Du etwan einmal Gedichte machst, wie ich sie als solche nicht machen würde, oder Dich in Gedichten einer Art von Diktion bedienst, deren ich mich nicht zu bedienen wüsste, erlaube ich mir keine Einwände. Du hast heute einen, *Deinen* festen Stil, den genuinen und aufrichtigen Ausdruck Deiner Art, künstlerisch hoch und grossartig entwickelt, mit Neigung zu gewissen Gefahren, mit kleinen Verhärtungsansätzen, in denen sich Schematismus entwickeln kann wenn Du nicht starken neuen Inhalt einströmen lässest – aber im Ganzen etwas, was ich auch in seinen Symptomen als gegebene Grösse ansehe und unbedingt respektiere.

Denn es ist mir inzwischen klarer und klarer, – und heut so klar dass ich ihn definieren muss – der essentielle Unterschied aufgegangen, der unserer dichterischen Produktion zugrundliegt und ihre mir sehr *tröstliche* Zweigipfeligkeit erklärt. Die Poesie die bei mir durchaus *Axt* ist, ist bei Dir *Zustand*. Ich besitze nicht eigentlich, wie Du, ein poetisches Naturell: jenen schwebenden Kosmos unendlich vieler formaler Möglichkeiten, die nur ein leichter Nebel vom befruchtenden Keime trennt, und die diesen Nebel ständig hie und da durchbrechen um durch winzige Moleküle aufgenommenen Weltstoffes sich fertig zu gestalten, – sondern meine innere Welt, in der organisierende und architektonische Kräfte alle andern überwiegen, wird nur auf Augenblicke durch affektive Berührungen poetisch, und entlädt in diesen Augenblicken die gesamte unterbewusste Arbeit der Zwischenzeiten kritisch, elementar, notwehrhaft, gewissermassen für immer, um sofort wieder in ihren gewöhnlichen Zustand interesseloser Selbsterfüllung mit zu gliederndem Weltstoff heimzukehren. Während also Dir der leichteste Anlass dazu dient, und völlig dazu ausreicht, Dich als ein constantes, Dich als ein Ruhendes auszusprechen, scheinbar immer das gleiche Subjekt, in Wirklichkeit die immer neue Relation dieses Subjektes zu einem neuen Weltmoleküle, spreche ich überhaupt nichts anderes aus als den jeweilig in mir vorhandenen gesamten Weltstoff, der ewig unäusserbar bliebe, wenn ihn nicht der elektrische Strom des unberechenbaren Affektes schmölze, gösse, formierte, umschüfe. So bist Du locker, ich starr. Lücken bei Dir besagen nichts gegen die Conception, denn Du stellst das an sich unbegrenzte, unstarre, Dein Naturell dar, zu dem die Ungleichartigkeit der Consistenz so gehört wie Poren zur Coralle. Lücken bei mir wären tiefe unheilbare Gussmängel, und würden gegen die Spontaneität meines Aktes zeugen. So also sind Deine Fehler nicht meine Fehler. Du bist in viel ursprünglicherem Sinne des Wortes Dichter als ich; bist es wie das Volk, wo es singt, – wie hier in Italien –, wie der antike Dichter es war auf seinem Paros oder Amorgos, eine phöbische Natur, leierkundig, ewig liedbereit, weil Du die ständige Liedermöglichkeit *bist,* nicht *hast,* mit einer Skala, die teils lyrisch, teils gnomisch beginnt, und ihre Gipfel im höchsten Hymnus und in der höchsten Paränese hat; ich bin bacchisch, an die Feste meines Rausches gebunden, und in der kleinsten Composition mit einem indefiniblen Momente von Üppigkeit belastet, immer anredend, streitend, mich wehrend, in drei geteilt, abgrundlustig, reinigungssüchtig, dramatisch. Ich ende besten Falles womit Du beginnst, mit dem Gleichgewichte. Dein Ausgleich spricht sich aus, ich erringe ihn wankend und mit der letzten seelischen Anstrengung. Wenn ich ihn errungen habe bin ich fertig, und bin weiter. Wenn Du fertig bist, ringt schon ein neues Formelement ans Licht und sucht nach Stoff, – es ist die Reihe an ihm. Und so liesse sich noch lange das Eine am Andern messen.

Aber ich breche es hier ab, denn ich glaube, ich bin Dir ganz deutlich. Wunderlich wie ich gerade im letzten Briefe die Introspectionen feierlich abgeschworen habe, und nun mitten hinein versetzt bin. Es ist die wochenlange Beschäftigung mit meinen alten Gedichten daran schuld gewesen, die mir zu einer Art Selbstgericht geworden ist und mich vor die ernstesten Fragen gestellt hat, zugleich auch die Zeit unserer gemeinschaftlichen Anfänge mir heraufrief, die Heymels Druck Deiner Inselverse, mir zwecks Orientierung über den Charakter seiner Hundertdrucke immer zur Hand, für Deinen Teil zu verlebendigen noch beitrug. Du hast wohl Recht, ich schien mir die Arbeit eines Verstorbenen zu edieren, und in jedem Sinne bin ich der Überlebende jenes Dichters, der vor die Rampe zu treten im Begriffe ist. Aber ein tiefes Rückweh nach ihm und seiner Welt suche ich nicht zu verleugnen, und wenn ich dem Buche den Titel Jugendgedichte gegeben habe, so bedeutet Jugend hier nicht eine Apologie, sondern was es Mädchen bedeutet, das Bethörende des in leidenschaftlicher Sphäre genährten physischen Schimmers und seelischen Stolzes, dessen Verlust durch mächtiger werdendes Leben aufzuwiegen ist, aber freilich aufgewogen werden muss, wenn nicht das Ganze wie ein trübseliger Carneval in Sack und Aschen ausgehn soll. Zum ersten Male übersah ich schriftlich ausgebreitet diese Produktion; und so unzugänglich im productiven Sinne sie mir heut geworden ist, – it is by this I take my stand and intend to be judged. I hardly ever wish to do better.

Anderes, in anderer Art ebenso gutes – hoffentlich das seitdem Gemachte. Wirklich Besseres, – was die Schwachköpfe so Entwickelung nennen? – Gott gebe mirs!

Und nun noch zu den Gegenständen Deines Briefs. Hesperus: Ich denke an keine Namensänderung wenn sie nicht Kippenberg zu lieb geschehen sollte, und weiss mir nichts bessers als dies Symbol zu denken. Was das Verlegerische betrifft: Du scheinst den armen Buben ja alle Hoffnung genommen zu haben, was heisst denn das? Wiegand schrieb gestern ganz trübselig von dem Projekte als nahezu aufgegeben, ich hab ihn aber schleunigst beruhigt. Mein Lieber, elender und misswilliger als Dein Leipziger Freund den ersten Hesperus totverlegt hat – im neusten Almanach ist er überhaupt gestrichen!! – kann kein Anfänger und kein Feind mit dem zweiten verfahren, worüber ich keine Lust habe ausführlicher zu sein als ich vor mehreren Jahren in noch frischem Unmute gegen Dich gewesen bin. Die Zugkraft von Hofmannsthals Namen reicht allein hin, wenn dies Jahrbuch nicht à la Kippenberg geradezu vergraben und unsichtbar gemacht wird, ihm Interessenten in Fülle zu sichern, und schliesslich, nimm mein Wort darauf: in diesem verschüchterten kleinen Wiegand steckt ein grosser Kaufmann und grosser Arbeiter, der sich in alles findet, complicierte Dinge sofort übersieht, jedem Organismus gewachsen ist, und heut in zehn Jahren auf einem grossem Pferde reiten wird. Lass ihn seine Sporen verdienen und Dich angenehm enttäuschen. – Hierzu füge ich gleich meine eigenen verlegerischen Beziehungen zu den Ws. Ad 1 ist der wahrhaft wunderbare Plan meinen Dante 1916 mit Hodlerschen Holzschnitten monumental zu edieren soeben vertragsreif geworden, wozu ich von

Hugo (in einem auch sonst bezaubernden Briefe) den schönsten Wunschsegen erhalten habe: »eine schönere Bezeugung der Contemporaneität als die Verbindung *dieses* Übersetzers mit *diesem* Illustrator vor *diesem* Objekte könne er sich nicht denken«. Im übrigen habe ich aber einen Entschluss fassen, und Wiegand mitteilen müssen, der im Sinne meiner letzthin Dir vorgetragenen Erwägungen sich mir gebieterisch aufdrang. Ich darf diese Leute weder zu viel kosten, noch durch wie immer formale Verlagsanträge den Eindruck erwecken, als übte ich in dieser Richtung Pressionen auf sie aus. Ich habe ihnen in schonendster und rücksichtsvollster Form vorgestellt es sei besser, *sie* sagten *mir*, wann sie für eine Arbeit von mir aufnahmefähig seien, als dass ich ihnen beständig anböte, was weder sie nehmen bezahlen und herstellen können, noch ich ihnen zumuten dürfte zu allem übrigen zu nehmen zu bezahlen und herzustellen. Das ist nun zunächst so mit den Drei Reden des Winters 1911/12 die Rowohlt auf meine – unvorbereitete – Anfrage enthusiastisch angenommen hat, mit der Bitte um »mehr, nur immer immer mehr«. Und es wird auch mit den Gedichten so sein. Da sie nun einmal halb öffentlich werden, so müssen sie es unmittelbar drauf *ganz* sein oder der Eindruck den sie etwa machen sickert unvermerkt in die Erde zurück. Ὁ κύβος ἐρρίφθω. Und wenn Rowohlt mir nicht annähernd das giebt was mir die Bremer irgendwann einmal gegeben hätten, so giebt ers wenigstens gleich. Anderes wird folgen – ich muss viel, viel, viel publizieren, und alles was ich daliegen habe successive verhandeln, um sorgenlos oder relativ sorgenlos neuen Publikationsstoff für die nächsten Jahre zu schaffen. Ich klage nicht, sondern bin zufrieden mein Leben und Haus nur den eigenen Kräften zu verdanken. Aber ich muss zusehen mir Abnehmer zu verschaffen, die den Teil meines Unterhaltes decken, den die Ws mir weder geben können noch ich mit gutem Gewissen von ihnen nehmen dürfte, so sehr ich mir bewusst bin, für meine Einnahmen mit gewichtigen Gegenleistungen zu zahlen.

Dass Du unser Geschenk so menschlich angenommen hast, war uns eine unglaubliche Freude; ich schreibe an die Schottmüller dass sie einen Spediteur mit der Versendung betraut.

Wenn Du es einrichten kannst, dass über die Bilder meiner Frau etwas in die dortigen Zeitungen kommt, – was ihr für künftige Ausstellungen sehr nützen würde – so wäre das extraschön.

Mit »Jedermann« muss ich mich missverständlich ausgedrückt haben. Nicht ich hatte Faust als vollkommenes Gegenbild zu seiner Unvollkommenheit herangezogen, sondern das war eine scherzhafte Wendung H.s gewesen auf die ich nur dialektisch eingegangen war. Eine solche Ausblähung zum »Weltgedichte« hätte den Rahmen der Erfindung wie des Stiles gesprengt. Zur Sache zu reden so verschliesse ich mich Deinen Argumenten keineswegs und halte Deine Auffassung von der Erlösung durch Demütigung ins Menschliche sogar für sehr fruchtbar. Aber es bleibt mir als ungelöster Rest die ungenügende ausdrückliche dramatische *Vollziehung* dieser Erlösung auf der Bühne durch die Verantwortung Jedermanns vor Glaube. Dramatisch ist dies die Culmination des langsam sich vorbereitenden Selbsterlösungsprozesses. Und das Auslaufen dieser Culmination in ein nachgesprochenes Bekenntnis stumpft sie nicht an sich ab, sondern darum, weil unmittelbar vorher das blosse »Ich glaub« Jedermanns – mit tiefstem Rechte – von Glaube als ungenügend zurückgewiesen wird – »das ist gar ein arm Wort« und hiernach die Phantasie des Zuschauers etwas wesens-anderes, nicht graduell anderes, That, nicht Wort verlangt. Das Nachsprechen des Symbolums wird auch nicht als eine seelische Erhöhung sondern als einfache Amplifikation des vorher gesagten empfunden, und die Gutheissung durch Glaube wirkt enttäuschend. Hofmannsthal hat hier den Fehler begangen, Hans Sachs nicht da zu folgen, wo er den alten Mythus bewahrt, sondern wo er ihn als Protestant in bester Meinung aber tölpisch, und wie begierig das Neuste anzubringen, modernisiert. Der englische Everyman kennt keine Faith, aber Hans Sachs musste das neue lutherische Errungene, den Paulinismus, hineinbringen, und seine für Darstellung innerer Umschwünge nicht ausreichende dichterische Kraft versagte bei der Umsetzung in Handlung, blieb am Boden des Dürftigen Äusserlichsten kleben. Hofmannsthal musste hierüber weit hinaus dringen, wenn in der Relation seiner Behandlung zu der Hanssachsischen an diesem entscheidenden Punkte der ganze ungeheure Begeisterungs- und Verseelungsprozess deutlich werden sollte, den solche Grundkräfte der Menschennatur seit Luther erfahren haben. Ich rede sonst Verballhornungen antiker Zusammenhänge durch Modernes nicht das Wort. Aber hier waren die Grenzen der Übersetzung gegen die notwendige Erneuerung von innen heraus klar gegeben; wir ertragen dort wo uns direkt berührende primäre Phänomene des Innern in Frage sind, keinen Lippendienst und Buchstabengehorsam. Und die Antwort die im Antigoneprolog der Student auf das »Glaubst Du?« des Genius giebt: »Ich *möchte* glauben!« ist in ihrer schlichten Modernität mir tiefer und erschütternder als diese Szene des Jedermann; die einzige übrigens gegen die ich ernste Einwände habe; denn die rührende Mutter auf die Du so giftig bist, lasse ich durchgehen.

Wie wir uns sehen sollen? Wer weiss es? Natürlich wäre es charmant wenn Ihr zwei von Neubeuern aus zu uns kämt. Ich werde von Dir nicht das haben was ich von sonsther gewöhnt bin, aber das muss durch anderes aufgewogen werden. Verseht Euch für diesen Fall mit wärmster Kleidung besonders Unterkleidung: Eure Schlafzimmer sind zwar beide heizbar, die Wohnzimmer selbstverständlich auch, aber man passiert durch kalte Korridore, Vorhalle, Saal – und wer an durchaus gleichmässig erwärmte Häuser gewohnt ist, kann sich leicht erkälten.

Ich schicke dir noch ein Paar Bilder die Wiegand gemacht hat, Vor- und Rückfront des Hauses und Blick vom Park.

Meine Frau die sich mit mir zusammen an Deinem Briefe gefreut hat, grüsst Dich herzlich und ich bin

wie immer   Dein RB

103 RUDOLF ALEXANDER SCHRÖDER AN RUDOLF BORCHARDT

[Briefkopf: Bremen
Schwachhauser Chaussee 365]
30.11.12

Mein Lieber, da ich heute morgen einem gemäßigten Müßiggange huldige, indem ich über Versen für allerhand Wappen und sonstige Dekorationen des neuen Bremer Stadthauses brüte, will ich die Gelegenheit wahrnehmen & Dir einen Traum erzählen, der amüsant genug war um registriert zu werden. Mir träumte nämlich, es sei im Hause meines Vaters – aber in weit geräumigeren & prächtigeren Gelassen als sie uns wirklich zur Verfügung stehen, eine Art officielles Diner, bei dem Herr Riesser, der Vorsitzende des Hansabundes, der Tafel präsidierte. Du warst auch dabei & zwar in einem Reiseanzug. Plötzlich nach allem möglichen Hin & Her, erhobst Du Dich, schlugst an Dein Glas & sagtest, man habe von Herrn Riesser in seiner Eigenschaft als Geheimrat & Vorsitzender schon genug geredet; das Schönste sei aber doch, daß dieser Mann des Geschäfts sich auch mit klassischen Studien beschäftige & es würde für Dich & sicher auch für alle übrigen ein großes Glück sein, wenn er aus seiner neuen *Pindar*übersetzung (ausgerechnet!) der Tafelrunde etwas vortragen würde. Er erhob sich denn auch und fing an: »Es kommen, es kommen mit einem Fürtuch angetan« … Worauf Du Dich erhobst, einen Pindartext verlangtest, der auch mit Blitzesschnelle Dir überreicht wurde & sagtest: βαθυζώναι müsse doch unbedingt mit »tief gegürtet« übersetzt werden. Herr Riesser räusperte sich verlegen & erbittert, & bemerkte so obenhin, heutzutage wisse doch jeder Schuljunge, daß βαθυζώναι »mit einem Fürtuch angethan« heiße; worauf Du erwidertest, das sei keineswegs der Fall, man müsse sich zur Entscheidung dieser Frage außerdem vorher über die »fünf Tuchwurzeln« der deutschen Sprache verständigen. Herr Riesser fuhr dann fort & brachte allerhand Bafel vor; Du unterbrachst ihn zwei, drei Mal wütend, bis Du ihn unter ägriertem Kopfschütteln zu Ende deklamieren ließest. Die Tafel wurde unter verlegenen Beifallsäußerungen aufgehoben & beim »gesegnete Mahlzeit« sagen wandte sich

Herr Riesser ostentativ von Dir ab, der Du die Dreistigkeit hattest mit einem »nichts für ungut, Herr College« auf ihn los zu gehn. Meine Schwester Lina, die anscheinend die Honneurs machte, schoß wütend auf Dich zu & sagte: »Herr Borchardt wie können Sie nur in unsrem Hause eine Persönlichkeit, auf die soviel für uns ankommt, so brüskieren.« Worauf Du, Deinerseits aufs äußerste gekränkt, eine unbeschreiblich zerknüllte & komische Reisemütze aus der Tasche zogst, & mit bekannter Alertheit die Treppe hintersprangst. Ich schreie meiner Schwester in aller Eile zu: »Wie kannst Du Borchardt aus dem Hause treiben! Ich muß mit ihm ja über den neuen Hesperus reden!« – & springe Dir nach. – Damit ging der Traum zu etwas anderem über & ich erwachte sehr bald. – Du kannst Dir natürlich denken, welche Folterqualen ich mit meinem Sinn für die »dehors» während der ganzen Geschichte ausstand!

Die Sache kam daher, daß ich am Abend bei Wiegands Deine Übersetzung in Händen gehabt hatte. Na, mein Lieber, da hast Du was angerichtet! Diese guten Leute schwärmen für Euch in gradezu lasterhafter Weise. Ich habe immer Angst, daß er sich vor innerlichen Verbeugungen einen Leibschaden holt, & daß die doch etwas butterige Frau ganz zerträufelt. Es ist aber doch rührend so etwas mit leiblichen Augen zu sehn.

Im übrigen bin ich noch immer nicht glücklicher Besitzer Deiner Pindar Mss, will mir nun auch den Genuß auf die Weihnachtszeit versparen, da vorher keine wirkliche Sammlung möglich.

Einliegend ein paar Terzinen, die mir eben, da ich über eine kurze Spiegelinschrift brüte »in die Feder geflossen« sind. Qu'en dites vous, cher maître? Ich lese momentan Abends im Bett mit Entzücken die »Metamorphosen«, entzückt von ihren Vorzügen & ihren Fehlern. Welch ein himmlisches pêle-mêle, das unsäglich Platteste & Sublimste Hand in Hand. Ich habe vor, ein, zwei Sachen daraus neu zu machen, in einer halb oder ganz ironischen Form, indem ich Ovid immer so wie den Abt Tuspin zitiere. Zunächst Pyramus & Thisbe, die ja für ein halb sentimentales, halb komisches Gedicht mit allerhand Abschweifungen höchst geeignet wären; zum Schluß würde eine große Jagd auf die doch eigentlich ganz unschuldige Löwin veranstaltet werden. Was sagst Du dazu? Unbeschreiblich komisch könnte ja auch die Geschichte von Perseus & der Skulpturensammlung sein, die er mit Hilfe der Medusa bewerkstelligt. Wenn ich nur Zeit hätte! Ich finge gleich heute an. –

Nun, wir werden sehen. Sei bitte lieb & schreib mir ein paar Zeilen. Nächster Tage kommt der Rest der Georgika.

Herzlichst Dich & Deine Frau grüßend   Rudi

[Beilage]

Terzinen auf einen Spiegel
mit den allegorischen Figuren
der
Zukunft & Vergangenheit.

Kristallen Glas, darin wir uns beschauen,
Von Frucht & Blüten wundersam umfangen!
Zur Seite stehn, dir abgewandt, zwei Frauen.

Die hält ein Buch, an dem die Siegel hangen,
Noch ungelöst; *die* hält es aufgeschlagen
Und liest: auf jeder Seite steht: »Vergangen«.

Sie haben nichts zu tun mit deinen Tagen,
Die Wissenden, daß du jedwedem Schauer
Nur Gleichnis bist & Frage lohnst mit Fragen.

Uns aber, Schwindenden ohn Wucht & Dauer,
Ist ein unlohnbar süßer Trost dein Zeigen.
Was du verschließest mit durchsichtiger Mauer,

Solang wir's anschaun, haben wir's zu eigen.

104 RUDOLF BORCHARDT AN RUDOLF ALEXANDER SCHRÖDER

[Briefkopf: Villa Mansi
Monsagrati Lucca]
3 Dec 12

Mein lieber

möchtest Du oft die gute Idee haben, aus heiler Haut solche vergnüglichen Briefe zu schreiben, wenn man sie gar nicht erwartet. Ich habe gelacht als ob Du hier sässest und die Hände hinter den Ohren schütteltest, und das schönste war, dass infolge unleserlicher Handschrift der beste Witz des ganzen, die Skulpturensammlung des Perseus für ein Extra Lachanfall nach später erfolgter Entzifferung aufgehoben war. Eine schöne Figur mache ich in Deinen Träumen, das muss wol wahr sein, als schottisch karrierter Krakehler mitten in einer correcten merkantilistischen

Abendgesellschaft m. b. H., und vor allem mit jener unnachahmlich taktvollen Versöhnlichkeit après dîner, in folge deren begreiflicher Weise Weiber zu Hyänen werden müssen. Ich hoffe übrigens sehr, dass die Attitüde Deiner Schwester Lina nicht auf lebenswahren Eindrücken beruht, denn ich liebe sie sehr, und hoffe überhaupt dass Du nicht durch elegante Erfindung à la somnium Scipionis mir hast zu verstehen geben wollen was Du wirklich von mir hältst, sonst will ich in der nächsten Nacht zusehen, Dir einige angenehme Revanche-Wahrheiten zusammenzuträumen. Aber Spass beiseite – den Pindar hatte Wolde Dir geben wollen, und ich dachte ihn längst bei Dir. Ich werde nun mein Exemplar, das ich zum herauskorrigieren der schlimmsten Böcke noch bei mir habe, nach erfolgter Correctur an Dich senden, damit Du es nach Gefallen behalten und dann Wolde geben kannst. Es eilt mit letzterm gar nicht, denn die Publikation ist auf übernächstes Jahr geschoben, da die nimmersatten Jungen noch einmal so viel haben und dann einen grossen herrlichen Doppelband machen wollen. Ich habe obwol ich mit Hesiod denke πλέον ἥμισυ παντός nicht nein gesagt um ihnen die Freude nicht zu stören; denn mir freilich wäre es lieber gewesen in den ersten drei Jahren mit jedem Bande unsere Beherrschung einer neuen Cultursphäre zu zeigen, um »Weltliteratur« im Gegensatze zu den schnuffeligen Prahlbettel der »Neudrucke« Verleger so herderisch goethisch gross zu manifestieren wie ihr Begriff in meiner Lektüre lebt. Aber für jetzt ist unser Programm auch nicht übel, und wir können das was mit uns concurrirt, Deinen patzigen Handkäs eingerechnet, noch allemale als Dessert verspeisen, ohne dass es uns im Magen liegt. Letzteres nicht für ungut, fra moglie e marito non mettere il dito sagt das italienische Sprichwort, — ferne sei es von mir — nie wäre mir beigekommen — und so weiter. Ganz im Vertrauen muss ich Dir nun aber doch sagen, wenn Du mir versprichst — Hand aufs Herz — bei Deinem nächsten Liebesgekose mit Deinem Toni nichts davon in seine schöne Ohren zu träufeln — dass ich eine Überraschung für ihn vorhabe. Zu Weihnachten unterm Gabentische mit aufzubauen mit einem rosa Bändchen und einem Tannenzweig quer durchgesteckt: Ich publiziere dam dum im Anhange zu meinen Reden bei Rowohlt die Denkschrift zur Münsterausgabe; selbstverständlich ohne alle drin enthaltenen concreten Beziehungen auf die Insel, und ohne Polemik irgend welcher Art — ich lasse mich nicht dazu herab mit einem Buchhändler zu polemisieren — mit drei Worten Erklärung in der Einleitung: Diese Betrachtungen hätte ich seinerzeit (1907) für einen grösseren deutschen Verlag fixiert, sie seien inzwischen dort mehr oder minder halböffentlich geworden, und da ich mich der Ausführung meiner Pläne jetzt zu nähern begänne, wünschte ich zu zeigen, seit wie langen Jahren ich sie vorbereite. Oder so ähnlich. — Ich wittere nämlich von dorther einen erzinfamen Streich, den ich am besten so pariere. Zu allen anderen Sachen reibe ich mir höchstens die Hände — ich meine dass er einen meiner Pläne nach dem anderen in aller Stille ausführt, kann mich wenn ers leidlich macht nur freuen, und wenn ers schändlich macht, bleibts eben *mir* zu machen, in dieser Richtung soll man als grosser Herr handeln und verschenkten Gedanken nicht nachjagen. Aber wenn er mir in den Münsterausgaben Sandschak einmarschiert, so mobilisiere ich, und bei einem der wie Du so schön sagst »gelinde gesagt« nicht ohne Rankune ist

– kann man gar nicht verteufelt genug dahinter sein.

Das Spiegelgedicht verdient in jeder Hinsicht alle Arbeit die Du ihm noch zuwenden kannst. Das Motiv wie es in der zweiten Strophe und den letzten Versen der letzten gefasst ist, ist gesund und im Stande die Composition zu bestreiten; aber die dritte hat noch keine Tournure und Du hättest Dich auch von selber schwerlich bei ihr beruhigt. Das »Tagen« des Spiegels bleibt mir dunkel, der »Schauer« ist zweideutig, und die Gleichnishaftigkeit »Frage mit Fragen« etc. wünschte ich frischer gesagt. »Ohn Wucht«, und »Dein *Zeigen*« kommt mir sehr hart vor, und wirst Du zweifellos inzwischen schon strenger und organischer durchgeformt haben. Ich sage das alles so heraus, weil Du selber bezeugst dass es sich um einen eiligen Entwurf handelt. Wenn Du übrigens die dritte Strophe überhaupt änderst, so sieh doch einen Reim zu finden in dem nicht a der tragende Vokal ist, der zweiten Strophe wegen, in der durch die Assonanz hangen – schlagen – gangen das eigen Durchflochtene der Terzinenordnung fast verwischt wird.

Es wird Dir Spass machen, auf dem Beiblatte mein Spiegelgedicht aus den Jugendgedichten (1902) zu lesen, das jetzt mitscheint. Beiläufig hat Alfred auf das Ms. mit folgendem heroico-comischen Telegramme gedankt: »Tief erschüttert von dem unverdienten Glücke, heut Nacht alle Deine Jugendgedichte gelesen zu haben, danke ich Dir und verspreche Dir meinen geringen *Trutz und Schutz*. Alfred.« Ist das nun nicht zum – ich weiss nicht was thun? Fühlt er die Figur nicht die er macht? – Was Du neulich über ihn schriebst ist alles so jämmerlich wahr, dass jedes Wort zu viel wäre. Aber dass er augenscheinlich im

Gespräche mit Dir über meine Affaire mit den Südd. die Partei der letztern genomen hat – und Deine Bemerkung »wenn auch das formale Recht auf ihrer Seite wäre usw.« lässt kaum einen Zweifel daran – ist ein Zeichen dafür, wie sehr er auch in Charakterdingen herunterkommt. Er weiss ganz genau, dass dies Zerwürfnis – das mir sehr ungelegen ist und das abzuwenden ich alles Mögliche gethan habe – nur durch ihn, durch seinen frevelhaften Leichtsinn im Zusagen und Vermitteln und sein leichtsinniges Steckenlassen des Übernommenen herbeigeführt worden ist, wozu dann freilich die bekannte Feigheit der Münchener Herren kommt, das den Mund-nicht-aufthun bis alles verpatzt und irreparabel ist. Heymel hat mich in dem Glauben nach Italien zurückgehn lassen, dass das Erscheinen meiner Spectatoraufsätze als Broschüre bei den S. M. *abgemachte Sache* sei; und als ich im Juli dieserhalb Wünsche äusserte, erhielt ich ein knappes Nein. Denn inzwischen herrschte dort, ohne dass ichs ahnen konnte, mufflige Pikiertheit über meine Thätigkeit für Ullstein, die wiederum ohne mein Zuthun von Heymel negotiiert worden war, mit allem drum und dran. Und erst hier hat er mir eingestanden, dass ich durch jenes Pseudonym unwissentlich in seinen »politischen Concern« S. G. getreten war. Und da war alles zu spät, denn man hatte mich hartnäckig nicht bezahlt und ich hatte schliesslich nur durch Appell an das dortige Ehrengefühl meine sauer verdienten par hundert Mark herausgezwungen, während man genau wusste, dass ich buchstäblich von der Hand in den Mund lebe. – Genug davon, beim blossen Denken an die schnöde Affaire schwillt mir die Ader, als hätte ich das Fürtuch des Herrn Riesser vor mir. Dass Heymel nach München geht, dort keinen Versuch irgend welcher Reparation macht, mir auf meine Fragen schreibt, er wäre »selber in der Klemme«, es thäte ihm leid aber er sähe keinen Ausweg und was dergleichen klägliche Ausflüchte sind, verzeihe ich ihm gerne, denn er steckt selbst in einer übeln Haut, und ist froh wenn man ihn nicht herankriegt. Aber im Gespräche mit Dir nach einer solchen allzumenschlichen Aufführung auch noch den Umpire spielen und die Points verteilen während er selber in der Partie disqualifiziert ist, das – geht eben so ins Übrige hinein was leider Gottes aus ihm geworden ist. – Seit dem klirrenden Trutz und Schutztelegramm (und dem Honorare natürlich, für 25 Exx. die er verkauft) keine Zeile weiter, und er hätte mir wol zu schreiben. Ich verberge Dir nicht, dass so sehr das Herauskommen der Gedichte als solches mich freut, ihr Verbundensein mit dem guten Alfred mir manchmal fürchterlich wird, und dass ich auch darum nicht ruhen kann, bis ein Verlag sie ihm ordentlich aus den Händen genommen haben wird. Indem ich das schreibe, jammert er mich freilich schon wieder, und ich mag es nicht fortsetzen. Derselbe Mensch der eben durch eine schon ins Unedle gehende Schwäche mich geschädigt und gekränkt hat, kann mich morgen durch einen edlen Elan überraschen, den kein anderer mir bekannter so aufbringt, und da ich meine Freundschaft schwer hergebe, so gebe ich sie auch schwer auf. So lange ich da bin, kann er auf mich rechnen, compreso Trutz und Schutz, der Aff.

À propos hast Du durchaus Recht gehabt mit Deinen leisen Verwarnungen bezüglich dessen was ich mit Alfred gelegentlich etwas zu frei von der Leber weg über Hofmannsthal gesprochen habe. Es war nicht klug, es war nicht recht. Dass es alles gewissermassen elliptisch gesagt war und als unwirrsches oder psychologisches Paradoxon zu allem Selbstverständlichen Ungeäusserten stand – dass jemand daran zweifeln könnte, fiel mir nie ein; andererseits musste ich jetzt da er erbittert war und gegen H. tobte, des lieben Friedens halber das Ein und andere begütigend zugeben, was er dann gleich in unbehaglicher Weise aufgriff, so dass ich denken musste »Und kaum ist ihm das Wort entflohn pp.« Nun gut, von jetzt an werde ich meine Zunge hüten, denn wenn er in diesem Radotage selber schon fortfahren will, sich und seine heiligsten Erinnerungen vor Crethi und Plethi zu prostituieren so soll es wenigstens nicht so aussehn als ob wir ihm zuhalten.

Beiläufig noch: wolltest Du nicht Altieris einmal etwas von Dir schicken? Die Gesamtgedichte oder die Odyssee? Ich glaube ich hab es einmal dort angekündigt. Sie würden sich sehr freuen, sehr genau lesen, sich Dir eigener verbunden fühlen, und, wenn Du das nächste Mal herkommst wäre an etwas still gewordenes anzuknüpfen. Lass Dirs angelegen sein. Loda kriegt in diesen Tagen ein Kind, zur allgemeinsten Heiterkeit von ganz Lucca, denn es verdankt seine Existenz einem einzigen Urlaubstage Margheritos, der ja letztes Jahr in Tripolis war, nur am 2ten Nov. plötzlich als Courier ans Cabinett in Rom ging, her und zurück und wieder nach Afrika flitzte. Die gutmütige Öffentlichkeit mit der dies alles hier im Hause und ausserhalb, berechnet, belacht, beglückwünscht und von allen gemeinsam erlebt wird, ohne irgend welche Ekligkeit, hat wirklich etwas von der Grazie der antiken Welt, und unsereiner kann die Hände davor falten.

Ja freilich Wiegands. Da sieht man eben wieder einmal Deinen abgebrühten Cynismus, dass Du es so wunderbar findest, wenn reine schlichte Naturen dankbar der paradiesischen Momente gedenken, die sie im Abglanze des Genius verbringen durften. Da kann eben nicht jeder fühlen, aber respectieren sollte es wenigstens ein jeder. – Mein Gott. Was für rührende Leute. Alle meine Versuche, Ihnen die Ehrfurcht abzugewöhnen – ich fühle mich noch nicht alt genug für diese Venerabilität – hatten nur ein tieferes Erglühen der Andacht zur Folge, und Du weisst wie sehr ich, aus Angst vor einfach-menschlichem Contactverluste, mich leger und geradezu salopp gebe. Diese leichte Cameradschaft im Vorüberziehn ist noch das Beste was uns die Welt zu geben hat. Und wenn es im Geistigen und Thätigen so fruchtbar wird wie dies hier verspricht, so nimmt man das Schwärmen der guten Kinder auch wol in Kauf.

Leb wol mein Alter, und ertrinke nicht in der Briefflut die Du durch amende honorable über Dich heraufbeschwörst, sonst wirst Du noch ovidisch genug in etwas verwandelt was Dein Andenken rettet und Dir sonst ähnlich sieht, z. B. in einen – aber das wäre zu respectlos von einem Mitdichterfürsten zum Andern. Ich schüttle Dir also die grossen edlen Hände, küsse Dich auf die olympische Glatze, die Du inzwischen haben wirst und wünsche in jeder Hinsicht wol und unsterblich zu leben.

Dein RB

105 RUDOLF BORCHARDT AN RUDOLF ALEXANDER SCHRÖDER

[Briefkopf: Villa Mansi
Monsagrati Lucca]
14.12.1912

Mein Lieber, würdest Du die grosse Gefälligkeit haben, Dich zu vergewissern ob Wiegand vor ca. 14 Tagen ein ausführliches Schreiben von mir mit mehreren Einschlüssen erhalten hat, von denen der eine meine Verlagsangelegenheit mit Rowohlt betrifft? Ich habe keine Antwort darauf erhalten, und muss sie abwarten ehe ich R. erwidere, die Verzögerung ist mir im höchsten Grade nachteilig. Direkt darauf anklopfen mag ich nicht, gerade des einigermassen delikaten Hauptinhaltes jenes Schreibens wegen, über den ich Dich in meinem letzten Briefe unterrichtete. Ich denke mir, Du könntest telephonisch feststellen, ob irgend ein ernsthaftes Bedenken die Beantwortung dieses Briefes verzögert, und zur Erklärung Deiner Anfrage zu verstehen geben, dass ich mir Gedanken darüber machte, ob irgend etwas in meinem Briefe anders gewirkt hätte als ich es meinte. Ist das der Fall, was ich allerdings für ausgeschlossen halte, denn ich habe mich mit schonendster Zartheit geäussert, so wird man gerne die Gelegenheit ergreifen Dich um Dein Votum zu bitten. Ich hoffe ich koste Dich nicht Zeit und Mühe; aber Tag nach Tag verstreicht in nutzlosem Warten und keine meiner Sachen kommt nur einen Schritt vorwärts, auch von der Güldenkammer höre ich nichts. Heymel hat es nicht für nötig gehalten, seinem blödsinnigen Telegramm vom 25. *Nov* bisher auch nur ein Wort folgen zu lassen, keine Druckbogen, keine Äusserung über das was mit dem

Ms. vorgeht, ob es in Druck geht, wo und wie, und wann es erscheinen soll. Es ist das letzte Mal dass er von mir etwas kriegt, und auch Briefe an ihn zu schreiben, auf die er höchstens eine thörichte halbe Seite in die Maschine diktiert, allgemeine Redensarten mit Schluss-Feix, bin ich satt.

Der gute Hofmannsthal hat mir auch etwas angehängt, was mich höchst verdriesslich macht, weil ich mir kaum damit zu helfen weiss ohne ihn zu verletzen. Auf die Nachricht von Hodlers Holzschnitten zu meinem Dante entdeckt er, dass er einen entfernten Verwandten und Maler Namens Erwin Lang hat, der gleichfalls Holzschnitte und – guarda combinazione! – zum Armen Heinrich fabriciert hat. Und nun soll ich eine Parallelausgabe zum Dante bei den Bremern befürworten, damit unser Freund seinem bedürftigen Kinsman einen Auftrag zuschanzen kann – er wartet den Bescheid gar nicht ab, der natürlich widerratend ausgefallen wäre und lässt mir ohne weiters die Sachen zur Weiterbeförderung zuschicken. Nun ist es ja bei Euch fable convenue dass ich von bildender Kunst nichts verstehe, aber ich schwöre Dir, dies Zeug ist geistverlassen grässlich, der Technik nach vergröberter Gordon Craig – so dicke schwarze Himmelplattendrucke mit wagerecht durchgerillten Lichtstreifen – dem Air nach noch immer nicht so scheusslich, dass nicht noch ein letzter Rest fatales Wiener Süsstun drin stäke – kurz ehe ich meinen Hartman durch diese Golems vernachtmahren liesse, steckte ich ihn ins Feuer, ganz abgesehen von der nicht weiter diskutierbaren Unmöglichkeit für mich, die Ws. auch nur zu einem Pfennig Spesen über das Zwischen uns Schwebende hinaus zu entraînieren. Mir macht ihre Inanspruchnahme für mich schon ohnedies Sorge genug. Nun hat aber schon Iphigenie die Götter gebeten dass sie »dem Mächtigen, was ihm gefällt, mit Wahrheit sagen möge« und hoffentlich bleibt auch mein dies erflehender Stossseufzer nicht unerhört. Ich schreibe Hugo also, er solle sich vorderhand nicht an die W's wenden, – was er in suffragium meiner Anfrage hatte thun wollen – da es ganz unnötig sei dass er sich ev. bei den jungen Leuten einen Refus hole: ich wolle feststellen ob eine *principielle* Möglichkeit der Verwirklichung dieses schönen Projektes im Rahmen der bereits schwebenden Unternehmungen überhaupt möglich wäre. Wärs dies, so könne er ja schreiben. Gleichzeitig schiebe ich den Kitsch nach Bremen, ohne mich für und gegen zu engagieren, bitte Dich, ihn Dir anzusehen, weiss dass Du dringend abraten wirst und schreibe dann Hugo verzweifelt ab.

Für heut nur noch tausend Grüsse – ich stecke tief in tausenderlei Arbeit und Geschäften. Meine Frau ist Dir wie immer gewogen und ich bin

getreulichst   Dein RB

106 RUDOLF ALEXANDER SCHRÖDER AN RUDOLF BORCHARDT

[Bremen] 18. 12. 12

L. B. Dieser Brief kostet mich (Porto *ex*clusive) 4,50 M., da ich, um Dir gleich zu erwidern & keine Zeit zu verlieren mir ein Auto herausbestelle. Du siehst also, wie ich Dich liebe.

Der unsälige Wiegand »war eben im Begriff« zu schreiben, ein Zustand, den wir beide genügend kennen, um ihn zu verzeihen; Du siehst also Dein Kaufmann großen Stils in spe, ermangelt vorläufig noch einer für diese Zukunft recht sehr erforderlichen Tugend. Wir in unsrer Eigenschaft als Abschaum der Menschheit können uns dergl. leisten; aber er? Sit.

Du scheinst ja in einer süßen Laune gewesen zu sein, als Du mir Deinen ungewöhnlich dünnleibigen Brief schicktest. Heymel in den Orcus spediert, Hugo nur unter Anführungszeichen als »gut« gekennzeichnet – Gott sei Dank, daß wenigstens ich nichts auf dem Kerbholz hatte – aber wer weiß, wenn Du alle Deine grievances gegen mich auf dem Transmare-Bogen abgelagert hättest, wäre der Brief in den Händen des Empfängers explodiert wie eine Höllenmaschine. Na, laß gut sein, ich habe mich doch kindisch gefreut Deine schön verschnörkelten Zeilen zu erblicken & danke selbst dem an sich unerfreulichen Anlaß der .... u.s.w. p. p. – Mein Engel, also die w'w's wollen Dir anscheinend kein WehWeh bereiten, so ominös auch ihr Name ist. Wiegand sagte wenigstens drahtlich, es wäre alles in Ordnung – allright, wie der Engländer so richtig sagt. – Nun also laß auch Du vom Zorn ab & töte mir nicht den unsäligen Heymel, welcher gewißlich nichts im männlichen (?) Busen des Bösen Brütend erwog, viel mehr Dir Liebes & Gutes zu tun denkt.

Die Bilder Deiner Frau Gemahlin hängen in Bremen sehr schön, & ich hoffe, es wird etwas verkauft. Wegen Zeitungen habe ich mich bemüht; ob mit Erfolg, wird der Erfolg lehren. Jedenfalls hängen sie gut & machen sich ausgezeichnet, was ich bitte, der Frau Gemahlin mit zu teilen. Preise habe ich erst mal so gelassen, habe nur stillschweigende Ordre gegeben, daß im Fall der Fälle – man versteht mich. Ich habe ganz kalte Füße, da unten im Keller die Heizung ein Leck hat, was bekanntlich bei dem rauhen nordischen Klima fatale Folgen zeitigt. Soeben tutet in der Ferne das Auto, und um die Kosten dieses Briefes nicht ins Rockefellerhafte aufsummen (das »summen« macht das Auto sehr hübsch) zu lassen, werde ich gleich schließen. Bei-schließe ich ein Manuskript, das nicht verfehlen wird Deinen äußersten Ekel zu erregen. Es ist s. Z. in einen Probeband geschrieben, für 1001ne Nacht – & wer hatte mir den Probeband geschickt? Anton. Hinc illae lacrimae! – Nun, angelino mio, schreib mir, was ich in das Buch für Lieder hineinschreiben muß, ich weiß nicht wie man das italienisch tourniert. Tu das bald. Dann kriegt sie's noch zu Weihnachten.

Ich sende Dir unter dem Heutigen endlich den Band Elysium, den die w'w's einfach aber scheußlich teuer gebunden haben, ich habe 10 Stück bestellt, ohne den Preis zu erfragen & sehe mich am Rande des Ruins. (Das Auto hupt schon wieder!) – Also leb wohl. Kurz nach erklärtem Bankrott treffe ich in Lucca ein, um Euch Eure letzten grünen Bohnen weg zu essen. Wenn ich nicht schon vorher etwas ähnliches angebracht hätte, würde ich hier sehr passend sagen können: was dem einen sein ww ist, ist dem andern sein Wehweh. Oder »dem einen gibt man's; dem andern nimmt man's.« Immerhin mögen die Weh-Knaben noch so teuer sein; *Du* bist mir doch teurer, mein Teurer! Adieu, grüße die Gemahlin.

R.S.

107 RUDOLF BORCHARDT AN RUDOLF ALEXANDER SCHRÖDE

[Briefkopf: Villa Mansi
Monsagrati Lucca]
18.12.1912

Mein Lieber, die Spuren Deiner Thätigkeit sind heute doppelt hier nachweislich geworden, erstlich durch ein Telegramm Wiegands mit dem mir ein mit 3 Fcs. Zustellgebühr nicht zu teuer bezahlter Stein vom Herzen fällt, zweitens in einem Briefe der Kunsthalle durch den meine Frau zu ihrer grössten Freude und Genugthuung erfährt, dass sie eine Zeichnung verkauft hat und ein Bild zu etwas ermässigtem Satze verkaufen kann. Sie tanzt und strahlt. Als Geld kommt es ihr für längst Zurückgestelltes grade zu recht, als Bewusstsein, dass das was sie macht, irgend einem irgend etwas wert sein kann, ist es ihr unschätzbar, wenn wir auch genau wissen, welchem unvergleichlichen Agenten wir diesen Anschluss an die kaufend-verkaufende Menschheit zu danken haben, so sagen wir uns doch stolz-bescheiden, dass am Ende überall Anfangs mit Wasser gekocht worden ist, das heisst Freundeskäufe begonnen haben und Geschäftskäufe gefolgt sind. Für ihr weiteres Ausstellen ist die Möglichkeit sich auf diesen Bremer »Triumph« zu berufen sehr wertvoll, besonders wenn sie dabei ein paar Zeilen Lokalkritik vorweisen kann. Und also sei von Herzen bedankt für Deine immer gleiche schöne Freundschaftlichkeit, bei deren ständigen Beweisen mich nur der Gedanke tröstet, dass Du am Ende beiden Teilen dienst. Was die Leute für ihr Geld bekommen, ist ja doch das durchaus Edelste, was eine des Selbstausdrucks irgendwie fähige, liebevolle und ehrliche Natur mit allen Kräften herzugeben vermag, und hat darum seine eigene Geisterluft, die es vielleicht auch zu einer Zeit wo die Blauen Reiter längst auf den Leichen ihrer blauen Pferde verreckt sind – »die Toten reiten schnell« – irgend einem schlichten Auge wert machen wird. Verzeih diese eheliche Apologie meines sogenannten »Andern Selbst« einem au fond unteilbar Hochmütigen, der es immer noch entschuldigen zu müssen meint, wenn er für »seiner Hände Arbeit« kriegt was sie am Ende wohl wert ist.

Wiegand also spricht mich von Angebotsverpflichtungen ein für alle Mal frei, und das ist gut so. Sie würden, telegraphiert er, »so sehr sie die Umstände bedauern, die der Presse für die ersten Jahre grössere Verlagsunternehmungen unmöglich machen, selber um eine solche Regelung nachgesucht haben.« Die Sache wäre mit jedem neuen Falle peinlicher geworden, für mich und für sie, und war unter den beiderseitig bekannten Voraussetzungen unseres Zusammenarbeitens ganz sinnlos. Mir ist es auch viel lieber, dass unsere Editions- und Übersetzungssachen über den anfangs angesetzten Termin hinaus ins Weite gespannt werden (vorläufig bis 1916) und dass wie W. mir spontan ankündigte eine allmähliche Erhöhung der Gegenleistung für meine Arbeit eintreten wird sobald die Presse anfängt zu verdienen, als dass gleich von vornherein jene Übersättigung mit meinen Produkten eintritt, in der nur zu leicht Entladungen drohen. Ohnehin bringt mir die Danteübersetzung für jeden Gesang 200 M., also beim angesetzten Umfange der Auswahl 4.800 M. für die erste Auflage und das *Vorrecht* auf die zweite, beziehbar im Laufe von drei Jahren in beliebigen Raten gegen eingereichtes Ms: Das ist für die gigantische Zwangsarbeit dieser Übersetzung nicht phantastisch viel, aber als Zuschuss mir sehr annehmbar. – Und meine eigentliche Publikation scheint Rowohlt auf sich nehmen zu wollen. Was er anlegt muss man sehen. Wenn ich nicht ein par Tausend Mark jährlich aus ihm ziehen kann, so brauche ich einen zweiten neben ihm und teile mich dann wie Hofmannsthal in einen Prosa- und einen Poesieverleger.

Unterhaltlich ist dieser Brief nicht, aber er sollte auch nichts sein als ein Dank, denn ich stecke tief in Tacitus der noch vor dem 1 Jan. fortmuss. Hoffentlich höre ich recht bald recht vieles von Dir, auch über die Möglichkeiten eines Zusammentreffens. Von Heymel immer noch kein Wort, ich habe aber vorgestern eine kühle Bitte um geschäftliche Informationen an ihn geschickt. – Seine »Deutschen Erzähler« sind als Wochenbettgeschenk an Loda Altieri (die einen Buben hat) abgegangen, mit einer berühmten Verswidmung von mir – da Hofmannsthal sie meiner Frau noch einmal geschenkt hat.

Adieu, Du Guter, sei behändedrückt von Deinem

RB

und denke Dir den Kuss von meiner Frau, den Du zu Deinem Entsetzen bekommen hättest, wenn Du hiergewesen wärest, als der Brief von der Kunsthalle eintraf.

108 RUDOLF BORCHARDT AN RUDOLF ALEXANDER SCHRÖDER

[Villa Mansi
Monsagrati Lucca]
[22. Dezember 1912]

L. R. Schreibe Loda ruhig eine deutsche Widmung ins Buch, sie freut sich doppelt; Du weisst sie spricht ausgezeichnet die Sprache die wir täglich mehr verherrlichen.

Ist das mit Deinem Herkommen Ernst oder Spass? Wir brennen drauf es zu wissen, und es wäre grausam es uns nicht gleich zu sagen.

In Deinem Ms. sind sehr schöne Sachen; ich schreibe noch drüber, für jetzt stecke ich in der Germania bis über die Ohren, sie muss dieser Tage weg. Der Text wird sehr schön. Ich glaube ein par Dutzend grober Interpolationen mit den leichtesten Mitteln weggebracht zu haben; Dass der ganze Tacitustext corrupt ist, habe ich immer gewusst, aber die genaure Untersuchung ergiebt verblüffende Resultate.

Adieu mein Lieber für heut nur Dank und Grüsse

R

von Heymel immer noch kein Wort.

Dagegen gestern von Drugulin der erste Bogen Correctur, scheusslich gesetzt, mit der abgegriffensten Letter der langweiligsten Satzgestaltung, 40zeiliger Druckspiegel! Mir kann es ja egal sein, aber viel Ehre wird er mit einem solchen »Privatdruck« nicht einlegen. Dies unter uns.

109 RUDOLF BORCHARDT AN RUDOLF ALEXANDER SCHRÖDER

[Briefkopf: Villa Mansi
Monsagrati Lucca]
31 12 1912

Mein Lieber,
so spät es ist – denn das Jahr zählt nur noch Minuten – lass ichs nicht ohne einen Gruss und Dank an Dich zu Ende gehn. Du hast mir durch dein Buch seine letzten Tage so schön verklärt, dass ich mir keine bessere Feier hätte denken können. Ich kannte alles und meine erst jetzt irgend etwas darin zu kennen. Die Schönheit des Bezogenseins dieser einzelnen Gruppen auf einander ist erst wie an einem sich drehenden durchleuchteten Prisma mir klar geworden als ich alles zusammen und hintereinander fort las. Ich bin ganz von Innen heraus froh dass diese Sammlung vorliegt, in der Dein reiches Wesen sich mit dieser Allseitigkeit ausdrückt, indessen doch zugleich die grosse Consequenz Deiner Entwickelung hervortritt. Von der Achtlosigkeit der Baumblüte bis zu dem brütenden Weltenernst der Zwillingsbrüder von den lyrischen Einzelgriffen des Elysium bis zum grossem Aufbau der Totenklagen, immer ist es die gleiche Gabe aus einer schönen Ferne, Poesie, ein Göttliches; noch im blossen Hauche sich nicht verleugnend, bei voller Erscheinung hinreissend.

Dies Buch steht und wird stehen. Es überrascht mich. Ich hatte mir nach Deinen Andeutungen etwas ganz anderes erwartet, einen beliebigen Zibaldone; statt dessen habe ich eine geschlossene einheitliche Leistung in Händen, ein organisches Buch, ja ich möchte sagen, als wahres Buch Dein erstes: ein Durchschnitt in die Tiefe nicht in die Breite, mit Blicken in alle Wohnungen Deines Geists. Du nimmst damit Deinen festen Platz, und bist so sehr in Deiner Jugendvollmacht, dass nicht auszudenken ist wie Du von ihm nach allen Seiten ausgreifen wirst. Ich finde dazu alles, – Druck, Ausstattung, Band, unerhört schön und richtig gestimmt. Es ist ein beseelter Besitz, blickt mich an und rührt mich an.

Ich falte die Hände über meinem Jahre. Der Tacitus ist fort, erstaunlich neu geraten, an 20-30 Stellen von Interpolationen und Corruptelen geheilt, eben schreibt mir Wiegand ganz selig über diesen neuen Text, der wie eine verschollene Handschrift wirkt. So ist es auch. Man wird die Germania wie zum ersten Male lesen, wenigstens im ersten, allgemeinen Teile. – Alles ist geglückt, ich habe den Hausstand durchgehalten und beginne das Neue Jahr, wenn nicht mit Überschuss, doch mit behaglichem Marge, sorgenlos, nicht sorglos. Für das nächste habe ich Ungeheures vor und bin durch und durch voll von dem Gefühl mir Alles zutrauen zu können.

Grüsse Hofmannsthal von Herzen und nimm für Dich alle Wünsche Deines treuen   RB

Das Relief geht durch den Berliner Spediteur Bartz an Deine Bremer Adr. die Expedition ist durch allerhand thörichte Langwierigkeiten aufgehalten worden.

1913

110 RUDOLF BORCHARDT AN RUDOLF ALEXANDER SCHRÖDER

[Briefkopf: Villa Mansi
Monsagrati Lucca]
23 Jan 13

Mein Teurer, obwol Du es nicht verdienst dass man Dir schreibt dass man zum 26^t Deiner gedenkt, so wäre es doch gemein, Dir zu verschweigen dass man es thut; verschweigen will ich nur was ich Dir wünsche, und zwar aus Bequemlichkeit, denn es ist so schwer zu sagen. Leicht fliesst einem nur der Unsinn; 26. 35 Jahre, Mitte des Lebens, Höhe mit allem was sich erbauliches aus falschen Metaphern ziehen lässt, lange Fortwandern ohne zu sinken, und ähnlichen Stoff für Accidenzdrucke. Jugend Mitte und Alter liegen bei uns oft in ein einzig Jahr eingestaffelt, wir haben sie oft erlebt, sind oft gestorben und durch den Tod in neue Epochen gedrungen. Da hab ichs schon beinahe was ich Dir wünschen könnte: das bescheidenste was der Mensch erreichen kann, innere Ewigkeit, als Vorbereitung zum höchsten was wir uns erwerben können, ihren Ausdruck in absoluter Ewigkeit. Vivas Crescas Floreas und sei mir nie weniger als Du mir bist, so will ich zufrieden sein.

Dass ich Dir nichts geben kann ist meine Schuld nicht, sondern die der Saumseligen die mich selber trotz allen Eifers von meiner Seite hinziehen und hinziehen bis zum übelwerden. Noch wenige Tage und ich löse mich aus der Schuld.

Hat Dir der Spediteur Bartz, Potsdamerstrasse 121^B das Relief geschickt? Er hat längst Auftrag von mir, es zu thun und mir die Rechnung zu schicken, da aber diese nicht eingelangt ist, bin ich unruhig. Das Museum ist informiert.

Sonst nichts für heut, ausser dass ich von Alberti einen höchst kläglichen Brief hatte auf den hin ich ihn nach Möglichkeit zurechtzurücken gesucht habe. Das pfuscht sich nun so hoffnungslos weiter, weiss genau wo es fehlt, und kanns nur nicht ergreifen, weil Menschen die sich Not und Pflichten nicht zu schaffen wissen, und von aussen her keine haben, an Essen und Trinken schliesslich sterben müssen. Er denkt auch nichts wie Tod und gestikuliert fast automatisch. Jetzt gibt er München und Hausstand auf, will wieder unstät werden und »sich finden«. Die Flucht in einen physiologisch überwundenen und überlebten Zustand ist typisch für solche Halbwesen, Heymel desgleichen. Weil sie mit zwanzig Jahren ungebunden waren, meinen sie durch Ungebundensein wieder zwanzig Jahr alt und unentschieden entwicklungsvoll zu werden, während sie sich in Wahrheit rückzubilden beginnen und unaufhaltsam auf ihren wirklichen Kern einschwinden der kein Kern ist. Dennoch hab ich ihm zugeredet sich seinem Schicksal nochmals anzuvertrauen, denn er steht wie jeder in seines Göttlichen Hand, und niemand kann ihn versichern dass nichts Wendendes ihm zustossen wird. Und er ist ein lieber Bursch, den man traurig in Stücke gehen sähe.

Jetzt zum Tacitus zurück, der im Abgehen ist, und auf den ich stolzer bin als auf meine Gedichte. Das Gefühl, dass hier etwas geleistet ist, was nicht totgeschwiegen und nicht verlästert werden kann, ja von irgend wann einmal die künftige Gestalt dieses unsterblichen Buches bestimmen muss, macht mich eigen leicht und übermütig. Die Übersetzung wird brav sein, aber nichts ungeheuers; die Aufgabe als solche ist dafür künstlerisch zu simpel und strenge.

Adieu mein Guter. Ich frage nichts eh Du von selber Dich zu Mitteilungen gedrungen fühlst, Du oder Hofmannsthal der gleichfalls stimmungsvoll schweigt. Ihr seid mir ein paar rechte Mitarbeiter – »zehn solche möcht ich haben« wie Jud Fürstenberg von Rathenau sagte als der in der Handelsgesellschaft – arbeitete.

Alles liebe von meiner Frau und gute Gedanken
von Deinem   RB

Hier steht meine Parkwiese voll Crocus, der Ölberg voll Veilchen, der Bach unten im Thal fliesst zwischen den ersten Primeln. Es ist nass warm und dunkel und ich habe meine schönsten Stunden morgens um halb sieben vor dem Hause, wenn es noch fast Nacht ist und meine Hähne aus dem Stall krähen und unten im Thale sich der erste Karren mit Geläute fortschleppt. Um sieben bin ich am Schreibtisch mit Kerzen, schlafe nur sechs Stunden und bin nie so frisch gewesen. Das Haus und die Lage hats an sich: wir segnen die Stunde da wir hineingekommen sind. Jetzt wird ein Mistbeet angelegt, unten im Küchengarten, und ich kritzle dies nur dazu während ich auf meine Arbeiter warte, die sich für einen Tag früher angesagt haben und mich so um meine Nachmittags Arbeit bringen. Aber da sind sie und darum Schluss.

111 RUDOLF ALEXANDER SCHRÖDER AN RUDOLF BORCHARDT

[Briefkopf: Bremen
Schwachhauser Chaussee 365]
28.1.13

L. B. – Du hast ja recht; aber Du bist auch nicht ein so gehetztes Wild wie meine Wenigkeit.

Also das Relief ist angekommen und mit tausend Freuden empfangen worden. – Ich danke Euch nochmals herzlich dafür, daß ich mich für eine Spanne meiner Existenz an diesem schönen Besitz erfreuen darf! – Denke Dir gestern habe ich von hiesigen Freunden eine herrliche attische Trinkschale erhalten – oder Opferschale; denn zum Trinken ist sie eigtl. zu groß. In der inneren Schale ist mitten ein Discobol, am Rande zwischen Palmetten & Griffen je ein Jüngling, der Schleudergewichte aufhebt, ein ganz herrliches Gebilde, natürlich stark geflickt. –

Überhaupt bin ich diesmal zu den Festen mit soviel Beweisen der Liebe & Anhänglichkeit überschüttet, daß ich beschämt sehe, welche Früchte auch dieses von mir so geschmähte Jahr getragen hat. – Es ist sehr erstaunlich wenn man so bei kleinem merkt, daß man vielen Leuten etwas sein darf & kann – ein beschämendes, aber unvergleichlich schönes Gefühl. – Daß Du in diesen Kreis nicht hinein gehörst, sondern ihm so zu sagen, präsidierst, ist ja eine der großen Himmelsgnaden, für die man bekanntlich undankbar ist, weil kein Dank ihnen genüge tun könnte. – Auch heut mußt Du mit einer Zeile kümmerlich vorlieb nehmen, da es Mitternacht ist & ich morgen in der Frühe für 2 Tage nach

Berlin fahre. Ich soll dort Bethmann treffen & schreibe Dir dann, ob & wie es war. –

Hugo war entschieden dafür, daß der Hesperus *nur* von uns 3en gemacht würde. Ich sage nur »welch eine Wendung!« – Alles in allem bin ich sehr dafür; denn mir wird für den Fall meiner redaktionellen Tätigkeit eine Unlast Arbeit erspart. Er hat ganz herrliche, unvergleichlich herrliche Prosadinge geschrieben, die mich im Tiefsten gerührt & erschüttert haben, Dinge von dem ganzen, bezaubernden Glanz seiner frühesten Produktionen & mit allem Gewinn der Jahre. – Wir können uns dazu unter Thränen Glück wünschen, mein Lieber! – Nun wird die Welt einsehen, was wir immer wußten & glaubten, daß hier ein unzerstörbares Geniales waltet, über das voreilige Schieds- & Gerichtssprüche nichts sagen & entscheiden & sollten sie selbst von dem tüchtigen Vorarbeiter der Sd. M. gefällt & vom Herrn v. Heymel begutachtet sein. Na, Schluß. Du wirst diese Dinge einmal lesen & wir werden uns im Frühling drüber unterhalten, und dabei glücklich sein.

Daß Du mir fortwährend Deine elysäische Existenz unter die Nase reibst ist gemein. Behalte Deine Veilchen für Dich – ich habe den Schnupfen! – Ade, ade, ich falle in's Bett.

Immer noch bin ich im Joch,
Aber einmal komm ich doch.
Unterdessen lebe hoch!
Viele Grüße an Deine liebe Frau.
Nächstens sehr viel mehr.

Rudi

112 RUDOLF ALEXANDER SCHRÖDER AN RUDOLF BORCHARDT

[Briefkopf: Bremen
Schwachhauser Chaussee 365]
24. Februar 1913

L. B.

Nur ganz kurz: Ich denke bestimmt Anfangs April, also etwa am 8. für einige (nicht ganz kurze!) Zeit zu Euch zu kommen. Hofmannsthal hatte sich für unser projektiertes Zusammentreffen auch diesen Zeitpunkt gesetzt. Ob er noch diesem Plan anhängt weiß ich nicht. Wenn ich schreibe ich *»denke«* so ist das nur der Ausdruck der Furcht, es möchte bei meiner Abhängigkeit von vielen Faktoren im letzten Augenblick noch etwas dazwischen kommen. Doch glaube ich bestimmt, es versprechen zu können. – – –

Nun aber eins. Sende bitte umgehend die Langschen Holzschnitte an Wiegands oder meine Adresse. Hofmannsthal hat schon zu Anfang des Monats bei mir angefragt, was ich dazu sage. Ich war inzwischen mit Influenza bettlägerig und konnte daher nicht mich drum kümmern. Nun erfahre ich, daß sie überhaupt noch nicht in Wiegands Händen sind. –

Alles Weitere für später. Hoffentlich könnt Ihr mich im April für 14 Tage bis 3 Wochen brauchen.

Herzlichst Dich & Deine Frau grüßend   Rudi

113 RUDOLF BORCHARDT AN RUDOLF ALEXANDER SCHRÖDER

Mein Lieber,
die Langschen Holzschnitte sind längst an *Wolde* geschickt, wie Du durch Erkundigung leicht feststellen kannst. Die Verzögerung ist durch die lange Bettlägrigkeit meiner Frau veranlasst, die mir in der Geheimwissenschaft ein den tausend Reglements-Chicanen genügendes italienisches Auslandspaket zu confectionieren, über ist und mir solche Behelligungen abzunehmen pflegt. Nun hatte sie einen unbeweglichen Arm, und hat es versäumt, vergessen, verzögert, – ich weiss nicht was; aber besorgt ist es längst, und auch ausführlich, an Wolde, drüber geschrieben. Hofmannsthal habe ich gleichzeilig im obigen Sinne benachrichtigt. Ich hatte mir bei seinem monatelangem Schweigen nichts gedacht, wie ich überhaupt bei solchen Pausen an *kleinliche* Gründe zu allerletzt denke. Nun thäte es mir doch leid, wenn gerade solche gerade bei ihm im Spiele wären. Nochmals eingeladen gleichzeitig mit Dir unser Gast zu sein, habe ich ihn nicht. Er weiss wie sehr er mich beglückt wenn er kommt und muss sich selber entschliessen. Auf Dich freuen wir uns unendlich, reden auch gar nichts von Zeitdauer ab und sagen Dir nur dass das einzige Schmerzliche was Du uns bringen kannst Dein Wiederfortgehn sein wird. Hoffentlich haben wir gutes Wetter, der April ist oft gar zu tückisch, und eben gerade die von allen bevorzugte Reisezeit. Warum haben wir Dich nie im Sommer? Adieu.
    und alles beste von meiner Frau   Dein RB
[Villa Mansi Monsagrati Lucca]
Samstag Nacht 1 März [1913]

114 RUDOLF BORCHARDT AN RUDOLF ALEXANDER SCHRÖDER

[Briefkopf: Villa Mansi
Monsagrati Lucca]
7 März 13

Mein Lieber, die schöne Neuigkeit dieses Briefes ist, dass Hugo mir spontan auf den 8ten oder 9ten April seinen Besuch und auf eine volle Woche berechnetes Verweilen in Monsagrati mitteilt, mit der Bitte, Dich von dieser Thatsache sofort zu unterrichten und mein Möglichstes zu thun, Dich bei Absicht und Datum Deiner letzten Ankündigung festzuhalten. Wie ich das anders thun soll, als indem ich Dir vorstelle, wie freundlich es am Ende das Schicksal mit uns dreien meint, wie frevelhaft es wäre ihm, und allem was für uns und nicht nur für uns diese Woche entscheiden kann, auszuweichen, weiss ich nicht und will es nicht wissen.

Ἥξει ἀγέρτητος , καὶ Ὀθωνίδα ὕσταθι λείψας
Τὴν μὲν ἐν εὐτείχει Νευβευρίῳ, ἐν δὲ Ῥοδαύνηι
Αἰδοίαν ἄλοχον σὺν μνηστηρέσσιν. ὁ δ᾽ οὐχὶ
Ποσσὶν ἑοῖσιν ἰὼν πέρι εὐκλέα χρήματα φθείρει,
Ὅσσ᾽ αὐτῶι Μοῦσαι θυγατρὲς Κρονίου πόρεν, ἁγναί,
Κλειώ τ᾽ Εὐτέρπη τε Θαλεῖά τε Μελπομένη τε,
Τερψιχόρη τ᾽ Ἐρατώ τε Πολύμνια τ᾽ Οὐρανίη τε,

Καλλιόπη τ᾽. ἥ γὰρ πυκινώτερα μήδεσιν οἶδεν:
Ἕως Ἅλης ἄξει μιν ἅμαζα σιδηρεοτύκτη
Κραιπνὰ μολοῦσ᾽, ὁ δὲ χρυσία δώσεται, κλαιόμενος περ,
Ἐκ δ᾽ Ἅλης Στρουθοῖο ὑπ᾽ ὠκέος αὐτομοβυλθεὶς
Ἄλλος βενζίνην ὠνήσεται , ὅς δε γελάσσει.

und so weiter. Hoffentlich ersiehst Du hieraus dass er (am 30) in Ala in RStraussens Auto steigt, und, wie ich hinzufüge über Mantua Bologna Umbrien Arezzo sich mir nähern will; von hier aus geht er über Genua nach Frankreich.

Und nun für heut nichts als Erwartung baldiger sicherer Feststellung.

Schüttle einmal alles *minder Wichtige,* und ich meine das wörtlich – ab, und richte alles hiernach ein.

Dein RB

115 RUDOLF ALEXANDER SCHRÖDER AN RUDOLF BORCHARDT

[Briefkopf: Bremen
Schwachhauser Chaussee 365]
8. 2. [März] 13

L. R.

Die Holzschnitte sind gekommen, sind scheußlich & sind schon wieder bei ihrem Urheber angelangt, der sie verhökern möge, wo er kann. An Hugo schreibe ich heute eine Zeile drüber. Ich war inzwischen auf Geschäftsreisen in Frankfurt & Hagen i W. & werde die 3-4 Wochen, die ich hier noch bleibe alle Hände voll zu tun haben. Dann aber wird dies mal wirklich & endgültig auf & ab gebrochen.

Ich erhalte eben einen Brief von Heymel oder vielmehr eine Copie Deines Lobbriefes an ihn & kann Dir, mein Lieber, nicht verhehlen, daß ich finde, Du leistest mit solchen milden Unterstützungen weder ihm noch uns einen Dienst. Daß Dir die Gedichte ernsthaft einen Eindruck machen, glaube ich vorläufig nicht – Du müßtest mir das Auge in Auge beschwören. Das Rührende dran sehe ich wohl, auch daß 2-3 Zeilen so zu sagen poetisch sind. Der Rest ist aber doch verbiage der schlimmsten Art. Ich habe ihm s. Z. dies Produkt freundlich aber bestimmt abgelehnt & glaubte ihm damit einen rechten Freundschaftsdienst zu tun – jetzt bin ich lediglich wieder der Bumann & Heymel ist im Besitz eines passe partouts für den deutschen Parnaß. Na, mir kanns recht sein. Ich dichte schon ohnehin nicht mehr; & Ihr könnt Euch ja Eure Gesellschaft aussuchen, wie Ihr wollt.

Hier fällt ein liebliches Gemisch von Schnee & Regen vom Himmel, & hätte ich nicht meine Tulpen im Kalthaus, so wäre ich mit den Naturereignissen völlig en désaccord.

Mittwoch ist mein neues Ratssilber auf dem Rathaus durch den Kaiser frühstückenderweise eingeweiht [worden] & ich habe noch das ganze Haus voll rot & weißer Tulpen, die man mir freundlichst von der Tafel geschickt hat. Ferner hat man inzwischen in befreundeten Häusern verschiedentlich mein neues Streichtrio aufgeführt – Du siehst, ich amüsiere mich hier unter den Hyperboraeern auf meine eigene Manier. Wenn nur die Ilias werden wollte! Aber es ist wie verhext. Ich hoffe da alles von Italien; denn wenn ich nur erst mal im Zuge bin, wirds schon werden. Aber ich habe eine zu lange Pause gemacht & inzwischen ist man älter, bedächtiger & anspruchsvoller geworden & strauchelt über Steinchen im Wege, die man früher kaum bemerkt hätte. Meine Georgika bring ich Dir mit. Vieles drin wird Dir Spaß machen. Versificatorisch ist es sicher das Beste von mir. Ich hoffe sehr bei Euch den dritten Gesang der Ilias zu machen. Den ersten werde ich fertig mitbringen & wir können drüber reden. Aber um diese Arbeit wirklich in's Rollen zu bringen müßte ich für mindestens ein halbes Jahr aus allen Umgebungen & Einflüssen meiner gegenwärtigen Situation heraus, auch aus dem Alpdruck politischer Beklommenheit & Beängstigung (nicht etwa Kriegsfurcht), der sich einem hier bei andauernder Nähe des Unerfreulichsten & Halberfreulichen immer enger auf die Brust legt.

Lebe wohl & denke nicht, daß ich Dir Dein Lob der Heymelschen Muse so leicht verzeihen werde, dazu hat es mich zu sehr erschreckt. Du bist doch so zu sagen eine Art Instanz & gibst Dir sonst nicht so freundliche Allüren. Auch noch Deine Frau ist gerührt gewesen. Das ist die Höhe!! Sie soll aber schönstens & herzlichstens gegrüßt sein. Wie ich mich freue, Euch Beide wieder zu sehen kann ich nicht sagen. Endlich habe ich auch die Pindaroden, die ich sehr langsam in mich aufnehme. Reden wollen wir drüber, schreiben könnte ich erst, wenn ich weniger innerlich gebunden und in Anspruch genommen sein werde als jetzt. Alles das soll Lucca bringen & noch mehr. Was ich Euch alles erzählen werde! – Nicht aus zu denken. – Morgen hält Meier-Graefe hier einen Vortrag; & so läuft die Weltgeschichte weiter. In Preußen jubilieren sie so viel daß einem angst & bange wird. Aber rausrücken für die Milliarde – ja, prost mahlzeit. Die Einzigen sind die Nationalliberalen, ein braves Volk. Der Rest zum Kotzen.

Adieu, Gruß & Kuß RS.

116 RUDOLF ALEXANDER SCHRÖDER AN RUDOLF BORCHARDT

[Briefkopf: Bremen
Schwachhauser Chaussee 365]
12. 3. 13.

L. R.

Nicht zwischen uns sei Dank das Wort,
Die wir im Dienste stehen
Und aus der Trübsal fort und fort
Nach Gottes Sternen sehen;

Uns stundenweis auf strenger Wacht
Anrufend, daß im Kummer
Der hoffnungslosen Mitternacht
Nicht einer träg entschlummre.

Denn spähten wir nach West und Ost
Durch dieses Rund der Schande,
Das Auge fände keinen Trost
In keinem Vaterlande.

Dank sei das Wort. Am Firmament,
Der Veste, überm bleichen
Gewog das richterliche brennt,
Das unverrückte Zeichen;

Der Stern, der Trost, das eine Licht,
Des Knechtschaft uns verbündet;
Strahl, der aus Gottes Himmeln bricht
Und in uns Gott entzündet.

Weiter nichts, nur daß das Buch doch sehr schön & würdig gedruckt ist, und ich bestimmt zu dem vielverheißenden Termin in Lucca eintreffe. –
Herzlichst und treulichst R S.

117 RUDOLF BORCHARDT AN RUDOLF ALEXANDER SCHRÖDER

[Briefkopf: Villa Mansi
Monsagrati Lucca
13 März 13

Endlich also, mein Teurer, weiss ich, wie ich es anzustellen habe um einen drei Seiten langen Brief von Dir zu bekommen, und will mirs merken. Facit indignatio literas, und so soll künftig drauf los gelobt und getadelt werden, bis die Correspondenz von selber im Gange ist; wenn sie dann wieder einschläft, wird Heymel geweckt, dichtet, wird gelobt, lässt meinen Brief tausendmal abschreiben, schickt ihn Dir, und schon ist alles im besten Geleise. Wir haben uns nicht schlecht erlustigt, Dich in eine Falle gelockt zu sehen, die wir mit Bewusstsein gar nicht aufgestellt hatten.

Die Gedichte sind genau das, was mein Brief von ihnen sagt, nicht mehr, aber auch nicht weniger. Ein Mensch der bisher nur lumpige und verlogene Albernheiten produziert hat, der Versschemata zusammengereimt und für Poesie ausgegeben hat, weil er unter Leuten lebte, zu deren selbstverständlicher Lebensäusserung Poesie gehört, kommt durch sein schweres Schicksal auf einen Punkt, auf dem er ein schreckliches leidendes feierliches Bedürfnis fühlt, die Wahrheit zu sagen, einen inneren Zustand wahrhaftig auszudrücken und zu gestalten. Das so entstehende Produkt ist weit davon entfernt ein Kunstwerk, oder gar ein grosses Kunstwerk zu sein: Dazu fehlt ihm bislang nicht nur jede Kraft des Genius, sondern vor allem die Einheitlichkeit der ethischen Voraussetzung; also ein Abgrund trennt es davon. Aber wenn Du es über Dich gewinnst, zu vergessen dass Du Heymel kennst, tausendmale an ihm verzweifelt hast, und er im Grunde für Dich ein indicierter Fall ist, so kannst Du Dich nicht dagegen verhärten, dass der Abgrund, der diese Gedichte von seinem bisherigen Unflat trennt, noch weit grösser ist als jener. Und nur dies habe ich gesagt: nur, dass alles was überhaupt mit ihm werden kann, ausschliesslich auf diesem Wege werden kann. Dass ich es freundlich gesagt habe, ohne die Härte mit der ich ihn heut im allgemeinen zu beurteilen gelernt habe, und zu der unwiderlegliche Fakten mich zwingen, liegt es nur daran, dass es der *erste* Schritt ist, den er auf diesem Wege thut, und der darum einer herzlicheren Ermunterung würdig ist, als der Fortschritt des Vollkommenern in der Vervollkommnung. Wenn *er* aus meinem Briefe nur das Süsse herausschleckt, so ist das seine Sache und befremdet mich an ihm nicht weiter. Dir aber können die Herbigkeiten die zwischen den Zeilen stehen nicht entgangen sein, und dass die künstlerische Aufrichtigkeit nur kaum zwei Drittel lang, und auch das nur mit Hängen und Würgen, vorhält um dann dem alten optimistischen Verkleisterungsschwindel der bekannten Heymelschen Serenität und des Überwundenhabens Platz zu machen, habe ich so dürr gesagt, dass ich für möglich hielt, es könne ihn verletzen. Es ist eben, wie bereits gesagt, kein Kunstwerk. Aber dass ein solcher armer Teufel wie Heymel einer ist, in seiner unordentlichen und zerfahrenen Seele noch die Kraft gefunden hat, eben dieser Unordnung und Zerfahrenheit zu *begegnen*, sich im Grunde wider sie zu stellen – denn wie könnte er sie sonst verneinen? – ist eine Regung und eine Fähigkeit edler Art, und als solche nicht mit dem Zollstab zu messen, und etwa darauf anzusehen ob sie bis zum Finis vorhält. Die edelhältige Ader ist da, und damit basta. Wieviel sie hält, wie viel Karat sie hat und anderes mehr ist eine Sache für sich. Aber ich hatte gedacht da sei nur taube Schlacke und brockelndes Lager. Abgelehnt hast Du ihm die Verse? Und was sonst hättest Du thun sollen? Was sonst hätte ich selber gethan, als sie abgelehnt? Aber nicht ohne ein herzliches Wort, und das habe ich ihm gesagt, habe auch nichts davon zu revocieren sondern quod scripsi scripsi.

Was Du die poetischen Stellen nennst, mein Lieber, ist etwas, was es vorher in Heymel nie gegeben hat: ein Konflikt, dem standgehalten wird, wird von selber stellenweis melodisch, zollweis plastisch, streckenweis künstlerisch. Ist das garnichts? Es ist nicht viel bisher, aber es ist etwas. Man muss sehen, ob er auf diesem Wege weiter kommt.

Du kannst Dich auf Italien nicht mehr freuen, als wir uns auf Dich: Dein Besuch wird die Climax der Fremdensaison von Monsagrati sein, die – in ca. 8 Tagen höchst minderwertig mit einem uns aufgedrängten Besuche eines mir ganz fremden Menschen beginnt: Dann kommen Leos, dann Hofmannsthal und Du, schliesslich bleibst Du allein zurück. Es kann wundervoll werden, und ich werde den Lohn für mein einsames Jahr auf einmal geniessen.

Politik? Nur stille davon. Ich habe mir zwischen meinen Trümmern eine Hütte für Alltagsgeschäfte gebaut, da man doch irgendwie leben und arbeiten muss, und will von nichts hören. Das Grauen davor, wohin der Gedanke mich führen könnte, den ich zu denken beginne, rettet mich und mein Thun. Seit Jahren sehe ich das alles mit ständig wachsendem Horror kommen, letztes Jahr habe ich aus meiner Angst heraus geschrieen und gepredigt, heute bin ich auch darüber hinweg und halte meine Augen nur noch auf Ewiges gerichtet, mag um mich her stürzen was will, und wäre es was mir noch bis vor kurzem das Teuerste war. Ich bin in dieser Richtung seit langem am Ende.

Dein RBdt

118 RUDOLF BORCHARDT AN RUDOLF ALEXANDER SCHRÖDER

[Briefkopf: Villa Mansi
Monsagrati Lucca]
1 Mai 13

Lieber Schröder

Die Darstellung der Umstände, die zur Lösung meiner Beziehungen zu den Südd. Mtshn. geführt haben, ist so, wie sie mir aus Deinen Mitteilungen als die »Münchener Version« entgegentritt, ganz wunderlich und unverständlich. Ich ergreife gern die mir von Dir gebotene Gelegenheit, die Fakta, soweit sie überhaupt zu meiner Kenntnis sind – denn auch für mich ist nicht alles Absurde darin auflösbar – kurz zu notieren: natürlich nicht zu dem Zwecke einer irgendwie beschaffenen Wiederherstellung jener Beziehungen, die für mich nach dem zweiten mir angethanen schweren Affront – den ersten hat Herr Cossmann später selber mir als indefensibel bezeichnet, – besser ein für alle Male abgeschnitten bleiben; sondern damit Fakta Fakta bleiben, und die Fabeln dorthin fliegen, wohin sie gehören.

Dir ist gesagt worden, und Du nimmst also an, unsere Differenz sei wegen des von mir mit Recht oder Unrecht beanspruchten Pseudonyms s. g. entstanden. Wahr ist, dass dieser Gegenstand zwischen der Redaktion und mir überhaupt erst berührt worden ist, nachdem der Bruch virtuell vollzogen war.

Dir ist gesagt worden, und Du nimmst an, die Redaktion habe von mir vergeblich weitere Spectator Aufsätze erwartet, und als sie nicht eintrafen, andere Artikel mit dieser Chiffer versehen; wahr ist, dass mein letzter so gezeichneter Aufsatz der um den 1. Juni herum zur Post kam, im letzten Paragraphen erklärte, dass, und warum, diese Beiträge in der Form von Revue-Artikeln zu erscheinen *aufhören würden*. Genannten Absatz hat die Redaktion für den Abdruck gestrichen, kann also seinen Inhalt kaum übersehen haben. Reclamiert habe ich deswegen nicht, trotz begreiflicher Verstimmung über den unerklärten und unentschuldigten Eingriff in mein Ms. Ich wollte Streitpunkte thunlichst vermeiden.

Dir ist augenscheinlich angedeutet worden, die Redaktion habe Grund gehabt sich durch meine Abmachungen mit Ullstein in ihren Rechten teils am fraglichen Pseudonym, teils an meiner politisch-publizistischen Thätigkeit in der Richtung dieses Pseudonyms, benachteiligt zu sehen. Wahr ist, dass ich persönlich die Herren Cossmann und Schoop sowol von den bevorstehenden wie von den geschlossenen Abmachungen mit dem genannten erschöpfend unterrichtet hatte, und von beiden nur Äusserungen freundschaftlichen Einiggehens, bezw. Teilnehmens an meinen Mitteilungen empfangen haben. Ich glaube mich zu erinnern, kann aber heut nicht mehr versichern, dass ich auch die Worte Herrn Dr Hermann Ullsteins an Alfred: »Dann können wir ja auch gleich bei dieser Gelegenheit für Ihre Monatshefte Reclame machen«, verbatim wiedergegeben habe. Wenn von dort eingewandt würde, man habe nicht wissen können, dass ich in der B.Z. unter dem gleichen Pseudonym schreiben würde – da das selbstverständlich war – worüber weiter unten – so ist es *vielleicht* zwischen den Herren und mir nicht berührt worden – so ist darauf zu erwidern, dass der Redaktion die Gründe bekannt waren, die mir ein Hervortreten unter eigenem Namen verboten, und dass die Ullsteinsche Zeitung, die auf die Spectator-Aufsätze als sensationelle Produkte aufmerksam geworden war, nur diese Sensation und ihren schnell erworbenen Einfluss aufs Publikum zu erwerben ein Interesse hatte, nicht Beiträge eines beliebigen Anonymen. Dies musste, selbst wenn die Pseudonymfrage wirklich nicht berührt worden sein sollte – ihrer Selbstverständlichkeit wegen – der Redaktion deutlich sein; sie hätte mich ja sonst einfach fragen können, unter welchem *neuen* Pseudonyme ich an der B.Z collaborierte. Es wäre interessant zu fragen warum diese Frage nicht gestellt worden ist.

Dir ist gesagt worden, und Du nimmst an, es hätte mir bekannt sein müssen, dass S.G. nicht sowol *mein* Pseudonym für meine Tripolis-Aufsätze, als vielmehr ein Sammelname für mehrere politisch-publizistische Autoren gewesen sei und sei und ich demnach kein Verfügungsrecht darüber gehabt habe. Wahr ist, dass wie

Alfreds beigelegte Briefe Dir beweisen, ich von diesem als Herr
S.G. bei Ullstein introduziert worden bin, und dass alle aus obiger
Unterstellung gezogenen Folgerungen soweit sie meine Abmachungen mit Ullstein betreffen sollen, mich darum allein nicht
tangieren, weil das Projekt zu diesen Abmachungen, ebenso wie
die Führung der Verhandlungen und die Formulierung der Stipulationen bekanntlich ausschliesslich von Alfred ausging, bzw.
von ihm übernommen wurde, ohne andere Mitwirkung meinerseits als die in meinen persönlichen Anwesenheiten und gelegentlichen bestätigenden oder zustimmenden Bemerkungen
implizierte. Wenn das Pseudonym S.G. ein von Alfred geschaffener politischer Ressort ist, analog dem kirchenpolitischen »Spectator Novus« so ist es Alfred gewesen, nicht ich, der in diesen Verhandlungen dieser Thatsache zuwidergehandelt und das Pseudonym als ein nur mich angehendes, nur mit mir identisches, durch
meine Feder geschaffenes und charakterisiertes behandelt hat.
Wahr ist nun überhaupt, und erkläre ich unter meinem Ehrenworte, dass obige Deutung des Pseudonyms S.G. weder in der
Vorbesprechung über die Tripolis-Artikel zwischen Alfred und
mir und zwischen der Redaktion und mir noch später während
ihrer Publikation jemals zu meiner Kenntnis gebracht worden ist.
Und zwar lehne ich über diesen Punkt nicht nur jede Diskussion, sondern jede Möglichkeit eines Überhörens oder einer Vergesslichkeit meinerseits peremptorisch ab, weil ich mich genau
genug kenne um zu wissen, dass ich niemals in eine solche von
mir nicht controlierbare Collegialität eingetreten wäre, die mir
auch sonst als eine höchst unglückliche Publikationsform
erscheint, da keinerlei gemeinsames Programm – wie das

reformkatholische der Spectatores Novi – die einzelnen Mitarbeiter zu verbinden geeignet wäre. Es wird meinerseits nicht bestritten, dass gelegentlich der Erörterung des Redaktionsgeheimnisses über meine Tripolisaufsätze Herr Cossmann bemerkte »wir können ja, wenn wir gefragt werden, einfach sagen, es handelte sich auch hier wie beim Spectator Novus, gar nicht um *einen* Mitarbeiter, sondern um mehrere.« Ich darf Dich fragen ob Du einer solchen Äusserung anderen Wert als den eines unerheblichen Expediens beigemessen haben würdest. Andererseits bemerke ich aus unfehlbarer Erinnerung, dass die Redaktion die von mir vorgeschlagenen Pseudonyme – Argus, Vindex – mit dem Hinweise ablehnte, es sei besser bei etwas wie Spectator zu bleiben, was dem Publicum aus den Spect. Novus-Beiträgen schon vertraut sei. Erörterungen dieser Art wären ganz unmöglich gewesen, wenn ich mit meinen Beiträgen in den bestehenden »politischen Concern s.g.« eingetreten und das mir bekannt gewesen wäre. Dies ganze Geschwätz wird aber durch die simple Thatsache erledigt dass dieser »Concern« überhaupt nirgend anders »bestand« als in irgend jemandes Phantasie. Wo ist er, wo war er, vor meinem Aufsatze über die Verwilderung Italiens? Vielleicht im Monde. Vor Jahren einmal war in einem Spältchen ein Entrefilet mit dieser Chiffer erschienen wie man mir nachträglich zeigte. Gelesen hatte ich es nicht, obwol dasselbe Heft Beiträge von mir hatte. Wie ich jetzt höre, war Alfred der Autor. Also der Concern war er, bis ich kam. Und dass er ein Concern war, hatte er vergessen, als er mit Ullstein für mich verhandelte: sehr logischer Weise, denn dadurch dass das Pseudonym Blut und Körper eines Autors erhalten hatte, war es im

Sinne jenes ehemals gehegten Projektes exautorisiert und überwunden.

Du scheinst anzunehmen, dass nach Erscheinen meiner Zeitungsaufsätze die Red. ihrer abweichenden Auffassung durch Remonstrationen Ausdruck gegeben hätte, die dann allmählich zum Anlasse des Bruchs geworden wären. Wahr ist dass sie, statt die Differenz mit mir persönlich und freundschaftlich zu klären, ohne mich irgendwie zu verständigen Schritte bei Ullstein unternahm, der seinerseits, wie mir damals schien, ohne denkbaren Grund, unter allerlei Vorwänden meine Einsendungen unterdrückte. Von diesen Schritten hat mich die Red. erst nach vollzogenem Bruche im beiliegenden Briefe unterrichtet. Ein derartiges Vorgehen, das ich zu qualifizieren mir heut ersparen darf, hätte natürlich, sobald es zu meiner Kenntnis gelangt wäre, das Tuch zwischen den Herren und mir zerschnitten. Thatsächlich erfuhr ich davon erst am 9. September, wusste in der Zwischenzeit nichts unzweideutiges von der Weiterverwendung des Pseudonyms in den s.m. die ich nicht halte, und wurde nur stutzig, als mir wiederholt Briefe mit der Spectator-Adresse von der Redaktion *erbrochen* zugingen, und zwar mit dem entschuldigenden Vermerk, sie seien »versehentlich« eröffnet worden. Wahr ist, dass nicht ein Versehen, sondern die Notwendigkeit der Feststellung des wirklichen Adressaten die Verletzung des Briefgeheimnisses notwendig gemacht hatte, nachdem die Redaktion mein durch politische Gründe bestimmtes Verstummen nicht zu respectiren und vielmehr die zugkräftige Cirkusnummer durch andere fortzusetzen versucht hatte, ohne mich zu verständigen. Sie ist also auch hier jeder männlichen und aufrichtigen Erklärung durch Hinterthüren ausgewichen.

Dies die Richtigstellung der Dir vermittelten Auffassung der Dir bekanntgegebenen Fakta. Der Dir vorenthaltene Zusammenhang der in Wahrheit Anlass des Bruchs gewesen ist, ist in gedrängter Kürze dieser.

Ich hatte April dec. München in freundlichstem Einvernehmen mit den Herren der Redaktion verlassen, lieferte ca. am 1. Juni von Italien aus den letzten Tripolis-Aufsatz mit einer durch die Häufung der politischen Ereignisse gerechtfertigten Verspätung, erhielt dieserwegen von Herrn Schoop einen vorwurfsvollen und in der Form nicht sehr wolerzogenen Brief, entschuldigte mich formell bei Cossmann, empfing mehrere Bücher zur Recension, schrieb C. nach verstrichenem Zahlungstermin (ersten Juli), »da ich annähme, dass der Honorierungstermin bevorstände, und meine Adr. letzthin vielfach gewechselt hätte, so gäbe ich als letztere Monsagrati etc. an«, worauf keine Antwort erfolgte. Einige Zeit später setzte ich mich mit C. wegen der zwischen Alfred und mir vereinbarten, zwischen den Redakteuren und mir wiederholt gesprächsweise berührten Broschürenpublikation meiner Aufsätze in Verbindung, empfing in drei Zeilen den kahlen Bescheid, der Verlag lehne diesen Antrag ab, lege aber dem Erscheinen anderwärts unter der Bedingung des Hinweises auf die S.M. nichts in den Weg. Ich replicierte auf dies so unerhörte wie unerklärliche Versagen mit einem Briefe von nicht sowol geschäftlicher Schärfe als menschlicher und freundschaftlicher Heftigkeit, wie einander wolgesinnte Menschen unbeschadet aller Herzlichkeit und Achtung ihn einander sehr wol schreiben können, erinnerte die Herren C. und S. an unsere Gespräche und sollicitierte ihre energische Mitwirkung zwecks Abbringung des »Verlages« von seiner albernen Entscheidung, wenn anders ich das Gefühl bei den S.M. publizistisch domiziliert zu sein, in mir intakt erhalten solle. Antwort folgte in verletzendster Form: »mit mir haben Sie über pp. nie gesprochen«, allenfalls wurde mir eine Verlagsvermittlung in Aussicht gestellt. Ich beherrschte mich, erklärte die Diskussion in der Aussage gegen Aussage stände, für gegenstandslos und verbat mir höflichst Bemühungen in meinem Interesse.

Im Verlaufe der Correspondenz kam ich auf die nicht geregelte Honorarfrage zurück, erhielt nichtssagende Aussagen über angebliche Versehen, und wurde hiermit sowie mit ebenso nichtssagenden Versprechungen der Aufklärung Wochen hingezogen, bis die Geduld mir riss und ich brieflich für meine weitere Mitarbeit die Bedingungen stellte 1) Einsendungen meinerseits nur nach brieflicher, beide Teile bindender Vorverständigung über Gegenstand und Umfang des Beitrages 2) Ausnahmen davon für exceptionelle, polemische etc. Zumutungen 3) Honorierung bei MS.-Eingang. – Nach einigen Tagen weiteren vergeblichen Wartens forderte ich mit einem schroffen Telegramm augenblickliche telegraphische Deckung, die erst hierauf erfolgte. Ich bemerke, dass die Redaktion genau wusste, dass ich von meiner Feder lebe und keine liquiden Reserven habe, daher buchstäblich nicht leben kann, wenn man mich nicht bezahlt. Und ich hatte volle sechs Wochen gewartet. Ohne Antwort auf meinen Brief, stellte ich der Red. die Rec.-Exemplare zur anderweitigen Verfügung wieder zu, und bat sie, sich künftig eines

Pseudonyms nicht mehr zu bedienen, das ich für künftige Publikationen zu verwenden gedächte. Antwort liegt bei; erst in ihr wurden die hinter meinem Rücken bei Ullstein gethanen Demarchen zugestanden. Ich kündigte hierauf, natürlich in den Formen, die meine Erziehung mir vorschreibt, die Mitarbeiterschaft auf. Alfred bat ich hier sich Stutterheims wegen dafür zu verwenden, dass eine seit Mai gesetzte Rec. seiner Gedichte von mir, die mit den üblichen Ausflüchten weggesteckt worden war, dort doch erschiene; es wurde ihm von Herrn Schoop für ein bestimmtes Heft formell zugesichert, und die Zusicherung natürlich nicht gehalten. Ich habe das Manuskript eingefordert und per Kreuzband, ohne ein Wort der Erklärung, zurückerhalten. Und Schluss.

Wenn hiernach Herr Cossmann, wie Du sagst, Deine und Alfreds Ausgleichversuche mit Erbitterung und in der Form, er wolle mit mir nichts mehr zu schaffen haben abgelehnt hat, so ist mir das sehr begreiflich. Die Erbitterung gegen jemanden, dem man Unrecht gethan hat, ist ein bekannter Seelenzustand, und das Nichthinblickenwollen auf einen Punkt an dem das Gespenst dieses Unrechtes sitzen geblieben ist, bietet dem Seelenkundigen keine Rätsel. Aber wenn Du hinzufügst, es müsse noch irgend ein anderer Punkt des Einwands gegen mich bestanden haben, der Deiner Erinnerung entfallen ist, so kann ich Dir mit stiller Heiterkeit erklären dass Du Dich täuschest. Er besteht nicht, weil er nicht bestehen kann, und er kann nicht bestehen, weil mein Gewissen mir sagt, dass die Redaktion, seit ich auf Euer aller Bitten über den skandalösen Fall Voll die Akten geschlossen habe, von mir nichts als Gütiges, Freundliches und Lässliches erfahren hat. Ich habe ihr nach dem Intermezzo und seinen Folgeerscheinungen ein volles Jahr lang keinen Beitrag von mir zugemutet, habe nachher Ablehnung auf Ablehnung meiner schönsten künstlerischen und meiner wertvollsten abhandelnden Beiträge gleichmütig und ohne ein bittres Wort eingesteckt, habe ihr Abonnenten geworben, habe über die vielen befremdlichen Vorkommnisse gelegentlich meiner Dantevorlesung, die einen Kleinlicheren oder auch nur Unbeherrschteren in Harnisch gebracht haben würden, Schweigen beobachtet – ja ich kann frei sagen, dass dem guten Kerne, der in diesem Unternehmen wol irgendwo tiefzuunterst steckt, nicht reiner und consequenter gedient werden kann, als von mir geschehen ist. Wenn das schliesslich dazu geführt hat, dass man geglaubt hat, auch den elementarsten Respekt mir gegenüber aussetzen zu dürfen und mich zu behandeln wie einen lästigen Supplikanten oder etwas ähnliches, so verwundert mich auch das heute nicht. Ich musste nach dem Falle Voll genau wissen, womit ich zu rechnen hatte, und habe es ausschliesslich meiner Unklugkeit zuzuschreiben, dass er sich fast literaliter wiederholt hat. – Aber wenn da wirklich noch irgend welche Unwahrheit oder irgend welcher Klatsch gegen mich gearbeitet hat, der so niedrig ist, dass er sich bisher geschämt hat mir vor die Augen zu kommen, so habe ich nichts dagegen dass Du ihn aus seinem Dunkel ziehst und Beschuldigungen aufdeckst, die wie die oben abgethanen, das Papier nicht wert sein, dass sie schwärzen oder die Luft, die sie erschüttern. Dass Euch daran gelegen ist, meine Aktion in dieser Angelegenheit gegen jeden Zweifel gesichert zu wissen, ist mir begreiflich und erfreulich. Ich persönlich bin nirgends besser aufgehoben als im schlechten Gewissen derjenigen die sich vor Euch diese Airs von entrüsteter Intransigenz geben, und vor mir wenn ich dort wäre, die Augen nicht erheben könnten.

Dein RBdt

[Beilage]

[Briefkopf: Süddeutsche Monatshefte
München, den] 27. 9. 12.

Herrn Rudolf Borchardt,
    Lucca
Sehr geehrter Herr Borchardt!
Das Pseudonym Spectator germanicus ist von uns vor dem Erscheinen Ihrer Beiträge verwendet und von uns, nicht von Ihnen, zur Signatur der Ihrigen verwandt worden.

Wir haben szt. die Herren Ullstein darauf hingewiesen, dass das Pseudonym Spectator germanicus ebenso wie Spectator novus je eine Gruppe unsrer Mitarbeiter vertreten und daher nicht durch einen von diesen an andrer Stelle fortgesetzt werden kann; die Berechtigung dieses Vorhalts wurde anerkannt und eine öffentliche Berichtigung zugesagt.

Hochachtungsvoll ergebenst
Redaktion der Süddeutschen Monatshefte
Cossmann.

119 RUDOLF BORCHARDT AN RUDOLF ALEXANDER SCHRÖDER

Mein Lieber dass Du auf meine Notizie antwortest zeigt wie sehr wir uns verstehen, denn ich warte auf Deine. Hast Du die Karte meiner Frau ans Russie nicht erhalten? Da hierher ein Telegramm und ein Brief für Dich nachgeschickt wurde telegraphiere ich seit Tagen nach Dir in der Welt herum, endlich glücklicher Weise mit Erfolg. Das Telegramm habe ich eröffnet um es Dir nachzutelegraphieren, was soeben geschieht, der Brief wird nachgesandt. Du bist für nächste Woche, - je bälder je lieber, - herzlich willkommen, wir wohnen sehr geräumig. Schreibe zeitigst Deine Ankunft in Castelnuovo damit ich Dich abholen und für ein Maultier für Dein Gepäck sorgen kann. Alles Schönste.

R.

Sassi Samstag 24 [Mai 1913]
Dein Toilettespiegel und Photographien sind hier.

120 RUDOLF ALEXANDER SCHRÖDER AN RUDOLF BORCHARDT

30. Juni 1913 Bremen-Horn

Teurer, Werter (um nicht mehr zu sagen)

Wie steht es mit Dir? Ich bin wieder in dem Lande angelangt, in das bessre Leute seit Gideons Zeiten Füchse mit brennenden Schwänzen sandten, ohne dadurch mehr als einen vorübergehenden Beleuchtungseffekt zu erzielen. Die Temperatur ist hier entsprechend, etwa 12° Celsius, Regen ad libitum, Sonne nur als sparsam verteiltes und säuerliches Dessert u.s.w. u.s.w.

Trotzdem – oder gerade deswegen rührt sich mein Tätigkeitsdrang und mein Pflichtgefühl, allerdings auch meine Lachlust darüber, daß *ich* (ausgerechnet!) es sein muß, der einen gewissen Pindar al. Turnus, al. Peterle, al. B. mahnen muß darüber nachzudenken, wieso und inwiefern es möglich sein möchte den Hesperus zum Herbst erscheinen zu lassen, wenn doch nichts vorliegt, und in etwa 16 Stunden der 1. Juli sein wird. Denke hierüber, bitte, ein Weniges nach und schreib mir mal, wann Du hoffst & gedenkst Deine Beiträge zu senden.

Daß Hofmannsthal rechtzeitig etwas senden wird scheint mir auch zweifelhaft. Immerhin solltest Du baldmöglichst ein großes Ms. schicken, damit hier wenigstens mit dem Satz begonnen werden kann & Druckspiegel und Format festgestellt wird.

Meine Beiträge sind ja beisammen & stehen soweit fest. 1. Die Nacht-Sprüche mit einigen Auslassungen; 2. 5 Oden. 3. die eine od. andre Elegie.

Was Dich anbetrifft, so wäre es, wie gesagt *höchst* wünschenswert, ja eine Forderung, der Du Dich einfach ebensowenig entziehen darfst, wie ich mich der Iliasübersetzung, daß Du nun *endlich* den Alkestis-Essay fertig machst und daß dieser die Hauptmasse der Prosa bildet. Schreib mir doch darüber. Du wolltest ferner eine Art Brouillon für eine Vorrede ausarbeiten. Wie steht es damit? –

Ich möchte nur noch eins sagen: es scheint mir eine ziemlich unbegründete Laune zu sein, wenn man darauf dringt, der neue Band Hesperus dürfe keine Übersetzungen enthalten. Warum in Gottes Namen nicht? Wir zwei sind momentan so sehr mit derartigen Arbeiten verquickt, & geben darin so sehr unser Bestes, daß ich absolut nicht einsehen kann, warum wir nichts davon in diesem Sammelband bringen wollen. Wenn Du eine Pindarode brächtest & ich einhundert Verse aus der Georgica, so wäre damit der Kreis unsrer Darbietungen auf das Schönste erweitert.

Ich gehe gleich nach dem Schreiben dieses Briefes, auf dem

Weg in die Stadt bei Wiegand vorbei, um mit ihm wegen der Drucklegung zu reden. Jedenfalls aber würde, wenn Wert darauf gelegt wird den Band noch auf den Weihnachtsmarkt zu »werfen«, etwa Mitte August die Redaktion geschlossen werden müssen. Ich glaube sogar nicht, daß bei der geschäftlichen Unerfahrenheit der W.W's. sich dann noch eine rechtzeitige Auslieferung an die Buchhändler und Zeitungen ermöglichen lassen wird. Na, man wird sehen.

Bei Hugos war es charmant. Gerti so reizend, daß ich Euch auch bitte, alles weniger liebe, was wir leichtfertig über sie gesagt, zu vergessen; sie ist wirklich eine ganz vorzügliche und brave Person. Hugo quält sich sehr mit dem Dialog für seine Oper, es scheint ihm recht schwer zu fallen den zarten & schön disponierten Vorgang in die ihm zusagende Form zu bringen. Ich habe viel mit ihm drüber gesprochen und im übrigen über so vieles uns alle berührendes mich mit ihm gleichgesonnen gefunden, daß ich die denkbar rührendste & schönste Erinnerung von dem Rodauner Häusl mit hierher nahm. Mich amüsiert es zu constatieren, wie sehr positiv wir im Grunde alle drei gerichtet sind. Es braucht nur einer von uns im Gespräch eine Befürchtung oder irgend etwas allgemein Negierendes aus zu sprechen, sofort wird der andere versuchen, an dem beredeten Phänomen Tröstliches oder Hoffnungsreiches nach zu weisen, oder es wenigstens schlimmsten Falles als indifferent hinzustellen.

Daß ich seit die Alpen südlich von mir liegen, keinen sonnigen Tag gehabt habe, werdet Ihr in Eurem Sonnen- und Wellenbad, (umgeben von einer Schaar munterer nun hoffentlich ausgewachsener Kaulquabben) mit dem Schmunzeln des glücklichen

Besitzers vernehmen. Ich friere, während ich hier schreibe, an den Füßen; & unten haben wir abends, ja sogar meist auch Nachmittags ein Kaminfeuer, woraus man sehen kann, daß hier normales Sommerwetter herrscht. Pfui Deubel!

Nun noch etwas wichtiges. Ich sollte & wollte ja Deinethalb mit Fischer in Berlin reden. Da nun sicher F. baldigst in die Sommerfrische geht, falls er nicht schon dort ist, so wäre es dringendst erwünscht ich ginge bald, etwa in 8 Tagen (eher unmöglich) nach B. um ihn zu sprechen, denn *mündlich* muß so was erledigt werden. Schreib mir doch, bitte *umgehend,* was ich ihm im Detail vorschlagen soll & kann, was Du wünschest & hoffst – mir ist das Einzelne erklärlicherweise entfallen. Aber, bitte, mein Teurer schreib auch wirklich umgehend. An die Vorträge denke ich, habe auch Hofmannsthal gebeten, das Seinige zu thun (Don Carlos), & hoffe etwa 3-4 Vorträge herauszuschinden in den diversen Städten. Nun man wird sehen. Glaube vorläufig nichts & hoffe alles.

Nun grüß Deine liebe Frau recht schön und mach ihr das Leben leicht. Ich denke viel und herzlich an Euch beiden und wünsche Euch das Beste, was sich arme Menschen auf der armen Erde und reiche Menschen auf der reichen Erde wünschen können. Wie fern & nahe zugleich liegt mir jetzt Sassi mit seinen schönen & guten Bewohnern und den kahlen Bergen, von denen dem armen Volk dort kein Wasser und keine Hülfe kommt. Mir schwebt etwas wie ein Gedicht vor: »Heimkehr in die Fremde«. Mir scheint wir sind jetzt in einem Lebensabschnitt, in dem die Gefühle sich ganz anders verdeutlichen als sonst, und in dem der innere Besitzstand so zu sagen plastisch aus einander tritt. Geht

Dir das auch so? Ich constatiere – sonderbarerweise nicht ohne Befriedigung – einen ziemlich schmalen Besitz. Ja, mein Guter, die Tage in Sassi waren schön und haben mein Verhältnis zur »Saturnia tellus« endgültig besiegelt. Nur in diesem Lande bin ich das, was ich allenfalls sein kann. In dem Land, in dem ich geboren bin, schließt sich mir das Herz zu – Sofas und Gemütsathleten, voilà tout. Und dabei darf ich nicht klagen, der Garten hier ist jetzt ein – allerdings bewölktes & beregnetes – Paradies voll Rosen und Grün, meine Geschwister sind lieb & brav – aber Misere bleibt Misere so oder so; und hier hockt doch hinter jedem Eichbaum ein Kobold und auf jedem Sumpf ein Irrlicht trotz aller Forst- Entwässerungs- und Beleuchtungsanlagen des 20. Jahrhunderts. – Gut hat es in Deutschland die Generation die jetzt so um 20 herum ist, Sport treiben & Geld verdienen will, und aus der tragischen Situation des Vaterlands einen leichten moralischen Antrieb erhält – für geistige Wesen ist hier eine Hölle & zwar eine kalte Hölle, d.h. die schlimmste Sorte von Inferno. Du verstehst den Sinn des Gleichnisses: hier steht alles Kopf. Die Pastoren machen in Atheismus (50 Pf. das Paket), die Philosophen treiben Gynäkologie, die Dichter spielen an der Börse und Hans im Glück ist der Genius unsres politischen Fortschritts. Der kalte und gefühllose Wahnsinn, der meint alle Tempel zerbrechen zu müssen, weil er zu ihnen keinen Schlüssel hat, alle Bilder umstürzen zu müssen, weil sie ihm nicht mehr reden, & der doch sein eigenes Narrenparadeis nur aus den halbwegs unkenntlich gemachten Rudimenten solcher Zerstörung zurecht zu zimmern vermag, alles das legt sich einem wie Mehltau auf. Du weißt, warum das in Italien anders ist – *noch* anders; denn auch dort werden die Nathane & Satane bald genug aufgeräumt haben. Na, man muß sich schicken und sich munter halten; denn alles das ist vorübergehend, & was unser ist, kann uns keiner rauben. Also, Mut, Mut, Rodrigo! – Nun adieu, ich werde, in die Region der Butter hinabsteigend, mich Frau Wiegand zu Füßen legen.

Herzlichst & treulichst Dein R.S.

N.B. Vergiß nicht Merenden die Hand zu küssen. Ich bin seit Freitag Abend wieder hier.

121 RUDOLF BORCHARDT AN RUDOLF ALEXANDER SCHRÖDER

[Briefkopf: Villa Mansi
Monsagrati Lucca]
[Anfang Juli 1913]

Mein Teuerster

Das ist recht, dass Du mir sobald wieder mit Deinem Feuerzeichen über die Berge herein winkst, und mich nicht allzulange alleine lässt, ich schwinge Dir auch die Flamme rüstig zurück, und wenn es diesmal mehr Rauch ist als Licht, so ist doch die Stunde des e fumo dare lucem nahe zur Hand und es wird heissen, Die Flamme reinigt sich vom Rauch usw.

Geschäftliches vorab. Dass der Hesperus auf den Weihnachtstisch kommt, halte ich zwar bei der augenblicklichen Belastung der Offizin für ausgeschlossen, soll aber durch Säumigkeit meinerseits keinesfalls hintangehalten werden. So sehr mir von hunderttausend Dingen der Schädel braust, so wird doch mein Contingent im Laufe des nächsten Monats aufmarschiert sein und der

Encadrierung harren. An dem was ich gebe kann ich nichts ändern ohne alle Dispositionen rückwärts zu machen, ein leidiges Geschäft für einen der sich sauer genug dazu gewöhnt hat das Publizieren ernst und ordentlich zu nehmen. Es muss also bleiben bei 1) Wannsee, 2) der klassischen Ode, 3) dem Gedichte an den Heros (für beides letzteres gebe ich wenn Du willst neues Lyrisches, das grad entstanden ist und entsteht) 4) Jutta Vorspiel 5) Alkestis 6) Pseudoakademischer Sansculottismus (Ostwald). – Das ist wie Du siehst, eine sehr beträchtliche Moles von Produktion, die ich durch Hinzufügung von Übersetzungen nicht zu veredeln oder mehr als äusserlich zu vermehren hoffen kann. Ich wende gar nichts dagegen ein, wenn Du durch Einrückung eines schönen Stücks Georgica unsere fortlaufende übersetzerische Beziehung zum Alten auch in diesem zweiten Hesperus Bande dokumentierst. Im Gegenteile, es scheint mir beziehungsreich auch diesen Hauptstrang des alten Geflechtes noch in einem zartern Faden fortzuspinnen. Aber wie ich persönlich meine Übersetzungen heut mehr pflichtmässig als innerlich gedrungen betreibe und in der Hauptsache darum ringe meine ganz neu conglobierte innere Materie frisch auszudrücken, so meine ich für mich nur Eigenes, wenn auch nicht lauter Neues geben zu sollen, nachdem ich im ersten Hesperus an Pindar und Dante meine Hand gewiesen habe. Dazu kommt meine persönliche Abneigung gegen Doubletten Druckerei. Der Dante wie der Pindar sind in absehbarer Zeit ein Buch für sich, und auch der Hesperus soll, was meine Beiträge angeht, eines sein, sie sollen aus ihm nur in Miscellanpublikationen übergehen, nicht Stücke eines unabhängigen Ganzen im Voraus zu schmecken geben. –

Das Einleitungs Brouillon setze ich auf, sobald ich nur ein wenig sonst debrouilliert bin und schicke es Hugo oder Dir. Ebensowichtig ist die in den Aushang kommende Ankündigung die ich mit grosser Sorgfalt verfassen werde, und die Eurer Billigung bedarf, da wir alle sie zeichnen. – Du weisst, um dies abzuschliessen, wie stark ich an dem Projekt engagiert bin, das ins Leben zurückgerufen zu haben ein Verdienst meiner Hartnäckigkeit sein wird, und kannst absolut auf meine Pünktlichkeit und energische Förderung zählen.

Nun zu Sami. Ich hoffe sehr, Du darfst Dich in dem was Du ihm sagst, auf Hugo mitbeziehen, oder hast gar ein Wort schriftlich von ihm. So lieb mir ist, dass Du Einfluss auf den braven kleinen Mann hast, so ist doch conzentrische Bearbeitung und Verstärkung der Position durch Blutzeugen sehr wünschbar, und ich würde unbedenklich auch BeerHofmann mit heranziehen, auf dessen Urteil Fischer exceptionell viel giebt. In meinem Sinne handelst Du wenn Du zwischen einem principiell wünschbaren und einem von Fall zu Fall discutierbaren und accordierbaren unterscheidest. Das principiell wünschbare ist, dass meine gesamte Produktion früher oder später zu Fischer kommt. Stelle ihm einfach vor, ich hätte Jahrelang nichts publiziert weil ich keinen zusagenden Verleger gehabt hätte, hätte mich mit Kippenberg zwar auch *brouilliert*, würde aber davon abgesehen überhaupt nicht recht in die Insel gepasst haben, lebte lieber dürftig von dem Ertrage halbhandwerklicher Arbeiten, als auf diesem Punkte, der Dauerform und Dauer Einheit in der meine Produktion an die Welt kommt zu transigieren. Ich hätte mit Rowohlt über meine Reden abgeschlossen, aber dessen Anerbietungen, meine übrige Produktion (vor allem Sammlung meiner Prosaschriften, vermischte Gedichte pp) zu gleichen – sehr günstigen – Bedingungen zu erwerben, vorderhand nicht acceptirt, weil die Thätigkeit des gegenwärtigen Verlagsinhabers, eines sichern Dr Kurt Wolff, mir keine Gewähr für gesunden und soliden Geschäfts Fortgang zu geben schiene. So hinge ich mit allem Hauptsächlichen nach wie vor in der Luft. Folgen die Vorteile. 1) Für ihn daraus, dass er meine gesamte Potenz qualiscumque sit, gewinnt und keinem andern lässt, wobei Du richtig sagen wirst, was Du von mir meinst, hervorheben kannst, dass sein Verlag durch mehrfache Neuaufnahmen – Rathenau etc. – sich ins Allgemeine Geistige längst zu bewegen begonnen hat und Interesse daran hat, die Geister an sich zu ziehen, die von Männern und nicht nur von Unterröcken gelesen werden usw. 2) Für mich, wobei Du sagen darfst, ich sei nominell vermögend, virtuell vermögenslos, hätte aus achtbaren Motiven auf meine Rente verzichtet und erhielte meinen Hausstand mit meiner Feder, sei weder ein Schleicher noch ein Gegenseitigkeits Schmeichler, sondern furchtlos und an der rechten Stelle bis zur Unklugheit rücksichtslos, stände heute produktiv auf der Höhe und sei zugleich ökonomisch in einer nicht geradezu drückenden aber doch nur durch ständige Tapferkeit erträglichen Lage. Meine Geltung bei den Einsichtigen und der Ausdruck dieser Geltung in Arbeitsertrag stünden in umgekehrter Proportion zu einander. Nur die Einsammlung meiner gesamten Thätigkeit in die Gestion eines grossen weltkundigen und soidisant weltgültigen Verlages könne hier Vernunft an Stelle des Unsinns setzen und einem absurden Zustande ein Ende machen, auch allen den Lesern helfen, die heut ständig nach meinen Büchern verlangen und sie teils gar nicht, teils mühsam aus unerreichbaren Verlegenheitsverlägen in die Hände kriegen. Das wünschbare wäre hiernach ein Einverständnis über Herausbringung Vermischter Schriften 1) Vermischte Prosa Schriften 2) Vermischte Gedichte (Jugendged. und Verse von 1906-12) 3) Vermischte Dichtungen, (Joram, Annus Mirabilis, Belforti, Durant), 4) Vermischte Übersetzungen (Engländer: Rossetti Keats Swinburne Varia Franzosen Italiener Griechen) 5) Vermischte Dramen Jutta, Jeder Herr ein Knecht, Hohenstaufen, was jeweilig fertig wird, Zeitgenössische Dramen ditto, 1913 als erstes Lassalle. Setze ihm das so aus einander das er spürt, wie hier ein grossgeplantes Lebenswerk sich aufzubauen begonnen hat. II) Von Fall zu Fall ist Einverständnis wünschbar über die vermischten Prosaschriften über deren Anlage: Jede Gattung der prosaischen Litteratur in einem Musterstücke ausgewählt – Du unterrichtet bist. Zeige ihm, welche markantgewordenen, oft zitierten, de facto unerreichbar gewordenen Stücke darunter sind: der Kaiseraufsatz, die Villa, die Rede über Hofmannsthal u.s.w. – Brief, Rede (Hofm.), Tagebuchblatt (Worms), Ansprache (vor der Joramvorlesung), Nekrolog (Bücheler), Feuilleton (Veltheim), Streitschrift (Intermezzo), Pamphlet (Kaiser), Recension (7ter Ring), Abhandlung (Alkestis) Essay (Villa) Novelle Anekdote. Es wird ein mächtiges Buch, das sich ungescheut anbieten darf. Ich habe ferner ein starkes Interesse daran dass Fischer die Gedichte in öffentlicher Ausgabe bringt, einen doppelt so starken Band als die Jugendgedichte sind. Er hat soviel Verse gebracht, dass principielle Bedenken gebundener Rede gegenüber nicht vorliegen können, und für mich ist eine fernere verlegerische Zersplitterung ausgeschlossen; wer etwas nimmt muss hinlänglich auf mich halten um alles zu wollen, und auf diese Interessierung kommt es an. Lege Wert darauf, dass ich absolut kein Aesthet bin, sondern ein durch und durch bewegter und im Aufbruch begriffener Mensch, der auf so viel Neuheit Anspruch macht als irgend ein ultraheutiger Faxenreisser, und dass ich mich aus dem spanischen Schritt meines Tirociniums immer mehr in die Freiheit bewege. Wenn Fischer nur von Formvollendung und stilistischer Meisterschaft hört und nicht von der ursprünglichen Vis einer nach Selbstausdruck verlangenden Natur, so thust Du vergebene Schritte. – Dies alles habe ich so ausführlich nicht als Marschroute aufgesetzt, denn Dein Takt und Deine die meine weit übertreffende Menschen- und Geschäftskenntnis bedarf einer solchen nicht, sondern als meine Stellung zur Sache und die Termini meiner Offerte als Maximal- und Minimalsätze. Ich bin gern bereit, mich fürs Erste mit dem Minimum zu begnügen und abzuwarten ob es selber keimkräftig genug sein wird sich zu expandieren und einem Maximum anzunähern. Aber es wäre mir freilich lieb wenn Fischer in diesem Minimum mich schon als ganzen Autor, d.h. auch als Dichter, als Geist mit einem Worte nähme, und nicht als acceptierten Verfasser eines einzigen Aufsatzsammelsuriums. Du sei für Absicht und Mühwaltung herzlichst bedankt, im vorhinein auch für die Vermittlung der Vorträge. Ich bin bereit, alles zu glauben und nichts zu hoffen, oder alles zu hoffen und nichts zu glauben, je nachdem. Irgendwie muss ich diesen Herbst nach Deutschland, und werde es auch.

Damit Schluss von Geschäften. Ich denke zwar nichts anderes

als Geschäftliches, vielmehr geschäftliche Disposition alles des Tumultes der in mir ist und der jetzt nach starken Dämmen verlangt wenn er mich nicht umreissen soll, – aber ich mag davon nichts schreiben. – Toll, mein Lieber, toll sieht es in Deinem sedaten und gestrengen Freunde aus, - innerlich, wolgemerkt, denn in allem äussern ist er der Alte, besorgt sein Haus, wacht über Garten und Äckern, ist der immer geduldige immer gleichmässige treue Kamerad seiner Frau – und müsste auch ein wahrer Satan sein, wenn er es anders halten könnte – lebt seinen Tag einsam gelassen fort, als wäre alles wie gestern. Erschrick nicht, schicke Deine Sorge nicht auf die falsche Fährte. Das Neue in mir ist nicht Chaos, dafür wäre es in meinen Jahren wol gar zu unheimlich spät. Es ist der gesetzmässige Übergang aus einer Lebens Jahreszeit in die andere, und vollzieht sich nun nachdem ich Jahre hindurch an wahre Lebensregungen in mir nicht mehr geglaubt hatte, eben so, wie Elementares sich vollzieht, heilig und stürmisch. Mein Himmel wird anders, meine Vegetation verändert sich, meine Gedanken vervielfältigen sich, meine Sprache tritt aus Form in Form über und mein ganzes Inneres ist so glühend so quellend von feuriger Gestalt, dass ich mich nicht mehr kenne vor Ergriffenheit und gläubig ungläubigem tiefstem Staunen. Dass einem so etwas geschehen kann, und dass es von einem Nichts seinen Anlauf und Verlauf nimmt, dass über die Jugendzeit und das Wachsen des Barts hinaus noch ein solches Hineingreifen der Weltgesetze in uns möglich ist, – dass unserer Seele das gleiche dämonische Phasen Schicksal beschieden ist wie einem Käfer oder einem Kohl, Sterben und Werden, das ist so dumpf gross, dass man es nicht erfahren haben kann, ohne sich in einem unaufhörlichen Gebetsschauer zu fühlen. Begonnen hat es in Geggiano mit der Trennung von der Familie und der Aufopferung sinnlicher Vorteile für eine sittliche Pflicht, fortgesetzt hat es sich in den stillen Menschwerdungskämpfen deren Ausdruck »Wannsee« unter anderm ist, dann hat es im stillen weiter und weiter gewühlt, eine Freiheit nach der andern durchgesetzt, sich alle scheinbaren Anlässe vielmehr selber aus dem Leben herangeholt, und endet nun als Leidenschaft unendlichen Gebens, unendlicher Fülle, unendlicher Liebe, – nach aller Verengerung, Verherbung und Verhärtung, ja Verhornung die mich bedrohte und gegen die sich mein Drang nur ruckweise hatte zur Wehre setzen können. Mir sind die letzten sechs Jahre nicht verloren, sie haben den unabsehbaren Denkstoff und Seelenstoff aufgehäuft, den sie nicht restlos verarbeiten konnten und der nun sich gestaltet. Aber aus der Zeit in die ich nun trete, werde ich in jene Periode zurückblicken wie der Student auf die harte glücklos weise Schule, glücklos weil sie sich nicht selber Zweck ist, sondern ein armes menschliches Mittel, und nie gestehn darf, nur dies zu sein, weil sie sonst aufhörte, es sein zu können. Ich schreibe wie ein Gehetzter und wie unter Diktat an meinem Stücke, dem Lassalle, in dem die ganze Qualen- und Glücksglut dieser Wochen sich entlädt, und das in allem wesentlichen nicht historisch wird sondern ein vehementes Bekenntnis meiner innern Totalität, politisch, leidenschaftlich, donquixotisch, Feuer, Ekel an der Moderne, Hass, Liebe, Klage, Anklage, Deutschheit, Geschichte, Drang nach Einer Frau, Sterben an Einer Frau. Wenn es so weiter rast und donnert, steht es in vier Wochen auf dem Papier, im Winter auf einer Bühne deren Gebälke es krachen machen soll, wie seit den Räubern die deutsche Bühne nicht mehr gekracht hat. Da erschrickt er wieder, der Gute! Aber erschrick nicht, erwarte Dir nicht aufgebrühten Sturm und Drang, ferne davon! Nur freilich auch kein »reines Werk«. Es wird viel weniger und viel mehr als das, ein lebendiges Werk. Ich gestalte den Tumult der heutigen Welt mit dem Tumulte meines Innern; aber ich werde nicht verleugnen, dass ich aus der Zucht komme, nicht in ihr gewesen sein um der Unzucht zu verfallen. Ach das alles sind Worte. Du wirst mich eines Tages lesen und mich nicht verkennen, auch wo ich neuere und meutere.

Dies schreibe ich Dir wieder aus dem Eckkämmerchen in Monsagrati, das Du so gut kennst. Auf dem Abetone hatte ich die reinsten und rührendsten Tage meines Lebens, ich kann nichts darüber sagen. Nun ist es auch hier schön; noch nicht zu heiss, die Nächte sogar kühl; die Blumen über Erwarten herrlich, Godetien von einer azaleenhaften Schönheit, die exotischen Rittersporn und Akley schon im Aussaatjahre blühend; der Balkon ist eine fast zugewachsene Pergola geworden, wo im Grün die wundervollen totlila Cobaea Glocken hängen und die Rispen der Mina lobata gerade aufgehen.

Nun etwas unter uns. Alfred Heymel ist ein nichtswürdiger Bube, den ich zwar nicht als solchen traktieren werde, aber dem ich nach Ablösung sämtlicher alter Verpflichtungen lautlos und schrittweise aus meinem Leben fallen lassen muss. Ich hatte geglaubt, dass das Porträt einer angeblich gemeinsamen Freundin das er mir in Berlin und hier entworfen hat, eine gewöhnliche Carikatur von der Art gewesen sei, wie die Verzerrungen sind, in denen alle äussere Welt, Menschen und Dinge, im Narrenspiegel seines Innern lebt, hatte gedacht, die positiven Züge die er in seine Darstellung verflocht, seien die Heymelschen Absurdifizierungen irgend welcher doch wenigstens halbfaktischer Fakta. Heut weiss ich unwiderleglich, aus dem wortlosen und zerschmetterten Entsetzen der Betroffenen über das ihr damit angethane, dass es einfach Lügen sind, Novellen zur Anschaulichmachung eines zwar lebhaften aber falschen Eindrucks erfunden, thatsächlich Attentate auf eine Dame, wie sie ehrloser nicht zu denken sind. Eine Person die in jeder Hinsicht viel zu hoch steht, um von meinen verteidigenden oder preisenden Prädikaten überhaupt erreicht zu werden, die in ihrer ebenso grundlosen Herzensgüte wie grundlosen Weltunkenntnis dann und wann ahnungslos eine Geste gehabt hat, durch die sich zu compromittieren der erfahrenen und ordinären Schlechtigkeit nicht einfallen kann, – die sich gewisser tapsiger Zudringlichkeiten durch gutmütige Finten zu erwehren gewusst hat, wie sie kein Verständiger ernst nehmen konnte – ein solches Wesen ist durch diesen Burschen mir, und nicht mir allein, als etwas hingestellt worden wovor mir graute, und worüber er lachte, hingestellt nicht durch Schilderungen – die aus diesem Munde nicht vermocht hätten, mein Seelenbild zu erschüttern – sondern durch positive, chronologische und lokal fixierte Angaben, an deren Richtigkeit zu zweifeln einem Gentleman gegenüber unmöglich war. Wenn sie richtig waren, ist es sehr begreiflich dass Du Deiner Schwester verbotest, Christa Winsloe zu besuchen. Und sie sind samt und sonders erlogen, Rudi, nimm Hand und Wort von mir darauf, Alfred hat die Thatsachen wie die Lokale wie die Zeitangaben, Mithandelnde und alles einfach erlogen, hat gemordet um sich und andern eine spassige Geschichte zu erzählen. Ecco. Mir ist er gestorben. Du wirst ihm nichts von dieser meiner Stimmung gegen ihn sagen. Wird es laut, dass ich es weiss, so müsste ich ihn fordern. Meinethalben und seinethalben thäte ich es blindlings auf jede Gefahr hin, und gehörte ich nur einer Frau so geschähe es oder wäre jetzt geschehen. Aber ich gehöre zweien, die nicht hineingezogen werden dürfen. Und so wird diese Freundschaft nicht auf einmal sondern langsam ums Leben gebracht.

Dir sage ich dies aus mehrern Gründen von denen einer der folgende ist. Christa Winsloe geht nach Weimar, von L. v. Hofmann an die dortige Akademie geschickt, wo ihr Mackensen irgendwie unentgeltliches Atelier und Modell verschaffen soll. Ist unter Deinen Weimarer Beziehungen irgend jemand, dem Du sie empfehlen kannst wie Du mich empfehlen würdest, – durch eine direkte Zeile, die nur zu besagen brauchte, die betr. junge Bildhauerin, Dir persönlich kaum bekannt, aber Deinen nächsten Freunden seit lange besonders nahe stehend würde xy aufsuchen? Es handelt sich ausschliesslich um die Formalität der Einführung, denn dies ergreifende Wesen hat noch keinen Kreis den sie betreten hat, unbezaubert verlassen, und indem Du sie einführst giebst Du andern vermutlich mehr wie ihr. Ich möchte sie in einer fremden Stadt nicht fremd wissen, und so weit meine Beziehungen reichen ihr die Wege ebnen, will auch dieserhalb an Hugo schreiben. Ich möchte dass sie in anständige Hände kommt und nicht sofort wieder von Zufallsbekanntschaften ausgenutzt und geplündert wird, was bisher das Los ihrer kindsjungen Arglosigkeit und Holdseligkeit nur allzusehr gewesen zu sein scheint.

Ich bitte also, Rudi, inständiger und ausführlicher als ich je für mich gebeten hätte. Sei gut und thu mirs.

Ich beklage Dich um Dein Gefühl der deutschen Gegenwart. Mir ist das Organ dafür in dem schrecklichen Jahre erstorben und wie herausoperiert. Es muss gehen wie es will, ich selber habe nur noch an mich und das Meine zu denken, darüber hinaus an die Menschheit. Mein Glaube an das Ewige des deutschen Geistes ist unerschütterlich. Ob die Akteurs der Lumpenbuden auf dem Jahrmarkte sich schinden oder prügeln, die Huren aus den Bordellen kreischen, die Krämer gaunern oder mit dem Büttel zanken, Taschendiebe, Zahnreisser, Charlatans um den Pfennig des armen Bauern raufen und sich den Hals abschreien, was kümmert das den Dom am Markte und den Roland und das Rathaus mit der Gerichtslaube und die Burg des Hofs, und den ewigen redenden Brunnen? Morgen schiebt Gottes Hand das Plundersweiler vom Platze wie ein Besen Spreu von der Tenne, eine Kanzel steht steil mitten auf dem steinernen Feld und um den weissen Prediger herum liegt ein weinendes Volk auf den Knieen; oder sie verteidigen den Platz gegen Feinde und kämpfen zwischen ihren Frauen und Kindern eben da wo sie gestern einander kauften und verkauften. Ich spanne meine Augen nur noch auf die »Dauer im Wechsel«. Das Bessern wollen an andern habe ich hinter mir – das an mir nicht – und das mich Kränken, wenn es nichts verfängt. Ich weiss wieder wofür ich lebe und sterbe.

Lebwol Lieber Guter, wir denken Deiner fast täglich und haben Deinen Brief zusammen gelesen.

Dein treuster R

122 RUDOLF ALEXANDER SCHRÖDER AN RUDOLF BORCHARDT

[Briefkopf: Bremen
Schwachhauser Chaussee 365]
7. Juli 1913

Lieber Rudolf, Deine lieben und schönen Zeilen bringen mir eine so lebhafte Erinnerung unsrer schönen Gespräche und unsres noch schöneren Zusammenseins- & Arbeitens, daß ich gleich mit ein paar Worten erwidern muß. – Was Du mir über Heymel schreibst, tut mir sehr leid und ich fühle das Unglück des armen Kerls tief mit, der seine dämliche Schandschnauze an so ungeeignetem Objekt üben mußte. Das Merkwürdige ist ja, wie sehr wir imstande sind Schmutz und eigentlich Unleidliches an einem irgendwie befreundeten und durch das hin und her geselliger Gegenseitigkeit mit uns verbundenen Menschen zu ertragen, ja ihm gelegentlich zu connivieren, und uns erst da, wo solches Gift uns an den Wurzeln unsrer Existenz heimsuchen will über seine volle Schädlichkeit klar werden und uns dagegen zur Wehre setzen. Es ist gut, daß es so ist, ebenso wie es gut ist, daß nicht alle Leute abstinent in bezug auf Narcotica und andres Hübsche sind. Warum dies so ist, und warum der Mensch um halbwegs menschlich durchs Leben zu kommen, durchaus den rechten und linken Göttern Complimente machen muß, das gehört zum Problem des Weltgeschehens überhaupt, dessen Losung ja in jedem Sinne der Compromiss ist:
Pol links, Pol rechts,
Das »Welt«-Kind in der Mitte.

Im Übrigen habe ich von H. keine so nüancierten Details über unsre gemeinsame Bekannte vernommen, wie Du zu glauben scheinst; wenn ich meine Schwester nicht gern hätte nach Florenz gehn lassen, so geschah das mehr aus dem allgemeinen Mißtrauen gegen alles, was sich in dem Heymelschen Cirkel umtrieb und gegen den ständig im Stillen von ihm betriebenen Versuch, meine Schwestern unter seine Regie zu bekommen, d.h. sie so sehr zu debauchieren und zu entwurzeln, als ihm dies gelingen mochte. Und damit für diesmal genug über dieses unerquickliche, ständig wiederkehrende Capitel unsrer Briefe und Unterredungen.

Nachdem Du in so compendiöser Weise mein Gedächtnis bezüglich des zu beschwörenden Samis gestärkt & gestützt hast, werde ich mich umgehend in die Wolfsschlucht begeben, hoffentlich ist Samiel nicht schon nach Steiermark oder in eine andere indogermanische Gebirgsgegend abgedampft! –

Was Du mir über Dich schreibst, erschüttert mich durchaus nur in einem freudigen Sinne, ich bin glücklich Dich glücklich und producierend zu wissen, glücklich auch darüber, daß Zeit und Schicksal Dich auf den Punkt zu bringen scheinen, auf dem Deine Freunde Dich seit Jahren zu sehen wünschen, daß Freiheit und Weite Deiner Fülle und Verdrungenheit nicht mehr versagt bleiben sollen. Gebe Gott, daß nichts in Deiner jetzigen Entwicklung Dich stört oder hemmt. Du wirst mir glauben, lieber Freund, wenn ich sage, es ist keine Phrase, daß ich alle guten Geister und Genien an die Grenzen Deines τέμενος rufen möchte, daß sie Dir kein Böses über die Schwelle herein lassen.

Von mir schicke ich zwei neue Oden. Zu der alcäischen hab ich ein Verhältnis, wenn sie nicht, was ich ja immer befürchte, von dem Kaliber des Geibelschen Ukleysees ist, so dürfte sie ganz schön sein. Auch hier bitte ich Dich, trotz meiner bisher fehlgeschlagenen Versuche, mir Details, die Dir »aufstoßen« sollten zu monieren – es hilft nichts. Nur so kann man sich gegenseitig nützen. Produktionen dieser Art haben nur eine Berechtigung, wenn sie – innerhalb der gegebenen Möglichkeiten natürlich – impeccabel sind. – Es sind, man mag daran drehen & deuteln, wie man will, doch parasitäre Gewächse, & wenn sie nicht sehr erlesene Blüten tragen, soll man sie abschneiden. Was Deine Blumenschilderungen angeht so kann ich dagegen mit herrlichem Rosenflor aufwarten, auch eine ganze Allee von Fingerhüten & dergl. dürfte die Concurrenz bestehen; alles übrige ist hier, um es kurz zu sagen, beschissen. Kaltes Wetter, dämliche Leute, Hofjungensärger unnötigster & lästigster Art, Arbeit, wo ich doch faulenzen & dichten möchte, u.s.w. Na, im Herbst werden wir uns entschädigen. Es ist ganz gut, daß ich's hier so widerlich finde, dadurch werden meine an sich ja etwas labilen Vorsätze bezüglich der secessio in montem sacrum fester. – Eigentlich ist man dumm. Man hat alles mögliche, schönen Garten, rücksichtsvolle Verwandte, herrliche Parks & Alleen bei guten Freunden, die sich freuen würden einen zu behausen, Musik u.s.w.; aber man ist in der Lage des kleinen Jungen, dem sein Schaukelpferd versagt wird, & der auf keinen Bonbon & kein Bilderbuch reagiert. Etwas ist hier herrlich, die hohen grünen Bäume & die weiten grünen Wiesen. Ich war zuerst ganz berauscht von aller der dunklen, feuchten, satten Pracht. Ich habe in einiger Entfernung auf den Flußläufen ein Canoe liegen, das mir vielen Genuß verschaffen würde, wenn das Wetter nicht andauernd unterm Hund wäre.

Eins amüsiert mich, die Elegien treten mir momentan zurück; aber die Möglichkeit der deutschen Oden scheint mir näher, eine oder zwei werden jedenfalls noch entstehen.

Nun lebt wohl,
Merenden, die mir geistverwandt,
Drück ich die schwesterliche Hand,
Derweil sie mit dem Silberstift
Die Bäume, Berg', & Häuser trifft,
Und was sie zeichnet oder malt,
Es wird gelobt und bar bezahlt.
Hingegen Turnus, der Gemahl
Tobt musentoll durch Feld und Saal.
Und schürft in seelischen Gefilden
Nach unerhörten Wortgebilden,
Gebärdet sich durchaus emphatisch,
Teils lyrisch, andernteils dramatisch,
Die Feder knirscht, der Schreibtisch zittert,
Derweil Melpomene gewittert;
Ich forme hier am sichern Strand
Ein Odenkränzchen aus Tragant,
Dreiviertel Pfund Gefühl, drei Thränen,
Ein Quentchen Ernst, ein Nösel Sehnen,
Das ganze rhythmisch ausgezackt,
Mit eingemachtem Obst bepackt,
Mit Zuckerstreu fein zugericht',
So macht der Dichter sein Gedicht.

Herzlichst RS

N.B. Ich habe mich eben in Nissens Italische Landeskunde gestürzt, und finde sie herrlich. Welch zarte und leichte Art eine ungeheure Moles von Gelehrsamkeit zu bewegen & zu entfalten. Mir ist bei diesem Buch von neuem aufgefallen, daß die Tätigkeit eines derartigen Schriftstellers doch eine durchaus dichterische ist, indem sie nämlich ohne eine intuitive Vorausbeschwörung des gewaltigen Gegenstandes, ohne eine vorausgeahnte synthesis, lediglich zu Convoluten und Excerpten führen würde. – Solche Dichtungen unterscheiden sich von den eigentlich poetischen dadurch, daß sie minder frivol sind. In diesem Zusammenhang verstehe ich auch Deine Freude an der Tacitus-Emendation. Das Vergnügen sich auf dem engsten, von unverrückbaren Gegebenheiten überfüllten Raum produktiv zu betätigen muß ein sehr großes sein.

Mir schwebt beständig ein Odenschema vor, das aus vier Hexametern bestände, & zwar so:

1-3 $-\cup\cup-\cup\cup/-\cup\cup-\cup\cup/-\cup\cup-\cup$

4    $-\cup\cup--/-\cup\cup--/---\cup$

Hättest Du als Philologe dagegen etwas einzuwenden? Ich weiß zwar noch nicht, womit ich diese Strophe füllen soll, aber die Melodie verfolgt mich seit einigen Tagen.

Was Du wegen Deutschland schreibst, ist recht, ist sogar sehr schön – aber man muß sich doch auf höhere Warten retten, als es Burg, Wall & Kirche sind, denn wenn diese Lokalitäten lediglich Decorationen wären, so dürfte man sich heutigentags nicht beklagen; nun aber werden diese Stätten nur benutzt, um Spezialgifte zu fabricieren & zu vertreiben. Man muß schon auf recht

hohe Berge steigen um sich zu salvieren; & Du weißt, daß ich in solchen Regionen nicht eben frei von Schwindelanfällen bin.
Also servus   Dein R.

123 RUDOLF ALEXANDER SCHRÖDER AN RUDOLF BORCHARDT

[Briefkopf: Bremen
Schwachhauser Chaussee 365]
21. 7. 1913

Mein Lieber,
Einliegend scherzeshalber höchst danteske Terzinen.

Ich finde, Du lässest unsre so schön begonnene Correspondenz ungebührlich lange stocken. Ich bin jetzt über 3 Wochen hier und habe kaum drei halbwegs helle Tage gehabt. Jetzt gießt es sündflutartig. Sami hat mich leider auf den Herbst vertröstet trotz ausführlichen Schreibens; er sei im Begriff abzureisen. Tu also, was Dir gut scheint, warte, oder fang mit Dr. Wolff Verhandlungen an. Heymel schien mir ganz wohl von dem Mann zu sprechen, ich kenne ihn leider garnicht. Auf jeden Fall kannst Du Dich drauf verlassen, daß ich Fischern nochmals stelle, nur hat mir der alte Fuchs nicht geschrieben, wohin er sich verkrochen hat.

Im Übrigen alles Gute! Ich gebe die Hoffnung F. zu kriegen durchaus nicht auf, rate Dir aber doch den Wolf warm zu halten. – Hier gilt es Scylla oder Charybdis, Samiel oder die Wolffsschlucht. Ade.

Der Frau Merende
Küß ich die Hände
Sie male emsig
Die steilen Zinken,
Daran ihr gemsig
Gewohnt zu hinken.
Für Vordergründe
Auf schroffen Bahnen
Bemoster Schründe
Sind Enzianen
Und Soldanellen
Schön darzustellen.
Wer solch Gegipfel
Gezackt, gebuchtetes
Mit manchem Zipfel
Gewölk bewuchtetes,
Halb Baum-befruchtetes
Und halb vereistes
Versteht zu malen:
Der Kenner preist es,
Die Käufer zahlen.

[Beilage]
An Florenzens Mauerkante
Steht der große Dichter Dante,

Hinter ihm das Purgatorium
und noch sonstiger Brimborium,

Doch zur Rechten winkt die Schwelle
(Weh! Ein schlechter Reim!) der Hölle.

Stünd George dort statt Danten
Winkten links wohl Bingens Kanten,

Würden hinten die Epheben
Minimaxens Grab umschweben,

Schmorten rechts in Höllenqual
Borchardt, Schröder, Hofmannsthal.

———

Dem Edelsten und berühmtesten Ästheten zum Abschied.
München 1.9.10

124 RUDOLF BORCHARDT AN RUDOLF ALEXANDER SCHRÖDER

Villa Mansi
Monsagrati Lucca
25 Juli 13

Mein Lieber

Habe Geduld mit mir ArmemReichem, der Zeit hat und keine Zeit, Lust und keine Lust, Kraft und keine Kraft. Ich bin von früh bis spät in einer solchen einheitlichen und einsamen Anspannung steil nach oben, dass es einer Anstrengung für mich bedarf, den Trieb seitwärts abzulenken, und mitten am Stamme Äste zu bilden. Aber ich strenge mich an, wie Du siehst, und mache es nicht wie gewisse sonst brave Leute, die sich gegen die feinstfühlenden Mahnungen in solchen Fällen doppelt verstocken. Heut habe ich übrigens schon einen Haufen geschäftlicher Correspondenz hinter mir und so geht es in einem Zuge. Schwabach hat mir um »Wannsee« geschrieben, fürs erste Heft seiner neuen Zeitschrift, in dem er mich mit den andern Luminaren der deutschen Literatur, lies Blei! Sternheim!! Eulenberg!! Hauptmann!!! vertreten zu sehn wünscht: Ich sage Dir gleich, ich habe nicht Nein gesagt, sondern recht unverschämt dafür gefordert. Im Hesperus können, wenn er zahlt was ich will, statt Wannsee recht leidliche neuste Stücke von mir stehen, und ich kann auf die Chance einer neuen rentablen Verbindung nicht verzichten, vor allem da Schwabach als Berliner dem Ding Resonanz verschaffen kann, und, wie mir scheint, gerade drum sich darauf fixiert hat. Zahlt er die 500 M. nicht, tant pis pour lui, aber er hat ja dann noch Blei Sternheim und die übrige massa perditionis. – Von Wolff war auch ein Briefchen da, – on parle du loup – auf das ich mit den schlauen Künsten des Jägers solcher edlen Tiere – Apollon ist wie Du weisst λυκοκτόνος - erwidert habe. Ich denke nicht daran ihn ganz durch die Lappen gehn zu lassen – ein Wolff in der Hand ist besser als ein Fischer auf hohem Meer – aber ich compromittiere mich vor der Hand mit ihm nur in strictesten Grenzen, über die hinaus ich höchstens ihm nicht die Hoffnungen ganz benehme. Jene zu überschreiten nur weil Du auf den Herbst warten musst um den Fischer zum Menschenfischer zu machen, wäre höchst unklug: erstlich weil uns nur sechs Wochen, die nach sechs Jahren Wartens auch nicht mehr den Kohl fett machen werden, uns vom Herbste trennen, zweitens, weil dann meine Chancen bei F. eher besser als schlechter stehen werden, denn jetzt. Hier heisst es also für mich, die Dinge in der Schwebe halten. Antworte mir nur bitte auf zweierlei: Hast Du in Deinem Briefe schon von mir namentlich gesprochen? Und wie stehst Du zu meinem Vorschlage der bezüglichen Cooperation mit Hugo, BeerHofmann, Rathenau pp? Habe jedenfalls den herzlichsten Dank für alles Gethane und zu Thuende.

Du hast mir einen charmanten Brief geschrieben, der mir die wahrste, dauerndste Freude bereitet hat, voll tief prägnanter Blicke und Bemerkungen, die mich seitdem nicht verlassen. Unser Briefwechsel ist wie ich ganz bestimmt fühle, erst jetzt im Begriffe recht fruchtbar zu werden, da wir beide auf den Gipfel dessen gelangt sind, was zwar nicht deutsch aber lateinisch iuventus heisst, das Schnaufen des Anstiegs und die Lähmung kurz vor den letzten der Höhe zuführenden Schritten in uns verglichen und verwunden haben, und der Kamm, mit wenig Auf und ab, aber immer gleichmässig die Abgründe scheidend, endlos vor uns läuft, dem sanften Abstiege in Gottes Abendthäler noch glücklich ferne. Lass uns jetzt einander schön und von Herzen festhalten und jeden das seine dazu thun, dass Vereinsamungen nicht wieder vorkommen. Viel wird dafür nützen, dass wir uns künftig viel häufiger sehen werden. Mein Leben verändert sich, wie in allen Stücken, so auch darin, dass Abgeschlossenheit und Einsamkeit als Regel aufhören, nur auf einen Ausnahmsteil des Jahres beschränkt bleiben, auch für diesen sich anders darstellen müssen als bislang. Ich habe ein gesundes und mächtiges Verlangen nach allerlei Welt und allerlei Menschen, und da unter der ersten starken Lebensberührung alles in mir frei und thätig geworden ist, was in jedem Sinne weltgemäss ist, so wird sich die elementare, d.h. wirtschaftliche Möglichkeit dazu ohne viel Aufhebens so oder so herstellen. Solange ich keine Wünsche hatte – und thatsächlich war durch Jahre jeder Wunsch in mir abgestorben – hatte ich auch keinen auf Bewältigung und Eroberung der Weltmaterie gerichteten Thätigkeitstrieb, sondern nur den transzendent gewandten. Heut ist das anders; ich habe es nur an mir selber erleben müssen, um es für mich gelten zu lassen, und konnte nicht als Maxime von andern acceptieren, dass man mehr Geld verdienen müsse, als man eben brauche – mehr noch, ich hätte es nicht gekonnt, nicht gewusst, wie und wo anfangen. Der Katze wachsen die Zähne nicht solange sie noch zitzt, und ich war wie sie die Jahre her auf Milchkost. Jetzt ist das Springende und Reissende in mich gekommen, und Gottseidank nicht zu spät. Was alles implicite Antworten auf Deine von mir ernst angehörten Freundeswünsche des Malum siquid latet Di avertant – sind. Wüsstest Du! Aber besser Du weisst nicht, welche Dämonen mir bisher um das τέμενος lauerten, und jetzt dem freien tapfern Goldblick meines LebensMittags gewichen sind! Und nicht mir allein. Die gute Lina, nachdem nur einmal der erste ohnmächtige Aufstand der barsten Äusserlichkeiten gegen die unerbittlichen inneren Notwendigkeiten sich gebrochen hat, fängt selber an klare und wahre Luft sich gedeihlicher zu finden, als die Muff- und Schutt-Atmosphäre der kümmerlich aufgestutzten Coulissen perfekten Eheglücks, in deren aus lauter geflickten Prätentionen zusammengebackenen Trümmern sie bisher gelebt hat, und macht sich langsam klar, dass wir einander viel zu viel geworden sind und bedeuten, um unsere Gemeinschaft mit diesem periclitierenden Gebäude identifizieren zu müssen. Abgesehen davon dass meine Befreiung auch mutatis mutandis die ihre bedeutet, dass sie einer Gefangenschaft, die für sie schon seit Jahren eingestandener Maassen eine unfreiwillige gewesen ist, nur noch halbe Thränen nachweint, und schon halb humorvoll vergnügt ins Freie schnopert, benimmt sie sich auch in allem andern so gescheit warmherzig schwesterlich und superior, dass man ihr die Hände küssen darf, hat von Eifersucht nur die dezenten und nicht die miserablen Züge und lässt mich gleichzeitig, indem sie meiner Emanzipation nichts in den Weg legt, doch immer das tiefe Vertrauen fühlen, dass dieser und jeder Emancipation die Grenze bestimmen muss. Das einzige was mich toll machen könnte, wäre Misstrauen. – Mit einem Worte, sie ist auch jetzt absolut one in a thousand, und wenn man selbst abstreicht, dass alles was andere Frauen in solchen Fällen innerlich vergiftet, in ihr längst erloschen ist, und das Weitere, dass der Mirage einer »künstlerisch selbständigeren Entwickelung« ihr das nötige Pathos des Ausblickes giebt, dessen der Mensch in Krisen nun einmal nicht entraten kann, so bleibt doch noch genug reines Verhalten übrig, um mich dankbar gegen alles zu stimmen, was ich eigentlich nun erst an ihr besitze, da ich im Hauptsächlichen und Entscheidenden aufgehört habe, der gänzlich Beraubte zu sein. In wievielem Anderen auf ein Mal Wandel geschaffen ist kann ich gar nicht ausdenken. Es hatte sich zwischen uns eine ursprünglich halb verspielte und spassende, allmählich tödlich gewohnheitsmässige Gegenseitigkeits Sklaverei entwickelt, der ich mich irgend wann einmal viel gewaltsamer als jetzt geschehen ist hätte entreissen müssen, wenn ich auf meine eigenen

Füsse kommen wollte, wie jeder andere Mann. Das ewige Existieren, Auftreten, Agieren, Denken und Handeln im Dualis, mit erregten und gekränkten Remonstrationen gegen jedes singularistische Bedürfnis, war eine absolute Krankheit geworden, die sich bei mir auf die inneren Teile geschlagen hatte, vor allem, da dieser Dualismus aus Dir durchsichtigen Gründen sich über eine gewisse Sphäre nie erheben konnte. Von dort ab bin ich zu sehr männlicher Mann, um mit irgend einer Frau, sei es welche sie wolle, ständige Gemeinschaft halten zu können: es ist das Bereich der Freunde, der Pflichten, der Gesetze und Götter, in dem für alle Frauen alles viel zu nackt, zu einfältig, zu absichtslos, sachlich und unconventionell zugeht, die Luft versagt ihnen. Dies aber ist der Bereich, in dem mein solidester Teil zu Haus ist und ständig um sich greifen muss wenn ich leben soll. Dass er es lange nur partiell gedurft hat, spüre ich in allen Gebeinen.

Lass Dir diese Bekenntnisse gefallen und den Gegenstand damit zwischen uns suspendiert sein. Es ist mir eine Erleichterung auf die ich schwer verzichten konnte, zu einem vertrautesten Wesen über diese langverschlossenen unaufhörlich das Tragische streifenden alten Lebensnöte zu sprechen; gesprochen zu *haben,* denn nun es geschehen ist, bleibe es im Perfektum.

Von Deinen beiden Oden hat mich merkwürdiger Weise die alkäische, Dir näher stehende, weniger angesprochen als irgend eine mir bekannte Arbeit von Dir, während ich die Choriamben schlechtweg bewunderungswürdig finde, voll von jener metrumschaffenden inneren Erregung die das rechtfertigende Element jedes echten Gedichtes ist, voll schönster Einzelheiten, und mit prachtvollem Schluss. Ich liebe diesen trotzigen und kummerlos

Unbilden herausfordernden Ton überhaupt und an Dir ist er mir so neu, dass er mich entzückt hat. Das andere Gedicht will mich sonderbar tonlos bedünken. Die Antithese zwischen der verhassten Nacht und dem verhassten Morgen, stark genug um einen galanten Scherz zu tragen, scheint mir zu dünn für die ausgesponnene Aufbauabsicht des Gedichtes und, in diesem Sinne, ihre Auflösung als Pointe einer so langen Spitzung zu schwach und wol auch zu herkömmlich. Ich schob den mangelnden Eindruck auf ungesammelte Stimmung in mir, habe aber seitdem die Verse wiederholt laut und leise gelesen ohne zu Eindruck kommen zu können. Sieh selber zu, ob Dir dies Gedicht die specifische Schwere jener melodisch in der Form auf und abrollenden sanftungestümen Asklepiadeen zu haben scheint. – Die Gelegenheitsverse waren wieder entzückend, die vom Odenkränzchen aus Tragant beinahe schön, und so auch die heutigen Danteterzinen äusserst witzig.

Wiegand kommt in wenigen Tagen zu Besuch. Quod Di etc.

Dir alles Glücklichste und Beste von Deinem alten   B.

125 RUDOLF ALEXANDER SCHRÖDER AN RUDOLF BORCHARDT

[Bremen, 29. Juli 1913]

1) Mein Lieber,

vielen Dank für Deinen Brief. Ich sende Euch ein paar Karten aus unsrer Wassergegend, um Euch Lust zu machen mal Sommers hier zu sein. Bei dieser Schleuse liegt mein Canoe, mit dem wir herrliche Touren

2) machen, seit dem etwas besseres Wetter ist. – Die Landschaft ist unique, völlig Rembrandt, Hobbema u.s.w. Gestern waren wir von morgens 7 bis Abends 10 Uhr unterwegs. Ich komme langsam mit der Ilias vorwärts – voilà tout. Bin im übrigen fleißig, ohne so zu übertreiben wie die andern Jahre. –
3) Daß es Euch so gut geht, ist mir eine innige Freude. Wer ist Schwabach? Daß W. zu Euch kommt ist gut, Ich hätte ihn allerdings momentan sehr gern hier, et par cause. Über alles sonstige kommt nächstens ein Brief. Im
4) übrigen schreibt mir viel & oft! Wenn Du nicht magst könnte doch Deine Frau mal schreiben. Was?

Nun ade, gehabt euch wohl,
baut in Frieden euren Kohl.
Meinen fraßen Floh & Läuse
Bis auf's innerste Gehäuse.
Was da tun? Ich lass es laufen.
Kohl kann man bei andern kaufen.

Herzlichst R S.

126 RUDOLF BORCHARDT AN RUDOLF ALEXANDER SCHRÖDER

[Briefkopf: Villa Mansi
Monsagrati Lucca]
31 Juli 13

Mein Teurer

Ersieh daraus, dass ich das Bedürfnis habe mich mit Dir zu unterhalten, welches Vergnügen uns Deine Karten mit der Schlussarabeske des gereimten Kohles gemacht haben. Die Ansicht, die meine Frau rein abstractè sehnsüchtig machen musste, riefen in mir concrete Erinnerungen an die charmanten Bremer Tage, die farbigen Häuser in der farbigen wasser- und lichtgetränkten Luft und die sonderbaren feierlichen Weitblicke der norddeutschen reinen Feldlandschaft hervor, und es ist am End kein Wunder, dass das Sich Erinnern ins Schreiben übergeht. Ich wünsche Dir ein reines andauerndes Behagen in und an der Heimat. Das an sich Schöne lieben ist schön und gut, aber der tiefer ins Leben gedrungene Mensch braucht etwas was er liebt weil es *nicht* schön, sondern weil es *ihm* schön ist – ein armselig mühseliges Gesicht wie das Beethovens oder das eines Vaters, – eine armselig mühselige Pflicht, oder Erinnerung, ein kümmerliches Verhältnis zwischen Dingen und der Seele, einen dürftigen Weltanblick, eine arme Landschaft. Ich meine damit nicht resignierte Liebe und nicht provozierende mit Aplomb, »qui s'en est faite une spécialité«, sondern echte Liebe, das heisst tiefe schöpferische Erregtheit, deren Leidenschaft es ist, das unmündige mündig zu machen, das kämpfende siegreich, das scheinbar arme reich und tief, das beklommene frei und selig. Die Götter selber brauchen von uns nichts als Aufblick und Opferrauch; aber Herakles der Arme braucht von uns Tisch und Gastbett, und einem solchen in πόνος verkleideten umirrenden Gottheitsfunken ist jeder von uns irgendwann und irgendwo Admet, auch wenn er säuft und gröhlt, und die Gesindeseelen die Nase über ihn rümpfen; ach die Welt ist gar so voll von dem verwöhnten Domestikentakt, der ganz genau weiss wie richtige Götter aussehen, auf allen Öldrucken, und sich drüber skandalisiert was wir für Volk an unsern Tisch laden! Und es sind ja auch nur *Halb*götter! In der Gesindestube ist man für ganze oder gar keine, und weiss nichts von der nordischen Landschaft und gewissen Mienen wie der »Werke« im Jedermann und andern, »die der Schmerz zur Göttin wandelt«, in denen zu lesen steht: »Was ich denke was ich fühle, – ein Geheimnis bleibe das.«

Ich habe den Paria vor wenigen Tagen meiner Frau vorgelesen. Das unergründliche Werk hat mit jedem Jahre, das man mit ihm lebt, einen neuen Aspekt. Diesmal ist es mir im obigen Sinne wie das wahre παράδειγμα des Halbgöttlichen in seiner tragischen Weltbedeutung erschienen, und meine Gedanken haben sich von da zu Herakles zurückgewandt. Du weisst aus unseren Gesprächen, dass ich diese Gestalt für die grandioseste Schöpfung der griechischen schöpferischen Religion halte, für das ungeheure europäische Äquivalent zum vorderasiatischen Jesus und zum mittelasiatischen Buddha. – Aber es ist mir am Paria scharf klar geworden, dass diese Gestalt im griechischen Kunstwesen eigentlich nie den völlig adaequaten Ausdruck gefunden hat, ausser blitzartig bei Pindar; die Athener haben ihn nie wirklich verstanden, Euripides in der Alkestis missversteht die alte Zeichnung, die er durchpaust, im μαινόμενος nimmt er alles zu dumpf und unfrei.

Mein alter Plan, einen »Ruhenden Herakles« zu schreiben, ist mir wieder klar vor die Seele getreten. Du kennst die vielen attischen Vasenbilder, auf denen er unter dem Ölbaum, den ῥύτον in der Hand dargestellt ist, als Anspielung auf die Bestimmung dieser Gefässe zu Siegespreisen. So etwas schwebt mir vor, die vorausgehende und folgende enorme Spannung eingesammelt in den Moment der *Ent*spannung, des Von-Nichts-Wissen-Wollens, der *Pause*. Das Wie wird sich mir bald aufhellen. Ewig schade dass es im zweiten Teile Faust diesen Moment nicht giebt. Ich möchte schwören Goethe hat ihn concipiert und hernach nicht ausgeführt. Denken kann ich ihn mir nur episch, als ein Stück Herakleis, wie herausgerissen aus einem verlorenen Gedichte. Es müsste Musik werden aus zwei in einander gearbeiteten Tongängen, donnerndes Vergrollen unten, silbernes mozartsches Verklären oben. Wärst Du da, und hätte ich einen Flügel, Du setztest Dich unverzüglich hin und spieltest es mir vor.

Ich habe inzwischen was Du mir zuletzt »vorgespielt« hast, mir nochmals durchs Ohr gehn lassen, und füge meinem Briefe wenige Détails hinzu. Die Choriamben sind nahezu vollendet schön, und ich finde auch bei genauester Durchsicht höchstens zu erinnern, dass »schlummerbetäubt« durch die gleiche Stelle im Verse, – zweiter Choriambus – zu stark an das »schlummerberaubt« der ersten Strophe gemahnt. Ich dächte möglich »ruhte betäubt, ruhte beseelt m. H«. »Genug« im vorletzten Verse ist leicht missverständlich, da Du au fond meinst »Immerzu, noch mehr, I don't care«. »Nur zu«? Sonst ist die ganze Bewegung der letzten Strophe prachtvoll. – Bei der dritten, wo Vergangenheit halb Gegenwart wird, folgt man etwas mühsam, und wird zudem, kaum dass man gefolgt ist wieder fortgerissen. Natürlich darf die Phantasietäuschung nur eine Sekunde währen, sonst würde die Linie elegisch, statt eruptiv lyrisch. Aber vielleicht könntest Du durch einen geschickten Accent dem Leser helfen. Ich glaube es liegt an dem »harrst« was ein etwas zu passives thun ist um der Einbildungskraft lebendige Gegenwart vorzutäuschen. Wenn es »winken« wäre wäre schon geholfen, »ziehen« »Aus geschichteten

Pf. d. B. S., steigst, Du mir«? Ich brauche in diesem Momente ein wahres Agens für die im Dichter sich vollziehende sekundenlange Wandlung von Schein in Sein, eine starke und reizvolle Bewegung die sie rechtfertigt. Das blosse »Harren« reicht dafür nicht aus.

Die zweite Ode ist mir durch mehrfaches Lesen nicht ansprechender geworden. Sie hat hübsche Stellen und Wendungen, behält aber etwas sichtbar construiertes und sentenziöses, das den Leser erkältet. Du nimmst das nicht für mehr als es ist, und lässest Dir gewiss die Verse, wenn sie Dir persönlich nahestehen dadurch nicht verleiden. Den Mut meine Meinung zu äussern geben mir Deine eigenen Äusserungen über die Gefahren des bewussten Elaborierens einer einmal gewonnenen poetischen Sphäre, ohne direkten Antrieb zur Hervorbringung eines bestimmten Gedichtes. Diese Gefahren werden freilich balanciert durch den allgemeinen, unbewusst aufgesammelten poetischen *Vorrat* den Du in Dir trägst, und von dem jedes Einzelne Anschauungs- oder Gefühls- oder Form-Element seinen minusculen Antrieb, Dir längst vergessen, doch einmal gehabt hat, ehe er in eine statuierte Form einfliesst. Aber wo es darauf ankommt einen solchen Formraum zu füllen, unterscheidet auch der empfindlichste Takt nicht immer zwischen den Elementen jener poetischen Latenz und denen der, wenn ich so sagen soll, Frequenz, zwischen dem was zum ersten Male entstehen will, und den Motiven unserer Manier. Und dieser Gefahr scheint die Ode mir nicht ganz zu entgehen.

Ad vocem Schwabach. Ist ein reicher Berliner Judenjunge, bisher anonymes Appendix seiner Millionen, anders ausgedrückt, die einzige Null unter den vielen Nullen seines Vermögens, die *nicht* zählt. Wie Blei es wieder angefangen hat, diesen lobenswürdigen Jüngling aufzustöbern und zu litterarisch verlegerischen Thorheiten zu animieren ist sein Geheimnis und »ein Geheimnis bleibe das«. Faktisch ist, dass er in Ermangelung anderer unsinniger Pläne ihm den aufgehalst hat, die gesamte deutsche Litteratur des Mittelalters zu publicieren, frei nach der Münster-Ausgabe und die Unverschämtheit hatte, nicht nur mir ein Publikationsverzeichnis als Programm, literaliter aus meiner Denkschrift abgeschmiert, zur »Billigung« vorzulegen, sondern auch mich zur Mitarbeit aufzufordern, und mit Honoraren zu locken. Ich habe ihm geantwortet, auf Arbeitsgebieten, für die ich eigene Arbeitspläne besässe, collaborierte ich nicht unter fremder Leitung, sei übrigens in Bremen gebunden pp. Worauf er mit einem länglichen Geschmiere von lauter ins »tiefe« und »herbe« künstlich verdrehter Wendungen antwortete, die es unmöglich war, wieder in deutbaren Sinn und Verstand zurückzudrehen. Ich habe auch nicht mehr darauf geantwortet; plötzlich schreibt mir Herr Schwabach von seinem Schlosse Märzdorf in Schlesien als Herausgeber der »Weissen Bücher« und »Weissen Blätter« er gebe diese letztern vom 15ten Sept. ab als Revue heraus, und bäte mich um Wannsee fürs erste Heft. Das ist alles was ich weiss. Ausser dass nach einigen Tagen Blei, ebenfalls vom Schlosse Märzdorf, auf fürstlich Schwabachschem Briefpapier – wappenartiges Signet, Schwan auf einem Bache schwimmend – das übliche demütige Interesse für das Innere meines Gesässes documentierte, – Gott verdamme das speichelleckerische Hundsbagagengezüchte! Gott verdamme diese Literatenbrut, vorn Schmeichler bis zur Entwürdigung des Menschengesichtes, hinten Klätscher und Geschichtenträger bis zur Entwürdigung der Sachen denen wir dienen. Wäre ich die Hundsfötter los! Aber nein, ich habe es zu oft umsonst gehofft, in allem was man thun kann, tragen sie zwischen und man muss von Trittstein zu Trittstein über ihre Pfützen, durch ihre Pfützen steigen. Es ist wirklich als ob unser Bazillus nicht für das Menschengeschlecht epidemisch werden könnte, wenn er nicht vorher im Körpertubus dieser Krätzmilben einen Teil seiner Entwicklung durchgemacht hat!

Schliesse aber bitte nicht von diesem Ausbruche auf meine allgemeine Stimmung, die sich durch helle und halbhelle Stunden mit ihrem eigenen Lichte und ihrer Durchsichtigkeit, die schon an sich strahlend ist, hindurchhilft. Ich komme in allem gewaltig vorwärts und habe nur das Unglück dass mir zuviel überquer einfällt, was gar nicht festzuhalten ist. Das herrliche glühend trockene Wetter thut mir überaus wol, und wenn ich auch das Morgenschwimmbad das mich auf die Dauer nervös und müde machte, aufgegeben habe, so hat Monsagrati doch Reize die Fülle, wie kein ehemaliges Haus sie aufwies. Um 6 Uhr früh im Pyjama und Pantoffeln zwischen meinen Blumenbeeten spazieren ist nichts Übles. Die Zwiebeln die Du so hoffnungslos ansahest, blühen herrlich, die grosse rosenrote Amaryllis ist schon dahin, jetzt strahlt die Antholyza mit drei hohen purpurbraunen Rispen, die Eucharis mit ihrer Riesennarzisse, die Eucomis mit ihren wundersamen von einem Blattschopfe gekrönten Blütenkolben und fast alles andere setzt zum Flor an. Die Stauden blühen zum Teile schon im ersten Jahre, Pentstemon voller Knospen, Rittersporn und Lychnis in voller Blüte, im März gesäte Federnelken und Chineserprimeln im Flor. Es ist eine Pracht, und die Balkonlaube in der jetzt die juwelenhaft glühenden Blutsterne der indischen Fliederwinde zwischen englischer Sweetpeas, Kapuzinern, Maurandien und Cobaen vorstechen, wird annähernd was wir uns gedacht haben.

Nun verschiebe den angekündigten Brief nicht gar zu lang. Meine Frau grüsst herzlich

Dein RBdt

127 RUDOLF ALEXANDER SCHRÖDER AN RUDOLF BORCHARDT

[Briefkopf: Bremen
Schwachhauser Chaussee 365]
4. August 1913

Mein lieber Rudolf,

Deine Zeilen sollen gleich beantwortet werden, da ich eine müssige Stunde habe; & zwar will ich Dir gleich auf Deine Bemerkungen bez. der Gedichte erwidern. Natürlich – & das ist ja immer das lächerliche, sodaß ich mich fast geniere, es Dir zu schreiben – ist das empfundnere und mir näher stehende, das Alcäische, dem Du so wenig abgewinnen kannst. Es ist aus dem Erleben heraus, in einem Zug hingeschrieben; und ich muß, um der Wahrheit die Ehre zu geben, Dir gestehen, daß ich trotz Deiner Kritik dies Gedicht für eine meiner rundesten und reinsten Hervorbringungen halte. Laß Dich bitte durch dieses offene Eingeständnis nicht davon abhalten mir für spätere Fälle Deine Meinung ohne Umschweife zu sagen. Es ist ja nicht so sehr das Einzelne des einzelnen Falles sondern das drum & dran, was derartige

Erörterungen zwischen Freunden so unendlich nutzbringend & förderlich macht. – Zu den Asklepiadeen hat mir Dein Interesse erst ein wirkliches Verhältnis gegeben, & Du hast überall den Finger auf Punkte gelegt, die auch mir zu Bedenken Anlaß geben, wobei mir schließlich das bisher Erreichte das Beste schien.

»Schlummerbetäubt« ist eigentlich residuum eines früheren »Zustandes«, in dem die erste Strophe des Gedichts ganz & gar parallel gestaltet war und es hieß »wach ich über den Tag schlummergeneigt...«. Das sollte dies »schlummerbetäubt« noch mehr aufnehmen. Wenn ich jetzt dreimal in dem Vers »ruhte« hätte, so würde das glaub ich maneriert wirken, zumal der wiederholten verba schon genug in dem Gedicht sind. – Was das »harrt« anbetrifft, so ist das Zuständliche allerdings eigentlich umgekehrt concipiert, wie Du es annimmst. Die Gegenwart ist das Wirkliche & die Vergangenheit spielt nur für einen Moment hinein. In Prosa würde der Sinn lauten: Sie lockt mich noch immer unter des Baumes Schatten, wie sie mich damals lockte, und (wenigstens hoffe ich das sehr!) harrt mein im Federbett. Daher dann das »Genug«, das diesen Betrachtungen ein Ziel setzt, doppelsinnig auch meine momentane Genügsamkeit ausdrückend. Vielleicht erscheint Dir unter solchem Aspekt die jetzige Fassung begründet genug, um sie zu billigen. Verständlich im banaleren Sinne des Wortes kann solch ein Rauschprodukt ja nie sein.

Deinem Herakles, mein teurer Freund, wünsche ich eine recht strophen- oder verse-reiche Ruhe, ich kann mir herrliches darunter vorstellen. Mache nur, mache nur, was Du kannst, erleichtere Dir Dein Leben, so sehr Du kannst. Epochen, wie Deine gegenwärtige dürfen nicht eine Trümmerstätte von Fragmenten zurücklassen. Nochmals, wende Dich an mich, wenn ich Dir irgend wie oder wo behilflich sein kann.

Unsre Landschaft, der Du ein so freundliches Erinnern wahrst, genieße ich jetzt sehr abwechselnd auf den Landgütern meiner Freunde zu Gast, sodaß ich tagsüber zu Hause arbeite & die Abend- & Frühmorgenstunden in den schönen großen Gärten bin, wir machen schöne Fahrten auf den Flüssen, gegen die breite Strommündung hin, wo die Marschendörfer hinter den hohen, grünen Deichen liegen, & ins Land hinein, ein stiller & sanfter Genuß. Hier wird jetzt endlich der Roggen eingefahren, eine reiche, *noch* unverdorbene Ernte. Merkwürdig, dieses regenvolle Land, wo der Bauer seine Ernten alle hereinstehlen muß; denn grade in die Zeit der Heu- und Roggenernte fallen hier die schwersten & dauerndsten Regenperioden – eigentlich Jahr für Jahr.

Mich erschüttert jetzt immer der Gedanke, wie es eigentlich das Unbefriedigte des Lebens, das Mangelhafte, das Unglück ist, was uns über uns hinausreisst und einen transzendentalen Sinn des Lebens zum Erfordernis und zwar zum verbürgten Erfordernis macht. Wäre alles so, wie es eben sein »könnte«, so stürben wir wie die Blumen ab, ohne nach Gott weiter viel zu fragen. So schwankt das Lebende von einem Pol zum andern hinübergezogen und wieder zurück & steigt in solchem Schwanken unmerklich höher, ein Vorgang, den jedes Gewächs Dir in rührender Einfalt versinnbildlicht: es wächst spiralisch und strebt durchweg nach Symmetrie.

Eine gute Freundin von mir, die Malerin Anna Plate, von der ich Euch m. W. nie gesprochen habe ist auch wieder in den heimischen Gewässern eingelaufen & wohnt derzeit bei Adele Wolde, bei der ich auch jetzt für ein paar Tage nächtige. Sie ist eine sehr ernste Künstlerin von viel Talent und ein prächtiger Mensch, & wohnt für gewöhnlich mit einer Freundin zusammen in Loschwitz bei Dresden. Ich denke mir, falls Deine liebe Frau wirklich nach Dresden gehen sollte, würde sie an ihr eine Stütze haben. Jedenfalls denkt daran, wenn es soweit sein würde. Ich halte sehr viel von der Anna Plate, sie ist klug und herzhaft und ich bin überzeugt, sie würde was für Deine Frau sein.

Der unselige Burte hat mir ein schauderhaftes Sonett gesandt, daß ich Dir durch die brave Dora abtippen lasse. Die Gesinnung ist ja rührend & hat mich auch gerührt. Aber was soll man auf solchen Unsinn antworten? Ausgerechnet ich! Wenn der Mann nur wüßte, was für'n verfressenes Fettschwein ich bin. – – Na, Du buhlst schon wieder mit Franz Blei, Du altes – – –! Ich kann nur sagen: »es sei«; & gebe Gott, daß der »Schwabach« für Dich ein goldführendes Gewässer sei und nicht durch irgendwelche Schlammflut deinen »Wannsee« verunreinige. Nun ade, ich darf nicht mehr schwätzen, obwohl ich gerade im Augenblick anfange mich intelligenter zu fühlen. Zuweilen ist man doch dümmer, als man es für möglich halten sollte. Aber ich richte im Moment einen Salon für 40 000 M. ein, dies ist an sich schon idiotisch. Den Aufsatz von Pauli schicke ich Dir, damit Du ihm ein gutes Wort schreibst; er ist ein rührender & reiner Mensch; das andere – nun, ja.

Viele Grüße an Dich & Deine Frau & die Agapanthus und sonstigen unaussprechlichen Pflanzlichkeiten. Und an Emma!!!!

Rudi

[Beilage]
           An Rudolf Alexander Schröder

In Thränen las ich Deine deutschen Oden,
Es war ein Weh darin, das mich bezwang,
Ein Wehen, ein vernommen Lebens Sang,
Es schlief, Du wirfst es auf, im heilgen Boden.

Gar manchen Versen lausch ich, manchem Sang
Von Herrn im Fracke fein, von Kerln in Loden,
Sie dienten dem Moment und seinen Moden
Du aber singst den ewigen alten Mutterklang.

Sie meiden aus in rechter Macherschläue
Dem Dreiklang welcher über alle geht
Dem Lied des Landes, Blutes und der Treue,

Erneue Du die alte Mannentreue
In unbeirrtem Liede stark und stet!
Wir danken Dir, Germaniens reinstem Sohne!

Willingen auf dem badischen Schwarzwald 26. Juli 1913

128 RUDOLF BORCHARDT AN RUDOLF ALEXANDER SCHRÖDER

[Briefkopf: Villa Mansi
Monsagrati Lucca]
7 August 13

Mein Lieber

Das Tempo unserer Correspondenz wird zwar schon das einem Liebespaare angemessene, aber heut habe ich nur ein halbgeschäftliches Wort. Du scheinst als Du schriebst noch nicht gewusst zu haben, dass Wiegand seinen hiesigen Besuch wegen dringender Heimkehrgründe abtelegraphiert hat, und ich ihm dagegen brieflich unter Darlegung zwingender Umstände und Wünschbarkeiten eine Conferenz in München vorgeschlagen habe auf der Hesperus, Pressedruckproben und d$^{o.}$ technische Fragen, schliesslich Angelegenheiten das Programm der Publikationen betreffend erörtert werden sollen. Er nimmt soeben telegraphisch hocherfreut an, wünscht aber Verschiebung auf Ende August, was ich lebhaft bedauernd gleichzeitig telegraphisch ablehnen muss, da nur gerade die von mir angegebenen Tage zwischen meine Arbeitsphasen ohne grösste Störung einzuschalten sind. – Wie unbedingt nötig es ist, dass für die briefliche Erörterung einer Fülle von Détailfragen durch Besprechung ein Grund gelegt wird, der mit Hin und Herschreiben gar nicht zu schaffen ist, leuchtet Dir ohne weiteres ein. Dich aber frage ich, ob nicht Deine Mitanwesenheit für einen Tag – länger bin auch ich nicht abkömmlich, – sich ermöglichen lässt, und ob nicht vielleicht auch Lutz Wolde, der ja wol schon für mondänere Anlässe in einen Schnellzug gestiegen ist, »von der Partie« sein kann. *Du* bist mir genau gesagt fast unentbehrlich dabei, *er* wäre eine sehr schöne moderierende Beigabe zum Sozius, und ich komme so selten nach Deutschland. Er hat auch wiederholt in einem solchen Sinne bei mir angefragt, und so meine ich solltest Du ihm einfach sagen, dass ich mich besonders freuen würde ihn zu sehen.

Ich habe zwar Wiegand telegraphiert ich müsste wenn er im angegebenen Zeitraum unabkömmlich wäre, geradezu nach Bremen kommen; ich hoffe aber das wird als das empfunden werden was es ist, leise Pression, und nicht Intention, denn ich habe zu so weiten Reisen weder Lust noch Zeit noch Geld und würde von meiner Route die nur die festen Punkte München und Badenbaden hat zu weit abgelenkt. Dies sage ich Dir, damit Du mich darin unterstützest und davor bewahrst beim Worte genommen zu werden.

Jedenfalls lass Dirs sehr durch den Kopf gehen und prüfe *jeden* Gegengrund 1000 Mal daraufhin ab, ob er wirklich das Vergnügen und den Nutzen eines gemeinschaftlichen Beredungstages aufzuwiegen im Stande ist. Wiegand in allen Ehren, aber so weit reisen um nur in diesen bei besten Intentionen sauren Apfel zu beissen –

Und jetzt Adieu. Es ist spät und ich habe Verdruss aller Art gehabt der mich nicht schreibeselig stimmt. Deine Freundin Sandrina hat heut meiner Frau kurzab gekündigt: es wäre ihr hier oben doch zu einsam. Da wir es haben kommen sehen und uns nie Illusionen darüber gemacht haben, dass vier Jahre Wohlthaten jeder erdenklichen Art in dieser Menschensphäre gegen den ersten scheinbaren grössern Vorteil oder auch nur eine lockende Caprice kaltblütig geopfert werden würden, so sind wir zwar nicht tragisch und timonisch gestimmt, können aber die Unbequemlichkeit nicht leugnen. Deiner andern Freundin Emma, deren Popokatepetl augenscheinlich noch immer mit seinen schön und kühn gewölbten Kurven Deinen seelischen Horizont beherrscht werde ich nicht ermangeln, diese Thatsache in Form eines Grusses anschaulich zu demonstrieren. – Das Sonnet von Burte ist durchaus jene Abart von imbeciler Blähung, durch die er sich von allgemeinen deutsch-imbecilen und deutsch geblähten unterscheidet; der herzliche Knote, aufgeblasen und dummlich. Dass ein Mensch nicht rot wird, solche Dokumente hirnloser Wichtigthuerei Künstlern vorzulegen die er zu verehren meint!

Pauli habe ich noch nicht gelesen.

Lebwol, Lieber, und hoffentlich auf Wiedersehen in wenig Tagen   Bdt

129 RUDOLF BORCHARDT AN RUDOLF ALEXANDER SCHRÖDER

[Briefkopf: Villa Mansi
Monsagrati Lucca]
6 Septbr 13

Mein Lieber

Kaum habe ich Dich mit den Weissen Blättern, Wannsee und Schwabach in Ruhe gelassen – weil man von irgendwoher ein anderes Ms. auftrieb und mich selber in Ruhe liess – und schon wieder muss ich Dich damit behelligen, weil man mich wirklich in die grösste Verlegenheit bringt, und ich Deiner Freundlichkeit noch am ehesten zutraue, dass sie mir eine Wiederholung des

Gezänkes mit den Süddeutschen Monatsheften erspart. Ich habe von Schwabach der persönlich an mich schrieb, 500 M. Honorar gefordert und umstandslos zugebilligt erhalten, ihm praeliminariter mitgeteilt die Umstände meines Aufenthaltes hier machten es mir zur Regel nur gegen Honorierung bei *Annahme* Manuscript zu vergeben, worauf er schrieb der Verlag sei zur sofortigen Zahlung angewiesen und der Verlag mir mitteilte er sende auf Anweisung Schwabachs fünfhundert Mark per Postanweisung an mich. Das ist drei Wochen her, ich habe im sicheren Vertrauen auf umgehenden Eingang der avisierten Sendung eine Summe die für meine Hausmiete bereit lag zur Deckung eines anderen offenen Postens verwandt und sitze nun, da auf Mitteilung: die avisierte Summe sei hier nicht eingegangen, bisher nichts als Druckbogen erfolgt ist, als der Gefoppte da. Die schnöde Münchener Erfahrung hat mich gelehrt, was bei einem scharfen Eintreiben herauskommt: Da dies Volk uns letzten Endes nur nach dem Beutel bewertet, wirft es uns in einem solchen Falle den geschuldeten Batzen mit Verachtung und Grossartigkeit vor die Füsse und »hat nichts mehr mit uns zu schaffen« – ich habe nun einmal das jämmerliche Gewerbe, vom Verkaufe meiner künstlerischen Arbeit zu existieren auf mich genommen und muss mit den Käufern, auch wenn sie nonchalante Zahler sind, »coulant« sein, wie man ja wol sagt, damit sie mich nicht als armen Schlucker traktieren und ein Haus weiter gehn. Also keinen neuen Krach. Ich bin auf folgenden Ausweg verfallen, der vielleicht dumm ist, aber alles andere was mir in meinem Verdrusse einfällt ist eher dümmer als gescheiter. Ich schreibe der Gesellschaft also, da ich verreiste, und bei wechselnden Adressen und hiesiger Postunsicherheit in allem was nachgesandte Werke betrifft, des Empfanges ihrer Sendung nicht sicher sein, bäte ich sie, den Betrag *Dir* auszuzahlen, indem Du unterrichtest seist, und für die Anweisung an mich Sorge tragen würdest. Obwohl ich nun annehme, dass dieser Wink genügen wird und man umgehend an Dich zahlt, so bitte ich Dich doch um die hoffentlich nicht ungelegen kommende Gefälligkeit, mir diese Forderung an den grossen Millionär und chevaleresken Zahler möglichst nach Eintreffen dieses Briefes schon privatim zu discontieren, und wenn die Sendung kommt sie für Dich selber einzuziehen. Sollte sie wider alles Erwarten länger ausbleiben so bitte ich Dich bis 22ten September um Nachricht. Ich bitte dann Wiegand, meinen am 1 Oktober fälligen Bezug um diese Summe zu kürzen und sie Dir einzuhändigen, da ich, wie Du Dir denken kannst, meine Schuld bei Dir nicht vermehren sondern nur Deine Hilfe bei einer peinlichen Liquidierung in Anspruch nehmen will. Sei mir nicht gram über diese Botheration, die ich Dir gerne erspart hätte, wie ich wol wünschte dass sie mir erspart geblieben wäre. Es geht ja in der Regel schön glatt, nur manchmal kommt ein Zuck und erinnert mich daran, dass doch alles an Einem Faden hängt. Nun, der Winter macht hoffentlich dieser Hudelei ein Ende. Ich habe Dinge gemacht – –! Drei grosse Gedichte sind fertig, die Du kriegst sobald eine saubere Abschrift da ist. Dazu anderes, wovon ich gar nicht reden mag. Dies Jahr bringt wirklich die Ernte mit Haufen herein, aber allerdings müsste der Tag dreimal so lang sein, wenn ich alles machen sollte was ich machen *müsste*.

Nochmals lebewol und nimm mir mein Gradezu nicht schief, – ich kann nicht wieder drohen, telegraphieren, meine Dringlichkeit ins Treffen führen: mich ekelt davor! Und schuldig bleiben darf ich nicht, das dürfen nur Millionäre.

Dein R

1914

130 RUDOLF UND KAROLINE BORCHARDT
MIT DOROTHEA UND EBERHARD VON BODENHAUSEN
AN RUDOLF ALEXANDER SCHRÖDER

[Rosenheim, 9. Januar 1914]

Gelb wie dies ist unsre Galle
Weil wir mit gesamtem Tross
Schon vertauscht das schlanke Schloß
Mit des Bahnhofs schnoeder Halle.

RB.
Mädi
Lina B.
Eberhard

131 KAROLINE BORCHARDT AN RUDOLF ALEXANDER SCHRÖDER

München 22 Februar 1914
Franz-Josefstrasse 4/1

Lieber Schröder,
soeben höre ich von Frau Wiegand, daß Sie demnächst auf Reisen gehn, voraussichtlich also für Ihre Freunde verschollen sein werden, eine Eigenschaft, die Sie ja mit Rudolf teilen. Da er selbst ja auch jetzt häufig Adressen wechselt, gewiss aber sehr unglücklich wäre irgendwo an Ihnen vorbeizufahren, wollte ich Ihnen nur meinen Aufenthalt hier in München bekannt geben. Nebenbei nehme ich an daß Sie durch München kommen wer-

den, wohin immer Sie gehn, und daß Sie wissen wie sehr ich mich freue, wenn Sie mir in meiner Einsamkeit guten Tag sagen werden.

Ja, das ist aus all meinen schönen Plänen geworden! Rudolf hat mich so lang hier gehalten, bis es nicht mehr die Mühe gelohnt hätte irgendwo ganz fremd anzufangen. So arbeite ich jetzt hier, hause auch oben in der Atelierwohnung und bin dadurch verhältnismässig unabhängig. Irgend etwas wird schon dabei herauskommen, hoffe ich, hauptsächlich wenn ich einmal mit Ruhe bei der Arbeit sein kann. Momentan sind die Hälfte meiner Gedanken bei Rudolf, dems in Venedig nicht gut zu gehn scheint, und eh ich darüber nicht im Frieden bin, ist an Konzentration nicht zu denken. Wie gut wärs, wenn man bei einer solchen Trennung, die doch zur Selbsterhaltung notwendig ist, sein Herz irgendwo in Spiritus setzen könnte. –

Gehn Sie, da Sie scheints doch länger abwesend sein wollen, auch nach Italien? Bis dahin sind wir hoffentlich auch wieder drunten, wenigstens auf Ihrem Rückweg. Haben Sie noch einmal an die Möglichkeit gedacht wieder hinauf nach Sassi zu kommen? Sie brauchen keine Angst haben, daß Sie sich jetzt schon auf etwas festlegen müssen, aber es wäre ganz gut zu wissen ob man überhaupt damit rechnen kann.

Aber ich denke ja bestimmt Sie demnächst hier auftauchen zu sehen.

Einstweilen herzlichen Gruß und meine besten Wünsche, daß Ihnen nicht noch zu guterletzt wieder etwas in die Quer kommen möchte und Ihre Reisepläne vereiteln.

Treulichst Ihre   Lina Borchardt

132 RUDOLF BORCHARDT UND LUDWIG WOLDE
AN RUDOLF ALEXANDER SCHRÖDER

[Padua, 9. März 1914]
Lieber Rudi, Da wir weder mit Deinem Witze noch mit Deiner Muse den Wetteifer wagen, so sagen wir Dir in schlichter Prosa, dass wir Dich lieben, was Du zu erwidern aufgefordert bist.
Dein Bdt. und Lutz.

133 RUDOLF BORCHARDT AN RUDOLF ALEXANDER SCHRÖDER

[Briefkopf: Villa Mansi
Monsagrati Lucca]
1 Juni 14

Es ist wunderlich wie nun, da es gar so stille zwischen uns geworden ist, der Alte Fritz es sich angelegen sein lässt den Postillon d'Amour zwischen Dir und mir zu spielen. Ich habe die beiden letzten Bände gerade von Leeuwer [sic] erhalten, und sehe, da die ganze Reihe abgeschlossen vor mir steht, mit den alten herzlichen Gedanken, aber doch mit einiger Wehmut, auf Dein stattliches Geschenk. Lass irgend wann einmal, wenn Dir danach zu Mut ist, den Geber zu der Gabe treten, die nun fast zu sehr von nirgend her und von keinem her zu mir geschwebt kommt.

Ich selber habe gar nichts zu sagen; wie das Pferd das nach allzu wilden Sätzen den Kandarenbügel quer über die Zunge trägt, den Schritt gehen muss, den der strenge Reiter von ihm fordert, und nicht rechts nicht links sehen darf. Ich darf nicht einmal sagen es gehe mir übel, denn was mir geschieht wird wol ein Mal sein Gutes haben, und ich wollte nur der Tag wäre da, an dem ich es einsehen kann. Ich bin nun doch so weit, dass nur das Absurde, oder was mir noch so erscheint, mich quält.

Auch von Arbeiten ist nicht viel zu berichten. Eine Einleitung zu den Reden, die Wolff druckt habe ich geschrieben, aber sie schmeckt mir selber bitter. Dazu drängt mir Reinhardt den Lassalle heraus, und thut recht daran, denn ohne äusseren Druck zum Produzieren und Abschliessen würde bei meiner jetzigen Schwere und Tonlosigkeit nur das Geschäftliche gethan, das so wie ich es treibe und treiben muss, auch an sich volle Arbeitstage macht.

Freilich, – der Segen kommt von oben. Möchte er Dir inzwischen nicht ausgeblieben sein. Unser Haus grüsst Dich, und ich sage für heut Dank und Lebewol.

Bdt

Der Brief ist liegen geblieben, und ich füge einen Gruss hinzu, eh ich ihn zur Post gebe. Ich wollte es würde mehr als ein Gruss, aber mein Mitteilungsvermögen ist wie geschlagen. Vorgestern ist meine alte Freundin Therese Leo, die in allem ausser dass sie mich geboren hätte an mir gethan hat wie Mütter Kindern thun, unter finstern Umständen gestorben, die mich auf ein freiwillig stoisches Ende schliessen lassen. Ihr Alter nahm ihr mit immer neuen Plagen täglich einen Bissen lebendiger Güter weg, und war seit ihre einzige Schwester und Lebensgenossin hoffnungslos hinzusiechen begonnen hatte kaum weniger als verzweifelt zu nennen. Besondere Umstände treten hinzu, um mich zu erschüttern und mir das Innere bloss zu legen – ich habe gestern Nacht meiner Mutter geschrieben und ihr verziehen; vor dem Gedanken an unwiderrufliche Gräber legt sich der Zorn still zu Boden und nichts als der Jammer über die allgemeine Blindheit und Schwäche der armen Menschen bleibt in der Seele. – Ich will Dich nicht verdüstern und schliesse mit der Erinnerung dass ich Dich vorgestern früh vor einem Jahre in der schönen Bauernlaube in Castelnuovo heiter und lachend sitzen fand, und dann durch den heissen Wald in die Kühle unserer Steinhalle mithinaufnahm. Es waren schöne Tage und ihres gleichen muss wiederkehren, damit man sich an einander hält und das Flüchtige, der grosse Feind der uns umgiebt, in unserer Nähe dem Dauernden weicht; denn dem gehören wir, ich, und Du mein lieber Freund. Ich will nicht weich werden aber solche Verluste machen uns den Besitz, den wir vorher für unschätzbar hielten, noch teurer.

Bdt

134 RUDOLF BORCHARDT AN RUDOLF ALEXANDER SCHRÖDER

[Villa Mansi Monsagrati Lucca,
10. August 1914]

Da ich hoere dass wieder Post nach D. geht sende ich Dir dies in dringendster Hoffnung dass es Dich erreicht, und offen, weil Briefe vielleicht eröffnet werden und länger gehen. Sage mir, ich bitte Dich inständigst, ein Wort über Dich und die Freunde, Hugo, Alfr., die Bremer, wo sie stehen, und über Dich, ob Du aktiv bist, und wo. Ich selber war beim Liv. Konsul, habe mich als Freiw. gestellt, komme hoffentlich – die röm. Botsch. entscheidet – zur Landwehr nach Königsberg. Lina geht sicher mit nach D., wird vielleicht Pflegerin. Ich sage nichts von unserer furchtbaren

Spannung und Stimmung, nichts von dem Blicke, den ich auf allem diesem Ungeheuren habe, Du kennst ihn, denn Du kennst mich. Die wenigen sichern Nachrichten, die wir hier unter dem unbrauchbaren Wuste haben, sind nicht ungünstig, lösen aber noch kein Sandkorn von dem Gewichte auf meinem Herzen. Denke Du nun, dass wir uns vielleicht nicht mehr sehen, und sage mir, dass Du mir über das Irdische verbunden bleibst, durch ein kurzes Wort der Nachricht, auf das ich mit Sehnsucht harre.
RB.

135 RUDOLF ALEXANDER SCHRÖDER AN RUDOLF BORCHARDT

Wangerooge [vor 7. September 1914]
Mein lieber guter Rudolf, Deine Zeilen erreichten mich hier an meinem Bestimmungsort mit enormer Verspätung. Ich sandte Dir am Tage meines Eintritts (1. August) eine Karte. Wir sind hier in einer Art Vorposten für die Küstenverteidigung, speciell Wilhelmshaven. Vorläufig geht es uns glänzend, bin Telephonordonnanz & kann in meiner Freizeit Homer übersetzen. Alles andere sprechen wir nicht aus, es ist zu viel, zu schrecklich und zu groß. Nur eins: Wer hatte wohl Recht mit den Engländern? Das ist das Böseste, was die Weltgeschichte zu verzeichnen hat. Gott wird uns helfen, dessen sind wir gewiß; aber die Opfer die er fordern wird, werden ungeheuere sein. Wir beiden, lieber Freund, gewiß das bleibt!! Aber jetzt heißt es »Vaterland« und nichts andres. Hoffentlich erreicht Euch diese Karte irgendwann & irgendwo.

Tausend Herzensgrüße an Dich & Deine liebe Frau,
Rudi

[Auf der Vorderseite unter einer Gruppenaufnahme]: x das bin ich xx das ist mein Kleidersack.

136 RUDOLF BORCHARDT AN RUDOLF ALEXANDER SCHRÖDER

[Villa Mansi Monsagrati Lucca,
11. September 1914]

Heut kam Deine Karte und hat mich glücklich gemacht; wir leben schlimme Tage, im ausgeräumten Hause neben Stapeln gepackter Kisten auf das Einberufungszeichen wartend, das nicht kommen will. Zuerst schien es sich nur um Tage zu handeln, seitdem schweigt das Consulat, und man ist verurteilt, täglich die wenigen deutschen Nachrichten aus dem giftigen Lügengekröse herauszuklauben, mit dem dies Gesindel hier, ohne irgend welchen Unterschied der Parteien, seine Zeitungen anfüllt. Als ich das alles voraussagte hiess ich antipatriotisch, heut sind meine schlimmsten Warnungen übertroffen, denn nur weil man bei der herrschenden ökonomischen Misere nichts noch irgend wie unsicheres riskieren darf, hat man uns vorläufig noch nicht überfallen; aber die wilde Hetze dauert an, durch alle tintenklexenden Rhetorosophisten unterstützt, und die öffentliche Eitelkeit, die es nicht verwinden kann, durch die nominelle Dreibundszugehörigkeit auf der »schwächeren« und jedenfalls unpopuläreren Seite zu stehen, schlägt in Hass und Schadenfreude, Gott sei Dank bisher nur enttäuschte Schadenfreude, um. – So heisst es für uns »Sursum corda«, wenn auch [nicht eb]en »favete linguis«. Das eine darf man sagen, – gegenüber der unaussprechlichen Degeneration die sich im gegnerischen Lager zeigt, der Inferiorität, der Verlogenheit, der Heuchelei, der Ohnmacht, die, mit lauter Ohnmächten summiert, zu Macht zu kommen wähnt, ist der Blick auf die schreckliche deutsche Entschlossenheit ein Gottestrost, und gegenüber den ewig weiter gehenden Ränken das Gefühl dass die Entscheidung der Weltgeschicke heut ausschliesslich in den Händen des Grossen Generalstabes liegt, eine feste Aussicht auf den Sieg des Echten. Was die Opfer angeht – lass fahren dahin, sie habens kein Gewinn. Wir wollen alle gern wieder arm und still von vorn beginnen, wenn wir nur sicher sind, so schmähliche Jahre wie die letzten nicht mehr leben zu müssen. – Du Glücklicher dass Du mitten im Schwunge der Mitthätigen bist und das Ganze mit dem Volke hast leben können! Möchte auch meine Stunde bald schlagen. Wir geben Italien auf, und ziehn wenn Friede wird, nach Deutschland; wenn Friede wird und wenn wir den Krieg überdauern. Denn vorläufig denkt man nichts anderes als Deutschland und lässt sich selber dahinten. Ob Alfred noch lebt, und Hugo? Adieu mein Teurer. Alles Gute schütze und erhalte Dich, meine Frau schickt Dir Wünsche und Grüsse.

B.

137 RUDOLF BORCHARDT AN RUDOLF ALEXANDER SCHRÖDER

[Müllheim/Baden,
14. November 1914]

Ich thue seit 14 Tagen Dienst hier, als in der grenznächsten Garnison, leide vorläufig noch schwer unter den masslosen körperlichen Anstrengungen, hoffe aber mich zu kräftigen – muss es auch, da bis zum Abrücken nicht mehr viel Zeit ist. Schreib mir doch eine Zeile, Du machst mich glücklich.

Dein Bdt

Abs. RBorchardt Kriegsfreiwilliger
Rekrutendepot 1 E 142
Müllheim/B

138 RUDOLF ALEXANDER SCHRÖDER AN RUDOLF BORCHARDT

[Wangerooge, 15. November 1914]
Mein guter, lieber Rudolf. Welch eine Freude, ein paar Bleistiftszeilen von Deiner Hand zu sehen! Ich habe mich so um Deine Adresse gegrämt & war grade im Begriff ein ganzes Pack Gedichte an Deine Frau durch Vermittlung von Frau Dr. Wiegand zu schicken. Nun weiß ich doch, wo Du steckst! Bisher hatte ich nur ganz Ungefähres durch unsern armen sterbenden Heymel gehört. Ich hoffe, daß Euch noch eine möglichst lange Vorbereitungszeit gegönnt ist, ehe Ihr an die Front geht. Ich weiß aus meiner Rekrutenzeit und den ersten 3 Tagen dieses Feldzugs, wie furchtbar schwer die beständige ungewohnte Anstrengung fällt und möchte gern einen Teil auf mich nehmen; denn mir geht es hier viel zu gut. Wir hatten uns mit 3 Mann freiwillig für Wangerooge gemeldet und fuhren, mit trauernd ernstem Blick entlassen, quasi als »Todeskandidaten« ab, da man jeden Tag den Angriff der Engländer auf W'haven, für den Wangerooge eine Art von »verlorenem Posten« darstellt, erwartete. Na, daraus ist nichts geworden, & ich schreibe Dir das auch nur, damit Du nicht

denkst, ich habe mich gedrückt. Inzwischen habe ich versucht, nach Belgien zu kommen, aber vergeblich. Vielleicht wird doch noch mal was draus, obgleich ich mir immer sagen muß, daß ich nicht der bekannte Füselier Schulze bin, ohne den die »Schlacht nicht beginnen konnte«, sondern eher ein Hindernis für die Schlagkraft meiner Truppe darstellen würde. Na, das wird sich alles zeigen. Über den Krieg wollen wir nicht reden. Was uns allen jetzt not tut ist Ruhe und Zuversicht und das feste Gefühl davon, daß wir unter allen Umständen die Besseren sind & bleiben werden. Alles andere verwaltet Gott; & gegen den können wir & kann unsre Ungeduld nicht anstinken, so rabiat sie auch manchmal tut. Also, lieber Borchardt, haben wir uns lieb, so lieb, wie sich nur Menschen haben können, die für sich selber vom Schicksal nichts mehr begehren, und denen deshalb jeder geistige Besitz tausendfach näher, tausendfach reiner und sicherer geworden ist. Wer jetzt nicht die Gnade Gottes wirksam verspürt, der ist ein verlorener Mann, und so sehr ich Dir, liebster Freund, wünsche und für Dich bete, daß Dir die schrecklichsten Schrecken dieses Krieges erspart bleiben mögen, so sicher bin ich, daß Du auch in solchen Schrecknissen derselbe bleiben würdest, wie Du warst. Es mag das Menschenherz in Augenblicken verzagen und die Menschenkraft versagen, was hinter dem zugleich *in* uns und *über* uns lebt, bleibt davon unberührt. Ich habe wohl an keinen – den armen kranken Heymel ausgenommen – so viel und mit soviel Rührung & Sehnsucht gedacht wie an Dich. Hätten wir uns doch noch einmal die Hand reichen können, ehe wir beide von dem scheinbar so sicheren, dem Gefühl wenigstens so sicher vertrauten Grund unseres alten Lebens fortgerissen wurden und hinaustraten, mit Willen und Wunsch hinaustraten in die schleierlose Helligkeit und vor das enthüllte Antlitz der ewig wachen, ewig gleichen Gefahr! –

Ich sende Dir einen Correkturabzug meiner Kriegsgedichte. Was an solchem Treiben frivol ist, weiß ich selbst, aber viele brave Leute haben doch große Freude daran; und im Übrigen wirst Du es verstehen, wenn ich Dir diese Sachen auch jetzt schicke, wo Du ernsteres zu bedenken hast als solche Bänkelsängereien. Ich hoffe nun doch noch vielleicht durch Bethmann auf einen besseren Posten zu kommen, will mich hier noch mal auf Felddienstfähigkeit untersuchen lassen.

Lieber, guter Borchardt. Wir wollen an einander halten und, wenn uns Gott das Leben schenkt unserm mißhandelten Vaterland besser dienen als zuvor. Sag doch Herrn Burte einen schönen Gruß!

Nun lebe wohl! Wenn Deine liebe Frau noch bei Euch ist, grüße Sie recht herzlich. Ich schreibe ihr mal nach Wiegands.

Dein alter Rudi

139 RUDOLF BORCHARDT AN RUDOLF ALEXANDER SCHRÖDER

[Müllheim/Baden,
23. November 1914]

Meine Kunst ist leider spröder
Als die Deine, lieber Schroeder,
Die zum Schall der Schlachtenhörner
So wie weiland Theodor Körner

Ohne spürbare Ermattung
Lieder sprudelt jeder Gattung.
Leider bin ich sehr viel blöder
Oder dümmer, lieber Schroeder
Und was von Tyrtaei Feuer
Sonst mich füllte ungeheuer
Oder dann und wann geblitzt,
Wird heut täglich weggeschwitzt
Teils in mancherlei Allärmen
Teils in Schanzen Fechten »Schwärmen«
Welche Art von Schwärmerei
Einzig heut mir wohnet bei.
Mühsam und mit vielem Ächzen
Hab ich dies gereimte Krächzen
Meiner Muse abgerungen
Während Du vielleicht gesungen
Was den Sänger höchster Schlacht
Tiefverstimmt erbleichen macht.
Dieses hoff ich schickst Du mir
Wenn Dus brachtest zu Papier
Preisen will ichs, wills citieren
Immerdar im Munde führen
Denn Du weißt ich bin kein schnoeder
Kritikante, lieber Schroeder.
Was ein Freund von mir besung
Füllt mich mit Bewunderung
Und wenn *ich* die Saiten streiche
Hoff ich, thut man mir das Gleiche.

Am 5^(ten) spreche ich in Heidelberg über den Krieg, und –
nehme Abschied.
                              Kriegsfreiw. Borchardt
                        Dep 1 E 142 Müllheim/B.

140 RUDOLF ALEXANDER SCHRÖDER AN RUDOLF BORCHARDT

[Durchgestrichener Briefkopf: Bremen
Schwachhauser Chaussee 365]
Art. Maat d. Seewehr
Kommandantur Wangerooge
(leider) 26.11.14

Mein lieber, Guter, Deine erhabenen Reime haben mich mächtig erfreut. Ich sehe doch daraus, daß Du doch nicht ein Häuflein Gestöhnes & Geseufzes bist, sondern noch ruhige & gute Stunden hast. Wir hatten hier gestern die Hoffnung den Engländer zu sehn, Helgoland hat auch 2 ganze Schüsse abgegeben, dann aber hat sich die unüberwindliche Armada wieder nach Nordwesten rückwärts konzentriert, und wir sind zu unsern Kaffeetöpfen, Bierkrüglein und Grogkgläsern heimgekehrt. Traurig, aber wahr. Dieses Eiland wird den Lebens- & Kriegs-Versicherungen kaum nennenswerten Kummer machen, es sei denn, daß Dutzende hier durch Verzweiflung ins Delirium tremens & von da in's Elysium befördert würden. Aber, mein Höchstverehrter, Allerwertester, wenn ich Dir auch nicht meine mehr den lyrischen als den kriegerischen und Unterleibs-Organen förderliche Zwangssinecure zur Nachahmung empfehlen möchte, so möchte ich doch bitten, sei nicht unvernünftig und hüpfe nicht etwa dem kleinen Böcklein gleich auf den Schützengräben herum, wie Du es seinerzeit auf den Felsenschrofen des Kreuzgipfels machtest. Bedenke, was wir nach dem Friedensschluß alles zu tun haben, & sorge mit dafür, daß nicht alles, was bei uns Geistesleben markiert & im Nebenamt auch noch so'n bischen *Mann* ist, ausgerottet wird, & nur die verjährten Hosenscheißer à la Blay-Blei und ihre tombackenen oder dreckbackenen Concacatores und Subcacatores übrig bleiben. Es ist leider nach der Richtung hin schon Schreckliches zu buchen. Der junge Seckendorff, ein gradezu unheimlich begabtes Wesen, Maler, dem man noch vor ein paar Monaten alle Gaben der Zukunft außer dieser einen winken sah, ist der mir nahegehendste Fall. Es muß doch schrecklich sein, so *in* den Toren des Lebens umkehren zu müssen, fortgeschleudert an den dunklen Anfang einer neuen Bahn.

Alfreds Tod wirst Du inzwischen durch die Zeitung erfahren haben. Vor mir liegt das Telegramm, das mir sagt, er sei gestern Nacht sanft eingeschlafen. Ich freue mich ihn noch einmal gesehen & ihn durch meinen Besuch erfreut zu haben, und habe nun das Buch meiner Jugend endgültig zugemacht.

Mein Lieber, ich habe diese letzten Wochen jede Nacht von ihm geträumt, was bei mir fast nie vorkommt; und Du kannst Dir denken, was alles mir in diesem Augenblicke durch den Kopf schwirrt, von unsrer Knabenzeit an und den märchenhaften, unsinnigen Münchener Tagen bis jetzt. Welch ein Leben war das seine & zu einem gewissen Grade auch das meine. Was mich sehr erschüttert hat, war die ganz ungewöhnlich große & tiefe Zuneigung & Anhänglichkeit hauptsächlich der Freunde, die er sich in seinen letzten Berliner Jahren erworben hatte. Sein Krankenzimmer war zeitweise von Besuchern belagert. Meine Schwester Clärchen – selbst leidend – hat ihn die letzten Wochen gepflegt, auch Lina (die dunkle) war in Berlin. Ich denke mir, der liebe Junge wird hinter der Schwelle über die er nun ahnungslos – trotz aller schrecklichen Vorbereitungen – hinweggeglitten ist, mehr Frieden finden als er unter uns finden konnte und durfte. Ich glaube auch Du, lieber Borchardt, wirst seinen Tod als Verlust empfinden; es schlägt ein warmes Herz weniger in unsrer Mitte. Hätte ihn der Krieg in voller Gesundheit getroffen, so wäre er mit einem Male der Mann geworden, der er immer zu werden wünschte, seine besten und seine weniger gefesteten Eigenschaften wären ihm hier gleichermaßen dienlich gewesen. Er paßte für den Krieg als Mitwirkender; er war von Natur auf's Abenteuer gestellt, und die meisten seiner Fehlschläge erklären sich daher, daß er die Welt nur unter diesem Aspekt ansehen konnte und wollte. Wir wollen ihn lieb behalten. Ich kann mir nicht anders helfen; & ich glaube auch, Du wirst mich nicht auslachen, lieber Borchardt, wenn ich Dir sage, ich kann nicht glauben, daß dieser Abschied ein endgültiger ist. Alfred hatte noch so viel zu lernen & hätte noch gern soviel gelernt; & ist es nicht mit uns das Gleiche?

Von Hugo habe ich spärliche und traurige Zeilen. Es muß ja in Österreich & grade da, wo man es am wenigsten erwartet hätte, nämlich in gewissen höchstverantwortlichen Wiener Bureaux manch horrende Fäulnis zum Himmel stinken. Müller-Hofmann, der Maler, steht seit Ende August ständig im Kampf, bei Lille oder Ypern, hoffentlich bleibt *der* uns erhalten.

Mein Lieber, inzwischen habe ich das Telegramm erhalten, das mich zu der Trauerfeier am Sonnabend beruft & habe Urlaub erhalten, muß gleich noch packen & morgen früh wegfahren. Also lebe wohl. Die Nachricht heute von den 40 000 Russen tat wohl. Hoffentlich sind die gemeldeten neuen Verstärkungen nicht unüberwindlich, oder es bleibt uns wenigstens die Möglichkeit die Defension günstig zu regeln. Ich darf Dir aber doch verraten, mein Lieber, daß mir dieser Krieg entsetzlich ist, vor allem in dem, was er hinterlassen wird, nämlich ein Europa, aus dem der Geist völlig entwichen ist. Wir werden nicht mehr rechts & links ausschaun dürfen, sondern völlig auf uns angewiesen sein. Das klingt großartig & heroisch, ist aber trübselig, vor allem, weil wir auf Jahrzehnte hinaus nicht zum Atemholen kommen werden. Sei es drum. Wir werden es ertragen. Aber eine Thräne wird man doch der Zeit nachweinen dürfen, in der man noch nicht sah & wußte, bis zu welchem Grade dieser Continent heruntergekommen war. – Ich weiß Du verstehst mich, ich will nicht klagen & schwarz sehen; aber die Zukunft macht uns Grauen.

Es grüßt Dich herzlich mit allen guten Wünschen Dein

R.S.

Lass mir bitte ja zugehen, was über Deinen Heidelberger Vortrag erscheint!

1915

141 KAROLINE BORCHARDT AN RUDOLF ALEXANDER SCHRÖDER

Müllheim ⁱ/B Werderstr. 29
16. Februar 1915

Lieber Schröder, beifolgenden Brief von Rudolf, oder vielmehr dieses Fragment fand ich gestern beim Aufräumen. Wie alt er ist, werden Sie beim durchlesen merken, denn er ist wie immer prompt nach eintreffen [sic] Ihres Briefes geschrieben worden und leider ebenso wie immer liegen geblieben. Ich habe das Stück mit Rudolfs Einwilligung gelesen und schicke es Ihnen als ein Dokument seiner damaligen Stimmung, die Gott sei Dank jetzt längst einer andern und besseren Platz gemacht hat. Es war im Anfang furchtbar schwer für ihn den öden Drill in der flauen Kasernenstimmung mitzumachen, so fern vom Krieg und der Kriegsbegeisterung, die doch unser Lebenselement ausgemacht hatte, nur von morgens bis Abends geschunden und geplagt zu werden, immer Dinge tun zu müssen, die man längst kapiert hatte, und nie an das wirkliche zu kommen, was man doch wissen muss, um ein Soldat zu werden. Das hat sich dann ganz nach und nach gewandelt. Man roch an Kleinigkeiten, dass hinter diesem Musketier, der die gröbsten Dinge so schwer lernte, jemand steckte, der herauskam sobald an die Intelligenz irgend welche Anforderungen gestellt wurden. Dann wurde man noch von aussen her auf ihn gestupft durch den Vortrag, den er in Heidelberg gehalten hat und fing an ihn zur Instruktionsstunde zu verwenden, und als dann nach Weihnachten Baron Bodenhausen dem hiesigen Major einige Worte schrieb, gings immer besser. An Kaisers Geburtstag bekam er nach einem Vortrag, den er seiner Kompagnie halten mußte, feierlichst die Knöpfe überreicht; und von dem Moment an, wo er sich, wenn auch erst auf der untersten Stufe, als Vorgesetzter benehmen konnte, kam der alte lebendige Mensch wieder zum Vorschein, der sich in der hin und hergeschobenen Musketierspuppe vorher hatte verstecken müssen. Wegen »hervorragender Leistungen beim Gruppenschiessen« wurde er vor etwa zehn Tagen Unteroffizier und jetzt ist er so Soldat mit Leib und Seele, wie Sie ihn ja in anderen Dingen immer gekannt haben. Ich bin selig darüber, denn ich hatte immer das Gefühl daß, bei Rudolfs ganzer Stellung zu Deutschland, ihm diese Erfahrung gefehlt hatte. Wie Sie also leicht verstehen werden ist beiliegendes Dokument etwas, was jetzt der Geschichte angehört.

Seit Rudolf durch Hilfe des Arztes die Erlaubnis bekommen hat ausserhalb der Kaserne zu wohnen, bin ich sehr viel hier und versuche es ihm im Hause so gut wie möglich zu machen, denn der Dienst ist sehr streng. Der Major, mit dem wir fast täglich in einem kriegsbefreundeten Hause zusammen sind und der dort riesig nett mit uns ist, ist im Dienst alles andre eher als ein behaglicher Vorgesetzter. Es ist ja gut so; ehe er kam war das Bataillon sehr vernachlässigt und bei dem fast gänzlichen Fehlen von aktiven Ausbildungsoffizieren, wäre es nur zu wünschen, daß er, der wegen eines nervösen Zusammenbruchs vom Feld zurück mußte, möglichst lang hier bliebe. Ich glaube aber, daß er mit dem neuen Rekrutenbataillon, das dieser Tage aufgestellt wird, weg kommt.

Um ein Haar wäre Rudolf jetzt in diesem Moment im Zug und auf dem Weg nach Doeberitz zu einem Offizierskursus. Gestern mittag kam er heim und sagte er solle sich innerhalb einer Stunde entscheiden ob er zur Offiziersausbildung nach Doeberitz wolle, er sei dazu vorgeschlagen. Die Sache war zwischen uns beiden in zwei Minuten erledigt, denn wir sind beide der Ansicht, daß man jetzt alles blindlings tun soll, was von einem verlangt wird. Mit dieser Antwort ging er in die Kaserne und ich dachte nur noch dran ihn abends feldgrau wieder von dort zurückkommen zu sehen, als er plötzlich blau und rot und gelb wieder zurückkam mit dem Bescheid er bliebe einstweilen hier. Der Major hat ihm abgeraten zwischen all die blutjungen Burschen dorthin zu gehen und ihm gesagt, er könne seine zum Offiziersaspiranten nötige Ausbildung ebenso gut hier bekommen. Darob grosse Freude bei uns allen hier, besonders in seiner Compagnie, deren »Stern« er ist, wie ihn der Feldwebelleutnant gestern versicherte, die sind nämlich jetzt unbändig stolz auf ihn! Neulich kam ein Bataillonsbefehl heraus, daß sämtliche Kompagnien das Recht hätten den Unteroffizier Borchardt zum Halten von Vorträgen »anzufordern« und davon wird ausgiebigster Gebrauch gemacht. Er hat schon ein paarmal geredet, über die Ursachen und die Vorgeschichte des Kriegs, über die Lage im Westen und Osten etc. und sorgt auf seine Weise schönstens dafür, daß die Leute etwas wirklicher am Kriege interessiert werden, anstatt nur durch Griffe klopfen. Letzte Woche sprach er im Rathaus fürs Rote Kreuz über sein altes Thema, das er immer dachte einmal in seiner Heimat Königsberg ausführen zu können, – der Deutsche an seinen Grenzen – und das er jetzt durch komische Fügung plötzlich dem äußersten Westen anpassen musste.

Auf diesem Wege sind wir auch mit einer Bekannten von Ihnen zusammengekommen, die Sie herzlich grüssen lässt, Frau Geheimrat Hebting, die Frau des hiesigen Oberamtmanns, geborene Binswanger. Wir waren vergangenen Freitag bei ihnen zum Abend eingeladen und es war ein eigenartiges Gefühl für Rudolf, den dreckigen Musketier von zwei Monaten zuvor, der zwischen Kaliarbeitern aus Mühlhausen schlief und von den Vorgesetzten mit Du angeredet wurde, in der nämlichen Stadt an einem elegant gedeckten Tisch zu sitzen, eine elegante Dame zu Tisch zu führen und plötzlich wieder er selbst zu sein. Ausserhalb war er ja nie so sehr ein anderer geworden wie eben grad hier in Müllheim.

Dieses Nest mit seiner Umgebung ist übrigens so schön, daß wir uns schon ganz gut vorstellen könnten, wenn wir den Krieg überleben – man macht ja bei allen Gedanken davor erst eine lange Pause – einmal hier auf einem der Hügel an den schönen Südwesthängen des Schwarzwald ein Haus zu haben. Rudolf kommt immer ganz begeistert von dem italienähnlichen des hiesigen Landes zurück, von seinen Bergformen, seinen Wolkenbildungen, seinen Ausblicken auf die Ebene und seinem Klima. Vor vierzehn Tagen brachte er mir von einem Ausmarsch ein kleines Primelsträusschen heim, wild draussen gewachsene Primeln, denn in den Gärten ist alles voll von ihnen, von Aurikeln, Schneeglöckchen und Adonisröschen, aber wilde haben selbst mich in Erstaunen gesetzt, die ich doch meinem badischen Land schon immer alles erdenkliche Gute zugetraut hatte.

Von Italien ist wohl besser garnicht zu reden. Loda und Margherito schreiben recht deprimiert, und ich kann mir wohl vorstellen wie ein Offizier mit Ehrgefühl, wie Margherito es doch ist, der einen klaren Begriff von uns hat, sich für sein Land schämt. Wenn die Leute dort nicht mehr aus noch ein wissen, wie uns alle, mit denen wir dort in Briefverkehr stehen versichern, so ist das nicht zu verwundern. Ich bekam neulich einen Stoß Giornali d'Italia, um eine Artikelserie des Correspondenten, der sonst in Berlin, jetzt bei der Westarmee ist, zu lesen. Diese Aufsätze sind anständig, ehrlich und voll unerhörter Bewunderung für alles Deutsche geschrieben, nehmen sich aber in dem übrigen Kot der Zeitung höchst seltsam aus. Sie sind über die Zeit von Ende Oktober bis Ende Dezember verstreut, geben also ein Bild dessen, was man dort in jenen zwei Monaten lesen musste, und wovor einem tatsächlich die Haut schaudert. Wir und noch mehr die Oesterreicher werden dort noch immer geschlagen und die Verbündeten siegen noch immer, und wie uns Contessa Navasques noch gestern in einem Brief versichert stehen die Dinge heut noch auf dem nämlichen Fleck. Über das Land geht eine vollkommene neue Wahnsinnswelle und die Regierung ist in ihrem Gehenlassen von allem fast oder genau so verbrecherisch wie die amerikanische mit ihrem neuesten Erpressungsversuch. Schämt man sich nicht, dass man doch eigentlich zu der nämlichen Menschheit gehört wie all dies Gesindel?

Gel, Rudolf hat Ihnen auch noch nicht einmal für die Druckbogen Ihrer Gedichte gedankt, trotzdem er sie wundervoll findet und überall vorliest. Wir möchten nur wissen, ob der Band jetzt eigentlich erschienen ist, denn erstens möchten wir sie selbst haben und dann warten doch noch viele andere mit Spannung drauf. Sie thun einem so wohl in all dem Wust von Reimerei, den dieser Krieg produziert.

Daß Rudolf nicht schreibt, müssen Sie ihm nicht verübeln, er ist entsetzlich angestrengt. Jetzt ists 1 Uhr und er ist noch nicht daheim, während er um ¾7 heut früh schon fort ist. Wenn er heimkommt wirds knapp eine freie Stunde geben und dann wieder ununterbrochenen Dienst bis 7 oder 8 manchmal auch noch länger. Neulich wurde nachts ¼3 Uhr alarmiert, sie zogen aus und kamen in der nächsten Nacht um zwei wieder heim. –

Wenn Sie noch in Wangeroog sind, also auf einen Posten, wo Sie verhältnismäßige Ruhe haben, dann schreiben Sie bald einmal wieder ausführlich, Sie machen uns eine arg grosse Freude damit.

Sonntags, wenns irgend angeht, sind wir meist in Freiburg, wo eine liebe alte Freundin von mir uns verwöhnt, uns entzückend kleine diners, guten Kaffee und gute Cigaretten vorsetzt und Rudolf so die Möglichkeit giebt den ganzen Dienst auszuschalten.

Sollten Sie unterdessen wo anders hingekommen sein, geht dieser Brief Ihnen hoffentlich nach, und Sie lassen erst recht was von sich hören.

Alles was man sonst zu sagen hätte, unterläßt man lieber; man hat ja jeder dieselben Gedanken und Wünsche, und darüber hinaus, nur die Hoffnung auf ein Wiedersehn nachher.

Herzlichst Ihre   Lina Borchardt

Rudolfs jetzige Adresse ist: Unteroffizier R. B. 1 Comp. E 142

[Beilage]

RUDOLF BORCHARDT AN RUDOLF ALEXANDER SCHRÖDER

Depot 1 E 142 Müllheim ⁱ/B
[Nach 18. November 1914]

Dein Brief, mein Teuerster, hat mir nach vielen übelen Tagen einen guten gebracht, ich bin von Herzen froh wieder an Dich angeschlossen zu sein und bestimmtere Begriffe als bisher möglich war, mit Deinem Sein und Thun zu verbinden. Ich selber hatte nicht früher schreiben können, war wochenlang von der unmenschlichen Härte des Dienstes und der ebenso unmenschlichen Schmutzigkeit Pein und Dürre des Kasernenlebens halb gebrochen und verstumpft. Es ist in meinem Alter und nach Jahren gehobenen Lebens nicht mehr leicht, in diese Atmosphäre gleichgiltiger Entrechtung zu treten, mit Du und Kerl angeredet zu werden wie im Zuchthause, der stumme Dienstbote von Canaillen zu sein, die man sonst kaum um mit der Köchin zu charmuzieren in seine Küche gelassen hätte. Dass ich mich endlich daran gewöhnt habe und auch der Dienst heute mir, bis auf gewisse Kraftproben, leichter fällt, nehme ich als Beweis meiner glücklich erhaltenen jugendlichen Schnellkraft, und verrechne den noch verbleibenden Erdenrest mit Humor. Von dem Hohen und Höchsten um dessentwillen man freudig das Schwerste da es unvermeidlich ist trägt, mag ich hiebei nicht reden; erstlich weil an dem mir eigentlich Schweren – worunter ich nur Moralisches und nicht Körperliches verstehe – das meiste vermeidlich wäre wenn nicht Schinder und Hundeseelen im Unteroffiziersmateriale überwögen, dann und vor allem, weil ich mit den sittlichen

Antrieben die mich freiwillig in dies Joch gebracht haben nie einsamer gewesen bin, als gerade hier im Waffenrocke und in der Kaserne. Unter den Vorgesetzten herrscht der stumpfe kleinliche profitliche Geist des Friedensdrills mit Ducken nach oben und Stossen nach unten, unverändert durch die grosse Katastrophe der Welt, die jeder nur nach dem jeweiligen Plus und Minus mit faulem Munde in Nebenstunden beschwätzt. In der Truppe ist ein schlechter Geist. Nicht als würden sie nicht im Ernstfalle ordentliche Soldaten abgeben: sie sind es sogar jetzt im Sinne der rein äusseren Leistung, aber sie sind es als reine Landsknechte. Nicht nur an den Elsässern die allerdings den Hauptcontingent der Mannschaften stellen sondern auch an den Südbadensern selber kann man den moralischen Unsegen historischer Grenzprovinzen studieren. Sie sind in der Seele und der Willensregung nicht Streiter sondern Umstrittene, ein bangendes skeptisches kramsorgliches Drittes zwischen zwei Parteien, an deren keine sie durch ein wirklich unerbittliches unentbehrliches Lebensband sich geschlossen wissen. Das ist um so betrübender, da sie sonst schöne und wertvolle deutsche Eigenschaften haben: aber nur Eigenschaften der Rasse, nicht der Nation. Nur im äusserlichsten Sinne des Wortes hat dieser deutsche Südwesten eigentlich die Zeit seit 70 erlebt. Unter der Oberfläche heutigen Reichsdeutschentums lebt eine für uns längst überwundene ältere geschichtliche Schicht, die von 1830-50 friedlich weiter, kleinstaatlich – und darum scheu nach dem benachbarten Grossstaat Frankreichs hinübersehend – kleinbürgerlich kleinstädtisch, kleingeistig, kleinmütig, verdutzt und verdattert unter den plötzlich an sie gestellten Ansprüchen auf Menschengrösse, knurrend und stöhnend das Nötige verrichtend, jeden Verlust jeden Nachteil übertreibend und ausschliesslich mit ihm beschäftigt, jeden Gewinn und Grossthat mit dem Argument »dass Belfort ja noch nicht genommen sei«, vom Tische fegend und so oft als der Tag Stunden hat nach Frieden seufzend, irgend einen Frieden: nicht demjenigen der auch für uns das Ziel des Krieges ist und sein muss, dem positiven Ergebnisse, sondern nach dem rein negativen der es ermöglicht zum Weintrinken in der Gartenlaube zur Kaffeevisit und zum Schlafmützenphilisterium zurückzukehren, zur Familie und zur Freundschaft, den höchsten Menschen-Einheiten die ein solches Volk kennt. Sage ich hier mit einfachen Worten die Dinge die im ganzen übrigen Deutschland selbverständlich sind so wird der »Optimist« wenn man ihn überhaupt zu Ende reden lässt mit dem überlegenen Mitleid dessen nur die Ignoranz fähig ist, angehört, und der Wunsch seinen sicheren Glauben teilen zu können ist noch das Höchste wozu der Heldenmut sich aufschwingt. Und am Ende heisst es »Sie haben gut reden, aber der junge Müller von gegenüber ist ja gefallen, und der junge Meier um die Ecke herum hat den Arm verloren.« So bin ich wenn ich gegen die dumpfe Mühetätigkeit des Dienstes, vom Morgendunkel bis Mittag von Nachmittag bis in den Abend, ein inneres Gegengewicht finden will, ganz auf mein eigenes Inneres zurückgeworfen und muss ihm ständig von neuem den Aufschwung über den gequälten Körper und die niedergedrückte Seele zumuten.

Was mit mir wird weiss ich noch nicht. Ich hätte vor Tagen schon aus dem Rekrutendepot in die ErsatzCompanie übertreten können die in wenigen Wochen an die Front geht, konnte mir aber die damit verbundene Steigerung der körperlichen Ansprüche noch nicht zumuten. Die truppenärztliche Untersuchung hat auf meiner rechten Lunge einen Defekt ergeben, den ich zwar nicht ernst nehme, der mir aber bei Sturmläufen und dgl doch zu spürbar ist als dass ich nicht womöglich die normale Ausbildungs und Trainierungszeit, ohne bravourmässige Abkürzungen für mich in Anspruch nehmen sollte. Meine eigenen Gedanken über den Wert meiner Leistung könnte ich nicht ausdrücken ohne Deine eigenen Äusserungen zu umschreiben. Nichts könnte mir in einer Zeit in der das ganze Volk sich wagt, abscheulicher sein als ein gefahrloser Posten, aber gleich hinter einem solchen kommt für mich die Musketierexistenz, in der ich dem Vaterlande nur den allerschlechtesten, unter Umständen negativen Teil meiner Kräfte bringe und alle die, durch die ich ihm positive Dienste leisten könnte, brach liegen lassen muss. Die Vorgesetzten hier haben wol, obgleich sie sich aus meinem eigentlichen Wesen, Thätigkeit etc. kaum einen Vers machen können, irgendwie das dumpfe Gefühl, als wäre ich zu besserem brauchbar, aber ob sich daraus ein Avancement für mich entwickeln kann, dass mich um den drückendsten Teil meiner Lage erleichtern könnte, ist mehr als fraglich. Ein Offizier, der mich kürzlich ins Gespräch zog, weil ihm meine Patrouillenmeldung gelegentlich einer complicierteren Gefechtsübung aufgefallen war, riet mir, mein Licht ja nicht unter den Scheffel zu stellen, man brauchte solche Leute – Sprachkenntnisse etc – bei Stäben, Gouvernements etc., aber ich bin nie ungeschickter als wenn ich mich selber verwerten soll, und muss für eine Verbesserung meiner Aussichten mich auf den Zufall verlassen. Meine Verbindungen sind null; Bodenhausen, der mir sehr charmant geschrieben hat, werde ich in diesem Sinne antworten, doch ist mir nicht deutlich wie weit er Verbindungen hat und anstrengen kann. Unter uns versteht es sich ja wol von selber dass wir, nach fertiger Ausbildung, auf Offiziersposten gehören wie jeder Stabsarzt Zahlmeister etc, – um uns bescheiden einzuschätzen, – und nicht unter die Gemeinen; wie im friedlichen so im kriegerischen Leben sind wir durch blosse geistige Gewöhnung des Überblickens und Ordnens zum Führen bestimmt und nicht zum Getriebenwerden, und was mich betrifft, so hätte ich, wie sich hier wiederholentlich gezeigt hat, zum Militär an sich nicht ganz so schlechte Anlage wie zum Frontsoldaten. Letzteres anlangend muss ich allerdings Spasseshalber hinzufügen, dass ich gut schiesse – ohne früher je ein Gewehr von einer Ofenzange haben unterscheiden zu können – und infolge meiner drei Spiegel beim ersten Scharfschiessen von meinem Feldwebelleutnant vor versammelter Mannschaft auf dem Kasernenhofe eine Cigarre geschenkt bekommen habe. »Aber rauch se mit Verstand – 's isch eine Hawanna, wo Du noch nie in Deim Lebe geschmeckt hascht.« Ich roch sie nachher als mein Unteroffizier sie rauchte und konnte nur mit dem Dichter sagen: »Sie war in der Uckermark Gewachsen in einem bösen Jahr.«

Deine Worte, »der arme sterbende Heymel« sind mir durch und durch gegangen – wiewol ich ihn bei meinem Abschiede von Berlin in einem erschreckenden Zustande darniederliegend verliess, hat der Gedanke an die Möglichkeit seines wirklichen Verlustes mich doch kaum je gestreift, so sehr überwogen noch in meinem Vorstellungsbilde von ihm kräftige und ausdauernde

Züge. Der Unglückliche. Und wir Betrübten! Wie eitel und unbedeutend macht der Gedanke, dass sein frisches Leben unrettbar sein soll die Lappalien die man sonst wol ernsthaft an ihm aussetzte, und wie lebendig macht er das kräftige Gute das immer von ihm ausgegangen ist. Möchte dennoch in letzter Stunde noch ein Wunder – wie viele geschehen nicht täglich – ihn uns wiedergeben; Tod ist nun einmal ein Perfektum, und bei dem Praesens »er stirbt« und dem Futurum gar, »er wird sterben« hat noch so mancher den rettenden Weg vorbei gefunden. Verbergen kann ich mir allerdings nicht dass er da wie ein vom Leben erschöpfter hager und erloschen auf dem Bette lag, ohne eine Wunde oder Verstümmelung doch ein in den Punkt des Aufnehmens und Begehrens getroffener; schrecklich wunschlos und hinausstarrend dieser Mensch der sonst mit tausend Armen verlangte mit tausend Händen griff mit tausend Lippen küsste. Es erschütterte mich, ich umarmte ihn beim Abschiede, und bete nun darum dass es nicht der letzte gewesen sein möge.

Von mir selber versteht es sich, dass ich in den Krieg gehe als in die natürliche Lebens und Todesprobe auf alles was ich im Leben gethan gesagt und geschrieben habe und was ein Nichts wäre wenn ich nicht jederzeit, und heut mehr als jederzeit, bereit gewesen wäre dafür zu sterben. Ich habe nicht Meinungen gehabt sondern organische Überzeugungen, von denen meine ganze Constitution bedingt war und ist, habe nicht Möglichkeiten vor mir gesehen sondern Notwendigkeiten, meinen Beruf nicht als den von Tint und Feder angesehen, sondern als den von Feuer und Schwert. Es ist nicht das erste Mal, aber das höchste, dass ich mich auf dem Posten von dem ich nicht weg kann, in

Gottes Hände gebe, – nicht unverzagt, denn das ginge über Menschenkräfte, auch nicht unbesorgt, denn das ginge gegen meine Pflichten die mir Sorge vorschreiben – aber unerschüttert von der Lockung der schönen Welt. Ich sehe nach ihr nicht rückwärts wie der Lucrezische conviva satur – nur mit zehntausend zerrissenen Fäden bin ich ans andere Ufer gekommen, und will nicht prahlen und sagen sie schmerzten nicht. Aber ich halte nicht viel vom stoischen Opfer, um so mehr von dem leidenschaftlichen, das wenn es sein muss als umgekehrte Assia die Brust dem Stosse bietet und weiss »er schmerzt«. Ob ich wiederkehre ob nicht beschäftigt meine Gedanken kaum: thatsächlich bin ich nicht im Stande wenigstens seit ich im Heere bin, über den Krieg hinaus zu denken und zu planen. Vorher war zwischen meiner Frau und mir so viel fest abgesprochen, dass ich, aus offenliegenden Gründen, meinen Aufenthalt zunächst in Deutschland wieder stabilisiert hätte, und zwar in Bremen wo meine Arbeit zuhause ist, allenfalls in Berlin. Und dabei wird es im Falle meines Überlebens auch bleiben, nur dass alle daran geknüpfte Phantasie mir vorderhand blutlos und ohnmächtig bleibt. Ich bin, ganz abgesehen von meinem persönlichen ins nationale Ergehen hineingerissene von ihm untrennbare Geschick in einer Art historischer Trunkenheit gegenüber dem alles Dagewesene übertreffenden Vorgange, dem Untergange des alten autonomen Europas und seiner kulturellen Übernahme durch das Deutsche Imperium. Denn dass es sich um dies und nichts anderes handeln kann, wirst Du nicht mehr als ich bezweifeln. In gigantischen Zügen wiederholt sich noch einmal eine alte weltgeschichtliche Curve, die Exautorisierung des einheitlich mediterranen Culturgebietes

– des punisch-aegyptisch-kleinasiatisch-makedonisch-epirotisch-hellenischen durch den unter Rom geführten italischen Bundesstaat. Wieder wie damals ist es der Kampf eines Ordnungsprinzipes gegen verwahrlosenden Demos, der Kampf bitterer Pflichttreue gegen jede Lüge und jeden Taumel der Hölle. Über den Ausgang können Zweifel nicht bestehen. Aber erleben möchte [ich] ihn – so gehoben in der blossen denkenden Vorausnahme ich den heldenhaften Aufstieg meines Volkstumes geniesse.

Ja, liebster Rudi, behalte mich so lieb als ich weissgott Dich habe und immer hatte, und lass uns das entgangene Lebewohl dadurch ersetzen, dass wir in der verbleibenden Frist einander noch halten. Du bist wenn ich nicht wiederkomme, der Verwalter meines Nachlasses und mein Testamentvollstrecker, und wirst darüber, ehe ich zur Front abgehe, noch genauere Instruktionen bekommen. Aber auch davon abgesehen, viel ist noch zu sagen, und lieb zu hören. Nous sommes tous des condamnés à mort avec des sursis infinis – hat Victor Hugo gesagt und an der Schwelle über die wir beide getreten sind, schwinden die Fristen reissend schnell zusammen. Lass sie uns nutzen, und bis ins Bitterste hinein Brüder bleiben. Sage mir doch jedenfalls Hugos militärische Adresse. Irgendwie habe ich gehört, er sei beim Kriegsministerium in Wien, die Nachricht war aber unsicher. Gerty habe ich vor dem Weggehen aus Italien einen Gruss für ihn geschickt. – Seine Verse in den Bogen die Du schickst, sind nicht glücklich, – die Deinen, die ich teilweise schon aus Zeitungsveröffentlichungen kannte, grossenteils vortrefflich, manchmal von reinster Grösse, und durchweg von einer edelsten Volksmässigkeit, die den Begriff des Volks so hoch und rein nimmt, dass sie nie zu dem was Pöbel populär nennt hinabzusteigen braucht. Sehr schön der »Reitertod«, wundervoll die »Mahnung zur Geduld«, dann die »Fragen und die Antworten« auf der Höhe des Höchsten was unsere Poesie in dieser Art hat. Locker und improvisiert, auch formelhaft dürfen solche Produkte getrost sein, es liegt in ihrer Art der jeweiligen Gelegenheit genügen zu müssen ehe schon wieder neue Gelegenheit neue Produkte fordert, und dabei muss hingenommen werden, dass nicht jeder Vers und auch nicht jedes Gedicht die Aktualität überdauert. Wie viele für immer bleiben, darüber entscheidet Grösse des Anlasses und Ganzheit der Inspiration durch ihn, wie bei den schönsten Sachen der Freiheitskriege. Aber bei Dir wird der Prozentsatz ein beträchtlicher sein, und so entschuldige nicht länger ohne Not das was Du Bänkelsängerei nennst. Der Ausdruck ist gerade auf die grosse Balladenpoesie des 17 Jahrh. gemünzt worden die wir heute wieder lieben, und zwar von klassizistischen Philistern, deren Oden Scharteken heut Moder sind. Von der Jahrmarktsbank in eine Volksmenge hinein gesungen werden ist das schlechteste nicht, und von aller Verselei die der Krieg produziert hat wüsste ich kein Stück dieser Ehre wert. Die Poesie ist schändlich. Phrase und Convention wüten. Die Dehmelschen Chosen die Heymel mir ans Herz legte finde ich fast durchweg inferior bis zum Unbegreiflichen. Ich selber fühle mich stumm und nur zu Denken Durchdenken und Wiederdenken aufgelegt. Du weisst ich vermag mir nichts abzuzwingen und darf nur entweder auf blitzartiges Reagieren oder einen abgeschlossenen Zustand des Inneren gestalten. Von Beidem ist die Rede nicht und so bleibe ich vorderhand abseits.

142 RUDOLF BORCHARDT AN RUDOLF ALEXANDER SCHRÖDER

29 Werderstrasse
Müllheim ^{i}/B 26 Sept 15

Mein Lieber

unzählige Mal ist der Gedanke an Dich abgeflossen ohne endlich in die Feder zu fliessen – dass er zum tausendundersten Male einmal ein Brief wird, haben hoffentlich gute Mächte gefügt, die mir auch Deine Antwort zudenken. Ich habe nur diesen Bogen und nicht viel Zeit. Da muss ich alles was ich nach so langer Zeit zu melden habe, knapp zusammendenken.

Von mir, dem gleichgiltigsten und farbelosesten Gegenstande dieses Briefs, das wenigste in Kürze. Im Februar hier Unteroffizier geworden, für einen Offizierskurs gespart, endlich in einen gekommen, Ende Juni aus dem Sennelager kurz vor der Beförderung, zu der ich an erster Stelle eingegeben war, auf Grund eines Kriegsminist.-Machtgebots, das alle noch nicht 3 Monate im Feld gewesenen Aspiranten abzuschieben befahl, heimgesandt. Seither da keine Uffz. mehr ins Feld verlangt, da alle Verwendungen wolmeinender Freunde – Bodenhausen etc. fruchtlos bleiben, hier in der ödesten und widrigsten Korporalsphäre Rekruten ausbildend, wegschickend, neu ausbildend, Zeit verthuend, hin und her geschoben, hockend, fluchend, stumpfend –

Basta. Jetzt etwas von Dir. Von Frl. Binswanger die zum Besuche ihrer Schwester hier war, weiss ich ungefähres, bin auf genaueres begieriger als ich sagen kann. ad 1. Deine Vorstellung und Ansicht des neuen belgischen Zustands. ad II. Deine Thätigkeit. ad 3. Ist Hugo da oder zu erwarten? Er schrieb mir vor Wochen, recht aus der Liebe und dem grossen Herzen heraus, und erwähnte da die Möglichkeit, Mitte Sept dem österr. Sekretariate beim Gouvernement attachiert zu werden; wollte auch über Müllh. kommen. Wie es mich gefreut hätte, in dieser Knechtschaft, diesem Leutestuben Schmutze! ad IV. Menschen, Dinge, Sachen, Leben, der Vorgang!

Meine Rede ist wie der Stein im Sumpfe. Mit Ausnahme der Besprechungen des guten Hartlaub – kennst Du sie nicht so schicke ich sie Dir – die auch mehr wolgemeint gebläht als sachgemäss ist, keine saubere Gegenäusserung. Drei, vier halb räudige Presseköter haben sie beschnüffelt wie einen neuen Eckstein, und sind nach Vermerkung eines kurz-schiefen kritischen Strählchens hundsmässig weiter gerannt. Der von Eitelkeit halb blödsinnige Stein, durch Bodenhausen gezwungen, hat mich durch eine dumme Spalte in der B.Z. halb compromittiert, Blei kann Abdruck seiner Rez. in der Vossischen nicht einmal durchsetzen. Sonst alles tot.

Wir werden den Krieg glänzend gewinnen, kein Zweifel. Aber Du und ich sehen das gelobte Land nicht mehr, geschweige dass wir hinein kämen. Wir werden die letzten unserer guten Jahre, unsere besten in einer grundabscheulichen Zeit verleben, einsamer sein und uns tiefer in Anschauung der Idealität flüchten, als vielleicht je zuvor. Die mächtigen Kräfte die uns durch die Schauder in den Sieg tragen, sind vorläufig tellurisch-titanisch, noch lange nicht göttlich; und bis sie sich zur Göttlichkeit abzehren kann ein Jahrhundert des inneren Chaos vergehen. Ich werde es nicht als Kämpfer vermehren, wenn ich es erlebe, sondern seitab betrachten. Zum ersten Male in meinem Leben fühle ich mich müde und habe nur die bittre Sehnsucht einer Welt *ohne Zeit*.

Dazu kommt dass der Gedanke an das Nachher mich nicht verlassen will. Ich kann nicht in Deutschland leben, und wieder werden was ich Jahrzehntelang nicht mehr gewesen bin, Unterthan. Nach Wesen und geistigen Bedürfnissen bin ich Regent und nicht Regierter, kann nur an Zuständen participieren die ich thätig verantworten kann. Und auf die Frage »Wohin« gähnt mich nichts als Unmöglichkeit an.

Was mir aus Berlin, d h höchstverantwortlichen Bureaus, zugeflüstert wird, klingt kläglicher als noch die dunkelste Befürchtung ahnen lässt. Alles Geistige von einer frechen Seichtigkeit und einem schafsmässigen Sich-Überlegen-Stellen, dass man rot wird für uns. All das Pack will also bleiben was es war und wie es war. Im Hauptquartier Ganghofer Presber Bloem Herzog. 1870 waren es wenigstens Freytag und Bucher. Nicht viel aber reell und solvent, keine literarischen Kriegsandenkenmacher. Gott sei gedankt für Generäle, Musketiere und die frommen Witwen- und Müttergesichter an den hunderttausenden heiliger Jugendgräber. Es ist ein Trost, aber ein tragischer. Lebwohl ich muss exercieren lassen.

Bdt

143 RUDOLF BORCHARDT AN RUDOLF ALEXANDER SCHRÖDER

[Im Felde, 28. November 1915]

Ich sende wieder eine Taube in die Grosse Flut nach Dir hinaus und will warten ob sie mir Deinen Ölzweig wiederbringt. Seit

Monaten fehlt mir jede mittelbare und unmittelbare Nachricht von Dir, wie überhaupt von allen die mir am Herzen liegen. Seit geraumer Zeit bin ich im Felde bislang nicht sehr thätig oder leidend, mehr bedrückt als erhoben von dem trostlos endlos willenlosen Vorbeizug dieser halb zerschmetterten Menschheits Procession, bedrückter noch durch den tief hinabgezwungenen Gesichtspunkt aus dem heraus ich sie betrachten muss, immer bei Rädern und Hufen. Du weisst wie mich ein Wort von Dir erfreuen wird, also bitte ich nicht darum.

Dein RBdt

144 RUDOLF BORCHARDT AN RUDOLF ALEXANDER SCHRÖDER

Im Felde den 21 12 15

Ich habe Dir wiederholt über Bremen kurze Zettel geschickt, von denen ich gar nicht weiss ob sie Dich erreicht haben. Jetzt da ich von Bodenhausen Deine Adresse erfahre, ist höchstens noch möglich dass Du WeihnachtsUrlaub hast und darum von neuem unerreichbar bleibst. Auch habe ich Dir aus dem Kot und Schneeschlamm und der ganzen flauen Bitterkeit dieses wüsten Champagnekrieges gar nichts anderes zu schicken als eine Bezeugung meines Daseins und der alten Liebe. Aussichten für mich sind ganz null. An die Gazette des Ardennes brauchte man einen Schreiber unter der hohen Redaktion (ein Pariser Zeitungsberichterstatter, ein Elsässer Redacteur) ich habe aber gedankt und ziehe den Schützengraben vor. Aus der Heimat sind mir nur wenige Stimmen der Allernächsten treu geblieben. Dennoch und trotz allem bleibt das Gefühl mit dabei zu sein das

Überwiegende, so schwer es manchmal unter allem dem zu kämpfen hat, worüber Hamlet im Anschluß an die »Stöss und Schläge« klagt. Ich brauche nicht deutlicher zu sein. Mitte Januar spreche ich wenn das Rgt mich freigiebt, in der Aula der Leipziger Universität: Totenklage mitten im weitergehenden Tode.

Dein Bdt

1916

145 KAROLINE BORCHARDT AN RUDOLF ALEXANDER SCHRÖDER

Freiburg i/B 3. März 1916
Ludwigstraße 33

Lieber Herr Schröder, finden Sie nicht auch selbst, daß der Krieg jetzt doch etwas zu lang dauert, als daß man bei der nach und nach eingerissenen üblen Gewohnheit bleiben dürfte, jede Verbindung mit den Menschen, die man vorher gemocht hat, unterbrochen zu haben?

Wenn Sie all Ihre andern Freunde vernachlässigen, so ist das deren Sache sich dagegen aufzulehnen oder sich damit abzufinden. Ich tue ersteres. Ich möchte wissen was mit Ihnen los ist, was Sie treiben, ob Sie ganz in Ihren dienstlichen Beschäftigungen aufgehn oder ob es Ihnen wenigstens für Stunden möglich ist an Ihrem ehemaligen Leben weiter zu bauen. Geht es Ihnen so gut oder so schlecht, daß die Vergangenheit und alles was damit zusammenhängt versinkt?

Früher hab ich öfters einmal, wenn Rudolf sich gar so sehr über Ihr Schweigen gekränkt oder beunruhigt hat, bei Ihnen angepocht und wieder eine Verbindung herzustellen versucht. Jetzt tu ichs auf eigne Faust und in meinem ureigensten, persönlichen, egoistischen Interesse: ich halte es einfach nicht aus hier angenagelt zu sitzen mit Bretterwänden rings herum, durch die als einzige Lichtstrahlen die Nachrichten von Rudolf dringen. Bleiben die einmal aus dem einen oder andren Grund aus, dann ist es so wüst und dunkel und einsam um mich herum, daß es mir manchmal graut.

Sie sehen, ich mache mich nicht besser als ich bin: ich spiele nicht die teilnahmsvolle Freundin, die Ihnen tröstend zur Seite stehen möchte, wenn es Ihnen elend zu Mut ist, und die sich diskret und zufrieden zurückzieht, falls sie das Gegenteil erfährt – es wäre mir weitaus lieber Sie lebten dort nett und reizend und so zufrieden, wie ein denkender Mensch es heut überhaupt sein kann, und ließen mir etwas von Tröstung und Aufheiterung zukommen. – Hinter uns liegt ja der Abgrund in den die Vergangenheit gestürzt ist, vor uns ist das dunkle Loch, durch das man gehen muß, und von dem man nicht weiß ob man es jemals wieder für das Tageslicht eintauschen wird: das kleine Fleckchen festen Bodens, auf dem man steht, ist aber zu einsam, um auf die Dauer erträglich zu sein. Man möchte mit Menschen in Zusammenhang bleiben, die man in glücklicheren Zeiten gekannt hat - es wäre wie ein Versprechen, wie eine Art Verheißung, daß diese Zeiten wiederkommen könnten.

Dies ist das Gefühl des Losgerissenseins von allem Zusammenhang mit der Welt, unter dessen Druck ich schon lange leide, das sich aber durch ein kurzes Zusammensein mit Rudolf und die folgende Trennung nur noch verstärkt hat.

Die Leute draußen sind jeder Liebe und Teilnahme wert und werden auch im reichsten Maß damit versorgt – aber genügt uns die Tatsache, daß wir noch regelmäßig in einem Bett schlafen und an einem gedeckten Tisch essen? Ich stände, weiß Gott, lieber hinter einer Kanone oder einem Maschinengewehr, anstatt Tag für Tag im Bureau des Roten Kreuzes zu sitzen und blödsinnige rosa Kärtchen zu schreiben, mit denen ich dem Kriegsministerium anzeige daß der Musketier oder Kanonier Soundso gefangen in Rouen oder Le Mans sitzt, eine Arbeit, die einem wohl zur langsamen aber destosicheren Verblödung verhilft – ein Trost ist nur, daß diejenigen, die am andern Ende der Leitung sitzen, und die betreffenden Zettelchen einregistrieren müssen, eine vielleicht noch stumpfsinnigere Beschäftigung haben.

Verzeihen Sie diesen Zornausbruch, mit dem ich Sie hätte verschonen sollen; jetzt steht er aber einmal da und soll auch da bleiben, denn Briefe doppelt zu schreiben ist mir verhaßt. Ich bin auch nicht immer so wütend; manchmal bilde ich mir sogar ein meine Betätigung sei im höchsten Grade nutzbringend und viel segensreicher als wenn ich jetzt irgendwo säße und meinen früheren Beschäftigungen nachginge.

Von Rudolfs Rede in Berlin und deren Erfolg werden Sie ja gehört haben. Da die Veranstaltung ohne Damen vor sich ging, ich ihn also nicht hätte sprechen hören können, wollte ich garnicht dorthin gehen: dann hat sich alles dort so hinausgezögert, daß Rudolf mich telegraphisch bat doch hin zu kommen, was eine arge Hetzpartie wurde. So mußte ich also meine Abneigung gegen diese Stadt doch überwinden, hatte meinen Mann natürlich so gut wie garnicht für mich allein, und die Folge war das Bedauern dann eben nicht von vorn herein hingegangen zu sein, und wenigstens an den geselligen Stunden teilgenommen zu haben, in denen ich doch immer noch mehr von ihm gehabt hätte, als wenn ich in Freiburg saß. – Ich wollte nach einer solchen Trennung keine Halbheit, wollte Rudolf nicht immer mit allen möglichen Menschen teilen sondern lieber nur kürzere

Zeit und dann für mich selbst haben: nun hatte ich weder das eine noch das andre. Rudolf hat vielleicht schon recht, wenn er sagt ich müsse mir meine Unbedingtheit abgewöhnen.

Jetzt lachen Sie gewiß und sagen sich, wer selbst so unbedingt ist hat nicht nötig andern zu predigen, ists so?

Nun müssen Sie nicht befürchten immer so rabiate Briefe von mir zu bekommen und aus Angst davor diesen ignorieren. Meistens bin ich ja so, wie Sie mich kennen, sehr sanft und geduldig und schlage über alle Mängel und Unzulänglichkeiten meines Lebens die Brücke des Schweigens. Dies Verfahren hat mich aber immer einsamer gemacht und immer schwerfälliger; ich möchte nun gern wissen ob nicht alles reicher und schöner werden könnte, wenn man den Menschen an denen man innerlich teilnimmt, dies auch einfach sagt. Könnte man dadurch nicht manch gute Stunde haben?

Man hats so nötig. Nun seien Sie bestens gegrüßt und erzählen Sie mir bald von allen schönen und guten Dingen – Aber auch vom Gegenteil, wenn es so sein sollte.

Herzlichst Ihre Lina Borchardt

146 RUDOLF BORCHARDT AN RUDOLF ALEXANDER SCHRÖDER

[Heiligenberg, 10. Juli 1916]

Warum soll ich Dir nicht wieder einen Gruss schicken? Und wenn es nicht von hier aus geschieht wo ich mich nach langem Krankheits- und Lazarettwochen im Urlaube auszuheilen suche geschieht es sobald wieder nicht. Ich lag vor Tahure im Graben, habe schwere Tage erlebt, bin dann an Rippenfellentzündung erkrankt, spüre davon heut nur, dass ich noch müde und leider ganz ergraut bin gehe aber im Oktober – so lange bin ich garnis.-d.-fhg. – wieder hinaus. Hast Du meine Reden? Mit Wolde, jetzt in Berlin, und Frl. Schauer, Schwester eines Deiner Brüsseler Freunde, habe ich viel von Dir gesprochen.

Gott befohlen. Bdt

147 RUDOLF BORCHARDT AN RUDOLF ALEXANDER SCHRÖDER

Müllheim i/B [15.-24. Juli 1916]

Mein lieber guter Rudi, Du darfst die Freude, die Du mir mit Deinem Briefe gemacht hast und deren Nachwirkung ich bis heut spüre, nicht nach der langen Pause bemessen, die ihn vom Datum dieser Antwort trennt. Unwillentlich nämlich hast Du selber diese Pause verursacht, und auf den einen Satz Deines Briefes, auf den ich damit anspiele, und in dessen Auffassung ich unsicher genug geblieben bin um überhaupt mich in der Beantwortung gehemmt zu fühlen, muss ich mich jetzt in erster Linie sachlich beziehen, alles andere einer günstigern Stunde überlassen.

Was also hast Du gemeint, wenn Du fragst, ob ich nicht Lust habe, auch nach B. zu kommen, und mit Dir am gleichen Strange zu ziehen? Und diese Frage an die Mitteilung schliessest, Du suchest auch Lutz Wolde dorthin zu ziehen? Ist dies lediglich der Ausdruck eines frommen Wunsches, auf dessen Erfüllung d.h. dienstliche Indiewegeleitung resp. Anregung Du keinen Einfluss hast, oder hast Du Dir etwas im Bereiche des Möglichen – dienstlich Möglichen – dabei denken dürfen? irgend etwas, was zu meiner Anforderung von dort aus bei meinem gegenwärtigen Truppenteile führen könnte?

Ich stelle meine Fragen mit dieser trockenen Genauigkeit, weil von Deiner Antwort, die ich so bald als irgend möglich erbitte, die Gestaltung meiner nächsten Zukunft in dem Sinne abhängt, dass ich gewisse aus dem Felde an mich ergangene Anfragen erst beantworten will und kann, wenn Deine Äusserungen vorliegen, und man anfragende Vorgesetzte nicht ungebührlich warten lassen darf. Darum orientiere ich Dich kurz über meinen Status.

Ich bin bis 1. Oktober beschränkt-garnisondienstfähig und müsste normaliter bis dann bei GenesungsCompanie resp. Rekrutendepot leichten AusbildungsDienst thun. Aus dem Felde aber schreibt mir der gute Herder (der kathol. VerlagsBuchhdler. aus Freiburg, Hptm. d. L. bei uns) der mich als Ortskomdt. von Ste. Marie sous Bourey b/Vouziers zeitweilig unter sich gehabt hat (und rührend gut zu mir war – und ist - [)] er würde mich gerne jetzt schon zu sich anfordern, und mir, nach wiedererlangter Felddienstfähigkeit den Übergang in ein Batl. unseres Rgts erleichtern, dessen Kdeur ein besonderes Faible für mich hat und mir beste Chancen zusichert. Nun überschätze ich nach gemachten bittersten Erfahrungen den Definitiv-Wert solcher Perspektiven in keiner Weise – im Grunde macht man mir diese Ouverturen nun zum dritten Male und nichts garantiert mich dagegen, dass auch dieses wie die vorigen Male das scheinbar Rationale der mir von scheinbar entscheidenden Stellen gemachten Aussichten schliesslich durch echt militärisch irrationelle Faktoren zerschlagen wird; und unzweifelhaft spielt bei den Herren in ihrer Kommandantur- und Stabsquartier-Langeweile der Wunsch einen »anregenden« Tischgenossen pp zu gewinnen, neben der freundlichen Gesinnung für mich nicht eben unerheblich mit. Andererseits aber wäre dies, wenn Deine Briefstelle sich als unverbindliche Façon de parler herausstellen sollte, gegenüber dem stupiden Garnisons Tretrade meine beste und einzige Chance und ich darf sie nicht verscherzen. Hier ist an Beförderung nicht zu denken, die Offiziere haben ein faux semblant von Schätzung für mich bei immer doch praevalierender »Unheimlichkeit«, die Korporäle detestieren mich geschlossen und entschlossen, und die nicht eben sehr erhabene Stelle wo die Beförderungen gemacht werden – Schreiberklüngel – erwartet von den Kandidaten andere »Befähigungs Nachweise« als ich beizubringen mir abgewinnen könnte. So bliebe ich Ausbildungs Unteroffizier – ich brauche Dir nicht mehr zu diesem schändlichen Thema zu sagen, über das Du, wenn Du das Drum und Dran kenntest, die Empörung aller derer teilen würdest, die mich seit 8 Februar *vorigen* Jahres in dieser Charge wissen.

Im Felde bin ich nicht gerade das, sondern Gruppenführer im Graben mit acht Mann unter mir und der Chance, leidlich von solchen Vorgesetzten behandelt zu werden, die mich persönlich kennen, und bei solchen die mich *nicht* kennen, der Behandlung ausgesetzt zu sein, die meine ursprünglich gewiss nicht schwere Erkrankung im April zu einer Affaire von Leben und Tod gemacht hat, aus der ich nach monatelangen Lazarettleiden mit grauen Haaren herauskomme. Ich habe noch mit schwerstem Fieber einen furchtbaren vierstündigen Marsch durch Kot und Regensturm aus dem Lager in Stellung machen müssen und wurde erst – und zwar ohne Untersuchung – ins Lazarett abgeschoben, als ich ohnmächtig war und aus der ursprünglichen Grippe eine schwere Rippenfellaffektion sich entwickelt hatte. Ehe nicht solche Symptome vorliegen, geschieht für einen Unterofficier nichts.

Fasse meine Bemerkungen nicht falsch auf. Ich bin mir selber gegenüber jetzt so wenig wehleidig, als ich es früher gewesen bin. Ich gehe tausendmal lieber ins Feld zurück, coûte que coûte ehe ich die schäbige Lebenssicherheit hier mit dem Verzichte auf Selbstachtung erkaufe, den das Verharren unter dem niedern Ausbildungs Personal für mich bedeutet. Aber begreife, dass ich keine Chance vorübergehen lassen kann, die mir eine nicht völlig unwürdige Vergeudung meiner Kräfte als erreichbar erscheinen lässt – welcher Gesichtspunkt mir der allein wesentliche ist und die Beförderungsmaterie durchaus in zweite Linie rückt.

Könnt Ihr mich also brauchen – ich komme mit tausend Freuden. Und diese Freude improvisiere ich nicht. Es giebt keine Frage die mich seit sie überhaupt aufgetaucht ist, brennender interessiert und *thätiger gefunden hat* als die belgische. Ich kann aus meiner Philologie soviel altmittelfränkisch, dass ich mich in kürzester Zeit in den Besitz des flämischen setzen zu können hoffen darf. Französisch und englisch beherrsche ich mündlich und schriftlich nicht nur absolut, sondern in qualifizierten literarischen Formen, holländisch lese ich so gut wie fliessend und würde es mir bald in jedem gewünschten Umfange angeeignet haben. Dies dürftest Du mit gutem Gewissen sagen – die Erfahrung lehrt mich, dass im ganzen Bereiche des Militärischen die geringste *bestimmte* Special Eignung den Ressorts lieber, weil greifbarer und vertretbarer ist, als die gewaltigste nicht ganz scharf präcisierbare.

Du wirst das beobachtet und vielleicht natürlich gefunden haben, – alle Freunde die in einem persönlichen wie im höchsten sachlichen Interesse der Absurdität meiner bisherigen Negligierung ein Ende zu machen gesucht haben, Bodenhausen an der Spitze, haben es erfahren müssen dass im Militärischen jede noch so hoch distinguierende Empfehlung, so lange sie nur schwebende geistige Begriffe verwendet, an der Reaktions Unfähigkeit der betreffenden Stellen ihre sofortige Grenze findet. Dies ist so – es hat nebenbei seine sehr guten Seiten, denn es schliesst wenigstens den Schwindel eines pseudo-intellektuellen Drückebergertums nahezu ebenso aus wie die – seltene – echte geistige Kraft – und jedenfalls ist es gut damit a priori zu rechnen.

Ich habe noch eine halbe Seite, mein Guter – was fängt mein volles, – leidenvolles – Herz mit dieser halben Seite an! Mitten in der furchtbaren, atemverschlagenden Krisis des ganzen Krieges während wir überall in der strategischen und taktischen Defensive sind, beide Flanken Österreichs einwärts gedrückt erkrachen und während innerhalb der heimischen Grenzen die namenloseste Anarchie der Gemüter und der Geisteszustände erbarmungslose Antworten auf unsere alten zagenden Fragen, unsere alten bedrückten Zweifel giebt! Die geistesverwandten Söhne desselben bald conservativoiden bald liberalisierenden Politikantentums das Bismarck das Leben und Handeln vergiftet hat, inszenieren in seinem Namen die unverschämte Komödie des heut alldeutsch nationalliberal-conservativ phrasierten Patriotismus – ne quid detrimenti capiat res publica – gegen den heutigen Mann des unpopulären Gewissensernstes und ahnen nicht in welchem Maasse sie die vom gewechselten Schlagwort dupierten Spielbälle eines höhnischen Schicksals sind, das in immer neuen Formen diesem Volke seine politische Unfähigkeit demonstriert. Weit und breit ist jeder Sinn des Rechten Schlichten und Nützlichen vollkommen wüst gelegt, jeden Bezirk des Geistigen auf dem wir Furchen gezogen, Steine gesammelt und Körner gelegt hatten, deckt eine solche Alluvies von jeder Art Schlamm, dass eine Generation ins Grab gehen wird ehe auch nur auf das alte Niveau zurück gegraben werden kann. Dennoch wird der Tag des Regenbogens wenn ich ihn erlebe, mich thätig und mutig, und wie am Beginne eines ganz frischen Lebens finden, nicht mit dem Begriffe eines Lebensrestes mit dem ich mich zu accomodieren hätte. Fast alles Alte ist mir ertrunken oder vernichtet worden, ich nehme nichts hinüber als gewordene Entschlüsse – und wenige alte Liebe, in der die unsere, mein teurer Bruder, den wandellosesten Platz hat, – das weisst Du und ich schäme mich jedes Wortes der Beteurung.

Dein Bdt

148 RUDOLF BORCHARDT AN RUDOLF ALEXANDER SCHRÖDER

Diktiert

Müllheim i/B Werderstrasse 29
23 August 16

Mein lieber Rudi,
ich muß mich leider der Hand meiner Frau bedienen, um auf Deine freundlichen Zeilen zu antworten, da ich mir durch Sturz eine Verletzung der rechten Hand zugezogen habe, die mich für längere Zeit dienstunfähig macht, und daher auch für die glatte

Erledigung unserer Absichten jeden gewünschten Spielraum schafft, da ich, auch wenn ich wollte, garnicht ins Feld könnte. So habe ich Dir zunächst nur zu danken und zu dem einzigen Punkte, der meiner Äußerung bedarf, dem Falle Kippenberg, Stellung zu nehmen. An eine Möglichkeit für ihn und mich im gleichen Konzern, das heißt in engem direkten Dienstverhältnis, gemeinsam zu arbeiten, kannst Du ja selber nicht gedacht haben. Schon der Umstand, dass er Offizier ist und ich Unteroffizier bin, würde hier Mißlichkeiten geradezu herbei zwingen, gegen die auch bester Takt und bester Wille, wenn man ihn voraussetzen will, früher oder später versagen müßten. Um einem persönlichen Frieden zwischen uns wird es sich schwerlich handeln können, denn es würde das Objekt oder das Terrain fehlen, auf dem dieser Friede geschlossen werden könnte: wir haben weder Reibungs- noch Berührungspunkte mehr, mein Verleger für alle Zukunft heißt Fischer, Konkurrenzunternehmen bestehen zwischen uns nicht, ich achte seine geschäftliche Tüchtigkeit, er achtet meine literarische; und hoffen kann ich höchstens ihm so gleichgültig zu sein, wie er mir ist, denn wirklich der Zorn ist ganz verflogen, und er kommt mir nicht mehr in die Gedanken. Dies halte ich für einen auskömmlichen Spielraum, innerhalb dessen die auf Männchenmachen beschränkten Bemühungen eines beliebigen Unteroffiziers mit einem beliebigen Offizier, der durch den Arbeitsraum geht, oder auf der Straße vorüber läuft, sich mit reibungsloser Nüchternheit vollziehen könnten, denn wenn Deine Voraussetzungen die ich genau zu den meinen mache, daß nämlich meine Tätigkeit in Brüssel sachlich von Nutzen sein könnte, zutreffen, so vermag ich nicht so gering zu denken, dass in einer Zeit wie dieser, ein schäbiger point d'honneur sich quer vor sachliche Wünschbarkeiten legte. Ich weiß zwar, daß das ganze Militärwesen von solcher Pusillanimitas erfüllt ist, habe aber zu oft verächtlich gelacht, um mich mitschuldig zu machen.

Allerdings würde ich es empfehlen vor der wirklichen Entscheidung eine Meinungsäußerung der anderen Seite einzuholen. Nicht daß ich es für unerläßlich hielte, aber es schafft für alle Beteiligten klare Verhältnisse. Andererseits dürfte es auch nicht in der Weise geschehen, daß ich mich devotest von den gnädigen Entschließungen dieses Magnaten abhängig machte, aber solche eleganten Mittelstraßen sind zu sehr das eigentliche Terrain Deines diplomatischen Taktes, als daß Du meines Diktates bedürftest. Darin hast Du freilich recht, daß ich nichts getan habe oder tun dürfte, um den mit Achselstücken verzierten Sperling in der Hand wegen der Taube auf dem Dache zur Ste Gudule definitiv zu compromittieren, aber davon war die Rede garnicht, auch ohne meine verletzte Hand, denn der gute Herder schreibt er wolle am 20ten herkommen und mit mir die Verschwörung besprechen; bis dahin wäre also in jedem Falle alles in der Schwebe gewesen. Achselstücke oder nicht – ich bin vom Regimente so behandelt worden, daß ich mit einem Seufzer der Erleichterung Achsellappen oder Achselstücke von 142 gegen jede andere Schulterzier vertauschen würde. Welch ein Offiziercorps! Ausschließlich Feldmesser Steuerfritzen und Elementarschullehrer, oder Schüler, denen der Krieg die unerhoffte Kriegstrauung mit der allgemeinen Bildung verschafft hat: ein Casino und Casinoton zum Übelwerden, und im Felde ein rohes Philistertum, das leider nicht einmal durchweg durch elementare Soldatentugenden gesühnt wird. Dies genüge Dir für das Verständnis meiner Psychologie.

Schönen Dank für die Übersetzungen und Deine außerordentlich feine und farbige Vermittlung dieser augenscheinlich wunderschönen Gebilde. Aber darüber heute im Drange der Geschäfte nichts weiter und nur die herzlichsten Grüße der beiden Faktoren dieses Briefes

R u L.

149 RUDOLF BORCHARDT AN RUDOLF ALEXANDER SCHRÖDER

29 Werderstrasse Müllheim i/B

Samstag 16 Sept 16

Mein Lieber, ich sende Dir hier, um Dir ohne viele Worte einen genauen Begriff von meiner Lage zu geben, den gestern eingegangenen Brief eines mir bekannten ins Feld zurückgekehrten Officiers. (Cäsar ist der Rgts.- Schmidt der Batls.-Kdr). Ich habe wahrheitsgemäss geantwortet, dass ich am vorletzten Samstag nach kommissarischer Untersuchung sämtlicher Offz. und Uffz. des EBataillons wegen meines Handgelenks (Bruch des os capitatum) *nicht* k.v. (kriegsverwendungsfähig) geschrieben worden bin und deswegen keine Felddienstfähigkeits Erklärung erwirken kann, dass ich aber, sobald ich hergestellt bin, komme wenn Ihr mich nicht vorher angefordert habt.

Mein Standpunkt zur Sache ist nach wie vor der einer tiefgehenden Verbitterung dem Regt gegenüber, das durch ein nachträgliches Gutmachen meiner Negligierung, – und zwar ein *solches* Gutmachen, auf Hintertreppen und Eselsbrücken – mir schlechterdings keine wirkliche Genugthuung giebt, vorausgesetzt selbst, dass die Versprechungen beim Zugreifen nicht, wie immer bisher, zu Rauschgold werden. Dass ich unter solchen Umständen mit Freuden nach jeder Gelegenheit greife, diese Achsellappen abzulegen wenn auch damit die Beförderung endgiltig abgethan ist, wird jeder begreifen, der einmal in verhassten Verhältnissen festgehalten sich gesehnt hat, auszubrechen. Ausserdem kann die Beförderungsfrage mich heut nicht mehr übermässig aufregen, oder meine Entschliessungen beeinflussen. Ich bin nun einmal übergangen und bleibe das, so bleibe ich lieber was ich bin und lasse der Gesellschaft aus Steuerfritzen, Postbeamten, Elementarlehrern und Kataster Controleuren, aus der sich dies OffizierCorps im wesentlichen zusammensetzt, die Blamage, unter sich geblieben zu sein. – Nur lass mich bald wissen, womit ich zu rechnen habe. Wird es mit B. nichts, so gehe ich nach ausgeheiltem Handgelenk stoisch zurück ins Feld, wo mindestens meine Pflicht auf mich wartet und weiter nichts auf mich zu warten braucht.

Man lernt das quem
   fors honorum cumque dabit lucro
   Adponere ...

Sonst für heut nichts, man könnte nur reden, nicht schreiben. Dass dieser Krieg, der wie ein Kampf Gottes mit dem Teufel anfing, allmählich dazu gelangt wie ein Vertreiben des Teufels mit Beelzebub auszusehen, muss man doch täglich hinunterwürgen und durch Beschwätzen wird es nicht besser.

Ich *dichte!* Fast ständig. Es hat aber mit dem Kriege nichts zu schaffen sondern ist ein Leben in der höchsten Zuflucht.

                                                   Dein Bdt.

Ich öffne diesen Brief noch einmal da mitten in seine Absendung hinein ein Knalleffekt mir Recht giebt. Der Bataillons Cdeur., von dem die Einlage spricht, ist wie ich soeben erfahre, Knall und Fall versetzt worden. Denke Dir, ich wäre, bei besserem Zustande meiner Hand, auf die Einladung hin sofort gegangen! Es wäre die dritte Täuschung gewesen. Am übrigen Inhalte meines Briefs brauche ich nichts zu ändern.

150 RUDOLF ALEXANDER SCHRÖDER AN RUDOLF BORCHARDT

[Brüssel] 19. 9. 16

Mein lieber, guter Borchardt.

Hier ist ein Posten frei, aber sowohl Graf Harrach als ich sind uns nicht sicher darüber, ob wir ihn Dir anbieten dürfen.

Der Posten ist an sich nicht unwichtig, und rangiert unter den Officiersposten, ist auch bislang von »solchen« bekleidet worden. Es handelt sich um die Zensur der illustrierten Zeitschriften, Bücher, Karten etc. etc. Mit unsrer Flamenpolitik hat dies insofern zu tun, als wir ein ziemlich reich dotiertes illustriertes flämisches Wochenblatt herausgeben, für das ich grade jetzt einen braven & zuverlässigen Redakteur gefunden habe, mit dem sich allerhand erreichen läßt. Der Rest ist freilich langweilige Büroarbeit, die doch genau & sorgsam getan werden muß. Dein direkter Vorgesetzter, Legationsrat Kempff ist ein braver & anständiger Mann, ohne Qualitäten, aber Ehrenmann, unter dem Du kaum viel zu leiden haben würdest. Bürozeit 9 (1/2 10, 10) bis 1, 4-8. Tagegelder gut ausreichend. Du würdest Zivil tragen & das ganze militärische Gräuel würde wegfallen. Wohnung & Verpflegung ist hier gut. Stadt sehr angenehm. Zudem ist die Möglichkeit vorhanden, daß in Kurzem ein anderer für Dich wesentlich interessanterer Posten frei wird; doch ist das keineswegs *bestimmt,* sondern nur eine »Aussicht«. Ich glaube aber, daß Du Dir hier doch Deinen Arbeitskreis selber wirst erweitern & formen können – allerdings in dem Rahmen einer Beamtenhierarchie, der ja allzeit beengend bleibt.

Soweit sich *mir* die Sache darstellt, würde ich in Deiner Lage zugreifen. Bist Du einmal hier, so hast Du doch gesicherte freie Zeit, menschenwürdigen Umgang, wirst viel Interessantes sehen & hören, wirst in die hier geführte Politik hineinschaun und sicher doch mit der Zeit die eine oder die andere positive Möglichkeit sehn.

Daß das Getriebe hier menschlich viel höher steht als bei Deinen Unterständlern glaube ich nicht. Die Hauptsache wäre aber doch, daß wir immer zusammen essen würden, daß wir uns jeden Abend, den Gott werden läßt sehen können & daß Du hier gesellschaftlich eine Deiner würdigere Stellung hast als dort.

Es tut mir schrecklich leid, daß ich Dir nicht eine direkte Zusammenarbeit mit mir an bieten kann; aber auf diesem erst von mir als möglich angesehenen Wege liegt unverrückbar der unübersteigbare Kippenberg. Trotzdem erhoffe ich auch hier noch für die Zukunft Möglichkeiten – allerdings »unverbindlich«, wie Du verstehen wirst; denn auch ich bin trotz meiner mich inhaltlich sehr fesselnden & befriedigenden Tätigkeit (ich darf doch bei allem Ärger und Ekel an vielem hier jetzt *positiv* & aufbauend mitwirken) hier doch nur ein Rad, das im Getriebe mitläuft.

Im Übrigen wirst Du hier jedenfalls ein erträglich anständiges

Büro, eine Tippmamsell u.s.w. haben; mich reizt ja auch das Zusammenkommen mit all den fremden Wesen, die einem durchs Büro laufen & der Einblick in eine Staatsmaschine & in die sonderbaren Zauberformeln, an denen alles das eigentlich im luftleeren Raume hängt: der »Begriff« des »Gesetzes«, so heilig, un»begreiflich« und absurd zugleich wie nur irgend ein Fetisch, u.s.f.

Also kurz: depeschiere mir nach dieser unparteiischen »inlichting«, daß Du kommen willst. Du wirst in Harrach & den andern »Spitzen« bei uns sehr wohlwollende & von Deinem Wert — so weit das nötig & möglich — durchdrungene Chefs, ohne jede Beamtenförmlichkeit finden, ein großes, nicht genug zu preisendes Wunder, & Dich im Übrigen mit der nicht selbstgewählten Umgebung hier ebenso & infolge des breiteren Luftraums um jeden einzelnen in erträglicherer Weise abfinden müssen & können wie in Deinem jetzigen Verhältnis.

Gehaßt, intriguiert u.s.f. wird hier auch nach Noten; aber doch in den Formen, die die höhere Geselligkeit vorschreibt. Was aber will der Mensch mehr.

Also, komm! D.h. teile mir Dein Einverständnis mit, & warte ab, was die Götter, die über uns jetzt zu Rate sitzen beschleußen; denn obschon ich »officieus« schreibe, ist damit nach bekannten Methoden »officiell« noch niemand kompromittiert. Die Sache wird aber werden.

Also telegraphiere!

Herzlichst & total verblödet,
Durch dies Schreiben selber angeödet,
Und durch Flamen-Politikgeschwätze

Nebst der obligaten Arbeitshetze
Ohne Zweifel geistig angefäulet,
Der dabei im Voraus freudenheulet,
Denkend, daß bald auf dem Bahnhof Brüssel
Aus dem Zug schaut Borchardts Freundesrüssel
Des verehrten dichterlichen Borchardt,
Des allhier mit Sehnsucht & mit Sorg harrt,
Dein büro- und aktenangestaubter,
Leib-verdickter, Schlaf-und-Stirn-entlaubter
Grämlich, grillig, grieslich, gräßlich blöder
Doch noch immer
reimbeflissener Schröder

Noch eins: Wir haben hier herrliche Exemplare von »Alldeutschen« und »All*diet*schen«; die sind allein die Reise wert.

Augenblicklich gründen wir eine Universität aus Zahn- Vieh- und anderen Ärzten, Advocatis diaboli, Ger- und andern Monomanisten u.s.w. Auch dieses lohnt das Anschaun.

Ferner täglich Militärkonzert im Park (d.h. dann mußt Du Dich beeilen, mit der rauheren Jahreszeit werden die Musen schweigen).

Ferner ein deutsches Theater, von Saladin Schmitt geleitet, Maria Stuttgart, Hasemanns Töchter & der Biberpelz, ferner ein Pilsener Ausschank & eine altdeutsche Weinstube & eine Filiale der »Schlaraffia«, ferner eine Wohlfahrtsausstellung, einen deutschen Klub, einen Juristenkongress und noch viel mehr. Dazwischen aber immer ein Stück Brüssel, so daß des Guten doch nicht zuviel wird.

Und eiserne Kreuze, à la bonheur!

N.B. Militärische Beförderung ist allerdings hier ausgeschlossen. Dafür aber Familienanschluß.

151 RUDOLF BORCHARDT AN RUDOLF ALEXANDER SCHRÖDER

Müllheim i/B 2 Novbr 16

Mein lieber Rudi,

Die Brüsseler Versetzungs Angelegenheit hat inzwischen einen Complikations Grad angenommen, der keine telegraphische Behandlung mehr zulässt sondern eine Auseinandersetzung erfordert die ich immerhin so kurz als möglich zu halten suche, schon im Interesse meiner immer noch lahmen und krampfigen Hand. Zunächst danke ich Dir aufs allerwärmste für alles was Du für mich gethan hast und bitte nur noch kurze Zeit die Hand am Rade zu lassen, so werden Bemühungen und Hoffnungen nicht vergeblich gewesen sein.

Ich habe erst seit kürzester Zeit Einblick in den Schriftgang der Ämter gewonnen und danach folgende überraschende Feststellung gemacht. 1) Brüssel fordert mich beim G.K. Karlsruhe an, »falls dauernd garnisondienstfähig«. 2) Karlsruhe fragt beim hiesigen Ersatzbataillon an ob meiner Entlassung und Versetzung Bedenken entgegenstehen. 3) Hiesiges E.B. antwortet, es bestünden keine Bedenken, ich sei noch zwei Monate *beschränkt* g. v. (was hatte heissen sollen, nach Ablauf dieser Zeit würde ich *voll* g. v. und dann vielleicht auch noch einmal wieder k. v. 4) G.K. Karlsruhe meldet dies Ergebnis nach Brüssel mit der Anfrage ob trotzdem meine Überweisung erfolgen solle? Brüssel antwortet darauf überhaupt nicht mehr.

Hiernach siehst Du, dass Deine mir hertelegraphierte Version, meine Versetzung sei hier abgelehnt worden weil ich voraussichtlich bald wieder geheilt sei, irrig ist. Der Anstoss liegt an Brüssel, nicht hier. Von hier, (wo man täglich meine Versetzung erwartete) ist sofort nach Eingang des Schriftganges eine neuerliche Eingabe nach Karlsruhe abgegangen, mit einem neuerlichen ärztlichen Zeugnis, das meine nahezu völlige Dienstunfähigkeit vorläufig bis 1 Januar (sie wird dann von Termin zu Termin wieder bestätigt) attestiert. Das Bataillon veranlasst mich ausdrücklich dies nach Brüssel zu berichten, und zu veranlassen, dass Brüssel *mich noch einmal in Karlsruhe anfordert*, resp. in irgend einer Weise nach dort seine Geneigtheit bekundet, statt mit der *dauernden* Garnis. Fähigkeit mit einer auf längere Zeit hinaus noch zeitigen, d.h. von 2 Monaten zu 2 Monaten durch neue Untersuchung wieder festzustellenden sich zu begnügen. Das ist das einzige Hindernis; von hier aus, wo man mir die Verbesserung meiner Lage in loyalster Weise gönnt und zu erleichtern sucht und von Karlsruhe aus wo der komm. General, den ich als meinen Divisionar im Felde als ungewöhnlich liberalen und verständnisvollen Mann gekannt habe, der Angelegenheit sehr wolwollend gegenüber steht, wird jeder Anregung von Brüssel her glatt entgegenkommen werden.

Ich gehe heut auf einen beim Kriegsministerium mir erwirkten »politischen« Urlaub auf vier Wochen nach Berlin. Ich habe Dir nämlich zu bekennen, dass ich bei dem schweren Drucke meiner Lage es nicht habe verantworten können, alles auf die

Brüsseler Karte zu setzen, und vielmehr einen kleinen Hilfstrumpf in der Hand behalten habe, so wenig Neigung ich auch verspüre ihn auszuspielen. Der sogenannte Kulturbund Deutscher Gelehrter und Künstler ein obligates Universitäts Schwätzer Kränzchen mit »grossen Namen« und »leitenden Kreisen« hatte sich schon im Juni um einen Vortrag an mich gewandt, und meine Zusage führte mich vor ca. 3 Wochen gelegentlich eines kurzen Urlaubes in Berlin mit dem Leiter der sog. Geschäftsstelle, dem jungen GleichenRusswurm (Neffe des Münchener Ekels, ebenso nett und ernst und schicklich wie jener das Gegenteil) zusammen, der sofort den Wunsch äusserte, mich für die grosse und wirklich nicht unebene Geistes Organisation, durch die er das obige Kränzchen im Laufe der Zeit zu ersetzen trachtet zu gewinnen; auf meinen Einwand der schwebenden Brüsseler Affaire schlug er den Ausweg eines vorläufigen vierwöchentlichen Urlaubes zum Zwecke der Vortragsvorbereitung und des zu gewinnenden Einblicks in die Arbeiten des Bundes vor, und erwirkte ihn mir beim Kriegs Ministerium mit dem Sondervermerk dass ich im Falle meiner Anforderung nach Brüssel mein Abgehen dahin sollte um die genannte Zeit aufschieben dürfen. Die Anforderung ist ja nun vorläufig suspendiert und so gehe ich ohne irgend jemanden zu genieren nach Berlin ab, von wo ich Dir meine Adresse telegraphieren werde. Gleichen und seine Freunde hoffen ein dauerndes Verhältnis zu etablieren für das sie auch einen im Einzelnen mir noch nicht durchsichtigen Vorschlag gemacht haben. Und diesen Vorschlag würde ich wenn nicht im Laufe des bevorstehenden Monats die Brüsseler Affaire sich regelt, annehmen müssen um nicht schliesslich doch als halblahmer Garnisons Uffz und Aufseher beim Kartoffelnauslesen auf dem Exercierplatz sitzen zu bleiben.

Aber um nun ganz offen zu sein, ich thäte es sehr ungerne, und würde die Brüsseler Verwendung bei weitem vorziehen. Erstlich der interessantern und mir ganz neuen, zugleich amtlich genau determinierten Thätigkeit halber, dann aus einer Reihe sowol positiv wie negativ gerichteter persönlicher Gründe, unter denen das Zusammensein mit Dir an erster Stelle steht. Berlin ist heut ein derartig amorpher Abenteurerhaufe, der Boden von einer so allgemeinen Fallacität und Schwierigkeit, der Brodel der Ambitionen der Intriguen der ganz persönlichen Gegnerschaften ein derartig wilder und zuchtloser, dass ich gern darauf verzichte hier die Erfahrungen des Neulings und des naiven Huronen zu machen. Ferner wünsche ich sehr dass meine Frau dort für den Winter zu Zwecken ihrer Arbeit und der Wiedergewinnung beruflichen Anschlusses Aufenthalt nimmt und unsere Gemeinsamkeit dort würde jedem der beiden die Erreichung seiner eigenen Absichten unnötig erschweren. Und schliesslich würde ich bei den grossen wirtschaftlichen Ansprüchen des dortigen öffentlichen Lebens in ständiger Sorge um die ausreichende Kraft meiner Ressourcen schweben, oder aber mich zu einer Lebenshaltung genötigt sehen, der gerade in Berlin das Gefühl meines Namens und meiner Stellung aufs eigensinnigste widerstrebt. Dies sind Gründe genug, und es sind nicht alle, sind nicht einmal alle wichtigsten.

So siehst Du klar. Was Du dazu thun kannst, mich sicher in Belgien zu landen, wo ich am 1 Decbr, nach gehaltenem Vortrage, bequem sein könnte, das lass nicht ungethan, damit wir

Freude an einander haben und gemeinsam den Eckstein des künftigen Lebens legen, das ich keineswegs wie Du als Not- und Stückbau für einen Thätigkeits Rest ansehe, sondern als weitausgedachten Aufbau aus dem Frischen ins Ewige, wenn ich auch erst zwei oder drei Bogen sich wölben sehn soll ehe ich dahingehe. Perficiant sequentes!

    Deiner von Herzen   Borchardt

1917

152 RUDOLF BORCHARDT AN RUDOLF ALEXANDER SCHRÖDER

[Nicht abgesandt]

[Berlin, Januar 1917]

Mein Lieber ich habe mich über Dein Lebenszeichen um so mehr gefreut, als es so gute Nachrichten enthält; ich selber habe wenigstens leidliche zu geben, nachdem allerdings bisher allerlei Widerwärtigkeiten mich nicht eben streitlustig stimmen. Fast unmittelbar nach unserem Abschiede legte mein Truppenteil wieder Beschlag auf mich und zwang mich zu unnötigem Hin und Herreisen, und als dann die Oberbehörde über den Kopf aller Zwischeninstanzen hinweg meine Herkommandierung verfügt hatte, kam ich mit einer Speise-Vergiftung sehr unangenehmer Art hier an und war eine Woche lang heftig fieberkrank. Seitdem bin ich in meiner Generalstabsthätigkeit, mit deren äusseren Formen ich allen Anlass habe sehr zufrieden zu sein: ich trage auch im Dienste eigene Kleider, komme und gehe wie zwar nicht mein Belieben aber mein Gewissen mich heisst: d.h. nach Maassgabe des gerade vorliegenden Materials und habe mit den sogenannten Vorgesetzten, gutartigen und einsichtigen Leuten, Beziehungen freier und weltmässiger Verbindlichkeit. Im ganzen habe ich nicht genug zu thun, und dies ist meine einzige Klage. Das ganze Ressort ist erst im Werden und wird was ich daraus mache, – das heisst leider was man mir erlauben wird daraus zu machen. Und so habe ich vorderhand viel freie Zeit, die ich nutze wie ich kann, zwischen meinen Berichten hier im

Generalstab, wo ich auch jetzt schreibe, und in freien Stunden zu Haus da ich mich vom Gesellschaftlichen ganz zurückgezogen habe. Dies ist auch meine Antwort auf Deine Fischer betreffende Anfrage; diese Angelegenheit hoffe ich bald zum guten Ende geführt zu haben. Ausserdem bereitet sich folgendes vor, was mich ohnehin bald zu Mitteilungen an Dich geführt haben würde: Bodenhausen, der dem »bekannten« Bunde deutscher Gelehrter etc. bereits Zuwendungen gemacht hatte, hat neuerdings z T auf meine Empfehlung die zusammen mit anderen Mitgliedern des Kruppschen Direktoriums erhebliche Hilfen zur Weiterführung der dortigen Arbeiten geleistet, freilich unter dem Vorbehalte, dass der Bund mir weiterhin und zwar in verstärktem Maasse einen Wirkungskreis gewährt: es ist zu begreifen, dass an dieser ganzen statistisch-»organisatorischen« Gespenstermühle ihn nur das interessiert was ihn mit dem Geiste, an bislang leider! sehr dünnen Fäden, verbindet. Die Bedingungen sind angenommen worden und ich greife um mich: Das erste und mir wichtigste ist, dem Bunde eine *Stimme* zu geben. Wir werden monatlich ein Blatt drucken, im wörtlichsten Sinne ein grosses Zeitungsblatt vierseitig bedrucken (äusserlich etwa wie der Marzocco) Titel: Öffentlicher Geist, und, so lebendig es geht, hineinschreiben was der Krieg an neuem Gedankenvorrat in uns erzeugt hat

153 RUDOLF ALEXANDER SCHRÖDER AN RUDOLF BORCHARDT

Brüssel 1. 4. 17

Mein guter Borchardt. Einliegend Abschrift einer Pannwitziade. Du siehst ich beginne in Alfreds Fußtapfen zu wandeln.

Ebenfalls schicke ich Dir die Gedichte des Herrn Schmid, von denen ich Dir seit mehr denn Jahresfrist erzähle. Ich hoffe Du findest sie ebenso schön, ernst & vielverheißend wie ich und schreibst mir bald darüber, da Kippenberg, das Käseschwein sie auf Antrieb der Germanengans abgelehnt hat. Dieses Ehepaar müßte man à la Busch als Pfefferkuchen ausbacken und dann hinstellen bis sie so altbacken sind, daß keine Maus mehr daran knabbern mag, mit einem papierenen Reim von Herrn Deubler über den Nabel geklebt.

Von Berlin ist immer noch keine Nachricht über mein persönliches Schicksal gekommen, ich verbringe also meine Tage nicht auf Rosen, zumal jeder hier schon weiß, daß ich weg gehe. Angefordert bin ich noch, ich bin nur neugierig wie lange mich mein Chef noch hält. Aber sei es, wie es sei, die holde Zwiesprach oder Dreisprach mit Euch hat mich so aufgemöbelt, daß ich hoffe ohne schwere Beschädigungen, auch durch diese vilenie des Schicksals hindurchzusteuern, obgleich sie ja niemals, auch nicht später auf dem Sirius zu den Dingen gehören wird, von denen man sagen kann

 et haec memorasse iuvabit.

Aber zu den

 fortes peioraque passi

will ich doch gehören und den Kopf über Wasser halten. Nur sind von allen Lebenskatastrophen die langsamen die unleidlichsten & der Begriff des Geächtetseins schließt doch manchen alten Schauder in sich ein. Du hast mir meinen & Deinen Vornamen einmal mit

 »Der einsam Verbannte«

erklärt. Ich war geneigt dies litterarschmäcklich für uns beide in schmeichelhaftem Sinne auszulegen. Na, nun bin ich wirklich in der Lage des ehrenwerten Tristram Shandy & kann mein Liedchen von der üblen Vorbedeutung harmloser Rufnamen singen. Verzeih die Exkursion, sie ist ein wenig lahm. Mit alledem hab ich noch fürchterliche Prologe für die Schwesternhilfe »dichten« müssen. Ich lege das Produkt bei, um Dir zu zeigen, wie weit der Mensch herunterkommen kann.

Salve. Salus etc. RAS.

154 RUDOLF ALEXANDER SCHRÖDER AN RUDOLF BORCHARDT

Brüssel Polit. Abteilung
Lambermontstraat 2
24.VII.17

Amice,

höre und beschleuß! Ich fahre am 26. Nachts nach Bremen für einen Erholungsurlaub, nachdem ich etwa seit Anfang Mai recht elend & krank war (Angina mit Drüseninfektionen etc.). Unser Haus hat Platz, es wäre himmlisch Du oder besser Ihr kämt für ein paar Tage hinüber. Es ist das letzte Mal, daß ich in meinem elterlichen Haus weile. Es ist schon – o tempora! – an einen reichen Schlachter verkauft. Wenn Ihr noch ein paar Tage mit mir da wohntet, würde das eine Verklärung auf alles zurückwerfen, was ich in diesem Hause & Garten gelebt & genossen habe; und es würde mir auch eine wehmütige Genugtuung geben die Stätten eines bescheidenen aber doch so reichen Glücks, all das, was ich durch Jahre hindurch »Heimat« nennen durfte noch einmal meinen liebsten Freunden zu zeigen, ehe es für immer »Stoff für Elegien« wird.

Ich sende Dir zugleich 2 Kriegsgedichte, freilich etwas besonderer Färbung. Du findest sie hoffentlich eben so schön wie ich, der daran mit saurem Schweiß gewirket hat. Neulich Nachts hab ich von Dir geträumt, Du hättest einen ziemlich mißachtenden Artikel über irgend welche prosaische & versifikatorische Exerzitien meinerseits geschrieben; worauf Erbitterung, die sich bis zum Erwachen steigerte. Natürlich hatte der Traum seinen Grund – er war eine Art Strafe dafür, daß ich in einem leichtsinnigen Augenblick angenommen hatte, Du würdest vielleicht Lust haben für den Katalog der Heymelschen Bibliothek ein paar einleitende Worte zu schreiben. Lehne, bitte, falls der Antiquar Dir mit solchem Anliegen kommen sollte ab; ich habe das mal hingeworfen & dann sofort wieder vergessen.

Als Prophete hast Du Dich ja weidlich blamiert, o Teurer, noch bis Ende Mai hab ich mich an Dich & an Deine Auspizien geklammert, wie weiland tout Paris sich an die Madame de Thèbes heftete. – Resultat die russische Offensive. Nee. Du hast mich enttäuscht. Und nun Bethmann. Tja. Ich habe ihm einen Brief geschrieben, den ich mit einlege. Ich hoffe, Du wirst ihn billigen. Ob Michaelis nun die Kastanien, die das Schwein von Erzberger in idealer Konkurrenz mit den bösen Engländern ins Feuer gelegt hat, wieder herausfischen wird? Wer weiß? Mir ist mies zu Sinn, zumal anscheinend für den Reichstag der Grundsatz »nobel muß die Welt zu Grunde gehn« nicht existiert & mehr & mehr die Tendenz vorherrscht, in irgend eins der alliierten Arschlöcher hineinzuschliefen. Ich bin in jenen Tagen innerlich mehr als einmal zerplatzt vor ohnmächtigem, hülflosem Zorn – aber die innere & die äußere Platze sind ja eben zweierlei & so lebt das Menschentier nach wie vor gemächlich fort & hält die Schnauze dahin, wo's nach Essen & andern Amönitäten riecht. Verlange aber jetzt von mir keinen irgendwie beträchtlichen Optimismus mehr. Der Reichstag, der in der entsetzlichen Lage unsres Vaterlandes sich den herzlosen Mordgesellen gegenüber als wedelndes Hündchen aufführt, verdient nichts anders als die Rute Gottes.

Kein Wort weiter, Du wirst über vieles besser unterrichtet sein als ich & mir hoffentlich hier & da einen Tropfen Trost spenden können. Den hab ich nötig. Deshalb laß mich bitte, an meine alte Bremer Adresse (Schwachhauser Heerstraße 365) wissen, ob ich Euch erwarten darf, oder ob ich nach Berlin reisen muß, um Euch zu ergattern.

Die liebe Gattin sei schön gegrüßt. Herzlichst

Rudi

wende!

Die Gedichte von Geerten Gossaert, die ich mitgebe empfehle ich Dir besonders. Ich halte sie für die fine fleur der neueren holländischen Poesie. Wenn Du nach Bremen kommst, zeig ich Dir die Originale. Also!

155 RUDOLF BORCHARDT AN RUDOLF ALEXANDER SCHRÖDER

[Briefkopf: N.O.B.
Generalstab des Feldheeres
Berlin N.W.]
Donnerstag [26. Juli 1917]

Mein Guter

Dieselben Gründe, die es mir leider ganz unmöglich machen, nach Bremen zu kommen, machen es mir andererseits dort wenigstens erst möglich, Dich überhaupt während Deines Heimataufenthaltes zu sehen. Ich sollte längst in Urlaub sein, habe aber wegen misslicher Personalverhältnisse im Amte – Ein Bearbeiter beurlaubt, ein zweiter der jeden Tag auf zwei Wochen nach Sofia abgerufen werden kann – ein dritter, der grosse Dichter Ernst Hardt, krank und im Begriffe den Platz ganz zu räumen – mein Weggehen aufgeschoben, wol bis September. Unter diesen Umständen muss ich bescheiden sein, und mich mit dem geringen Vorteile den mir meine Behinderung, durch die Möglichkeit Dich zu *treffen*, am Ende gewährt begnügen. Man würde mich bestenfalles wol weglassen, aber auf Kosten meiner wirklichen späteren Reise, für die ich drei Wochen zu bekommen hoffe und wirklich brauche. Sieh das ein und mache mir nicht den Verzicht noch schwerer als er es ohnehin ist, denn die Aussicht ausserhalb dieser schlappen Hölle, und gar in Deinem alten Bremer Garten mit Dir das, so Gott will, letzte Zusammensein während des Krieges zu begehen, ist nichts was man leicht aufgiebt. Aber ich nehme an Du wärest auch ohne dies gewiss auf einen Sprung nach Berlin gekommen, wo so viele Freunde Dich die verhasste Umgebung vergessen zu machen bereit sind. Bodenhausen kommt vielleicht Mitte August. Lass mich bald genaues wissen.

Ich habe die schlimmen Tage nicht weniger schlimm als Du verbracht, wenn auch mehr in dur, in der Stimmung des Hohns und der Verachtung. Es war eine Katastrophe, aber keine überraschende, – so wenig es überraschen kann, wenn mürbe Blätter abfallen: nur *wieviel* in allem diesem verlogenen Kraftstrotzen mürbe war konnte den und jenen befremden – nicht mich. Befremden, meine ich, konnte es diejenigen, die diesen »leitenden Kreisen« bei Kriegsbeginn ihre Wandlung und ihr Pathos geglaubt hatten und nicht immer den Ton der Feilheit und Erfolgskäuflichkeit hindurchgehört hatten. Ich habe nie geglaubt, dass diese seichten Philister, angegrauten Schönbärte und Rollenspieler, die ihr Lebenlang für den Meistbietenden in jedem Sinne ausser dem Geldsinne zu haben gewesen sind, plötzlich auf Gedeih und Verderb dem Schicksale die Heldenbrust entblössten, sondern immer gewusst, dass sie mit dem was zu reussieren verspricht mitschreien würden, und sich salvieren sobald es mit dem Reussieren 50 zu 50 stände. Dass sie den tragischen Moment der »Messers Schneide« in guter Form überstehen würden war nicht anzunehmen. Die entwürdigend chétiven Einzelheiten, dieser unsagbare Erzberger, bar bezahlt, Österreichischer Agent mit römischer Marschroute, die Magnatenintrigue dahinter, die »Parlamentarisierer« des deutschen Volkes, diese Schmieren-Posas, überhaupt dies noch nicht einmal zwergenhafte, sondern missgebürtliche Schlotter-Niveau des Ganzen – das freilich konnte keine Phantasie vorausnehmen. Diese allseitig entwickelte Courage! Und dies prompte Umfallen vor der eigenen Courage! Dies Nobelsein auf des anderen Kosten! Diese »*Krisis*«! Als ob ein Ort in Bezug auf seine Solidität nach seinem Abort zu beurteilen wäre. Der stinkt freilich, wenn es regnen will; mehr ist der Reichstag nicht für Deutschland. Alles atmete auf als Hindenburg und Ludendorff kamen. Ich habe beide im Generalstabe ausgiebig gesehen, davon mündlich. Dann hatte die Komödie ein Ende, und die dehors der grossen Aktion wurden gerade eben noch bis zum fallenden Vorhang gewahrt. Jetzt wagt keiner den anderen anzusehen. Alles ist wie es war. Man sitzt wie in Auerbachs Keller mit der Nase des Nachbarn in der Hand und hat verdammte Kopfschmerzen. Michaelis ist in Bethmanns Rolle aufgetreten und hat eine Bethmann Rede, die posthume, schlicht recitiert. Und Bethmann ist gefallen, keiner weiss wie? Keiner weiss, wer ihn eigentlich gestürzt hat. Die Sozialfreisinnigen schmissen ihn nach den Alldeutschconservativen, und diese schmissen ihn prompt zurück, dabei flog er durchs goal wie ein Fussball.

Gut dass Du ihm geschrieben hast – ich habe das Gefühl als hättest Du es halb und halb für mich gethan, und so thue ichs gewiss nicht mehr; der Gedanke daran – nicht nur im eigenen Namen, sondern dem vieler, – war mir wieder und wieder gekommen. Leicht wäre die Ausführung mir nicht geworden: *Denn er musste gehen.* Er ist eine grosse Apostelfigur, aber von den Aposteln, die *einmal* nicht geglaubt haben, wie Moses und Thomas. Er darf nicht mit hinüber. Er hat seit einem Jahre nicht mehr regiert. Er fühlte sich fromm-ohnmächtig, schwermütig-hilflos und klein gegenüber reifenden Entscheidungen, in die keine Menschenhand eingreifen könne. Er glaubte nur noch an die vorgezeichneten Entwicklungen, denen er sich lahm und fügsam bequemte – gewissen mächtigen Schablonen wie »die militärischen Ereignisse« (mehr passivum als activum), »die russischen Vorgänge« nach ihm ein werdender Organismus wie Spinat oder eine Apfelblüte, die schliesslich als Apfel herunterfällt, und anderes dgl. Vor allem glaubte er an Geschichtsmächte die es so nicht giebt und nur zagend an die wirklichen. Vor allem glaubte er nicht an den unbedingten Supremat des schöpferischen Geistes über Entwicklungen, Entscheidungen, Ereignisse, Mächte und Gespenster. Alle seine guten und grossen Eigenschaften hatten die tragische Ader eines Irrtums. So war die Einsicht in das grosse ethische Exempel, das der Krieg darstellt, bei ihm nicht nur vorhanden sondern entscheidend stark. Aber die Form in der es sich auswirkt hat nichts mit ethischen Diskussionen zu thun sondern nur mit Kampf, und er hat nie gekämpft. Er war mit Lloyd George Grey Ribot und Sasonow nie im Kriege, wie er hätte sein müssen, sondern immer in der aufgeregten Rechtfertigung des Privatmannes, der gar nicht begreift wie man »zu solchen Behauptungen kommen könne«. Er sah nie, dass er es mit staatsmännischen Behauptungen zu thun hätte, d.h. Angriffen eines Staates gegen einen Staat, die aus Opportunitätsgründen Behauptungsform annahmen, statt Trommelfeuerform, und denen kämpfend begegnet werden musste, d.h. mit der Absicht zu siegen, und mit der Überlegung die das zum Siege geeignetste Mittel wählt. Du weisst, ich habe diesen schweren erschütterten und erschütternden Mann mit dem lauteren Herzen, der ungeschickten Zunge und dem deutschesten Gemüte beinahe geliebt, so hart ich ihn vor sechs Jahren gefasst habe. Bis in die letzten Monate hinein habe ich ihn bitten und beinahe anflehen lassen, unsere Hoffnungen nicht zu enttäuschen, zu sprechen, zu führen, die Netze zu zerreissen, zu *wagen*. Er liess mir immer wieder sagen, oder mir wurde in seinem Namen immer wieder gesagt, es ginge nicht, – bald »noch nicht«, bald »nicht mehr«. Die Folgen waren nicht mehr zu vermeiden. In der Felddienstordnung steht der tiefsinnige Satz, ein falscher Befehl im gefährlichen Momente schade weniger als gar keiner. Aus dem falschen könne durch Tüchtigkeit und Consequenz der Ausführenden immer noch eine glückliche Handlung hervorgehen, die Entschlusslosigkeit aber lähme Alles und Alle. Das trifft für die Politik mit zu. Wo niemand führt – weder richtig noch falsch – spielt das dümmste Parlament der Welt aus schierer Desperation heraus Krisis und droht die Lage zu verpatzen. Wenn oben Glaube und Wagemut versagen, verzagt am Ende selbst dies tapfere und rührend geduldige Volk und meint es müsse durch Zutageförderung politisierender Thorheiten »die Dinge selbst in die Hand nehmen«. Wir stehen im zweiten Jahre militärisch politischer Stagnation: So lange hat es gebraucht, die Folgen der Aera Falkenhayn auszugleichen; das Volk weiss dass mit den faits divers »serbischer Feldzug« »rumänischer Feldzug« »Kut el Amara« nichts kriegsentscheidendes geschafft ist. Die Neutralen, die die Folgen des Ubootkriegs und des Beitritts Amerikas an Magen und Beutel zu spüren beginnen, fragen sich ob sie nicht aufs falsche Pferd gewettet haben und verlieren durchaus die Nerven. Unter solchen Umständen muss der leitende Staatsmann sich vertausendfachen und nicht castrieren. Mit tausend Mitteln muss die gequälte Erwartung unterhalten werden. Dies ist der Moment, in dem selbst der überzeugteste Ethiker stramme Prestige Politik treiben und das energische Centrum der latenten Energie werden muss. Sonst sinken Valuta und Stimmung, Chancen und Arbeitskraft, und die Gegner wachsen automatisch. Es genügt nicht, so schön es an sich ist, dass Hindenburg die Nerven hat. Millionen Hungernden, Unterernährten, Überanstrengten, Beraubten, müssen sie ständig geliefert, und der neutralen Welt nicht durch unsere idiotische »Propaganda« sondern durch Aktion-Surrogate gestärkt werden, wie man Kinder unterhält während ein Dachstuhlbrand langsam abgelöscht wird. Statt dessen haben cretins an den Schäden der Lage herumgepfuscht und alles überhaupt zu verderbende verdorben.

Meine ins Wasser gefallene Prophezeihung kränkt mich so wenig dass ich mich fast versucht fühle, eine neue dranzukleben. Es ist nicht möglich, dass phänomenale Thorheiten, wie die gutmütig treuherzige Behandlung des russischen Faktors sich wiederholen, seit Ludendorff durch seinen Strohmann regiert. Was heut geschieht hatte Ende Mai mit gleichem Erfolge geschehen können, wenn man nach unserem Rate sich auf »*befristete* Avancen« beschränkt und nach fruchtlos verstrichener Frist mit dem Stiefel in die verlumpte Bude gestossen hätte. Was uns gehindert hat, war nicht falsche Strategie und nicht falsche Politik, – aus beidem konnte noch brauchbares hervorgehen – sondern das heilloseste was es geben kann, falsche Philosophie. Hätten unsere Hanswürste – es sind Geheimeräte darunter – sich in der deutschen Haut und Deutschen Geschichte sicher genug gefühlt, um in der russischen Revolution und Demokratie die rettungslose Agonie eines Staatswesens und einer Rasse zu sehen, die wir als ihre Feinde erbarmungslos auszunutzen hatten, statt sich diese heilsam harte Wahrheit durch erbärmliche Lakaienwallungen, ja Unterlegenheitswallungen gegenüber der »erfolgreichen Entwickelung« verschleiern zu lassen, oder kindischen Analogie-Ängsten vor der Heraufkunft des slavisch-demokratischen Weltalters zu verfallen, so wäre der Krieg heut zu Ende. So geht der Leidensweg blutgetränkter Erkenntnisse weiter bis wir des Siegs wert werden, dem wir nach Schicksalsfügung nicht entlaufen dürfen, so sehr die Erzberger und Blechthaler das Laufen in den Knochen und den Hosen haben.

Aber hier breche ich ab, es wird spät. Deine Gedichte sind wunderschön und von einer Noblesse des Stils die ich einfach bewundere. Die des Holländers schmecken zu stark nach Swinburne, sind z. T. fast naive Nachahmungen, ich will Dir die Originale zeigen. Der »Mandelzweig« allein beweist den Dichter von Rasse, aus dem noch alles werden kann. Übrigens ist es vom ersten zum letzten Blatte schlechthin meisterhaft übersetzt und ich bin stolz auf Dich, wie Du von Arbeit zu Arbeit immer mehr ein Kerl wirst. Der Brief an Bethmann lag nicht bei. Nun lass baldigst von Dir hören und denke wie sehr ich bin und bleibe

Dein R

Die Vorrede zum Heymelkatalog schreibe ich mit Freuden
Graupe soll sich getrost an mich wenden.

156 RUDOLF ALEXANDER SCHRÖDER AN RUDOLF BORCHARDT

[Nicht abgesandt]
                        [Bremen] 2.7. [richtig: August] 17.
L. B.

So werde ich also den bewußten Reisestab nach Berlin setzen. Es wäre hier auch nichts gewesen, ein lärmender Neffen & Nichtenschwarm haust hier & scheucht die lieben Gespenster fort, die aus allen Winkeln dieses Hauses & Gartens nach mir langen – noch einmal, zum letzten Mal, ehe der neue Besitzer sie des letzten Anrechts auf eine einmal besessene Scholle beraubt. Leid tut es mir freilich sehr, daß Ihr nicht kommt. Ihr hättet mir – merkwürdig genug! – diese Tage mit einem Gefühl von Wärme und Heimatlichkeit erfüllt, während jetzt im Angesicht meiner eignen Verwandten mir die Vergangenheit befremdend und beängstigend gegenübertritt und der Anblick der alten Bäume vor meinem Arbeitsfenster mich höhnt wie ein hohler Traum.

Es ist doch ein Teil des Fluches der auf diesen erwerbssüchtigen und »wertsteigernden« Zeiten lastet, daß sie den Menschen so leichtfüßig machen. Zu andern Zeiten hätte wahrscheinlich die Bindung des erworbenen & ererbten Besitzes & der Familienzusammenhang dies vertraute & liebe Anwesen uns und unsern Toten erhalten; jetzt zumal, wo *sicher* nur die Ansprüche an ein behagliches & bewegliches Leben sind, *unsicher* die materiellen Ergebnisse des Krieges, hält natürlich sich jeder für berechtigt, ja genötigt die »Realisierung« (welcher Widersinn!) einiger Kapitalzinsen der Bewahrung eines wirklichen *Besitzes* vorzuziehn, den man freilich mit einer gewissen Gebundenheit &

dem Opfer des einen oder des anderen Lebensgenusses sich hätte erhalten können. – Vielleicht ist diese Klage auch überflüssig, & es ist wirklich besser & vernünftiger so; aber Du begreifst es sicher, wie schwer es mir, grade mir wird meine Wurzeln nunmehr endgültig aus dem alten lieben Boden herauszuziehn, und mich irgendwo in der Fremde anzusiedeln, fremder schließlich doch als die Schwalbe, die sich an einem Hausbalken anklebt.

Nimm mir, bitte, diesen Erguß nicht übel; aber ich laufe hier durch diese Stadt wie durch ein Toten-Haus, an jeder Straßenecke steht eine Erinnerung auf – ich weiß nicht, will sie mich fortweisen oder festhalten; das eine weiß ich nur, daß ich im tiefsten erschüttert bin.

8.7. [richtig: August] 17.

Der Brief ist wie üblich liegen geblieben. Inzwischen hab ich mich hier doch heimgefunden und bei strahlend schönem Wetter einen heiteren Abschied gefeiert, den gestern sogar ein kleines Freundesfest beinahe nach alter Weise mit vielen Gläsern etc. krönte. Wir haben die letzten Reste, die noch aus tempi passatissimi im Weinschrank lagen lenz gemacht & damit symbolisch das alte Haus in Ehren und mit Ordensauszeichnungen entlassen. Nun heißt es vorwärtsschauen, so sehr auch die altbeliebte Faulheit des Gefühls & Denkens sich nach den Pfühlen des einmal Dagewesenen – – scheinbar Dagewesenen! – zurücksehnt. Es ist merkwürdig wie sehr man in Augenblicken wie dem gegenwärtigen das non existente aller Existenz fühlt. Wirklich lebendig ist doch nur das unahnbar unerklärbare Prinzip in uns, das der Materie bedarf wie eines Spiegels, um sich zu erkennen, um zum Gefühle seiner selbst zu kommen, & das so aus selbstgeschaffener

Gefahr sich in selbstgeschaffene Gefahr stürzt (daher auch die Schätzung des rein physischen Mutes als eines Energiemessers dieses Prinzips), das wandeln & verwandeln muß, weil Beharren unmöglich ist, solange noch irgend wo ein Widerstand zu besiegen ist, & das doch nach dem Stand der Ruhe & Erfüllung sich sehnt, wie der Felsenquell nach dem Abgrund des Meeres.
Damit hast Du in nuce den Gedanken- & Vorstellungskreis, in dem ich mich im Grunde unablässig bewege, und in dem mir nun auch allmählich die alten, großen Begriffe der Sünde & der Sittlichkeit immer deutlicher, immer furchtbarer, immer begreifbarer und notwendiger werden. – Es ist auch ein eigenes Gefühl, wenn plötzlich Formeln, die man in der Jugend synthetisch oder analytisch accapariert hat & mit denen man »arbeitete« wie mit allem beliebigen Bildungsgut, sich mit aller Gewalt & Gegenwärtigkeit der *Erfahrung* Deiner bemächtigen, so z. B. etwa das alte: cogito, ergo sum. – So kommt dann wirklich erst ein geistig sittlicher *Besitz* des Menschen zustande, ein Königtum, mag es so eng und beschränkt sein wie es will

157 RUDOLF BORCHARDT AN RUDOLF ALEXANDER SCHRÖDER

[Briefkopf: N.O.B.
Generalstab des Feldheeres
Berlin N.W.] und W 24 Karlsbad
16 Aug 17

Mein Lieber
Anbei gebe ich Dir abschriftlich das Bodenhausensche Dokument betreffend den Ö.G: »Nachdem ich Ihnen soeben M. 1500

angewiesen habe zur Realisierung Ihres Planes bezüglich der Zeitschrift Ö.G., verpflichte ich mich hiermit, Ihnen zu dem gleichen Zwecke weitere M. 1500 am 15ten Januar 1918 zu zahlen, für den Fall, dass die Zeitschrift dann noch erscheint und dass dieser Betrag ein weiteres Erscheinen für die ab 1 Juni 17 rechnende Gesamtdauer eines Jahres gewährleistet. Voraussetzung hierfür bildet, dass die erste Nummer des ÖG vor dem 1 Juni 17 erschienen ist und dass seitdem, also bis 15 Jan 18 eine laufende Publikation der Zeitschrift erfolgt ist« (Folgen Bestimmungen die im Todesfalle dem Dokumente Codicillcharakter geben).

Die Termine sind inzwischen infolge der durch Papiernot gegebenen Force majeure im beiderseitigen Einvernehmen auf unbestimmte Zeit hinausgeschoben worden, und werden demnächst durch neue ersetzt; Bodenhausen ist nächster Tage hier.

Infolgedessen habe ich in der Dir beigelegten Erklärung über Deinen Einfluss den Termin noch offen gelassen. Eine gewisse Verpflichtung meine ich übernehmen zu müssen, schon um meiner selber willen; ich wirtschafte mit fremdem Gelde und bedarf selbstgezogener Schranken gegen meine Willkür und Lässigkeit. Ich habe in der Erklärung nicht hervorgehoben, weil sich das von selber versteht, dass ich den Einschuss nicht genau genommen als Darlehen an *mich,* sondern als eine Risiko-Beteiligung betrachte, die im Falle des Gewinnes als Darlehen behandelt, und also zurückvergütet werden *soll,* im Falle des Verlustes aber auf Vergütung nicht zu rechnen hat. Wir können fast sicher sein, dass die Unternehmung sich im Jahresverlaufe netto bezahlt haben wird; dass sie *verdient* bin ich nicht verwegen genug anzunehmen; hat sie nach einem Jahre ihre Kosten erbracht, so ist Dein Einschuss wieder zu Deiner Verfügung oder zur Verfügung der Zeitschrift, falls Du Lust hast und falls ich sie weiter betreibe. Erbringt sie ihre Kosten nicht völlig so werden die Aktiva unter die Einschiessenden prozentual geteilt.

Ich hoffe Du bist hiermit einverstanden und auch damit, dass ich Dich geradezu beim Worte nehme. Meyer hat mir heute Nachmittag telephoniert, er hätte fast das ganze, mindestens $^4/_5$ des benötigten Papieres bei vHolten, (Druckerei) aufgetrieben und könne es haben, wenn er innerhalb von 8 Tagen abnehme. Ohne Dein Wort hätte ich mich schweren Herzens dazu entschlossen, das Geld für Zahlung von Bodenhausens Guthaben bei Delbrück abzuheben – schweren Herzens, weil ich nicht gerade im letzten Augenblicke vor seinem Herkommen dies Conto angegriffen haben möchte während die Termine noch zu regeln bleiben, und ich bis zur completten Regulierung dieser Bedingungen es mir zum Vorsatze gemacht hatte, das Conto schwebend zu belassen. Du verstehst das ja, – Bodenhausen hat, bei grösster Freundschaftlichkeit, diese Angelegenheit strict geschäftlich behandelt, als etwas getrennt neben unserer persönlichen Intimität herlaufendes, und ich möchte ihm darin nichts nachgeben, gewiss nicht als »weltfremder Dichter« und »Kind in Geldsachen« erscheinen. Ausserdem werde ich vermutlich schon in den letzten Augusttagen in Urlaub gehen, unsere Abteilung ist wieder vollzählig geworden und kann mich eher entbehren; und vorher hätte ich gern alles Einleitende, damit Geist in Deutschland öffentlich werden kann, im Flusse. Wie also ist es? Willst Du mir einen Chèque über die Summe schicken oder sie mir von der Bank anweisen lassen? Lass sie entweder an mich hier, oder, noch lieber, an

Calvary, für Rechnung Borchardt – Öffentlicher Geist adressieren, aber sei wirklich ein Engel und thu's, Du giebst mir dadurch einen rechten Schwung in die Sache hinein und ich kann mit Deinem nachgewiesenen Einschusse vermutlich an einer anderen Stelle noch ein par Scheine locker machen. Es wird eine herrliche Sache, beinahe xenienhaft, und ein rechter Fuchsschwänzebrand für gewisse reife papierene Saaten gewisser Herren.

Nun noch Alles Liebe. Ich bin ganz glücklich, Dich wieder einmal für ein par Stunden gehabt zu haben und hoffe nur Du hast nicht nachträglich noch an der Indisposition zu laborieren von der ich Dich geheilt glaubte und glaube.

Meine Frau grüsst Dich von Herzen, und ich, mein Alter, bin für Dich wie immer

treulichst Bdt

[Beilage]

Ich erhalte von Herrn Rudolf Alexander Schröder für die Zwecke der Zeitschrift »Oeffentlicher Geist« die Summe von

1500 Mark

mit der Massgabe, dass die erste Nummer am ...... zu erscheinen hat und eine Verpflichtung für das Erscheinen während eines Kalenderjahres, rechnend vom Datum der ersten Nummer, übernommen wird.

Eine Verpflichtung für Verzinsung wird nicht übernommen. Sich ergebende Ueberschüsse werden zwischen den einschiessenden, zu denen der Herausgeber tritt, geteilt.

Geschäftsstelle ist die Calvarysche Buchhandlung, Neue Wilhelmstrasse, Berlin.

Diese Erklärung die auch meine Erben und Rechtsnachfolger binden soll, ist in zwei gleichlautenden Exemplaren ausgefertigt und von mir unterschrieben.

Berlin, den 16. August 1917. Borchardt

158 RUDOLF ALEXANDER SCHRÖDER AN RUDOLF BORCHARDT

M. l. B. Nun bin ich wieder in dem holden »Sennebabel« (denn in Ermanglung der »Seine« haben sie hier wenigstens einen halb überkellerten Stinkebach namens »Senne«). Mein Bauch ist noch immer produktiver als mir lieb ist; er arbeitet nach guten geschäftlichen aber unguten gastrischen Grundsätzen, indem allemal mehr herauskommt als man hineingesteckt; aber die Reise ist doch gut verlaufen, Fieber $\pm\,0$, also Grund dem Schöpfer aller Dinge wieder einmal zu danken; worüber hier Quittung. Ich hatte übrigens eine amüsante Reisegesellschaft zwei brave rheinische Apfelkrauthändler, die richtige körperliche Darstellung der Redewendung vom »kleinen Krauter« mit unglaublich schmierigen Pratzen & guten Arbeitsgesichtern, die von ihren notleidenden Genossen nach Berlin gesandt waren und – versehen mit landrätlichen Gutachten über notwendigerweise anderweitig verfaulende tausende an Zentnern Fall- & Frühobst – dort die Erlaubnis zur Herstellung ihres Krautes durchzusetzen. Natürlich hatten die marmeladewütigen (denn »Kraut« & »Marmelade« sind eben ganz etwas anderes) »Spitzen« »nein« gesagt. Nun schilderten die Betroffenen ihre traurige Zukunft, umgeben von faulenden Birnenleichen, die selbst das wohlbekannte Schwein nicht mehr fressen würde und der Chorus schimpfte unter Heranziehung kurrenter Beispiele ein Weidliches auf die idiotische Behörde, die dem armen Mann den mageren Brotkorb noch ein paar Sprossen höher hänge als dies ohnedem nötig sei. Rührend nett aber war es, daß dies Geschimpf durchaus keinen Einfluß auf die Bereitwilligkeit weiter zu leiden & auszuharren hatte – im Gegenteil in diesem Punkte war die Gesellschaft das Widerspiel zu Deinen Berliner Damen, die Elsaß-Lothringen um ein Linsengericht hergeben wollten.

Hier bin ich in eine irrsinnige Arbeitshetze hineingekommen, die unabsehbar wäre, wenn nicht mein Arzt & seine Gebote mahnend nach den kaum verlassenen Ufern der Trägheit zurückwinkten. Zunächst wird aber flott gearbeitet.

Nun aber das Schönste: Wahrscheinlich komme ich in Bälde wieder nach Berlin; denn mein Chef, der Herr Minister, würde es gern sehn, wenn ich dem Staatssekretario einmal all unsre Kümmernisse in das gnädigst dargehaltene Ohr säuseln würde. Und hier kann man wirklich nur seufzen & sagen: »Du ahnst es nicht.« Gegen die Kleinwelt unsrer flämisch-deutschen Neu- & Mißgeburten sind sämtliche Affenställe der Welt eine Spitzenschachtel.

Leider eignet sich dieses Chaos grade wegen seiner Ungestalt nicht zu irgend welcher Darstellung. Hier wirbeln wie am ersten Schöpfungstag noch alle Ingredienzien des politischen Lebens durcheinander, und es fehlt leider der liebe Herrgott mit seinen bekannten 7 Tagen. Doch glaube ich immerhin, daß die Flamenpolitik als solche notwendig & nützlich ist sie gibt den einzigen Punkt, von dem aus wir das im übrigen so fest und maschinell in einander gefügte belgische Staatswesen sowohl in positiver wie in negativer Richtung erschüttern können. Gehen wir heraus & lassen wenigstens in dem Lande so etwas wie einen politischen Trümmerhaufen zurück, so ist damit schon etwas erreicht; und die Esel, die behaupten, wir »verlängerten« durch unsre intimere Beschäftigung mit den belgischen Internis den Krieg, soll man ruhig neben die Ruinen ihres »Verständigungsfrieden« zum Schlummer betten.

– Soeben kommt Dein inhaltsreiches Briefchen. Ich will nicht schlechter sein als mein Wort und schreibe heut an meinen Schwager, daß er Dir das Geld anweisen läßt, obwohl ich eigtl. erst *nach* dem Verkauf der Bibliothek damit gerechnet hatte. Ich hoffe nur, daß die Summe flüssig ist, sonst müßten wir doch warten; denn bis zur Abwicklung der Erbschaft bin ich financiell noch etwas in der Hand meines Schwagers, den ich nicht ärgern möchte. Doch glaube ich, es liegt noch ein Sümmchen »beschickbar«. –

Von dem Blatt erwarte ich mir alles mögliche und Herrliche. Näher liegt mir, freilich, noch das Hesperusprojekt; obwohl bei mir die Lust am publicieren (nicht am produzieren) beinahe erloschen ist. Man soll den Löwen Publikum, wenn er nun einmal ungnädig ist, nicht fortwährend reizen; & auf mich habens die Litteratoren doch nun einmal abgesehn & meine Glanzprodukte werden so in einer Reihe mit »Kallisthenes, ein Jüngling von Athen« beiseite geschoben. Ja, teurer Borchardt:

In dem Heroenschatten
Der Geibel, Lingg und Heyse,
Wird man mir milder Weise
Den Ruheplatz verstatten.

1917

Dort mag ich sanft verstäublern,
Doch nimmer mich erfrechern:
Die Welt gehört den Däublern,
den Werfeln & den Bechern.

Das sind so Harlekinchen,
Vergnügt mit ihrem Lose.
Sie jungen wie Kaninchen
Und dichten durch die Hose.

Sie findens sehr gewürzig
Und lobens voll Extase;
Ich – junger Mann von 40
Rümpf abseits meine Nase.

Was aber hilft dies Rümpfen?
Die Welt hat ihre Weise;
Kannst du sie übertrümpfen,
So frißt das Luder Scheiße.

Meine Handtasche ist hoffentlich bei Euch abgegeben, & keine zu große Verengerung Eurer Wohnung, bis ich, hoffentlich recht bald! nach Berlin zurückkomme & Euch von ihr erlöse!
    Mit tausend Grüßen an Dich,
        Frau Lina
    und den braven Lutz
          Ewig
          Dein
         R. A. S.
20. VIII. 17. Brüssel

159 RUDOLF ALEXANDER SCHRÖDER AN RUDOLF BORCHARDT

Bremen Bentheimstraße 7
31. XII. 17

L. B.

Nur in 3 Worten die Nachricht, daß ich etwa am 3. oder 4. in Berlin sein werde, um dort meine Sache zu betreiben. Aus Brüssel bin ich definitiv fort, & werde wohl nur noch einmal incognito für 1 oder 2 Tage hinfahren, um meine militaria etc. zu ordnen.

Alles übrige mündlich. Man hat mich *persönlich* sehr nett behandelt – d.h. auch das kann ich nur von einzelnen Personen sagen, da ich mich sofort nach Anhängigwerden der Sache Harrach-Bissing von allem Verkehr zurückgezogen habe.

Von Berlin aus ist in all der Zeit höchst merkwürdiger Weise keine Nachricht nach Brüssel gelangt, trotzdem K. mir persönlich versichert hatte, die Sache würde in 4-5 Tagen erledigt sein. Nun, ich werde ihnen schon auf der Pelle sitzen. Im übrigen sind solche Erfahrungen ja gesund. Auf den toten Heymel hab ich ein umständliches Gedicht gemacht, mit dem ich leider nicht zufrieden bin, ohne genau den Weg zu sehen, wie ich es anpacken muß, um den an sich guten Wurf nicht ins Leere zu tun.

Wir werden in Berlin, falls es Dir recht ist ein paar nette Abende haben. Weiter will ich vorläufig nicht denken. Ich habe bis 1. Februar mir eine »Dienstreise« geben lassen, vielleicht gehe ich inzwischen noch irgendwo aufs Land.

Hier hocke ich zwischen 5 Schwestern, die alle durch den Krieg mehr oder minder aus dem Gleichgewicht gebracht & nur in dem einen einig sind, daß ausgerechnet *ich* ihre Stütze & ihr Trost sein soll. Na, auch dieser Ententeich wird durchschwommen sein.

Mein Guter, für Dich soll ja das Jahr 18 eine neue Ehrenpforte sein, die in Deine vita nuova führt. Neues Leben hoffe ich ja auch für mich. Ja, ich muß es sogar fordern um meines sittlichen Inneren willen. Vorläufig aber sehe ich mich noch eigtl. überall, wohin ich komme, in Deutschland von den Gespenstern meiner, *unsrer* Jugend umgeben & habe das Gefühl, als könne ich nicht die Hand in die Luft ausstrecken ohne ihrer eines zu berühren. Merkwürdig wie wenig freundliche & tröstliche darunter sind; denn zuzeiten steht nicht nur das, was einmal fremd Deinen Weg gekreuzt hat & ihn immer wieder kreuzen muß, sondern auch Dein Eigenster, Dein liebster & gesichertster Besitz mit der feindseligen Miene des Empörers gegen dich auf, *schuldig* gegenüber dem *Schuldigen*. Nun, derartiges ist immer ein Übergang; und man tut gut in Tagen eines solchen inneren Ausgleichs und Rechtsprozesses mit dem Begriff der *Zeit* sehr königlich zu schalten & das, was unbedingt geschehen wird & muß, als schon geschehn zu konstatieren. Wenigstens ist das immer eines meiner Mittel der Selbstbehauptung gewesen, wie es ja eines der Hauptmittel *humoristischer Weltbetrachtung* ist, die dem Unwandelbaren auf seinem Wandel durch alle Verkleidungen nachspürt.

Genau vor einem Jahre, während ich dies schreibe, – tratest Du mir in dem Berliner Hotelzimmer mit der Nachricht vom Tod meines Vaters entgegen. Ich habe das Gefühl, als sei dieser Tod, der mir wie beinah alle derartige Ereignisse erst langsam in das Gefühlscentrum rücken mußte, gestern geschehen. Ich weiß, daß

Du wünschest, alles Unerfreuliche, das seitdem über mich gekommen, möge den Kreis des verflossenen Jahres nicht überschreiten, ich weiß auch, daß Du weißt, in uns sei Frömmigkeit genug vorhanden, um zu verhindern, daß dies Unerwünschte zum *Unheil* entarte; und so wünsche ich denn Dir als einem meiner Nächsten, wenn nicht *dem* Nächsten und Treuesten allen Reichtum & alles Gute, das Du Dir selber vom neuen Jahr & weiter hinaus wünschen könntest oder wolltest.

In Herzlichkeit auch Deiner lieben Frau gedenkend

Rudi.

1918

160 RUDOLF BORCHARDT AN RUDOLF ALEXANDER SCHRÖDER

24 Karlsbad Berlin W
2 I 18

Alles Beste, mein Teurer, auch wenn diese Worte Deinen Reisewagen nicht mehr einholen. Ja Du begreifst was ich Dir wünsche und ich habe ihm nur hinzuzufügen was ich auch Billy eben gesagt habe, dass alle Wünsche die den Geliebten gelten, das Unendliche meinen, nicht das Bestimmte: denn sie werden im Gefühle des Unendlichen geliebter Naturen empfunden und geboren. Endlichkeit schafft dann noch bei Zeiten das träge widerstehende Element. Dies Jahr, das einen unglücklichen Feldzug für Dich bedeutet, sehe ich Dich mit der rechten Ruhe des Kämpfers zu den übrigen Kriegsverlusten schlagen und den Ausgleich schon ins Auge fassen. Das nächste aber gibt Dich Dir selber zurück – alle Möglichkeit, ja das Unendliche eben, ist schon darin enthalten. Du wirst, wie ich es thue, Dich der *Zeit* entschlagen. Wir gehören unserer Jugend und ihren Gespenstern nicht mehr, denn wir haben uns, worauf allein es ankommt, aller schäumenden rasenden zwangsläufig kehrenden umkehrenden widerkehrenden Irrtümer der Zeit und der Generation überhoben und leben als vorläufig Einzige bereits in einer neuen Weltschicht – als angedeutete Stufe allgemeiner künftiger Hebung. Darum ist es auch *mein* Gefühl wie das Deine, dass ein Prozess der in Symptomen vorliegt, als ein abgeschlossener zu imaginieren sei, und von diesem Fussbreit Boden unter mir getraue ich mir, in einem grossen Zusammenhange zu verzichten, fortzudenken, zu übersehen, sich zu vereinzeln und zurückzuhalten, ohne in der Vereinzelung zu verschrumpfen. Halten wir uns nur weiter fest an einander, wir Dreie oder viere, Überlebende des geschlagenen und als Generation zerschlagenen Geschlechtes, denen soviel Bewahrung, soviel Vermittlung und Gründungspflicht auferlegt ist. Wir ziehen in die neue Zeit wie Trojaner westwärts, Pflanzstädte anzulegen, mit den aus Zusammensturz geretteten Heimatbildern, in den Händen. Du fühlst wie ich, dass Sieg wie Niederlage καταστροφή ist, ein κατεστραμμένον giebt es bei uns trotz Lorbeer und Überdauern, denn das ganze Volk ist ja eigentlich geschlagen, nur eine Minorität in seinem Namen hat »gesiegt«, und geht unmittelbar danach im ganzen unter das nur verloren verloren und wieder verloren hat, gar nichts greifbares oder ungreifbares mehr sein nennen wird und das ich ratlos über seinem vollkommenen moralischen Chaos sitzen und brüten sehe. An uns Geretteten, Festen hängt das Künftige, an uns die wir uns sparten, als alle sich vergeudeten – morgen wenn alles übernächtig von vergifteten Schimpfworten und entehrten Lobesworten, ehrlosen Ehren, wertlosen Orden, missbrauchten Ämtern und dem gesamten ekel gewordenen Lügenrausch der Zeit dasitzen wird, keiner reine Hände und reine Taschen hat, *und das ganze Volk das wissen wird,* dann wird die Stunde sein zu zeigen wer wir geblieben sind und was wir hinüberbringen aus einer in die andere Zeit, über den öden Abgrund des Todes hinweg.

Anderes behalte ich mir für Gespräche vor. Ich bin nicht mehr allein – damit stülpt sich mein Leben einwärts und sieht mir wahrhaftig verkehrt aus, ich muss mich an die neue Existenz erst wieder gewöhnen. Für Deinen Brief war ich Dir zu danken im Begriffe, auch ein Kriegscarmen, das ich der NOB Weihnachtsztg habe concedieren müssen hätte ich Dir als solamen miseris beigelegt. Ich Narr habe versucht mir auch daraus eine *Aufgabe* zu machen, es hat sich aber gezeigt, dass unechter Stoff nicht zu gestalten ist, er zerblättert und zerfällt; der ganz schlichte Stoff – Stoff als Stil genommen – wird bezeichnenderweise von dem Pöbelsinne der Zeit ebenso abgelehnt wie der allerkostbarste und verfällt den gleichen thörichten Prädikaten. Das wollen wir uns hier ansehen. Sei für jetzt der Wärme und Treue, mit der ich Dich bei mir halte immer so versichert wie heut und lass nicht auf Dich warten.

Dein Bdt

161 RUDOLF BORCHARDT AN DORA SCHRÖDER

24 Karlsbad
Berlin 15 Jan 18

Liebes Fräulein Schroeder

Es ist leider ausgeschlossen mich dienstlich auch nur für einen Tag von Berlin zu lösen, und jeder Versuch in dieser Richtung aussichtslos. Wir sind »Generalstab des *Feld*heeres« und werden in allen Fragen der Bewegungsfreiheit wie die Front selber behandelt.

Es betrübt mich sehr, denn in Rudis Nähe zu sein scheint mir jetzt das Natürliche. So werden wir immer wieder daran erinnert, wie sehr wir im Unnatürlichen leben, wenn auch das Äussere unseres Lebens sich fast normal ausnimmt.

Wäre nicht bei einiger Vorsicht festzustellen möglich, ob Bodenhausen oder ich hier bei Wichert etwas für ihn sagen, fragen, thun, vermitteln, – unter Umständen sogar *betreiben* können? Bodenhausen würde mit grösster Freude seinen nicht geringen Einfluss anstrengen.

Seien Sie wärmstens bedankt für Ihre Nachrichten. Ich will sobald als möglich wieder schreiben und ihn unterhalten.

Mit herzlichsten Gesinnungen und Grüssen

Ihr ergebenster   Borchardt

162 RUDOLF ALEXANDER SCHRÖDER AN RUDOLF BORCHARDT

[Bremen, Ende Januar 1918]

Lieber Rudolf

Ich denke Du wirst Dich freuen eine Zeile meiner Hand zu sehen, obwohl Schreiben noch über meine Kraft geht. Ich schicke Dir ein Gedicht, das kurz vor meiner Krankheit entstanden ist & mein Verhältnis zu dem toten Heymel, wenn nicht endgültig, so doch gültig behandelt. *Schreib mir bitte, wie Dir's gefällt!* Du hilfst damit zu meiner Genesung, denn ich bin um dies Produkt in Nöten.

Gedichte steigen viele in mir auf. Im übrigen bin ich noch zu schwach um viel zu denken. Langeweile muß helfen.

Danken wir Gott, daß ich am Anfang neuer Tage meine Liebsten begrüßen darf.

Rudi

1000 Dank für Deine Briefe. Du glaubst nicht, welche Wohltat sie sind!

163 RUDOLF BORCHARDT AN RUDOLF ALEXANDER SCHRÖDER

[Nicht abgesandt] 24 Karlsbad
Berlin 1 Febr 18
Mein lieber Rudi
Wie ich mir aus meiner eisern verklammerten Zeit eine Stunde
für Dich herausreissen soll, wird mir immer und immer wieder
zum Problem, und dass ich es heut Abend thue, obwol ein Berg
von Verpflichtung noch abzutragen ist ehe ich zu Bette darf, ist
beinahe abenteuerlich. Trotzdem kann ich Dich nicht länger
ohne Gruss und Wunsch lassen, seit ich vor wenig Tagen durch
eine glücklicher weise falsche Nachricht über angebliche Verschlimmerung aufs heftigste erschreckt worden bin und dann
nach empfangener telephonischer Beruhigung doch nicht recht
habe aufatmen können bis ich Dir nicht ein Wort gesagt hätte.
Da also bist Du wieder, mein guter Alter, und auf dem steigenden Aste, hast hoffentlich gute und reine Stunden der Ruhe und
Erneuerung. Eine rechte Krankheit oder eine rechte Genesung
am Ende einer langen Mühsalszeit ist so oft ein wahres Himmelsgeschenk, das jede andere Art der Unterbrechung weit überbietet. Möchten Dir die Umstände gestatten das so zu betrachten
und dass bald alle Enden aller Epochen, die des Krieges eingeschlossen, in einen einzigen Sühnetag münden aus dem die
neuen Cyclen springen. Ich selber ersehne für mich diesen Tag
mit unbeschreiblicher kindischer Begierde. Ich bin mein Leben
hier über alle Worte hinaus satt und ertrage nur durch eine ständige Spannung des Innern die ich gebetsartig nennen möchte,
das Unmass der mich belastenden Ketten, von denen eine einzige

ehdem mir unerträglich erschienen wäre. Das verfolge ich nicht ins Einzelne, sondern halte mich an die gute Aussicht ins Reine und Eigene, der man sich eben doch nähert, durch allen Wust der menschlichen Thorheit, Feigheit, Erbärmlichkeit und Verlogenheit hindurch, die im Grunde, nach Brechung der mechanischen Hindernisse, als die zu überwindende moralische Trümmerstätte der alten Kriegsanlässe zurückbleiben. Sie zu bedenken giebt die Schmach des BelagerungsZustandes vermehrten Grund, aus dem heraus ich Dir heut schreibe und der als Folge ungeheurer Fehler und Schwächen nicht hatte ausbleiben können. Man büsst es, dass man seit vier Jahren einen Krieg ohne Programm führt, der dem Volke jedes Gefühl gelenkt und regiert zu werden schliesslich hat benehmen müssen und aus jedem Narren und Rollenhascher einen Zwischensprecher und tiefbesorgten Volksretter gemacht hat, bis schliesslich der Krieg zu einer innerpolitischen Angelegenheit, das heisst aber zum Chaos geworden war und in der völligen Zerfahrenheit des Bürgerstandes resultierte. Diese allein verschuldet die heutigen Zustände in Österreich und bei uns. In den Ländern wo sie nicht besteht, ist das Proletariat zwar verärgert aber loyal und der Pöbel geduckt. Bei uns ist das Proletariat zwar noch halb loyal aber schadenfroh und der Pöbel meutert. Die Unruhen hier waren keine Arbeiterunruhen sondern gemeine Ausschreitungen unreifen Hilfsarbeitergesindels, darum auch bei aller Schmählichkeit ziellos und consilii expertia. Kraft erhalten sie nur durch die erbärmliche gutgekleidete Gesellschaft die vor dem Siege zittert und nach jedem Vorwande greift um ihn zu hindern, weil eine Entscheidung zur Entschiedenheit zwingt und all diese Hysterie und Zerworfenheit, diese

Masse schlechter Gewissen und verbuhlter Fremdendienerei in klarer Lage weder mehr profitieren noch sich geltend machen noch Übergewicht erhaschen noch überhaupt leben kann. Ich habe täglich an diesem elenden Ernst Hardt, der den ganzen Clubschwatz im Amte als eigene Weisheit vorträgt einen Maassstab für die Moden der eleganten Welt; und heut hat mir eine literierende Canaille aus Hellerau zu schreiben gewagt, die Oberste Heeresleitung sei ein frecher Fälscher der öffentlichen Meinung und wenn jeder frei spräche so wäre sie noch schneller aufs Maul geschlagen *als demnächst aufs Haupt!!* Die sozialistischen Führer, die in der Deutschen Gesellschaft mit jedermann fraternisieren, kennen diesen état d'âme genau und können zu ihren Herden sagen: »Nur zu – alles ist erlaubt, alles wird begriffen verziehen gebilligt pp«. Und morgen sitzen die Kriegsgerichte, und die Feinde drucken Extrablätter.

Übrigens geht meine Erregung über diese Vorgänge nicht tief. Meine Überzeugung von der durch menschliche Faktoren unbeeinflussbaren dynamischen Folgerechtheit der Kriegsentwickelung lässt weder Individuen noch Massen sondern nur noch Dämonen als Gegenstand der Betrachtung zu, und das Gefühl der aufgebrochenen Notwendigkeit, die über alle menschliche Teufelei, Feigheit Dummheit Scheinklugheit und wahnwitzige Verkehrtheit hinweg schliesslich doch in die geographischen und historischen Betten einströmt, beruhigt mich und lehrt mich den Tag verachten. Ich sage seit Kriegsbeginn, dass wir den Westen erst schlagen können wenn wir den Osten zerschlagen haben, dass wir die Balten bekommen und die Finnen befreien müssen, dass Rumänien Bessarabien nehmen und die Dobrudscha an

Bulgarien gehen muss, dass Frankreich und Russland ausscheiden und England sich erst dann mit uns verständigen wird wenn wir es ins Meer geworfen haben. Gegen jede dieser geisterhaft klaren Notwendigkeiten deren Schnittpunkte in der geschichtlichen Convergenz schon gegeben waren, hat das deutsche Volk einschliesslich seiner Regierungen sich gesträubt wie ein Irrenhaus in der Feuersbrunst gegen den Weg ins Freie. Wir haben Frankreich »niederwerfen« und dann Russland »langsam ermüden« wollen, an englische Armeen nicht geglaubt sondern angenommen, England werde sich nach dem Falle von Paris besiegt geben, haben das Baltenprogramm nie gewagt sondern die Balten tausendmal verraten, Finnland seinem Schicksale überlassen wollen, durch die unsinnige Bulgarenpolitik Rumänien ins Russenlager gedrängt, die Serben geschlagen und zerstampft um sie als Wall gegen die Bulgaren mühsam wieder herzustellen, die Türkei auf dem unmöglichen militärischen Wege zu retten versucht statt auf dem gegebenen politischen der nach dem Falle von Bagdad und Jerusalem trotzdem beschritten werden muss. Und das alles mit dem Erfolge, dass die Dämonen sich nicht spotten lassen, sondern sich erst aus unseren Fehlern Brücken in die Notwendigkeit schlagen, die wir nur, statt sie geschaffen zu haben, nun passiv hinnehmen und verdecken müssen. Volentem sortes secuntur – besser als ducunt – nolentem tradunt, und wir sind die Geschleiften. So hat unser Volk begreiflicherweise nicht mehr das Gefühl der Thäter seiner Thaten zu sein, und empfindet sich mitten auf der Siegeshöhe als moralisch geschlagen – das ist es in einem gewissen Sinne auch, denn unabhängig davon wie ihm seine Unternehmungen schliesslich »ausgegangen« sind, –

seine Intentionen als Intentionen sind jede für sich wie billig, gescheitert, und es muss ein zweites Mal wie nach 70 in sein erstrittenes Kleid erst hineinwachsen – furchtbare Zumutung für diesen Volksgenius, immer wieder, von Jahrhundert zu Jahrhundert sein Riesigstes schlafend gethan zu haben, während die ganze Welt ihm wachend zusah und seine Thaten erlebte die es selber nicht kennt, sodass der eine im Gestern lebt, der andere im Heut und beide einander nicht begreifen.

Genug von diesen Träumereien. Bei Reinhardt traf ich letzthin Wichert, der mir mündlich sagte, was Pauli Dir schon aus schriftlichen Mitteilungen berichtet haben wird, so dass Du beruhigt sein kannst. Er hat mir nicht eben missfallen aber doch auch nicht den Wunsch erweckt, ihn häufiger zu sehen und zu sprechen, er macht mir einen garzu zerdrückten und unfrohen Eindruck, als wäre ihm in sich nicht wol, und müsse er demnächst in eines Andern Haut fahren. Fragt man sich woran es liegt, dass ein solches Individuum bei redlichstem Streben, beträchlichen Kenntnissen, genauem Wissen um das was noth thut und schliesslich auch nicht geringen Charakterkräften am Ende doch nicht zulangt, so kommt man um den Unterschied zwischen abgeleiteten und ursprünglichen Menschen nicht herum. Alle Wissens- und andern Schätze der Erde ersetzen nicht die Eigenschaften, die den Primären Menschen ausmachen, die Sicherheit der Instinkte, die Unschuld der sicheren Emanation des Innern, das naive Reagieren auf Gemässes und Ungemässes. Der sekundäre Mensch setzt Alle primären voraus wie der primäre die Natur, deren Kind er ist wie Spatz und Glockenblume, eine bestimmte Species deren Gesetze sich bestimmen lassen, wie denn der Spatz keine Knochen frisst und die Glockenblume nicht im Sumpfe wächst. Der Sekundäre Mensch dagegen hat immer die Wahl und ist eigentlich von Natur ratlos, muss sich aus dieser Ratlosigkeit durch Abstraktionen retten und das abstrahierte Gesetz immer falsch und auf die falschen Objekte anwenden, wofür gerade Wichert das rechte Beispiel ist denn ich habe nie einen in falscherem Systematisieren und Schematisieren verstrickten und in dieser Verstrickung gravitätischer gebarenden Menschen gesehen als ihn. – Der Dramatiker Kaiser war auch da, vielmehr zu seinen Ehren das Fest gegeben, kein angenehmer Mensch, und nicht verlässlich wirkend, aber mit der gelegentlichen Fähigkeit eines schönen Wortes.

164 RUDOLF ALEXANDER SCHRÖDER AN RUDOLF BORCHARDT

Bremen Straßburgerstraße 31
6. IV. XVIII

Mein guter Borchardt.

Nun stehe ich wieder einmal wie das Kind, das seinen Fuß zögernd in den kalten Wasserspiegel taucht, in dem es dann schließlich doch schwimmen lernen soll – salvis accidentibus.

Noch nicht eigentlich aus dem »Lazarett« entlassen erhalte ich die Nachricht, die aus der Abschrift meiner guten Schwester Dir entgegen blitzen wird.

Der Brief ist an den Dr. Wichert gerichtet. Nun beschwöre ich Dich bei allem, was Dir heilig ist, geh früh morgens in das Haus der Madame Simon und entreiße ihm ein Wort, über das, was er zu tun denkt. Könnte, ach könnte ich nach Berlin – aber durch diesen »Donnerschlag« ist ja auch die Möglichkeit eines irgendwie complizierten Urlaubs für mich vorläufig erledigt. Ich hatte mich so gefreut – mehr als ich Dir sagen kann! – nach dem Aufenthalt bei Eberhard Bodenhausen zu Dir zu kommen. Nun wird wohl aus beidem nichts werden. Denn ich kann froh sein, wenn ich nur einen Urlaub in engster Sphäre, im Marinegenesungsheim des braven Biermann oder so ergattere. Stell Dir vor, mein Lieber, die Sache mit dem Haag gelänge vorbei, und ich müßte den Rest des Krieges für meine p. p. Sünden büßen.

Also stelle Dich nicht so stumm wie nach den schönen Versen an Alfis ambulanten Geist und schreib mir eine Zeile. Im Übrigen halt den Daumen für mich, auch für den Fall, daß alles schief geht; denn dann müßten Eure Kräfte mit ran, allein schaff ichs nicht. Viele Grüße an Deine liebe Frau & Dich

Dein Rudi

165 RUDOLF BORCHARDT AN RUDOLF ALEXANDER SCHRÖDER

24 Karlsbad
Berlin den 8 April 18

Mein Teuerster

Nur mit einem Worte kann ich Dir heut den Inhalt meiner telephonischen Bestellung von gestern dahin bestätigen, dass Wichert dem ich gestern mittag Deinen Brief übergeben habe, mir versprach sofort heut früh an erster Stelle Kühlmann darüber vorzutragen. Mehr konnte er gestern nicht sagen; seine Bereitwilligkeit und persönliche Teilnahme lagen in beruhigendster Weise im Ton seiner Zusage. Um weitere Bearbeitung bitte ich Hugo dem der Mann fassbarer ist als nach dem Vorausgegangenen – zuerst Empressement für mich, dann philisterhaftes Verzagen und Verflauen – gerade mir. Ich bin gegen ihn auf eine bei gesellschaftlicher Verbindlichkeit doch nichtssagende Form reduciert und pflege ihn bei Begegnungen am dritten Orte im Gespräche nicht zu binden. Hugo dagegen ist in einem lebendigen Gieb-und-Nimm Verhältnisse mit ihm und wird auf ihn zu drücken wissen.

Ich hoffe nach soviel Glück im Unglück und Unglück im Glücke mit Sicherheit auf die mittlere Lösung, die Dich befreit. Mit Schreckschüssen solcher Art pflegt Satan immer noch einmal wenn er das Spiel schon verloren hat und Abzug blasen muss, nach hinten auszuschlagen. Wer ruhig bleibt und lacht, hat gewonnen.

Mir, Du Guter, verzeih, nicht zum letzten Male. Ich führe ein böses, böses Leben. Die Welt frisst mich mit tausend Lippen an, denen der Liebe, denen des Hasses, des Hungers – im bildlichen Sinne – des dummen Störungs und Zerstörungstriebes, der blinden Verbrauchung. Das Amt umklammert mich wie ein schnödes stupides Tier, meine arme gute Frau drückt mir die wenigen Luftlöcher zu die es mir lässt, und auf den freigebliebenen Quadratcentimetern sitzt Hugo mit unablässiger alles verschlingender Neugier und Begier nach meinem geflüchteten Innern. Kaum atmen kann ich, schlafen fast gar nicht mehr, sehne mich nach Einsamkeiten ohne Augen, und fühle doch unaufhörlich Augen Augen Augen auf mich gerichtet, dass ich umkommen möchte. Was sage ich viel! Du weisst ja, worum alles geht. Dies muss bald enden, oder ich bin am Ende.

Glücklicherweise ist ersteres der Fall. Wir stehen seit November im unaufgehaltenen Zusammenbruche des Krieges, die Katastrophen die wir gewahren, sind nicht mehr Aktionen, sondern Sturzfolgen seines grossen passiv gewordenen Endprozesses, so aktiv und willensbestimmt sie auch aussehen. Forma vivendi vivor. Zeitprophezeihungen sind eitel. Die statischen Elasticitätsgrade der einzelnen Wände zwischen noch unruinierten Hohlräumen sind Unbekannte. Der »Sieg« ist unterwegs und ich kann mich nicht freuen! indes die Canaillen um mich her alle in ekelhaftesten Formen Courage kriegen! Welch eine Welt! Mit Stockschlägen und Schneidehieben möchte man dazwischen! Es sind lange nicht genug gestorben. Thersites lebt und rüstet sich zum Einzuge durchs Brandenburger Thor, behängt mit allen entwerteten Ehrenzeichen für militärische und civile Heldenthat.

Schreiben, wie Du siehst, kann ich nicht. Ich leide zusehr an Allem, durch Alle, und Alles. Freuden, auch grosse wie Dein Gedicht, ertrinken zu schnell in dem Übermasse von Wermuth, das die Welt mir mit giftig süssen Reden täglich einfüllt. Seit vier Jahren stehe ich bis an den Hals in der Masse, und jeder dem nichts besseres einfällt wischt sich an mir die Hände ab. Wie lange werde ich baden müssen bis mir nicht mehr vor mir selber graut! Wie lange werde ich jedes mich an diese vier Jahre erinnernde deutsche Gesicht, deutsche Worte, deutsche Luft aus dem Gedächtnisse ausspeien müssen, ehe mir das Wort Vaterland wieder anders als gemein klingen kann. Ich will fort, muss fort, je bälder je besser. Fast sage ich, gleichgiltig wohin. Nur dass ich mein Leben wieder lebe und wäre es Seite an Seite mit dem Bettler und seinem fremden Hunde! Das hatten wir wol anders

geträumt. Aber auch es geträumt haben, war schön, für uns schön, und schön für die elende Zeit, die des schönen so sehr bedürfen wird um ihren Anspruch vor den Augen der Nachwelt gegen die Erbärmlichkeiten durchzusetzen mit denen sie besetzt ist, sodass man nichts als das zu gewahren glaubt und sich ihrer schämt – anderswann geboren sein möchte – u.s.w.
Und nun guten Mut – den ich *auch* habe, irgend wo conserviert in bittern, grimmigen Stoffen. Du weisst »Wer nicht verzweifeln kann, der soll nicht leben«. Dein

R

166 RUDOLF ALEXANDER SCHRÖDER AN RUDOLF BORCHARDT

[Bremen, Straßburgerstraße 31]
9.IV.18

Mein Guter, Bester! Was habe ich für einen törichten aufgeregten Brief an Wichert & Dich geschrieben! Stelle Dir, bitte meine Gemütsverfassung nicht gar so düster und jämmerlich vor. Ich erwarte zwar trotz Deines guten, aufmunternden Fernspruchs (Du warst es doch?) durchaus das Unangenehmste; aber ich erwarte es doch einigermaßen gefaßt, und möchte, falls ich Opfer zu bringen habe, das mit der Würde tun, die sich für meine Person geziemt. Es wäre ja auch zu dumm, wenn ich in dem Augenblick, wo ich – allerdings in einem abstrusen und unerfreulichen Zusammenhang der Ereignisse – zum zweitenmal aufgefordert würde, die von mir als Dichter präkonisierte Opferwilligkeit nicht aufzuweisen imstande wäre und durch weibisches Gebaren meinem biederen Denunzianten nachträglich Recht gäbe. Also dies mußte nach dem ersten Schrecken gesagt werden. Meine Lage bleibt ja – im engeren Sinne – fatal genug, & wenn ich mich mit Anstand heraus retten kann, werde ich den hülfreichen Menschen, Dämonen und Göttern dankbar sein; aber Du mußt nicht glauben, daß ich nicht imstande sei mich wieder in mir zurecht zu finden. Meine Genesung ist ein so verantwortungsvolles Geschenk, daß ich durchaus mich gezwungen sehe, jetzt endlich mit all dem luxurienten Getu und Gewünsch aufzuräumen & den unabweislichen Forderungen meiner wie jeder Existenz Aug in Auge zu begegnen.

Es ist mir eine große und reine Freude Dir sagen zu können, daß Du und Dein mit mir Leben nicht nur an meinem künstlerischen sondern auch an meinem sittlichen Fortschreiten tiefer und entscheidender beteiligt seid, als sich das so mit dürren Worten sagen läßt.

Es ist mir oft erschienen, als näherten wir uns aus zwei verschiedenen Richtungen her einer gemeinschaftlichen Mitte, Du freilich wesentlich eigenwilliger und entschiedener als ich, der weniger durch Wollen & Leidenschaft, als durch Intuition und Nötigung geführt wurde. Die Mitte unsres gemeinsamen Strebens würde also da liegen, wo [sich] die Ausschließlichkeit der Leidenschaft und die Indifferenz der Contemplation die Wage halten. Freilich ist es nicht zu verkennen, wie oft der Funke von einem Pol zum andern überspringt, wie die Intuition sich zur leidenschaftlichsten Bestimmtheit verdichtet, der leidenschaftliche Wille sich alle hellseherische Klarheit der Anschauung erzwingen kann. Gut ist es aber doch, man bleibt sich der Verschiedenheit klar bewußt; Du hast Dir aus den Schlacken eines Ungestüms, das

Deinen ganzen seelisch-sittlichen Komplex immer wieder auf die Feuerprobe stellte, das Metall und den Kristall Deiner inneren Besitztümer geklärt; ich habe überall da, wo ich leidenschaftlich gefordert habe (z.b. in der Erziehung Heymels) Schiffbruch erlitten, wo ich gelassen blieb und entscheidende Fragestellungen vermied, ist es mir weit besser ergangen.

Trotzdem aber will es mich hie & da bedünken, als gingen wir beide doch trotz aller Verschiedenheit im Grunde von dem gleichen Ausgangspunkte aus, nur hättest Du in vielem rascher und beharrlicher als ich eine Distanz zwischen uns gelegt, die dann eine Art sekundärer Polarität ergäbe. Nun, solche Betrachtungen mögen unnütz & vor allem oberflächlich sein – sie laufen jedenfalls Gefahr in ein müßiges Spiel mit Correlaten zu entarten. Seelenwachstum und Seelenwirkung werden den Psychologen zum Trotz immer ein Geheimnis bleiben. Dankbar genug darf man sein, wenn seelische Gemeinschaftlichkeiten sich so notwendig und durch so lange Jahre unanfechtbar hervortun, wie das zwischen uns der Fall ist.

Ich schicke Dir mit diesem Brief drei Abschriften

I enthält 2 Strophen zu dem Gedicht »Die Wanderer«. Sie sollen zwischen der vorletzten & letzten Strophe eine Art Verbindung herstellen.

II ein Versehen, ältester Zeit, dass mir neulich in die Hände fiel und wohlgefiel.

III. Strophen, die in ein zusammenhängendes Ganze für einen Komponisten gedacht sind. Ich habe das Gefühl, als ob mir jetzt auch derartige Gelegenheitsarbeiten gedrungeneres Wachstum aufweisen wollten.

Nun leb wohl & bitte laß mich eine Zeile von Dir sehn. Das ist der Trost, den ich gegenwärtig nötig habe.

Herzlichst   Rudi

N.B. Ich wollte Dir noch schreiben, wie sehr mich die erneute Lektüre Deines handschriftlich bei mir befindlichen Gedichtes: »An den Heros« ergriffen und bezaubert hat. Ich habe es wieder & wieder gelesen. Herrlich!

[Beilagen]
                    I.
Gesell, mein Aug, von Thränen starr,
Gewahrt es, dich verscheucht mein Flehn.
Du schwankst und wendest dich zum Gehn.
Sag, stummer Mund, wohin der Fahrt?
        Bleibt ungefragt
        Und ungesagt
Das Wort, das beiden uns auf karger Lippe zagt?

Bleibt Haß und Liebe sonder Macht?
Ach Seele, Fremdling, unverwandt,
Ach feind dem Meere, feind dem Land
Irrwandernde durch Tag und Nacht!
        Ach fort und fort
        Ohn Gruß und Wort
Als stünd uns zween der Quell von Lieb und Haß verdorrt!

II

Im Garten schon verdichten sich
Des Astwerks grüne Schranken;
Die Tulipane richten sich
Im Beet empor, die schlanken.

Nur Wochen sinds. Da lagen hier
Die weißverschneiten Flächen.
Nur Wochen sinds, da wirst du dir
Vom Stamm die Rose brechen.

III
Charon.
Mein grauer Kahn
Verläßt den Strand
Und furcht die Bahn
ins Totenland,

Durch fahle Flut
Mit leichter Fracht,
Aus Frost und Glut
Zur letzten Nacht.

Zum Ufer drang
Der wirre Hauf;
Mein Nachen schwank
Nahm alle auf,

1918

Mein Ruderschwung
Gilt jedem gleich,
Ob alt ob jung,
Ob arm ob reich;

Ob kühn und stolz,
Ob schlecht und klein,
Mein schwimmend Holz
Nimmt jeden ein.

Wer einmal trat
Auf meinen Steg,
Dem weist kein Pfad
Zurück den Weg.

Wer mir bezahlt
Den Reiselohn,
Ist der Gewalt
Auf ewig fron,

Die auch verbannt
Aus Tag und Nacht
Von buntem Strand,
Der lockt und lacht;

Die ungerührt
Von buntem Strand
Euch niederführt
Ins Totenland;

Vom Strand, der lockt,
Zum Schattengraus. –
Das Ruder stockt.
Die Fahrt – ist – – aus.

167 RUDOLF ALEXANDER SCHRÖDER AN RUDOLF BORCHARDT

[Bremen] 23. IV. 18

Mein Guter.

Auf Deinen mehr als traurigen Brief habe ich vor einigen Tagen eine Antwort begonnen, hoffentlich hilft Degenershausen sie mir vollenden.

Jetzt nur in Hatz einiges Geschäftliches. Ich habe *jetzt* erst Urlaub von W'haven bis 13. Mai, also etwa knappe 14 Tage für Degenershausen. Nachricht, wie meine Reklamation steht habe ich noch nicht, nur unterm 8. von Dehn & Wichert die Zusicherung, daß ich reklamiert werde. Ich habe nun heute an Dehn & Wichert geschrieben, daß man mir doch eine Zeile nach Degenershausen, Post Ermsleben (Südharz) gönnt. Kannst Du durch Hugo noch mal drücken? Ich hoffe, auf der Rückreise eine Nacht Berlin herauszuschinden, benachrichtige Dich vorher. Die Unsicherheit, in der ich lebe hindert natürlich meine Erholung – ich weiß nicht mal, ob irgend ein Schweinskerl in W'haven mich nicht gleich K. v. schreibt, was natürlich katastrophal. Sonst geht es ganz leidlich Deinem zur Ablenkung Schillers Philosophika lesenden

Rudi.

Grüße an die liebe Frau!

168 RUDOLF ALEXANDER SCHRÖDER AN RUDOLF BORCHARDT

Degenershausen
22. V. 18

Mein lieber Borchardt. Uns hat hier ein neuer schwerer Schlag getroffen. Ottonies Vater ist gestern in Nordhausen in einer Klinik, wo er an Sarkom operiert worden im 77. Lebensjahr verstorben. Ottonie wunderbar gefaßt, aber in allen Nerven schrecklich zerrüttet, ist hingefahren. Beisetzung in Sondershausen. Dortige Adresse Marienstraße. Ottonie kehrt baldmöglichst hierher zurück. Ich habe beim A.A. telegraphisch gebeten, bis zum Ende Monats bleiben zu dürfen, da ich Mädi nicht allein lassen möchte, bitte Dich mit Wichert darüber zu sprechen, bin natürlich selbst auch sehr herunter. Schreibe Dir in höchster Eile, da oben Briefbote wartet. Die arme, ärmste Ottonie! Das Herz steht einem still. –

In aller Treue & Liebe   Rudi

N.B. Versäum um Gottes willen nicht die Grabrede aufzuschreiben! Bitte halt Dich dran!

169 RUDOLF ALEXANDER SCHRÖDER AN RUDOLF BORCHARDT

Bremen Bentheimstr. 7
24. VI. 18

Lieber Borchardt. Nur zur Beruhigung: es geht mir ganz gut. Morgen fahre ich nach Brüssel, bin neugierig, was die da für

Augen machen. Überhaupt sind meine Apprehensionen nicht gering, man wird sicher versuchen mich auch im Haag hinaus zu ekeln. Na, vogue la galère.

An alle Degenershäuser viele Grüße. Hoffentlich bist Du wohl & munter dort & den lieben Damen eine Wohltat. Grüß Hans Wilke vielmals von mir, er soll was besseres werden als die Drecksgenerationen vor & nach uns. Wir sind doch in einer olympischen Weise allein; ich komme langsam hinter den Geschmack der Sache.

Viele Grüße an alles Degenershäusische. Rudi

170 RUDOLF ALEXANDER SCHRÖDER AN RUDOLF BORCHARDT

Brüssel 7. IX. 18

Mein guter B. ich habe eine unsagbare Sehnsucht nach einem lieben Wort von Dir. Du hattest mir eine Zeile von Neubeuern versprochen, aber Kuchen. Und ich habe nicht gewagt Dir vom Haag aus zu schreiben, weil alle Briefe im Amt gelesen wurden & ich ja immer noch nicht weiß, ob ich wirklich ohne Kühlmann dort genügend Rückendeckung habe. Doch scheint es sich jetzt zu machen, scheint wenigstens so.

Ach mein Guter, eben erhalte ich einen Brief von Kühlmann, – *gewesene* Staatsmänner schreiben doch wenigstens regelmäßig –, in dem er mir sagt ich müsse mich aus meiner Niedergeschlagenheit durch Beschäftigung mit völlig Heterogenem, Überzeitlichem retten, das sei meine, sei unser aller Pflicht, um uns so für die kommenden wohl noch trüberen Tage lebendig

& wirksam zu erhalten. Er hat Recht; aber mir geht es gar schlecht. Ich habe zu allem Übrigen hier auf einer sogenannten Dienstreise in Gent einen starken Fieberanfall mit Cholerine gehabt, & bin natürlich wieder gesundheitlich am Ende – wahrschl. spanische Grippe, die aber hoffentlich jetzt überwunden. Da habe ich denn in all der fremden teils gleichgültigen, teils feindseligen Umgebung manchmal ein verzweifeltes Gefühl des Alleinseins, des Nicht-Mehr-Lebens; & von Euch hört man doch nichts. Neulich hatte ich lange, liebe Briefe aus Degenershausen; aber das ist doch schließlich nicht alles. Von Hugo habe ich seit über einem Jahr keinen Brief, schließlich wird man sich ja ganz fremd sein, wenn man grau & ausgeblutet auf das Trümmerfeld zurückkehren wird, das man mit seinen eigenen ungelernten Händen sich wieder zu dem bewußten Paradiese schaffen soll.

Mich hat ja im ganzen Kriege das Vorgefühl dieses Ausganges nicht verlassen, bei keiner der großen Wendungen. Nur bei der Offensive dieses Frühjahrs habe ich mich für Momente täuschen lassen. – Aber o Borchardt, wo sind die Masten, mit denen Du noch im Juni in den Ocean stolzer Hoffnungen hinaussegeltest! Wenn uns nur noch ein Aequivalent des »geretteten Kahnes« bleiben möchte! Darum zu bitten habe ich verlernt. Erzürnten Gottheiten soll man ferne bleiben; wenn alles geschehen & alles zu erdulden sein wird, so werden auch für *Deutsche* die Ohren & die Augen des Himmels wieder offen sein. Du siehst, der *Persertraum* des stinkerigen Herrn Wilson war doch leider auf höchst realen Unterlagen aufgebaut. Daß es diese halbkannibalische Nation sein muß, die uns die bitteren Früchte unserer

Dummheit nun auf Jahrzehnte in die Schnauze stopfen wird mit dem Motto: »friß Vogel und stirb«, ist allerdings ein schauerlich grausamer Witz. – Amerika! – Ja, *das* hätte 1914 doch niemand gedacht; aber wir haben mit diesem Feuer gespielt wie das Kind mit dem Pulver in der Zigarrenkiste: »es brennt nicht, es brennt nicht ....« bumm! fliegt uns die ganze Pastete in die Fresse. –

Schluß. Wie es mir sonst geht? Ich habe im Haag ± 0 zu tun, träume, & werde versuchen mich von nun an zum Arbeiten zu sammeln. Wenn es mir nur mit der Gesundheit & den Nerven besser gehen wollte. Aber das wird schon werden. Was machst Du alter Hasser, alter Liebhaber, junger Dichter und emeritierte Kriegsposaune? Jetzt wo Du nach Degenershauser Meldungen einen endlos langen Krieg prophezeist, fange ich an an einen baldigen Frieden zu glauben. – Borchardt, lieber Junge, denke nicht ich will Dich frozzeln; aber was soll der Mensch tun, wenn man ihm alles wegnehmen will, das er lieber hatte als sich selber? Nun Dich soll man mir nicht wegnehmen; und wenn die sogenannte Welt nun ihre gemeinen Instinkte triumphieren lassen wird und der ganze Zirkus der Kulturvölker begeistert in die Arena hinabschaut, in der wir in jedem Sinne zu Paaren getrieben werden – wenigstens vorläufig; denn »aus« ist es ja doch wohl noch nicht ganz – so bleibt uns ja immer noch der bewußte Stolz, in den man sich bei solchen Gelegenheiten wickelt und der nach der Ansicht mancher Biederleute besser wärmen soll als Schafwolle.

Ade. Schreib mir einen gesetzten Brief nach dem Haag durch Vermittlung des Herrn Konsul Dehn A.A. Berlin, oder ich enterbe Dich; was ich hiermit übrigens gleich im Voraus tue; denn Du schreibst ja doch nicht, olle Schaute.

Herzlichst   Rudi

N.B. Mit Wolde, der mich dreist gehöhnt,
 Hab ich mich noch nicht ausgesöhnt.

171 RUDOLF ALEXANDER SCHRÖDER AN RUDOLF BORCHARDT

Deutsche Gesandtschaft Haag
27.X.18

Mein Guter.

Ich schicke Dir zwei Brieffragmente aus der letzten Zeit und ein Gedicht, um Dir zu zeigen wieviel und wie heiß ich an Dich, an Euch alle gedacht habe in diesen entsetzlichen Tagen, die doch nur das Tor der Hölle bedeuten, in die hinein verschlossen wir nun weiter leben sollen. Sterben können, sterben dürfen auch für die verlorene Sache, wäre ja noch ein Geschenk gnädigen Himmels, aber wird uns nicht auch dies versagt bleiben?

Mir scheint die Katastrophe unaufhaltsam – und, – das ist das Schrecklichste! – nicht nur die äußere sondern auch die innere. Ich halte es nach allen Anzeichen für fast unmöglich, daß der gegenwärtige politische Zustand sich konsolidiert. Gewiß besteht augenblicklich nirgends – von einigen extremistischen Narren abgesehen – der Wunsch, eine innere Katastrophe herbeizuführen, und die sittlichen & geschichtlichen Widerstände gegen eine solche sind im Volke selbst sehr groß. Aber wird in dem Rausch des Haßes & der Vernichtung, der jetzt die Welt durchtobt, und in dem das heuchlerische Geplärr der Herren Wilson & Co. vertönen wird wie eine Hirtenflöte im Sturm, nicht auch diese letzten Bollwerke des alten Europa zerbrechen? Daß Ungarn, Böhmen und tutti quanti dem Bolschewismus ausgeliefert sind, ist klar – werden die heroischen Anstrengungen der Deutsch-Österreicher einen Damm aufrichten können und wird nicht dort die bare, gräßliche Hungersnot das Ihrige tun? Jedenfalls, Borchardt, wir müssen, solange es möglich ist, miteinander in Verbindung bleiben, müssen Nachricht der eine dem andern geben. Wer weiß, ob wir überhaupt noch einmal zusammenkommen?

Ich bin entschlossen, falls der »Waffenstillstand« (post flagitium!) nicht zustande kommt, mich nochmals zu stellen. Schreibe mir, was Du zu tun gedenkst. Für Hofmannsthal zittert mein Herz.

Bleiben wir leben, so müssen wir trachten zusammen zu bleiben. Ins Ausland wirst Du auch jetzt kaum mehr wollen, mit all der Last von Scham und Jammer auf dem Haupt. Und wie sollen wir vereinzelt es überhaupt ertragen zu leben, *dies* zu überleben? Schreibe mir doch auch hierüber ein Wort. Vielleicht retten wir doch noch aus dem Ruin die Trümmer einer Existenz, irgendwo auf dem Lande, arbeitend, rettend, sammelnd, was noch zu sammeln ist. Wir haben nie vor Verantwortlichkeit zurückgeschreckt – ich fühle das jetzt deutlich auch von mir, obwohl ich mich immer genießerisch zurückgehalten habe. Jetzt wird uns eine so große und *heiligende* auf die Schultern gelegt, daß wir in ihr selber die Kraft zum Tragen finden werden.

Gebe Gott Dir, lieber Freund, in diesen Tagen gute, klare und hohe Gedanken. Wir müssen uns in jeder Hinsicht stark machen, um dem Kommenden zu begegnen. Geht es über uns hinweg, so wollen wir uns eifrig zu den Millionen namenlosen Opfern dieses Krieges legen, in dem unerschütterlichen Bewußtsein, daß der Mensch kraft göttlicher Natur immer und in allen Lagen selber entscheidet, was sein Schicksal und was bloßer Zufall bleiben soll.

Dir über Einzelnes zu schreiben verwehrt mir nicht nur die herzlähmende Sorge sondern auch die Ehrfurcht vor dem ungeheuren Schicksal, das uns jetzt prüfen oder verwerfen will. Und auch, wer kann im Zusammensturz einer Welt nach einzelnen Trümmern fragen? Das bleibt die Sorge späterer Tage – vielleicht späterer Geschlechter.

Der Abgang Ludendorffs hat mich aufs tiefste erschüttert, obwohl ich glaube, daß ihm persönlich kein Unrecht geschieht. Ach, Borchardt, was werden wir noch erleben müssen, wenn erst das »souveraine Volk« die gestürzten Größen vor die Gerichtsbank fordert! Wie wird diese fürchterliche Verwirrung sich entwirren, *wann* wird man sagen können, Europa sei wieder befriedet? Denn was jetzt im Herzen des Weltteils unter betrügerischen Losungsworten vorbereitet wird ist das grade Gegenteil von Recht und Schlichtung, ist Anarchie, ist der wahre Triumph der Hölle!

Ich drücke Dir die Hand. Lebe wohl. Grüße Dora und Lutz. Ermesse an Deinem eigenen Kummer den meinen und schicke mir ein gutes Wort. Zu wissen, zu *lesen,* daß Du lebst und meiner gedenkst, ist der einzige Trost, nach dem ich verlange.

Rudi

Nachwort, Editorischer Bericht,
Anmerkungen und Dokumente sind
im Kommentarband
enthalten.

Verzeichnisse

VERZEICHNIS DER BRIEFE
1901-1918

1901

1 Rudolf Borchardt an Rudolf Alexander Schröder:
Göttingen 28. März 1901   7
2 Rudolf Borchardt an Rudolf Alexander Schröder:
Göttingen 1. April 1901   14
3 Rudolf Borchardt an Rudolf Alexander Schröder:
Bad Nassau 13. Juni 1901   16
4 Rudolf Borchardt an Rudolf Alexander Schröder:
Bad Nassau 2. Juli 1901   28
5 Rudolf Borchardt an Rudolf Alexander Schröder:
Bad Nassau 17. Juli 1901   31
6 Rudolf Borchardt an Rudolf Alexander Schröder:
Berlin 20. Oktober 1901   33
7 Rudolf Borchardt an Rudolf Alexander Schröder:
Berlin 30. Oktober 1901   36
8 Rudolf Borchardt an Rudolf Alexander Schröder:
Berlin 12. November 1901   36
9 Rudolf Borchardt an Rudolf Alexander Schröder:
Berlin 27. Dezember 1901   38

1902

10 Rudolf Borchardt an Rudolf Alexander Schröder:
Rodaun ca. 23. Februar 1902   40

1907

11 Rudolf Borchardt an Rudolf Alexander Schröder:
Lucca 5. April 1907   42
12 Rudolf Alexander Schröder an Rudolf Borchardt:
Frascati 14. April 1907   43
13 Rudolf Borchardt an Rudolf Alexander Schröder:
Lucca 17. April 1907   44
14 Rudolf Alexander Schröder an Rudolf Borchardt:
Frascati 19./20. April 1907   46

15 Rudolf Borchardt an Rudolf Alexander Schröder:
Lucca 21. April 1907 46
16 Rudolf Alexander Schröder an Rudolf Borchardt:
Rom 24. April 1907 47
17 Rudolf Alexander Schröder an Rudolf Borchardt:
Berlin 24. Mai 1907 48
18 Rudolf Borchardt an Rudolf Alexander Schröder:
15. Juni 1907 52
19 Rudolf Alexander Schröder an Rudolf Borchardt:
Bremen Mitte Juni 1907 52
20 Rudolf Alexander Schröder an Rudolf Borchardt:
Berlin 19. Juni 1907 53
21 Rudolf Borchardt an Rudolf Alexander Schröder:
Lucca 23. Juni 1907 54
22 Rudolf Alexander Schröder an Rudolf Borchardt:
Berlin 26. Juni 1907 64
23 Rudolf Alexander Schröder an Rudolf Borchardt:
Berlin 28. Juni 1907 69
24 Rudolf Borchardt an Rudolf Alexander Schröder:
Lucca 29. Juni 1907 70
25 Rudolf Alexander Schröder an Rudolf Borchardt:
Bremen 12. Juli 1907 80
26 Rudolf Borchardt an Rudolf Alexander Schröder:
Lucca 13. Juli 1907 82
27 Rudolf Alexander Schröder an Rudolf Borchardt:
Berlin 23. Juli 1907 85
28 Rudolf Borchardt an Rudolf Alexander Schröder:
Lucca 29. Juli 1907 87
29 Rudolf Alexander Schröder an Rudolf Borchardt:
Berlin 2. August 1907 92
30 Rudolf Alexander Schröder an Rudolf Borchardt:
Berlin Ende Juli/Anfang August 1907 100
31 Rudolf Borchardt an Rudolf Alexander Schröder:
Lucca 5. August 1907 101
32 Rudolf Borchardt an Rudolf Alexander Schröder:
Lucca 10. August 1907 103

33 Rudolf Alexander Schröder an Rudolf Borchardt:
   Berlin 13. August 1907   104
34 Rudolf Borchardt an Rudolf Alexander Schröder:
   Lucca 17. August 1907   105
35 Rudolf Borchardt an Rudolf Alexander Schröder:
   Lucca 16. September 1907   117
36 Rudolf Borchardt an Rudolf Alexander Schröder:
   Lucca 23. Oktober 1907   125
37 Rudolf Alexander Schröder an Rudolf Borchardt:
   Bremen 4. November 1907   127
38 Rudolf Alexander Schröder an Rudolf Borchardt:
   Bremen 2. November 1907   129
39 Rudolf Borchardt an Rudolf Alexander Schröder:
   Lucca 30. November 1907   131
40 Rudolf Alexander Schröder an Rudolf Borchardt:
   Rom 3. Dezember 1907   137
41 Rudolf Borchardt an Rudolf Alexander Schröder:
   Lucca 5. Dezember 1907   138
42 Rudolf Alexander Schröder an Rudolf Borchardt:
   Rom 8.-12. Dezember 1907   139

1908
43 Rudolf Borchardt an Rudolf Alexander Schröder:
   Berlin 3. Januar 1908   141
44 Rudolf Alexander Schröder an Rudolf Borchardt:
   Lucca 5. Februar 1908   144
45 Rudolf Borchardt an Rudolf Alexander Schröder:
   Lucca 8. Juli 1908   147
46 Rudolf Alexander Schröder an Rudolf Borchardt:
   Bremen 5.-7. August 1908   147
47 Rudolf Borchardt an Rudolf Alexander Schröder:
   Lucca 14. August 1908   170
48 Rudolf Borchardt an Rudolf Alexander Schröder:
   Lucca Ende November 1908   173
49 Rudolf Borchardt an Rudolf Alexander Schröder:
   Lucca Ende 1908   174

50 Rudolf Borchardt an Rudolf Alexander Schröder:
Lucca Ende 1908 188

1909
51 Rudolf Alexander Schröder an Rudolf Borchardt:
Bremen 6. Januar 1909 221
52 Karoline Borchardt an Rudolf Alexander Schröder:
Gattaiola 16. Januar 1909 222
53 Rudolf Borchardt an Rudolf Alexander Schröder:
Gattaiola 24. Januar 1909 224
54 Rudolf Alexander Schröder an Rudolf Borchardt:
Bremen 1.-12. Februar 1909 227
55 Rudolf Borchardt an Rudolf Alexander Schröder:
Gattaiola 19. Februar 1909 247
56 Rudolf Borchardt an Rudolf Alexander Schröder:
Sassorosso 7. März 1909 253
57 Rudolf Alexander Schröder an Rudolf Borchardt:
Rom 24. Mai 1909 256
58 Rudolf Alexander Schröder an Karoline Borchardt:
1. Juli 1909 258

1910
59 Rudolf Borchardt an Rudolf Alexander Schröder:
Gattaiola 28. Februar 1910 260
60 Rudolf Alexander Schröder an Rudolf Borchardt:
Bremen 4. März 1910 265
61 Rudolf Borchardt an Rudolf Alexander Schröder:
Gattaiola 6. März–10. April 1910 272
62 Rudolf Alexander Schröder an Rudolf Borchardt:
Bremen 25. April 1910 297
63 Rudolf Alexander Schröder an Rudolf Borchardt:
Bremen 2. Mai 1910 299
64 Rudolf Alexander Schröder an Rudolf Borchardt:
Gattaiola 31. Mai 1910 300
65 Rudolf Alexander Schröder an Rudolf Borchardt:
Rom 15. Juni 1910 301
66 Rudolf Alexander Schröder an Rudolf Borchardt:
München 20. August 1910 302

67 Rudolf Alexander Schröder an Rudolf Borchardt:
München August 1910 303
68 Rudolf Borchardt an Rudolf Alexander Schröder:
München August 1910 303
69 Rudolf Alexander Schröder an Rudolf Borchardt:
München 4. September 1910 304
70 Rudolf Borchardt an Rudolf Alexander Schröder:
Berlin 10. Dezember 1910 304

1911

71 Rudolf Borchardt an Rudolf Alexander Schröder:
Geggiano 16. Februar 1911 305
72 Karoline Borchardt an Rudolf Alexander Schröder:
Geggiano 16. August 1911 312
73 Rudolf Borchardt an Rudolf Alexander Schröder:
Geggiano 14. Oktober 1911 314
74 Rudolf Borchardt an Johannes Schröder:
Geggiano 28. Oktober 1911 317
75 Rudolf Alexander Schröder an Rudolf Borchardt:
Bremen 1. November 1911 317
76 Rudolf Borchardt an Rudolf Alexander Schröder:
Geggiano November 1911 331
77 Rudolf Alexander Schröder an Karoline Borchardt:
Bremen 1. November 1911 368
78 Rudolf Alexander Schröder an Rudolf Borchardt:
Bremen 8. Dezember 1911 369
79 Karoline Borchardt an Rudolf Alexander Schröder:
Geggiano 14. Dezember 1911 375
80 Rudolf Borchardt an Rudolf Alexander Schröder:
Geggiano 15. Dezember 1911 378
81 Rudolf Alexander Schröder an Rudolf Borchardt:
Neubeuern 30. Dezember 1911 383

1912

82 Rudolf Borchardt an Rudolf Alexander Schröder:
ca. 3. Januar 1912 386

83	Rudolf Alexander Schröder an Rudolf Borchardt: Bremen 23. Januar 1912	392
84	Rudolf Alexander Schröder an Rudolf Borchardt: Bremen 10. März 1912	393
85	Karoline Borchardt an Rudolf Alexander Schröder: München März 1912	397
86	Rudolf Alexander Schröder an Rudolf Borchardt: Bremen 12. März 1912	398
87	Rudolf Borchardt an Rudolf Alexander Schröder: München 12. März 1912	398
88	Rudolf Borchardt an Rudolf Alexander Schröder: München 29. März 1912	405
89	Rudolf Borchardt an Rudolf Alexander Schröder: München 5. April 1912	405
90	Rudolf Borchardt an Rudolf Alexander Schröder: München 7. April 1912	406
91	Rudolf Borchardt an Rudolf Alexander Schröder: München 19. April 1912	406
92	Rudolf Alexander Schröder an Rudolf Borchardt: München 19. April 1912	406
93	Rudolf Borchardt an Rudolf Alexander Schröder: Monsagrati 29. Juni 1912	407
94	Rudolf Borchardt an Rudolf Alexander Schröder: Monsagrati 5. August 1912	419
95	Rudolf Alexander Schröder an Rudolf Borchardt: Bremen 12. September 1912	420
96	Rudolf Alexander Schröder an Rudolf Borchardt: Bremen 14. September 1912	421
97	Rudolf Alexander Schröder an Rudolf Borchardt: Hamburg Ende Juni-13. Oktober 1912	425
98	Rudolf Borchardt an Rudolf Alexander Schröder: Monsagrati 18. Oktober 1912	443
99	Rudolf Borchardt an Rudolf Alexander Schröder: Monsagrati Oktober/November 1912	453
100	Rudolf Alexander Schröder an Rudolf Borchardt: Bremen 19. November 1912	460

101	Rudolf Alexander Schröder an Rudolf Borchardt: Bremen 20. November 1912	476
102	Rudolf Borchardt an Rudolf Alexander Schröder: 22. November 1912	477
103	Rudolf Alexander Schröder an Rudolf Borchardt: Bremen 30. November 1912	493
104	Rudolf Borchardt an Rudolf Alexander Schröder: Monsagrati 3. Dezember 1912	497
105	Rudolf Borchardt an Rudolf Alexander Schröder: Monsagrati 14. Dezember 1912	505
106	Rudolf Alexander Schröder an Rudolf Borchardt: Bremen 8. Dezember 1912	507
107	Rudolf Borchardt an Rudolf Alexander Schröder: Monsagrati 18. Dezember 1912	510
108	Rudolf Borchardt an Rudolf Alexander Schröder: Monsagrati 22. Dezember 1912	513
109	Rudolf Borchardt an Rudolf Alexander Schröder: Monsagrati 31. Dezember 1912	514

1913

110	Rudolf Borchardt an Rudolf Alexander Schröder: Monsagrati 23. Januar 1913	516
111	Rudolf Alexander Schröder an Rudolf Borchardt: Bremen 28. Januar 1913	519
112	Rudolf Alexander Schröder an Rudolf Borchardt: Bremen 24. Februar 1913	521
113	Rudolf Borchardt an Rudolf Alexander Schröder: Monsagrati 1. März 1913	522
114	Rudolf Borchardt an Rudolf Alexander Schröder: Monsagrati 7. März 1913	523
115	Rudolf Alexander Schröder an Rudolf Borchardt: Bremen 8. März 1913	524
116	Rudolf Alexander Schröder an Rudolf Borchardt: Bremen 12. März 1913	527
117	Rudolf Borchardt an Rudolf Alexander Schröder: Monsagrati 13. März 1913	528

118 Rudolf Borchardt an Rudolf Alexander Schröder:
Monsagrati 1. Mai 1913 531
119 Rudolf Borchardt an Rudolf Alexander Schröder:
Monsagrati 24. Mai 1913 541
120 Rudolf Alexander Schröder an Rudolf Borchardt:
Bremen 30. Juni 1913 542
121 Rudolf Borchardt an Rudolf Alexander Schröder:
Monsagrati Anfang Juli 1913 547
122 Rudolf Alexander Schröder an Rudolf Borchardt:
Bremen 7. Juli 1913 559
123 Rudolf Alexander Schröder an Rudolf Borchardt:
Bremen 21. Juli 1913 564
124 Rudolf Borchardt an Rudolf Alexander Schröder:
Monsagrati 25. Juli 1913 566
125 Rudolf Alexander Schröder an Rudolf Borchardt:
Bremen 29. Juli 1913 572
126 Rudolf Borchardt an Rudolf Alexander Schröder:
Monsagrati 31. Juli 1913 573
127 Rudolf Alexander Schröder an Rudolf Borchardt:
Bremen 4. August 1913 580
128 Rudolf Borchardt an Rudolf Alexander Schröder:
Monsagrati 7. August 1913 585
129 Rudolf Borchardt an Rudolf Alexander Schröder:
Monsagrati 6. September 1913 587

1914

130 Rudolf Borchardt und andere an Rudolf Alexander
Schröder: Rosenheim 9. Januar 1914 591
131 Karoline Borchardt an Rudolf Alexander Schröder:
München 22. Februar 1914 591
132 Rudolf Borchardt und Ludwig Wolde an Rudolf
Alexander Schröder: Padua 9. März 1914 593
133 Rudolf Borchardt an Rudolf Alexander Schröder:
Monsagrati 1. Juni 1914 593
134 Rudolf Borchardt an Rudolf Alexander Schröder:
10. August 1914 595

135 Rudolf Alexander Schröder an Rudolf Borchardt:
    Wangerooge vor 7. September 1914   596
136 Rudolf Borchardt an Rudolf Alexander Schröder:
    Monsagrati 11. September 1914   597
137 Rudolf Borchardt an Rudolf Alexander Schröder:
    Müllheim 14. November 1914   598
138 Rudolf Alexander Schröder an Rudolf Borchardt:
    Wangerooge 15. November 1914   599
139 Rudolf Borchardt an Rudolf Alexander Schröder:
    Müllheim 23. November 1914   601
140 Rudolf Alexander Schröder an Rudolf Borchardt:
    Wangerooge 26. November 1914   603

1915
141 Karoline Borchardt an Rudolf Alexander Schröder:
    Müllheim 16. Februar 1915   607
142 Rudolf Borchardt an Rudolf Alexander Schröder:
    Müllheim 26. September 1915   622
143 Rudolf Borchardt an Rudolf Alexander Schröder:
    Im Felde 28. November 1915   624
144 Rudolf Borchardt an Rudolf Alexander Schröder:
    Im Felde 21. Dezember 1915   625

1916
145 Karoline Borchardt an Rudolf Alexander Schröder:
    Freiburg 3. März 1916   627
146 Rudolf Borchardt an Rudolf Alexander Schröder:
    Heiligenberg 10. Juli 1916   630
147 Rudolf Borchardt an Rudolf Alexander Schröder:
    Müllheim 15.-24. Juli 1916   631
148 Rudolf Borchardt an Rudolf Alexander Schröder:
    Müllheim 23. August 1916   636
149 Rudolf Borchardt an Rudolf Alexander Schröder:
    Müllheim 16. September 1916   639
150 Rudolf Alexander Schröder an Rudolf Borchardt:
    Brüssel 19. September 1916   641

151 Rudolf Borchardt an Rudolf Alexander Schröder:
Müllheim 2. November 1916 645

1917
152 Rudolf Borchardt an Rudolf Alexander Schröder:
Berlin Januar 1917 650
153 Rudolf Alexander Schröder an Rudolf Borchardt:
Brüssel 1. April 1917 651
154 Rudolf Alexander Schröder an Rudolf Borchardt:
Brüssel 24. Juli 1917 653
155 Rudolf Borchardt an Rudolf Alexander Schröder:
26. Juli 1917 656
156 Rudolf Alexander Schröder an Rudolf Borchardt:
Bremen 2. August 1917 663
157 Rudolf Borchardt an Rudolf Alexander Schröder:
16. August 1917 665
158 Rudolf Alexander Schröder an Rudolf Borchardt:
Brüssel 20. August 1917 669
159 Rudolf Alexander Schröder an Rudolf Borchardt:
31. Dezember 1917 673

1918
160 Rudolf Borchardt an Rudolf Alexander Schröder:
Berlin 2. Januar 1918 676
161 Rudolf Borchardt an Dora Schröder:
Berlin 15. Januar 1918 678
162 Rudolf Alexander Schröder an Rudolf Borchardt:
Bremen Ende Januar 1918 679
163 Rudolf Borchardt an Rudolf Alexander Schröder:
Berlin 1. Februar 1918 680
164 Rudolf Alexander Schröder an Rudolf Borchardt:
Bremen 6. April 1918 685
165 Rudolf Borchardt an Rudolf Alexander Schröder:
Berlin 8. April 1918 686
166 Rudolf Alexander Schröder an Rudolf Borchardt:
Bremen 9. April 1918 689
167 Rudolf Alexander Schröder an Rudolf Borchardt:
Bremen 23. April 1918 695

168 Rudolf Alexander Schröder an Rudolf Borchardt:
    Degenershausen 22. Mai 1918   696
169 Rudolf Alexander Schröder an Rudolf Borchardt:
    Bremen 24. Juni 1918   696
170 Rudolf Alexander Schröder an Rudolf Borchardt:
    Brüssel 7. September 1918   697
171 Rudolf Alexander Schröder an Rudolf Borchardt:
    Den Haag 27. Oktober 1918   700

VERZEICHNIS DER ERWÄHNTEN WERKE BORCHARDTS

Aischylos: Die Perser (Übertragung) 382
Als das geschlagene Rußland Frieden schloß 678
An den Heros 294, 298, 381, 548, 692
Annus Mirabilis 64, 78, 88, 102, 113, 132, 551
Ansprache vor der Joram-Vorlesung → Erbrechte der Dichtung
Auf eine angeschossene Schwalbe, die der Dichter fand 339, 372, 393
Aus der Bonner Schule. Erinnerungen eines Schülers an Franz Bücheler 551
Autumnus I-X 39, 453, 454-459, 476f.
Bacchische Epiphanie 8, 11-14, 15, 143, 147, 170, 264
Ballade von Tripolis 340, 374
Die Beichte Bocchino Belfortis 78, 551
Die Beichte Bocchino Belfortis. Der Durant. Zwei Gedichte aus dem männlichen Zeitalter (Sammlung, Plan) 78
Blutige Ranunkel 124
Brief über das Drama an Hugo von Hofmannsthal 330
Browning (Übertragung) 345, 384, 389f., 400

Das Buch Joram 52, 53, 62f., 74, 78, 80, 85f., 102, 135, 551
Das Buch Vivian (Sammlung, Plan) 39
La chanson de Roland (Übertragung, Plan) 389
Chansons de geste (Übertragung, Plan) 389
Dankwardt oder das unbegreifliche Jahr (Annus Mirabilis) → Annus Mirabilis
Dante Alighieri: Divina Comedia (Übertragung, allgemein) 142, 261, 294f., 299, 489, 506, 511f., 548
Dante Alighieri: Divina Comedia (Übertragung, Die Hölle I) 142
Dante Alighieri: Divina Comedia (Übertragung, Die Hölle V) 252
Dante Alighieri: Divina Comedia (Übertragung, Die Hölle XXXII) 142
Dante Alighieri: Divina Comedia (Übertragung, Das Paradies) 142
Der Deutsche an seinen Grenzen 609f.
Deutscher Merkur (Plan) 289f., 296
Ditmarschenchronik (Übertragung, Plan) 134
Drei Gedichte aus dem Buche Vivian → Lied am frühen

Morgen, Lied, Gesang im
Dunkeln
Der Durant 78, 551
Elegie → Idyllische Elegie
Elegieen und Zwischenspiele
(Plan) 38
Elegien (Sammlung, Plan) 8, 15
Englisch-italienisches Mittelmeerabkommen. Annexion
von Rhodos, Chios, Mytilene
501, 536
Erbrechte der Dichtung. Als
Einleitung in eine Lesung des
›Buches Joram‹ 551
Erinnerung von einem Tanze →
Salome
Euripides: Iphigenie in Aulis
(Übertragung, Plan) 382
Geburt der Poesie 589
Gesang an die Rebe (Plan) 339,
374
Gesang an Florenz 589
Gesang im Dunkeln 35
Die Geschichte des Erben 143
Das Gespräch über Formen und
Platons Lysis Deutsch (Erstausgabe 1905) 40, 57, 382
Gottfried von Straßburg: Tristan
und Isolde (Edition, Plan) 134
Grabschrift der Schwalbe 339,
372, 393
Hartmann von Aue: Der arme
Heinrich (Übertragung) 389,
506
Das Haus (Plan) 15
Hausgeist 25f.

Herodot: Historien (Übertragung, Plan) 381
Die Heroen (Plan) 15
Heroische Elegie 7f., 16, 35
Hesiod: Werke und Tage 446
Hesperus I → Werkregister
Rudolf Alexander Schröder
Hesperus II (Ankündigung,
Plan) 549
Hesperus II → Werkregister
Rudolf Alexander Schröder
Hessische Sonnette → Autumnus I-X
Höfische Minnesänger (Edition,
Plan) 134
Hohenstaufen → Die Staufer
Horaz (Edition, Plan) 134
    Ode I,4 111
    Ode I,25 172
    Ode II,10 111f.
    Ode III,18 171
Idyllische Elegie 15, 21-23
In einer Weide 124
In Memoriam Alfred Walter von
Heymel 654, 662
Intermezzo 296, 540, 551
Ion (Übertragung, Plan) 78
Ja und Nein 102, 104, 113
Jeder Herr ein Knecht (Plan) 551
Jugendgedichte (1913) 315, 451-
453, 478, 488, 500, 502, 505f.,
513, 517, 528, 551, 551
Der Kaiser (Sammelschrift, Plan)
173
Der Kaiser 222f., 551, 551
Keats, John (Übertragung, Plan)
551

Klassische Ode 339, 366-368, 372, 485, 548
Der Krieg und die deutsche Entscheidung 647, 648
Der Krieg und die deutsche Selbsteinkehr 603, 606, 623, 631
Der Krieg und die deutsche Verantwortung 629f., 631
Die künstlerische Übersetzung des Meisterwerks als Kunstgattung → Systematik der künstlerischen Übersetzung. Als Einleitung in eine Dante-Vorlesung
Lassalle (Plan) 551, 554, 594
Die Leidenschaftliche Elegie (Plan) 15
Letzte Rosen 27
Lied 35
Lied → Stilles Jauchzen
Lied am frühen Morgen 35
Lieder aus den drei Tagen 453
Meine Kunst ist leider spröder... 601f., 603
Melodische Elegie 152
Morain von Seeland und Rosabel oder Der verstörte König 38, 40
Münsterausgabe (Editionsplan und Denkschrift) 63, 118, 130, 132, 134, 135f., 137, 146, 499
Nachwort zum ›Joram‹ 89
Nationaler Stil und nationales Schicksal. Zur Krisis der höheren Sprachform in Deutschland 89

Nebel-Haus I-II 24f.
Die neue Poesie und die alte Menschheit 385, 386f., 417
Ode an den Ölbaum (Plan) 339, 374
Ode mit dem Granatapfel 125-127, 130, 143
Öffentlicher Geist (Zeitschrift, Plan) 651, 665-668, 671
Orest in Delphi (Plan) 40
Die Päpstin Iutta. Erster Teil: Verkündigung 115, 143, 147, 170, 264, 548, 551
Pargoletta 7, 8-11, 15, 29
Pathetische Elegie 7, 15, 29, 39
Piazza (Plan) 90
Pindar (Übertragung, Gedichte) 78, 261, 299, 381, 382, 415, 526, 542, 543, 548
Pindar (Übertragung, Gedichte): Pythia III 142, 264, 269f., 275
Pindar (Übertragung, Sammlung) 415, 418, 420, 434f., 495, 498
Pseudoakademischer Sansculottismus (Plan) 548
Rede am Grabe Eberhard von Bodenhausens 696
Rede über Hofmannsthal (Erstausgabe 1907) 53f., 56f., 66, 71, 73, 92, 551
Reden (Sammlung, Plan der Einleitung) 549f., 594
Reden (Sammlung, Plan) 490, 499
Ritornelle auf gegebene Blumen → Schwarze Weide,

Blutige Ranunkel, In einer Weide
Rolandlied → La chanson de Roland
Rosabel und der verstörte König → Morain von Seeland und Rosabel oder Der verstörte König
Rosen-Abschied → Letzte Rosen
Rossetti, Dante Gabriel (Übertragung, Plan) 551
Der ruhende Herakles 575, 581, 589
Sage → Pargoletta
Salome 27f.
Sammlung der Elegien (Plan)
Sammlung der Prosaschriften (bei Rowohlt) 550
Sammlung der Prosaschriften (Plan) → Worte in den Wind
Saturnische Elegie 16, 28f.
Das Schiff (Gedicht) 299, 337, 373
Das Schiff (Zeitschrift, Plan) 144
Schwarze Cyane 124
Sonett 26
Sonett auf sich selbst 500
Sonnett → Hausgeist
Sonnett → Sonett
Sonnett → They also serve
Spectator Germanicus (Broschüre, Plan) 418, 501, 537
Spectator Germanicus I: Deutschland und die Verwilderung Italiens 394, 401, 532-537, 541
Spectator Germanicus II: Das Verbrechen der Dreibundserneuerung 401, 532-537, 541
Spectator Germanicus III: Der Ursprung der italienischen Staatspiraterie 418, 532-537, 541
Spectator Germanicus IV: Die italienische Gefahr 417, 418, 532-537, 541
Sprüche in Prosa (Plan) 264
Staufer, Die (Plan) 551
Stefan Georges Siebenter Ring 143, 147, 170, 551
Stilles Jauchzen 123f.
Strabon: Geographika (Übertragung, Plan) 381
Swinburne Deutsch (Gedenkschrift, Plan) 294, 298, 381
Swinburne, Algernon Charles (Übertragung) 399, 551
Swinburne, Algernon Charles: Die Ballade von Lasten 90
Swinburne, Algernon Charles: Ein Aufzug von Königin Bersabe 381
Systematik der künstlerischen Übersetzung. Als Einleitung in eine Dante-Vorlesung 403, 405, 417, 540, 551
Tacitus, Publius Cornelius: Germania 512, 513, 515, 517f., 563
Taglöhneraufstand (Plan) 264
Teutscher Merkur → Deutscher Merkur

They also serve 122f.
Thukydides: Der peloponnesische Krieg (Übertragung, Plan) 381
Tithonus (Plan) 122
Der traurige Besuch 18-21
Über Alkestis 289, 372, 380, 395, 400, 471, 543, 548, 551
Über die ›Gedichte‹ von Kurt von Stutterheim 539
Über die ewige Jugend der Welt (Plan) 264
Über die Gründe, weshalb es einen deutschen Roman nicht geben kann 417
Über die Lage im Westen und Osten 607
Über die Ursache und Vorgeschichte des Krieges 607
Über Herman Grimm (Plan) 29, 32
Veltheim 551
Verkündigung → Die Päpstin Iutta
Vermischte Dichtungen (Plan) 551
Vermischte Dramen (Plan) 551
Vermischte Gedichte (Plan) 551
Vermischte Prosa-Schriften (Plan) 551
Vermischte Schriften (Plan) 132, 142, 146, 551
Vermischte Übersetzungen (Plan) 551
Vierzehn Gedichte (Sammlung) 16, 17-28
Villa 51, 53, 89, 95, 551
Walter Savage Landor: Erdichtete Gespräche, vornehmlich zwischen literarischen und Staatspersonen. Mit Beiträgen von R. B. (Plan) 78
Wannsee 338, 347-365, 372f., 382f., 385, 395, 401, 417, 485, 548, 554, 567, 578, 583, 587f.
Weltfragen 64
Wen Dunkelheit belastet der will Licht... 170f.
Wernher der Gartenaere: Meier Helmbrecht (Edition, Plan) 134
Worms. Ein Tagebuchblatt 551
Worte in den Wind (Sammlung, Plan) 400
Xenien (Plan) 115, 143
Xenophanes (Übertragung, Plan) 78
Xenophon: Anabasis (Übertragung, Plan) 382
Zeitgenössische Dramen (Plan) 551
Zweite Rede über Hofmannsthal (Plan) 57, 78

VERZEICHNIS DER ERWÄHNTEN WERKE SCHRÖDERS

Also, Schröder erscheint in hyperboreischer Blässe... 139
An Belinde 30, 33, 336
An Florenzens Mauerkante... 566, 572
An Rudolf Borchardt 127-129, 130
Asclepiadeen I 466
Asclepiadeen II 560f., 571f., 576f., 580f.
Aus einem Buch Venedig 33, 34, 39
Baumblüte im Werder 147, 333, 514
Blätter für die Kunst. Eine Auslese aus den Jahren 1904 bis 1909 295, 298
Charons Lied 691, 693-695
Deutsche Oden 293f., 297f., 321, 330, 373
Einsam, Tage hinaus, Nächte hinaus → Asclepiadeen I
Elegie als Epistel an Rudolf Borchardt (Plan) 467
Elegien 34
Elysium. Ein Buch Gedichte 43, 55, 68, 76, 86, 87, 92, 101, 104, 125, 330, 483, 514
Elysium. Gesammelte Gedichte 330, 394, 503, 509, 512, 513f.
Empedocles → Ein Gedicht 14f., 16f.
Epode an Rudolf Borchardt 294

Die Fragen und die Antworten 621
Die Frau von Malogne 7
Der Frau Merende... 565, 572
Der Frühling und der Winter → An Rudolf Borchardt
Für Rudolf Borchardt 100
Gossaert, Geerten (Übertragungen) 639, 655, 662
Heilig Vaterland. Kriegsgedichte 599, 601, 620, 654
Die Heimat 467
Die Heimkehr 545
Herbst 30
Hesperus I 94f., 105, 115, 141, 142, 151, 169, 252, 261, 266, 295, 548
Hesperus II (Plan) 261-270, 275-277, 283-285, 289, 422-424, 433f., 448f., 469f., 489, 493, 521, 543, 544, 547, 567, 585, 671
Homer Odyssee (Übertragung) 43, 55, 66f., 68, 80f., 105, 142, 149, 174-220, 221, 223, 225, 226, 227-235, 247-250, 256, 259, 261, 272, 298, 300, 330, 334, 395, 465, 484, 503
Homer Ilias (Übertragung) 330, 421, 422f., 426, 465, 525f., 543, 573, 596
Horaz (Übertragung, allgemein) 80, 103f., 110, 121, 130, 374
Horaz Epoden 2 108f.

Horaz Oden I,4 98f., 105, 106, 109f., 111f.
Horaz Oden III,18 107f.
Horaz Oden IV,1 96-98, 105, 106
Im Garten schon verdichten sich... 691, 693
In dem Heroenschatten... 671f.
In Memoriam G.W. [Georg Wolde] 333, 335, 370, 373, 514
Der Jahrstag 394, 402, 514
Kriegsgedichte → Robur et aes triplex, Terris incubuit
Der Landbau. Elegie als Epistel an Hugo von Hofmannsthal 235, 236-247, 251, 259, 467
Lieder an eine Geliebte 52, 54
Lieder und Elegien 488
Mahnung zur Geduld 621
Nacht-Sprüche 543
Neue Deutsche Oden (und Pläne) 374, 394, 398, 402, 404, 417, 435, 444f., 467, 543, 562
Nicht zwischen uns sei Dank das Wort... s. Xenion
Nun lebt wohl... 562, 572
Oh Liebste, denk ich Deines Fusses Spitze nur... → Elegien
Oh nicht Kränze winden wir... → Herbst
Reitertod 620f.
Robur et aes triplex 654, 662
Sapphische Oden I 438-440, 466
Shakespeare, William (Übertragung) 105, 142
Sind die Tage verrauscht... 336, 437f., 478

Der Sommer 440-442, 466
Sonette zum Andenken an eine Verstorbene 54, 69, 82-84, 85f., 101, 114
Die Stunden des Tages 147, 330, 483
Terris incubuit 654, 662
Terzinen auf einen Spiegel... 495-497, 499f.
Theokrit (Übertragung, Plan) 370
Tivoli. Elegie als Epistel an meine Schwester Clara 271, 298, 333, 467, 483, 485
Über Felder herleuchtend kommt abendlich → Empedocles. Ein Gedicht
Über Wert und Inhalt neuerer dichterischer Übersetzungen 396
Unmut. Ein Buch Gesänge 7
Vergilius Maro, Publius Bucolica (Übertragung) 370, 383
Vergilius Maro, Publius Eclogen (Übertragung) 298
Vergilius Maro, Publius Georgica 370, 426, 437, 446, 464f., 473, 525, 543, 548
Verse aus Villa Burlamacchi 467
Verse für Bremen 493
Die Vesper 467
Vier Oden des Horaz 80, 103f., 110
Wach ich über die Nacht, schlummerberaubt... → Asclepiadeen II
Die Wanderer. An einen Toten 673, 679, 688, 691

Wenn wir es wagten in das
  Licht zu sehen... 300
Das wunderbare Gemälde. Eine
  chinesische Geschiche... 30
Xenion 562, 572

Die Zwillingsbrüder. Sonette
  117, 148, 156-169, 226, 259,
  330, 453, 483, 514

VERZEICHNIS DER NAMEN

Abt Tuspin 496
Adler, Paul 682
Aischylos *Die Perser* 382
Albergo Universo, Lucca 413
Alberti, Herbert 517
Alfieri, Vittorio Graf 292
Alkestis 289, 372, 380, 395, 400, 471, 543, 548, 551
Alkinoos 56
Altenberg, Peter 60
Altieri, Olga Fürstin 251, 259, 271, 291, 386, 416, 503, 509
Altieri-Guidotti, Ludovica (Loda) und Margherito 503, 512, 513, 611
Andrian-Werburg, Leopold Reichsfreiherr von 31, 282
Annunzio, Gabriele d' 60, 449
Antinoos 186
Aphrodite 195
Arachne 186
Aristarch 210
Aristophanes 381
Artemis 192
Athena 174, 176, 186, 192, 208, 210
Auber, Daniel François Ésprit *Fra Diavolo* 259
Augustus, römischer Kaiser 321
Auswärtiges Amt 696, 699
›B. Z. → Berliner Zeitung‹
Baedeker, Karl 120
Bahr, Hermann 282
Balzac, Honoré de 53

Bändly (Druckerei) → Benteli (Druckerei)
Bard, Marquardt & Co. (Verlag) 60, 90
Bartz (Firma) 515, 516
Barzini, Luigi 449
Becher, Johannes R. 672
Beer-Hofmann, Richard 282, 549, 568
Beethoven, Ludwig van 432f., 574
›Der Belfried‹ 641
Benteli (Druckerei) 381
Beranger, Pierre Jean 249
Berg, Leo 85, 86, 91f.
›Berliner Zeitung‹ 418, 533, 623
Bernheimer (Firma) 292
Bethmann Hollweg, Theobald Freiherr von 321, 338, 374, 394, 403, 520, 601, 654, 658-660, 662
Bianchi Bandinelli, Mario 292
Bie, Oscar 417
Bierbaum, Otto Julius 7, 30, 94, 480
Pandora 39
Biermann, Leopold O. H. 686
Binswanger, Bertha 622
Bismarck, Otto Fürst von 467, 635
Bissing, Moritz Ferdinand Freiherr, 673
›Blätter für die Kunst‹ (Zeitschrift) 30, 32, 296, 298

Blei, Billy → Blei, Sybilla
Blei, Franz 51, 90f., 93f., 138f., 140, 141, 152, 294, 567, 578, 583, 604, 623
  Das Lustwäldchen. Galante Gedichte der Barockzeit 90, 94, 95
  Der Amethyst 90, 94
  Die Horen (Plan) 138, 141
  Die Opale. Blätter für Kunst und Literatur 138
  Hofmannsthal und diese Zeit 139
Blei, Sybilla 676
Bloem, Walter 624
Bode, Wilhelm von 475
Bodenhausen-Degener, Dorothea (Mädi) Freifrau von 591
Bodenhausen-Degener, Eberhard Freiherr von 591, 607f., 616f., 622f., 625, 635, 651, 657, 665-667, 679, 686, 696
Bodenhausen-Degener, Hans Wilke Freiherr von 697
Boethos 189
Böhler, Julius 402
Borchardt, Else → Speyer, Else
Borchardt, Ernst 146, 342, 369, 377
Borchardt, Helene → Wirtz, Helene
Borchardt, Isidor (Firma) 234
Borchardt, Philipp 342, 369, 377
Borchardt, Robert der Jüngere 341, 377
Borchardt, Robert Martin 55, 147, 275, 340f., 344, 376
Borchardt, Rose 55, 275, 340-343, 369, 377, 408f., 595

Borchardt, Vera → Rosenberg, Vera
Borchardt-Ehrmann, Karoline 46, 52, 54, 64, 69, 86, 96, 131, 136, 137, 141, 146, 173, 221, 222-224, 227, 251, 253, 257, 258f., 271, 297, 298, 300, 305, 310, 311, 312-314, 317, 319, 320, 331f., 342f., 344, 375-377, 378, 385, 391, 392, 395, 396, 397f., 400, 403, 411, 419, 425, 426, 429, 430, 437, 452, 453, 476, 491, 507, 508, 510, 512, 518, 520, 521, 522, 526, 542, 545, 547, 553, 557, 558, 562, 565, 569-571, 573f., 575, 583, 586, 591f., 595, 598, 599, 601, 607-612, 619, 627-630, 636, 648, 655, 668, 672, 675, 686, 687, 695
Bremer Presse (Verlag) 370f., 383f., 415, 422, 446, 449, 506, 511, 578, 619
Browning, Robert 345, 384, 389, 390, 400
Buber, Martin *Reden und Gleichnisse des Tschuang-Tse* 311
Bücheler, Franz 551
Bucher, Lothar 624
Buddha 575
Bürger, Gottfried August 110, 285 *Lenore* 511
Burns, Robert 381f.
Burte, Hermann 471 *An Rudolf Alexander Schröder* 583f., 587 *Wiltfeber, der ewige Deutsche* 396f.

Busch, Wilhelm *Max und Moritz* 652
Byron, George Gordon Noël 432
C. L. → Leo, Cécile
Caesar, Gaius Julius
Caesar, Major 639
Calvary & Co. (Buchhandlung) 668
Carducci, Giosuè 197
Cassirer, Bruno (Verlag) 57
La chanson de Roland 389
Chansons de geste 389
Cicero, Marcus Tullius *De re publica* 498
Clemenceau, Georges 51, 64
Coleridge, Samuel Taylor *The rime of the ancient mariner* 335f.
›Der Condor‹ → ›Der Kondor‹
Congreve, William 77
Conradi, Michael Georg 451
Cossmann, Paul Nikolaus 303, 403, 420, 532–541
Craig, Edward Gordon 506
Cranach-Presse 370
Dante Alighieri 83, 294, 299, 403, 417, 432, 489f., 506, 511, 540, 548, 564f., 572
Divina Comedia Inferno 142, 252, 261
Divina Comedia Paradiso 142
Vita Nova 674
Daphnis und Cloe 372
Däubler, Theodor 652, 672
Degenfeld-Schonburg, Ottonie Gräfin von 415f., 523, 696
Dehmel, Richard 471, 480, 621

Der Arbeitsmann 468
Kunst und Kritik 96
Dehn, Herr 695, 699
Delbrück, Schickler & Co. (Bankhaus) 667
Deneke, Otto 58
Derleth, Ludwig 320
Deubler → Däubler, Theodor
Deutsche Gesandtschaft, Brüssel 700
›Deutsche Gesellschaft 1914‹ 682
›Deutscher Künstlerbund‹
Dickens, Charles 322
Dilthey, Wilhelm 392
Dithmarschenchronik 134
Drugulin, W. (Druckerei) 57, 386, 513
Dumas fils, Alexandre *Monsieur Alphonse* 77
Edda 152
Ehrmann, Friedrich Emanuel 343
Emma (Hausangestellte RBs) 583, 587
›Die Erzählungen aus den tausendundein Nächten‹ 399, 509
Erzberger, Matthias 654, 657, 662
Eteoneus 189
Eulenberg, Herbert 567
Euripides *Alkestis* 575
Iphigenie in Aulis 382
Everyman 329, 492
Falkenhayn, Erich von 660
Fischer, S. (Verlag) 115, 401, 637, 651
Fischer, Samuel 88, 475, 545, 549, 551f., 560, 564, 567f.

Flaubert, Gustave 53
Florus, Lucius Annaeus *Epitomae.*
De Tito Livio bellorum omnium annorum DCC Libri II 152
Franckenstein, Clemens Freiherr von und zu 282
›Frankfurter Zeitung‹ 51, 53, 89, 141, 448
Franz Joseph I., Kaiser von Österreich 374
Freiligrath, Ferdinand *Der Liebe Dauer* 470
Frenssen, Gustav 280
Freytag, Gustav 624
Friedrich I. Barbarossa, Deutscher Kaiser 469
Friedrich II., König von Preußen 394, 404, 475, 593
Fürstenberg, Carl 518
Gallwitz, Sophie Dorothee 417
Ganghofer, Ludwig 624
Gauß, Carl Friedrich
›Gazette des Ardennes. Journal des pays occupès‹ (Zeitschrift) 625
Geibel, Emanuel 671 *Der Ugley* 561
George, Stefan 60, 61, 65, 83, 103, 116, 144, 151, 214, 273, 282, 283, 295, 296, 298, 300, 310, 320, 387, 431, 450f., 470, 566
Die Bücher der Hirten- und Preisgedichte, der Sagen und Sänge und der hängenden Gärten 110
Dante: Die Göttliche Komödie 299

Die Fibel. Auswahl erster Verse 445f.
Pilgerfahrten 472
Der Siebente Ring 136, 143, 146, 147, 170, 445, 551
Der Teppich des Lebens und die Lieder von Traum und Tod mit einem Vorspiel 83
Geyer, Emil 135
Gill, Eric 300
›Giornale d'Italia‹ (Zeitung) 611
Gittone (Hund) 258
Gleichen-Russwurm, Alexander Freiherr von 647
Gleichen-Russwurm, Heinrich Freiherr von 647
Goethe, Johann Wolfgang von 50, 149, 150, 155, 214, 231, 285, 411, 432, 445, 473, 482, 498
Achilleis 235, 247f., 432
Epilog zur Glocke 334
Faust I 50, 450, 547, 658
Faust II 278, 431-433, 447, 462, 491, 576
Götz von Berlichingen 252f., 278
Iphigenie auf Tauris 506
Der König von Thule 197
Mailied 480
Maximen und Reflexionen 388
Die natürliche Tochter 432
Paria 575
Reineke Fuchs 248
Römische Elegien 445
Wanderers Nachtlied 258
Wilhelm Meister Lehrjahre 50
Xenien 115, 143

Gossaert, Geerten 655, 662
Gottfried von Straßburg *Tristan und Isolde* 134
Grand Hôtel de Russie, Rom 137, 437, 542
Graupe, Paul 654, 662
Grey, Sir Edward 659
Grimm, Herman 29, 32
Grimm, Herman *Leben Michelangelos* 54
Grimm, Jacob *Deutsches Wörterbuch* 229
Grimm, Wilhelm *Deutsches Wörterbuch* 229
Gryphius, Andreas 91
›Die Güldenkammer‹ (Zeitschrift) 373f., 505
Gundolf, Friedrich 58, 144, 387
Haeckel, Ernst 50
›Hansa-Bund‹ 494
Harden, Maximilian 64
Hardt, Ernst 656, 682 *Tantris der Narr* 144
Harrach, Hans Albrecht Graf 321, 641, 643, 673
Hartlaub, Gustav F. 519, 623
Hartman von Aue *Der arme Heinrich* 389, 506
Hasemanns Töchter → Hasenclever, Walter *Der Sohn*
Hasenclever, Walter *Der Sohn* 644
Hauptmann, Gerhart 268f., 277-283, 285, 298, 475f., 567
Der Biberpelz 278, 644
Einsame Menschen 278
Florian Geyer 278

Fuhrmann Henschel 278
Griechische Reise 281
Hanneles Himmelfahrt 278
Schluck und Jau 278
Die versunkene Glocke 278
Hauser, Kaspar 475
Hebel, Johann Peter 381f.
Hebting geb. Binswanger, Annie 506
Hebting, Heinrich 608, 610
Heine, Heinrich 144, 446
Heinsius, Daniel *Quintus Horatius Flaccus, Opera Omnia cum notis* 152
Hektor 208
Herakles 229, 574, 575f., 581
Herder, Hermann 632, 638
Herder, Johann Gottfried von 322, 445, 498 *Der Cid* 547
Hermes 206
Herodot *Historien* 381
Herzog, Rudolf 624
Hesiod *Werke und Tage* 446, 464, 498
Heye, Clara 145, 605, 673f.
Heymel geb. von Kühlmann, Marguerite 302, 315, 323f., 373
Heymel, Alfred Walter von 7f., 53, 62, 67, 78, 88, 89f., 95, 117, 119, 120f., 130, 144f., 147, 255f., 265, 299, 309, 314-316, 323-329, 337f., 343, 370, 373, 385, 397, 400f., 437, 449, 460-462, 474, 477, 488, 500-503, 505f., 508, 512, 513, 517, 520, 524-526, 528-530, 534f., 537, 539, 555-557,

559f., 564, 595, 598, 599,
604f., 617f., 651, 654, 662,
671, 673, 679, 686, 691
Die Gesellschaft und die
Gedichte 373
Über die Förderung des Sports
durch Klubhäuser 315
Heyse, Paul 671
Hiller, Kurt 450
Hindenburg, Paul von 658, 661
Hobbema, Meindert 573
Hodler, Ferdinand 489f., 506
Hofmann, Ludwig von 557
Hofmannsthal, Gerty von 241,
329, 385, 415, 419, 544, 620
Hofmannsthal, Hugo von 38, 40,
42, 49, 50f., 53f., 56-62, 65f.,
70-74, 92, 94, 103, 105, 106,
116, 122, 139, 151, 214, 236-
247, 251, 263f., 266f., 269f.,
271, 275, 276-283, 285-289,
295, 298f., 301, 316, 320,
329f., 337, 381, 381, 385, 387,
390, 392, 415f., 419, 423, 433-
435, 447f., 450, 460-463, 470-
472, 476f., 489-493, 502f.,
506f., 508, 512, 515, 518, 520,
521, 522, 523, 524, 543, 544,
545, 549, 551, 557, 566, 568,
595, 598, 605, 620, 622f., 687,
695, 698, 701
Algernon Charles Swinburne 60
Alkestis 142, 261, 289
Das alte Spiel von Jedermann
329f., 462-464, 491-493, 575
*Des alten Mannes Sehnsucht
nach dem Sommer* 61, 66

An eine Frau 60
Andreas 520
Ariadne auf Naxos 330
Ausgewählte Gedichte 60
Ballade des äußeren Lebens 282
Das Bergwerk zu Falun 73
Ein Brief 58, 60
Die Briefe des Zurückgekehrten
122
Chandos-Brief → *Ein Brief*
Deutsche Erzähler 512
*Deutscher Feldpostgruß und
österreichische Antwort* 620
Der Dichter und diese Zeit 58f.,
65
*›Der Engelwirt, eine Schwaben-
geschichte‹ von Emil Strauss* 60
Epigramme 60
Französische Redensarten 60
Die Frau im Fenster 282, 335
Die Frau ohne Schatten (Oper)
544
Gedichte von Stefan George 60
Das Gerettete Venedig 49
Die Gesammelten Gedichte 60
Das Gespräch über Gedichte 60
Großmutter und Enkel 60
Gülnare 60
Die höchste Ernte aller Dinge...
→ *An eine Frau*
Im Grünen geboren... → *Melu-
sine*
Der Jüngling und die Spinne 60
*Das Märchen der 672. Nacht
und andere Erzählungen* 60
Melusine 60
Ein neues Wiener Buch 60

Nox portentis gravida 60
Pagenaufstand in Ctesiphon (angeblicher Plan) 472
Prolog zu ›Mimi. Schattenbilder aus einem Mädchenleben‹ 60
Prolog zu einer nachträglichen Gedächtnisfeier für Goethe... 60
Die Prosaischen Schriften gesammelt 51, 53, 57, 58–60
Psyche 60
Die Rede Gabriele d'Annunzios 60
Der Rosenkavalier 320
Shakespeares Könige und große Herren 59f.
Silvia im »Stern« 261
Das Spiel vor der Menge. Eindruck und Überlegung 387
Stanzen → *Gülnare*
Studie zur Entwickelung des Dichters Victor Hugo → *Victor Hugo*
Südliche Mondnacht 60
Terzinen 60f.
Unterhaltungen über literarische Gegenstände 60
Verse zum Gedächtnis des Schauspielers Josef Kainz 335
Verwandlung 60
Victor Hugo 60
Vorspiel zur Antigone des Sophokles 492f.
Der Weiße Fächer 95
Wilhelm Dilthey 392
Wir gingen einen Weg mit vielen Brücken... 250

Hofmiller, Josef 276, 289, 430, 476, 480
Hölderlin, Friedrich 15, 484
  Archipelagus 149, 231, 234, 248f.
Holten, Otto von (Druckerei) 667
Holz, Arno 451 *Die Dichterin. Fragment aus der Blechschmiede* 39
Homer
  Ilias 272, 330, 421, 422, 424, 465, 525f., 543, 573, 596
  Odyssee 55, 66, 68, 78, 80, 105, 110, 142, 152, 174–221, 221, 223, 225f., 227–235, 249, 255, 259, 261, 272, 298, 300, 330, 334, 382, 395, 465, 484, 503
Horaz (Edition) 134
  (Übertragung, allgemein) 80, 86, 103f., 105, 106–110, 121, 130, 150, 308, 321, 374, 485
  Epoden 2 108f., 321f.
  Oden I,4 98f., 109, 111f.
  Oden I,25 172
  Oden I,38 483
  Oden II,10 111f.
  Oden III,18 107, 171
  Oden IV,1 96f.
  Satiren 110
›Die Horen‹ (Zeitschriftenplan 1907)
Horneffer, Ernst 31
Hotel Esplanade, Berlin 435
Hotel Lavigne, Rom 47
Hotel Vier Jahreszeiten, München 302f.

NAMEN 733

Hugo, Victor 60, 620
›Hyperion‹ (Zeitschrift) 152
Ibsen, Henrik 278, 279
Immermann, Karl Leberecht
  Alexis. Eine Trilogie 74
  Münchhausen. Eine Geschichte in Arabesken 53
›Die Insel‹ (Zeitschrift) 7, 16, 28f., 30, 31, 33-35, 36, 39, 75, 94, 296, 315, 488
Insel-Verlag 52, 53, 57, 62f., 69, 74f., 78-80, 86, 88, 93f., 100, 105, 117-120, 130, 134, 135, 143, 260, 265f., 276f., 300, 323f, 338, 343, 369, 370, 384, 389f., 421-425, 469, 489, 499, 549
Ion von Chios 78
›Jahrbuch für die geistige Bewegung‹ 144, 290, 294, 295, 469
Johnson, Ben 77
Jones, Alfred Garth 39
Jones, Sidney Garth → Jones, Alfred Garth
Joseph, Max *Zionismus und moderne Kultur* 396
Kainz, Josef 335
Kaiser, Georg 685
Kallimachos 33
Kalypso 209
Kay, Ellen → Key, Ellen
Kayserlingk → Keyserling, Hermann Graf von
Keats, John 33, 551
Kelmscott-Press 379
Kempff, Herr 641
Kerr, Alfred 450
Kessler, Harry Graf 221, 272, 279, 282, 298, 300, 320, 330, 334, 369-372, 380, 383f., 390, 392, 394, 395f., 399f., 424
Key, Ellen 54
Keyserling, Hermann Graf von *Unsterblichkeit* 137
Kippenberg, Anton → auch Insel-Verlag 57, 62f., 67, 68, 74f., 78-80, 88, 89, 93f., 95, 102, 117f., 130, 131, 133f., 137, 138f., 140, 143, 144f., 260, 265f., 269, 330, 370, 372, 384, 390, 399, 421-424, 434, 469, 489, 498f., 509, 549, 637, 642, 652, 673
Kippenberg, Katharina 93, 652
Klinger, Friedrich Maximilian 285
Klopstock, Friedrich Gottlieb 150
›Der Kondor‹ (Jahrbuch) 450, 468, 472
›Königsberger Hartungsche Zeitung‹ 296
Körner, Theodor 601f.
Kronberger, Maximilian 566
Kronion 179
Krupp (Firma) 651
Kühlmann, Richard von 302, 687, 697f.
›Kulturbund Deutscher Gelehrter und Künstler‹ 647, 651
›Kunsthalle‹, Bremen 430, 510, 512
Lang, Erwin 506f., 521, 522, 524
Langen, Albert (Verlag) 116
Lasker-Schüler, Else 135

Lassalle, Ferdinand 551, 554, 594
Leisewitz, Johann Anton 285
Leo, Cécile 25f.
Leo, Grete 530, 594
Leo, Therese 396, 530, 594
Leukothea 210
Leuwer, Franz (Buchhandlung) 450, 593
Leyen, Friedrich von der 144
Lingg, Hermann von 671
›Das Literarische Echo‹ (Zeitschrift) 85
Lloyd George, David 659
Loeb, James 402
Ludendorff, Erich 658, 661, 702
Lukrez 473, 619
Luther, Martin 492
Lysippos 122
Mackensen, Fritz 557
Maillol, Aristide 300
Mann, Thomas 280
Mansi, Marchesi (Familie) 412
Marées, Hans von 311, 319f.
Maria Stuttgart → Schiller, Friedrich von Maria Stuart
Marini, Giambattista → Marino, Giambattista
Marino, Giambattista 90f.
›Il Marzocco‹ (Zeitschrift) 651
Massinger, Philip 77
Matthes, Ernst 426
Meier, Graefe, Rieke 329, 394f.
Meier-Graefe, Julius 271, 311f., 329, 394, 526
  Auguste Renoir 395
  Marées. Sein Leben und sein Werk 311f., 319

Mell, Max 415
Menelaos 189, 190, 192
Menzel, Adolf von 475
›Mercure de France‹ (Zeitschrift) 290
Merende, Frau → Borchardt-Ehrmann, Karoline
Messieurs Alphonse → Dumas fils, Alexandre
Meyer, Herr 667
Michaelis, Georg 654, 658
Michelangelo Buonarotti 256, 432
Mittelstaedt, Dr. (Anwalt) 57
Molière 474
›Der Morgen‹ (Zeitschrift) 54, 116, 122
Morris, William 371
Moses
Mozart, Wolfgang Amadeus 576
  Cosi fan tutte 302
  La Clemenza di Tito 302
Müller-Hofmann, Willy 605
Musulmanno (Hund) 258
N. O. B. [Nachrichten-Offizier Berlin] 656, 665
N. O. B. [Nachrichten-Offizier Berlin] *Weihnachtszeitung* 678
Napoleon I., Kaiser der Franzosen 247
›National-Zeitung‹ 135
Nausikaa 213, 215, 218, 219
Nausithoos 219
Navasques de Lanisea, Sara Contessa de 611
›Neue Deutsche Rundschau‹ → ›Die neue Rundschau‹

›Die neue Rundschau‹ (Zeitschrift) 29, 448
›Neue Zürcher Zeitung‹ 296
Nietzsche, Friedrich 199
›Nietzsche-Archiv‹, Weimar 31
Nissen, Heinrich *Italische Landeskunde* 563
Orest 174
Ostwald, Wilhelm 548
Ovid, Publius Naso 473, 504
　Amores 473
　Metamorphosen 496
　Tristia 433
›Pan‹ (Zeitschrift, 1910-1914) 387, 450
Pannwitz, Rudolf 651
›Der Panther‹ (Zeitschrift) 420, 429, 450
Paterculus, Caius Velleius *Historiae Romanae Libri II* 152
Pauli, Gustav 145, 173, 429, 430, 452, 684
　Rudolf Alexander Schröder 587
Pauli, Magda 145
Peisistratos 151
Penelope 178
Pension Kensington, München 392, 393, 397,
Pension Rau, München 386
Perls, Richard 58
Petrarca, Francesco 136
Pindar 78, 142, 261, 264, 270f., 275, 299, 381, 382, 389, 409, 415, 418, 434, 494f., 498, 526, 542, 543, 548, 575
Plate, Anna 582

Platen-Hallermünde, August Graf von 149-151, 249
　Das Fischermädchen in Burano 231
　Horaz und Klopstock 150
　Skylla und der Reisende 231
Platon 83
　Lysis 40, 382
　Timaios 52
Poensgen, Ernst 30
Polybos 181
Polyklet
Polyneos 219
Poppenberg, Felix 465
Poseidon 208
Presber, Rudolf 624
›Preussische Jahrbücher‹ (Zeitschrift) 296
Pringsheim, Heinz 8
Quercia, Jacopo della 393
Racine, Jean 473
Rathenau, Walther 256f., 313, 518, 550, 568
Rau'sche Familienpension → Pension Rau, München
Régnier, Henri de 31
Reinhardt, Max 144, 315f., 328, 401, 594, 684
Reinken, Johann Daniel von 37
Rembrandt Harmensz. van Rijn 573
Renoir, Pierre Auguste 395
Ribot, Alexandre F. J. 659
Riesser, Gabriel 494f., 502
Rilke, Rainer Maria 103, 116
　Die Aufzeichnungen des Malte Laurids Brigge 304

Rockefeller, John Davison
Rolandslied → La chanson de Roland
Roller, Alfred 320
Rosegger, Peter 280
Rosenberg, Vera 341, 377
Rossetti, Dante Gabriel 551
The House of Life 336
Rowohlt, Ernst 400, 490, 499, 505, 512, 549f.
Rückert, Friedrich 150
Sachs, Hans 492
Salten, Felix 282
Sandrina (Hausangestellte RBs) 586
Sasonow, Sergej D. 659
Schauer, Helene 631
Schauer, Herr 631
Scheerbart, Paul 451
›Das Schiff‹ (Zeitschriftenplan)
Schiller, Friedrich von 150, 285, 695
  Don Carlos 545, 656
  Maria Stuart 644
  Die Räuber 555
  Das Siegesfest 688
  Der Spaziergang 474
  Xenien 115, 143
Schlaraffia (Verbindung) 644
Schmid Noerr, Friedrich Alfred
  Straßen und Horizonte. Gedichte 652
Schmidt, Walther 608f., 639, 641
Schmitt, Saladin 87, 103, 106, 116, 644
Schoop, Herrmann 532f., 537, 539

Schottmöller, Frida 475, 491
Schröder geb. Mayer, Elisabeth 68, 319, 328f., 332, 394
Schröder, Clara → Heye, Clara
Schröder, Dora 145, 583, 673f., 678f., 685, 702
Schröder, Elsa → Voigt, Elsa
Schröder, Hans 302
Schröder, Hilda → Schütte, Hilda
Schröder, Johannes 68, 317, 395, 494, 674
Schröder, Lina → Voigt, Lina
Schuster & Loeffler (Verlag) 52
Schütte, Hilda 673f.
Schwabach, Erik Ernst 567, 573, 577f., 583, 587-589
Schwartz, Johann Friedrich von 696
Seckendorff, Götz Freiherr von 604
Seidel, Heinrich *Leberecht Hühnchen* 617
Shakespeare, William 50, 77, 105, 142, 155, 278
  Hamlet 626
  The Merchant of Venice 75f.
  Sonnets 105, 445
Shaw, George Bernard 77
Shelley, Percy Bysshe *Adonais. An Elegy on the Death of John Keats...* 334
Simmel, Georg 273
Simon, Heinrich 89
Simon, Madame 685
Sokrates 207
Solf, Wilhelm 437

Sombart, Werner 116
Speyer, Else 341, 377
Spitteler, Carl 280
Stein, Ludwig 623
Steiner, Herbert 530
Sterne, Laurence *The Life and Opinions of Tristam Shandy* 653
Sternheim, Carl 567 *Don Juan* 152
Stolberg-Stolberg, Friedrich Leopold Graf zu 110, 249
Storm, Theodor 58
Strabon *Geographika* 381
Strauss, Emil *Der Engelwirt, eine Schwabengeschichte* 60
Strauss, Richard *Der Rosenkavalier* 320 523, 524
Stutterheim, Kurt von *Gedichte* 539
›Süddeutsche Monatshefte‹ (Zeitschrift, Redaktion und Verlag) 252f., 255, 259, 288f., 298, 373f., 381, 393, 395, 396, 400, 409, 417, 418, 419, 420, 429f., 474, 500f., 520, 531-541, 588
Sulger-Gebing, Emil 276
Swinburne, Algernon Charles 38, 60, 294, 298, 381, 399, 551, 662, 692
Ave atque vale. In memory of Charles Baudelaire 334
Tacitus, Publius Cornelius *Germania* 512, 513, 514, 517f., 563
›Der Tag‹ (Zeitung) 96
Taine, Hippolyte 249

Taube, Otto Freiherr von *Grabschrift auf Kaiser Heinrich VII.* 143
Sonette aus einem alten Haus 143
Verse 143
Winterabend in Venedig 143
›Tausend und eine Nacht‹ → ›Die Erzählungen aus den tausendundein Nächten‹
Telemach 175, 185, 199, 203
Thackeray, William Makepeace 322
Thébes, Madame de (Wahrsagerin) 654
Theokrit 370, 381
Thersites → Schiller, Friedrich von *Das Siegesfest*
Thukydides *Der peloponnesische Krieg* 381, 396, 399
Tibull 152
Elegien II, 1 51
Toutelle, Oskar 47
Truchsess von St. Gallen → Ulrich von Singenberg
Tschudi, Hugo von 467
Uhland, Ludwig 150
Freie Kunst 282
Ullstein (Verlag) 401, 409, 501, 532, 534, 539, 541
Ullstein, Hermann 533
Ulrich von Singenberg 335
Usener, Walther 31
Vallentin, Berthold 144
Vanbrugh, John 77
Velde, Henry van de 385
Veltheim, Baron Ludwig von 551

›Verein für Kunst‹, Berlin 121, 135
›Vereinigte Werkstätten für Kunst im Handwerk‹ 265, 430
Vergilius Maro, Publius 235, 241, 382, 426, 473
  Aeneis 464
  Bucolica 370, 383
  Eclogen 298
  Georgica 370, 437, 446, 464f., 473, 496, 525, 543, 548
Verhaeren, Emile 472
Verlag der Insel bei Schuster & Loeffler 52
Vogeler, Heinrich *An den Frühling* 62
Voigt, Elsa 395, 673f.
Voigt, Lina 145, 495, 498, 605, 673f.
Voigt, Robert 421f., 671
Voll, Karl 539f.
Vollmoeller, Karl Gustav 194, 311, 381, 449, 472
  Lob der Zeit 472
  Nordischer Held 472
  Die Riesin 472
Voss, Johann Heinrich 110, 230
Voss, Richard 43, 330, 396
›Vossische Zeitung‹ 623
Wagner, R. Sohn (Druckerei) 300
Walser, Robert *Aschenbrödel* 33
Walther von der Vogelweide 118, 336
Warburg, Aby 402
Wassermann, Jakob 268, 282, 289
Weber, Carl Maria von *Der Freischütz* 560

Weber, Hans von (Verlag) 294
Weisgerber, Albert 403
Weissbach, Richard 387, 392, 417, 430
Weißbart, Dr. → Weissbach, Richard
›Die Weissen Blätter‹ (Zeitschrift) 567, 578, 587
Werfel, Franz 672
Wernher der Gartenaere *Meier Helmbrecht* 134
Wichert, Fritz 679, 684, 685, 686, 689, 695, 696
Wiegand, Bertha 495, 504, 591, 599, 601
Wiegand, Heinrich 370
Wiegand, Willy 370f., 379, 383-385, 388-391, 409, 415, 446, 448, 469f., 474, 489f., 493, 495, 503f., 505, 506-509, 510f., 515, 521, 544, 572, 573, 585f., 589, 595, 601
Wieland, Christoph Martin 30, 285
  Horazens Briefe... 110
  Teutscher Merkur (Hrsg.) 289f.
›Wiener Rundschau‹ (Zeitschrift) 33
Wiener Verlag 60
Wilde, Oscar 77, 122
Wilhelm I., Deutscher Kaiser und König von Preußen 467
Wilhelm II., Deutscher Kaiser und König von Preußen 222f., 374, 467f., 525, 551, 608
Wilson, Thomas Woodrow 698, 700

Winsloe, Christa 414, 554-557, 559f.
Wirtz, Helene 341, 377
Wolde, Adele 583
Wolde, Georg 329, 333, 370
Wolde, Ludwig 370-372, 379, 383-385, 388-391, 392, 396, 399, 403, 409, 415, 421f., 434, 446, 469f., 474, 489f., 498, 506-509, 522, 544, 585, 593, 595, 631, 631, 672, 700, 702
Die Liebesgeschichte von Daphnis und Cloe 372
Wolff, Kurt (Verlag) 550, 564, 567, 594
Wolfram von Eschenbach *Parsifal* 182

Wolfskehl, Karl 31, 337
Wolfskehl, Karl *Die Blätter für die Kunst und die neuste Literatur* 294
Wrangell, Helene Baronin von 612
Xenophanes 78
Xenophon *Anabasis* 381
›Die Zeit‹ (Zeitschrift) 32
Zeitler, Julius 51, 53f., 56f., 66, 71
Zeppelin, Ferdinand Graf von 153
Zeus 208

INHALTSÜBERSICHT

Briefwechsel 1901–1918   7
Verzeichnis der Briefe   707
Verzeichnis der erwähnten Werke Borchardts   718
Verzeichnis der erwähnten Werke Schröders   723
Verzeichnis der Namen   727

Der vorliegende achte Band einer auf zwanzig Bände veranschlagten
Ausgabe von Rudolf Borchardts gesammelten Briefen
erscheint im Herbst 2001.

Die Familie Borchardt unterstützt diese Edition;
das Deutsche Literaturarchiv, Marbach am Neckar,
und zahlreiche andere öffentliche und private Sammlungen
stellten Handschriften zur Verfügung.

Die wissenschaftliche Betreuung lag beim
Rudolf Borchardt-Archiv, Rotthalmünster.
www.rudolf-borchardt.de.
Gerhard Schuster und Ingrid Grüninger
besorgten die Textkonstitution und die Erarbeitung der Register;
Christoph Ziermann, Berlin, transkribierte die Graeca.

Den Satz in der Bembo besorgte die Firma
Kölbl Satz & Grafik, Salzweg bei Passau.
Gedruckt auf 90g/qm Werkdruck
holzfrei, mattgeglättet, chlor- und säurefrei,
und gebunden von der Offizin Chr. Scheufele, Stuttgart.

Die Auflage beträgt zweitausend Exemplare.
Heribert Tenschert, Bibermühle, hat die Verwirklichung ermöglicht.
Der Band erscheint im Carl Hanser Verlag, München und Wien.

ISBN 3-446-1819-2